21世纪

法学研究生参考书系列

国际法析论

（第五版）

杨泽伟　著

中国人民大学出版社

·北京·

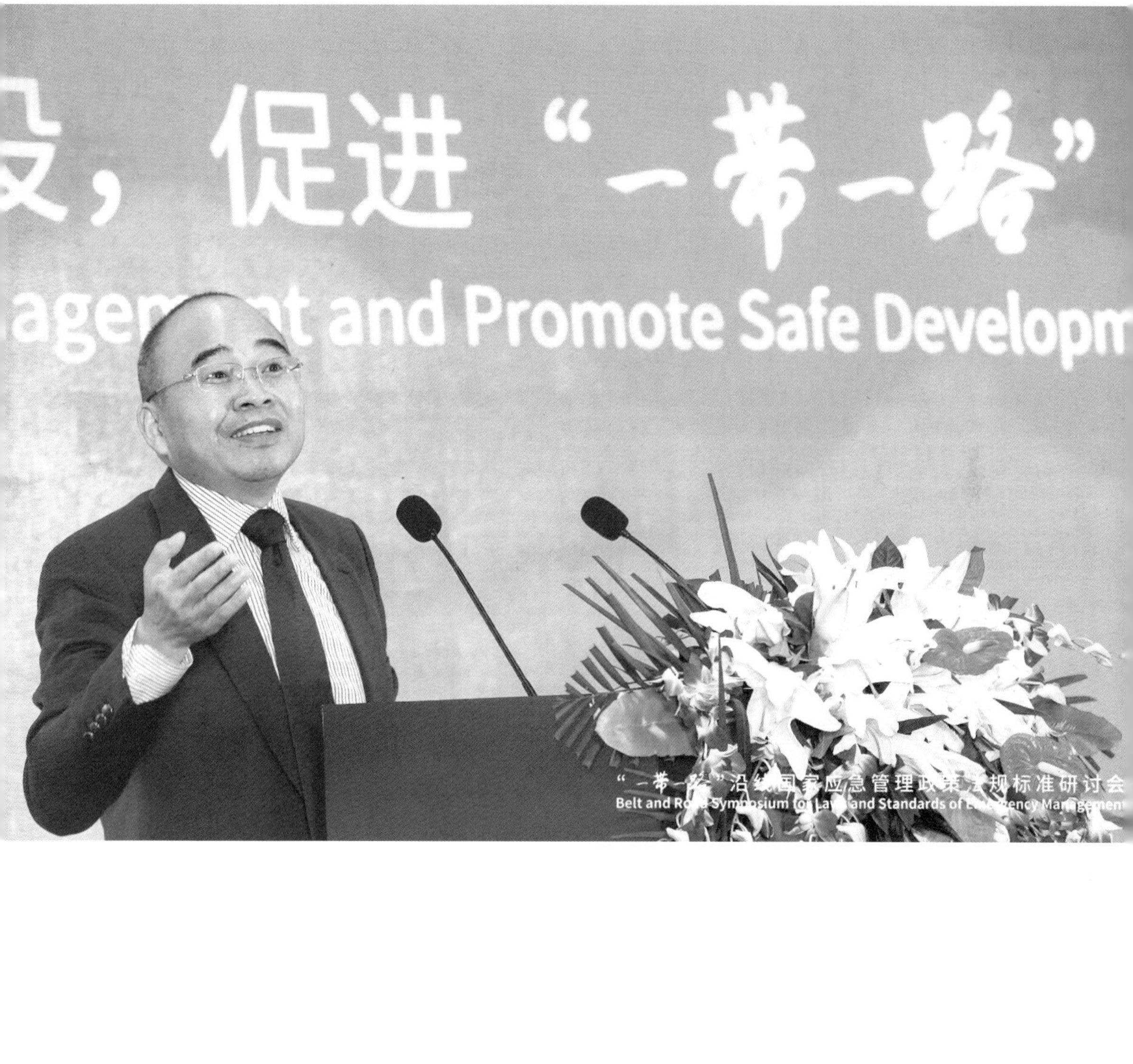
促进“一带一路”
and Promote Safe

作者简介

杨泽伟，1968 年 9 月生，湖南新宁人。教育部长江学者奖励计划特聘教授，法学博士，武汉大学国际法研究所博士生导师，国家高端智库武汉大学国际法治研究院团队首席专家，国家社科基金重大招标项目、国家社科基金重大研究专项和教育部哲学社会科学研究重大课题攻关项目首席专家，湖北省有突出贡献的中青年专家，德国马克斯·普朗克比较公法与国际法研究所访问学者、英国邓迪大学访问教授，入选教育部"新世纪优秀人才"支持计划，获霍英东教育基金会高等院校青年教师基金资助，兼任国家履行《禁止化学武器公约》专家委员会委员，总主编"新能源法律与政策研究丛书"（十三卷）和"海上共同开发国际法理论与实践研究丛书"（九卷），独著有《国际法析论》（第五版）、《国际法史论》（第二版）、《主权论》、《国际法》（第四版）和《中国能源安全法律保障研究》等，在《法学研究》、《中国法学》、《世界历史》、*Journal of East Asia & International Law*、*HongKong Law Journal*、*Journal of the History of International Law* 等发表中英文学术论文数十篇。

第五版修订说明

随着综合国力的不断提升，中国日益走进世界舞台的中央，积极参与并引领国际规则的制定。特别是，2019 年中国共产党十九届四中全会明确提出，"……建立涉外工作法务制度，加强国际法研究和运用……"。2020 年中国共产党十九届五中全会进一步指出，"加强国际法运用，维护以联合国为核心的国际体系和以国际法为基础的国际秩序"。2020 年习近平总书记在中央全面依法治国工作会议上强调，要坚持统筹推进国内法治和涉外法治。2021 年《中华人民共和国国民经济和社会发展第十四个五年规划和 2035 年远景目标纲要》也明确提出，"加强涉外法治体系建设，加强涉外法律人才培养"。与此同时，近年来"逆全球化"的潮流汹涌激荡，大国战略竞争、对抗的现象凸显，尤其是中美战略竞争、对抗多点展开。因此，"百年未有之大变局"为国际法的适用提供了广阔的空间。

有鉴于此，《国际法析论》第五版的修订内容，主要体现在以下几个方面：

第一，增加了中国与国际法的互动的相关内容，如"新时代中国国际法观""新时代中国深度参与全球海洋治理体系的变革""中国与联合国 50 年"等。

第二，更新了"国际法基本理论与国际法的新发展""海洋法问题""国际能源法"等专题。

第三，补充、更新了相关数据和"拓展阅读书目"等。

本书的修订出版得到了中国人民大学出版社的鼎力相助，特致谢忱。

杨泽伟

2021 年 12 月于武汉

第四版修订说明

《国际法析论》（第四版）主要作了如下修订：

一、增加了新的一编即第四编"海洋法问题"，包括5章，具体涵盖了"《海洋法公约》第82条的执行：问题与前景""海上共同开发'区块'的选择""海上共同开发的法律依据、发展趋势及中国的实现路径"" 21世纪海上丝绸之路建设对南海争端解决的影响"以及"21世纪海上丝绸之路建设与国际海洋法律秩序的变革"等内容。

二、删除了原来的一些章节，如"环境保护与国家主权""欧洲协作及其对国际法发展的影响""欧盟能源法律与政策及其对中国的启示"以及"'搁置争议、共同开发'原则：困境与出路"等。

三、补充了一些新内容，如第五编"国际组织与国际法"中的"国际法院的司法独立：困境与变革"、第六编"国际能源法"中的"国际能源秩序的变革：国际法的作用与中国的角色定位""中国与周边能源共同体的构建：法律基础与实现路径"，以及第七编"中国与国际法"中"中国国际法的理论与制度创新：现实需要与实现路径""'中国梦'的国际法蕴含"等。

四、更新了个别观点、数据资料和阅读书目等。

杨泽伟
2017年6月
于武大珞珈山

第三版修订说明

本书源于作者在中南财经政法大学和武汉大学为国际法专业研究生讲授"国际公法原理"课程的讲义。2003 年，应中国人民大学出版社约稿，本书作为"21 世纪法学研究生参考书系列"之一，出版了第一版。2007 年应约修订后，本书推出了第二版。

近几年来，国际关系发生了许多变化：无论是北非、中东局势，还是朝核、伊核问题乃至气候变化会议，都令人目不暇接。特别是 2008 年由美国次贷危机所引发的全球金融动荡，使发达国家的经济遭受严重打击，国际力量对比发生了较大变化，"G8 峰会"也变成了"G20 峰会"。国际社会的结构性变化、国际体系向多极化方向转型，对国际法在世界范围内的进一步发展将产生重要影响。

为此，作者对全书的体系和内容进行了通盘研究，除了尽可能更新书中各种有关的数据资料以外，还吸纳了近些年来作者独立完成的重大科研项目的核心成果，增设了几个新的章节，在"国际法基本理论问题与国际法的新发展""国际法史研究""国际能源法律与政策"以及"中国与国际法"等编中，提出了一些新的理论观点，并传递了若干新的国际法信息与发展动态，等等。

虽然本书历经两次修订，但是它仍然是一本需要予以不断完善的著作。因此，书中的错讹之处，敬请读者指正。

杨泽伟
2012 年 1 月
于武汉大学国际法研究所

第二版修订说明

《国际法析论》自 2003 年 7 月出版以来，读者的反应出乎我的预料。它先后获得了司法部、湖北省等方面的学术成果奖。此次修订，一方面是基于国际关系的发展变化，并结合这几年自己的研究心得，增加了"国际组织与国际法"和"国际能源法律与政策"两编，较大幅度地调整、充实了"国家主权"编，刷新了其部分内容，同时还增、删了其他编中的个别章节；另一方面，校正了原书中的个别错漏，补充了新的资料，更新了附录中的"进一步阅读书目"等。博士研究生黄伟、温树斌、万震和曾皓为本书的修订提供了不少很有价值的建议，特致谢忱。

然而，学术著作永远就像一件有缺陷的艺术品，因此，本书仍然会存在种种不足和讹谬，敬请读者指正。

杨泽伟

2007 年 3 月

于东林外庐

目　　录

第一编　国际法基本理论与国际法的新发展

第二编 国际法上的国家主权

第三编　海洋法问题

第四编　国际组织与国际法

第一编 国际法基本理论与 国际法的新发展

21世纪法学研究生参考书系列

第 一 章

国际法的政治基础

国际法与国际政治的交互关系，是一个很重要却常被忽略或误解的问题。[①] 自近代国际法产生以来，国际法的发展时常受到国际政治的制约和影响。因此，研究国际法与国际政治的相互关系问题，对于了解世界发展趋势、推动国际法的发展以及建立国际新秩序，都具有十分重要的意义。

一、国际法的现实基础

国际法的产生和发展，有其特定的现实基础：众多主权国家同时并存、平等共处。

（一）众多国家的存在是国际法产生的前提

因为国际法主要是通过各国的协作而产生和发展的，所以众多国家的存在是国际法产生的前提。如果世界上只有一个单独的国家存在，就不可能有国际法。例如，中世纪的欧洲在理论上仍是一个大一统的国家，罗马教皇和神圣罗马帝国皇帝是至高无上的权威，其他国家的主权被否定，因而国际法的发展几乎处于一种停滞状态。只有在众多独立国家同时并立的条件下，国际法才能发展。在当今，国际社会已有近二百个国家。虽然各个国家在领土面积、人口数量、经济实力、军事力量等方面存在差异，其文化传统、政治制度也有诸多不同，但在现代国际法上，它们都是独立主权国家，其法律地位一律平等。由上述众多主权国家组成的国际社会，是国际法最重要的现实基础。

（二）各国间的平等共处是国际法产生的基础

由于各国都是平等共处的主权国家，没有凌驾于其上的权威，因此在各国之上也不可能有一个超国家的世界政府存在。有学者称之为"无政府状态（anarchy）"，

---

① 参见［美］熊玠：《无政府状态与世界秩序》，余逊达、张铁军译，6 页，杭州，浙江人民出版社，2001。

并且认为这种"无政府状态是现代国际法存在的一个必要前提"[①]。主权国家间的平等共处表明：在各主权国家之间，不存在"垂直的"义务，只存在"水平的"义务。在各国之间既没有一个统一的最高立法机关来制定法律，也没有一个处于国家之上的司法机关来适用和解释法律，更没有一个凌驾于国家之上的行政机关来执行法律。因此，国际法是平等共处的各主权国家在相互协议的基础上逐渐形成的，是各国关系相互协调的产物，但反过来它又对这种关系起引导、协调作用。

（三）建立国际法律秩序是国家间交往的内在需要[②]

奥地利著名国际法学者阿尔弗雷德·菲德罗斯（Alfred Verdross）曾经指出："哪里有往来，哪里就有法。"[③] 出于实际的需要，各国自愿形成相互间的交往关系，而这种交往行为又促成了在国际社会建立国际法律秩序的紧迫需求方面的普遍共识的形成，从而产生了很多国际法规范，以便尽可能减少国家间的冲突，建立和发展平等互利的国际关系，否则，整个国际社会就要处于极端混乱的状态，正常的国际关系就难以存在、维持和发展。正如美国哥伦比亚大学列斯金（Lissitzyn）教授所指出的："在一个分成许多小国，并日趋依赖遥远国度的供应商和市场的大陆上，国内法本身将不足以提供必需程度的安全。在那里，需要有一些为各国政府所承认并遵循的正式的行为准则"；"国际法可用于防范政府间本可避免的摩擦及对于价值观和资源的损毁"[④]。

可见，国际社会交往的需要决定了国际法存在的价值，决定了国际法的生命力。国际法正是通过这种国际社会交往的需要而产生和发展的。

二、国际法与国际政治的关系

美国学者斯蒂芬·科克斯（Stephen A. Kocs）曾在《美国政治学评论》撰文指出，在国际政治中，各国的外交活动大多是围绕国际法律协定的谈判和执行而展开的，但是对国际结构所作的理论分析常常把国际法看成是与国际政治不相关，甚至本身不存在的东西，这种状况在美国表现得尤为明显。

其实，国际法与国际政治是有密切的相互关系的。可以说，它们之间既有区别又有联系。

就它们之间的区别而言，首先从概念来分析，国际法是"对国家在它们彼此往

---

① ［美］熊玠：《无政府状态与世界秩序》，余逊达、张铁军译，10 页，杭州，浙江人民出版社，2001。其实，把现今的国际社会称为无政府状态不是十分准确的，因为国际关系的许多方面都受有关的国际法原则、规则和制度的制约。

② 参见梁西主编：《国际法》，6 页，武汉，武汉大学出版社，2000。

③ ［奥］菲德罗斯等：《国际法》，上册，李浩培译，16 页，北京，商务印书馆，1981。

④ ［美］熊玠：《无政府状态与世界秩序》，余逊达、张铁军译，4 页，杭州，浙江人民出版社，2001。

来中有法律约束力的规则的总体"①，国际政治是指"行为主体间围绕权利、权力和利益实施外向决策的活动及相互作用形成的有机整体，是全球范围内战争与和平、冲突与合作、强权与民主、人权与主权、剥削与发展、结盟与不结盟、动乱与秩序等现象和关系的统称。国际政治包含三个方面：运行体系、运行状态和运行机制。国际政治具有两重性，它既是围绕权力、权利和利益的矛盾运动，又是追求稳定秩序的过程"②。

有学者则把国际政治作了狭义和广义之分。狭义的"国际政治"又叫"国家间政治"（Politics Among Nations），通常是指代表不同民族的政府之间的政治，如外交、国家贸易、势力均衡、相互宣战等；广义的"国际政治"（International Politics）也可叫"世界政治"，是指存在于国际社会并且作用于这个特殊社会的各个国家的政治，这种政治的参与者较多，不仅有国家、民族、政府，还有众多的非国家行为主体，如国际组织、跨国公司、女权运动、生态运动、恐怖主义等超国家和跨国界的集团与势力，它的重点不在国家（政府）层面，而在世界共同体（国际社会）层面。③

不过，欧美国家的学者一般把国际政治视为权力政治。例如，国际政治学的"现实主义学说"的创始人汉斯·摩根索（Hans Morgenthau）曾经指出："国际政治就是权力斗争……不管国际政治的最终目标是什么，权力总是最直接的目标。"④而苏联著名的国际法学家童金（G. I. Tunkin）则认为："国际政治是不同国家的外交政策相互作用、相互影响的过程。"⑤

其次从实践来看，国际实践表明：国家对待国际政治问题，主要是从国家利益、国家安全来考虑，而不是首先从法律上作是非判断。与国际政治问题相反，国家对待国际法问题，主要是从法律上作是非原则判断，而不是首先从国家利益、国家安全角度考虑。

除了上述区别，国际法与国际政治之间的联系也是非常紧密的。

首先，国际法律关系和国际政治关系都属于国际关系的范畴。国际关系的内涵十分丰富，它包括国家间各方面的关系，如政治的、经济的、军事的、法律的关系，乃至文化的、科学的关系。其中，国际法律关系是指以法律形式表现出来的国际关系，即国际政治之外的一种法律现象或关系形态；它有其独特的法律主体、法律渊源和制定过程，并对国际政治行为和政治关系具有重要的制约作用。而国际政治关系往往被视为国际关系中最重要的一个方面，因为在国际社会中国家的政治力

---

① ［英］詹宁斯、瓦茨修订：《奥本海国际法》，第1卷，第1分册，王铁崖等译，3页，北京，中国大百科全书出版社，1995。
② 梁守德、洪银娴：《国际政治学理论》，49页，北京，北京大学出版社，2000。
③ 参见王逸舟：《当代国际政治析论》，7~8页，上海，上海人民出版社，1995。
④ Hans Morgenthau, *Politics Among Nations*, New York, 1967, p. 25.
⑤ G. I. Tunkin, "On the Primacy of International Law in Politics", in W. E. Butler ed., *Perestroika and International Law*, Martinus Nijhoff Publishers, 1990, p. 5.

量历来是控制、支配的力量。① 不过，就广义的国际政治即国际社会各种政治现象的总和而言，国际法或国际法律关系是国际政治的组成部分。因此，著名的国际政治学学者斯坦利·霍夫曼（Stanley Hoffmann）就认为："国际法是国际政治的一个方面。"②

其次，国际法与国际政治这两门学科的研究领域、研究任务是一致的。尽管国际政治学侧重于对国家间政治关系、政治活动的探讨，国际法学则重点分析国家交往的法律规范，但由于国际法是在国际关系中形成和发展的，同时国家间的政治关系需要国际法规范来调整，因此，国际法与国际政治的研究领域是相近的。况且，这两门学科的研究对象都主要是从国家出发，承担着类似的研究任务，即提供精辟的专业理论和专业知识，为国家制定正确的对外政策、积极参与国际活动服务，从而最终达到推动世界各国的经济和社会进步、维护全人类共同的和根本的利益的目的。可以说，国际法学和国际政治学的立足点都是国际社会。

再次，国际法学的一些基本原理为国际政治学提供了最直接的理论渊源。近代国际法学在形成自己独立的学科体系的时间方面早于国际政治学，因此，国际法学中的一些基本原则，如主权平等、互不干涉内政、互不侵犯、和平共处、民族自决、和平解决国际争端等，都成为国际关系理论、国际政治理论的重要内容。一些近代国际法学家的著作，如格老秀斯（Hugo Grotius，1583—1645）的《战争与和平法》（*On the Law of War and Peace*）、普芬多夫（Samuel Pufendorf）的《自然法与万国法》（*On the Law of Nature and of Nations*）、宾刻舒克（Cornelius van Bynkershoek，1673—1743）的《海洋的统治》（*Dominion of the Seas*）、瓦特尔（Emmerich de Vattel，1714—1767）的《万国法》（*Le Droit des Gens*），以及边沁（Jeremy Bentham）的《道德和立法原理入门》（*An Introduction to the Principles of Morals and Legislation*）等，都对后来的国际政治学家产生了深远的影响。

最后，国际法与国际政治所致力追求的目标是一致的，即国际和平与安全、国际社会的繁荣、人的尊严以及社会公正等。③

此外，国际法规范是在国际关系中即国际政治范围内形成的，它作为一种特殊的社会现象，对国际政治产生影响。国际法与国际政治的相互联系、相互影响，还明显地体现在国际法的巩固和创造作用上：国际法从法律方面加强了由国际政治所确立的国家间关系，同时又为国际政治所形成的新的国际关系奠定了法律基础。④

---

① 参见王铁崖：《国际法引论》，1～2 页，北京，北京大学出版社，1998。

② G. I. Tunkin, "On the Primacy of International Law in Politics", in W. E. Butler ed., *Perestroika and International Law*, Martinus Nijhoff Publishers, 1990, p. 6.

③ See Francis Anthony Boyle, *World Politics and International Law*, Duke University Press, 1985, p. 60.

④ See G. I. Tunkin, "On the Primacy of International Law in Politics", in W. E. Butler ed., *Perestroika and International Law*, Martinus Nijhoff Publishers, 1990, p. 7.

这正如有学者所说："法律是政治的工具，但同时政治又被期望在法律的框架内变化。"①

可见，"国际政治和国际法之间的关系，是一种相互强化和相互渗透的关系"②，"国际政治关系和国际法律关系之间的相互作用和相互影响，对于整个国际关系来说，是不容抹杀的现实"③。

三、国际法在国际政治中的地位与作用

（一）现实主义者对国际法的虚无主义态度

现实主义者（Realist）和晚近出现的新现实主义者（Neo-realist）④ 一般都对国际法持否定态度，认为国际法不过是一种虚构，而与国际政治毫无关系。他们相信：国际关系不过是希腊历史学家修昔底德（Thucydides）在《伯罗奔尼撒战争史》（*History of the Peloponnesian War*）中所描写的丛林世界，在那里，"强者做其权力所能，弱者受其所不得不受"⑤。例如，摩根索在其名著《国家间政治》（*Politics Among Nations*）中就极力抨击对国际关系的法律研究方法，认为国际关系只有两项基本原则："极权政治"和"国家利益"，而国际法是毫无意义的。摩根索有一句名言："国际政治的铁的法则是，法律义务必须让位于国家利益。"⑥ 总之，以摩根索为代表的现实主义和以肯尼思·沃尔兹（Kenneth M. Waltz）为代表的新现实主义，对国际法在国际社会中的作用采取一种虚无主义的态度，认为国际法在国际社会中无法发挥实质性作用。

（二）国际法在国际政治中的作用

事实上，国际法在国际政治中的作用是无可否认的。尽管国际社会是一种横向的"平行式"社会系统，不存在任何超越主权国家之上的国际权威，然而，由于主权国家之间的相互制约和国际社会存在一定的法律规范，国际社会又表现出一定的有序性。因此，任何国际政治主体的行为都不是绝对地不受限制的，而是要受到国际法律规范的约束和其他国际政治主体的制约。既然国际法是主权国家间为协调彼此之间的相互关系而达成的国家间的协议，那么国际法一经确立，甚至在其确立的过程中，就对国家间的相互关系包括国际政治关系产生重要的影响，并成为国际政

---

① Onuma Yasuaki, "International Law in and with International Politics: the Functions of International Law in International Society", *European Journal of International Law*, Vol. 14, No. 1, 2003, p. 108.

② ［美］熊玠：《无政府状态与世界秩序》，余逊达、张铁军译，268 页，杭州，浙江人民出版社，2001。

③ 王铁崖：《国际法引论》，4 页，北京，北京大学出版社，1998。

④ 参见［美］詹姆斯·多尔蒂等：《争论中的国际关系理论》，修订 5 版，阎学通等译，81~94 页，北京，世界知识出版社，2003。

⑤ Francis Anthony Boyle, *World Politics and International Law*, Duke University Press, 1985, p. 15.

⑥ 王铁崖：《国际法引论》，2 页，北京，北京大学出版社，1998。

治研究的一个重要内容。① 具体来讲，国际法在国际政治中的地位和作用主要表现在以下四个方面。

1. 约束

前已述及，由于国际社会固有的特点，主权国家对秩序的明确、急迫的需求，将不可避免地导致国际法的产生和发展，因此，"国际法是民族国家为了管制和调整它们各自在相互关系中的行为，以有助于保证有限的稳定性和可预见性，或者用我们的语言来说是以有助于确保秩序而创立的一套规范"②。换言之，国际法为国家间的相互关系提供了一系列基本的法律规范和制度，这些规范和制度要么是在长期的国际关系实践中所形成的国际习惯，要么是国际社会的成员所达成的国际协议。它们作为指导主权国家和其他国际政治行为主体的对外行为和对外关系的基本指导规范，对主权国家和其他国际政治行为主体加以约束。国际法在国际政治中的这种约束功能（binding function）体现在很多方面。

（1）各国都把国际法作为处理包括贸易、金融、投资、安全、文化和科技等众多国际事务一种不可缺少的工具。③ 况且，随着国家间相互依存性的与日俱增、国家间交往的日趋频繁和广泛，国际法的地位和作用显得越来越重要。

（2）许多国家，甚至包括一些大国，都设立了条法司或法律顾问办公室，并把为数不少的相关专家委派到这些部门。他们的任务是草拟条约，解释国际法，与其他的部级官员和政治家商讨该国应该履行的国际法律义务，以及分析与该国有关的国际法律形势。在一些国家，如中国、日本、韩国等，条法司被认为是外交部最重要的机构之一。可见，如果国际法没有任何用处或价值的话，那么就很难解释为什么各个国家会委派众多的国际法专家充实到条法司或法律顾问办公室。

（3）有关国家即使是在违反国际法时，也并不否认国际法的存在，而是想方设法去寻找国际法上的种种理论依据和借口，以证明其行为的合法性。④ 许多国际关系的学者并不赞成这一观点，他们认为各国的领导人在作出决策时，多数情况下往往把国际法的限制作为次要因素来考虑。其实，在国际关系的实践中，违反国际法而不否认国际法存在的例子很多。例如，在越南战争期间，美国政府就以国际法上的"集体自卫权"为其军事行动的合法性辩护。又如，在1971年印度军事干涉巴基斯坦、1979年坦桑尼亚入侵乌干达、越南入侵柬埔寨等案例中，这些国家都拒绝承认违反国际法，而是用"国家的自卫权"来证明其军事行动的合法性。但实际上，这些案例是很难用自卫权来论证其军事行动的合法性的。此外，2003年3月美

① 参见冯特君、宋新宁主编：《国际政治概论》，140～148页，北京，中国人民大学出版社，1992。
② ［美］熊玢：《无政府状态与世界秩序》，余逊达、张铁军译，243页，杭州，浙江人民出版社，2001。
③ See Onuma Yasuaki, "International Law in and with International Politics: the Functions of International Law in International Society", *European Journal of International Law*, Vol. 14, No. 1, 2003, p. 124.
④ 参见梁西主编：《国际法》，10页，武汉，武汉大学出版社，2000。

国发动的对伊拉克战争，尽管是典型的违反国际法的行为，但美国政府仍以伊拉克拥有大规模杀伤性武器、与恐怖组织有联系等为由，为其不法行为辩护。

（4）一些国际法律文件明确规定各国有受国际法约束的义务。例如，《联合国宪章》的序言庄严宣布各缔约国决心"尊重由条约和国际法其他渊源而起之义务"，并强调依"国际法之原则调整或解决足以破坏和平之国际争端"；《国际法院规约》第38条则明确规定："法院对于陈诉各项争端，应以国际法裁判之"；1969年《维也纳条约法公约》第26、27条也指出："凡有效之条约对其各当事国有拘束力，必须由各该国善意履行"，"一当事国不得援引其国内法规定为理由而不履行条约"。

那么，各国在国际关系的实践中受国际法约束的原因又是什么呢？

第一，国际合作的需要。国家作为国际社会的成员，是不可能孤立地存在于真空中。国家的这种社会属性，决定了它必须发展同其他国家的关系，而国际法有助于建立和发展这种关系、增进国际合作。尽管国际法的有关规则并不十分明确，国际法也不可能完全消除国家间的分歧，但它至少可以缩小分歧的范围，从而减少摩擦，或使有关争端更容易解决。

第二，国家利益的考虑。在某些情况下，国家利益可能是促使或影响国家遵守国际法的重要因素。[1] 国际法是各国妥协与合作的产物，是各国协调意志的体现，一国不可能创立一些不利于自己或者自己打算破坏的法律，国际法的制定反映了一国总体或长远利益。因此，在正常情况下，各国往往愿意并实际上是遵守国际法的。换言之，对于一个国家来说，遵守国际法符合其自身利益。况且，国际法还是"互惠法"（law of reciprocity），国际法的很多规则是在互惠的基础上发展起来的，如外交特权与豁免、引渡、贸易以及交通和通信等。甚至在权力政治最激烈的战争状态，也有国际人道法、中立法和战争法等互惠规则的存在。所以，遵守国际法对一国来说是利大于弊，它所获得的国家利益远远超过违反国际法所付出的代价。

第三，国家声誉的维护。"人们经常以为只有小国才需要操心赢得守法的声誉，不过，这样的声誉甚至对最强大的国家的对外政策来说也是必不可少的财富。"[2] 各国"深知违反国际法的坏名声是要付出高昂的代价的"[3]。正如英国著名的国际法学家迈克尔·阿库斯特（Michael Akehurst）所言："一个国家违犯了一项习惯法规则，就可能发现自己创立了一个当未来援引这一规则以维护自己利益时不仅原来的受害国，而且第三国也可以用来反对自己的先例。由于认识到这种可能性，所以各国往往避免破坏国际法。"[4]

<hr />

① See Jianming Shen, "The Basis of International Law: Why Nations Observe", *Dickinson Journal of International Law*, Vol. 17, No. 2, 1999, p. 345.

② ［英］阿库斯特：《现代国际法概论》，汪瑄等译，13页，北京，中国社会科学出版社，1981。

③ Onuma Yasuaki, "International Law in and with International Politics: the Functions of International Law in International Society", *European Journal of International Law*, Vol. 14, No. 1, 2003, p. 128.

④ ［英］阿库斯特：《现代国际法概论》，汪瑄等译，11页，北京，中国社会科学出版社，1981。

2. 促进

现代国际法在促成国际社会迈向更文明的发展道路，促进国际争端的和平解决等方面，有着不可磨灭的功能。

（1）促进国际社会迈向更文明的途径。首先，禁止以武力相威胁或使用武力已成为国际强行法规则。第一次世界大战以前，国际法并未从根本上限制战争，它为各个国家保留了诉诸战争的绝对主权权利。1919年巴黎和会通过的《国际联盟盟约》首次规定，国际争端在提交一定程序解决之前不得诉诸战争。1928年《非战公约》又宣布废弃战争作为实行国家政策的工具。1945年《联合国宪章》第2条第4款郑重宣告，所有成员国在其国际关系中，不得以武力相威胁或使用武力来侵害任何国家的领土完整或政治独立，亦不得以任何其他同联合国宗旨不符的方式以武力相威胁或使用武力。因此，"宪章关于禁止'使用武力'的规定，比《非战公约》关于禁止'战争'的规定更为广泛。宪章确认一切武装干涉、进攻或占领以及以此相威胁的行为，都是违反国际法的"①。另外，在《联合国宪章》的基础上，1970年《国际法原则宣言》、1987年《加强在国际关系上不使用武力或进行武力威胁原则的效力宣言》都有"禁止以武力相威胁或使用武力"的规定。正因为如此，第二次世界大战以后国际战争已逐渐减少，最近一二十年来世界上的武装冲突，绝大多数均为国内冲突。

其次，民族自决与非殖民化运动取得重要进展。民族自决最初是一个政治概念，直到第二次世界大战以后，才作为国际法原则逐步获得国际社会的承认。《联合国宪章》是第一个正式规定民族自决的条约，其第1、55、63、76条都有"人民平等权利和自决原则"的规定。联合国成立后，在联合国的推动下，民族解放运动高涨，殖民主义体系也迅速瓦解。在此过程中，联合国通过了一系列关于民族自决和非殖民化的决议和宣言，如1952年《关于人民与民族的自决权的决议》、1960年《给予殖民地国家和人民独立宣言》、1965年《关于各国内政不容干涉及其独立与主权之保护宣言》、1970年《国际法原则宣言》、1974年《各国经济权利和义务宪章》等。宪章的有关条款和上述宣言与决议，构成了民族自决和非殖民化运动的法律基础。总之，自20世纪60年代以来，殖民体系迅速瓦解，各非自治领土相继独立，新独立的亚非拉国家已经大大超过100个。②

再次，人权国际保护的范围不断扩大。在20世纪以前，人权基本上属于国内法的调整范围。第二次世界大战后，人权问题已由国内法进入了国际法领域。"人权作为具有全球性规模之正统性的理念获得了普遍的承认。"③ 同时，第二次世界大战后联合国主持制定了一系列的国际人权法律文件，如1948《世界人权宣言》、1966年《经济、社会、文化权利国际公约》与《公民权利和政治权利国际公约》

---

① 梁西主编：《国际法》，34页，武汉，武汉大学出版社，2000。
② 参见梁西：《梁著国际组织法》，修订6版，杨泽伟修订，165页，武汉，武汉大学出版社，2011。
③ ［日］大沼保昭：《人权、国家与文明》，王志安译，97页，北京，三联书店，2003。

等。这些文件分别以宣言、公约、议定书和规则等形式涉及人权的各个方面，从而使人权国际保护的范围不断扩大。例如，人权保护从仅限于对种种自由权的有限的保护，发展成为对包括经济、社会、文化权利在内的全面性的国际人权保护；民族自决权等集体人权获得承认；在人权国际保护的历史中，长期以来实际上被排除在外的妇女、儿童、"有色"人种等也开始受到保护；人权保护已成为国家的义务，而且在联合国国际法委员会制定的《国家责任条款草案》和许多学说中，对基本人权的大规模且严重侵害被认为构成国际犯罪，等等。

最后，弱小国家的权益同样受到国际法的保护。现代国际法与传统国际法在作用上最大的不同是，它已不再是一边倒地为国际强权服务。弱小国家与民族，在现代国际法中受到的保护，远比在以前任何时代都多，也更明显。例如，1984 年 4 月尼加拉瓜向国际法院提出请求书，指控美国在其境内对尼加拉瓜采取的军事和准军事行动，请求法院责令美国立即停止上述行为并对尼加拉瓜及尼加拉瓜国民所受的损失给予赔偿。该案是国际法院第一次对一个大国进行缺席审判。尽管尼加拉瓜是弹丸之地，要与美国抗衡，貌似以卵击石，可是，国际法院最终裁定，美国在尼加拉瓜所进行的军事性和准军事性的行动构成违反国际法的行为，美国应对此承担国际责任。[1] 又如，作为一项国际法原则，内陆国（是指没有海岸的国家）通过毗邻沿海国出入海洋的权利，在 20 世纪缔结的多边和双边条约中曾经加以规定，并在逐步执行。[2] 特别是1982 年《联合国海洋法公约》第十部分专门规定了"内陆国出入海洋的权利和过境自由"，于第 125 条明确规定："为行使本公约所规定的各项权利，包括行使与公海自由和人类共同继承财产有关的权利的目的，内陆国应有权出入海洋。为此目的，内陆国应享有利用一切运输工具通过过境国领土的过境自由。"由上可见，这种对处于弱势地位国家的法律保障，是十分明显的。

（2）为国际争端的和平解决提供政治和法律方法。欧美学者把解决国际争端的方法分为两大类："和平的解决方法"和"武力或强制解决方法"[3]。其中，和平的解决方法又可分为政治的解决方法（亦称外交的解决方法）和法律的解决方法，前者如谈判、斡旋、调停、和解、国际调查以及在联合国组织主持下解决，后者如仲裁和司法解决。

第二次世界大战后，和平解决国际争端正式成为国际法上的一项基本原则。《联合国宪章》把"以和平方法且依正义及国际法的原则，调整或解决足以破坏和平之国际争端或情势"列为联合国的宗旨之一，并把"各会员国应以和平方法解决其国际争端，俾免危及国际和平、安全、及正义"列为联合国及其会员国都应遵守

---

① See "Case Concerning Military and Paramilitary Activities in and against Nicaragua" （Nicaragua v. United States of America），Judgment of 27 June 1986，available at http：//www. icj-cij. org/docket/files/70/6505. pdf，last visited on July 19，2021.

② 参见陈德恭：《现代国际海洋法》，396 页，北京，海洋出版社，2009。

③ I. A. Shearer，*Starke's International Law*，Butterworths，1994，pp. 441 – 442.

的原则。宪章第 33 条还规定："任何争端当事国，于争端之继续存在足以危及国际和平与安全之维持时，应尽先以谈判、调查、调停、和解、公断、司法解决、区域机关或区域办法之利用，或各该国自行选择之其他和平方法，求得解决。"《国际法原则宣言》也强调："每一国应以和平方法解决其与其他国家之国际争端，俾免危及国际和平、安全、及正义。"宣言还进一步规定，争端当事国如未能就某一和平方法解决有关争端，"有义务继续以其所商定之他种和平方法寻求争端之解决"。1982 年《关于和平解决国际争端的马尼拉宣言》进一步庄严宣告："所有国家应只以和平方法解决其国际争端，俾免危及国际和平与安全及正义。"而且，"任何争端当事国不得因为争端的存在，或者一项和平解决争端的程序的失败，而使用武力或以武力相威胁"。上述规定及和平解决国际争端原则的确立，促进了国际争端的和平解决。

3. 调整

国际法是以国际关系为调整对象的，其中主要是调整国家之间的各种权利义务关系。国际法的这种调整功能主要包括以下国家行为的领域：

（1）管辖权。管辖权主要是指国家对其领域内的一切人（享受豁免权者除外）、物和所发生的事件，以及对在其领域外的本国人行使管辖的权利。管辖权一般包括领域管辖、国籍管辖、保护性管辖和普遍管辖。国际法对国家管辖权的规定，将使一国能够了解何时它才具有为自身或代表其国民的管辖能力。同时，当国家之间发生管辖权冲突时，国际法为解决这些冲突提供了指南，从而有可能使冲突双方不必诉诸武力行为。

（2）各国权利与义务。国家的主权属性使国家享有国际法上的各种权利。国家的基本权利与义务的存在，已为国际实践所肯定。例如，1948 年《美洲国家组织宪章》第三章规定了国家基本权利与义务的内容；1949 年联合国国际法委员会拟订了《国家权利义务宣言草案》；《联合国宪章》和联合国大会的许多决议，对于国家的基本权利和义务也有明确的规定和体现。国际法律文件对各国权利与义务的具体规定，使得各国在国际关系的实践中能清楚地知道哪些行为是国际法所允许的；同样，违反国际法的行为也变得显而易见，从而对国家的不法行为能起到一定的警醒作用。

（3）国家责任。在国际关系的实践中，对他国利益的损害，包括对外国公民利益的损害，时有发生。因此，国际法规定了：哪些要素构成了国际不法行为，有关国家应为此承担国家责任；国家责任的形式有哪几种；在什么情况下可以排除行为的不法性，从而免除国家责任；等等。

（4）领土的取得。据不完全统计，第二次世界大战以后至 20 世纪末，世界上发生了约两百次武装冲突，其中大部分起因于领土问题或边界争端。[①] 因此，如何

---

① 参见梁西主编：《国际法》，171 页，武汉，武汉大学出版社，2000。

解决国家之间的领土争端是国际社会面临的一个重要课题。现代国际法不仅规定了领土的取得与变更的方式，而且还规定了解决国家之间领土争端的方法，从而消除了许多潜在的国际冲突。所以，可以通过援引一整套现成、明确的国际法规范来确定领土主权，解决当今一些相互冲突的领土要求，从而在一定程度上减少武装冲突。

（5）海洋体制。海洋是生命的摇篮，也是人类进行交往、发展贸易的一个重要通道。现代国际法不但对各国在各种海域如领海、毗连区、专属经济区、大陆架、海峡、群岛、公海、国际海底等的权利与义务作了明确的规定，而且对各国在各种海域从事航行、资源开发与利用、海洋科学研究以及海洋环境保护等活动予以规范和调整。这种海洋行为规则体制的确立，使各国的权利与义务的界限得到了清楚的界定，从而使各国能更好地利用海洋为人类造福。

此外，南北极和外层空间等领域，都已受到了国际法的规范和调整。

总之，正是国际法在国际关系中的这种规范和调整作用，防止或减少了在上述领域内的国际冲突。

4. 缓和

国际法除有约束、促进和调整的功能以外，它在国际政治关系中还发挥了缓和的功能。

（1）缓和安全困境的影响。在国际政治理论中，有一种被称为"安全困境"（the security dilemma）的现象，它是指在主权国家并存的国际社会里，国家必须依靠它们自己来保护其安全与独立。但是，它们在寻求自身安全的同时却引发了别国的不安全感，以致感受到威胁的国家增强其军备来作出回应，从而出现了军备竞赛。换言之，安全困境意味着：一国的安全也许意味着另一国的不安全，以及在时间甲开始加强军备并导致军备竞赛的国家，在时间乙也许会发觉自己的安全度比以前降低了。[①]

国际法具有减轻安全困境影响的作用。首先，国际法为各国提供了国际合作的法律框架，促进了各国间的相互交流，增强了主权国家之间的相互信任。其次，国际法所作出的统一的规定或相互关系安排中的对称性，通常会在一定程度上消除国际合作的障碍。因为国际法中有关各国间相互责任和义务的规定，减少了不确定性因素并缓和了对"相对获益"的担忧。最后，建立在国际法基础上的国际组织如联合国等，能代表相互间平等的各个主权国家采取行动。

（2）缩小各国实行自助选择的范围。广义的自助（self-help）包括不同的形式，如加强军备、权力均衡、自卫、集体安全以及干涉等，其中，自卫是自助最主要的形式。由于《联合国宪章》明确宣告禁止所有会员国在它们的国际关系中以武力相

---

① 参见［美］熊玠：《无政府状态与世界秩序》，余逊达、张铁军译，34 页，杭州，浙江人民出版社，2001。

威胁或使用武力，因而自卫成为禁止使用武力原则中合法使用武力的例外。自卫权就是国家在遭到武装侵犯时，采取武力反击的权利。对于自卫权，《联合国宪章》作了明确的规定，于第51条宣布："联合国任何会员国受武力攻击时，在安全理事会采取必要办法，以维持国际和平及安全以前，本宪章不得认为禁止行使单独或集体自卫之自然权利。会员国因行使此项自卫权而采取之办法，应立即向安全理事会报告，此项办法于任何方面不得影响该会按照本宪章随时采取其所认为必要行动之权责，以维持或恢复国际和平及安全。"按照宪章的这一规定，国家行使自卫权应以遭到外国武力攻击为条件，不得对他国构成威胁，更不得以自卫之名行侵略之实。

（3）通过维护一系列可供仿效的标准，缓和了国家在国内人权政策上的任意性。首先，主权国家不能违背国际条约中所体现的有关保护人权的一般性国际义务。人权的国际保护已成为现代国际法的一项重要内容，《联合国宪章》和一系列的国际条约都为各国政府普遍设定了保护人权的一般性国际法律义务。这就构成了对国家主权的一个重要限制。诚如奥地利学者菲里科斯·厄马克拉（Felix Ermacora）所言："联合国的宗旨是在各地促进并激励对人权的尊重。联合国已经成功地制定了现代的人权标准，就此而言，它已经接近了其宗旨。这就自动暗含了一种对国内管辖权的限制。"①

其次，国家不得违反其缔结或加入的国际人权条约所规定的义务。如果一个国家加入了有关的国际人权条约，便承担了相应的国际法义务，而不能借口与其国家主权相冲突而拒不履行这些义务。② 正如亨金所指出的："对人权的某些严重侵犯（如种族隔离和其他形式的种族歧视，灭绝种族，奴隶制和酷刑），除了破坏有关各方参加的国际公约之外，还不但侵犯了有关国家承担的具有约束力的国际习惯法，而且还侵犯了各会员国同意的《联合国宪章》。大多数国家支持这样的观点：联合国会员国，甚至包括非会员国实施的严重侵犯人权的固定模式，破坏了国际法和该国承担的国际义务。很明显，这些侵犯不属于国内管辖权限。一种涉嫌侵犯的行为是否属于上述各种侵犯人权的行为是一个国际法的问题，而不是一个受指控的国家自己决定的问题。"③

最后，国家在行使主权权力时，应当遵守有关人权的国际法强制性规范，如禁止实行奴隶制度，禁止种族隔离、种族歧视和种族灭绝等。如果一国在其国内实施了上述有关的政策，国际社会就可以认为是侵犯人类基本权利的行为，该国也就不得以国家主权为借口来规避国际法律责任。

总之，随着人权国际保护的发展与演进，各国对待其国民的主权权利，已"受

---

① 王可菊：《当代西方学者关于人权与主权的观点》，载《外国法译评》，1997（3）。
② 参见万鄂湘、郭克强：《国际人权法》，68页，武汉，武汉大学出版社，1994。
③ ［美］亨金：《权利的时代》，信春鹰等译，66页，北京，知识出版社，1997。

到国际法和特别是人权的要求的限制"①；况且，"国际人权法日益发展，国际人权保护涉及的范围越来越宽，对国家主权的限制就愈加广泛"②。

综上所述，国际法对国际政治的作用与影响是多方面的。尽管国际法是一种"以规则为导向"而非"以结果为导向"的行为准则，但国际法这种"以规则为导向"的性质不会损害其在国际政治关系中作为严肃的行为准则的地位。③ 正如美国著名的国际法学者路易斯·亨金曾经在其《各国如何行动》（*How Nations Behave*）一书中所指出的，"法律是国际事务中一个重要力量；各国在它们的关系中的每一个方面都依赖它，引用它，遵从它，并受它的影响"，国际法毕竟是"国际事务中的一股力量"④。美国学者理查德·福尔克（Richard Falk）和威廉·科普林（William Coplin）也认为："尽管国际法的约束力比较弱，但它仍在国际政治中发挥重要作用。"⑤

四、国际政治对国际法的影响

（一）国际政治与国际法规范的形成

童金曾经指出："没有国际政治就没有国际法，国际法规范是在国际政治的变化过程中形成和创立的。"⑥ 更有学者认为："国际法的创制、解释与适用，离不开国际政治甚至国内政治。"⑦

其实，国际法规范的形成过程就是主权国家或其他国际法主体的意志协调过程，在此过程中，意志的协调明显地分为两个阶段。第一阶段是包括有关规范目标、社会目标等规范内容的意志的协调。第二阶段是有关规范被承认为有法律约束力的意志的协调。这一过程包括主权国家的意志互为条件，即一国承认某一特殊规范有法律约束力是以他国同样承认为条件的。这是互惠原则的基础，它在国际法的机能中起到了重要作用。各国意志的协调和互为条件，是国际法规范创立过程中两大必不可少的因素。这是国际法规范创立过程中的法律方面。然而，这一过程也是

---

① ［英］詹宁斯、瓦茨修订：《奥本海国际法》，第 1 卷，第 1 分册，王铁崖等译，293 页，北京，中国大百科全书出版社，1995。

② 万鄂湘、郭克强：《国际人权法》，74 页，武汉，武汉大学出版社，1994。

③ 参见［美］熊玠：《无政府状态与世界秩序》，余逊达、张铁军译，56 页，杭州，浙江人民出版社，2001。

④ 王铁崖：《国际法引论》，3 页，北京，北京大学出版社，1998。

⑤ Onuma Yasuaki，"International Law in and with International Politics：the Functions of International Law in International Society"，*European Journal of International Law*，Vol. 14，No. 1，2003，p. 111.

⑥ G. I. Tunkin，"International Politics and International Law in the Nuclear Age"，in Edward McWhinney，etc.，ed.，*From Coexistence to Cooperation：International Law and Organization in the Post-Cold War Era*，Martinus Nijhoff Publishers，1991，p. 10.

⑦ Rein Mullerson，*International Law*，*Rights and Politics*，London，1994，p. 4.

政治法律过程（a politico-legal process）。因此，国际法规范的创立过程同样包含政治方面，即寻求各国利益平衡的过程。不过，在今天，国家利益应该从属于全人类的共同利益或至少与全人类的共同利益相一致。

如果说国际政治对协定国际法规范的创立过程的影响是显而易见的话，那么国际政治对习惯国际法形成的影响看上去似乎要模糊一些，因为问题的关键是：习惯国际法规范是否也是由各国的意志所创立的？如果没有各国意志的表示，习惯国际法规范是否能自发地产生？而这一问题的答案取决于国际政治是否在习惯国际法规范的形成过程中发挥作用。按照意志协调说，虽然习惯国际法规范的形成过程与协定国际法规范的形成过程不同，但它们在性质上其实是一样的，都是各国意志的协调。

习惯国际法规范的形成过程也可以分为两个阶段。在第一阶段，各国在其相互关系上，对某种事项长期重复地采用一种类似的行为规则。这一规则可能是通例，也可能是国际道德规范或者国际礼让规范。这一过程如果没有继续向创立国际法规范的方向发展，那么第一阶段就到此结束。习惯国际法规范形成的第二阶段，是存在的通例被各国接受为法律（国际法）。这是各国意志的体现。就成为国际法规范的通例来说，仅有一个国家承认是不够的，至少需要两个或两个以上国家的承认。这就意味着承认通例是国际法规范体现了各国意志的协调。当然，这种意志的协调就和协定国际法规范的形成过程一样，也是以各国意志互为条件的。

应该指出的是，关于存在的通例被接受为国际法规范这种各国意志的协调，不是即刻发生的，换言之，各国对某一通例所具有的这种法律信念，是在通例存在过程中逐渐产生和积累而成的。然而，伴随着这种法律信念的逐渐增加，有疑义的通例就已经有了法律约束力。此外，习惯国际法规范的效力范围还是一个逐步扩大的过程，这一过程开始时也许仅有两个国家。然而，习惯国际法规范要想变成普遍的国际法规范，就必须被所有国家或几乎所有国家接受。习惯国际法规范效力范围的扩大过程，类似于协定国际法规范。一国没有参与某一国际条约的起草而后来加入该条约，与一国没有参加某一习惯国际法规范的形成而后来承认该习惯国际法规范有法律约束力，都属同一类情况。

前已述及，习惯国际法规范的形成过程就是各国意志的协调过程。但是，在这一过程的第一阶段可能会出现一种自发的因素，即一国可能无意树立一个通例而对某种事项长期重复地采取类似的行为，或者一国有意创立一个被他国遵循的规则。在这两种情况之下，作为长期的实践的结果，一个通例因此出现。在第二阶段，通例被承认为有法律约束力的规范，总是国家意志的体现。

然而，国家的意志是一种政治意志，因此，在习惯国际法规范形成过程中，在各国意志的协调中，国际政治发挥了与在协定国际法规范形成过程中相同的作用，尽管作用的方式不一样。

可见，国际政治对创立国际法规范的影响包含了对形成习惯国际法规范的影响，因为国家实践和各国承认通例是国际法规范一样，都是一种政治现象。

总之，国际法规范源于国际政治的发展过程。只不过，国际法规范的创立过程并不是一个简单的政治过程，而是一个政治法律过程。国际法规范只有在存在政治意愿并且规范的创立过程是按照国际法原则进行的情况下才能产生。因此，可以说在国际法规范形成的过程中，国际政治处于一种十分显著的地位。这不禁使人回想起孟德斯鸠（Montesquieu）曾经说过的一句话："国际法是国家与国家相互关系的政治性的法律。"①

（二）国际政治对国际法的制约

国际法不可能是一种孤立的存在，它深受国际社会各个方面，特别是国际政治的制约。② 诚如英国学者赫德利·布尔（Hedley Bull）所言："国际法迁就国际政治的倾向，并不是某个聪明透顶的国际法教授的杰出工作或者国际法委员会的某个巧妙的报告就可以克服得了的，它是一个不可医治的毛病。"③ 况且，国际实践也证明，公正、合理的国际关系有助于国际法的发展，而国际强权政治会窒息国际法的生机。

1. 历史回溯

我们从国际法的历史演进中可以发现，国际法对国际政治有一种畸形的从属性。中世纪和近现代国际法，都是如此。

在中古时代，欧洲在政治上是在神圣罗马皇帝的统治下，皇帝是政治上的领袖，掌管世俗方面的事务；精神方面则由教皇统治，教皇是宗教上的领袖。因此，欧洲在理论上仍是一个大一统的国家，其他基督教国家的君主，都被认为隶属于皇帝与教皇。在这种大一统的制度下，其他国家的主权被否定，各国争端，只需诉诸教皇和皇帝，而不必利用国际法加以解决，所以，现代以独立、平等国家为基础的国际法当然无从发展。这诚如有学者所言："中世纪的欧洲是不利于国际法的发展的。"④

强权政治在近代国际法中留下了深刻的烙印。在近代国际法形成的年代里，源于欧洲的国际法具有强烈的排他性。⑤ 近代国际法主要适用于欧洲国家之间的关系。正如亨金教授所承认的，近代国际法"反映着它们（指欧洲国家——引者注）的基督教资本主义和帝国主义的利益"⑥。印度阿南德（Anand）教授指出，传统国际法实际上成了"欧洲列强的地区法律"⑦。国际法院的尼日利亚法官埃利亚斯

---

① ［法］孟德斯鸠：《论法的精神》，上册，张雁深译，137 页，北京，商务印书馆，1997。
② 参见梁西：《论国际法的发展》，载《武汉大学学报（哲学社会科学版）》，1990（5）。
③ ［英］赫德利·布尔：《无政府社会——世界政治秩序研究》，张小明译，73 页，北京，世界知识出版社，2003。
④ Arthur Nussbaum, *A Concise History of the Law of Nations*, New York, 1954, p. 17.
⑤ 参见杨泽伟：《国际法史论》，修订 2 版，81～82 页，北京，高等教育出版社，2011。
⑥ 转引自王铁崖：《第三世界与国际法》，载《中国国际法年刊》，1982，16 页。
⑦ R. P. Anand, *New States and International Law*, Delhi, 1972, p. 114.

(Elias) 也声称："自从格老秀斯以来，特别是 1648 年威斯特伐利亚和约以来，国际法在性质上和在适用上，主要是欧洲的。"① 而广大的殖民地、附属国被视为所谓的"非文明或半文明国家"，被排斥于国际法的适用范围之外。例如，19 世纪在柏林召开国际会议讨论非洲问题时，只有十几个国家参加会议，虽然它们被称为"准世界立法者"，为非洲制定国际公约，行使所谓"国际立法"的权力，但在参加国中没有一个非洲国家。②

到 19 世纪中叶，随着欧美列强侵入亚洲、非洲等地，近代国际法的适用范围虽有所扩大，但众多弱小国家却沦为了强权政治的受害者。它们尽管通过不平等条约的法律形式被纳入了近代国际法的调整范围，然而近代国际法上的主权平等原则并未适用于这些弱小国家，主权平等原则实质上只适用于所谓的欧洲文明国家。即使在所谓的欧洲文明国家之间，受国际强权政治的制约，主权平等原则也大打折扣。马克思曾经指出："英、美、法三国的商人在国外甚至比在家里更能自由行动。他们的大使馆保护他们，必要时还有几艘军舰来保护他们。"③ 在涉及欧美列强与殖民地国家间的关系时，特别是当欧美列强的根本利益受到严重威胁时，就没有国际法可言了。

进入 20 世纪，第一次世界大战极大地破坏了国际法，使国际法面临严重危机。第二次世界大战以反法西斯同盟国家的胜利而告终，它对整个世界历史进程有着决定性的影响。在整个国际关系和国际法体系中，它导致了在国际舞台上新的力量对比的形成。在二战后两极对峙的国际格局下，现代国际法常常屡遭践踏，显得苍白无力，联合国也不能发挥预期的作用。与此同时，随着第三世界国家的出现，现代国际法也有了一些新发展。

2. 现实分析

早在 20 世纪 30 年代，摩根索就曾经指出："在国家间关系中真正关键的是国际政治而不是国际法。"④ 在当代国际法中，我们随处也可以看见国际政治对国际法的影响。

(1)"冷战"与联合国。《联合国宪章》所设想的战后国际秩序应该是，用集体安全制度取代传统的军事结盟政策，用大国一致来维护和平与制止战争，用国际组织维护小国安全。然而，宪章墨迹未干，"冷战"鼓噪即已开始，并很快就在联合国开辟了战场。在"冷战"对峙的格局下，宪章的宗旨和原则没有得到很好的遵守，联合国几乎被变成了"冷战"双方的工具。在"冷战"形势下，联合国该做的

① T. O. Elias, *New Horizons In International Law*, Sijthoff & Noordhoff International Publishers, 1979, p. 21.

② See R. P. Anand, *New States and International Law*, New Delhi, 1972, p. 21.

③ 《马克思恩格斯全集》，第 21 卷，466 页，北京，人民出版社，1965。

④ B. S. Chimni, *International Law and World Order：A Critique of Contemporary Approaches*, Sage Publications, 1993, p. 71.

事不能做，而不该由联合国做并明显违反宪章宗旨和原则的事，却被加到联合国的头上，结果出现了许多扭曲的现象，正确的原则往往被贯以错误的内容，例如：大会的民主原则一度被当成了"表决机器"；中小国家如果在联合国的投票没有使一个大国感到满意，它们就要受到公开的威胁①；大会讲坛本应是认真倾听各国呼声和广泛审议国际问题的场所，但超级大国却常常忘记自己的承诺和义务，充耳不闻，把讲坛变成了对吵的舞台，以致一些喋喋不休的争吵项目总是翻来覆去地在大会上恶性循环。

总之，强权政治严重地伤害了联合国，使其难以尽其所能地发挥作用。在"冷战"背景下，联合国只能在美、苏对抗的夹缝中发挥作用，只能在远离"冷战"或"冷战"火药味不浓的领域施展影响。

此外，联合国还是二战后国际政治关系的一面镜子，否决权使用的情况也从一个侧面反映了国际政治的风云变幻。从 1946 年至 1955 年，美国独领风骚，基本上可以稳定地控制联合国会员国中的大多数，因而在这一时期苏联共使用 79 次否决权，而美国则一次也未使用。② 从 1956 年到 1965 年，美、苏两极进入相互争夺与缓和的新阶段，因此苏联行使否决权的次数显著下降，仅为 26 次，与前 10 年的 79 次相比形成鲜明对照。另外，20 世纪六七十年代随着大批新独立国家先后加入联合国，它们不但形成联合国成员的绝对多数，而且对联合国产生了重大影响。联合国力量对比的这种重大变化，标志着美、苏都难以利用联合国来贯彻它们的意旨，特别是美国多次被置于被告席位，因而美国一反常态，从过去强调发挥联合国作用转而攻击联合国出现"暴民政治"。从 1970 年美国第一次行使否决权开始，到 1985 年美国共行使了 49 次否决权，成了行使否决权次数最多的国家。③

特别值得注意的是，1990 年安理会针对海湾危机陆续通过了 12 项决议。在此过程中，安理会的五大常任理事国没有直接行使过一次否决权。这种情况在安理会表决的历史上是罕见的，这无疑也反映了进入 20 世纪 90 年代国际政治与形势变化的若干显著的特点。④ 此外，法新社 1993 年 1 月 12 日发自联合国的报道评论说，进入 90 年代后的几年，"安理会的决议基本上反映的是国家政治"，而且往往是由工业大国掌握的。美国及其盟国实际上可以主宰国际政治，并"把联合国作为谴责、制裁和其他行动的合法图章"⑤。

据有学者统计，在 1946 年—2002 年间，安理会常任理事国共行使了 294 次否决权，而其中只有 7 次是在 1991 年—2000 年间行使的，这十年是联合国近 60 年历

---

① 参见《联合国纪事》，第 3 卷，第 1 期，24 页。
② 1955 年 12 月 13 日这一天，苏联就接连投了 15 次否决票。有人讥称当时苏联驻联合国的代表葛罗米柯为"Mr. No"。参见梁西：《梁著国际组织法》，修订 6 版，杨泽伟修订，151 页，武汉，武汉大学出版社，2011。
③ See Sydney D. Bailey, *The United Nations：A Short Political Guide*，London，1989，p. 18.
④ 参见梁西：《梁著国际组织法》，修订 6 版，杨泽伟修订，189 页，武汉，武汉大学出版社，2011。
⑤ 梁西：《梁著国际组织法》，修订 6 版，杨泽伟修订，188 页，武汉，武汉大学出版社，2011。

史上行使否决权次数最少的十年。①

进入 21 世纪以来，安理会常任理事国否决权的行使也从另一个侧面映照了当下国际政治关系的新特点，即：大国战略竞争、对抗的现象凸显，特别是俄美对抗继续，中美战略竞争、对抗多点展开。如上所述，冷战期间美国和苏联为了各自的战略利益，频繁使用"否决权"否决对方集团提出的议案。据统计，历史上大部分的"否决权"都是苏联行使的。苏联解体后，美国一度是行使"否决权"最频繁的国家。然而，随着俄罗斯的复苏，在叙利亚问题上与美国相左，俄罗斯再度成为行使"否决权"最频繁的国家。② 2011 年以来，仅在叙利亚问题上，俄罗斯就投了多达 12 次的否决票。此外，从 2007 年开始到 2022 年 1 月，中国在安理会共行使了13 次否决权，主要针对美国、英国和法国等国家提出的涉及缅甸、叙利亚、津巴布韦和委内瑞拉等国家的问题的决议草案；况且，还出现了中国和俄罗斯均行使否决权的不少情形。③

（2）《联合国海洋法公约》（以下简称《海洋法公约》）的修改。1982 年《海洋法公约》是国际社会各种力量长时间反复较量后达成的调和与折中的产物。其中，关于国际海底区域的开发制度是海洋法的新问题，涉及所有国家的利益，广大发展中国家和欧美发达国家对此有重大的立场和利益分歧。《海洋法公约》第十一部分所规定的"平行开发制度"，明显强调了发展中国家的利益，而不利于发达国家的利益，因此，美国、英国、德国等发达国家对公约第十一部分不满意。它们不但不愿意加入该公约，反而针对公约第十一部分专门出台了一个《深海底多金属结核开

① See Peter Wallensteen and Patrik Johansson, "Security Council Decisions in Perspective", in David M. Malone ed., *The UN Security Council*, Lynne Rienner Publishers, 2004, p. 20.
② 截至 2022 年 1 月，联合国安理会 5 个常任理事国合计行使"否决权"292 次。其中，苏联/俄罗斯 138 次（苏联 110 次、俄罗斯 28 次），美国 82 次，英国 34 次，法国 20 次。中国是安理会常任理事国中行使否决权次数最少的国家，总共 18 次（中华民国 1 次，中华人民共和国 17 次）。See "Resolutions and decisions of the Security Council", available at https://research.un.org/en/docs/sc/quick/meetings/.
③ 进入 21 世纪以来，中国在安理会共行使 13 次否决权的具体情况如下：（1）2007 年 1 月 12 日，中华人民共和国否决了美国和英国提出的有关缅甸问题的决议草案；（2）2008 年 7 月 11 日，中华人民共和国否决了美国、英国提出的关于津巴布韦问题的决议草案；（3）2011 年 10 月 4 日，中华人民共和国否决了英国、法国提出的关于叙利亚问题的决议草案；（4）2012 年 2 月 4 日，中华人民共和国否决了英国、法国提出的关于叙利亚问题的决议草案；（5）2012 年 7 月 19 日，中华人民共和国否决了英国等国家提出的关于叙利亚问题的决议草案；（6）2014 年 5 月 22 日，中华人民共和国否决了美国等国家提出的关于叙利亚问题的决议草案；（7）2016 年 12 月 5 日，中华人民共和国否决了由埃及、新西兰和西班牙提交的关于"中东局势（叙利亚）"的决议草案；（8）2017 年 2 月 28 日，中华人民共和国否决了安理会关于就叙利亚使用化学武器实施制裁的决议草案；（9）2019 年 2 月 28 日，中华人民共和国否决了美国提出的关于委内瑞拉问题的决议草案；（10）2019 年 9 月 19 日，中华人民共和国否决了由比利时、德国和科威特提交的关于"中东局势（叙利亚）"的决议草案；（11）2019 年 12 月 20 日，中华人民共和国否决了由比利时、德国和科威特所提交的关于"中东局势（叙利亚）"的决议草案；（12）2020 年 7 月 7 日，中华人民共和国否决了由比利时和德国提交的关于题为"中东局势（叙利亚）"的议程项目的决议草案；（13）2020 年 7 月 10 日，中华人民共和国否决了由比利时和德国提交的题为"叙利亚（人道主义局势）"的议程项目的决议草案。

发暂行规定》。为了让公约在被广泛接受的前提下尽早生效，联合国秘书长连续多年在发展中国家与发达国家间进行协调。在联合国秘书长的推动下，经过长达 5 年两轮、15 个回合的艰苦谈判，发展中国家与发达国家在如何执行公约第十一部分方面取得了基本一致，并于 1994 年 7 月在联合国总部签订了《关于执行 1982 年 12 月 10 日〈联合国海洋法公约〉第十一部分的协定》，对《海洋法公约》第十一部分作了根本性的修改，从而在发展中国家作出巨大让步与牺牲的情况下，成功地弥合了发展中国家与发达国家之间的诸多严重分歧。

《海洋法公约》第十一部分的修改，从国际政治的角度来看，在世界竞争异常激烈的情况下，谁有雄厚的资本和技术，谁就能获得较大份额的权利与利益。各国自身的综合国力，是建立各种世界秩序的一个极其重要的背景。它明显地反映了国际政治对于多边条约的立法过程的影响。①

（3）2003 年的伊拉克战争。2003 年 3 月 20 日，美国发动了对伊拉克的战争。尽管美国政府以反恐自卫权理论作为对伊动武的主要理由，但这场战争由于没有得到联合国安理会的授权，它不但违反了禁止使用武力和不干涉内政的国际法原则，侵犯了伊拉克的主权和领土完整，破坏了联合国的集体安全机制，而且更重要的是动摇了整个国际法律秩序，对国际关系产生了恶劣而深重的影响。从国际政治的角度来分析，伊拉克战争所揭示的是在当下的国际关系中，世界力量对比的严重失衡，缺乏对美国超强力量的有效制约。② 美国政府在新保守主义思维的驱动下，决意滥用自己的力量，国际政治的负面效应被美国人的行为所张扬。布什政府的新保守主义理念相信：力量决定行为，不受制约的力量意味着不受制约的行为；国际条约也好，国际机制也好，都是实现美国利益的工具，如果它们不能服务于这个目的，那么美国将毫不犹豫地废弃这些条约，退出这些机制。③ 伊拉克战争为今后国际社会处理各种危机提供了恶劣的先例。这是伊拉克战争最糟糕的后果之一，也是"冷战"结束以来国际社会面临的最严重挑战之一。

伊拉克战争留给国际社会的教训是，在今后一段时期内，单边主义、美国利益优先可能将是美国处理国际事务的常态。因此，今后如何遏制美国新保守主义的势头，推动国际政治的民主化和法制化，成为 21 世纪初国际社会，特别是大国政治，面临的最大课题。

---

① See Louis Henkin, "International Law: Politics, Values and Functions", *Recueil des cours*, Ⅳ, 1989, p. 63.

② 国际政治学者柏金斯（Perkins）曾经指出："如果没有某种权力均衡，国际法就很难发挥效用。"摩根索也认为："只有国际社会的各成员间存在着一种平衡、一种权力均衡时，国际法才能存在。倘若各大国不能互相制衡，任何国际法的规则均将失去效力，因为一个最强有力的国家自然会试图为所欲为并违反法律。"（［美］汉斯·摩根索：《国家间政治：权力斗争与和平》，修订 7 版，［美］肯尼思·汤普森等修订，徐昕等译，312 页，北京，北京大学出版社，2006。）

③ 参见吴心伯：《力量、规则与秩序——对伊拉克战争的思考》，载《世界知识》，2003（14）。

五、国际法的发展前景

（一）国际法将更受重视

从许多方面来看，后"冷战"时期的国际关系比以前更加复杂。局部战争、暴力冲突和各种危机成为"冷战"后国际社会中经常发生的现象；全球核扩散的进程不但没有被有效地加以控制，反而有所加快；恐怖主义活动在全球范围内逐步蔓延，使越来越多的普通民众成为恐怖暴力事件的直接受害者。因此，目前国际社会面临的唯一选择是建立一个以国际法律秩序为基础的国际社会。希金斯（Higgins）早就指出："国际法是一个解决问题的过程。"[①] 同时，在未来的国际体系中，下列因素也将使国际法的作用更加突出。

1. 世界多极化趋势的牵制

虽然时下少数大国依然十分强大，足以承受无视国际法需要付出的代价，实力稍弱的国家通常别无选择，只能容忍这种对国际法的侵犯，但是随着国际关系的发展变化，各国之间实力差别的下降，世界多极化趋势的增强，主要大国，特别是强国，在作出决定和采取行动时，国际法的相关性必然会增加。

2. 国际组织的作用

尽管联合国依然被美国这样的国家当作可有可无的摆设，至多是追授战争合法性的橡皮图章，但世界上大多数国家依然愿意把这个最大的国际组织的正式决议作为战争合法性的标尺。况且，《联合国宪章》所规定的宗旨和原则已成为各国所遵行的基本原则。现在，各国是难以完全脱离《联合国宪章》和联合国而自由进行活动的。伊拉克战争也表明，如无联合国的授权，即使力量强大的美国，在政治上也是非常被动的。事实上，土耳其和沙特阿拉伯拒绝美军使用其军事基地，给美军造成的麻烦不亚于伊拉克方面的军事抵抗，而这两国敢于对美国说"不"，绝对与联合国没有授权有关。此外，美国的欧洲盟国虽不与美国正面对抗，但不愿意加以配合的心态十分明显。可见，国际组织和国际法律机制的制约作用较为突出。正如梁西教授所说："联合国已发展成为解决各种国际争端的一个非常重要的渠道"；"是当代多边外交的'协调中心'"；"在这风雨飘摇的'险海'中，有谁会轻易摒弃联合国这一叶扁舟"；"在新的形势下，联合国的功能应该进一步予以加强"[②]。

3. 国内外舆论的制约

国内外舆论的压力，促使决策者在决策过程中会更多地考虑国际法因素。美国学者卡尔·多伊奇（Karl Deutsch）在《国际关系分析》（*The Analysis of International Relations*）一书中正确指出："经过惨痛经历所得来的自动执行和通过预测

---

① Rein Mullerson, *International Law, Rights and Politics*, London, 1994, p. 55.
② 梁西：《梁著国际组织法》，修订6版，杨泽伟修订，92页，武汉，武汉大学出版社，2011。

未来而得到的自我控制，并不是国际法背后唯一的制裁。世界舆论的压力（德国政府在两次世界大战中因忽略世界舆论而吃了大亏）以及国内舆论对本国政府的感情突变而视其为不合法，从而导致人民大众和社会、文化、政治、科技等重要领域的精英悄悄地但却有力地撤回他们的支持，都是比较次要但却不可忽视的制裁。"①

4. 国际社会的法治意识也不断增强

随着全球性问题的凸显、多极化趋势的增强，世界各国日益重视利用国际法规则来缓和矛盾、解决争端。在国际交往中遵循国际法规则，成为国际社会的客观要求和自觉追求，也是衡量一个国家的软实力和影响力的重要指标。② 例如，2013 年俄罗斯出台的"外交政策构想"，就将维护和巩固国际法规则作为俄罗斯外交的优先方向之一。无独有偶，中国国家主席在 2014 年中、印、缅三国共同举办的"和平共处五项原则发表 60 周年纪念大会"上明确指出："……应该共同推动国际关系法治化。推动各方在国际关系中遵守国际法和公认的国际关系基本原则，用统一适用的规则来明是非、促和平、谋发展……在国际社会中，法律应该是共同的准绳……应该共同维护国际法和国际秩序的权威性和严肃性，各国都应该依法行使权利……"③ 2021 年《中华人民共和国国民经济和社会发展第十四个五年规划和 2035 年远景目标纲要》也明确提出："加强涉外法治体系建设，加强涉外法律人才培养"。

总之，可以预见在国际关系有可能改善的条件下，国际法必能进一步发挥它应有的作用。因为，"不仅国际法需要有一个国际社会的存在，国际社会的存在也需要有一个国际法体系来进行有效的协调"④。诚如有学者所言："没有国际法，就不可能建立一个能确保持久的国际和平与国家间紧密合作的新国际秩序。这正如只有砖而没有水泥就不能建成高楼大厦一样。"⑤

（二）国际法将逐步摆脱强权政治的束缚

如前所述，尽管在国际法的发展过程中，国际政治不时制约国际法的发展，但是从国际法的发展前景来看，减少或逐步摆脱国际政治的影响和束缚是其发展的必然趋势。其原因主要有以下几个方面。

1. 世界和平与发展的需要

虽然在强权政治依旧存在的今天，国际法的作用受到综合国力强大的国家以及一些地区性军事大国的束缚，有时仍不免成为这些国家推行其霸权主义、扩张主义

---

① ［美］卡尔·多伊奇：《国际关系分析》，周启朋等译，276～277 页，北京，世界知识出版社，1992。

② 参见徐宏：《法律外交理论和实践创新恰逢其时》，载《法律与外交》，2016 (1)。

③ 习近平：《弘扬和平共处五项原则、建设合作共赢美好世界——在和平共处五项原则发表 60 周年纪念大会上的讲话》（2014 - 06 - 28），载《人民日报》，2014 - 06 - 29，2 版。

④ 梁西主编：《国际法》，8 页，武汉，武汉大学出版社，2000。

⑤ G. I. Tunkin, "International Politics and International Law in the Nuclear Age", in Edward McWhinney, etc., ed., *From Coexistence to Cooperation: International Law and Organization in the Post-Cold War Era*, Martinus Nijhoff Publishers, 1991, p. 17.

和新殖民主义的工具，特别是对于那些违反国际法的行为，尚不能采取强制、有效的制裁措施。但是，国际法律关系和国际司法行为毕竟已成为国际政治与国际关系的一个重要组成部分，成为制约国际行为的一个重要因素。① 况且，世界需要和平，人类需要发展。因此，时代要求一切国家，特别是在军事和经济上强大的国家，依法履行国际义务，真诚进行国际合作，否则，国际法的全部建构就将濒临崩溃。正如一位著名的国际政治学家所说："最严重地处于毁灭危险之中的，正是那些拥有强大的军事力量的国家；因而在某些方面，安全同军事能力成反比，而不是成正比。"②

2. 国际法的民主性逐步加强

尽管国际社会的逻辑都是强者的逻辑，强者的逻辑在国际关系中能够得到一定程度的执行，但强者的逻辑毕竟不能长久地执行，不能让人心悦诚服。现在更是如此。③ 随着国际法主体的迅速增加，国际社会多元化的发展，国际法由过去大国控制下的，用以为其垄断地位服务的工具，逐渐变为广大中小国家用以反对强权政治、制约大国行为、维护自身利益和国际正义的重要武器。国际法的原则及内容，越来越朝着国际民主化、平等化的方向发展，并日益反映国际社会的共同利益。

3. 国际法的"硬"性因素呈逐渐增加之势④

国际法基本上是一种以主权者"平等、协作"为条件的法律体系，是一种国家之"间"的法律体系。因此，国际法常常被认为是一种"弱法"（weak law）或"软法"（soft law）。但是，国际社会的组织化趋势，使国际法的实质内容正处于变动之中，国际法的约束力不断增强。

一方面，国际社会已公认有若干强制规范的存在。第二次世界大战后，国际社会出现了强行法（jus cogens）理论。尤其是，1969 年的《维也纳条约法公约》第53 条和第 64 条明确规定："条约在缔结时与一般国际法强制规律（强行法）抵触者无效。"当今，虽然国际法的主要规范仍为意志法，但国际社会已公认有若干强制规范的存在。这无疑增强了国际法的约束力。

另一方面，国际组织强制行动（enforcement action）的约束力也有明显加强。《联合国宪章》第七章以较大的篇幅对此作了详细规定。特别是在"冷战"结束以来变化的世界秩序中，复活的、积极的联合国安理会在某些领域具有立法与行政作用。不仅在海湾战争（1990 年—1991 年），而且在索马里（1992 年）和南斯拉夫（1991 年—1994 年），安理会宽泛地解释了其依据《联合国宪章》第七章所行使的权力，以认定是否存在对和平的威胁、破坏和平或侵略的行为。正如亨金教授所指出的："安理会已宽泛地解释其权力为'决定'，即作出具有法律拘束力的决定——

---

① 参见冯特君、宋新宁主编：《国际政治概论》，352～353 页，北京，中国人民大学出版社，1992。
② 转引自时殷弘：《国际政治中的核武器与防核扩散问题》，载《世界知识》，2003（22）。
③ 例如，美国对伊拉克的战争，全球只有四五十个国家支持，而有一百五十个国家不支持甚至反对。
④ 参见梁西：《梁著国际组织法》，修订 6 版，杨泽伟修订，352 页，武汉，武汉大学出版社，2011。

施加强制性的经济制裁，授权军事行为，建立前南国际刑事法庭。"①

值得注意的是，近些年来国际社会还出现了不少对国家领导人的公职行为进行刑事追诉的事例。例如，1998 年 10 月，应西班牙法官加尔松等人的要求，英国司法机关拘禁了智利前总统皮诺切特，启动了引渡的司法程序，开创了对前国家元首在职时的公职行为进行追诉的先例；1999 年 5 月，前南斯拉夫国际刑事法庭检察长阿尔伯尔决定起诉时任南联盟总统的米洛舍维奇及其他四位南联盟高级官员并发出了国际逮捕令，开创了对现任国家领导人的公职行为进行刑事追诉的先例②；2001 年，柬埔寨特别法庭启动了审判原红色高棉领导人的司法程序；2003 年 6 月，联合国塞拉利昂特别法庭对时任利比里亚总统的泰勒发出国际通缉令。另外，2009 年 3 月，国际刑事法院宣布以涉嫌在苏丹达尔富尔地区犯有战争罪和反人类罪为由，正式对苏丹总统巴希尔发出逮捕令。这是国际刑事法院成立以来，首次对一个国家的现任元首发出逮捕令。2011 年 5 月，国际刑事法院检察官请求该法院法官对利比亚领导人卡扎菲发出逮捕令，以起诉其违反战争罪和反人类罪。2011 年 12 月，科特迪瓦前总统巴博在国际刑事法院首次出庭受审，他因此成为国际刑事法院成立以来首位被审判的前国家元首，巴博面临四项反人类罪指控。2013 年 6 月，塞内加尔宣布逮捕已在本国避难长达 23 年之久的乍得前总统哈布雷，随后在塞国成立的"特别非洲分庭"（Extraordinary Africa Chambers）正式指控哈布雷在任期间涉嫌犯有战争罪、反人类罪和酷刑罪。2013 年 9 月，联合国塞拉利昂特别法庭在海牙对利比里亚前总统泰勒的上诉作出终审判决，即以战争罪和反人类罪判处他 50 年监禁。这是第二次世界大战结束以来，首名被国际法庭判处有罪的前国家元首。上述例子，都在一定程度和范围内体现了国际法在执行方面的效力。

此外，加强履行条约义务的监督核查机制和争端解决机制和国际司法裁判机制，加大违约惩治的力度等，也进一步增强了国际法的约束力。③

推荐阅读书目及论文

1. ［美］熊玠 . 无政府状态与世界秩序 . 余逊达，张铁军，译 . 杭州：浙江人民出版社，2001

2. ［美］詹姆斯·多尔蒂，等 . 争论中的国际关系理论 . 阎学通，等译 . 修订 5 版 . 北京：世界知识出版社，2003

3. ［美］汉斯·摩根索 . 国家间政治——权力斗争与和平 . ［美］肯尼思·汤普森，戴维·克林顿，修订 . 徐昕，等译 . 修订 7 版 . 北京：北京大学出版社，2006

---

① Louis Henkin, *International Law: Politics and Values*, Martinus Nijhoff Publishers, 1995, p. 4.
② 2006 年 3 月，米洛舍维奇死于荷兰海牙的监狱中，"米案"才不了了之。
③ 参见黄惠康：《中国特色大国外交与国际法》，114 页，北京，法律出版社，2019。

4. 梁西. 梁著国际组织法. 修订 7 版. 杨泽伟，修订. 武汉：武汉大学出版社，2022

5. Francis Anthony Boyle. World Politics and International Law. Duke University Press，1985

6. Louis Henkin. International Law：Politics，Values and Functions. Recueil des cours，Ⅳ，1989

7. G. I. Tunkin. On the Primacy of International Law in Politics. in W. E. Butler ed.. *Perestroika and International Law*. Martinus Nijhoff Publishers，1990

8. G. I. Tunkin. International Politics and International Law in the Nuclear Age. in Edward McWhinney，etc.，ed.. From Coexistence to Cooperation：International Law and Organization in the Post-cold War Era. Martinus Nijhoff Publishers，1991

9. B. S. Chimni. International Law and World Order：A Critique of Contemporary Approaches. Sage Publications，1993

10. Rein Mullerson. International Law，Rights and Politics. London，1994

11. Jianming Shen. The Basis of International Law：Why Nations Observe. Dickinson Journal of International Law. Vol. 17，No. 2，1999

12. Onuma Yasuaki. International Law in and with International Politics：The Functions of International Law in International Society. European Journal of International Law. Vol. 14，No. 1，2003

13. Malcolm N. Shaw. International Law. 9th edition. Cambridge University Press，2021

第 二 章

当代国际法的新发展与价值追求

进入 21 世纪以来，国际关系发生了许多变化：无论是 "9·11" 事件的发生，还是全球性金融危机的爆发，乃至气候变化大会的召开、逆全球化潮流的涌动、新冠肺炎疫情的肆虐，都令人目不暇接。伴随着国际格局的演变、国际社会的结构性变化，国际法也出现了许多新现象，面临许多新挑战。

一、国际社会基本结构的新变化

国际社会结构的变化是国际法发展的前提。法律往往反映其运作中的社会条件和文化传统。作为调整国际关系特别是国家间关系的国际法，也是社会环境本身的产物，它按照国际关系盛行的概念发展，它的继续存在必须符合时代的现实性。[①]

2001 年 "9·11" 事件后，国际关系发生了很大变化，国际体系面临向多极化方向转型，并逐步呈现以下几个特点。

（一）国际社会的基本结构——"无政府、有组织"形态

在现今的国际社会里，各国都是平等共处的主权国家，没有凌驾于其上的权威，在各国之上也不可能有一个超国家的世界政府存在。各国之间既没有一个统一的最高立法机关来制定法律，也没有一个处于国家之上的司法机关来适用和解释法律，更没有一个凌驾于国家之上的行政机关来执行法律，因此，主权国家可以按照自己的国家利益行事，只受所谓 "权力均衡" 的限制。所以，从这个意义上说，存在着迪金森（Goldsworthy Lowes Dickinson）所说的 "国际无政府状态"[②]（the international anarchy）。有学者指出，无政府状态是国际社会生活的主要事实与理论思考的起点，"对国际生活最有成效的研究，大多与探寻国际生活缺少这种共同政

---

① See Malcolm N. Shaw, *International Law*, 9th ed., Cambridge University Press, 2021, pp. 36 – 37.
② ［英］赫德利·布尔：《无政府社会——世界政治秩序研究》，张小明译，37 页，北京，世界知识出版社，2003。

府所造成的后果有关"①。

进入 21 世纪后，虽然美苏两极对峙早已消失，但原来在两极格局掩盖下的民族矛盾、种族纷争和宗教冲突一再涌现，地区分治主义不断抬头。因此，国际关系中的"无政府状态"似乎比以往更加明显。有学者认为，"20 世纪 90 年代以来的世界，比起东西方核武器、意识形态的对抗突然结束时人们估计的要更加危险得多。"② 联合国开发计划署《2002 年人类发展报告》也指出："9·11"事件后，人们有理由担心出现更加严重的全球分裂现象。

同时，由于国际组织的数量不断增加，国际法的调整范围日益扩大，国际社会的"有组织"状态也十分明显。正如有学者所言："如果无政府状态意指彻底混乱，那么它则不是国际关系的确切表述。国际事务中既有冲突，也有合作，有一个外交体系、国际法以及使权力政治的运作缓和或复杂化的国际制度，甚至还有并非完全没有影响的限制战争的规则。"③ 有学者进一步指出，即使是在原始社会，也并非完全无序，"原始社会（primitive stateless society）也是处于'有秩序的无政府状态'（ordered anarchy）之中"④。

（二）"21 世纪型危机"的出现

进入 21 世纪以来，随着经济全球化进程的加速发展，世界经济实现了人员、物资与资金的自由往来。与此同时，各种类型的危机也纷至沓来：从 2001 年"9·11"恐怖袭击事件到马德里、伦敦爆炸案；从 2003 年"SARS"疫情的全球肆虐到 2020 年开始在世界蔓延的新冠肺炎疫情；从硝烟弥漫的阿富汗战争、伊拉克战争到持续至今的朝核、伊核问题；从 2008 年由美国次贷危机引发的全球金融动荡到各国对食品安全、粮食安全的重视；从全球关注的苏丹达尔富尔问题到冲突不息的中东局势；从各国对能源安全的关注到 2015 年巴黎气候变化会议以及海平面上升的影响；等等。有人把这种像流感一样蔓延的新型危机，称为"21 世纪型危机"⑤。

面对这种新型危机，中国政府提出了"和平发展战略"、"一带一路"倡议和构建"和谐世界""人类命运共同体"等理念，而个别大国则片面追求本国利益，奉行单边主义。

---

① ［美］詹姆斯·德·代元主编：《国际关系理论批判》，秦治来译，101 页，杭州，浙江人民出版社，2003。
② Erskine Childers and Brian Urquhart，"Renewing the United Nations System：the International Civil Service"，*Development Dialogue*，No. 1，1994，p. 11.
③ ［英］马丁·怀特等编：《权力政治》，宋爱群译，66 页，北京，世界知识出版社，2004。
④ ［英］赫德利·布尔：《无政府社会——世界政治秩序研究》，张小明译，48 页，北京，世界知识出版社，2003。
⑤ 《21 世纪型危机考验日本的"复眼"思考》，载《日本经济新闻》，2009－05－04。转引自《参考消息》，2009－05－05，3 版。

（三）全球性金融危机导致国际力量对比的深刻变化

由美国次贷危机所引发的全球金融危机，使发达国家的经济遭受严重打击。美国、日本以及欧盟成员国的经济实力都有所下降，中国、印度、巴西等国的综合国力却不断上升。2008 年 11 月，由成员国仅限于美、日、德、法、英、意、加、俄诸国的 G8 峰会，也变成了由美国、中国、欧盟、英国、法国、德国、俄罗斯、日本、印度、阿根廷、澳大利亚、巴西、加拿大、印度尼西亚、意大利、韩国、墨西哥、沙特阿拉伯、南非、土耳其诸国（国家集团）领导人共同参与的"二十国集团"峰会，以应对全球金融危机，加强国际金融领域监管规范，推进国际金融体系改革等。

值得注意的是，英国外交大臣戴维·米利班德认为，中国将成为 21 世纪"不可或缺的力量"，在未来的几十年间，中国将与美国一道，成为两支"权威力量"；"二十国集团"峰会作为一个国际论坛，对中国来说实际上是一个非常重要的、经济上的"成人礼"①。三边委员会欧洲副主席埃尔韦·德卡穆瓦也大胆预言，世界将走向美中两强独霸时代。② 2017 年 1 月，习近平主席出席达沃斯世界经济论坛年会并发表主旨演讲，具有特别重大的历史意义。有外国媒体指出，中国或成全球化进程中的"首席小提琴手"③。

诚然，无论是米利班德的看法，还是德卡穆瓦的观点，都不乏善意的夸张。然而，我们不能否认的是，在国际体系中"各种力量的重新组合，必然会对国际法的内容及其实施产生影响"④。

综上可见，目前国际体系正处于转型时期，被誉为"百年未有之大变局"。换言之，一个新的国际格局正在形成过程中。晚近国际法的发展就是建立在这样一个国际社会的结构上的。要了解 21 世纪国际法的发展趋势，就必须科学地研究这一国际社会的结构。总之，国际社会基本结构的这些新变化，"对国际法在世界范围内的进一步发展将产生决定性的影响"⑤，它使国际法从"冷战"时期的共存（co-existence）走向后"冷战"时期的合作（co-operation），"国际社会共同利益"（common interests in international community）日益成为主流。

---

① 《英国外交大臣：中美将成为世界两强》，载（英国）《卫报》，2009 - 05 - 18。转引自《参考消息》，2009 - 05 - 19，15 版。
② 参见 ［法］埃尔韦·德卡穆瓦：《从 20 国集团到 2 国集团：走向美中两强独霸时代》，载（法国）《论坛报》，2009 - 05 - 11。转引自《参考消息》，2009 - 05 - 20，16 版。
③ 目前中国已成为全球第二大经济体、第一大制造国、第一大外汇储备国、第一大债权国、第一大货物贸易国、第一大石油进口国和第一大造船国；有 3 万多家中国企业遍布世界各地；几百万名中国公民工作、学习、生活在全球各个角落，2019 年全年出境旅游人数达 1.6 亿人次。
④ Louis Henkin, "International Law: Politics, Values and Function", *Recueil des cours*, Ⅳ, 1989, p. 335.
⑤ Manfred Lachs, "Thoughts on Science, Technology and World Law", *American Journal of International Law*, Vol. 86, 1992, p. 676.

二、当代国际法发展的新趋势

诚如有学者所说："随着权力结构的改变而引发体系变迁时，国际法也会更改。"① 因此，目前国际体系的转型，必然会影响当代国际法的发展。

（一）"全球市民社会"的兴起、国际社会组织化趋势进一步增强

1. "全球市民社会"的兴起

20世纪90年代以来，随着科学技术的进步所导致的交通与通信手段的历史性突破、现代市场经济前所未有的全球扩张以及全球性问题的日益严重，在国际关系和国际政治领域逐渐出现了一个新的术语——"全球市民社会"（global civil society）。"全球市民社会"主要是指"存在于家庭、国家和市场之间，在超越于国家的社会、政治和经济限制之外运作的思想、价值、制度、组织、网络和个人的领域"②。"全球市民社会"蕴含了一种对人类规范价值的渴求，昭示了人们全球身份的认同感和全球意识。"全球市民社会"的兴起，对国际和平与安全、环境保护、气候变化、经济发展、社会进步、妇女权益、人权保障以及民族和宗教问题等均产生了重要影响。

2. 国际社会组织化趋势进一步增强

与"全球市民社会"的兴起遥相呼应、交互影响的是国际社会组织化趋势进一步增强，它主要体现在以下几个方面：

（1）国际组织的数量呈爆炸性增长。国际联盟的设立是国际社会组织化（institutionalization of the international community）的最初尝试。第二次世界大战后建立的联合国，是国际社会组织化的决定性步骤。③ 自联合国成立以后，随着殖民体系的逐步瓦解、新兴独立国家的日益增多和国家间交往的日趋频繁，七十多年以来，各种全球性与区域性国际组织的发展非常迅猛。尤其是国际经济组织和各种各样的专门性机构，在数量上更是有了爆炸性增长。据统计，目前全世界各种大小的国际组织已达74 000多个，其中政府间的重要组织早已超过7 000个，非政府间组织有51 000多个，它们的90％以上是在20世纪50年代之后发展起来的。④

（2）国际组织的活动范围不断扩大、职能日益膨胀。各种类型的国际组织活跃在国际社会的众多领域。无论是政治、经济、军事，还是教育、科技、文化、卫生

---

① ［美］熊玠：《无政府状态与世界秩序》，余逊达、张铁军译，24页，杭州，浙江人民出版社，2001。

② Helmut Anheier, etc., *Global Civil Society* 2001, Oxford University Press, 2001, pp. 16 - 17.

③ See Bruno Simma, "From Bilateralism to Community Interest in International Law", *Recueil des cours*, Ⅵ, 1994, pp. 257 - 258.

④ 据《国际组织年鉴》（*Yearbook of International Organizations*）的统计，截至2022年1月全世界各种大小国际组织的总数已达74 000个，每年还大约新增1 200个国际组织。详见《国际组织年鉴》网站，https://uia.org/yearbook。

等各个方面，都成了国际组织工作的对象。大到全球的气候变化、世界战争，小至人类的生老病死和衣食住行，均与国际组织的活动密切相关。可以说，国际组织职能的扩张是与国际生活紧密相连的。"国际组织数量的激增及职权的相继扩大，使全世界彼此影响的各式各样的国际组织已经形成为一个巨大的'国际组织网'，出现了国际社会进一步组织化的新趋势。"①

（3）国际社会的组织化使国家主权的保留范围相对缩小。进入 21 世纪以来，随着国际格局向多极化方向发展，国际组织的潜力很快被释放出来，国际组织的触角不断地深入国家主权的管辖范围，使国家军备、人权、贸易、关税、投资、环境保护、知识产权等诸多方面，都受到不同程度的影响。与此同时，有关国家还甘心让国际组织暂时行使主权权利，或将部分主权权利持久地转让给国际组织。欧洲联盟是主权权利持久地转让给国际组织的最突出的代表。特别值得注意的是，2007年 12 月，欧盟领导人还正式签署了《里斯本条约》。《里斯本条约》是在《欧盟宪法条约》的基础上修改而成的。在机构设置方面，它有几项重大举措：1）设立常任欧盟理事会主席职位，取消目前每半年轮换一次的欧盟主席国轮替机制；主席任期为两年半，可以连任。这样，欧盟将破天荒出现一个超越国家的领导人。2）将欧盟负责外交和安全政策的高级代表和欧盟委员会负责外交的委员这两个职权交叉的职务合并，设立欧盟外交和安全政策高级代表一职，全面负责欧盟对外政策。这样就大大加强了欧洲的声音。

（二）国际法全球化与碎片化共存的现象明显

"冷战"结束以来，国际法的发展呈现出两种重要的趋势：一是国际法的适用范围不断扩大，国际法越来越全球化②；二是各种规范之间的冲突和矛盾加剧，国际法的体系结构愈益碎片化。

1. 国际法的全球化

就国际法而言，国际法的全球化（globalization of international law）主要体现在以下两个方面。

（1）国际法适用于整个国际社会。③ 依据传统的见解，国际法是所有文明国家间的行为规则，并普遍适用于全世界的国际关系领域。然而，"十月革命"后社会主义国家——苏联的出现，对这种看法提出了挑战。苏联的法学家否认有共同的国际法存在。④ 特别是在第二次世界大战后，随着东欧社会主义国家的建立以及越南、朝鲜及中国革命的胜利，世界划分为两大阵营，国际关系的形态大为改变，而相应出现的所谓社会主义国际法体系的提法，使原有国际法的单一体系发生了动

① 梁西：《梁著国际组织法》，修订 6 版，杨泽伟修订，349 页，武汉，武汉大学出版社，2011。
② See P. S. Berman, *The Globalisation of International Law*, Aldershot, 2005.
③ 参见杨泽伟：《晚近国际法发展的新特点及其影响因素》，载《中国法学》，2000（6）。
④ See M. Chaskste, "Soviet Concepts of the State, International Law and Sovereignty", *American Journal of International Law*, Vol. 43, 1949, p. 27.

摇。这种情况也使欧美国际法学界的一些学者对国际法是否仍有单一体系的问题，抱有悲观的看法，如英国学者史密斯（H. A. Smith）①、美国学者孔慈（J. Kunz）②与威尔克（Kurt Wilk）③等。此外，第二次世界大战后亚非拉地区有大批新兴国家出现，形成所谓的第三世界，它们对国际法的态度也使一部分学者忧虑国际法的普遍性。④ 这些国家对当时国际法的内容表示许多不满意的地方，要求修正或采纳一些新的原则。

然而，由于国际社会结构的变化，两极对峙的"冷战"格局的结束，目前没有任何国家集团或意识形态再对国际法体系作有力挑战，使国际合作有可能加强。在当今和可预见的将来，世界各国将奉行一个国际法的体系⑤，但由于许多新兴国家的参加，这个国际法体系的内涵已不是原来的以西欧基督教文化为主，而是被世界各个不同文化国家所贡献的内涵所平衡。值得注意的是，詹宁斯和瓦茨在其修订的《奥本海国际法》第九版中也指出："国际法律秩序适用于整个由国家组成的国际社会，并在这个意义上具有普遍的性质。"⑥

（2）许多全球性问题需要国际法来调整。各国日益相互依存、相互联系，影响国际法的发展。当今，国际社会更加需要发展普遍性的国际法规范以应付全球性问题。特别是进入21世纪以来，无论是汇率、货币政策，还是军备控制、化学武器、地雷、应对气候变化、挽救濒危物种、森林保护、少数民族权、国际贸易、区域一体化、政策的选择权等，都日益受国际法的约束。⑦

在这些关系到全球性的问题中，最明显的是环境保护和应对气候变化。⑧ 在当今世界，应对气候变化的挑战史无前例，正如有学者所指出的："一个在美国排放的二氧化碳分子对中国人的害处，与一个在中国排放的二氧化碳分子对美国人的害处是一样的，或者说对地球上任何一个人的害处都是一样的，这一事实意味着，没

---

① See H. A. Smith, *The Crisis in the Law of Nations*, London, 1947, pp. 1-32.
② See Joseph L. Kunz, "The Changing Law of Nations", *American Journal of International Law*, Vol. 51, 1957, pp. 73-83.
③ 威尔克认为在主要国家间意识形态冲突的世界，已不可能有共同的国际法的存在。See Kurt Wilk, "International Law and Global Ideological Conflict", *American Journal of International Law*, Vol. 45, 1951, pp. 648-670.
④ See Oliver J. Lissitzyn, "International Law in a Divided World", *International Conciliation*, No. 542, 1963, pp. 37-62.
⑤ 参见丘宏达：《现代国际法》，32页，台北，三民书局，1995。
⑥ ［英］詹宁斯、瓦茨修订：《奥本海国际法》，第1卷，第1分册，王铁崖等译，50页，北京，中国大百科全书出版社，1995。
⑦ See Philip Alston, "The Myopia of the Handmaidens: International Lawyers and Globalization", *European Journal of International Law*, Vol. 8, No. 3, 1997, p. 435.
⑧ See Jonathan I. Charney, "Universal International Law", *American Journal of International Law*, Vol. 87, No. 4, 1993, p. 529.

有一个人可以逃脱我们都无法逃避的共同命运。"① 这种新的现实威胁迫切需要世界各国作出一整套全新的反应，在这方面，国际法应该能够建立一致的普遍性规范来处理这些威胁。② 此外，国际恐怖主义行为、国际犯罪行为（如灭绝种族罪和战争罪）和使用核武器都产生了同样的全球性问题，它们被提上国际议程已有一段时间，迫切需要用国际法来加以解决。

2. 国际法的碎片化

国际法的碎片化③（fragmentation of international law）主要是指在人权法、环境法、海洋法、欧洲法、世界贸易组织法、国际贸易法、国际投资法、国际难民法、国际能源法等国际法的一些领域或分支，出现了各种专门的和相对自治的规则或规则复合体、法律机构以及法律实践领域。④ 这种专门法律的制定和机构建设，一般是在比较忽视邻近领域的立法和机构活动，比较忽视国际法的一般原则和惯例的情况下进行的，因而造成各种规则或规则体系之间的冲突。⑤

其实，早在 20 世纪 50 年代初，詹克斯（Wilfried Jenks）就注意到了国际法的碎片化问题，认为产生国际法碎片化的主要原因是国际社会缺乏一个总的立法机构。⑥ 他还预言，需要一种类似于冲突法的法律来处理这类碎片化问题。2000 年，联合国国际法委员会在第 52 届会议上决定将"国际法碎片化引起的危险"专题列入其长期的工作方案。2006 年 5 月～8 月，在日内瓦召开的第 58 届联合国国际法委员会会议上，以科斯肯涅米（Martti Koskenniemi）为首的研究小组提交了《国际法碎片化问题：国际法多样化和扩展引起的困难》（Fragmentation of International Law：Difficulties Arising from the Diversification and Expansion of International Law）的研究报告，该报告主要分七个部分，较为系统地阐述了国际法的碎片化问题及其解决办法。

应当指出的是，碎片化不是国际法的一个新现象，它是国际法体系固有的结构特征，只不过是在当代国际法多样化、全球化及其扩展的条件下才凸显，并成为影

---

① Asia Society Center on U. S. -China Relations，"Pew Center on Global Climate Change，Common Challenge，Collaborative Response：A Roadmap for U. S. -China Cooperation on Energy and Climate Change"，February 2009，available at http：//www. pewclimate. org/US-China，最后访问日期：2021 - 12 - 26。

② 2015 年 11 月签署的《巴黎协定》，正式启动了 2020 年后全球温室气体减排进程。该协定还确定了国家自主贡献在全球温室气体减排中的法律地位等。

③ 有学者把它译为"国际法不成体系"。

④ See Malcolm N. Shaw，*International Law*，9th ed. ，Cambridge University Press，2021，pp. 54 - 55.

⑤ See Report of the Study Group of the International Law Commission，"Fragmentation of International Law：Difficulties Arising from the Diversification and Expansion of International Law"，available at http：//daccessdds. un. org/doc/UNDOC/LTD/G06/634/39/PDF/G0663439. pdf？OpenElement，最后访问日期：2021 - 12 - 26。

⑥ See Wilfried Jenks，"The Conflict of Law-Making Treaties"，*British Yearbook of International Law*，Vol. 30，1953，p. 403.

响国际法的适用效力的严重问题。① 国际法碎片化的确有产生各种相互冲突和不相容的原则、规则、规则体系和体制惯例的危险，但它也反映出国际法律活动迅速扩展到各种新的领域以及其目标和手段的多样化。②

（三）国际法的刑事化现象不断增多，国际法的约束力不断增强

1. 国际法的刑事化现象不断增多

国际法刑事化现象（criminalization of international law）的产生经历了一个渐进的过程，但在 20 世纪 90 年代以来国际法的发展中尤为明显。

第二次世界大战后由战胜国设立的纽伦堡和东京国际军事法庭是这一过程的第一个步骤。③ 许多德、日法西斯战犯被指控违反了反人道罪和反和平罪，并受到了相应的惩罚。后来，联合国国际法委员会还把这两个军事法庭所阐明的国际法原则加以编纂。

20 世纪 60 年代，弗雷德曼（Wolfgang Friedmann）出版了其名著《变动的国际法结构》（*The Changing Structure of International Law*）。他认为《纽伦堡宪章》的影响下国际罪行将扩大。这种扩大，是通过正在确立的对某些国际承认的犯罪行为如屠杀、驱逐和计划、准备以及发动侵略战争等的个人责任来完成的。④ 因此，他预见这种个人责任将对国家和政府的法律责任产生重大影响。除了这些规范性的分析，弗雷德曼的著作还从制度方面作了探讨。他断言："国际法的扩展最终将会要求创建国际刑事法庭。"⑤ 他的这一预言现已通过联合国的努力实现了。自弗雷德曼的书出版后，除了一些对战争罪和反人道罪的国内起诉外，并没有太多的国际实践推动国际法的刑事化。然而，在这一时期，在法理上对纽伦堡原则的合法性的国际认同、对国际罪行的普遍管辖原则的适用性以及惩罚那些大规模违反国际人道法的行动的需要加强了。

"前南斯拉夫和卢旺达国际刑事法庭的设立反映了国际法的日益刑事化现象。"⑥ 在前南斯拉夫境内的暴行震惊了人类的良知，在短时间内，这些事件引发安理会根据《联合国宪章》第七章颁布了《前南斯拉夫国际刑事法庭规约》⑦（以下简称"前南规约"）和《卢旺达国际刑事法庭规约》⑧（以下简称"卢旺达规

---

① 参见古祖雪：《现代国际法的多样化、碎片化与有序化》，载《法学研究》，2007（1）。

② See Steven R. Ratner, "Regulatory Takings in Institutional Context: Beyond the Fear of Fragmented of International Law", *American Journal of International Law*, Vol. 102, 2008, p. 3.

③ See Malcolm N. Shaw, *International Law*, 9th ed., Cambridge University Press, 2021, p. 38.

④ See W. Friedmann, *The Changing Structure of International Law*, London, 1964, p. 168.

⑤ W. Friedmann, *The Changing Structure of International Law*, London, 1964, p. 168.

⑥ Theodor Meron, "Is International Law Moving towards Criminalization?", *European Journal of International Law*, Vol. 9, No. 1, 1998, p. 18.

⑦ Report of the Secretary-General Pursuant paragraph 2 of Security Council Resolution 808 (1993), UN Doc. S/25704 & Add. 1, 1993, Annex.

⑧ Statute of the Rwanda Tribunal, SC Res. 955, UN SCOR, 3453 rd Mtg, UN Doc. S/RES/955, 1994.

约"），同时也推动了联合国国际法委员会通过提议的《国际刑事法庭规约草案》。这两个特别法庭规约代表了《纽伦堡宪章》的一个重要发展。首先，关于严重违反《日内瓦公约》和灭绝种族罪的规定占据了规约的中心地位。其次，"前南规约"确认了非国际武装冲突（不限于国际战争）中的反人道罪，而"卢旺达规约"则承认即使在平时也能产生这种罪行。① 海牙法庭在 Tadic 案的上诉裁决中对这种违反人道罪的广泛性给予了司法上的确认。再次，强奸已被定性为一种反人道罪。② 最后，也是最重要的，是承认共同违反《日内瓦公约》第 3 条及其第二附加议定书是犯罪行为，"卢旺达规约"构成了一个涉及国内暴行的国际人道法的特别积极的声明。

前南斯拉夫和卢旺达国际刑事法庭的设立，进一步引起了国际社会对建立一个常设刑事法院以起诉大规模屠杀和战争犯罪的关注。③ 1998 年 7 月，160 个国家在罗马开会，讨论建立一个常设的国际刑事法院以审判那些严重违反灭绝种族罪、战争罪和反人类罪的人，并通过了《罗马公约》。2002 年 7 月，国际刑事法院在海牙正式成立，对战争罪、反人类罪和灭绝种族罪等重大罪行进行了审理并作出判决。④

可见，在个人的刑事责任方面，国际法已经明显地走向更广泛的刑事化。⑤ 就国际范围而言，它体现在国际人道法和国际刑事法庭的设立⑥；而在国内方面，它扩大了法人的刑事责任。在国内法体系中，普遍性管辖和保护性管辖的概念已经增强。国际组织，特别是国际刑事法庭，促进了国际刑法的发展。国际法刑事化的命运将主要取决于国际刑事法院的功效以及前南斯拉夫国际刑事法庭和卢旺达国际刑事法庭的成就。

2. 国际法的"硬"性因素呈逐渐增加之势。⑦ 关于此目的具体内容，已在第一章详细阐述，在此不赘述。

（四）国际法与国内法相互渗透、相互影响的趋势更加凸显

1. 国内法对国际法的影响

"作为一种后发的法律秩序，国际法在形成与发展过程中受到国内法的影响是

---

① See Theodor Meron, "International Criminalization of Internal Atrocities", *American Journal of International Law*, Vol. 89, 1995, p. 557.
② Yugoslav Statute, Article 5.
③ 前南斯拉夫国际刑事法庭自成立以来，已对 161 名犯罪嫌疑人提起了公诉，其中 91 人已经被判决。不过，前南斯拉夫国际刑事法庭于 2017 年年底正式结束运作，卢旺达国际刑事法庭于 2015 年年底正式结束运作，两法庭的剩余案件均转入"国际刑庭余留机制"（the International Mechanism for Criminal Tribunals）负责审理。参见 https://www.imct.org/。
④ 截至 2022 年 1 月，已有 123 个国家加入了《罗马公约》，成为国际刑事法院的成员国；另外有 39 个国家签署了该公约，但是并未得到各自国家立法机关的批准；国际刑事法院共受理了 30 起案件。
⑤ See Theodor Meron, "Is International Law Moving towards Criminalization?", *European Journal of International Law*, Vol. 9, 1998, p. 30.
⑥ 除前南斯拉夫国际刑事法庭和卢旺达国际刑事法庭外，联合国塞拉利昂特别法庭、东帝汶特别法庭及柬埔寨混合法庭都已经建立。
⑦ 参见梁西：《梁著国际组织法》，修订 6 版，杨泽伟修订，352 页，武汉，武汉大学出版社，2011。

很自然的。"① 影响国际法的首先是罗马法，"罗马法在国际法的发展史上占有非常重要的地位"②，国际法中有许多罗马法的遗迹③："万国法"这个词的运用就来源于罗马法。国际法中的先占（occupation）是指占领他国领土或取得一块无主地，它来自罗马法中"occupatio"，意思是占用某物，不管是动产或不动产，但此物不属于任何人。国家地役（state servitude）来源于罗马法的"servitus"，它与奴隶制无关，而是指在他人土地上的通行权或类似的权利，它直接限制了一块土地的所有权。此外，添附曾出现在《查士丁尼法典》中。时效及其取得、消灭也来源于罗马法。当然，罗马法的一些术语在融入国际法的过程中，大部分在新的条件下已经完全被赋予了新的意义。总之，罗马法在某种程度上加快了国际法的形成过程。④

今天，欧美发达国家的国内法对国际法发展的影响同样巨大。就多边贸易体制而言，美国和欧共体即是推动多边贸易体制发展进程的核心力量。⑤ 此外，"欧盟还被称为当今国际能源法律制度最为先进的实验室"⑥，它不但为其成员国的能源立法，而且为世界上其他国家的能源立法提供了某种样板。

2. "国际法国内化"⑦

现在许多国际法原则、规则都要求各国制定相应的国内法规范，以切实履行国际法上的义务。1995 年成立的世界贸易组织，其有关规定尤为典型。世界贸易组织规则具有双重的法律效果："不仅使通过规定的途径达到国家的法律体系，而且使国际一级的准则法律化。"⑧《建立世界贸易组织的马拉喀什协议》对此作了明确规定，例如，该协议第 2 条指出："附件一、附件二和附件三中的各协议及其法律文件均是本协议的组成部分，并约束所有成员。"该协议第 16 条则进一步规定："每一成员应当保证其法律、规则和行政程序，与所附各协议中的义务相一致。"因此，世界贸易组织确定了其有关规范优于成员方的国内法的宪法性原则。

世界贸易组织所确定的这种国际法效力优先的原则，不但得到大多数国家国内法的认可，而且也为其他的国际条约所证实。例如，《维也纳条约法公约》第 27 条规定："一当事国不得援引其国内法规定为理由而不履行条约。"此外，在司法实践

---

① 蔡从燕：《国内公法对国际法的影响》，载《法学研究》，2009 (1)。

② 杨泽伟：《国际法史论》，修订 2 版，14 页，北京，高等教育出版社，2011。

③ See Arthur Nussbaum, *A Concise History of the Law of Nations*, New York, 1954, p.12.

④ 参见杨泽伟：《国际法史论》，修订 2 版，20 页，北京，高等教育出版社，2011。

⑤ See Ernst-Ulrich Petersmann, "Constitutionalism and WTO Law: From a State-Centered Approach towards a Human Rights Approach in International Economic Law", in Daniel L. Kennedy & James D. Southwick (eds.), *The Political Economy of International Trade Law*, Cambridge University Press, 2002, pp.32 – 33.

⑥ Thomas W. Wälde, "International Energy Law: Concepts, Context and Players", available at http://www.dundee.ac.uk/cepmlp/journal/htm/vol9/vol9 – 21.html，最后访问日期：2021 – 12 – 26。

⑦ ［英］苏珊·马克斯：《宪政之谜：国际法、民主和意识形态批判》，方志燕译，145 页，上海，上海世纪出版集团，2005。

⑧ 潘抱存：《论国际法的发展趋势》，载《中国法学》，2000 (5)。

中,同样要求国内法院在国际法与国内法发生冲突的情况下,适用国际法,否则就构成国际不法行为。

总之,由于许多法律关系和法律问题仅仅依靠国内法或国际法的调整不足以解决问题,需要国内法与国际法的共同规范,因此国内法与国际法交叉与融合的现象越来越明显。例如,国际能源法和国内能源法虽然是两个不同的法律体系,但由于国内能源法的制定者和国际能源法的制定者都是国家,因此这两个体系之间有着密切的联系,彼此不是互相对立而是互相渗透和互相补充的。① 首先,国际能源法的部分内容来源于国内能源法,如一些国际能源公约的制定就参考了某些国家能源法的规定,国内能源法还是国际能源法的渊源之一。② 其次,国内能源法的制定一般也参照国际能源公约的有关规定,从而使与该国承担的国际义务相一致。最后,国际能源法有助于各国国内能源法的趋同与完善。

(五) 国际法的调整范围不断向非传统安全领域延伸

"非传统安全"是指由非政治和非军事因素所引发,直接影响甚至威胁本国和别国乃至地区与全球发展、稳定和安全的跨国性问题,以及与此相应的一种新安全。"非传统安全观"的出现,实际上反映了人们对安全问题认识的变化和国家安全观的扩展,即安全意识与安全概念从政治、军事领域逐步扩展到经济、文化、社会、资源、环境、科技、信息、舆论等领域;国家安全概念已从过去只是针对外部军事入侵和战争威胁的传统含义,扩展到保持本国稳定、发展和有序;安全认识和关注的对象不仅包括国家,还扩大到作为公民的个人和整个人类。③

科学技术的进步极大地拓宽了人类的生存空间和活动天地——人类的足迹上到外层空间,下至海床洋底。国际法的适用范围亦随之扩大,今天国际法的调整范围已非常宽广:"从外层空间探测的规则到大洋洋底划分的问题,从人权的国际保护到国际金融体系的管理,其所涉领域已从以维护和平为主扩大到包括当代国际生活的所有方面"④。正如联合国前秘书长安南所言:"今日之世界已完全不同于1945年。"⑤ 我们现在和未来几十年所面临的最大的安全威胁已经绝不仅仅是国家发动的侵略战争了,这些威胁扩大到恐怖主义、毒品和武器交易、跨国有组织犯罪、应对气候变化、民族和宗教冲突、邪教猖獗、金融动荡、信息网络攻击、基因与生物事故、非法移民、地下经济及洗钱、能源安全、武器扩散、传染病蔓延、海盗和贫

---

① 参见杨泽伟:《国际能源法:国际法的一个新分支》,载《华冈法粹》,2008 (40)。
② 例如,国际石油合同的性质就是双重的,既含国际公法的成分,也包括国际私法的因素。不过,一般都认为国际石油合同是投资合同或商业合同,不是国际条约,它应受缔约国国内法的调整。See Zhiguo Gao, *International Petroleum Contracts*: *Current Trends and New Directions*, Graham & Trotman Limited, 1994, pp. 209 - 210.
③ 参见陆忠伟主编:《非传统安全论》,19~23 页,北京,时事出版社,2003。
④ Malcolm N. Shaw, *International Law*, 9th ed., Cambridge University Press, 2021, p. 36.
⑤ Edward C. Luck, "How not to Reform the United Nations", *Global Governance*, Vol. 11, 2005, p. 407.

穷等"非传统安全"领域。① 况且，上述"非传统安全"领域的威胁还在不断加剧，并以前所未有的范围和强度对一国、地区乃至全球的发展、稳定和安全造成强烈的冲击。因此，当代国际法的调整范围逐步从过去的以和平与安全为主扩大到"非传统安全"领域。

因为国际法调整领域的进一步拓展，所以国际法学者以后的研究范围将更加宽广，不仅包括传统国际法的一些领域，还有国际法上出现的新问题。例如，能源安全问题是包括中国在内的许多国家当前面临的现实问题。能源安全问题，需要包括法学在内的多学科的系统研究和交叉研究。研究能源安全问题以及如何实现"能源供给革命"、"能源技术革命"、"能源消费革命"和"能源体制革命"，既能为维护中国的能源安全提供法律与政策的智库保障，又将极大地丰富国际法的理论，促进国际能源新秩序的建立。此外，发达国家新能源法律与政策也是一个值得研究的问题。因为进入 21 世纪以来，在能源需求增长、油价攀升和气候变化问题日益突出等因素推动下，新能源再次引起世界各国的重视，掀起了新一轮发展高潮；而发展新能源也是中国应对世界能源系统变化、建设"两型社会"的现实需要。

又如，《巴黎协定》背景下中国应对气候变化的法律问题，将成为未来中国国际法学界研究的热点之一。因为 2015 年《巴黎协定》，开启全球新的应对气候变化进程。中国在《巴黎协定》谈判中的积极态度，赢得了国际社会的赞誉。在新的应对气候变化国际形势下，中国应如何履行《巴黎协定》的义务？《巴黎协定》对次国家气候治理有何影响？《巴黎协定》有哪些不确定性和缺陷等？上述问题都值得关注。

三、当代国际法的应有价值与时代使命

国际法作为主要由民族国家组成的国际体系中的法律，反映了该体系中的政治主张、应有价值与时代使命，并服务于各种目标。因此，国际体系的转型带来的支配国际体系的政治力量及其政治主张的变化，必然会引起国际法价值观念的某些变动。② 由于国际法的价值问题很少在国际法律文件中提及，所以我们只能从国际法律体系的基本规范和长期的国际关系实践中推断出来。特别是进入 21 世纪以来，

---

① See Mark Udall, "Collective Security and the United Nations", *Denver Journal of International Law and Policy*, Vol. 33, No. 1, 2004—2005, p. 4. 此外，"威胁、挑战和改革问题高级别小组"在其《一个更安全的世界：我们的共同责任》的报告中，将当今世界面临的各种威胁归纳成以下 6 组：经济和社会威胁，包括贫穷、传染病及环境退化；国家间冲突；国内冲突，包括内战、种族灭绝和其他大规模暴行；核武器、放射性武器、化学和生物武器；恐怖主义；跨国有组织犯罪。2005 年 3 月，联合国秘书长安南在其《大自由：实现人人共享的发展、安全和人权》报告中采纳了上述高级别小组报告中的观点。
② See Louis Henkin, *International Law: Politics and Values*, Martinus Nijhoff Publishers, 1995, p. 1.

国际社会对国际法的需求比"冷战"期间更为紧迫，在许多方面，国际法所肩负的期望和使命也越来越大。①

（一）发展、安全、人权等价值目标

1. 发展

发展涉及多层面的问题：从两性平等到公共卫生，从教育到环境，不一而足。关于发展问题的国际法律文件，最早可以追溯到《联合国宪章》和《世界人权宣言》，尽管这两者并没有明确提出发展的概念。1986 年 12 月，联合国大会通过了《发展权宣言》，正式确认了发展权。2000 年，各国在《联合国千年宣言》中承诺："使每一个人拥有发展权，并使全人类免于匮乏。"2015 年第 70 届联合国大会通过了《改变我们的世界：2030 年可持续发展议程》，宣布了 17 个可持续发展目标和 169 个具体目标。可见，今天解决发展问题已成为当代国际法上的一项重要内容。诚如《改变我们的世界：2030 年可持续发展议程》所指出的："没有和平与安全，就不可能有可持续发展；没有可持续发展，就会危及和平与安全。"②

2. 安全③

在现代国际关系中，各个国家都把安全作为其战略目标的最高诉求，因此，"国际法的价值之一，就在于通过界定其主体间权利义务和协助解决争端来维持和平、保障安全"④。进入 21 世纪以来，对和平与安全的威胁不仅包括国际战争和武装冲突，也包括国内暴力、有组织犯罪、恐怖主义、大规模毁灭性武器以及极端贫穷、致命传染病和环境退化等。在这种背景下，国际社会达成了新的安全共识，即各种威胁彼此关联，发展、安全和人权相互依存；任何国家都无法完全靠自己实现自我保护；所有国家都需要一个符合《联合国宪章》的宗旨和原则的有实效和效率的集体安全体系。⑤

3. 人权

第二次世界大战结束以来，"各国在人权意识和道德感悟程度上的提高，是至关重要的新的体系价值兴起的一个明显的标志"⑥。联合国成立后，一直决心为创建一个以对人权普遍尊重为基础的和平、公正的世界而奋斗。1946 年 6 月，联合国经社理事会通过决议设立了人权委员会。联合国人权委员会是经社理事会附属机构

---

① 参见［美］迈克尔·赖斯曼：《国际法：领悟与构建——迈克尔·赖斯曼论文集》，万鄂湘等译，142 页，北京，法律出版社，2007。

② 《改变我们的世界：2030 年可持续发展议程》，A/70/L.1，2015-09-18。

③ 有学者认为，"善意践行废除公然的侵略行为"具有核心价值的地位。See Thomas K. Plofchan Jr., "A Concept of International Law: Protecting Systemic Values", *Virginia Journal of International Law*, Vol. 33, 1992—1993, p. 212.

④ 高岚君：《国际法的价值论》，61 页，武汉，武汉大学出版社，2006。

⑤ 参见联合国秘书长的报告：《大自由：实现人人共享的发展、安全和人权》（2005 年 3 月 21 日），载 http://www.un.org/chinese/largerfreedom/part4.htm，最后访问日期：2021-12-26。

⑥ ［美］熊玠：《无政府状态与世界秩序》，余逊达、张铁军译，155 页，杭州，浙江人民出版社，2001。

的职司委员会之一。2006 年 3 月，联合国大会通过决议决定，设立人权理事会，并作为联合国大会的下属机构取代人权委员会。联合国人权理事会负责对联合国所有成员国作出阶段性人权状况回顾报告，理事会成员在任期内必须接受定期普遍审查机制的审查。

值得注意的是，近年来欧盟对外关系中呈现出愈来愈明显的"人权导向"：其他欧洲国家在申请加入欧盟时，必须满足一定的"人权条件"；在向第三国提供发展援助时，将尊重人权作为必要条件，并在第三国违反人权时取消相应的财政和技术援助；在共同外交与安全政策框架下坚持开展"人权外交"。

应当指出的是，2005 年 3 月，时任联合国秘书长安南在其《大自由：实现人人共享的发展、安全和人权》报告中指出，"我们处在一个技术突飞猛进、经济日益相互依存、全球化及地缘政治巨变的时代。在这一时代，发展、安全和人权不但都有必要，而且互为推动"①。该报告不但明确指出了发展、安全和人权等价值目标，而且提出了实现这些价值的具体措施和步骤。2005 年 10 月，联合国世界首脑会议再次重申："和平与安全、发展和人权是联合国系统的支柱，也是集体安全和福祉的基石。我们认识到，发展、和平与安全、人权彼此关联、相互加强。"② 可见，发展、安全、人权等价值体系在某种程度上已经得到了国际社会的认可。总之，发展、安全和人权这三大价值目标密不可分，"没有发展，我们就无法享有安全；没有安全，我们就无法享有发展；不尊重人权，我们既不能享有安全，也不能享有发展"③。而国际法的社会建构作用不可或缺，它是实现和平、繁荣和有效的国际合作等所有价值目标的最重要的工具。④

（二）国际法的宪政功能

自"冷战"结束以来，国际宪政问题或国际法的宪法功能成为欧美国际法学界的时髦话题。其实，早在 1926 年，奥地利国际法学家菲德罗斯（Alfred Verdross）就首次使用了"宪法"一词。⑤ 菲德罗斯认为，普遍的国际社会的宪法是"以下列一些规范为基础的：这些规范，在各国形成国际法的时候被假定为有效，而且此后通过国际习惯法和一些个别的集体条约得到了发展"⑥。自从国际联盟成立后，国际社会就有了一个宪法性文件——《国际联盟盟约》。因为《国际联盟盟约》第 20

① 联合国秘书长的报告：《大自由：实现人人共享的发展、安全和人权》（2005 年 3 月 21 日），载 http://www.un.org/chinese/largerfreedom/part4.htm，最后访问日期：2021 - 12 - 26。
② 《2005 年世界首脑会议成果》，联合国大会决议 A/RES/60/1，2005 年 10 月 24 日。
③ 联合国秘书长的报告：《大自由：实现人人共享的发展、安全和人权》（2005 年 3 月 21 日），载 http://www.un.org/chinese/largerfreedom/part4.htm，最后访问日期：2021 - 12 - 26。
④ See Gabriella Blum, "Bilateralism, Multilateralism, and the Architecture of International Law", *Harvard International Law Journal*, Vol. 49, No. 2, 2008, p. 332.
⑤ See Bruno Simma, "From Bilateralism to Community Interest in International Law", *Recueil des cours*, Ⅵ, 1994, p. 21.
⑥ ［奥］菲德罗斯等：《国际法》，上册，李浩培译，170 页，北京，商务印书馆，1981。

条规定盟约项下的义务具有优先性，有学者称之为"更高的法律"①。

《联合国宪章》作为联合国的组织法和现代国际法的重要内容之一，目前被当作一项宪法性文件，或者被看作是国际社会的"宪法"②。

首先，《联合国宪章》的有关规定，如禁止以武力相威胁或使用武力、和平解决国际争端等，都已具备了国际强行法的性质。

其次，《联合国宪章》第 103 条规定宪章项下的义务具有优先性。这正如有学者所指出的："有充分的理由假定，与第三方国家缔结的明显或至少表面上与《联合国宪章》抵触的条约，不但是不可强制执行的，而且对这些国家来说也是无效的……第三方国家在其条约关系和其他方面，必须尊重《联合国宪章》为联合国会员国规定的义务。"③

最后，根据《联合国宪章》的有关条款，安理会负有维护国际和平与安全的主要职责；大会有权审查安理会和联合国其他机构的工作报告，尤其是预算报告；国际法院充当类似于一个《联合国宪章》"合法性"的监护人，并被赋予一个潜在的、具有"保护性"色彩的角色。④

随着国际社会组织化趋势的进一步增强，虽然时下国际法学界对国际法是否正在"宪法化"或在何种程度上在"宪法化"，存在较大争议，但是不可否认的是，国际宪政思潮已经成为国际法学界不能回避的课题。有学者甚至提出，国际宪法（international constitutional law）将成为国际法上新的次一级的学科。⑤

（三）国际法的民主与法治价值

1. 民主

传统国际法是很少涉及民主话题的。然而，"冷战"结束以后，随着亨廷顿（Samuel Huntington）提出"民主第三波"（third wave of democratization）理论，美国纽约大学弗兰克（Thomas Franck）教授也指出，"民主治理规范"或"民主治

---

① H. Lauterpacht，"The Covenant as the Higher Law"，*British Yearbook of International Law*，Vol. 17，1936，pp. 54－56.

② Laurnce R. Helfer，"Constitutional Analogies in the International Legal System"，*Loyola of Los Angels Law Review*，Vol. 37，2003，p. 193；Leland M. Goodrich and Edvard Hambro，*Charter of the United Nations：Commentary and Documents*. Stevens & Sons Limited，1949，p. 519.

③ Bardo Fassbender，"The United Nations Charter as Constitution of the International Community"，*Columbia Journal of Transnational Law*，Vol. 36，1998，p. 532.

④ 参见［美］迈克尔·赖斯曼：《国际法：领悟与构建——迈克尔·赖斯曼论文集》，万鄂湘等译，420页，北京，法律出版社，2007.

⑤ See Bardo Fassbender，"The Meaning of International Constitutional Law"，in Ronald St. John Macdonald & Douglas M. Johnston（eds.），*Towards World Constitutionalism*，Martinus Nijhoff Publishers，2005，p. 838；Andrew Clapham，*Brierly's Law of Nations：An Introduction to the Role of International Law in International Relations*，7th edition，Oxford University Press，2012，p. 92.

理的权利"（the right to democratic governance）正在国际法上出现。① 弗兰克认为，所谓的民主治理规范首先意味着政府的合法性是由国际标准而不纯粹是由国内标准来决定的；其次，只有民主政府才会被接受为合法政府；最后，把获得民主治理确立为一项人权，这项权利应当通过恰当的监督和执行程序受到保护。② 可见，"民主治理规范"将使获得民主治理成为一项普遍的权利，具有对抗所有国家的执行力，无论这些国家是否是人权条约的成员。弗兰克的观点得到了不少欧美知名学者的赞同，如塞尔纳（Christina Cerna）、克劳福德（James Crawford）、福克斯（Geregory Fox）和诺尔特（George Nolte）等。哈佛大学斯劳特（Anne-Marie Slaughter）教授甚至指出："国际法学说由于未能充分重视民主和平而有所缺陷。"③

"民主治理规范"理论正越来越引起国际社会的重视。④ 例如，在 2000 年《联合国千年宣言》中，每个会员国都承诺要提高贯彻民主原则和推行民主体制的能力。同年，联合国大会还通过了一项关于促进和巩固民主的决议，并有一百多个国家签署了《民主共同体华沙宣言》。⑤ 此外，世界许多区域性国际组织也将促进民主视为一项核心工作，如 2001 年 6 月美洲国家组织第 28 次特别会议一致通过了《美洲民主宪章》，该宪章正式阐述了美洲国家组织的民主观，成为该组织促进西半球民主的行动指南。2005 年，联合国秘书长安南在其《大自由：实现人人共享的发展、安全和人权》报告中提出，"民主不属于任何国家或区域，而是一项普遍权利"；并建议"在联合国设立民主基金，以便向设法建立或加强民主体制的国家提供援助"⑥。2005 年联合国世界首脑会议也重申："民主是一种普遍价值观，基于人民决定自己的政治、经济、社会和文化制度的自由表达意志，基于人民对其生活所有方面的全面参与……民主、发展与尊重所有人权和基本自由是相互依存、相互加强的。"⑦

值得注意的是，2021 年 9 月 10 日，联合国秘书长古特雷斯向联合国大会提交的秘书长报告《我们的共同议程》（Our Common Agenda：Report of the Secretary-General）特别强调："各国同意恪守其订立的国际协议和作出的承诺，促进尊重民主和人权，并通过加强透明、负责任的治理以及独立的司法机构来加强民主治理和

---

① Cecile Vandewoude, "Book Reviews: Democracy and International Law by Richard Burchill", *European Journal of International Law*, Vol. 19, 2008, p. 234.
② See Thomas M. Franck, "The Emerging Right to Democratic Governance", *American Journal of International Law*, Vol. 86, No. 1, 1992, pp. 46 - 91.
③ ［英］苏珊·马克斯：《宪政之谜：国际法、民主和意识形态批判》，方志燕译，49 页，上海，上海世纪出版集团，2005。
④ 参见王家兵：《国际法视野下国家民主治理问题研究》，武汉大学 2014 年博士学位论文。
⑤ See A/55/328，附件一。
⑥ 联合国秘书长的报告：《大自由：实现人人共享的发展、安全和人权》（2005 年 3 月 21 日），载 http://www.un.org/chinese/largerfreedom/part4.htm，最后访问日期：2021 - 12 - 26。
⑦ 《2005 年世界首脑会议成果》，联合国大会决议 A/RES/60/1，2005 年 10 月 24 日。

法治。"①

然而，一些学者对"民主治理规范"理论提出了质疑。例如，美国亚利桑那州立大学罗思（Brad R. Roth）教授认为，"民主治理规范潜藏着使国际法沦为干涉主义强国之玩物的危险"②。芬兰赫尔辛基大学科斯肯涅米（Martti Koskenniemi）教授也断言，"民主治理规范理论被怀疑为一种新殖民主义的策略，有可能带来帝国主义的重新抬头"③。笔者看来，当代国际法将民主作为其一种新的价值取向，有助于提升全球善治的整体水平，但是"民主治理规范"应更多地着眼于国际组织自身的民主治理、国际决策的民主，从而达到进一步增强国际法民主化的目的。

2. 法治

法治是与民主密切相关的一个问题，它同样涉及国内和国际两个层面。每一个在国内宣称实行法治的国家，在国外也必须尊重法治。每一个坚持在国外实行法治的国家，在国内也必须实行法治。与 19 世纪的维也纳体制、20 世纪初的国际联盟体制不同，建立在第二次世界大战废墟上的联合国体制，是以《联合国宪章》为基础倾向于"规则之治"，从而有助于推进国际法治进程。

进入 21 世纪以来，国际社会要求加强法治的呼声不断高涨。例如，2000 年，《联合国千年宣言》重申了所有国家对法治的承诺，并将法治视为促进人类安全和繁荣的一个积极、重要的框架。2005 年，联合国秘书长安南在其《大自由：实现人人共享的发展、安全和人权》报告中呼吁，联合国所有会员国"必须通过普遍参与多边公约加强对法治的支持"，并建议"在拟议的建设和平支助厅内专门设立一个主要由联合国系统现有工作人员组成的法治援助股，负责协助各国努力在冲突中和冲突后社会重建法治"④。同年，联合国世界首脑会议再次强调："需要在国家和国际两级全面遵守和实行法治，为此重申决意维护《联合国宪章》的宗旨和原则以及国际法，并维护以法治和国际法为基础的国际秩序，这是国家间和平共处及合作所不可或缺的。"⑤ 2021 年 9 月 10 日，联合国秘书长古特雷斯向联合国大会提交的秘书长报告《我们的共同议程》呼吁，"遵循国际法，开展国际合作"，"可以考虑旨在发展和有效执行国际法的全球路线图"，包括"鼓励更多国家批准或加入具有普遍意义的条约""敦促各国接受国际法院的强制管辖权""就全球关切的法律问题

① "Our Common Agenda: Report of the Secretary-General", available at https: //digitallibrary. un. org/record/3939309?.
② Brad R. Roth, "Democratic Intolerance: Observations on Fox and Nolte", *Harvard International Law Journal*, Vol. 37, 1996, p. 236.
③ Martti Koskenniemi, "Intolerant Democracies: a Reaction", *Harvard International Law Journal*, Vol. 37, 1996, p. 231.
④ 联合国秘书长的报告：《大自由：实现人人共享的发展、安全和人权》（2005 年 3 月 21 日），载 http://www. un. org/chinese/largerfreedom/part4. htm，最后访问日期：2021-12-26。
⑤ 《2005 年世界首脑会议成果》，联合国大会决议 A/RES/60/1，2005 年 10 月 24 日。

定期在联合国大会举行包容性对话"等。① 特别值得一提的是，近些年来诸如国际刑事法院等各类国际刑事司法机构相继设立，以及针对达尔富尔、东帝汶和科特迪瓦等问题，专门设立的专家委员会和调查委员会，都有利于推进国际社会的法治。

总之，在国际体系转型背景下，今后国际法的重要性会日益增强，特别是"随着世界各国之间实力差别的下降，国际法的相关性增加了……国际协议和国际法的管辖对于合理使用全球的公共地区以及由自我控制和集体实施共同商定的原则为指导的国际秩序，是很有必要的"②。

（四）国际社会共同利益与国际新秩序的建立

人类社会的发展，推动了人类认识的进步。在 1968 年，哈丁（Garret Hardin）最早提出了"公地悲剧"的隐喻，其精髓是"公地的自由使用为所有人带来了毁灭"③。为了避免"公地悲剧"在国际社会重演，在当代国际社会中，各个国家根据国家主权原则追求各自的利益，但也尊重相互的利益，这就是主权独立、平等互利的国际社会的发展，使人们越来越多地对"国际社会共同利益"（the common interests of the international community）予以关注。④ 一个国家的民族利益离不开全人类的共同利益，"共同体的利益高于共同体组成部分（国家）的利益，也作为现代国际关系的（新）前提得到了确立"⑤。

今天，"国际社会共同利益"的理念比以前更深刻地渗透到国际法中。⑥ 国际法已从传统的双边主义（bilateralism）扩展到有组织的国际合作，特别是经济、社会、文化、交通等方面的合作。此外，海洋资源的开采、外层空间的利用、国际环境的保护、防止核武器的扩散、国际新秩序的建立等，都体现了"国际社会共同利益"。这种认识已使人们超越了过去那种国际关系的局限，逐渐懂得全人类的相互依存。尽管这种发展还受到民族利己主义的严重干扰，但人们对"国际社会共同利益"的关注这一因素越来越影响新的国际法规则的制订，体现着国际法进步发展的一个方向。诚如有学者所说，在 21 世纪由科学技术的高度发达造成的全人类相互依赖性的增强和全人类共同面临的客观困境共同提出了新的要求：所有的国际法规则均必须受到"国际社会共同利益"的制约，必须为"国际社会共同利益"服务；"国际社会共同利益"成为国际法的最终目的性价值。⑦

综上可见，随着国际体系的转型、国际社会基本结构的新变化，当代国际法的

① See "Our Common Agenda: Report of the Secretary-General", available at https://digitallibrary.un.org/record/3939309?.
② ［美］卡尔·多伊奇：《国际关系分析》，周启朋等译，276 页，北京，世界知识出版社，1992。
③ ［美］熊玠：《无政府状态与世界秩序》，余逊达、张铁军译，189 页，杭州，浙江人民出版社，2001。
④ 参见潘抱存：《中国国际法理论新探索》，93～95 页，北京，法律出版社，1999。
⑤ ［美］熊玠：《无政府状态与世界秩序》，余逊达、张铁军译，196 页，杭州，浙江人民出版社，2001。
⑥ See Bruno Simma, "From Bilateralism to Community Interest in International Law", *Recueil des cours*, Ⅵ, 1994, p. 234.
⑦ 参见高岚君：《国际法的价值论》，138 页，武汉，武汉大学出版社，2006。

价值目标与时代使命在变化中进步：从开始注重调整非传统安全领域到对发展、安全和人权等多元价值的兼顾；从进一步推动国际社会组织化到对国际法的"宪法化"问题的思考；从考虑国际社会的民主法治要求到对全人类共同利益的关注等。

四、影响当代国际法新发展的因素

（一）科学技术

科学技术的进步促进了社会生产力的发展，不断为人类活动开辟新领域。世界的范围相对地缩小了，人类的关系空前地密切了。科学技术对国际关系的深刻影响，也必然会反映在国际法的发展上，从而使国际法伴随着科学技术的进步而不断变化。近现代国际法如此，当代国际法亦然。[①] 今天，科学技术的进步对人和社会的深远影响尤为明显，也深刻地影响国际关系的发展[②]，推动了国际法各个分支的演进。

外层空间法是在科学技术的推动下产生的一个国际法的新分支。随着人类外空活动的增加，有关月球和其他天体的法律问题提上了国际社会的议事日程，产生了诸如"探索和利用"以及"和平利用外层空间"等概念。此外，诸如无线电波段和频率的分配、地球静止轨道的合理利用、卫星遥感地球、卫星直接电视广播、空间碎片、外层空间的商业化利用以及空间站的法律问题等，都需要国际法规范的进一步调整。

海洋法虽是一个古老的法律部门，但随着科学技术的进步，它已从过去的海面法向纵深方面发展直至海床洋底，产生了新的海底开发制度，1982 年《海洋法公约》、1994 年《关于执行 1982 年 12 月 10 日〈联合国海洋法公约〉第十一部分的协定》以及目前正在起草的"国家管辖范围以外海域生物多样性国际协定"，就是明显的例子。可以说，"大多数新的海洋法规，包括大陆架、海床、航行、国家管辖和海洋科学研究都是科学技术的巨大变化的结果"[③]。

国际环境法是国际法上较新的一章，也是现代科学技术发展的结果。近年来，国际社会日益关注臭氧层的问题，制定了《保护臭氧层的维也纳公约》。国际社会还多次召开了世界性环境与发展会议，呼吁加强对环境的保护。同时，世界各国还密切关注全球气候变化问题，制订了"巴厘岛路线图"，并于 2015 年 11 月签署了《巴黎协定》，开启了全球新的应对气候变化进程。另外，知识产权的国际保护、国家责任等受科学技术的影响也非常明显。

---

① 参见杨泽伟：《晚近国际法发展的新特点及其影响因素》，载《中国法学》，2000（6）。

② See Manfred Lachs，"Thoughts on Science，Technology and World Law"，*American Journal of International Law*，Vol. 86，1992，p. 683.

③ Manfred Lachs，"Thoughts on Science，Technology and World Law"，*American Journal of International Law*，Vol. 86，1992，p. 691.

值得注意的是，随着云计算、大数据、量子科技、区块链、物联网、工业互联网、5G、人工智能等新一代信息技术加速突破应用，人类社会已经迎来了数字经济时代。所有这些，无疑需要运用国际法予以规制、应对。[①]

可见，"科学技术的发展促进了国际造法过程，加速了习惯法的形成"[②]。

总之，回顾国际法的演进，我们能够找到许多反映科学技术对国际法规则的产生和发展有影响的例证。然而，国际法的发展经常滞后于科学技术的进步，不能很好地适应国际社会的需要。这在很大程度上是由科学技术的进展所带来的严重的利益冲突所导致的。这几乎体现在国际法的各个领域，例如，发展中国家和发达国家在外层空间的探索和利用、国际海底开发制度、人权的国际保护、知识产权以及如何弥补南北经济发展的鸿沟等问题上存在很大分歧。科学技术本身当然不能为自己制订规则，人类同样不能成为科学技术的奴隶，唯一的选择是伴随着科学技术的进步，不断制定新的国际法规范以适应国际社会的需要。

（二）国际政治

关于此目的具体内容，已在第一章详细阐述，在此不赘述。

（三）国际社会共同利益

关于国际社会共同利益对国际法发展的影响，在本章的前面部分已经述及，在此不赘述。

推荐阅读书目及论文

1. 潘抱存 . 论国际法的发展趋势 . 中国法学，2000（5）

2. 高岚君 . 国际法的价值论 . 武汉：武汉大学出版社，2006

3. 杨泽伟 . 当代国际法的新发展与价值追求 . 法学研究，2010（3）

4. 杨泽伟 . 国际法史论 . 修订 2 版 . 北京：高等教育出版社，2011

5. Kurt Wilk. International Law and Global Ideological Conflict. American Journal of International Law. Vol. 45，1951

6. Hilary Charlesworth etc. . Feminist Approaches to International Law. American Journal of International Law. Vol. 85，1991

7. Anthony Carty. Critical International Law：Recent Trends in the Theory of International Law. European Journal of International Law. Vol. 2，No. 1，1991

---

① 2018 年 11 月，一位中国科学家宣称利用 CRISPR-Cas9 技术创造出世界首例基因编辑婴儿。这一消息震惊了全世界。对此，世界卫生组织警告说，基因编辑可能产生"意想不到的后果"；并表示正在组建一个专家小组，在研究伦理和安全问题后就基因编辑制定明确的指导方针和标准。

② Manfred Lachs，"Thoughts on Science，Technology and World Law"，*American Journal of International Law*，Vol. 86，1992，p. 684.

8. Manfred Lachs. Thoughts on Science，Technology and World Law. American Journal of International Law. Vol. 86，1992

9. Bruno Simma. From Bilateralism to Community Interest in International Law. Recueil des cours. Ⅵ，1994

10. Peter Malanczuk. Akehurst's Modern Introduction to International Law. London，1997

11. Theodor Meron. Is International Law Moving towards Criminalization. European Journal of International Law. Vol. 9，1998

12. Anne-Marie Slaughter，etc.，. International Law and International Relations Theor：A New Generation of Interdisciplinary Scholarship. American Journal of International Law. Vol. 92，1998

13. Steven R. Ratner，etc.，. Appraising the Methods of International Law：A Prospectus for Readers. American Journal of International Law. Vol. 93，1999

14. Andrew Clapham. Brierly's Law of Nations：An Introduction to the Role of International Law in International Relations. 7th ed.. Oxford University Press，2012.

15. Malcolm N. Shaw. International Law. 9th ed.. Cambridge University Press，2021

第 三 章

"一带一路"倡议与当代国际法的发展

　　"一带一路"倡议自 2013 年提出以来，迄今已取得了举世瞩目的成就，并产生了广泛的国际影响。一方面，中国与"一带一路"沿线国家的投资和经贸合作水平显著提升，其中货物贸易额累计超过 6 万亿美元，对沿线国家的投资超过 900 亿美元，已建设 82 个境外经贸合作区，为当地创造了 24.4 万个就业岗位；中欧班列已累计开行 39 622 列运，送货物 354.1 万标箱，通达欧洲 22 个国家的 160 多个城市。① 另一方面，截至 2022 年 1 月底中国已累计同 148 个国家、32 个国际组织签署了 200 多份政府间共建"一带一路"合作文件。② 2016 年 11 月，联合国 193 个会员国协商一致通过决议，欢迎共建"一带一路"等经济合作倡议，呼吁国际社会为"一带一路"建设提供安全保障环境。特别是，2017 年 3 月联合国安理会在有关"阿富汗形势"（The Situation in Afghanistan）的第 2344 号决议中首次载入了中国"一带一路"倡议。③ 可以说，"共建'一带一路'正在成为我国参与全球开放合作、改善全球经济治理体系、促进全球共同发展繁荣、推动构建人类命运共同体的中国方案"④。因此，探讨"一带一路"倡议对当代国际法发展的影响，阐释当代国际法对共建"一带一路"的保障作用，无疑具有重要的理论价值和现实意义。

一、"一带一路"倡议在当代国际法上的性质定位

　　迄今，中国政府先后出台了《推动共建丝绸之路经济带和 21 世纪海上丝绸之路的愿景与行动》（2015 年 3 月 28 日）、《推进共建"一带一路"教育行动》（2016 年 7 月 13 日）、《中欧班列建设发展规划（2016—2020）》（2016 年 10 月 17 日）、

---

① 参见《中欧班列累计开行近 4 万列》，载《人民日报》，2021 - 06 - 14，1 版。
② 参见《已同中国签订共建"一带一路"合作文件的国家一览》（2021 年 6 月 23 日），载中国一带一路网，https：//www. yidaiyilu. gov. gn/zchj/qwfb/86697. htm。
③ See S/RES/2344（2017），available at http：//www. un. org/en/ga/search/view_doc. asp? symbol＝S/RES/2344（2017）.
④ 《习近平在推进"一带一路"建设工作 5 周年座谈会上的讲话》（2018 年 8 月 27 日），载中国一带一路网，http：//www. yidaiyilu. gov. cn/xwzx/xgcdt/79168. htm。

《文化部"一带一路"文化发展行动计划(2016—2020年)》(2016年12月29日)、《关于推进绿色"一带一路"建设的指导意见》(2017年5月8日)、《共建"一带一路":理念、实践与中国的贡献》(2017年5月10日)、《共同推进"一带一路"建设农业合作的愿景与行动》(2017年5月12日)、《"一带一路"融资指导原则》(2017年5月16日)、《推动丝绸之路经济带和21世纪海上丝绸之路能源合作愿景与行动》(2017年5月16日)、《"一带一路"建设海上合作设想》(2017年6月20日)和《标准联通共建"一带一路"行动计划(2018—2020年)》(2017年12月14日)等有关"一带一路"倡议的重要法律文件。结合上述法律文件的内容,从当代国际法的角度来看,"一带一路"倡议是一种国际合作的新形态,也是全球治理的新平台和跨区域国际合作的新维度,因而在当代国际法中具有重要地位。

(一)国际合作的新形态

作为一种推动全球均衡、包容、可持续发展和人类共同繁荣的智慧设计,"一带一路"倡议无疑是一种国际合作的新形态。

1. "一带一路"倡议的目标是实现更深层次的区域合作

"一带一路"倡议符合中国和沿线国家的根本利益,它秉持"开放合作、和谐包容、市场运作和互利共赢"的原则,其目标就是要"促进经济要素有序自由流动、资源高效配置和市场深度融合,推动沿线各国实现经济政策协调,开展更大范围、更高水平、更深层次的区域合作,共同打造开放、包容、均衡、普惠的区域经济合作架构"[1]。

2. "一带一路"的实施路径是要充分利用现有的国际合作机制

共建"一带一路"的路径是充分利用已有的双边、区域和多边国际合作机制。首先,双边对话是政策沟通的主要渠道。中国与有关国家不断强化双边机制的作用,服务互联互通、贸易投资、产能合作、人文交流等共建"一带一路"重点领域的合作。其次,通过举办中国—东盟博览会、中国—亚欧博览会、中国—阿拉伯国家博览会、中国—南亚博览会及中国—中东欧国家投资贸易博览会等大型展会,发挥经贸合作的桥梁纽带作用。[2] 最后,强化多边合作机制的作用,发挥上海合作组织(SCO)、中国—东盟"10+1"、亚太经合组织(APEC)、亚欧会议(ASEM)、亚洲合作对话(ACD)、亚信会议(CICA)、中阿合作论坛、中国—海合会战略对话、大湄公河次区域(GMS)经济合作、中亚区域经济合作(CAREC)等现有多

---

[1] 国家发展改革委、外交部、商务部:《推动共建丝绸之路经济带和21世纪海上丝绸之路的愿景与行动》(2015年3月28日),载中国一带一路网,http://www.yidaiyilu.gov.cn/wcm.files/upload/CMSydylgw/201702/201702070519013.pdf.

[2] 参见推进"一带一路"建设工作领导小组办公室:《共建"一带一路":理念、实践与中国的贡献》(2017年5月10日),载新华网,http://news.xinhuanet.com/politics/2017-05/10/c_1120951683.htm。

边合作机制的作用。①

3. "一带一路"倡议的建设模式是一种多元开放的合作进程

虽然"一带一路"倡议是中国提出来的，但是"中国不打地缘博弈小算盘，不搞封闭排他小圈子，不做凌驾于人的强买强卖"②。因此，"一带一路"的建设模式是以目标协调、政策沟通为主；它坚持"开放合作"的共建原则，欢迎世界各国和国际组织参与，让共建成果惠及更广泛的区域。③ 截至 2017 年 12 月，中国已经与"一带一路"沿线国家签署了六十多项司法协助条约、引渡条约和打击"三股势力"条约，五十多项避免双重征税协定，五十多项双边投资保护协定，六十多项双边民航协定，近三十项双边银行监督谅解备忘录等。④

综上可见，"一带一路"倡议是"国际合作以及全球治理新模式的积极探索"⑤。

（二）全球治理的新平台

1. "一带一路"倡议是全球治理的中国思想和中国方案

近年来，中国积极奉行多边主义，主动顺应全球化潮流，通过联合国、"二十国集团"、亚太经合组织、东盟 10＋3、上海合作组织、金砖国家集团等平台，积极参与和引领全球治理。为推进"一带一路"倡议，中国秉持人类命运共同体的理念，坚持"共商、共建、共享"的原则，创设了亚洲基础设施投资银行，在全球各领域治理中建立全球伙伴关系网络，为解决众多全球性挑战给出了中国特色的"答案"。可以说，"一带一路"倡议体现了中国作为最大的发展中国家和全球第二大经济体，对推动全球治理体系朝着公平、公正、合理方向发展的责任担当。⑥

2. "一带一路"倡议创新了全球治理的架构和模式

众所周知，目前全球化进程面临新的挑战，全球治理机制的革新踯躅不前。然而，"一带一路"倡议致力于打造全球治理新体系，国家不分大小强弱均可共同参

① 参见国家发展改革委、外交部、商务部：《推动共建丝绸之路经济带和 21 世纪海上丝绸之路的愿景与行动》（2015 年 3 月 28 日），载中国一带一路网，http：//www.yidaiyilu.gov.cn/wcm.files/upload/CMSydylgw/201702/201702070519013.pdf。
② 习近平：《开放共创繁荣、创新引领未来——在博鳌亚洲论坛 2018 年年会开幕式上的主旨演讲》（2018 年 4 月 10 日），载人民网，http：//cpc.people.com.cn/n1/2018/0411/c64094-29918031.html。
③ 参见国家发展改革委、外交部、商务部：《推动共建丝绸之路经济带和 21 世纪海上丝绸之路的愿景与行动》（2015 年 3 月 28 日），载中国一带一路网，http：//www.yidaiyilu.gov.cn/wcm.files/upload/CMSydylgw/201702/201702070519013.pdf。
④ 参见中华人民共和国外交部条约法律司编著：《中国国际法实践案例选编》，17 页，北京，世界知识出版社，2018。
⑤ 国家发展改革委、外交部、商务部：《推动共建丝绸之路经济带和 21 世纪海上丝绸之路的愿景与行动》（2015 年 3 月 28 日），载中国一带一路网，http：//www.yidaiyilu.gov.cn/wcm.files/upload/CMSydylgw/201702/201702070519013.pdf。
⑥ 参见推进"一带一路"建设工作领导小组办公室：《共建"一带一路"：理念、实践与中国的贡献》（2017 年 5 月 10 日），载新华网，http：//news.xinhuanet.com/politics/2017-05/10/c_1120951683.htm。

与，追求互利共赢和优势互补，过程公开、透明、开放，支持加大发展中国家在全球治理体系中的话语权，以实现"全球治理从'西方治理'逐步向'东西方共同治理'的转变"①，从而促进全球和平合作与共同发展。此外，"一带一路"倡议超越了传统的"中心—边缘"的治理模式，采用以中国为发起方的"1＋N 召集人模式"，并根据双方的意愿不断调整合作方式，以最终形成多边的平面化合作网络。②

3. "一带一路"倡议已成为最受欢迎的全球公共产品

"一带一路"倡议促进了人类共同发展，协调了"一带一路"地区，乃至全世界所有国家和地区的利益和需求；况且，"一带一路"倡议不以意识形态为界，不搞零和游戏，不干涉别国内政，因而"一带一路"倡议成为最为重要的全球治理平台之一。诚如日本东京大学教授川岛真所指出的："中国的'一带一路'倡议之所以对从欧亚大陆到非洲，再到太平洋的广大地区如此重要，原因之一是来自发达国家，尤其是美国的支持和投资一直在大幅减少，而且往往伴随着与民主化和人权相关的难以承担的要求。非洲和亚太地区的基础设施需求非常大。发达国家、亚洲开发银行和世界银行的资金不足以满足这一需求。"③

(三) 跨区域国际合作的新维度

1. "一带一路"倡议在地域范围上超越了某一区域，贯穿了亚欧非大陆，涵盖了五大洲，连接了四大洋

首先，丝绸之路经济带重点畅通中国经中亚、俄罗斯至欧洲（波罗的海），中国经中亚、西亚至波斯湾、地中海，中国至东南亚、南亚、印度洋。其次，21世纪海上丝绸之路重点方向是从中国沿海港口过南海到印度洋，延伸至欧洲；从中国沿海港口过南海到南太平洋。最后，"一带一路"倡议的地域范围还在不断拓展④，2018 年不但出现了经过北冰洋的"冰上丝绸之路"⑤，而且把拉美地区也纳入其中，巴拿马就成为中国"一带一路"倡议合作的首个拉美国家。⑥

---

① 何亚非：《中国外交推进全面开放新格局》，载《参考消息》，2018－11－19，12 版。
② 参见曾向红：《"一带一路"的地缘政治想象与地区合作》，载《世界经济与政治》，2016 (1)，46～71 页。
③ ［日］川岛真：《真正的竞争在印太地区展开》，载美国外交学者网，2018－12－24。转引自《参考消息》，2018－12－26，14 版。
④ 2017 年 6 月，国家发展改革委、国家海洋局联合发布《"一带一路"建设海上合作设想》，提出：除海上既有通道建设外，要"积极推动共建经北冰洋连接欧洲的蓝色经济通道"。参见国家发改委、国家海洋局联合发布《"一带一路"建设海上合作设想》（2017 年 6 月 20 日），载人民网，http：// cpc. people. com. cn/n1/2017/0620/c64387－29351311. html。
⑤ 2018 年 1 月，中国国务院新闻办公室在发布的《中国的北极政策》中明确提出，"……与各方共建'冰上丝绸之路'，为促进北极地区互联互通和经济社会可持续发展带来合作机遇"。
⑥ 2018 年 12 月，中国和巴拿马签署了一项有关海事领域的国际合作协议，以期在"21 世纪海上丝绸之路"和海上运输协议的框架内共同发展海上运输能力。参见埃菲社巴拿马城 2018 年 12 月 3 日电。转引自《参考消息》，2018－12－05，1 版。

2. "一带一路"倡议在制度层面也超越了单纯的区域经济合作安排，而着眼于跨区域国际合作

一方面，"一带一路"倡议提出的国际经济合作包括了新亚欧大陆桥、中蒙俄、中国—中亚—西亚、中国—中南半岛、中巴和孟中印缅等六大国际经济合作走廊。另一方面，在推进"一带一路"倡议的实践中，中国不但与沿线国家签订了许多协议①，而且注意在共建"一带一路"框架下深化同各有关国际组织的合作，与联合国亚太经社会②、联合国开发计划署、世界卫生组织等国际组织签署了共建"一带一路"的合作法律文件。

二、"一带一路"倡议对当代国际法发展的影响

如上所述，作为当代国际法上的一种国际合作的新形态和全球治理的新平台，"一带一路"倡议将对当代国际法的发展产生多方面的影响。

（一）"一带一路"倡议推动了国际法基本原则的发展

"一带一路"倡议不但为国际法基本原则增添了新的内容，而且深化了已有的国际法基本原则的内涵。

1. "一带一路"倡议增添了国际法基本原则的内容

国际法基本原则是随着国际关系的演变而发展变化的，如近代国际法中的国家主权平等原则、不干涉内政原则，第二次世界大战后出现的禁止以武力相威胁或使用武力原则、和平解决国际争端原则等。"一带一路"倡议自提出以来，一直秉持"共商、共建、共享"原则。③"共商、共建、共享"原则，载入了中国与"一带一路"沿线国家和相关的国际组织签署的两百多份政府间共建"一带一路"合作文件中。可见，"共商、共建、共享"原则不但与以《联合国宪章》为核心的国际法基本原则一脉相承，而且逐渐获得了国际社会公认，具有普遍约束力，适用于国际法各个领域，因而成为国际法基本原则的新内容。

2. "一带一路"倡议深化了国家主权平等原则的内涵

传统国际法上的国家主权平等原则强调的是各国不分大小强弱以及社会制度如

---

① 例如，2015 年 6 月匈牙利与中国签署了《中华人民共和国政府和匈牙利政府关于共同推进丝绸之路经济带和 21 世纪海上丝绸之路建设的谅解备忘录》。匈牙利成为首个与中国签署"一带一路"合作协议的欧洲国家。2015 年 10 月，韩国与中国也签署了《关于在丝绸之路经济带和 21 世纪海上丝绸之路建设以及欧亚倡议方面开展合作的谅解备忘录》。这标志着中国的"一带一路"倡议和韩国的"欧亚倡议"开始有机对接。

② 2016 年 4 月，中国外交部部长王毅与联合国亚太经社会执行秘书沙姆沙德·阿赫塔尔在北京签署了《中国外交部与联合国亚太经社会关于推进地区互联互通和"一带一路"倡议的意向书》，双方将共同规划推进互联互通和"一带一路"的具体行动，推进沿线各国政策对接和务实合作。该意向书系中国与国际组织签署的首份"一带一路"合作文件，开启了联合国系统机构直接参与"一带一路"建设的先例，具有重要的示范意义。

③ 参见《"一带一路"法治合作国际论坛共同主席声明》（2018 年 7 月 3 日）。

何，在国际法上的地位是完全平等的。"一带一路"倡议，既坚持和谐包容，尊重各国发展道路和模式的选择，又倡导文明宽容，加强不同文明之间的对话，求同存异、兼容并蓄、共生共荣。这无疑进一步丰富了国家主权平等原则的内涵。

3. "一带一路"倡议拓展了国际合作原则的具体形式

作为国际法基本原则之一，国际合作原则的具体形式多种多样。然而，"一带一路"倡议作为一个开放包容的合作平台和各方共同打造的全球公共产品，在其推进和建设过程中，参与国坚持"共商、共建、共享"的原则，弘扬"和平合作、开放包容、互学互鉴、互利共赢"的丝路精神，跨越不同地域、不同发展阶段和不同文明，既坚持市场运作、遵循市场规律和国际通行规则，又坚持互利共赢、兼顾各方利益和关切，因而进一步充实了国际合作原则的具体形式。

4. "一带一路"倡议进一步夯实了和平解决国际争端原则

2018年，中华人民共和国最高人民法院设立了"国际商事法庭"，并在广东省深圳市设立了"第一国际商事法庭"，在陕西省西安市设立了"第二国际商事法庭"；同时，最高人民法院还牵头组建了由32名中外专家组成的"国际商事专家委员会"。"国际商事法庭"和"国际商事专家委员会"的设立，既借鉴了当今国际争端解决机制的有益做法，又体现了纠纷解决方式多元化原则，有利于公正、高效、便利地解决"一带一路"建设过程中产生的跨境商事纠纷。

（二）"一带一路"倡议促进了国际过境运输制度的完善

基础设施互联互通是"一带一路"建设的优先领域①，因此，"一带一路"倡议有助于进一步推动国际过境运输制度的完善。

1. "一带一路"倡议一直把加强基础设施等"硬联通"作为合作的重点之一

"一带一路"倡议的主体框架包括了"六路"和"多港"。"六路"是指铁路、公路、航运、航空、管道和空间综合信息网络，是基础设施互联互通的主要内容；"多港"是指若干保障海上运输大通道安全畅通的合作港口，通过与"一带一路"沿线国家共建一批重要港口和节点城市，进一步繁荣海上合作。② 特别是2011年3月开始运行的中欧班列，按照"六统一"③ 的机制运行，是深化中国与"一带一路"沿线国家经贸合作的重要载体和推进"一带一路"建设的重要抓手。

2. "一带一路"倡议推动了各国互联互通法规和体系的对接，增进了"软联通"

为了进一步促进国际过境运输便利化及相关制度的完善，中国与"一带一路"

---

① 参见国家发展改革委、外交部、商务部：《推动共建丝绸之路经济带和21世纪海上丝绸之路的愿景与行动》（2015年3月28日），载中国一带一路网，http://www.yidaiyilu.gov.cn/wcm.files/upload/CMSydylgw/201702/201702070519013.pdf。

② 参见推进"一带一路"建设工作领导小组办公室：《共建"一带一路"：理念、实践与中国的贡献》（2017年5月10日），载新华网，http://news.xinhuanet.com/politics/2017-05/10/c_1120951683.htm。

③ "六统一"是指统一品牌标志、统一运输组织、统一全程价格、统一服务标准、统一经营团队和统一协调平台。

沿线 15 个国家签署了包括《上海合作组织成员国政府间国际道路运输便利化协定》《关于沿亚洲公路网国际道路运输政府间协定》在内的 16 个双、多边运输便利化协定，启动了《大湄公河次区域便利货物及人员跨境运输协定》便利化措施，通过 73 个陆上口岸开通了 356 条国际道路运输线路；与"一带一路"沿线 47 个国家签署了 38 个双边和区域海运协定，与 62 个国家签订了双边政府间航空运输协定，民航直航已通达 45 个国家。① 此外，中国政府有关部门还发布了《关于贯彻落实"一带一路"倡议加快推进国际道路运输便利化的意见》，鼓励"一带一路"参与方加强在签证、通关等领域的规则协调与合作，便利跨境人员与物资往来。

（三）"一带一路"倡议丰富了国际法实施方式

众所周知，国际法在国内的实施主要有两种方式：直接适用（并入）和间接适用（转化）。"一带一路"倡议作为开放的全球治理的新平台，既注重与国际组织发展项目的对接，也坚持与沿线国家发展战略的双边对接，从而创新了国际法的实施方式。

1. "一带一路"倡议与国际组织发展项目的对接

2015 年，联合国大会通过了《改变我们的世界：2030 年可持续发展议程》，明确提出了 17 个可持续发展目标和 169 个相关具体目标。② 同年，非洲联盟为加快实现非洲工业化和农业现代化通过了《2063 年议程》，把破解基础设施建设滞后和人才不足作为优先突破口。有鉴于此，在 2018 年 9 月召开的中非合作论坛北京峰会上，中国重申了支持非洲国家参与共建"一带一路"，加强与非洲《2063 年议程》的对接，加强联合国 2030 年可持续议程与非洲发展战略的对接。③ 此外，中国还坚持"一带一路"倡议与其他的多边合作机制，如欧盟"欧洲投资计划"、东盟互联互通总体规划 2025、亚太经合组织互联互通蓝图、亚欧互联互通合作以及大湄公河次区域经济合作等，加强对接。

2. "一带一路"倡议与沿线国家发展战略的对接

"一带一路"沿线国家结合本国国情，提出了形形色色的发展战略，如印度尼西亚"全球海洋支点"构想、老挝"变陆锁国为陆联国"、越南"两廊一圈"、韩国"欧亚倡议"、哈萨克斯坦"光明之路"、巴基斯坦"愿景 2025"、沙特阿拉伯"西部规划"、蒙古国"草原之路"、土耳其"中间走廊"倡议、波兰"负责任的发展战略"、塞尔维亚"再工业化"战略以及巴拿马"2030 年国家物流战略"等。这些发

---

① 参见推进"一带一路"建设工作领导小组办公室：《共建"一带一路"：理念、实践与中国的贡献》（2017 年 5 月 10 日），载新华网，http：//news. xinhuanet. com/politics/2017 - 05/10/c_1120951683. htm.

② See A/70/L. 1.

③ 按照 2018 年中非合作论坛北京峰会通过的《北京行动计划（2019—2021 年）》，中国将同非洲共同实施产业促进、设施联通、贸易便利、绿色发展、能力建设、健康卫生、人文交流、和平安全"八大行动"，其中每一项都与《2063 年议程》紧密对接。此外，中国还与非洲联盟共同编制了《中非基础设施合作规划》，统筹推进非洲跨国跨区域合作项目。

展战略与"一带一路"倡议高度契合,中国愿意并努力与有关国家共同推动实施,以寻求合作的最大公约数。[①]

(四)"一带一路"倡议充实了国际发展援助制度

1. "一带一路"倡议赋予了"发展"新的含义

对发展中国家而言,"发展"是最大的政治,是国家利益的最高体现。对中国而言,"发展"更具有文明复兴的特殊意义。

2. "一带一路"倡议提供了较为独特的国际发展援助的形式

例如,作为"一带一路"倡议的一部分,中国已经向非洲3 000多个大型基础设施项目提供了资金,并向非洲多国政府提供了至少860亿美元的贷款;中国投资40亿美元建造吉布提至埃塞俄比亚首都亚的斯亚贝巴的铁路,并在吉布提耗资35亿美元开建非洲最大的自由贸易区。此外,中国还在赞比亚建造一座耗资5.48亿美元的水泥厂。正如有学者所说,中国为非洲领导人提供的是独特的"菜单"——提供贷款、发展援助和基础设施融资;况且,中国还奉行不干涉内政原则。[②]

3. 共建"一带一路"背景下的国际发展援助,强调互利共赢

例如,非洲资源丰富,人口众多,市场广阔,发展潜力巨大,但经济落后,缺乏资金技术和发展经验。中国具备较强的经济实力和各类优秀人才,各种设备和技术比较完备,拥有经济建设的成功经验,但也面临资源短缺、国内市场竞争激烈等问题。可见,中非双方在资源禀赋方面优势互补,共建"一带一路"能够实现互利共赢。一方面,非洲能为中国经济的可持续发展提供原料、市场和投资场所的后续保证[③];另一方面,非洲可以获得发展资金、技术和经验,并使其原料出口多元化,同时在开发自有资源的过程中享有更多自主选择的权利。[④]

(五)"一带一路"倡议影响了外交关系法

根据外交关系法的规定,外交关系是指国与国之间正式维持的连续的对外关系。[⑤] 换言之,只有作为国际法基本主体的国家才能建立和发展外交关系。然而,在推进"一带一路"倡议过程中,中国较为重视城市和地区间合作的重要作用,因此,"一带一路"倡议在某种程度上影响了外交关系法的发展。例如,2018年10月中国政府绕开澳大利亚联邦政府,与澳大利亚维多利亚州签署了"一带一路"合作谅解备忘录。此举不但打破了城市和地区的对外活动与国家的对外政策保持一致的

---

① 参见推进"一带一路"建设工作领导小组办公室:《共建"一带一路":理念、实践与中国的贡献》(2017年5月10日),载新华网,http://news.xinhuanet.com/politics/2017-05/10/c_1120951683.htm.

② 参见〔阿根廷〕古斯塔沃·谢拉:《中国和俄罗斯争夺非洲资源》,载阿根廷布宜诺斯艾利斯经济新闻网,2019年1月27日。转引自《参考消息》,2019-01-28,14版。

③ See Andrew Scobell and Bonny Lin, etc., "At the Dawn of Belt and Road, China in the Developing World", October 2018, p. 1, available at https://www.rand.org/pubs/research_reports/RR2273.html.

④ 参见贺文萍:《中国和非洲携手打造"命运共同体"》,载《参考消息》,2018-08-28,11版。

⑤ 参见〔韩〕柳炳华:《国际法》,下卷,朴国哲等译,185页,北京,中国政法大学出版社,1997.

惯例，而且在某种意义上也是外交关系法的新突破。①

此外，中国政府还在"一带一路"倡议的规划和实施过程中赋予城市和省份核心作用。中国沿线城市和地区都根据自身情况制订了规划，并希望在"一带一路"倡议的大框架内开展国际合作，例如，湖南省建立了"一带一路"专项资金。

有鉴于此，一些欧美学者建议，欧洲国家应当对推进"一带一路"倡议采取务实态度，将发展城市和地区间合作作为与中国合作的关键……欧洲城市和地区应当在国家政府的协调之下，与中国的城市和地区共同推进一种更加新颖的关系。②

（六）"一带一路"倡议孕育、催生了包容性国际法

"包容性"是联合国千年发展目标中提出的观念之一。③ 2011 年，中国国家领导人在博鳌亚洲论坛较为详细地阐释了"包容性发展"的概念。"一带一路"倡议，将推动包容性国际法的产生。④ 首先，坚持和谐包容是共建"一带一路"的原则。"一带一路"倡议倡导文明宽容，尊重各国发展道路和模式的选择，加强不同文明之间的对话，兼容并蓄、共生共荣。其次，"一带一路"倡议作为全球治理的新平台，其建设过程具有包容性，它是开放的，欢迎世界各国和国际组织参加。最后，共建"一带一路"的途径是高度灵活、富有弹性的，它以目标协调、政策沟通为主，不刻意追求一致性。中国与"一带一路"沿线国家一起，共同制定时间表、路线图，不断完善共建"一带一路"的合作内容和方式。可见，"一带一路"倡议开启了"包容性全球化新时代规则和制度"⑤。

（七）"一带一路"倡议给全球治理增添了新内容

作为一种全球治理的新模式、新机制，"一带一路"倡议无论是在理念方面还是在推进的方式方法和具体规则方面，都给全球治理增添了许多新的内容。

1. 理念方面

"一带一路"倡议传承了中国古代丝路精神，秉持"和平合作、开放包容、互学互鉴、互利共赢"的核心理念，把"一带一路"建设成为"和平之路、繁荣之路、开放之路、绿色之路、创新之路、文明之路"作为其最终目标。

---

① 遗憾的是，2021 年 4 月澳大利亚联邦政府决定取消维多利亚州与中国国家发展和改革委员会签署的有关"一带一路"建设的谅解备忘录和框架协议。
② 参见［西］西班牙马德里康普顿斯大学教授伊格纳西奥·尼尼奥·佩雷斯：《中国对外行动中的"城市外交"新证据》，载西班牙中国政策观察网站，2019 年 1 月 23 日。转引自《参考消息》，2019 - 01 - 25，14 版。
③ 参见《我们民众：秘书长千年报告》，载 http：//www. un. org/chinese/aboutun/prinorgs/ga/millenni-um/sg/report/sg. htm。
④ 参见李万强：《"一带一路"倡议与包容性国际法发展》，载《江西社会科学》，2017 (5)，8 页。
⑤ 徐晏卓：《2017 年"一带一路"倡议：成果与进展》，载张宇燕主编：《全球政治与安全报告（2018）》，177 页，北京，社会科学文献出版社，2018。

2. 方式方法方面

首先，坚持共商、共建、共享原则，不断扩大与"一带一路"沿线国家的合作共识。其次，"一带一路"倡议注重顶层设计，确立了包括丝绸之路经济带三大走向和21世纪海上丝绸之路两大走向在内的五大方向，以及包括"六廊"①、"六路"、"多国"和"多港"的主体框架。② 最后，共建"一带一路"以政策沟通、设施联通、贸易畅通、资金融通、民心相通，作为国际合作的主要内容。

3. 具体规则方面

众所周知，标准问题是全球治理的重要内容之一。为了推动在标准问题上的国际合作，中国与"一带一路"沿线国家结合本国实际情况和发展需要，在借鉴、吸纳国际标准的基础上，加强在基础设施、国际产能、装备制造、贸易金融、能源环境、人文领域、健康服务和减贫实践等方面的技术标准体系对接和兼容③，以促进计量标准"一次测试、一张证书、全球互认"，推动认证认可和检验检疫"一个标准、一张证书、区域通行"④。中国政府还先后发布了《标准联通"一带一路"行动计划（2015—2017年）》《共同推动认证认可服务"一带一路"建设的愿景与行动》《"一带一路"计量合作愿景和行动》等法律文件。

上述实践，顺应了全球治理过程中为"高质量的基础设施编制国际标准"的发展趋势。⑤

三、当代国际法对"一带一路"倡议的保障作用

当代国际法对"一带一路"倡议的推进，将发挥如下保障作用。

（一）当代国际法有助于预防和化解共建"一带一路"进程中的各种风险

从"一带一路"倡议顶层设计所规划的"五大方向"来看，无论是在东南亚、中亚地区，还是在中东、非洲地区，都有恐怖主义活动发生，因而面临人员安全风险。况且，"一带一路"倡议实施周期较长，也难以避免地将遭遇金融风险和政治

---

① "六廊"是指六大国际经济合作走廊：新亚欧大陆桥、中蒙俄、中国—中亚—西亚、中国—中南半岛、中巴、孟中印缅经济走廊。

② 参见推进"一带一路"建设工作领导小组办公室：《共建"一带一路"：理念、实践与中国的贡献》（2017年5月10日），载新华网，http://news.xinhuanet.com/politics/2017-05/10/c_1120951683.htm。

③ 参见《标准联通共建"一带一路"行动计划（2018—2020年）》（2018年1月11日），载中国一带一路网，http://www.yidaiyilu.gov.cn/zchj/qwfb/43480.htm。

④ 推进"一带一路"建设工作领导小组办公室：《共建"一带一路"：理念、实践与中国的贡献》（2017年5月10日），载新华网，http://news.xinhuanet.com/politics/2017-05/10/c_1120951683.htm。

⑤ See Daniel Kliman and Abigail Grace, "Power Play: Addressing China's Belt and Road Strategy", the Center for a New American Security, September 2018, p. 26, available at https://www.cnas.org/publications/reports/power-play.

风险。① 然而，现代国际法为防范共建"一带一路"进程中的各种风险提供了多种手段。

1. 实然法

截至 2016 年年底，中国企业在"一带一路"沿线 20 个国家中有 56 个正在建设的经贸合作区，累计投资超过 185 亿美元。② 对于上述共建"一带一路"进程中的政治风险，可以通过以下方式加以防范。③ 首先，利用世界银行于 1985 年通过的《多边投资担保机构公约》和 1988 年成立的多边投资担保机构。国际实践表明，在防范政治风险发生、调解解决纠纷和顺利实现代为求偿等理赔方面，多边投资担保机构的优势非常明显。④ 其次，重视已经签订的双边投资条约。可以说，在保护与促进私人直接投资活动方面，签订双边投资条约是迄今为止最行之有效的国际法律制度。⑤ 截至 2016 年 12 月，中国已与 104 个国家签订了双边投资条约。⑥ 最后，使用已经设立的海外投资保险基金。2016 年 1 月正式设立的中国保险投资基金的第一期 400 亿元基金已经投向境外的"一带一路"项目，可以用来防范征收险、外汇险、战争与内乱险等各种政治风险。

2. 应然法

一方面，应建立推进"一带一路"建设的风险预警系统和风险预防与处理机构，负责"一带一路"沿线不同地区的风险评估、预防、协调和处置等工作。另一方面，应建立和完善推进"一带一路"建设的风险预防法律体系。例如，根据现代国际法上的属人管辖原则以及联合国国际法委员会二读通过的《外交保护条款草案》，制定"中国公民境外保护法"；修改《中华人民共和国国防法》和《中华人民共和国枪支管理法》等相关的国内立法，以成立中国私人安保公司防范人员安全风险。

（二）当代国际法有利于预防和解决共建"一带一路"进程中的各类争端

当代国际法为共建"一带一路"进程中的各类争端的预防和解决，提供了基本原则、争端解决机构和具体方法。

1. 基本原则

和平解决国际争端原则既是当代国际法的基本原则，也是国际强行法规则，因

---

① See Michal Meidan and Luke Patey, "The Challenges Facing China's Belt and Road and Initiative", Danish Institute for International Studies, 29 March 2016.

② 参见推进"一带一路"建设工作领导小组办公室：《共建"一带一路"：理念、实践与中国的贡献》（2017年5月10日），载新华网，http://news.xinhuanet.com/politics/2017-05/10/c_1120951683.htm.

③ 参见杨泽伟：《"21世纪海上丝绸之路"建设的风险及其法律防范》，载《环球法律评论》，2018（1），166-168页。

④ 参见陈安主编：《国际经济法学专论》，下编·分论，634～645页，北京，高等教育出版社，2002。

⑤ 参见陈安主编：《国际经济法学专论》，下编·分论，657页，北京，高等教育出版社，2002。

⑥ 参见我国对外签订双边投资协定一览表，载商务部条约法律司网站，http://tfs.mofcom.gov.cn/article/Nocategory/201111/20111107819474.shtml.

此，预防和解决共建"一带一路"进程中的各类争端，应当遵循和平解决国际争端原则。

2. 争端解决机构

当今国际社会有不少根据当代国际法设立的预防和解决各类国际争端的组织机构，如联合国国际法院、常设仲裁法院、联合国国际海洋法法庭、世界贸易组织争端解决机构以及一些区域性国际司法机构。不言而喻，根据共建"一带一路"进程中产生的各类国际争端的性质，可以把不同类型的争端提交不同的争端解决机构予以解决。特别值得注意的是，根据 2018 年 1 月中央全面深化改革领导小组审议通过的《关于建立"一带一路"国际商事争端解决机制和机构的意见》，最高人民法院设立了"国际商事法庭"，并在深圳市和西安市分别设立了"第一国际商事法庭"和"第二国际商事法庭"，受理当事人之间的跨境商事纠纷案件；最高人民法院民事审判第四庭负责协调并指导两个国际商事法庭工作。① 可以说，这体现了从诉讼、调解到仲裁的纠纷解决方式多元化原则，也是中国建立符合当代国际法的"一带一路"国际商事纠纷解决机制的有益尝试。②

3. 具体方法

当代国际法把解决国际争端的方法，分为以下两大类：一类是"和平的解决方法"，包括外交或政治的解决方法和法律的解决方法。前者如谈判、斡旋、调停、调解和国际调查，以及在联合国组织的指导下解决争端；后者如仲裁和司法解决。另一类是"武力或强制的解决方法"，包括战争和非战争武装行动、还报、报复、平时封锁和干涉等。③ 因为和平解决国际争端原则已经成为公认的国际法基本原则之一，所以以和平方法解决争端是国家的义务，至于以哪种和平方法解决争端，则由当事国协商选择。可见，解决共建"一带一路"进程中的各类争端的方法多种多样，既可以使用外交或政治的方法，也可以利用法律的方法。④

(三) 当代国际法为共建"一带一路"进程中国家利益的维护提供了制度保障

"一带一路"倡议涉及的合作领域非常广泛，如与国家利益密切相关的油气管

---

① 参见漆彤：《"一带一路"国际经贸法律问题研究》，121～122 页，北京，高等教育出版社，2018。
② 值得一提的是，2018 年 7 月 3 日，江苏省贸促会商法中心成功调解了一起发生在江苏省某公司与伊朗某公司间已历时四年的农药质量纠纷。这是江苏省成功调解的首起"一带一路"国际商事纠纷，实现了第一次启用专业调解员名册，第一次邀请案外人作为调解见证人出席会议，第一次与外国驻华领事馆联合调解和第一次尝试启动"仲调对接"机制。
③ See I. A. Shearer, *Starke's International Law*, Butterworths, 1994, pp. 441-471.
④ 值得注意的是，2019 年 8 月开放签署的《联合国关于调解所产生的国际和解协议公约》（UN Convention on International Settlement Agreements Resulting from Mediation）是一项促进和规范国际商事主体（企业和个人）运用调解手段解决跨境商事纠纷的重要法律文件，确立了经调解后的商事和解协议在缔约方间产生强制力。在《联合国关于调解所产生的国际和解协议公约》首批 45 个签约方（除中国外）当中，有 32 国与中国签订了共建"一带一路"的合作文件。因此，该公约促进、保障并完善了"一带一路"国际合作中多元纠纷解决机制。

道过境运输、蓝色伙伴关系的构建以及海上通道安全的维护等，都离不开当代国际法的保障作用。

1. 以《能源宪章条约》为核心的国际能源法律制度，为油气管道过境运输的畅通提供了法律依据

1994 年通过的《能源宪章条约》是一项多边能源合作条约，其内容涵盖了能源投资、能源过境运输、能源效率、能源环境和能源争端解决等方面。① 它与 1999 年《政府间跨国管道运输示范协议》、2003 年《过境议定书（草案）》、2007 年《东道国政府与项目投资者之间的跨国管道运输示范协议》以及 2015 年《国际能源宪章》，共同构成了有关能源过境的国际法律制度。目前中国已成为最大的原油进口国，且与"一带一路"沿线国家开展了多项油气管道运输合作项目。因此，上述有关能源过境的国际法律制度，无疑将在保障跨越中国西北、东北和西南的油气管道过境运输的安全方面发挥不可替代的作用。

2. 以《海洋法公约》为核心的国际海洋法律制度，为蓝色伙伴关系的构建奠定了基础

1982 年通过的《海洋法公约》被誉为"海洋宪章"（Constitution for Oceans）②。它不但对不同海域的法律制度作了明确的规定，而且是进行全球海洋治理、推动国际海洋合作的法律基础。因此，"一带一路"倡议中提出的构建蓝色伙伴关系无疑需要以《海洋法公约》为核心的国际海洋法律制度的支撑。特别是，当今国际社会正在制订"国际海底区域资源的开采法典"③、"国家管辖范围以外海域生物多样性的养护和可持续利用问题的国际协定"④。这些正在呈现的新规范，不但与蓝色伙伴关系的构建密切相关，而且对正在加快海洋强国建设的中国来说也是特别重要的。

3. 以国际海事组织为代表的联合国专门机构的相关立法，为海上通道安全的维护提供了制度保证

21 世纪海上丝绸之路所经过的南海、印度洋是海盗和海上恐怖主义活动的多发区。因此，中国与"一带一路"沿线国家开展国际合作、共同维护海上通道的安全，就显得特别重要。然而，国际海事组织组织既是联合国专门机构，也是目前专门维护海上通道安全的国际性组织。国际海事组织自成立以来，就一直致力于维护海上通道安全，制定了一系列安全、技术方面的规定⑤，如 1983 年《危及船舶的海

---

① 参见白中红：《〈能源宪章条约〉争端解决机制研究》，2～3 页，武汉，武汉大学出版社，2012。
② T. B. Koh, "A Constitution for the Oceans", in UN, *The Law of the Sea-Official Text of the United Nations Convention on the Law of the Sea with Annexes and Index*, New York, 1983, p. xxiii.
③ 杨泽伟：《国际海底区域"开采法典"的制定与中国的应有立场》，载《当代法学》，2018（2），26～34 页。
④ "国家管辖范围以外海域生物多样性的养护和可持续利用问题的国际协定"，不但是一个重要的立法动态，而且被视为《海洋法公约》的第三个执行协定。参见杨泽伟：《国际法》，3 版，173 页，北京，高等教育出版社，2017。
⑤ 参见杨泽伟主编：《中国海上能源通道安全的法律保障》，50 页，武汉，武汉大学出版社，2011。

盗行为和武装抢劫防范措施》、1985 年《威胁船舶安全和船上乘客及船员保安的非法行为防范措施》、1986 年《危及船上乘客和船员的非法行为防范措施》、1988 年《制止危及海上航行安全非法行为公约》、2002 年《〈1974 年国际海上人命安全公约〉修正案》、2005 年《〈制止危及海上航行安全非法行为公约〉2005 年议定书》。上述国际法律文件是专门针对维护海上航行安全问题的，相比其他的一般性的反恐公约更具有针对性，对维护海上能源通道安全起到了非常重要的作用。

四、结论与前瞻

(一)"一带一路"倡议顺应了进入 21 世纪以来国际合作发展的新趋势

长期以来，国际组织一直被认为是"国家间进行多边合作的一种法律形态"[1]。然而，国际组织的产生和发展是以国际关系的演进为基础的。俯瞰人类历史发展的长河，我们就会发现，国际组织的发展形态并不完全相同：从最初的民间交往到政府间会议，从 19 世纪初的欧洲协调到 20 世纪上半叶的国际联盟，从第二次世界大战中走出的联合国到进入 21 世纪的"二十国集团"。然而，"二十国集团"之前的"七国集团"和之后的"金砖国家集团"，与传统的国际组织有很大的不同：它们都没有设立大会、理事会和秘书处等传统国际组织的"三分结构"的机关。事实上，没有常设秘书处的"二十国集团"是为应对全球金融危机而生，形式较为松散，由最初的部长级论坛后来逐渐升格为元首级的全球经济治理磋商的多边机制。同样，"一带一路"倡议作为一种国际合作的新形态和全球治理的新平台，其合作形式也灵活多样、富有弹性：采用"多元开放的合作进程，不刻意追求一致性"[2]；采取各国"共商共建共享"原则，决策程序民主、透明，以"实现多元、自主、平衡和可持续发展的合作"[3]。因此，在某种意义上讲，"一带一路"倡议是国际合作发展新趋势的延续。

(二)"一带一路"倡议昭示了新一轮的国际政治新秩序的变革进程

2018 年 9 月，美国权威智库"新美国安全研究中心"(Center for a New America Security，CNAS) 亚太安全项目在其发布的《权力的游戏：应对中国"一带一路"战略》(Power Play，Addressing China's Belt and Road Strategy) 的报告中明确指出，中国的"一带一路"倡议旨在通过经济、政治和军事手段重塑和替代现行

---

① 梁西：《梁著国际组织法》，修订 6 版，杨泽伟修订，3 页，武汉，武汉大学出版社，2011。

② 国家发展改革委、外交部、商务部：《推动共建丝绸之路经济带和 21 世纪海上丝绸之路的愿景与行动》（2015 年 3 月 28 日），载中国一带一路网，http://www.yidaiyilu.gov.cn/wcm.files/upload/CMSydylgw/201702/201702070519013.pdf。

③ 推进"一带一路"建设工作领导小组办公室：《共建"一带一路"：理念、实践与中国的贡献》（2017 年 5 月 10 日），载新华网，http://news.xinhuanet.com/politics/2017-05/10/c_1120951683.htm。

的国际秩序和国际治理体系。① 虽然该报告有些言过其实、夸大其词，但是可以肯定的是，"一带一路"倡议昭示了新一轮的国际政治经济新秩序的变革进程。一方面，"一带一路"倡议的提出体现了中国推动全球治理体系变革的责任担当。近年来，国际形势复杂多变，逆全球化趋势凸显，全球治理赤字加剧，各国面临的挑战日益增多，新兴经济体在全球治理主体中的地位正快速提升。有鉴于此，中国作为世界第二大经济体和最大的发展中国家，正式提出了共建"一带一路"的合作倡议。另一方面，"一带一路"倡议正逐渐从"区域性倡议"转变为"全球性倡议"。由于"一带一路"倡议的开放性和包容性，中国希望邀请所有志同道合的国家和地区参与到"一带一路"倡议中来。特别是美国退出《跨太平洋伙伴关系协定》之后，中国抓住机遇向拉美和加勒比地区敞开了怀抱，"一带一路"倡议自然延伸到了拉美和加勒比地区。② 同时，中国于 2015 年 12 月主导成立的亚洲基础设施投资银行，也由成立之初有 57 个成员发展到今天有 104 个国家和地区加盟。

（三）"一带一路"倡议是增强中国国际话语权的有益尝试

首先，"一带一路倡议"作为全球治理的中国方案，充实了全球治理思想的宝库，体现了中国与世界的关系正在实现从单向融入转为双向建构的互动、从"吸纳学习"到"合作互鉴"的升华；展示了中国正寻求从过去的"抓住机遇谋发展"转向"创造、分享机遇共发展"，有意愿、有能力提供更突出价值贡献的"高附加值"外交；说明了中国并非世界变局的被动承受方，而是其中的重要参与方，既是"因变量"，也是"自变量"；中国对国际议程不是被动接受，而是主动塑造⋯⋯对国际分歧不是含糊其词，而是拿出方案。

其次，"一带一路"倡议已成为全球最受欢迎的全球公共产品，也是目前前景最好的国际合作平台。例如，作为创新融资机制的亚洲基础设施投资银行，重点支持基础设施建设，旨在促进亚洲区域的建设互联互通化和经济一体化的进程，并且加强中国与其他亚洲国家和地区的合作。③ 事实上，亚洲基础设施投资银行既是规则制定者，也是规则遵循者，在多边发展融资领域创新的同时，还坚持现有最佳方案。亚洲基础设施投资银行的大部分项目是与世界银行或亚洲开发银行联合融资的。截至 2018 年 5 月，亚洲基础设施投资银行参与投资的基础设施建设项目已达 26 个，涉及 10 多个国家，贷款总额为 45 亿美元，覆盖交通、能源和可持续发展城

---

① See Daniel Kliman and Abigail Grace, "Power Play: Addressing China's Belt and Road Strategy", the Center for a New American Security, September 2018, available at https://www.cnas.org/publications/reports/power-play.

② 值得注意的是，2018 年奥地利维也纳国际经济研究所制订了一项"欧洲丝绸之路"计划，将西欧的工业中心与东部人口众多但欠发达的地区连接起来。这一方案可以毫无疑问地与中国的"一带一路"倡议紧密结合。参见［奥］沃尔夫冈·许塞尔：《一条双向丝绸之路》，载瑞士《新苏黎世报》网站。转引自《参考消息》，2018 - 10 - 09，14 版。

③ See Andrew Scobell and Bonny Lin, etc., "At the Dawn of Belt and Road, China in the Developing World", October 2018, p. 17, available at https://www.rand.org.

市项目。此外，中国出资 400 亿美元设立的丝路基金，通过以股权为主的多种方式为共建"一带一路"提供资金支持。其投资包括巴基斯坦卡洛特水电站、俄罗斯亚马尔液化天然气项目等。① 可见，"一带一路"倡议是中国贡献给世界的一份"全球公共财产"，有助于中国进一步融入国际社会。②

最后，中国推进"一带一路"倡议是着眼于未来的全球多边规则与机制。毋庸讳言，"一带一路"倡议提出八年多来，比较注重"软机制"，与"一带一路"相关的法律文件的主要形式为倡议、声明和备忘录等，法律约束力不强。这种"软机制"是"一带一路"倡议包容性的体现，也有利于在推进"一带一路"倡议的初期扩大吸引力，提高参与度。然而，作为全球治理的中国方案，"一带一路"倡议要想进一步被沿线国家广泛接受并获得全球范围的普遍认可，就必须解决合法性/正当性问题。因此，在未来时机成熟时，加强"硬机制"建设的可行性研究，探索建立以国际条约为基础的专业化、低门槛的"一带一路"合作组织，既有利于稳固各方的权利义务关系、促进合作的持续性，也有利于中国主导规则的形成。③

推荐阅读书目及论文

1. 李万强."一带一路"倡议与包容性国际法发展.江西社会科学，2017（5）

2. 习近平.习近平谈"一带一路".北京：中央文献出版社，2018

3. 王翰."一带一路"与人类命运共同体构建的法律与实践.北京：知识产权出版社，2018

4. 漆彤."一带一路"国际经贸法律问题研究.北京：高等教育出版社，2018

5. 傅梦孜."一带一路"倡议的三个理论视角.现代国际关系，2018（12）

6. 傅梦孜."一带一路"建设的持续性.北京：时事出版社，2019

7. 徐军华."一带一路"背景下中国开展反恐国际合作的国际法律问题研究.法学评论，2019（1）

8. 杨泽伟，等."一带一路"倡议与国际规则体系研究.北京：法律出版社，2020

9. 杨泽伟编."一带一路"倡议文件汇编.北京：法律出版社，2020

10. 杨泽伟."一带一路"倡议背景下全球能源治理体系的变革与中国作用.武大国际法评论，2021（2）

---

① 参见傅梦孜：《"一带一路"五年历程波澜壮阔》，载《光明日报》，2018－06－24，8 版。

② 参见巴拿马《明星报》网站，2018 年 12 月 3 日。转引自《参考消息》，2018－12－05，2 版。

③ 有学者认为，2017 年 5 月中国与阿根廷、俄罗斯等 29 个参与国际合作高峰论坛的国家签署的《"一带一路"国际合作高峰论坛圆桌峰会联合公报》，标志着"一带一路"从一个中方倡议逐渐发展成为国际化的机制和议程，而中方的角色也从主场、主席和主持升级到主角、主动和主导。参见徐晏卓：《2017 年"一带一路"倡议：成果与进展》，载张宇燕主编：《全球政治与安全报告（2018）》，175 页，北京，社会科学文献出版社，2018。

11. Zhao Yun. International Governance and the Rule of Law in China under the Belt and Road Initiative. Cambridge University Press，2018

12. Yu Cheng，Lilei Song，et al. . The Belt & Road Initiative in the Global Arena：Chinese and European Perspectives. Macmillan，2018

13. Zewei Yang. Understanding the Belt and Road Initiative under Contemporary International Law. China and WTO Review. Vol. 5，No. 2，2019

14. Zewei Yang. Building the 21st-Century Maritime Silk Road：Its Impact on the South China Sea Dispute. Journal of Boundary and Ocean Studies. Vol. 1，No. 1，2019

第 四 章

共商共建共享原则：国际法基本原则的新发展

"一带一路"倡议提出八年多来，为沿线国家的经济社会发展作出了诸多贡献，如提供可观的投资、增强国家和地区互联互通、开发沿线资源、提振生产力和经济增长以及改善当地教育等。特别是，"一带一路"倡议的国际影响与日俱增，不但"一带一路"沿线国家，而且众多政府间国际组织，纷纷与中国签订有关共建"一带一路"的法律文件，开展共建"一带一路"的国际合作。例如，截至 2021 年 6 月底这方面的国际合作法律文件共有 206 份，涵盖了 140 个主权国家以及包括联合国、亚太经合组织等 32 个不同的国际组织。① 值得注意的是，上述 200 多份国际合作法律文件，均强调要坚持共商共建共享原则。那么，共商共建共享原则的内涵是什么？它是否具备了当代国际法基本原则的主要特征？它对现代国际法基本原则有哪些新的发展？探讨上述问题，无疑具有重要的理论价值和现实意义。

一、共商共建共享原则的内涵

迄今，中国政府先后出台了《推动共建丝绸之路经济带和 21 世纪海上丝绸之路的愿景与行动》、《推进共建"一带一路"教育行动》、《中欧班列建设发展规划（2016—2020）》、《文化部"一带一路"文化发展行动计划（2016—2020 年）》、《关于推进绿色"一带一路"建设的指导意见》、《共建"一带一路"：理念、实践与中国的贡献》、《共同推进"一带一路"建设农业合作的愿景与行动》、《"一带一路"融资指导原则》、《推动丝绸之路经济带和 21 世纪海上丝绸之路能源合作愿景与行动》、《"一带一路"建设海上合作设想》、《标准联通共建"一带一路"行动计划（2018—2020 年）》和《共建"一带一路"倡议：进展、贡献与展望》等有关"一带一路"倡议的重要文件。结合分析上述法律文件的内容，从当代国际法的角度来看，共商共建共享原则的内涵主要体现在以下三个方面。

---

① 参见《已同中国签订共建"一带一路"合作文件的国家一览》（2021 年 6 月 23 日），载中国一带一路网，https://www.yidaiyilu.gov.cn/zchj/qwfb/86697.htm。

（一）共商

共商就是"大家的事大家商量着办"①。它是共商共建共享原则的前提，也是国际合作原则的具体化。它强调"一带一路"沿线各参与方，按照国家主权平等原则，采用共同协商的方法，就国际合作的内容、形式及目标等达成共识。首先，要建立一个国际化的"共商平台"，如"一带一路"国际合作高峰论坛。② 其次，要推动"一带一路"沿线国家利用"二十国集团"、亚太经合组织、上海合作组织等既有国际机制开展互利合作。最后，要发挥社会团体、高等院校、新闻媒体、民间智库以及地方力量等"二轨"对话机制的补充作用，开展形式多样的沟通、对话、交流、合作。

（二）共建

共建是指"一带一路"沿线各方不论大小、强弱或发展程度如何，不但均为一样的建设方，而且还要责任和风险共同分担。可见，共建是国家主权平等原则的具体实施和体现，也是共商共建共享原则的实施路径。质言之，共建包括设立各种形式、不重层次的国际合作平台，如在融资平台方面由中国发起的亚洲基础设施投资银行迄今已发展到有遍布各大洲的 104 个成员；促进中国企业和各国企业开展第三方市场合作，实现优势互补、互利共赢。

（三）共享

共享既是共商共建共享原则的重要组成部分，也是共商共建共享原则的宗旨和目标。它要求在"一带一路"的建设过程中，注意各方不同的利益需求，寻找各方都能接受且愿意接受的方案，最终实现各方均能从共建成果中受益。因此，共建"一带一路"不是一种传统上意义上的零和博弈，而是致力于实现共赢的目标。

综上可见，"共商""共建""共享"既紧密相连，又各有独立的内涵。其中，"共商"是前提条件，"共建"是实施路径，"共享"是宗旨目标。因此，"共商共建共享"原则不但是"一带一路"倡议提出以来一直秉持的原则，而且与国际合作原则、国家主权平等原则等国际法基本原则是一脉相承的。

二、共商共建共享原则已具备国际法基本原则的主要特征

一般认为，国际法基本原则是指在国际法体系中那些被国际社会公认的具有普

---

① 推进"一带一路"建设工作领导小组办公室：《共建"一带一路"倡议：进展、贡献与展望》（2019 年 4 月 22 日），载中国一带一路网，https://www.yidaiyilu.gov.cn/zchj/qwfb/86697.htm.

② "一带一路"国际合作高峰论坛已经成为各参与国家和国际组织深化交往、增进互信、密切往来的重要平台。

遍约束力的，适用于国际法各个领域并构成国际法基础的法律原则。① 共商共建共享原则已经具备了上述现代国际法基本原则的主要特征。

（一）共商共建共享原则逐步获得了国际社会的普遍认可

一项原则要想成为国际法基本原则，必须获得国际社会公认。当然，所谓国际社会公认并不是指所有国家的公认，而是指多数或绝大多数国家的公认。众所周知，八年多来中国与"一带一路"沿线国家以及相关的国际组织开展对话交流，在共建"一带一路"的国际合作方面达成了许多共识。作为共建"一带一路"倡议的核心理念，"共商共建共享"原则已被写入联合国、"二十国集团"、亚太经合组织以及其他区域组织等有关文件中，如 2015 年 7 月上海合作组织发表的《上海合作组织成员国元首乌法宣言》②、2016 年 9 月《二十国集团领导人杭州峰会公报》通过的关于建立"全球基础设施互联互通联盟"倡议，以及 2018 年中拉论坛第二届部长级会议、中国—阿拉伯国家合作论坛第八届部长级会议和中非合作论坛峰会先后形成的中拉《关于"一带一路"倡议的特别声明》、《中国和阿拉伯国家合作共建"一带一路"行动宣言》和《关于构建更加紧密的中非命运共同体的北京宣言》等重要成果文件。③ 特别是，2016 年 11 月联合国 193 个会员国协商一致通过的决议④和 2017 年 3 月联合国安理会一致通过的第 2344 号决议⑤，均载入了涵盖共商共建共享原则的"一带一路"倡议。2017 年 9 月，第 71 届联合国大会通过了关于"联合国与全球经济治理"的决议，要求各方本着共商共建共享原则，改善全球经济治理。鉴于联合国是目前国际社会成员国最多、影响最大的国际组织，共商共建共享原则被纳入联合国相关决议，表明该原则已逐步获得了国际社会的普遍认可。换言之，共商共建共享原则已从"中国倡议"发展成了"全球共识"。

（二）共商共建共享原则具有普遍约束力

国际法基本原则不但对某些国家具有约束力，而且对所有国家都有约束力。事实上，"一带一路"倡议自 2013 年提出以来，深受国际社会的欢迎，与中国签订共建"一带一路"政府间合作文件的国家和国际组织数量不断增加。如前所述，迄今中国已与"一带一路"沿线国家和国际组织签署了两百多份合作的法律文件。特别是从地域范围来看，共建"一带一路"国家，已经由最初的亚洲和欧洲国家逐渐延

---

① 参见王铁崖：《国际法引论》，214 页，北京，北京大学出版社，1998；梁西主编：《国际法》，2 版，55 页，武汉，武汉大学出版社，2000；杨泽伟：《国际法》，3 版，50 页，北京，高等教育出版社，2017。

② 该宣言明确宣布"成员国支持中华人民共和国关于建设丝绸之路经济带的倡议"。

③ 参见推进"一带一路"建设工作领导小组办公室：《共建"一带一路"倡议：进展、贡献与展望》（2019 年 4 月 22 日），载中国一带一路网，https://www.yidaiyilu.gov.cn/zchj/qwfb/86697.htm。

④ 该决议欢迎共建"一带一路"等经济合作倡议，呼吁国际社会为"一带一路"建设提供安全保障环境。

⑤ 该决议呼吁国际社会通过"一带一路"建设加强区域经济合作。

伸至非洲、拉美等五大洲许多国家。这说明共商共建共享原则具有广泛的适用性，具有普遍的约束力。

（三）共商共建共享原则能适用于国际法各个领域

国际法基本原则与国际法具体原则的最大区别是后者只适用于国际法的某一特定领域，而前者带有全局性质，适用于国际法律关系的所有领域，对国际法的各个分支具有普遍性的指导意义。从"一带一路"倡议八年多来的实践来看，"一带一路"倡议涉及的国际合作领域范围很广，囊括交通能源和通信等基础设施的联通、投资贸易的畅通、资金融通，以及诸如文化交流和学术往来方面的民心相通等。① 而上述事项均为现代国际法的调整对象。因此，在某种意义上讲"共商共建共享"原则能够适用于并且已经适用于国际法各个领域。事实上，中国正在有序推进与"一带一路"沿线国家在各专业领域的对接合作。例如，在数字丝绸之路建设方面，中国已与非洲的埃及、欧洲的塞尔维亚以及亚洲的老挝、泰国、沙特阿拉伯、阿联酋、土耳其等 16 个国家签署了关于"加强数字丝绸之路建设"的法律文件，并一起发出《"一带一路"数字经济国际合作倡议》；在标准联通方面，中国已与 49 个国家和地区签署 85 份标准化合作协议；在税收合作方面，中国与"一带一路"沿线国家的税收协定合作网络已经延伸至 111 个国家和地区，并发布了《阿斯塔纳"一带一路"税收合作倡议》。此外，在知识产权②、农业③、能源④以及海洋事务⑤等方面，中国也与"一带一路"沿线国家在遵循共商共建共享原则的基础上开展了富有成效的合作。

（四）共商共建共享原则构成了现代国际法的基础

国际法基本原则是国际法其他具体原则、规则和制度得以产生和确立的法律基础，国际法具体原则、规则和制度都是从国际法基本原则中引申和发展起来的。⑥ 共商共建共享原则作为国际法基本原则也能发挥类似的基础性作用。例如，在"一带一路"倡议的实践中，坚持"开放合作""和谐包容""互利共赢"等原则就是共商共建共享这一基本原则的细化，同时又受到后者的统领。

由上可见，共商共建共享原则符合当代国际法基本原则的要求，因而应当成为现代国际法的基本原则之一。

---

① 参见国家发展改革委、外交部、商务部：《推动共建丝绸之路经济带和 21 世纪海上丝绸之路的愿景与行动》（2015 年 3 月 28 日），载中国一带一路网，http：//www. yidaiyilu. gov. cn/wcm. files/upload/CMSydylgw/201702/201702070519013. pdf。

② 中国已与 49 个沿线国家联合发布了《关于进一步推进"一带一路"国家知识产权务实合作的联合声明》。

③ 中国发布了《共同推进"一带一路"建设农业合作的愿景与行动》。

④ 中国不但组织召开了"一带一路"能源部长会议，而且与其他 17 个国家联合宣布建立"一带一路"能源合作伙伴关系。

⑤ 中国发布了《"一带一路"建设海上合作设想》。

⑥ 参见王铁崖：《国际法引论》，21 页，北京，北京大学出版社，1998。

三、共商共建共享原则是国际法基本原则的新发展

共商共建共享原则不但为国际法基本原则增添了新的内容，而且深化了已有的国际法基本原则的内涵。[①]

（一）国际法基本原则是随着国际关系的演变而发展变化的

国际法基本原则是随着国际关系的演变而发展变化的。例如，自从近代国际法产生之后，国际社会就出现了一系列指导国际关系的一般原则，如国家主权原则、不干涉内政原则、国家平等原则等。[②] 第一次世界大战后，国际法基本原则的发展进入了一个新的阶段，并初步确立了互不侵犯原则、和平解决国际争端原则等。第二次世界大战后，国际法基本原则的内容得到了不断的充实和完善，一些重要的国际文件倡导、确立了一系列国际法基本原则，如《联合国宪章》提出的七项原则等。可见，国际关系的发展变化是新的国际法基本原则产生的催化剂。因此，我们研究国际法基本原则问题不能局限于《联合国宪章》《国际法原则宣言》此类明示性法律文件，还可以更多地从国际条约、联合国大会决议、政府宣言、外交实践以及政府代表在联合国的声明等国际关系的实践中寻找国际法基本原则存在的证据。[③]

就共商共建共享原则而言，它是"一带一路"倡议提出以来始终秉持的原则。[④] 共商共建共享原则还被载入了中国与"一带一路"沿线国家和相关的国际组织签署的两百多份政府间共建"一带一路"合作文件中。因此，我们不难断言共商共建共享原则不但是与以《联合国宪章》为核心的国际法基本原则一脉相承的，而且逐渐成了国际法基本原则的新内容。

（二）共商共建共享原则深化了国家主权平等原则的内涵

国家主权平等原则是现代国际法的基本原则之一。它强调的是主权国家法律地位一律平等，而不管它们在经济实力方面有何差异、在政治制度方面有什么不同，均为国际社会的平等成员。

事实上，共商共建共享原则既坚持和谐包容，强调平等参与、充分协商，尊重

---

① See Zewei Yang，"Understanding the Belt and Road Initiative under Contemporary International Law"，*China and WTO Review*，Vol. 5，No. 2，2019，p. 305.

② 参见程晓霞主编：《国际法的理论问题》，106 页，天津，天津教育出版社，1989。

③ See Antonio Cassese，*International Law*，Oxford University Press，2001，pp. 87 - 88.

④ 参见《"一带一路"法治合作国际论坛共同主席声明》（2018 年 7 月 3 日），载 http：//www. xinhuanet. com/politics/2018 - 07/03/c _ 1123073746. htm。

各国选择适合本国的发展模式①，又注重推进"一带一路"沿线不同文明之间的交流和对话，例如，中国与"一带一路"沿线国家通过政党、议会等"二轨"的形式，就如何共建"一带一路"的不同议题深入交换意见，进行多种多样的交流，以开展更加紧密的国际合作。② 所有这些，无疑进一步丰富了国家主权平等原则的内涵。诚如 2019 年 11 月上海合作组织成员国政府首脑（总理）理事会第十八次会议发布的联合公报所宣布的："建立公正合理、符合各国共同及各自利益的多极世界格局的迫切性日益凸显……推动建设相互尊重、公平正义、合作共赢的新型国际关系。"③

（三）共商共建共享原则拓展了国际合作原则的具体形式

在各国相互依存、相互联系更加紧密的今天，坚持国际合作原则是各国共同发展的前提。作为国际法基本原则之一，国际合作原则内容丰富、形式多样，既包括政治、经济、科技、文化和社会等方面的合作，也有多边、区域和双边等各种层次的合作。然而，"一带一路"倡议作为一个开放包容的国际合作平台和各方共同打造的全球公共产品④，在其推进和建设过程中，参与国坚持共商共建共享的原则，弘扬"和平合作、开放包容、互学互鉴、互利共赢"的丝路精神，跨越不同地域、不同发展阶段和不同文明，既坚持市场运作、遵循市场规律和国际通行规则，又坚持互利共赢、兼顾各方利益和关切，因而进一步充实、拓展了国际合作原则的具体形式。正如习近平主席所指出的："世界经济发展面临的难题，没有哪一个国家能独自解决……（各国）共同把全球市场的蛋糕做大，把全球共享的机制做实、把全球合作的方式做活……共建开放合作的世界经济……共建开放创新的世界经济……共建开放共享的世界经济。"⑤

值得注意的是，共建"一带一路"积极开展的第三方市场合作，也是一种国际合作原则的新形式。共建"一带一路"致力于推动开放包容、务实有效的第三方市场合作，坚持共商共建共享原则，充分发挥中国企业和外国企业各自的优势和潜力，从而实现"1＋1＋1＞3"的共赢结果。事实上，近年来中国与有关国家在第三

---

① 国际货币基金组织前总裁拉加德曾经指出："全球化要想成功，必须更贴近民众，更关注收入、利润的分配，并减少世界许多角落的不平等……它还必须更加关注文化层面的因素。我们有不同的语言、不同的文化、不同的历史背景，这些都必须考虑进去，这是我们发展和处理彼此关系的重要组成部分。我们对此必须给予更多的关注。"高攀、熊茂伶、颜亮：《IMF 与中国建立强有力伙伴关系——专访国际货币基金组织前总裁拉加德》，载《参考消息》，2019-10-21，11 版。
② 参见推进"一带一路"建设工作领导小组办公室：《共建"一带一路"倡议：进展、贡献与展望》（2019年 4 月 22 日），载中国一带一路网，https://www.yidaiyilu.gov.cn/zchj/qwfb/86697.htm。
③ 塔斯社塔什干 2019 年 11 月 2 日电。转引自《参考消息》，2019-11-03，1 版。
④ See Zewei Yang, "Understanding the Belt and Road Initiative under Contemporary International Law", *China and WTO Review*, Vol. 5, No. 2, 2019, pp. 301-304.
⑤ 习近平：《开放合作、命运与共——习近平主席在第二届中国国际进口博览会开幕式上的讲话》（2019年 11 月 5 日），载人民网，politics.people.com.cn/n1/2019/1106/c1024-3143949/html。

方市场合作方面取得了不少进展。例如，2015 年以来中法两国不但合作建设"英国欣克利角核电项目"，而且还设立了"中法第三方市场合作指导委员会"。又如，2018 年中日两国政府签署了《关于中日第三方市场合作的备忘录》，以共同开拓第三方市场。①

此外，中国还与"一带一路"沿线国家签署了 46 项科技合作协定，成立了"'一带一路'国际科学组织联盟"，启动了"中国—东盟科技伙伴计划"和"中国—南亚科技伙伴计划"等，设立了 5 个区域技术转移平台，以促进科技创新成果向沿线国家转移。这既是共商共建共享原则的具体体现，也为国际合作原则增添了新的内容。

（四）共商共建共享原则进一步夯实了和平解决国际争端原则

1970 年联合国《国际法原则宣言》不但专门强调主权国家应依照"和平解决国际争端原则"，而且列举了和平解决国际争端的方法，如"谈判、调查、调停、和解、公断、司法解决、区域机关或办法之利用"等。因此，主权国家应该利用上述方法"或其所选择之他种和平方法寻求国际争端之早日及公平之解决"。《国际法原则宣言》还特别指出："国际争端应根据国家主权平等之基础并依照自由选择方法之原则解决之"等。一方面，共商共建共享原则有利于预防国际争端的发生，因为它是在尊重国家主权平等的基础上，通过共同协商、共同参与的方式，最终实现共享发展成果，从而能够减少国际争端的产生；另一方面，即使出现了国际争端，它也强调通过共同协商的方式、找到各方都能接受的争端解决方法，以避免利用违反一方国家意志的强制性争端解决机制。可见，共商共建共享原则进一步充实了和平解决国际争端原则。

值得一提的是，2018 年中华人民共和国最高人民法院设立了国际商事法庭，并在广东省深圳市设立了第一国际商事法庭，在陕西省西安市设立了第二国际商事法庭②；同时，最高人民法院还牵头组建了由 32 名中外专家组成的国际商事专家委员会。根据 2018 年 6 月由最高人民法院审判委员会第 1743 次会议通过的《最高人民法院关于设立国际商事法庭若干问题的规定》，关于国际商事法庭适用法律问题，其既可以根据《中华人民共和国涉外民事关系法律适用法》的相关规定，也可以由当事人按照法律规定自由选择。③ 此外，国际商事法庭鼓励和支持当事人利用纠纷解决平台，选择通过调解、仲裁、诉讼等其认为最合适的方法来解决国际商事争议。④ 可见，上述国际商事争端解决机制就是按照共商共建共享原则，把调解、仲裁、诉讼这些多元的纠纷解决方式整合到一个平台上，当事人可以根据自己的意愿，

---

① 参见推进"一带一路"建设工作领导小组办公室：《共建"一带一路"倡议：进展、贡献与展望》（2019 年 4 月 22 日），载中国一带一路网，https://www.yidaiyilu.gov.cn/zchj/qwfb/86697.htm。
② 2020 年 11 月，苏州国际商事法庭正式成立。这是我国在地方设立的首个国际商事法庭。2021 年 12 月，北京国际商事法庭正式成立。这是我国第二个在地方设立的国际商事法庭。
③ 参见《最高人民法院关于设立国际商事法庭若干问题的规定》第 7 条。
④ 参见《最高人民法院关于设立国际商事法庭若干问题的规定》第 11 条。

自由选择国际商事法庭诉讼或调解等，这完全符合《国际法原则宣言》关于"国际争端应根据国家主权平等之基础并依照自由选择方法之原则解决"之规定。

总之，国际商事法庭和国际商事专家委员会的设立，既借鉴了当今国际争端解决机制的有益做法，体现了纠纷解决方式多元化原则，有利于公正、高效、便利地解决共建"一带一路"过程中产生的跨境商事纠纷，同时也进一步夯实了和平解决国际争端原则。

四、结语：共商共建共享原则是新时代中国对当代国际法发展的重要贡献

共商共建共享原则不但为当代国际法基本原则增添了新内容，而且是新时代中国对当代国际法发展的重要理论贡献。

（一）共商共建共享原则是和平共处五项原则的扬弃

众所周知，20 世纪 50 年代中、印、缅三国共同倡导的和平共处五项原则，得到了许多国家的支持，并体现在许多双边条约和有关国际法律文件中，成为当代国际法的基本原则。[1]"和平共处五项原则作为一个开放包容的国际法基本原则，集中体现了主权、正义、民主、法治的价值观。"[2] 和平共处五项原则为中国和平发展提供了对外交往的基本准则。在和平、发展、合作和共赢的新时代，无论是和平共处五项原则的精神，还是它的意义和作用，都历久弥新、历久弥深和历久弥坚。[3] 因此，从某种意义上说，共商共建共享原则和平共处五项原则的扬弃和发展。一方面，共商共建共享原则与和平共处五项原则中的"互相尊重主权和领土完整""互不干涉内政"是紧密相连的。互相尊重主权是两大原则的前提，只有互相尊重主权才能实现共商共建共享。"互不干涉内政"则是两大原则的重要保障。事实上，"中国已经同很多国家达成了'一带一路'务实合作协议……"，"中国愿同世界各国分享发展经验，但不会干涉他国内政……更不会强加于人……而将开创合作共赢的新模式……"[4]。另一方面，共商共建共享原则与和平共处五项原则之一的"平等互利"是一脉相承的。"共商共建"就是建立在"平等"的基础之上的，不管是"互利"还是"共享"，均要求"各国在相互关系中，不能以损害他国权益

---

① See Hanqin Xue, "Chinese Contemporary Perspective on International Law: History, Culture and International Law", *Recueil des cours*, Vol. 355, 2011, p. 68.
② 习近平：《弘扬和平共处五项原则、建设合作共赢美好世界——在和平共处五项原则发表 60 周年纪念大会上的讲话》（2014 年 6 月 28 日），载《人民日报》，2014 - 06 - 29，2 版。
③ 参见习近平：《弘扬和平共处五项原则、建设合作共赢美好世界——在和平共处五项原则发表 60 周年纪念大会上的讲话》（2014 年 6 月 28 日），载《人民日报》，2014 - 06 - 29，2 版。
④ 习近平：《携手推进"一带一路"建设》（2017 年 5 月 14 日），载《习近平谈治国理政》，第 2 卷，514 页，北京，外文出版社，2017。

的方法谋求任何特权和攫取本国的片面利益，而应该是对双方都有利的"①，并且"让所有参与方获得实实在在的好处"②。

综上所述，我们不难得出结论：共商共建共享原则正是在新的国际格局背景下，在继承和发扬和平共处五项原则重要理念的基础上，提炼和打造出的具有中国风格和气派、具有鲜明的时代特征和道义感召力的新型的国际法基本原则。诚如习近平主席所指出的："中国愿在和平共处五项原则基础上，发展同所有'一带一路'建设参与国的友好合作。"③

（二）共商共建共享原则是新时代中国国际法观的重要组成部分

从 2012 年开始，中国国际法学的发展进入了一个新时代。④ "党的十八大以来，习近平总书记多次就国际法问题作出重要论述……引领了中国在国际法领域的理论创新，逐步形成了新时代中国国际法观。"⑤ 一方面，新时代中国国际法观植根于中国悠久的传统文化，包括"以和平合作、开放包容、互学互鉴、互利共赢为核心"⑥ 的古丝绸之路精神。另一方面，新时代中国国际法观来源于长期以来的中国国际法实践。中国一直主张："要坚持共商共建共享原则……要双赢、多赢、共赢而不要单赢，不断寻求最大公约数、扩大合作面，引导各方形成共识，加强协调合作，共同推动全球治理体系变革。"⑦ "一带一路"倡议作为现代国际法上一种国际合作的新形态、全球治理的新平台和跨区域国际合作的新维度⑧，既顺应了进入21 世纪以来国际合作发展的新趋势，又是增强中国国际话语权的有益尝试和新时代中国国际法的伟大实践。因此，作为国际法基本原则的共商共建共享原则，既是中国为推动全球治理体系变革和经济全球化作出的重要贡献之一，也是新时代中国国际法观的重要内容。

（三）共商共建共享原则是人类命运共同体思想的真实写照和具体化

意大利前总理马里奥·蒙蒂曾经指出："全球化在一些国家还未完全被人们接受，主要原因是全球化没有真正地给它们带来全方位的福祉，如某些国家由于多种

---

① 杨泽伟：《国际法》，3 版，64 页，北京，高等教育出版社，2017。
② 推进"一带一路"建设工作领导小组办公室：《共建"一带一路"倡议：进展、贡献与展望》（2019 年 4 月 22 日），载中国一带一路网，https：//www.yidaiyilu.gov.cn/zchj/qwfb/86697.htm。
③ 习近平：《携手推进"一带一路"建设》（2017 年 5 月 14 日），载《习近平谈治国理政》，第 2 卷，514 页，北京，外文出版社，2017。
④ 参见杨泽伟：《新中国国际法学 70 年：历程、贡献与发展方向》，载《中国法学》，2019（5），182 页。
⑤ 中华人民共和国外交部条约法律司编著：《中国国际法实践案例选编》，7 页，北京，世界知识出版社，2018。
⑥ 习近平：《携手推进"一带一路"建设》（2017 年 5 月 14 日），载《习近平谈治国理政》，第 2 卷，506～507 页，北京，外文出版社，2017。
⑦ 习近平：《提高我国参与全球治理的能力》（2016 年 9 月 27 日），载《习近平谈治国理政》，第 2 卷，449～450 页，北京，外文出版社，2017。
⑧ See Zewei Yang, "Understanding the Belt and Road Initiative under Contemporary International Law", *China and WTO Review*，Vol. 5，No. 2，2019，pp. 300－304.

因素仍存在财富不均、社会发展不均衡的现象……我们可以通过降低贸易关税壁垒，让贸易给各国人民带来更好的生活水平，让他们切实感受到全球化给自己带来的利益。"① 正是基于上述国际社会的现实，2017 年习近平主席在题为《共同构建人类命运共同体》演讲中，宣示了"构建人类命运共同体"的基本原则和发展方向。② 人类命运共同体思想已成为新时代中国国际法观的核心理念。③ 人类命运共同体思想具有丰富的国际法内涵，涉及"持久和平、普遍安全、共同繁荣、开放包容、清洁美丽"等诸多方面。④ 诚然，要推动构建人类命运共同体，实现共同繁荣，就必须坚持共商共建共享原则。因此，"一带一路"的建设非常重视战略对接、优势互补。中国注意与有关国家进行协调政策，包括俄罗斯的欧亚经济联盟、东盟的互联互通总体规划、柬埔寨的"四角战略"、印度尼西亚的"全球海洋支点"战略、越南的"两廊一圈"、文莱的"愿景 2035"、菲律宾的"雄心 2040"、哈萨克斯坦的"光明之路"、土耳其的"中间走廊"、蒙古的"发展之路"、英国的"英格兰北方经济中心"以及波兰的"琥珀之路"等。⑤ 可见，共商共建共享原则既是构建人类命运共同体必须坚持的重要原则，也是人类命运共同体思想的具体化。

推荐阅读书目及论文

1. 王铁崖 . 国际法引论 . 北京：北京大学出版社，1998

2. 习近平 . 习近平谈"一带一路". 北京：中央文献出版社，2018

3. 中华人民共和国外交部条约法律司编著 . 中国国际法实践案例选编 . 北京：世界知识出版社，2018

4. 王翰 . "一带一路"与人类命运共同体构建的法律与实践 . 北京：知识产权出版社，2018

5. 漆彤 . "一带一路"国际经贸法律问题研究 . 北京：高等教育出版社，2018

6. 傅梦孜 . "一带一路"建设的持续性 . 北京：时事出版社，2019

7. 杨泽伟，等 . "一带一路"倡议与国际规则体系研究 . 北京：法律出版社，2020

8. 杨泽伟编 . "一带一路"倡议文件汇编 . 北京：法律出版社，2020

---

① ［意］马里奥·蒙蒂：《规则是推动新一轮全球化的关键》，载《参考消息》，2019 - 10 - 29，11 版。

② 参见习近平：《共同构建人类命运共同体》（2017 年 1 月 18 日习近平主席在联合国日内瓦总部的演讲），载《习近平谈治国理政》，第 2 卷，537～548 页，北京，外文出版社，2017。

③ 参见中华人民共和国外交部条约法律司编著：《中国国际法实践案例选编》，20 页，北京，世界知识出版社，2018。

④ 参见徐宏：《人类命运共同体与国际法》，载《国际法研究》，2018（5），6 页。

⑤ 参见习近平：《携手推进"一带一路"建设》（2017 年 5 月 14 日习近平在"一带一路"国际合作高峰论坛开幕式上的演讲），载《习近平谈治国理政》，第 2 卷，509 页，北京，外文出版社，2017；杨悦、李福建：《东盟眼中的"一带一路"》，载《世界知识》，2019（10），36 页。

9. 杨泽伟. "一带一路" 倡议背景下全球能源治理体系的变革与中国作用. 武大国际法评论，2021（2）

10. Zhao Yun. International Governance and the Rule of Law in China under the Belt and Road Initiative. Cambridge University Press，2018

11. Yu Cheng，Lilei Song，et al. . The Belt & Road Initiative in the Global Arena：Chinese and European Perspectives. Macmillan，2018

12. Zewei Yang. Understanding the Belt and Road Initiative under Contemporary International Law. China and WTO Review. Vol. 5，No. 2，2019

13. Zewei Yang. Building the 21st-Century Maritime Silk Road：Its Impact on the South China Sea Dispute. Journal of Boundary and Ocean Studies. Vol. 1，No. 1，2019

第 五 章

人道主义干涉在国际法中的地位及前景

　　"冷战"结束后，随着国际格局的变化，原来在两极格局掩盖下的民族矛盾、种族纷争和宗教冲突一再涌现，地区分治主义不断抬头。因此，人道主义干涉（humanitarian intervention）的问题再次被提上了国际社会的议事日程。1999 年北约对南联盟的武力威胁和军事打击更是举世瞩目，人道主义干涉的合法性问题也成为争论的焦点。① 本章试图从传统的人道主义干涉分析入手，结合有关的国际实践，对人道主义干涉在国际法中的地位和前景作一些法理剖析。

一、人道主义干涉的界定

　　"人道主义干涉是一个经常引起混乱和误解的概念。"② 因此，很有必要首先对人道主义干涉的概念作出界定。

　　人道主义干涉，是指在没有被干涉国政府同意的情况下出于人道主义原因对该国实施武力干涉或以武力干涉相威胁。它包括两类行为：一是为了人道主义目的而实施的强制行动（enforcement action for humanitarian purposes）。它是在出现大规模侵犯人权的情况下，根据《联合国宪章》第七章，由全球性或区域性国际组织实施的或者由其授权而进行的集体干涉。另一类是没有授权的单方面的或由多国进行的干涉。这是一种狭义的人道主义干涉，它是由一国或多国对另一国以武力相威胁或使用武力，旨在中止或预防大规模地、严重地侵犯基本人权。这种以武力相威胁或使用武力的行为既没有事先得到联合国有关机构的授权，也没有被干涉国合法政府同意。

　　应该指出的是，尽管下列行动或多或少地与人道主义干涉有关，但不包括在本

---

① 参见万鄂湘等：《从国际法看北约对南联盟的战争和对我国驻南使馆的轰炸事件》，载《武汉大学学报》（哲社版），1999（4）；金克胜：《国际法发展动向与人道主义干涉》，载《世界经济与政治》，2000（4）。

② Advisory Committee on Human Rights and Foreign Policy and Advisory Committee on Issues of International Public Law, *The Use of Force for Humanitarian Purposes*, the Hague, 1992, p. 15.

章所指的人道主义干涉的范围之内：

第一，经合法政府同意或应其请求的干涉。因为，这种干涉与国家主权原则并不矛盾。鉴于过去存在众多滥用"邀请"而进行干涉的实例，重要的是如何确定真正构成合法政府同意的有效性。但这个问题不在本章的考究范围之内。

第二，联合国维和行动以及联合国人道主义紧急救援行动。在原则上，联合国的这类行动总是基于与有关政府或冲突各方的协议。

第三，一国为保护旅居国外、处于紧急危险状态下的本国国民而实施的军事营救行动。关于没有外国政府的同意，一国是否有权为保护处于危难状态下的本国国民而对另一国进行军事干涉，存在争议。由于在法律性质上这类行动不同于人道主义干涉，因此在理论上也必须把它们分开。

第四，非人道主义目的的军事干涉，如反对侵略、支援内战中的一方、支持民族自决等。

二、传统的人道主义干涉

（一）早期的国际法学家学说

根据国际人权法方面的学者默柔（Theodor Meron）近来的研究，"1648 年威斯特伐利亚和会以前的一些国际法著作表明，人类社会共同利益的概念以及现代人道主义干涉权利在格老秀斯之前就已经形成"[1]。阿奎那斯（St. Thomas Aquinas）就认为，在某种程度上一国君主有权基于宗教的利害关系干涉另一国的内部事务，如果后者虐待他的臣民超出了似乎能够接受的程度。后来，他的这一学说演变为援助另一国人民反对专政统治为合法的原则。[2]

人道主义干涉的思想也呈现在其他中世纪学者如苏亚利兹（Franciso Suarez）和真提利（Alberico Gentili，1552—1608）等人的著述中。[3] 特别值得注意的是，劳特派特认为，格老秀斯的著作包含了"人道主义干涉原则的最早的权威声明"；格老秀斯主张："对人类的暴行一开始，国内管辖的专属性就停止。"[4]

总之，早期的国际法学者把大规模侵犯人权作为诉诸战争的法律依据和正义战争学说的组成部分，这正如现代国际法学家把它作为人道主义干涉的正当理由。

---

① T. Meron, "Common Rights of Mankind in Gentili, Grotius and Suarez", *American Journal of International Law*, Vol. 85, 1991, p. 110.

② See L. Fonteyne, "The Customary International Law Doctrine of Humanitarian Intervention: Its Current Validity under the U. N. Charter", *California Western International Law Journal*, Vol. 4, 1974, p. 214.

③ See T. Meron, "Common Rights of Mankind in Gentili, Grotius and Suarez", *American Journal of International Law*, Vol. 85, 1991, p. 110.

④ H. Lauterpacht, "The Grotian Tradition in International Law", in John Dunn, etc., ed., *Grotius*, Vol. I, An Elgar Referrence Collection, 1997, p. 441.

然而，在 16 世纪随着近代国家主权理论的产生，虽然早期的公法学家如维多利亚（Francisco de Vitoria）、真提利和格老秀斯等提倡专门的人道主义干涉的学说，但主要是出于宗教因素的考虑。按照当时的时代精神，人道主义干涉的真实含义是一种基于自然法的宗教干涉、保护基督教徒的权利。"三十年战争"后，这种人道主义干涉就被更普遍的政治性干涉的实践取代。①

（二）19 世纪国家的理论与实践

无论从历史上还是在法律意义上，19 世纪国家的有关理论和实践都与当代人道主义干涉合法性的争论更密切相关。在 19 世纪，虽然出现了不干涉原则，并很快获得了普遍的承认，然而，主宰 19 世纪国际法律秩序性质的是根据条约的干涉权。从 1815 年开始，奥地利、俄国和普鲁士三国试图以"神圣同盟"为基础建立普遍的军事干涉原则。此外，19 世纪在理论上还出现了一个新的干涉理由——人道主义，它与政治自由主义思想和基本人权的概念相关。

在 19 世纪的国家实践中，有很多援引人道主义来证明干涉的合法性的例子。但是，人道主义干涉经常被用来作为出于政治、经济或其他原因而进行干涉的借口。例如，1827 年英、法、俄三国支持希腊反土耳其的起义；1856 年英国和法国对西西里的干涉，英、法宣称这次干涉是基于逮捕政治犯和对犯人虐待的考虑；1860 年—1861 年英、法、奥、普、俄对叙利亚的干涉，这次干涉是由于数千名基督教马龙派教徒被杀害。这些干涉行动是后来欧洲大国多次干预奥斯曼土耳其帝国的序幕。此后，英、法、俄等国相继于 1866 年—1868 年干涉克里特岛，在 1876 年—1878 年干涉波斯尼亚、黑塞哥维那、保加利亚和马其顿。另外，美国还在 1898 年干涉反对西班牙在古巴的行动。

上述 19 世纪有关国家实践表明：人道主义干涉原则日益成为最主要的干涉理由。此外，由众多国家实施的集体人道主义干涉已成了主要趋势。19 世纪的国际法学者也认为，这种集体的干涉行动是"反对滥用人道主义干涉的必不可少的保证"②。

然而，19 世纪的国家实践并未证明人道主义干涉已成为一种普遍接受的惯例。因为，人道主义干涉作为一个新趋势主要是这一时期各国政府用来证明其干涉行为的合法性。事实上，当各国以所谓出于人道主义目的干涉另一国时，通常追求的是它们各自的国家利益。因此，正如一些学者指出的，人道主义"不能为这一行动提供完全正当的理由"③。

另外，还应该注意到，欧洲大国对奥斯曼土耳其帝国的干预经常是由于它们在

---

① See Peter Malanczuk, *Humanitarian Intervention and the Legitimacy of the Use of Force*, Het Spinhuis, 1993, p. 8.

② L. F. Damrosch, D. J. Scheffer ed., *Law and Force in the New International Order*, Westview Press, 1991, p. 204.

③ H. -u. Scupin, "History of the Law of Nations 1815 to World War I", in R. Bernhardt ed., *Encyclopedia of Public International Law*, Vol. II, Amsterdam, 1995, p. 771.

中东的不同利益以及土耳其的政治秩序处在危险中。为了在日益衰落的奥斯曼帝国建立各自的势力范围，欧洲大国相互竞争，因此，"人道主义干涉是一最受欢迎的借口"①。1853 年的克里米亚战争就是明显一例。

（三）人道主义干涉在习惯国际法中的地位

对于如何确定人道主义干涉在近代习惯国际法中的地位，当代国际法学者的看法很不相同。

按照有些学者的观点，"虽然对于人道主义干涉的法律基础存在着较大的学说上的混乱，但是在第一次世界大战前，大多数学者认为人道主义干涉是合法的。然而，由于少数学者以严格的不干涉原则为依据，坚决否定人道主义干涉的学说，因此近代人道主义干涉是否已明显地确定为习惯国际法存在争论"。此外，这些学者还认为："尽管有许多所谓人道主义干涉的先例，但是通过更仔细的研究就能发现仅仅只有几个案例真正能证明是名副其实的人道主义干涉的例子，如 1860 年—1861 年法国对叙利亚的干涉。"②

另有学者也认为，从来没有真正的人道主义干涉的实例，叙利亚的例子只不过是一个可能的例外。③ 更有学者主张，即使反复强调的 1860 年—1861 年人道主义干涉叙利亚的例子，但重新研究的结果表明，该事件的历史背景很难把它当作人道主义干涉的实例。④

相反，当代其他一些国际法学者认为，单方面的人道主义干涉在今天至少在某些条件下应被承认或仍然具有法律效力的情况下，应当更加肯定人道主义干涉在习惯国际法中的地位。这些学者大多依靠方廷尼（L. Fonteyne）于 1974 年发表的一篇文章，该文有如下的结论："虽然对于在何种条件下能够诉诸人道主义干涉，以及人道主义干涉应该采取何种手段，存在明显分歧，但是，人道主义干涉原则本身已被广泛地接受为习惯国际法的组成部分。"的确，"人道主义干涉的学说似乎已如此明显地在习惯国际法中确立下来，以至于仅仅对它的限制以及这种限制是否存在有些争议"。此外，对于人道主义干涉的学说，方廷尼还认为，"就在第一次世界大战以前，看来大多数学者主张人道主义干涉的合法性，只有少数学者，尽管是声名狼藉的几个，坚持否定这种学说的有效性"⑤。方廷尼的这篇文章有很大的影响，

① Peter Malanczuk, *Humanitarian Intervention and the Legitimacy of the Use of Force*, Het Spinhuis, 1993, p. 9.
② Beyerlin, "Humanitarian Intervention", in R. Bernhardt ed. , *Encyclopedia of Public International Law*, Vol. Ⅱ, Amsterdam, 1995, p. 927.
③ See I. Brownlie, *International Law and the Use of Force by States*, Clarendon Press, 1963, p. 340.
④ See I. Pogany, "Humanitarian Intervention in International Law: the French Intervention in Syria Re-examined", *International and Comparative Law Quarterly*, 1986, p. 190.
⑤ L. Fonteyne, "The Customary International Law Doctrine of Humanitarian Intervention: Its Current Validity under the U. N. Charter", *California Western International Law Journal*, Vol. 4, 1974, pp. 235 - 236, 223.

后来的许多学者都采纳了他的观点，包括 20 世纪 90 年代一些学者关于人道主义的著述，主要是根据方廷尼的文章及该文引用的一些权威论述。①

然而，研究表明：在 19 世纪，人道主义干涉的学说事实上有很大的分野。总的说来，那些支持人道主义干涉原则的主要是英美学者，如霍尔（William Edward Hall）、奥本海（Oppenheim）、惠顿（Henry Wheaton）、吴尔玺（J. D. Woolsey）、劳伦斯（Lawrence）、穆尔（Moore）和斯托厄尔（Stowell）等；而反对人道主义干涉原则的则大多数是欧洲大陆的学者，如赫夫特（Heffter）、李斯特（Liszt）等。②

值得注意的是，虽然方廷尼断定"仅仅只有几个学者"在第一次世界大战以前否定人道主义干涉学说，但是在他写的文章后面几段，他对该学说在两次世界大战期间的发展作了更为稳妥的陈述："通过这一学说，可以把学者们分为两类，一类肯定人道主义干涉理论已成为习惯国际法，另一类学者则对此表示怀疑。"方廷尼还承认，在国家实践中，人道主义干涉的先例"并不特别多"③。此外，即使主张人道主义干涉存在于习惯国际法中的劳特派特，后来也承认"人道主义干涉的学说从未成为完全确定的实在国际法的一部分"④。

可见，虽然人道主义干涉的学说在学者的著作中被明确地提了出来，在传统的国家实践中也能找到，但是它并未成为被普遍接受的习惯国际法。

1999 年科索沃战争后国际社会一般较少用人道主义干涉，而是使用"保护的责任"。

三、联合国成立以来的集体人道主义干涉

（一）禁止使用武力与联合国集体安全体系

与传统国际法相比较，现代国际法律体系最大的特点是试图把对使用武力的控制规范化。《联合国宪章》第 2 条第 4 项规定，所有会员国在其国际关系中不得使用武力或以武力相威胁，或以其他与联合国宗旨不符之任何其他方法，侵害任何会员国或国家之领土完整和政治独立。宪章对禁止使用武力有三种例外：

第一，宪章第七章第 42 条允许安理会根据其决定使用武力，而安理会的决定是基于宪章第 39 条"任何和平之威胁、和平之破坏或侵略行为之是否存在"而作

① See B. M. Benjamin, "Unilateral Humanitarian Intervention: Legalizing the Use of Force of Prevent Human Rights Atrocities", *Fordham International Law Journal*, Vol. 16, 1992—1993, p. 126.
② See Peter Malanczuk, *Humanitarian Intervention and the Legitimacy of the Use of Force*, Het Spinhuis, 1993, pp. 10 - 11.
③ L. Fonteyne, "The Customary International Law Doctrine of Humanitarian Intervention: Its Current Validity under the U. N. Charter", *California Western International Law*, Vol. 4, 1974, pp. 224 - 226, 232 - 233.
④ H. Lauterpacht, "The Grotian Tradition in International Law", in John Dunn, etc., ed., *Grotius*, Vol. I, An Elgar Referrence Collection, 1997, p. 441.

出的。

第二，宪章第 51 条规定："联合国任何会员国受武力攻击时，在安理会采取必要办法以维持国际和平及安全以前，本宪章不得认为禁止行使单独或集体自卫之自然权利。"

第三，宪章第 107 条准许采取行动反对第二次世界大战中宪章签署国的敌国。不过，这一条现已成为不再适用的条款。

1970 年联合国大会一致通过的《国际法原则宣言》也表明，在国际关系中禁止使用武力成为一条广泛的规范。该宣言声明，各国或国家集团无权以任何理由直接或间接地干涉其他任何国家的内部或外部事务，因此，武装干涉和所有其他形式的干预或试图威胁国家的人格或其政治、经济、文化事务，都是违反国际法的。

然而，国际法学者对禁止使用武力及其在国际法上的限制，仍然存在分歧。[①]因为纵观 1945 年以来众多的武装冲突，真正的国家实践与其官方声明存在较大的差距。联合国集体安全机制的瘫痪，使人们怀疑宪章第 2 条第 4 项制定的规范是否仍然有效。

不过，大多数学者认为，宪章为禁止使用武力制订了一条广泛的规则，已成为国际强行法，对这种禁止使用武力仅允许非常有限的例外。1986 年国际法院尼加拉瓜案的判决沿着这一方向发展，并澄清了有关习惯国际法的一些重要内容，但是许多问题仍未解决，还有待于今后的发展。正如有学者指出的："断言禁止使用武力这一《联合国宪章》基本原则已被不一致的国家实践废弃还为时尚早，但是一个体系如果没有集体强制行动机制，其危险性是不言而喻的。"[②]

由于安理会常任理事国滥用否决权，《联合国宪章》第七章下的集体安全制度在"冷战"时期很大程度上已不能发挥作用。不过，根据宪章第 39 条，安理会有几种行动的选择：它既可以采用宪章第 40 条规定的临时办法，也可以按照宪章第 41 条和第 42 条提出建议或作出决定"以维持或恢复国际和平与安全"。这种强制方法与宪章第 2 条第 7 项规定的不干涉原则并不矛盾，因为该条明确表示"此项原则不妨碍宪章第七章内执行办法之适用"。

应该注意的是，安理会有权作出有约束力的决定，除非该事项不在《联合国宪章》规定的范围内。宪章第 41 条和第 42 条对非军事与军事办法作了区分。安理会根据宪章第 41 条作出的决定，诸如实施经济制裁，是对成员国和目标国都有约束力的。迄今为止，安理会根据第 42 条作出采取军事强制行动办法的决定，并不导致安理会本身的直接行动，因为直到现在会员国还未就供安理会使用的武装力量与其达成专门的协定。

---

① See O. Schachter, *International Law in Theory and Practice*, Martinus Nijhoff Publishers, 1991, chapters Ⅶ and Ⅷ.

② E. Stein, "The United Nations and the Enforcement of Peace", *Michigan Journal of International Law*, Vol. 10, 1989, p. 304.

然而，如果出现宪章第 39 条和第 42 条规定的情况，安理会也可授权会员国使用武力。鉴于在第 43 条意义上缺乏专门的协议，安理会的这种协议对会员国仅仅是一种建议，它对会员国没有约束力；没有会员国的同意，它也不能要求会员国履行该决议以采取军事行动。但是，它对目标国是有法律约束力，它排斥了基于宪章第 51 条的自卫、采取非武力的报复以及由安理会授权的会员国针对使用武力而在后来主张的补偿。

质言之，安理会根据第 42 条作出的决定具有两重性：对目标国而言，它是具有约束力的决定；而对被授权的会员国来说，它是一项建议，在法律上它能证明除宪章规定的自卫以外使用武力的合法化。

（二）人权的发展和集体安全措施对人权的保护

为了能够更好地理解国家主权原则与人道主义干涉原则的对立，有必要回顾第二次世界大战以来在国际领域中人权的发展。

《联合国宪章》的设计者，并未把促进与保护人权放在和维护国际和平与安全同等重要的位置上。但到今天，联合国的实践表明，至少严重的侵犯人权会引起联合国各种机构的关切。人权的侵犯已不再纯属各国的保留范围。1948 年的《世界人权宣言》以及后来的全球性及区域性人权条约，导致国际法院在 1970 年 "巴塞罗那案"（the Barcelona Traction Case）的判决中承认人的某些 "基本权利"。此外，联合国国际法委员会在其起草的《国家责任条款草案》中提出了 "大规模地严重违反保障人权的最基本的国际义务的行为，如禁止奴隶制、种族灭绝和种族隔离，是一种国际罪行"。国际法院也明显地把尊重人权作为一项普遍国际法律责任。然而，"这并不意味着它必然成为习惯国际法，尽管可以把它作为一般国际法原则的参照物"[1]。

根据《联合国宪章》第七章，如果安理会断定威胁和平、破坏和平以及侵略行为之存在，安理会有权采取强制措施。这里指的是 "国际" 和平与安全。然而，国内冲突和大规模地侵犯人权是否可以看作正在构成对国际和平的威胁或正影响国际安全？此外，根据宪章第 42 条实施的强制措施，特别是授权使用武力，是否至少必须存在一些跨越国界的对外影响？

安理会的实践似乎显示了这样的一个趋势：国内冲突，特别是侵犯人权，关系到国际和平与安全。1992 年 1 月 31 日，安理会举行了特别会议，会议发表的声明强调："国家间没有战争和军事冲突本身，并不能确保国际和平与安全。在经济、社会、生态和人道主义等方面的非军事的不稳定因素，已构成对和平与安全的威胁。联合国成员国作为一个整体，在相关机构的工作中，需最优先解决这些

---

[1] Peter Malanczuk, *Humanitarian Intervention and the Legitimacy of the Use of Force*，Het Spinhuis, 1993, p. 13.

问题。"①

　　然而，直到 20 世纪 90 年代，在上述情况下安理会根据《联合国宪章》第七章作出有约束力的制裁的决定，只有两个相关的例子：对南罗得西亚和南非的制裁。这两次制裁均适用了宪章第 41 条，实施了联合抵制的办法。因此，对南罗得西亚和南非的制裁经常被作为先例来证明：如果安理会断定国内人权状况正构成对和平的威胁的话，就可以强制实施集体的经济制裁。然而，就南罗得西亚本身的特殊情况能否得出这种一般性的结论，是令人怀疑的。同样，南非这个例子也能产生一些疑问，因为有关的外部因素对安理会作出决定有一定的影响；同时，还应该考虑在这两个案例中殖民形势的重要性以及在其他许多明显的大规模侵犯人权的情况下安理会并未实施强制措施。

　　应该注意的是，在上述两个案例中，安理会并未通过决议授权在南罗得西亚或南非境内使用武力。在南罗得西亚案中，尽管安理会授权英国使用武力（可解释为适用《联合国宪章》第 42 条）禁止油轮为南罗得西亚装载货物运到莫桑比克的贝拉港，而事实上，它是在特殊情况下，用来反对第三国——船旗国希腊的。

　　总之，对于在一国内大规模地侵犯人权是否构成对国际和平的威胁，存在很大的争论。而南罗得西亚和南非这两个案例由于其特殊情况，不能作为这方面的先例。②

（三）安理会在 20 世纪 90 年代的实践

　　20 世纪 90 年代，安理会在库尔德、索马里、前南斯拉夫等地区或国家的实践，更清楚地说明了有关人道主义干涉的法律问题。

　　1. 库尔德危机

　　1991 年海湾战争结束后，由美国领导的西方多国部队实行联合干涉，在伊拉克北部设立了安全区（safe havens）以保护大量从伊拉克逃往土耳其和伊朗的库尔德难民。安理会于 1991 年 4 月 5 日通过的第 688 号决议通常被认为是这次干涉行动的法律依据，多国部队也一再声称它们的干涉行动与该决议相吻合。有些学者也认为，库尔德地区大规模地侵犯人权已明显地构成对和平的威胁或破坏之情势，因此安理会根据《联合国宪章》第七章采取了强制措施。③ 然而，仔细研究该决议及其背景，我们就会得出不同的结论。

　　1991 年 4 月 5 日，比利时、法国、英国和美国作为发起国把第 688 号决议草案提上了安理会的议程。第 688 号决议只获得 10 票赞成，另有 3 票反对、2 票弃权，它是自海湾危机以来安理会通过的所有决议中获得支持最少的一个。第 688 号决议

---

① Provisional Verbatim Record of the Meeting of 31 January 1992, S/Pv. 3046，1992，p. 143.

② See Peter Malanczuk, *Humanitarian Intervention and the Legitimacy of the Use of Force*，Het Spinhuis，1993，p. 60.

③ See Peter Malanczuk, *Humanitarian Intervention and the Legitimacy of the Use of Force*，Het Spinhuis，1993，p. 17.

谴责了"在伊拉克许多地方包括最近在库尔德人居住区人民受压迫，以致威胁该地区的国际和平与安全"的情况。然而，第 688 号决议没有提到《联合国宪章》第七章，也没有提及任何集体强制措施，更没有明确授权或同意多国部队的军事干涉。[1] 因为，第 688 号决议既没有像第 678 号决议那样授权成员国"使用各种必要手段"，以击退伊拉克对科威特的入侵；也没有使用诸如后来针对索马里的第 794 号决议的措辞。实际上，就在正式通过第 688 号决议之时，以军事干涉建立安全区的设想还未得到美国的支持。[2] 直到 4 月 10 日，美国才表明其立场，要求伊拉克在北纬 36°以北停止一切军事行动，并警告伊拉克不得在国际社会对库尔德人的救援行动中有任何军事干预，否则将使用武力。多国部队本身的干涉，4 月 17 日才正式开始。

安理会召开的紧急会议所作的声明也表明，几乎所有成员国，甚至包括那些支持第 688 号决议的国家，都谨慎地在安理会处理此事的权利与不干涉伊拉克内政之间寻求平衡，以避免为将来产生一个不受欢迎的先例。[3] 当第 688 号决议开始提到安理会维持国际和平与安全的责任时，立即回想了《联合国宪章》第 2 条第 7 项。决议的序言阐述了安理会对伊拉克人民所遭受的压迫和巨大苦难深表关切和忧虑。同时，该项决议重申了"各会员国对伊拉克和该地区所有的国家主权、领土完整及政治独立所承担的义务"。

实际上，除了把人道主义任务委托给秘书长以外，第 688 号决议只是对伊拉克的一个正式谴责。对于"安全区"的计划，联合国秘书长提出了质疑：能否不顾伊拉克的主权把库尔德飞地强加给它？4 月 17 日秘书长表示，在伊拉克北部部署任何外国军队要得到伊拉克的同意。伊拉克对多国部队的行动提出了抗议，但并未作出军事反应。

在 1991 年 11 月联合国大会辩论中，发展中国家普遍认为多国部队的干涉虽然增强了联合国对紧急情况的反应能力，但是它构成了对一国主权的侵犯。负责与伊拉克商谈有关人道主义救援问题的联合国官员埃里克（Erik）也认为："多国部队的干涉是没有授权的单方面行动，因此，根据国际法，它是非法的。作为单个的先例，它不能创立一个新的习惯规范。"[4]

总之，第 688 号决议本身并不能为多国部队干涉库尔德的行动提供合法的根据，它也不是安理会根据宪章第 42 条实施强制的人道主义措施的先例。多国部队

---

[1] See O. Schachter, "United Nations Law in the Gulf Conflict", *American Journal of International Law*, Vol. 85, 1991, p. 468.

[2] See Peter Malanczuk, *Humanitarian Intervention and the Legitimacy of the Use of Force*, Het Spinhuis, 1993, pp. 17, 18.

[3] See N. S. Rodley ed., *To Loose the Bands of Wickedness-International Intervention in Defence of Human Rights*, London, 1992, p. 29.

[4] Peter Malanczuk, *Humanitarian Intervention and the Legitimacy of the Use of Force*, Het Spinhuis, 1993, p. 19.

的行动作为国家实践，其对发展习惯国际法的法律意义，只有在海湾战争特殊的环境以外，还能被发现作为一个先例被普遍接受时，才会显现出来。

2. 索马里问题

联合国在索马里的行动，可以说是一次真正的人道主义干涉的实践。1992 年 12 月 3 日，安理会通过了第 794 号决议，在该决议中安理会授权使用武力以恢复索马里的"和平、稳定、法律和秩序"。在首先断定"索马里的冲突导致了巨大的人类灾难，这种灾难由于分发人道主义救援物质受阻而进一步加剧，从而构成了对国际和平与安全的威胁"后，安理会决心"在联合国的主持下以促进政治解决为目的，恢复和平、稳定、法律和秩序"。为实现这些目标，安理会专门援引《联合国宪章》第七章，授权联合国秘书长和有关会员国"使用一切必要手段以尽快为在索马里的人道主义救援行动建立一个安全的环境"[1]。

值得注意的是，第 794 号决议是安理会第一次明显地没有提及索马里局势已经或潜在地产生对外部的影响，如日益加剧的涌向邻国的难民潮。同样地，在通过第 794 号决议之前，争论的焦点不是难民潮对邻国的影响，而是在索马里的暴力和故意破坏行为。虽然在争论中明显地有人承认索马里的情势波及了邻国，产生了对外界的影响，但是安理会的意见是这种国内局势本身就能成为行动的正当理由。[2]

因此，有学者认为，第 794 号决议构成了对《联合国宪章》的实际修改，它迎合了人道主义干涉的需要，因为在后"冷战"时期更加需要这样的干涉。[3]

3. 南斯拉夫局势

随着南斯拉夫局势的变化，安理会于 1991 年 9 月 25 日一致通过了第 713 号决议。该决议提到了国际社会对发生在南斯拉夫的武装冲突深表关切，指出了这种冲突对该地区特别是对邻国的影响，认为"这种情势的继续构成了对国际和平与安全的威胁"。根据《联合国宪章》第七章，安理会对南斯拉夫实施了全面的武器禁运。正如针对库尔德危机的第 688 号决议一样，在第 713 号决议中"对和平的威胁"的判断主要不是基于南斯拉夫国内侵犯人权的状况，而是该冲突对邻国的影响。

1992 年 5 月 15 日，安理会要求停火和停止外部干预，同时也呼吁为实施没有阻碍的人道主义援助创造条件。由于这一呼吁没有成功，安理会接着通过了第 757 号决议，对南斯拉夫联盟共和国（塞尔维亚和黑山）实施了全面的经济制裁；并要求撤出塞尔维亚军队和停止敌对行动。根据《联合国宪章》第七章，该决议还要求所有冲突各方立即为在萨拉热窝和波黑共和国其他地方的人道主义供应的畅通，创

---

[1]　S. C. Res. 794, U. N. SCOR, 47th Sess. , 3145 mtg, U. N. Doc. S/RES/794 (1992), at 2.

[2]　See Richard B. Lillich, "The Role of the U. N. Security Council in Protecting Human Rights in Crisis Situations: U. N Humanitarian Intervention in the Post-cold War World", *Tulane Journal of International & Comparative Law*, Vol. 3, 1994, p. 8.

[3]　See Makumi Mwagiru, "International Law, Politics, and the Reinvention of Humanitarian Intervention: the Lesson of Somalia", *India Journal of International Law*, Vol. 34, 1994, p. 43.

造必要的条件。

6月8日，鉴于冲突各方就重新开放萨拉热窝机场达成协议，安理会授权另外派遣联合国部队以保证机场的安全和正常运转。由于人道主义的情况持续恶化以及当地塞族居民拒不同意无阻碍的救援行动，安理会于8月13日通过了第770号决议，促请各国与联合国合作，采取一切必要措施以便于把人道主义救援物质运送到萨拉热窝和波黑共和国的其他地方。该决议原则上已允许个别国家采取武装行动。当然，这种行动仅在联合国波斯尼亚行动的范围内。1993年5月，安理会又根据《联合国宪章》第七章，宣布了五个以上的安全区，包括萨拉热窝。一个月以后，联合国部队被授权采取必要措施，包括使用武力，以保护这些地区和向这些地区及周围的人道主义救援物资的运送。1993年的第836号决议也授权各成员国单独或通过区域组织或区域安排，在安全区内及周围使用空中力量支持这种强制行动。

4. 小结

安理会在20世纪90年代的实践表明：安理会根据《联合国宪章》第七章授权使用武力的前提，并不限于存在军事侵略或对国际和平与安全的军事威胁。如果在成员国内出现了人为的紧急情况而该国政府又像索马里政府那样完全瘫痪，不管是否波及邻国，只要安理会断定构成对国际和平与安全的威胁，那么武力干涉完全可能被纳入宪章第七章的范围。如果人为的紧急情况产生了跨越国界的影响，像大量的难民涌到国外，或者出现其他被安理会认为构成了对国际和平与安全的威胁的情况，适用强制性的集体措施看来更加强化。

因此，重新解释《联合国宪章》第39条中"对和平的威胁"，是否让它明确包括那些可能对和平构成潜在威胁的国内情势，至关重要。有学者主张，大规模侵犯人权是如此地背离了"国际价值体系"的本质，仅此理由就构成了宪章第七章意义上的对和平的威胁。不过，也有学者就认为，如果侵犯人权仅限于一国领土内，也没有威胁邻国，那么就不能授权武力。[①]

笔者认为，这应取决于有关案例的具体情况，原则上不能反对安理会授权干涉像在索马里那样没有跨国界影响的情势。但是，应该肯定的是，在当代国际法中，根据安理会的决议进行的集体人道主义措施，是唯一能够使用武力保护基本人权的合法手段。由一群国家进行的多边人道主义干涉，如果没有安理会的授权，就是非法的。这种保护人权的武装干涉，将破坏禁止使用武力的国际法规范，也会把脆弱的集体安全体系置于更危险之中。

（四）科索沃危机与北约对南联盟的军事打击

在科索沃，1998年年初的大规模暴力活动引起了国际社会的广泛关注。1998年3月31日，安理会根据《联合国宪章》第七章通过了第1160号决议。该决议呼

---

① See L. F. Damrosch, D. J. Scheffer ed., *Law and Force in the New International Order*, Westview Press, 1991, p. 220.

吁南联盟和科索沃阿族领导人政治解决科索沃问题，但没有明确断言科索沃危机意味着对和平的威胁。同时，该决议还对双方实行了强制性的武器禁运，并强调"和平解决科索沃局势如无建设性进展，将导致考虑采取其他办法"①。

不久，局势迅速恶化：冲突加剧造成大量平民伤亡，成千上万的无辜百姓逃离家园，许多难民潮涌向邻国。1998年4月，南联盟受到了新的制裁。6月，联合国秘书长向北约咨询安理会对科索沃实施强制性军事干涉的必要性。

1998年9月，安理会同样基于《联合国宪章》第七章，通过了第1199号决议，断定科索沃局势的恶化构成了"对该地区和平与安全的威胁"。安理会要求停止敌对行动、停火以及双方立即采取步骤促进人道主义待遇和进行国际协商，并要求南联盟采取一系列有利于和平解决危机的措施。总之，安理会认为应该采取进一步行动和其他办法以维持或恢复在该地区的和平与稳定。然而，"该决议本身并不足以为联合国会员国或国际组织以武力相威胁或使用武力提供法律依据"②。

1998年10月24日，安理会通过了第1203号决议，正式批准了分别于10月15日、16日达成的两个协议，这两个协议主要涉及核实南联盟和科索沃其他冲突各方遵守第1199号决议要求的情况。第1203号决议还重申了科索沃未能解决的情势，构成了对该地区和平与安全的持续威胁。

此后，科索沃冲突不断升级，北约也从1998年秋开始一再以对南联盟进行空中打击相威胁，并在1999年3月底正式付诸实施。然而，北约对南联盟的威胁及实施的空中打击，没有得到安理会任何授权，它们的行动也不能当作《联合国宪章》第51条规定的集体自卫行为，因此，"这种诉诸武力是出现在宪章以外，是违反《联合国宪章》的"③。

到1999年年底，北约及其成员国都没有提出基于《联合国宪章》的任何正当的理由，虽然，它们作出种种努力尽可能使其接近合法性。一方面，它们尽量把这次行动与安理会已有的决议联系起来；另一方面，在大多数情况下，它们强调安理会明确认定科索沃的情势已经构成了"对和平的威胁"，因此，它们的行动是一次出于人道主义考虑而必须采取的紧急措施，目的是防止科索沃出现更大的人道主义灾难。④

北约前秘书长索拉那在1998年10月9日致北约理事会常驻代表的信，充分体现了北约的这种观点："南联盟没有遵守国际社会的迫切要求，尽管联合国安理会

① SC Res. 1160 of 31 March 1998.
② Bruno Simma, "NATO, the UN and the Use of Force: Legal Aspects", *European Journal of International Law*, Vol. 10, No. 1, 1999, p. 7.
③ Antonio Cassese, "FX iniuria ius oritur: Are We Moving towards International Legitimation of Forcible Humanitarian Countermeasures in the World Community?", *European Journal of International Law*, Vol. 10, No. 1, 1999, p. 24.
④ See Bruno Simma, "NATO, the UN and the Use of Force: Legal Aspects", *European Journal of International Law*, Vol. 10, No. 1, 1999, p. 22.

1998 年 3 月 31 日的第 1160 号决议和随后 9 月 23 日的第 1199 号决议都是基于宪章第七章的；联合国秘书长根据这两个决议所作的非常令人信服的报告，警告了在科索沃的人道主义灾难的危险；由于南联盟对危机的和平解决没有采取具体措施，因而人道主义灾难持续；在可预见的将来，不能期望安理会作出另外一个含有对科索沃实施明显的强制行动的决议；安理会第 1199 号决议已明确提到科索沃形势的恶化及其重要性构成了对该地区和平与安全的威胁。"综上所述，北约相信"安理会第 1199 号决议所认为的有关目前科索沃危机的特殊性"，对北约来说"存在合法的理由使用武力威胁和如有必要使用武力"①。

然而，即使粗略地思考一下宪章体系，这种观点也不能成为对一个主权国家发动武装攻击的法律依据。

更为重要的是，北约的该次行动不能看作树立了一个先例，更不能被视为一个正在出现的国际法规则的所谓明证，即允许使用强制性的对应手段以终止一国领土内正在进行的大规模的暴行，而安理会此时又没能对这种危机作出足够的反应，否则，它将会对宪章中整个集体安全体系产生更大的破坏性的影响。

四、单方面的人道主义干涉

近些年来，不少学者对单方面的人道主义干涉进行了广泛的研究。但是，当代国际法学说表明，对于单方面人道主义干涉的合法性还没有取得一致意见。学者的争论主要体现在以下两个方面：一是在原则上是否存在这样一种人道主义干涉的权利，二是在何种情况下可以进行单方面的人道主义干涉及其限制是什么。

在 20 世纪 70 年代，美国一些著名的国际法学者如莱斯曼（Reisman）、麦克杜格尔（McDougal）等在其著作中特别提出了人道主义干涉合法的学说。他们认为，宪章第 2 条第 4 项禁止使用武力只是直接针对各国的"领土完整"和"政治独立"的，而对进行保护人权并没有限制。此外，从广义上来说，联合国的宗旨不仅仅限于国际和平与安全和禁止使用武力，还包括对人权的保护，这种保护在出现特别侵犯人权的情况下，应该优先考虑。另有学者主张，人道主义干涉权是一个较老的习惯法，它一直存在。

这些观点是难以令人信服的。

首先，如前所述，人道主义干涉在第二次世界大战以前并没有明显地成为习惯国际法；其次，当今的国家实践也表明并不存在这种习惯法上的权利；最后，即使人道主义干涉向习惯国际法方向发展，它也不能合法地存在，因为《联合国宪章》除了少数几个例外，已广泛地禁止使用武力。

---

① Bruno Simma, "NATO, the UN and the Use of Force: Legal Aspects", *European Journal of International Law*, Vol. 10, No. 1, 1999, p. 7.

此外，支持单方面人道主义干涉的观点与国际法院的判决也不一致。国际法院在尼加拉瓜一案的判决中正式阐明：国际法并不允许一国单方面诉诸武力以补救另一国的人权状况，因此，否定了单方面的人道主义干涉的学说。[1]大多数学者都赞同国际法院的这一观点，他们因为过去国家实践的经历，普遍反对单方面人道主义干涉的学说。况且，单方面人道主义干涉还存在滥用的危险，它很可能被强国用来反对弱国。

另外，还有学者认为，由于集体安全机制的缺陷，在特殊情况下，允许单方面人道主义干涉十分必要。

其实，这种观点，并不符合国际法院在科孚海峡案和尼加拉瓜案中所阐明的立场，因而也缺乏说服力。

值得注意的是，英国外交部在 1986 年出版的外交文件中也反对单方面人道主义干涉："压倒性多数的当代法律观点反对存在人道主义干涉的权利，主要原因有：第一，《联合国宪章》和现代国际法的文献并没有专门体现这种权利；第二，过去两个世纪，特别是自 1945 年以来的国家实践充其量只能提供少数真正的人道主义干涉的例子；第三，对这一权利的滥用的可能性，强烈地制止它的形成。从根本上来说，要使人道主义干涉成为不干涉原则的例外所带来的对国际法的损害，将大大地超过它所带来的利益。"[2]

综上所述，根据当代国际法，没有联合国安理会的授权，使用武力进行单方面的人道主义干涉是非法的。

五、人道主义干涉的前景

(一) 尽量减少人道主义干涉

尽可能减少人道主义干涉，防止滥用，的确很有必要。这种必要性体现在两个方面：

第一，联合国成立以来的国际实践表明，很少有真正法律意义上的人道主义干涉的例子。例如，1960 年比利时对刚果的干涉，1964 年比利时和美国对刚果的干涉，1965 年美国对多米尼加共和国的干涉，1971 年印度对东巴基斯坦（孟加拉）的干涉，1975 年印度尼西亚对东帝汶的干涉以及南非对安哥拉的干涉，1978 年比利时和法国对扎伊尔的干涉，1979 年坦桑尼亚对乌干达的干涉，1983 年美国对格林纳达的干涉和 1990 年法国、比利时和扎伊尔对卢旺达的干涉，等等，尽管在官方文件中，这些干涉都被声称构成了"真正人道主义干涉"，然而，通过仔细分析

[1]　See N. S. Rodley, "Human Rights and Humanitarian Intervention: the Case Law of the World Court", *International and Comparative Law Quarterly*, Vol. 38, 1989, p. 332.

[2]　L. F. Damrosch, D. J. Scheffer ed., *Law and Force in the New International Order*, Westview Press, 1991, p. 213.

就能发现，它们都不是纯粹出于人道主义的干涉，因为真正法律意义上的人道主义干涉必须是干涉者没有"相关利益"，单纯的人道主义关心明显构成最主要的动机；没有与人道主义因素同样重要的政治、经济或意识形态的考虑。

第二，无论何时，援引人道主义干涉的学说总会遇到国际社会的抗议。这明显是由于对干涉者的真正动机缺乏信任，并且这种不信任还在不断地加深。因为当人道主义的关心成为唯一的动机时，各国就很少有兴趣进行干预。这正如有些学者所说的："在许多例子中，人道主义的因素异乎寻常，但是没有威胁到外部国家的政治、经济利益，各个国家就明显没有兴趣进行强制性的外部干涉。"①

（二）人道主义干涉规范化的建议

对于是否要设立人道主义干涉合法化的标准，学者之间有不同的看法。有些学者反对将它标准化，认为这样做可能为潜在的干涉者不但提供了另外的干涉借口，而且也告诉他们何处能找到和利用法律上的漏洞；因此，它"应该留给以一个个案例为基础的实践为好"②。相反，另外一些学者则主张确立人道主义干涉合法化的条件，甚至建议以联合国大会或安理会决议的形式制定标准以指导实施人道主义干涉。③

笔者认为，历史经验表明缺乏明确的合法化的条件，容易导致人道主义干涉的滥用，因此，制定人道主义干涉合法化的标准，进一步使其规范化，能够增强对滥用人道主义干涉的法律限制。有鉴于此，任何国家计划或准备卷入人道主义干涉行动时，应事先或在干涉过程中立即向联合国递交令人信服的证据。

换言之，人道主义干涉应该满足以下条件：（1）人道主义干涉必须基于震惊人类良知的大规模、持续的侵犯人权的情形已经出现或即将发生；（2）人道主义的动机应该是压倒一切的，而有关的政治、经济或意识形态的考虑，根本不存在或明显地完全处于从属地位；（3）只有在各种和平努力宣告失败后，才能诉诸人道主义干涉；（4）对被干涉国的权力结构的政治影响应限于最低程度，如不超出保护行动的目的绝对必要的程度；（5）采取的人道主义行动应与该情势的严重程度相称；（6）人道主义干涉不能构成对国际和平与安全的威胁，以至于可能引起比它意欲防止或消除的更大的灾难和痛苦；（7）一旦履行了人道主义干涉任务，干涉力量必须尽快地开始撤退，并在合理期限内完成这种撤退。当然，对于特殊情况下，大规模侵犯人权是否要进行人道主义干涉的最后决定权，仍然专属安理会。

如果由国家组成的国际社会同意设立人道主义干涉合法化的条件，那么从理论

---

① Jan Nederveen Pieterse ed., *World Orders in the Making：Humanitarian Intervention and Beyond*, London，1998，p. 198.

② Peter Malanczuk, *Humanitarian Intervention and the Legitimacy of the Use of Force*, Het Spinhuis, 1993，p. 31.

③ See Francis Kofi Abiew, "Assessing Humanitarian Intervention in the Post-cold War Period：Sources of Consensus", *International Relations*，Vol. 14，No. 2，1998，p. 73.

上来看，最适宜的方式是以联合国大会决议的形式将其明确化。人道主义干涉的前景完全取决于干涉国打算用它来做什么，或更准确地说，干涉国是恰当地运用还是滥用。如果国际社会想让人道主义干涉作为一个在道德、政治和法律上均能接受的手段继续存在下去，那么任何国家在准备诉诸人道主义干涉时，应该考虑和遵守这些最基本的限制。

六、人道主义干涉与"保护的责任"

（一）"干涉和国家主权国际委员会"与《保护的责任》报告

1. "干涉和国家主权国际委员会"的设立

2000 年 9 月，在联合国千年大会上，加拿大总理克雷蒂安宣布，将成立一个独立的关于"干涉和国家主权国际委员会"（the International Commission on Intervention and State Sovereignty，以下简称"委员会"），以响应联合国秘书长安南提出的要求：国际社会应作出努力，就如何在大规模侵犯人权和违反国际法的行为面前作出反应的问题达成新的国际共识。

"委员会"的任务是，推动对这些问题的全面讨论，促进各国就怎样从论战（以及经常处于瘫痪的那种状态）走向国际体系内的行动（尤其是通过联合国）达成全球共识，找到能够调和干涉与国家主权概念的新途径。

"委员会"由国际危机小组主席、澳大利亚前外长埃文斯（Gareth Evans）和联合国秘书长特别顾问、前索马里和非洲大湖地区问题秘书长特别代表萨努恩（Mohamed Sahnoun）任联合主席，另外还包括科特-哈珀（Gisele Cote-Harper）、汉密尔顿（Lee Hamilton）、伊格纳季耶夫（Michael Ignatieff）、卢金（Vladimir Lukin）、瑙曼（Klaus Naumann）、拉马福萨（Cyril Ramaphosa）、拉莫斯（Fidel V. Ramos）、索马罗加（Cornelio Sommaruga）、巴里拉斯（Eduardo Stein Barillas）和撒克（Ramesh Thakur）10 名成员[①]，他们有着不同的地区背景和不同的经历。

此外，加拿大政府还任命了一个由现任外长和前外长以及其他著名人士组成的国际顾问委员会，它的职责是为"委员会"提供帮助，使它们的报告能建立在目前的政治现实的基础之上；协助建立跟踪其建议所需要的政治势头和推动公众参与。顾问委员会的作用是为"委员会"提供一种政治衡量标准。

2. 《保护的责任》报告的主要内容

2001 年 12 月，"委员会"正式提交了《保护的责任》（The Responsibility to Protect）的报告。该报告主要有以下八个方面的内容：政策挑战；一个新方法——保护的责任；预防的责任；作出反应的责任；重建的责任；授权问题；行动范围；

① 参见"干涉和国家主权国际委员会"的报告：《保护的责任》（2001 年 12 月），中文本，54～57 页，载 http：//www.iciss.ca/pdf/commission-report.pdf。

保护的责任——前面的道路。该报告的中心议题是"保护的责任"，即主张主权国家有责任保护本国公民免遭可以避免的灾难——免遭大规模屠杀和强奸，免遭饥饿，但是当它们不愿或者无力这样做的时候，必须由更广泛的国际社会来承担这一责任。

"保护的责任"的基本原则是：国家主权意味着责任，而且保护本国人民的主要责任是国家本身的职责；一旦人民因内战、叛乱、镇压或国家陷于瘫痪，而且当事国不愿或无力制止或避免而遭受严重伤害时，不干涉原则要服从于国际保护责任。

"保护的责任"包括以下三项具体的责任①：

第一，预防的责任，即消除使人民处于危险境地的内部冲突和其他人为危机的根本原因和直接原因。

第二，作出反应的责任，即采取适当措施对涉及人类紧迫需要的局势作出反应，其中可以包括像禁运、国际公诉以及在极端情况下进行军事干涉等强制性措施。

第三，重建的责任，即在军事干涉之后提供恢复、重建与和解的全面援助，消除造成伤害的原因，因为干涉的目的就在于制止或避免这类伤害。

（二）"保护的责任"对国家主权的影响

1. "保护的责任"行动的法律依据

军事干涉不但意味着侵入一个主权国家，而且又是一种涉及有可能大规模动用致命武力的侵入。然而，究竟谁有权在任何特定情况下确定是否应当实施出于保护人类目的的军事干涉，换言之，"保护的责任"行动的法律依据是什么？

《联合国宪章》第六章虽有关于和平解决争端的重要规定，但是对该项责任的关键性论述是在第七章，它说明了安理会在它"断定任何和平之威胁、和平之破坏或侵略行为存在时"可能采取的行动（第39条）。此种行为或许未达到动用武力的程度，而可能包括诸如禁运、制裁和断绝外交关系等措施（第41条）。不过，如果安理会认为此类措施可能不够充分，"它可采取必要之空海陆军行动，以维持或恢复国际和平与安全"，换言之，它可以诉诸或允许使用军事力量（第42条）。

宪章还有一项规定明确允许使用跨界军事力量，即第51条，它承认"联合国任何会员国受到武力攻击时有单独或集体自卫之自然权利"，但也规定，应将采取的措施立即报告安理会。

此外，宪章第八章承认区域安排和区域组织的存在和安全作用，但明确规定，"如无安理会之授权，不得以区域性安排或由区域性机构采取任何执行行动"。

可见，《联合国宪章》第七章的一般性规定、第51条中自卫行动的专门授权和

---

① 参见"干涉和国家主权国际委员会"的报告：《保护的责任》（2001年12月），中文本，9页，载 http://www.iciss.ca/pdf/commission-report.pdf。

第八章的规定合在一起，构成了应付各类安全威胁的强有力的授权来源。

2."保护的责任"与国家主权

(1)"保护的责任"原则是以承认国家主权为前提的。

报告《保护的责任》指出，在一个以权力和资源的绝对不平等为标志的危险世界里，对于许多国家来说，主权是它们最好的防线——有时像是唯一的防线。然而，主权不仅仅是国际关系的一种功能性原则，对于许多国家和这些国家的人民来说，主权也是对他们的平等价值和尊严的一种承认，是对他们独一无二的身份和自由的一种保护，以及对他们设计和决定自己命运的权利的一种肯定。在承认这一点时，国际法中规定的所有国家主权平等之原则被确定为《联合国宪章》的基石。

尽管自第二次世界大战结束以来，行使主权的条件已经发生了巨大的变化，但主权仍然是至关重要的。有足够的证据表明，有效的和合法的国家仍然是确保平等分享贸易、投资、技术和通信全球化利益的最佳途径。①

因此，保护公民生命和促进其福利的责任首先在于主权国家，其次在于与外部行动者合伙行使权力的国内当局，国际组织只是排在第三位。只有在有关国家不能或不愿履行这一职责或者其本身为罪犯的条件下，才能使国际社会承担在其发生地点采取行动的责任。在许多情况下，有关国家将谋求全部履行其责任或者与国际社会的代表积极配合。

"委员会"在报告的最后还特别强调："委员会在整个审议期间谋求统一两个目标：加强而不是削弱各国的主权，提高国际社会在各国不能或不愿意保护本国人民时作出决定性反应的能力……除非各国的主权得到尊重，并且除非各国保护本国公民的能力得到提高，否则就不可能实现各国人民真正的平等……委员会乐观地认为，这两项目标——增强各国的主权能力和提高国际社会保护遇到致命危险的人民的能力，在实践中是可以统一起来的。"②

由上可见，"保护的责任"原则是建立在国家主权的基础之上的。

值得注意的是，"威胁、挑战和改革问题高级别小组"(the High-level Panel on Threats, Challenges and Change) 在其报告——《一个更安全的世界：我们的共同责任》中也认为："要达成一种新的安全共识，首先必须认识到，在对付我们面前的所有新老挑战时，站在前沿的行为者依然是单一的主权国家，对于这些国家的作用和责任以及应当予以尊重的权利，《联合国宪章》都予以充分承认。"③

---

① 参见"干涉和国家主权国际委员会"的报告：《保护的责任》（2001 年 12 月），中文本，6 页，载 http://www.iciss.ca/pdf/commission-report.pdf。
② "干涉和国家主权国际委员会"的报告：《保护的责任》（2001 年 12 月），中文本，52～53 页，载 http://www.iciss.ca/pdf/commission-report.pdf。
③ "威胁、挑战和改革问题高级别小组"的报告：《一个更安全的世界：我们的共同责任》（2004 年 12 月 1 日），载 http://www.un.org/chinese/secureworld/ch1.htm。

（2）国家主权的内涵更加丰富。

在国际法中，主权最终表示一个国家的合法性。对内，主权意味着在该国领土范围内作出有关人民和资源的权威决策的能力。然而，国家的权利通常不被视为绝对的，而要在内部受到宪法分权安排的限制和制约。保卫国家主权，即使通过其最有力的支持者来进行，也不包括一个国家可以任意要求对本国人民为所欲为的无限的权力。主权意味着责任。

作为责任的主权（sovereignty as responsibility）具有三重意义：第一，它意味着国家权力当局对保护其国民的安全和生命以及增进其福利的工作负有责任。第二，它表示国家政治当局对内向其国民负责，并且通过联合国向国际社会负责。第三，它意味着国家的代理人要对其行动负责，换言之，他们要说明自己的授权行为和疏忽。①

以上这种作为责任的主权思想正得到国际社会越来越多的承认，并逐步向习惯国际法方向发展。② 它表明国家主权正在经历一个变化的过程，即在内部功能和外部责任上从作为控制手段的主权到作为责任的主权，"作为责任的主权已成为良好的国际公民权利的最起码的内容"③。

诚如有些学者所言："各国签署了《联合国宪章》，从而不仅享有主权带来的各种特权，同时也接受由此产生的各种责任。威斯特伐利亚体系首次提出国家主权概念，不管当初盛行的理念如何，今天这一概念显然含有一国保护本国人民福祉的义务，以及向更为广泛的国际社会履行义务之义务。"④

（3）干涉对国家主权的影响。

早在2000年，联合国秘书长安南在提交联合国大会的千年报告中就提出："如果人道主义的干涉真的是对主权的一种令人无法接受的侵犯，那么我们应该怎样对卢旺达、对斯雷布雷尼察作出反应呢？——对影响我们共同人性的各项原则的人权的粗暴和系统的侵犯，我们又该怎样作出反应呢？"⑤

"保护的责任"意味着对迫切需要保护人类的局势作出反应的责任。如果预防措施不能解决或遏制这种局势，而且某个国家没有能力或不愿意纠正这种局势，那么就可能需要更广泛的国际社会的其他成员国采取干涉措施，这些强制措施可能包

---

① 参见"干涉和国家主权国际委员会"的报告：《保护的责任》（2001年12月），中文本，9页，载 http：//www. iciss. ca/pdf/commission-report. pdf；Gareth Evans，"The Responsibility to Protect：Humanitarian Intervention in the 21st Century"，at http：//www. crisisgroup. org/home。

② See Gareth Evans，"The Responsibility to Protect and September 11"，at http：//www. crisisgroup. org/home.

③ "干涉和国家主权国际委员会"的报告：《保护的责任》（2001年12月），中文本，6页，载 http：//www. iciss. ca/pdf/commission-report. pdf。

④ "威胁、挑战和改革问题高级别小组"的报告：《一个更安全的世界：我们的共同责任》（2004年12月1日），载 http：//www. un. org/chinese/secureworld/ch2. htm。

⑤ Gareth Evans，*The Responsibility to Protect：Rethinking Humanitarian Intervention*，in ASIL Proceedings of the 98th Annual Meeting，Washington DC，2004，p. 79.

括政治、经济或司法措施，而且在极端的情况下，它们也可能包含军事行动。

第一，干涉对不干涉内政原则的冲击。

不干涉内政原则与国家主权原则相伴而行，是一项较早的国际法原则。"保护的责任"对不干涉内政原则的冲击主要体现在，不干涉原则要服从于国际保护责任。现在越来越多的人承认，虽然主权政府负有使自己的人民免受各种人为灾难的主要责任，但是如果它们没有能力或不愿意这样做，广大国际社会就应承担起这一责任，并由此连贯开展一系列工作，包括开展预防工作，在必要时对暴力行为作出反应，和重建四分五裂的社会。[1]

例如，各国根据《防止及惩治灭绝种族罪公约》认为，灭绝种族，不管是在和平时期还是在战争期间发生，都是国际法所列的罪行；任何地方发生的灭绝种族行为都是对所有人的威胁，是绝对不能允许的，因此，不能用不干涉内政原则来保护灭绝种族行为或其他暴行。

又如，在索马里、波斯尼亚和黑塞哥维纳、卢旺达、科索沃以及苏丹达富尔等相继发生的人道主义灾难，使人们不再集中注意主权政府的豁免权，而注意它们对本国的人民和广大国际社会的责任。人们日益认识到，问题并不在于一个国家是否"有权干涉"，而是每个国家都"有责任保护"那些身陷本来可以避免的灾难的人，那些面临大规模屠杀和强奸、采用强行驱逐和恐吓方式进行的种族清洗、蓄意制造的饥馑和故意传播的疾病的人。有学者把这种责任称为"主权的人道主义责任"[2] (the humanitarian responsibility of sovereignty)。

此外，还应该指出的，《联合国宪章》第 2 条第 7 项把宪章第七章所规定的执行办法从国内管辖的事件中排除出去。换言之，按照宪章第七章的规定所采取的执行办法，不属于干涉内政。

第二，干涉对国家主权平等原则的破坏。

干涉对国家主权的影响主要表现为，干涉在一定程度上中止了主权要求。因为如果干涉者无法对某个领土行使权力，就不能促进或恢复良好的管治及和平与稳定。但是在干涉和后续行动期间，主权行使的中止只是事实上的，而不是法律上的。[3] 例如，根据 1991 年柬埔寨问题的《巴黎协议》，柬埔寨建立了由互相对立的 4 派代表组成的"全国最高委员会"，将管理国家的实际主权权力移交给联合国直至能够举行选举为止；又如，南斯拉夫也被暂时中止对科索沃行使主权，尽管在法

---

[1]　"威胁、挑战和改革问题高级别小组"的报告：《一个更安全的世界：我们的共同责任》（2004 年 12 月 1 日），载 http: //www. un. org/chinese/secureworld/ch9. htm。

[2]　Nicholas J. Wheeler, "The Humanitarian Responsibility of Sovereignty: Explaining the Development of a New Norm of Military Intervention for Humanitarian Purposes in International Society", in Jennifer M. Welsh ed. , *Humanitarian Intervention and International Relations*, Oxford University Press, 2004, pp. 29 - 51.

[3]　参见"干涉和国家主权国际委员会"的报告：《保护的责任》（2001 年 12 月），中文本，31 页，载 http://www. iciss. ca/pdf/commission-report. pdf。

律上它没有失去主权；同样，2004 年 7 月美英联军占领当局向伊拉克临时过渡政府进行了权力移交，后者因此获得了对伊拉克的法律上的主权。

另外，还有学者建议，安理会根据《联合国宪章》第 29 条，在同经社理事会协商后，成立一个"建设和平委员会"（a Peace-building Commission）①。因为当今在有数十个国家正处于困境或正在从冲突中恢复过来的时候，国际社会显然有义务帮助它们建立自己的能力，以便它们有效和负责任地履行自己的主权职责。"建设和平委员会"的核心职能应是：确定哪些国家正处于困境，哪些国家有可能陷入暴力冲突；协同有关国家政府预先安排援助，以防止情况的进一步发展；协助制订从冲突过渡到冲突后建设和平的计划，尤其是推动和维持国际社会为冲突后建设和平作出的努力，不管这一阶段可能需要多长时间。显然，"建设和平委员会"处理的都是国家主权管辖范围内的事务，承担的是"预防的责任"和"重建的责任"。

总之，"保护的责任"是全球治理理论的一种反映。当今人类的安全实际上是不可分割的。在一个相互依存、休戚与共的世界里，安全取决于由稳定的主权实体形成的框架，如果存在一些脆弱的国家、陷入瘫痪的国家或者仅能依靠粗暴侵犯人权来维持内部秩序的国家，那么就可能给所有人带来危险。因此，"干涉和国家主权国际委员会"呼吁"国际社会全体成员以及非政府行动者和各国公民接受'保护的责任'的主张，并将其作为 21 世纪各国和各国人民的全球公民守则的一个基本要素"②。

推荐阅读书目及论文

1. 万鄂湘等. 从国际法看北约对南联盟的战争和对我国驻南使馆的轰炸事件. 武汉大学学报（哲学社会科学版），1999（4）

2. 杨泽伟. 人道主义干涉在国际法中的地位. 法学研究，2000（4）

3. "干预和国家主权国际委员会"的报告. 保护的责任（2001 年 12 月）. 中文本. http：//www. iciss. ca/pdf/commission-report. pdf

4. L. Fonteyne. The Customary International Law Doctrine of Humanitarian Intervention：Its Current Validity under the U. N. Charter. California Western International Law Journal. Vol. 4，1974

5. Advisory Committee on Human Rights and Foreign Policy and Advisory Committee on Issues of International Public Law. The Use of Force for Humanitarian Purpose. the Hague，1992

---

① "威胁、挑战和改革问题高级别小组"的报告：《一个更安全的世界：我们的共同责任》（2004 年 12 月 1 日），载 http：//www. un. org/chinese/secureworld/ch15. htm。

② "干涉和国家主权国际委员会"的报告：《保护的责任》（2001 年 12 月），中文本，53 页，载 http：// www. iciss. ca/pdf/commission-report. pdf。

6. B. M. Benjamin. Unilateral Humanitarian Intervention：Legalizing the Use of Force of Prevent Human Rights Atrocities. Fordham International Law Journal. Vol. 16，1992—1993

7. Peter Malanczuk. Humanitarian Intervention and the Legitimacy of the Use of Force. Het Spinhuis，1993

8. Richard B. Lillich. The Role of the U. N. Security Council in Protecting Human Rights in Crisis Situations：U. N. Humanitarian Intervention in the Post-cold War World. Tulane Journal of International & Comparative Law. Vol. 3，1994

9. Makumi Mwagiru. International Law，Politics，and the Reinvention of Humanitarian Intervention：the Lesson of Somali. India Journal of International Law. Vol. 34，1994

10. Beyerlin. Humanitarian Intervention. in R. Bernhardt ed.. Encyclopedia of Public International Law. Vol. Ⅱ. Amsterdam，1995

11. Francis Kofi Abiew. Assessing Humanitarian Intervention in the Post-cold War Period：Sources of Consensus. International Relations. Vol. 14，No. 2，1998

12. Jan Nederveen Pieterse ed.. World Orders in the Making：Humanitarian Intervention and Beyond. London，1998

13. Bruno Simma. NATO，the UN and the Use of Force：Legal Aspects. European Journal of International Law. Vol. 10，No. 1，1999

14. Nicholas J. Wheeler. The Humanitarian Responsibility of Sovereignty：Explaining the Development of a New Norm of Military Intervention for Humanitarian Purposes in International Society. in Jennifer M. Welsh ed.. Humanitarian Intervention and International Relations. Oxford University Press，2004

15. Gareth Evans. The Responsibility to Protect：Rethinking Humanitarian Intervention . in ASIL Proceedings of the 98th Annual Meeting. Washington DC，2004

第 六 章

国内法与国际法解释之比较研究

作为妥协的产物，包括国际条约在内的各种法律文件，难免会产生歧义和矛盾，这些歧义和矛盾，只有通过解释才能加以澄清。通过解释，使不明确的含义得到明确，使隐含的权力得到展示，以便适应时代的发展与要求。① 因此，法律解释在法的创制和实现中是不可须臾离开的因素，它不仅是一个重要理论问题，也是一个很有意义的实践问题。在国内法是如此，在国际法上亦然。相比较而言，目前国内法已形成了一套比较完备的解释方法，而关于国际法的解释问题（主要是条约的解释）虽有《维也纳条约法公约》的几条原则性规定，但人们对此往往产生不同的认识，造成法条解释的歧义。

有鉴于此，本章拟将国内法的解释与国际法的"解释"作一比较，以期从中吸取国内法解释的有益成分，深化对国际法解释问题的研究。

一、国内法与国际法的解释效力问题

从解释的主体和效力来看，国内法的解释分为法定解释和学理解释。法定解释又称有权解释、有效解释、正式解释和官方解释，它是由特定的国家机关依照宪法和法律所赋予的职权，对有关法律规定所进行的解释。在法学著作中，根据解释的国家机关的不同，往往将法定解释分为立法解释、司法解释和行政解释三种。

在我国，根据法律规定，在现行国家机构体制下，法定解释包括以下五类：国家最高权力机构所作的解释、国家最高司法机关所作的解释、国家最高行政机关所作的解释、地方政权机构所作的解释和国家军事机关所作的解释。②

大陆法系主要有立法机关的"有效解释"与司法机关的"习惯解释"。"有效解释"对司法机关有约束力，而"习惯解释"则产生于法院对相同案由所作的连续一致的判决。

---

① 参见梁西：《梁著国际组织法》，修订 6 版，杨泽伟修订，66 页，武汉，武汉大学出版社，2011。
② 参见郭华成：《法律解释比较研究》，125～130 页，北京，中国人民大学出版社，1993。

英美法系同样有立法解释、司法解释，只不过由于英美法系是以判例法为主，法院在法律执行过程中起很大作用，具有相当程度的自由裁量权，因而司法解释的作用更加突出。

国内法的法定解释的特点，主要在于它是由国家机关根据宪法和法律授权进行的，因而这种解释具有普遍约束力，它同被解释的法律规定本身一样，具有同样的法律效力。

在国际法上，按照解释的主体和效力，条约的解释可以分为官方解释（official interpretation）和学理解释（doctrinal interpretation）。官方解释又称有权解释，是指"一个条约的全体缔约国对该条约的解释"①。所以，如果该条约是双边的，应是缔约双方对它的解释；如果是多边的，应是该多边条约的全体缔约国对它作出的解释。因为，只有当事各方最了解缔约的意图及各项条款所包括的内容。这种解释被称为"权威解释"，往往表现在当事各方取得协议的"解释性声明"或"解释性议定书"，或由当事各方在另一条约上作出的解释，即所谓"解释条款"。国际司法或仲裁机关根据当事国共同同意而作出的解释，也是有权解释。

它主要有以下三种情况：

第一，国际条约或国际公约中包含条约解释和争端解释条款，规定当事国可以把解释条约时产生的争端诉诸法院或仲裁解决时，国际法院或仲裁法庭获得解释条约的权力（协定管辖）。

第二，条约解释争端当事国之间达成协议，自愿将争端提交国际法院或仲裁法庭解决，国际法院或仲裁法庭根据该协议而取得条约的解释权（即自愿管辖）。

第三，根据《国际法院规约》第 36 条的规定，"条约的解释"属于当事国自愿接受法院强制管辖的法律争端之一，当接受这种"任意强制管辖"的当事国之间对其条约的解释不能达成一致协议并诉诸法院时，法院也有权解释条约（任意强制管辖）。解释条约的机关除了法院以外，国际专门机关，如国际劳工局②、联合国的各种机关③以及国际货币基金组织的执行董事与理事会④也有权解释条约。

在国际法上，各国主权平等，国际社会不存在最高权力机关，而条约的缔约国往往从各自的国家利益出发，不顾一般解释原则，使用各种不同的方法，对共同缔结的条约作出有利于本国的解释。然而，不论是双边条约还是多边条约，如果只是条约当事国一方的解释就不是有权解释，只有当事国全体同意的解释才是有权解释。国际法上的司法解释的效力同国内法也不一样。国际法院的判决，除对当事国

---

① 李浩培：《条约法概论》，421 页，北京，法律出版社，1988。

② 关于该局对劳工条约的解释，参见《1951 年国际劳工法典》（1952 年）与国际劳工组织《正式公报》。

③ 1945 年制定《联合国宪章》的旧金山会议承认，联合国每个机关在很大程度上负责自己的解释工作，但关于《联合国宪章》的解释问题，还是一个有待进一步明确的问题。

④ 根据《国际货币基金协定条款》第 18 条。See Ervin P. Hexner, "Interpretation by Public International Organizations of Their Basic Instruments", *American Journal of International Law*, Vol. 53, No. 2, 1959, p. 341.

及本案外，无其他约束力。

此外，如果国际组织之间或国际组织与任何国家之间发生法律争端，国际组织可按宪章规定请求国际法院发表咨询意见。但是，国际法院的咨询意见，其效力只及于对法律问题作出权威性的解答、澄清和消除疑义，而不能对争端直接进行实际的解决。换言之，这种咨询意见一般没有法律约束力，尽管它在国际事务中具有一定影响。

至于学理解释，又称非正式解释、无效解释和民间解释，一般是指社会组织和学者等对有关法律所进行的法理性的、法制宣传性的解释。这种解释在法律上没有约束力，不能作为实施法律的依据。

根据我国的实践，对法律进行学理解释通常是通过两方面来进行的。一是专家、学者和法律工作者等对有关法律的学术性和知识性问题所进行的解释。二是由有关国家机关、群众团体和社会组织等对有关法律或法律条文进行直接的宣传解释。在我国，学理解释"在法律上没有约束力，不能作为执行法律的依据"①。

在英美法系，学理解释是以法律规范的内在合理性为基础的解释，是一种有较大影响的法学解释，尤其是当学理解释方法为某一案件中的大多数法官所共同采用或承认时，它就成为一种具有直接约束力的解释。这一点与我国法理学界所持的观点有所不同。英美法系的学理解释包括语法解释、逻辑解释、扩充解释和限制解释。

国际法上的学理解释是国际法学者在其著作中所论述的关于解释条约的一些理论和原则。虽然学理解释不是有权解释，但是它对官方解释有重大影响。早在 17 世纪，格老秀斯就创立了一套完整的解释条约的规则体系，并且这个体系对后来的国际法学影响颇大。之后，出现了条约解释的三大学派：主观解释学派、约文解释学派和目的解释学派。② 它们对条约解释规则的发展起了很大的推动作用。

二、国内法与国际法的解释方法问题

就解释的具体方法来讲，文法解释、系统解释、历史解释、限制或扩张解释和目的解释等，既是国内法解释的基本方法，也可成为国际法上的基本解释方法。

文法解释是从文字、语法分析角度来确定法律条文的含义而不考虑立法者意图或法律条款以外的其他要求。这是国内法解释的基本方法。在国际法上，文法解释同样是解释条约的基本方法，因为解释条约首先必须探求缔约各方表现于条约文本中的真正意思，而缔约国意图的确定又是以条文表示的意义为依据的。

系统解释就是指分析某一法律规范与其他法律规范的联系以及它在整个法律体

---

① 沈宗灵：《论法律解释》，载《中国法学》，1993（6）。

② 参见李浩培：《条约法概论》，412～421 页，北京，法律出版社，1988。

系和所属法律部门中的地位和作用，来说明该法律规范的内容和意义。系统解释方法是国内法上经常使用的解释方法之一，这种方法对于条约的解释也具有重要意义。如果对条约条款中任何一个条款有疑义，必须对整个条约加以通盘考虑；不但要考虑条约的词句，而且要考虑条约的目的、缔结条约的动机和其他情况。

关于历史解释方法，英美法系的法官可以借助于"解释辅助资料"（如立法史）来帮助作出正确的解释。① 在大陆法系，如果法律规范中某些词语或条款出现歧义或疑义，法官们也通常借助于历史解释方法和以前的情况来说明并分析要解决的问题。不过，大陆法系与英美法系在运用历史解释方法上还是有显著不同：大陆法系可鼓励并支持法官们运用历史方法来探求法律意图；而英美法系国家，尤其是英国，一般禁止法官这样做，目的在于避免法官沉溺于过时的立法原意，鼓励法官面向法规本身，面向社会现实。

在国际法上，对于运用历史解释方法来解释条约，存在不同的观点。

以劳特派特为代表的主观解释学派认为，为解释一个条约，应当研究该条约的准备资料，作为探知缔约各方真正的共同意思的最好方法。他说："在对于一个条约的意义有争论时，尽管该条约表面上是清晰的，然而为了确定缔约各方的意思，在可以获得准备资料的情况下，求助于该条约的准备资料尤其是一个正当并可取的方法。"不仅如此，它也是"一些国际法庭经常使用的方法"②。

相反地，以贝克特（Beckett）、麦克奈尔（McNair）为代表的约文解释学派认为，越是许可求助于准备资料，就越会使不确定性输入国际关系并松弛条约对缔约各方的拘束力；越是鼓励律师们从事发掘准备资料，就越是削弱条约约文的重要性。"为了解释的目的而回溯准备资料，可能发生的实际作用，是从坟墓中抬起一个死尸的手来控制生人，或使一个成年人受其童年时父母的禁谕的支配。"③

《维也纳条约法公约》第 32 条对此这样规定："为证实由适用第 31 条所得之意义起见，或遇依第 31 条作解释而：（甲）意义仍属不明或难解；（乙）所获结果显然荒谬或不合理时；为确定其意义起见，得使用解释之补充资料，包括条约之准备工作及缔约之情况在内。"有人认为，这一规定是把准备资料的使用限制得过于狭隘，把准备资料的使用限于证实依约文解释得到的意义，而不能用以检定依约文解释所得到的意义是否符合缔约各方的共同意思。

对此，笔者倾向于约文解释学派的观点，因为：一方面，准备资料存在混乱、不明确甚至自相矛盾的缺点；另一方面，它只能说明过去，往往与时代精神有一定距离。因此，准备资料只能在采用约文解释法发生困难时作为辅助方法谨慎地使用。换言之，历史解释方法仅仅是一种辅助性手段。

国内法在许多情况下，使用限制或扩充解释方法对法律条文的字面含义作限制

---

① 参见［英］鲁珀特·克罗斯：《法律解释》，英文版，47 页，伦敦，1987。
② 李浩培：《条约法概论》，414 页，北京，法律出版社，1988。
③ 李浩培：《条约法概论》，417 页，北京，法律出版社，1988。

或扩充解释。如我国《宪法》第 55 条第 2 款规定："依照法律服兵役和参加民兵组织是中华人民共和国公民的光荣义务。"对这里的"公民"，应作限制解释，仅指已满 18 周岁的成年公民。又如《全国人民代表大会组织法》（2021 年修订）第 49 条第 1 款规定，全国人大代表非经全国人大主席团或全国人大常委会许可，不受逮捕或刑事审判。此处"逮捕"显然要扩充解释，包括刑事诉讼法中的逮捕和拘留，等等。

在国际法上，为了帮助阐明缔约各方的意思，在有些情形下，必须对条约文本的个别文字进行扩张或限制的解释。对于本身明白、清楚的一个规定，不应进行扩张解释，只有在构成该条约的主题的事项规定不清楚、不明确，因而含糊时，才可以引用扩张解释，并可参考相同的缔约各方之间有关类似事项的另一条约的条款来消除含糊；任何倾向于限制缔约任何一方自由行使权利的规定，必须按最狭义的意义来理解，正如任何其他对个人普通法上的自由的损害。如果所用的词语并不明白表示该缔约方约许了担任或实行某种行为，引起负担的规定也须按狭义解释。遇到一般规定或特殊规定之间发生抵触时，特殊规定应优于普通规定（参照国内法格言"特殊法优于普通法"），但已明确表示普通规定优先适用者除外。

至于目的解释，就是探求法律在社会中所要达到的目的，并据此来确认法律规定的具体含义。当立法原意或法律规范条文不适应形势发展时，应该以立法目的为依据加以校正、补充。当然，目的解释方法在一般情况下不为法官所采用，除非发生重大社会变故，如社会制度更替、战争、危机等，因为这样做往往会背离法律规定的字面含义与立法者的本来意图。

在国际法上，目的解释方法对条约的解释甚为重要，并且出现了目的解释学派。目的解释强调解释一个条约应符合该条约的目的。关于这个解释方法的最明确的陈述，见于《哈佛条约法公约草案》第 19 条第 1 款："对于一个条约的解释应按照该条约意在达成的一般目的。该条约的历史背景、准备资料、该条约缔结时缔约各方的情况、企图对这些情况作出的改变、缔约各方在缔约以后适用该条约规定中的行动，以及解释条约时所流行的情况都应联系该条约意在达成的一般目的来考虑。"目的解释方法也为美国法学会 1962 年《美国对外关系法重述》所采用，其规定和上述草案大同小异。

在国际法学者中，安齐洛蒂（Anzilotti）、阿尔瓦雷斯（Alvarez）、田中（Tanaka）、卡斯特罗（Castro）、卡瓦雷（Cavare）等也都主张目的解释。前四位学者曾任国际法院法官，并把这种解释方法运用于其所发表的对案件判决的个别意见或异议意见中。对于为建立国际组织而缔结的多边条约，如《联合国宪章》，更应当按照目的来予以解释，如果这样的条约肯定了一个特定的目的，那么也就应当承认所有为了达成这个目的所必需而未经明文提及的方法（隐含权力的原则）。

三、国内法与国际法的解释原则问题

从解释的原则来看，国内解释的主要原则有①：

第一，根据法律用语的普遍字面含义来理解与解释法律。这一原则是法律解释的基础，也是法律解释正确性和合理性的保障。法官必须根据法规的全文来理解法规的含义，而不能断章取义，作出片面理解。同时，法官必须根据法规全文的内容来确定概括性用词的范围。

第二，在尊重立法原意的基础上，法官享有自由裁量权。所谓自由裁量权，就是法官在适用法律过程中，可在尊重立法原意的基础上，运用自由意志来发现社会中的"活的法"，自由地运用法律来解决具体法律问题。法官在法律解释中的自由反映在许多方面，如所使用的解释技术，以及在遇到疑难问题时的灵活做法，在一定情况下探求立法意图和立法理由，以此得出正确的理论。

在国际法上，较为普遍的条约解释的原则有②：

第一，约文原则。条约应主要地按其现状，并根据其实际约文，予以解释。条约具体的词语应被赋予其在上下文中通常的、自然的和不牵强附会的意义。这个意义，只有在直接证据证明该词语须按其自然和通常意义以外的另一意义来解释时，或在这样的解释将导致不合理或荒谬的结果时，才能予以排除。只有在使用的词语根本不清楚或含糊时，才可以求助于外在的解释资料，如考量周围情况或准备资料。

第二，综合原则。须将条约作为整体来解释，一些个别的部分或章节也作为整体来解释。

第三，有效原则。在解释条约时，应作通盘考虑以使条约最有效与最有用，即，使条约的条款得以实施并产生相应的效力。这个原则在解释多边条约包括国际组织的基本文件时尤为重要。例如，"关于在联合国任职期间遭受损害的赔偿问题咨询意见"（国际法院，1949 年），就是为了使国际组织更好地履行职责，而使用这条原则的例证。然而在运用这条原则时，不得使解释起修正公约的作用，或不得使解释与条约文字和精神具有相反效果。③

第四，合理原则。应该假定，各缔约国所追求的是合理的东西，而且是既与公认的国际法原则又与对第三国的前条约义务不相抵触的东西。因此，如果一项规定

---

① 参见郭华成：《法律解释比较研究》，30～32、56～81 页，北京，中国人民大学出版社，1993。

② 关于这个概括所依据的权威著作，可参见［奥］菲德罗斯著：《国际法》，下册，李浩培译，213～216 页，北京，商务印书馆，1981；［英］詹宁斯、瓦茨修订：《奥本海国际法》，第 1 卷，第 1 分册，王铁崖等译，663～665 页，北京，中国大百科全书出版社，1998；I. A. Shearer, *Starke's International Law*, Butterworths, 1994, pp. 435 – 438。

③ See South West Africa Cases (Ethiopia v. South Africa; Liberia v. South Africa) Second Phase, 18 July 1966, available at http://www.icj-cij.org/docket/files/46/4931.pdf, 最后访问日期：2021 - 12 - 14。

的意义含糊不明，那么应在合理与不合理的两种意义中采取合理的意义；在合理程度不同的两种意义中采取较合理的一种意义；在符合公认的国际法原则和对第三国的前条约义务与不符合这些原则和义务的两种意义中，采取符合这些原则和义务的一种意义。

第五，从轻原则。如果一个条款的意义含糊不明，应采取使担负义务的一方较少负担的意义，或对缔约一方的属地和属人最高权极少妨碍的意义，或对缔约国加以较少的一般限制的意义。① 但是，在运用这个解释规则时，必须注意到：承担义务是条约的首要目的。

第六，嗣后惯例原则。在解释约文时，可以求助于缔约各方关于该条约的嗣后行动和实践，因为嗣后行动和实践提供了关于该条约的正确解释最好和最可靠的证据。在实践已通过行动修改该条约的条款而改变或发展该条约的意义时，可以把这种改变或发展作为缔约各方所同意的修改而不是作为该条约原条款的解释予以效力。

四、国内法与国际法解释方法的位级问题

就解释方法的上下等级关系来说，虽然法律解释的方法多种多样，但各种解释方法相互存在着一定的位级关系，这种位级关系决定了各种解释方法的先后顺序。

（一）国内法解释方法的位级

国内法基本上遵循如下的位级关系②：

第一，任何法律条文的解释，必须从文法解释入手，也就是说在顺序上应首先运用文法解释方法。

第二，经过文法解释，如果没有多种解释结果存在，不得再运用其他解释方法；只在有多种解释结果存在的情况下，方能继之以其他解释方法。

第三，合宪性解释，应居于优先地位。法律规范的内容确定后，须予以合宪性解释，审核其是否符合宪法的规定。

第四，在尊重文法解释的基础上，运用系统解释方法，以探求法律规范意旨；在确定法律意旨的前提下，可继之以扩张解释或限制解释，以判明法律之意义内容；若仍不能完全澄清法律条文之疑义，应进一步作目的解释，以探求立法目的，或在依上述方法已初步确定法律规范内容后，再作目的解释，以立法目的检查、确定之。

（二）国际法解释方法的位级

《维也纳条约法公约》关于条约解释的规定包含在第31～33条这三个条文内：

① 参见国际法院关于土耳其与伊拉克边界案的咨询意见。
② 参见梁慧星：《论法律解释方法》，载《比较法研究》，1993（1）。

前两条分别规定"解释的通则"和"补充的解释资料",后一条规定关于"以多种语文认证的条约的解释"。

根据联合国国际法委员会对第 31、32 条这两条的释义,第 31 条并不为其中包含的条约解释规则规定法律上的上下等级关系,而只是按照逻辑把一些解释因素进行适当的排列。国际法委员会指出:既然确定了解释的出发点是约文的意义,逻辑上就必须把"条约应就其用语按照上下文并参照其目的和宗旨所具有的通常意义,善意地予以解释"作为一个解释因素提出。同样,按照逻辑,该条第 2 项所列举的包含在"上下文"中的一些因素在顺序上应其次予以提及,因为这些因素或者是约文的不可分割部分,或者与约文密切相关。而第 3 项中所列举的三个因素正因为是约文以外的因素,必须置于前两项中所包含的那些因素之后。然而,这三个因素仍然是在解释上必须注意的因素,从而绝不能认为第 3 项所包含的一些解释规则在等级上低于前两项所规定的解释规则。①

笔者认为,条约的解释方法同样有上下位级关系。现有的一些条约解释规则之所以有些混乱和互相矛盾,原因就在于国际法学者迄今对于条约解释规则的研究还远远不够。如果能就各种解释方法的不同等级次序逐步进行越来越深入的研究,就可以相应地克服这些规则的混乱性和互相矛盾性。

第一,善意解释是根本。② 既然条约必须善意履行,当然就必须善意予以解释。所谓善意解释,就是从诚实信用的立场进行解释,望文生义、强词夺理、故意歪曲,都不属于善意的解释。善意解释原则自由真提利创立以来,受到其后的著名国际法学家如格老秀斯、瓦特尔等的明确支持,国际判例,特别是常设国际法院对"德国在波兰上西里西亚的利益案"(Certain German Interests in Polish Upper Silesia Case)③ 的判决中,也屡次引用,现已成为条约解释的不可缺少的首要原则。

第二,文法解释是基础。这包括两个方面:一方面,条约的文字应依照自然的意义和通常的意义来进行解释。至于术语,则须按照其专门技术上使用的意义来解释。在一个条约使用了几种文字,而条约中宣告所有文本都同样作准的场合,必须采用可以调和所有文本的那种解释。可是,如果在各文本之间存在着矛盾,那么就必须引用原始文本。另一方面,如果从条约文本按照通常意义来理解的上下文,得出了一个清楚、明确的意义,那么就不能背离文本;只有在文本将引导到荒谬的结果的情形下才可背离文本。如果文法解释不能导致清楚、明确的意义,那么为了确定缔约国的意思,再引用其他辅助的法律解释方法。

第三,系统解释是精髓。在解释条约时,必须把条约作为整体来解释,一些个

---

① 参见李浩培:《条约法概论》,427 页,北京,法律出版社,1988。
② 参见李浩培:《条约法概论》,431 页,北京,法律出版社,1988。
③ "Certain German Interests in Polish Upper Silesia (Merits) Case", Judgment of 25 May 1926, available at http://www.icj-cij.org/pcij/serie_A/A_07/17_Interets_allemands_en_Haute_Silesie_polonaise_Fond_Arret.pdf,最后访问日期:2021-12-14。

别的部分或章节也应作为整体来解释；同时也应对整个条约及其附件全面加以研究，不能孤立地解释某个用语，要通盘考虑条约的上下文，要考虑缔结条约的所有有关文件，了解缔结条约的动机、历史背景，以便对条约作出正确的解释。

第四，目的解释是关键。条约只有依其目的，善意地予以解释，才能发生合理的效果。正如德国学者欧特曼（Oertmann）所说的："探求立法目的是启开疑义的钥匙。"①

第五，历史解释是辅助性手段。在正常情况下，解释的范围限于条约的上下文。然而，为了证实按照上述办法所作的结论，或者如果按照上述办法所作结论仍然意义不明、难以理解或显然荒谬或不合理，则可以使用解释的补充资料，如缔约的历史背景以及与条约有关的惯例、缔约的谈判记录、条约的历次草案、讨论条约的会议记录等。

五、结语

综上可见，国内法的解释原则、方法一般能够移用到国际法上，适用于条约的解释。

诚然，国际法和国内法是法律的两个不同体系。在国际社会，既没有一个处于国家之上的立法机关来制定各国都应遵守的国际法，也没有一个处于各国之上的具有强制管辖权的司法机关或仲裁机关来适用和解释国际法。国际法需要国内法的补充，才能得到实施。但国际法与国内法都属于法律这个总的范畴之内，并且由于国内法的制定者是国家，而国际法也是由国家参与制定的，这两个体系彼此之间有着密切的联系——互相渗透和互相补充。而法律本身又是某种意志经一定程序凝固而成的上层建筑，法律适用者们总要通过特定手段把这些凝固的意志还原成活生生的规则，以调整丰富多彩的现实生活。这些据以还原与揭示法律文件本来意图的手段与工具就是法律解释方法，这些解释方法是从法律解释的长期实践中抽象出来的，具有实用、有效的特点和普遍的指导意义。它们既然能适用于国内法，无疑也能被国际法有选择地加以借鉴和吸收。

因此，对于国内法上的解释原则、方法，在解释条约时应善意地予以综合运用。只有这样，才能克服现有的一些条约解释规则的混乱和互相矛盾，从而使条约的解释有较为精确的规则可依循，并且最终使条约发生依其目的的合理效果。

推荐阅读书目及论文

1. 李浩培. 条约法概论. 北京：法律出版社，1988

---

① 梁慧星：《论法律解释方法》，载《比较法研究》，1993（1）。

2. 孙国华，等. 法律解释新论. 政治与法律，1988（5）

3. 郭华成. 法律解释比较研究. 北京：中国人民大学出版社，1993

4. 梁慧星. 法律解释方法论的基本问题. 中外法学，1993（1）

5. 梁慧星. 论法律解释方法. 比较法研究，1993（1）

6. 沈宗灵. 论法律解释. 中国法学，1993（6）

7. 蔡定剑. 论立法解释. 中国法学，1993（6）

8. 万鄂湘，等. 国际条约法. 武汉：武汉大学出版社，1998

第二编 国际法上的国家主权

21 世纪法学研究生参考书系列

第 七 章

国家主权平等原则

国家主权平等原则（the principle of sovereign equality of states），既是传统国际法上的重要原则之一，也是现代国际法的一项基本原则。虽然各个国家在领土面积、人口数量、经济实力、军事力量以及文化素质等方面存在差异，但是国家主权平等原则是最熟悉、重申得最多的现代国际法原则之一。无论是联合国，还是其他区域性际组织，在它们通过的有关国家间关系的基本原则的文件中，均无一例外地列有国家主权平等原则，甚至将它列为各项原则之首。

因此，深入研究国家主权平等原则的由来、内涵及其法律后果，对于剖析当今国际政治的现实情况、探讨有关国际法的基本理论问题，无疑具有十分重要的意义。

一、国家主权平等原则的确立

在古罗马时期以及中世纪，罗马教皇和皇帝在整个欧洲社会处于一种至高无上的地位，其他国家的主权被否定，因此，在当时就不可能产生国家主权平等原则。1648 年，为结束欧洲"三十年战争"而召开的威斯特伐利亚和会，标志着近代国际关系的开端。从此，国家主权平等原则开始获得了确认。

作为传统国际法上重要原则之一的国家主权平等，既通过一些国际法学家的学说而得以阐明，也在现代国际法律文件中获得了确认。

（一）有关的国际法学家学说

平等原是 17 世纪末、18 世纪初政治学上的一个基本要素，近代的一些国际法学者将这一政治学中所主张的自然状态适用到国际法上。[1]

例如，深受霍布斯著作影响的自然法学派的早期代表人物德国学者普芬多夫就

---

[1] 有学者认为，维多利亚最早提出了有关国家平等的思想，后被苏亚利兹、真提利和格老秀斯等国际法学者所继承与接受。See J. M. Castro-Rial, "States, Sovereign Equality", in R. Bernhardt ed., *Encyclopedia of Public International Law*, Vol. Ⅳ, Amsterdam, 2000, pp. 683 - 684.

曾经断言："自然状态下的所有的人都是平等的，国际法上的人格者（指国家——引者注）处在自然状态下，因而它们也是平等的。"① 普芬多夫所阐述的国家平等的法律思想，在 18 世纪得到了许多国际法学者的赞同。

德国国际法学者沃尔夫（Christian Wolff）指出："所有国家相互间是天生平等的。因为国家被认为是像自由的个人生活在自然状态中。所有的人是天生平等的，因此所有国家彼此之间也是天生平等的。"②

瑞士国际法学家瓦特尔在 18 世纪中叶出版的名著《万国法》中，根据自然法的观点阐明了国家主权平等原则。他说："由于人是自然平等的，他们的天赋的权利和义务是一样的，国家作为人的集合体是自然地平等的，赋有同样的义务和权利，国之强弱在这方面没有关系……一个小小的共和国和一个强大的王国同样是主权国家。由于平等的必要的结果，凡一个国家被允许做的事，一切其他国家也被允许做，而凡一个国家不被允许做的事，其他国家也不被允许做。"③

1812 年，美国最高法院大法官马歇尔（John Marshall）在"交易号诉麦克法德恩案"（the Schooner Exchange v. McFaddon and Others）中强调了"国家的完全平等与绝对独立"。1825 年，马歇尔法官又在"安特勒普案"（the Antelope Case）的判决中再次宣称："国家平等是最被普遍承认的一般法律原则。"④

19 世纪末，实在法学派的学者里维尔（Rivier）则提出，主权国家之间是平等的，每一个主权国家以同样的名分行使其从它的主权和它的国际社会成员资格派生出来的所有权利，只要符合它同其他国家的协定的关系。这就是国际法实践中普遍承认的而在国际法学说中一般地承认的国家平等原则的意义。⑤

英国著名国际法学家詹宁斯（Sir Robert Jennings）和瓦茨（Sir Arthur Watts）在其修订的《奥本海国际法》第九版中也认为："平等是国际法的基础的引申"；"由于国际法是以作为主权社会的国家的共同同意为根据的，国际社会的成员国家是作为国际法主体而彼此平等的。各个国家按照它们的性质在权力、领土等方面肯定不是平等的。但是，作为国际社会的成员，它们在原则上是平等的，尽管它们可以有任何的差异。这是它们在国际范围内的主权的结果。"⑥

（二）现代国际法律文件

国家主权平等原则，得到了许多现代国际法律文件的肯定和确认。

1.《联合国宪章》

早在联合国的筹建过程中，在 1943 年 10 月的莫斯科会议上，国家主权平等原

---

① R. P. Anand，"Sovereign Equality of States in International Law"，*Recueil des cours*，Ⅱ，1986，p. 53.

② I. A. Shearer，*Starke's International Law*，Butterworths，1994，p. 99.

③ 转引自周鲠生：《国际法》，上册，207～208 页，北京，商务印书馆，1981。

④ Gerhard von Glahn，*Law Among Nations*，the Macmillan Company，1970，p. 129.

⑤ 转引自周鲠生：《国际法》，上册，208 页，北京，商务印书馆，1981。

⑥ ［英］詹宁斯、瓦茨修订：《奥本海国际法》，第 1 卷，第 1 分册，王铁崖等译，275 页，北京，中国大百科全书出版社，1995。

则就被认定为一个原则。中、苏、英、美四国政府在《普遍安全宣言》(Declaration on General Security) 中承认：根据一切爱好和平国家主权平等的原则，建立一个普遍性的国际组织，所有这些国家无论大小，均得加入为会员国。该宣言还就未来的国际组织，特别强调了三点：第一，国家主权平等原则……

通过《敦巴顿橡树园建议案》(the Dumbarton Oaks Proposals)，国家主权平等原则在《联合国宪章》中得到了确认和保障，宪章的序言庄严地宣布："……重申……大小各国平等权利之信念"；而在第 1 条确定"发展国际间以尊重人民平等权利及自决原则为根据之友好关系"的宗旨；特别在第 2 条第 1 项规定"本组织系基于各会员国主权平等之原则"，并且接着在第 7 项声明"本宪章不得认为授权联合国干涉在本质上属于任何国家国内管辖之事件……"。宪章第 78 条再次肯定："……联合国会员国间之关系，应基于尊重主权平等之原则。"可见，《联合国宪章》重申了国家主权与平等，并把它列为各项原则之首，作为联合国的一项基本组织原则。

2. 1965 年《关于各国内政不容干涉及其独立与主权之保护宣言》

1965 年 12 月 21 日，第 20 届联合国大会以 114 票赞成、0 票反对、2 票弃权通过了题为"关于各国内政不容干涉及其独立与主权之保护宣言"，宣言庄严声明："一、任何国家，不论为任何理由，均无权直接或间接干涉任何其他国家之内政、外交，故武装干涉及其他任何方式之干预或对于一国人格或其政治、经济及文化事宜之威胁企图，均在谴责之列。二、任何国家均不得使用或鼓励使用经济、政治或任何其他措施胁迫他国，以谋自该国获得主权行使之屈服，或取得任何利益。同时任何国家亦均不得组织、协助、制造、资助、煽动或纵容意在以暴力手段推翻另一国家政权之颠覆、恐怖或武装活动，或干涉另一国家之内乱。"

3. 1970 年《国际法原则宣言》

1970 年 10 月 24 日，联合国大会通过了《关于各国依联合国宪章建立友好关系及合作之国际法原则之宣言》(Declaration on Principles of International Law concerning Friendly Relations and Co-operation among States in accordance with the Charter of the United Nations，简称《国际法原则宣言》)。该宣言首先在序言中"重申主权平等依据宪章所具有之基本重要性，并强调唯有各国享有主权平等并在其国际关系上充分遵从此一原则之要求，联合国之宗旨始克实现"。该宣言还在"各国主权平等之原则"的标题下，对国家主权平等原则作了进一步的说明。

4. 1974 年《建立新的国际经济秩序宣言》

1974 年 5 月 1 日，联合国大会通过的《建立新的国际经济秩序宣言》也对国家主权平等原则加以确认和强调。该宣言指出："新的国际经济秩序应当建立在充分尊重下列原则的基础上：(1) 各国主权平等，一切民族实行自决，不得使用武力夺取领土，维护领土完整，不干涉他国内政……"

5. 1974 年《各国经济权利和义务宪章》

1974 年 12 月 12 日，联合国大会通过的《各国经济权利和义务宪章》多次强调了国家主权平等原则。

首先，该宪章在序言中"声明本宪章的基本宗旨之一是在所有国家，不论其经济及社会制度如何，一律公平、主权平等、互相依存……决心在严格尊重每个国家主权平等的前提下……深信有需要发展一个以主权平等、公平互利和所有国家的利益密切相关为基础的国际经济关系的制度"。

其次，该宪章在第一章"国际经济关系的基本原则"中提出："各国间的经济关系，如同政治和其他关系一样，除其他外要受下列原则指导：……（b）所有国家主权平等……"

最后，该宪章还在第二章"各国的经济权利和义务"第 10 条中规定："所有国家在法律上一律平等，并作为国际社会的平等成员，有权充分和有效地参加——包括通过有关国际组织并按照其现有的和今后订定的规则参加——为解决世界经济、金融和货币问题作出国家决定的过程，并公平分享由此而产生的利益。"

6.1975 年《欧洲关于指导与会国间关系原则的宣言》

1975 年 8 月 1 日，欧安会在赫尔辛基通过的《欧洲关于指导与会国间关系原则的宣言》，也对国家主权平等原则作了与上述类似的阐述："与会国将尊重彼此的主权平等和个性以及由主权所固有和包含的一切权利，特别包括每个国家在司法平等、领土完整和自由与政治独立方面的权利。它们还将尊重彼此自由选择和发展其政治、社会、经济和文化制度的权利以及制定其法律和规章的权利。在国际法范围内，所有与会国具有平等的权利和义务。它们将尊重彼此根据国际法和本宣言的精神，按照本国的意愿，确定和处理本国同其他国家的关系的权利。它们认为它们的边界可以根据国际法，以和平手段和通过协议加以改变。它们还有隶属或不隶属国际组织，加入或不加入双边或多边条约的权利，包括加入或不加入同盟条约权利；它们还有保持中立的权利。"

此外，国家主权平等原则还得到许多其他区域性国际文件的确认，如《美洲国家组织宪章》、《非洲统一组织宪章》和《亚非会议最后公报》等。另外，中国倡导的和平共处五项原则，也是国家主权平等原则的具体实施和体现。

由上可见，国家主权平等作为现代国际法的一项基本原则，是国际法的学说和实践所确定了的。

二、国家主权平等原则的含义

国家主权平等原则的含义究竟是什么？对此，不但国际法学者之间有不同的看法①，而且一些国家法律文件的解释也存在着差异。

---

① 例如，有学者认为它是指国家权利能力之平等，而另外一些学者把它看作国家立法权之平等，更有一些学者则把它当成国家发言权之平等。参见俞宽赐：《新世纪国际法》，232 页，台北，三民书局，1994。

(一)《联合国宪章》的历史文件的解释

在起草和制定《联合国宪章》的过程中，按照旧金山会议第一委员会第一专门委员会的起草报告，主权平等原则包括以下各项要素：各会员国在法律上是平等的；各会员国享有完整主权所包含的各项权利；各会员国的法律人格、领土完整和政治独立必须得到充分的尊重；根据国际法，各会员国应当诚实履行自己的国际责任和义务。① 根据这一规定，联合国的所有会员国都是平等的，对内完全自主，对外完全独立。

有专家指出：宪章所规定的"国家主权平等原则，既有保障中小国家权利的意义，也起约束联合国行动的作用"②。

1949 年，联合国国际法委员会在其起草的《国家权利与义务宣言（草案）》中指出："每个国家都有权与其他各个国家在法律上平等。"该委员会在其评注中进一步说明："本条来自巴拿马草案第 6 条。它表明，按照国际法委员会多数人的意见，'主权平等'的含义体现在按照 1945 年在旧金山会议所作的解释的《联合国宪章》第 2 条第 1 项中。"③

(二)《国际法原则宣言》的解释

负责研究起草"关于国家间友好合作关系的国际法原则"的联合国专门委员会，于 1964 年在墨西哥举行的第一次会议上，再次就主权平等原则这一国际关系基本准则的具体内涵进行了审议，并达成了一致。④ 这种一致意见，也反映在 1970 年 10 月联合国大会通过的《国际法原则宣言》中。

按照该宣言的规定，国家主权平等原则的含义包括以下几个方面：

第一，各国一律享有主权平等。各国不问经济、社会、政治或其他性质有何不同，均有平等权利与责任，并为国际社会之平等会员国。

第二，主权平等尤其包括下列要素：（1）各国法律地位平等；（2）每一国均享有充分主权之固有权利；（3）每一国均有义务尊重其他国家之人格；（4）国家之领土完整及政治独立不得侵犯；（5）每一国均有权利自由选择并发展其政治、社会、经济及文化制度；（6）每一国均有责任充分并一秉诚意履行其国际义务，并与其他国家和平相处。

可见，该宣言除了重申上述旧金山会议所提出的四个要素外，还特别强调各国均有义务尊重其他国家的人格和均有权利自由选择并发展其政治、社会、经济及文

---

① See Leland M. Goodrich, Edvard Hambro and Anne Patricia Simons, *Charter of the United Nations*: *Commentary and Documents*, Columbia University Press, 1969, p. 37.

② 梁西：《梁著国际组织法》，修订 6 版，杨泽伟修订，74 页，武汉，武汉大学出版社，2011。

③ Report of the International Law Commission Covering Its First Session 12 April–9 June, 1949, *American Journal of International Law*, Vol. 44, 1950, Supplement, p. 15.

④ See R. P. Anand, "Sovereign Equality of States in International Law", *Recueil des cours*, Ⅱ, 1986, pp. 120–121.

化制度。

（三）苏联政府的解释

早在 1946 年联合国原子能委员会中，苏联政府代表就指出："主权原则是联合国组织所据以建立的基石之一，如果它被触动，则联合国的全部存在和前途将受威胁。"①

在苏联政府代表看来，《联合国宪章》重申各国主权平等意味着：所有国家是平等的，每个国家是在平等的基础上参与国际关系的，但不能绝对地、形而上学地来理解主权平等原则。按照苏联政府的观点，国际关系中的法律平等不是抽象的平等，不是指在国际关系中各国的权利与义务的绝对相同。主权平等原则应辩证地理解，它并不排除某些国家拥有宪章所规定的特权。因此，大国一致原则并不与国家主权平等原则相矛盾。事实上，该原则包含了各国在它们作为国际法主体地位方面的法律平等。然而，各个国家在国际法体系中的贡献及责任是不能平等的，因为各国在经济实力、军事力量、领土面积以及人口数量等方面是不同的。

苏联政府代表认为，安理会常任理事国分属两大对立集团，因此大国一致原则是反对霸权主义的有力武器。假如不存在大国一致原则，那么操纵安理会多数的帝国主义国家，就有可能真正建立起它们的霸权。所以，否决权不仅不是违反国家主权平等原则，反而是主权平等原则的真正的、最好的保障。② 这正如童金教授所言："事实上，如果没有大国一致原则，安理会就能很容易地变成帝国主义国家手中的危险武器，并被用来不仅反对社会主义国家，而且甚至很有可能反对亚、非、拉美各洲的弱小国家。"③

此外，美国国际法学者迪金森（Dickinson）教授也对国家主权平等原则作了重新描述。他认为："国家的平等包含两项法律原则，即：第一，在法律面前的平等或法律之保护的平等；第二，权利与义务的平等或通常为权利的平等。"而印度国际法学者阿南德教授则主张，国家主权平等除包括上述两项原则以外，还应加上第三项：为造法目的的平等。④

其实，国际法上的国家主权平等，并不是指事实上的平等（equality in fact），而是指法律上的平等（equality in law）。在事实上各个国家领土有大小、人口有多寡、国力有强弱，甚至在文化教育程度方面亦有高低，以致有学者认为国家之间根本无平等可言。

因此，国家主权平等是指各个国家不论大小、强弱，或政治、经济、社会制度

---

① 转引自周鲠生：《国际法》，上册，176 页，北京，商务印书馆，1981。

② See R. P. Anand, "Sovereign Equality of States in International Law", *Recueil des cours*，Ⅱ，1986，pp. 159 - 160.

③ G. I. Tunkin, *Theory of International Law*，Cambridge，1974，p. 347.

④ See R. P. Anand, "Sovereign Equality of States in International Law", *Recueil des cours*，Ⅱ，1986，p. 105.

和发展程度如何不同，它们在国际社会中都是独立地和平等地进行交往，在交往中产生的法律关系中也同处于平等地位，换言之，各国在国际法上的地位是完全平等的。

三、国家主权平等原则的法律效果

一般认为，根据传统的国际法和习惯规则，国家主权平等原则具有以下一些重要的法律效果。

（一）　一国一票制

在国际会议或国际组织中，每一个参加国应该享有同等的代表权和投票权。如果出现某一事项需要各国的共同同意才能决定的情况，那么每一个国家都有一个投票权，而且除另有约定外，每个国家也只能有一个投票权。况且，在投票的法律效力方面，不论是小国还是大国、弱国还是强国，它们的投票是具有同等分量、同等价值的，另有约定者除外。

采用一国一票制的结果是，在国际会议通过多边条约、国际组织作出有关决议时，通常需要各国的"一致同意"。这种投票方式，在第二次世界大战以前运用得比较多，尤其是在 19 世纪被广泛采用。然而，各国的这种一致同意，却为国际立法的发展和增进国际合作带来了一定的阻力，因为一个国家凭借一致同意的规则，往往能够推翻所有其他国家达成的协议。这诚如著名国际法学者波里蒂斯（Politis）所说："原设想为保护少数的这个一致同意规则，由于夸大了平等原则，反而成了反对多数的专横工具。"①

在国际社会的实践中，还出现了一些与一国一票制原则相反的现象，对这些现象的解释涉及如何理解国家主权平等原则。

1. 安理会常任理事国的否决权

按照《联合国宪章》的规定，安理会五大常任理事国对于程序性事项以外的一切事项的决定，以及某一事项是否属于程序性这一先决问题的决定拥有否决权。由于安理会常任理事国拥有"双重否决权"，因此，有学者认为这是国际实践否认国家主权平等原则最有力的例证。②

应该承认，从严格的法律意义上讲，联合国会员国在联合国组织的决策过程中所参与的程度、所发挥的作用，实际上并不是完全相同、完全平等的，因为各国的情况迥异，既有大小的不同，更有实力的强弱之分。可以说，会员国"要求绝对的

---

① I. A. Shearer, *Starke's International Law*, Butterworths, 1994, p. 100.
② 例如，劳特派特就指出："联合国宪章，虽然号称是以'会员国主权平等'的原则为根据的，但在逐步修改传统的国家平等主义的过程中却是一个可注意的标志。"（［英］劳特派特修订：《奥本海国际法》，上卷，第 1 分册，王铁崖、陈体强译，211 页，北京，商务印书馆，1989。）

平等是超现实的，也是难以做到的"①。

其实，安理会常任理事国的否决权的确立，有它特殊的政治背景，即：它是在第二次世界大战即将结束的前夕东、西方国家既矛盾又合作的产物。一方面，就当时的美国而言，凭借其已有的各方面的优势，建立起能由其控制的有限度的否决权，正是它所希望的；另一方面，对当时的苏联来说，由于西方国家占绝大多数，一项广泛的否决权正好是对抗英、美等国的有效武器；而在中小国家看来，各大国是不会接受没有否决权的联合国的。② 有鉴于此，我们不能用这种特殊的战时政治安排，来否定在法律上的各个国家主权平等的原则。

况且，按照宪章的规定，大国在维持和平与安全方面负有主要责任。这意味着，大国比广大的中小国家在维持国际和平与安全方面要承担更多的义务。这就在一定程度上体现了大国的权利与义务的对立统一。这正如在 1945 年 6 月旧金山会议上正式发表的《四发起国政府代表团关于安全理事会投票程序的声明》（Statement by the Delegations of the Four Sponsoring Governments on Voting Procedure in the Security Council）所指出的："五大常任理事国既然负有维持国际和平与安全的主要责任，那么就不可能期望一个常任理事国有可能轻易同意按照一项它所不同意的决定，在维持和平与安全这种严重问题上担负起行动的义务。"

此外，大国拥有否决权并不等于大国在国际关系中就可以为所欲为，可以任意欺凌小国、漠视其他国家的基本权利。特别值得注意的是，在近年来有关联合国改革的呼声中，广大发展中国家提出：要提高联合国工作的效率、修改或限制否决权、更多地参与联合国的决策过程等。这本身就是一个要求实现真正的国家主权平等的具体反映。

2. 加权表决制

在一些联合国专门机构，主要是有关经济、金融等领域的机构中，还出现了另外一种决策规则——"加权表决制"（the weighted voting system）。

加权表决制是一种根据成员国实力的大小、责任和贡献的多少以及利害关系的轻重等因素来分配投票权的一种表决方法。至于加权表决的具体办法和形式，是多种多样的：有的是以各国经济利益和人口因素作为加权的标准；有的则把成员国的投票权分为基本投票权和加重投票权；另外，还有把所有成员国分为各种利益集团而分配投票权的情况；等等。③

例如，1905 年成立的国际农业学会（the International Institute of Agriculture，联合国粮食及农业组织的前身）曾经按所交会费的多少把成员国分为 5 级，交会费越多的国家，可投的票数就越多。而在 1974 年成立的国际能源机构（亦称国际能源署）成员国的投票权则由两部分组成——基本投票权（the general voting

① 许光建主编：《联合国宪章诠释》，31 页，太原，山西教育出版社，1999。
② 参见梁西：《梁著国际组织法》，修订 6 版，杨泽伟修订，151 页，武汉，武汉大学出版社，2011。
③ 参见江国青：《联合国专门机构法律制度研究》，194 页，武汉，武汉大学出版社，1993。

weights）和石油消费投票权（the oil consumption voting weights），两者相加即为该国的最终累计投票权（the combined voting weights）。[1]

加权表决制是一种与一国一票制相对立的表决方式。虽然这种决策制度较好地体现了各国之间的真实权力关系，较真实地反映了各成员国之间在人口数量、经济实力、综合国力以及对组织贡献的大小等方面的差异，但它与现代国际法所确认的国家主权平等原则是背道而驰的，因为，这种投票制使少数发达国家在有关国际机构中处于控制或垄断地位，而广大发展中国家的要求则没有很好地被反映。[2] 因此，长期以来发展中国家一直呼吁要改变这一状况，充分享有平等的权利，实现有关决策的民主化。

3. "微型国家"问题

第二次世界大战以后，在联合国非殖民化运动的推动下，广大的殖民地附属国纷纷取得了独立。其中，一些领土面积很小、人口很少的小国，不但获得了独立，而且还成为联合国的会员国。这些小国的加入，在一定程度上改变了联合国大会的权力结构、表决效果，从而就引发了"微型国家"的问题。

那么，究竟何谓"微型国家"呢？1967 年，联合国秘书长吴丹（U Thant）在其工作报告中，将"微型国家"（micro state）界定为：一个版图、人口和人力以及经济资源都异常小，却以独立国家出现的实体。[3] 由于"微型国家"在人力、财力等方面存在一定的局限性，难以很好地履行宪章所规定的义务，因此美、英两国就提议，对这些国家在联合国的权利应予以适当地限制，如放弃在大会的投票权等。[4]

英、美两国的这种排除一国一票制的建议，不但遭到了"微型国家"的反对，而且违背了国家主权平等这一基本原则，同时也是与《联合国宪章》的有关精神根本对立的。正如联合国法律事务处（the Legal Counsel）有关专家所指出的："如果不修改宪章，美国和英国的建议是不可能在联合国的框架内付诸实施的。"[5] 事实上，联合国在此后的实践中，都没有对"微型国家"采取任何的限制措施，因为这是一个非常敏感的政治问题。

---

[1] See Helga Steeg, "The International Energy Agency（IEA）—Description and Practical Experiences：A Case Study", in Martha M. Roggenkamp, etc., ed., *Energy Law in Europe：National, EU and International Law and Institutions*, Oxford University Press, 2001, p. 158.

[2] 例如，在世界银行等国际金融机构中，仅美国一个国家的投票权就占到了全部投票权的 20％以上，而整个发展中国家的投票权只占总投票权的三分之一左右。

[3] See I. A. Shearer, *Starke's International Law*, Butterworths, 1994, p. 88.

[4] See R. P. Anand, "Sovereign Equality of States in International Law", *Recueil des cours*, Ⅱ, 1986, p. 176.

[5] R. P. Anand, "Sovereign Equality of States in International Law", *Recueil des cours*, Ⅱ, 1986, p. 181.

（二）排他管辖原则

根据"平等之间无统治权"（par in parem non habet imperium）的原则，一个国家不能对另一个国家主张管辖权。一国非经由本身明示或默示同意，不受新的国际法规则的约束。任何通过胁迫等手段使一国接受条约或公约的行为，或强迫一国服从国际法规则的行为，都是违反国家主权平等原则的。1825年，在"安特勒普案"的判决中，美国联邦最高法院马歇尔法官就指出："基于国家平等，没有一个国家有权为它国制定法律……每一个国家为自己立法，但它的立法仅对本身有效……"①

此外，虽然一国可以在他国法院提起诉讼，但该国通常不能在他国法院被诉，除非该国自愿服从该法院的管辖。1812年，在"交易号诉麦克法德恩案"中，美国联邦最高法院也承认"每一个国家必须尊重外国国家行为效力"的原则。

（三）轮换制原则

为体现国家主权平等原则，各国在签署条约时一般遵循所谓的"轮换制"（alternat）原则，即：在签署双边条约时，每一方的全权代表都在它自己保存的约本上，在首位（左边）签字，另一方则在同一约本的次位（右方）签字；多边条约则常按各缔约国所同意的文字的各国国名的第一个字母顺序排列，依次签字。

另外，在外交文件中，各国都有使用本国文字的权利。在签订条约的文本上，本国文字与其他缔约国的文字具有同等效力，约本上另有规定者除外。在国际会议上，各国的位次以有关会议所使用的文字字母顺序排列。

（四）国家行为主义

国家主权平等原则的另外一个后果是"国家行为主义"（act of state doctrine），它是指一个国家的法院通常都不究问另一个主权国家的官方行为或它的代表的官方行为或经官方承认的行为的效力或合法性，如果这个行为是在后一个国家的管辖范围并且不违反国际法的话。换言之，甲国法院对于乙国或其代表之官方行为的效力或合法性，不得审判。

"国家行为主义"的学说，产生于英国。18、19世纪，美国的一些法院也开始先后在一些案件中明确适用了"国家行为主义"。1897年，美国联邦最高法院在"昂德希尔诉赫南德兹案"（Underhill v. Hernandez Case）中对"国家行为主义"作了经典性的阐述："每一个主权国家有义务尊重其他主权国家的独立；我们国家的法院将不审判另一个国家政府在它自己领土内所作的行为。对这种行为不满的救济是必须通过主权国家之间公开提供的方法取得的。"② 一国国内法院适用"国家行为主义"的目的，是避免给本国政府带来外交困扰。

---

① Gerhard von Glahn, *Law Among Nations*, the Macmillan Company, 1970, p. 129.
② ［英］詹宁斯、瓦茨修订：《奥本海国际法》，第1卷，第1分册，王铁崖等译，284页，北京，中国大百科全书出版社，1995。

　　然而，关于一国是否有义务适用"国家行为主义"，学者们有不同的看法。因为到目前为止，国际法院还没有作出任何有关的判决，宣布一国如不适用"国家行为主义"就违反国际法。因此，"国家行为主义"在目前还不能说已成为国际法的一部分。[①]　国内法院仍有权按国内法律制度的规则，自行决定主张或放弃宣布违反国际法的外国行为为无效。

（五）无歧视原则

　　无歧视原则是国家主权平等原则所固有的，一旦接受国家主权平等原则，就意味着接受无歧视原则。

　　无歧视原则贯穿于一系列的国际法律文件中。例如，《国际法原则宣言》指出："各国不问在政治、经济及社会制度上有何差异均有义务在国际关系之各方面彼此合作，以期维持国际和平与安全，并增进国际经济安定与进步、各国之一般福利及不受此种差异所生歧视之国际合作。"《各国经济权利和义务宪章》第4条规定："每个国家，不论政治、经济和社会制度的任何差异，有权进行国际贸易和其他方式的经济合作。任何国家不应遭受纯粹基于此种差异的任何歧视。"1986年8月，国际法协会在汉城通过的《关于逐渐发展有关国际经济新秩序的国际公法原则宣言》宣布，平等或不歧视原则"是指对同等的情况应同等地对待，对不同等情况应该按照……有关的不平等给予相应不同等待遇"。

　　值得注意的是，并不是所有的差别待遇都构成歧视。例如，《各国经济权利和义务宪章》规定，在一切国际经济合作领域可行的范围内，给予发展中国家优惠的、非互惠的、特别有利的待遇原则；又如，欧共体与非洲、加勒比、太平洋地区的国家签订的《洛美协定》，要求欧共体对这些地区的发展中国家予以特别优惠，等等。这些都是一种有利于发展中国家的"积极歧视"，应该肯定。又如，由于历史、地理、民族等方面的原因，某些国家或国家集团之间的关系要密切一些，因而相互给予对方的国民或法人在某些方面的较优惠待遇，而这些优惠待遇是不给予第三国的。像这种差别待遇并不违反无歧视原则。

　　此外，有学者还认为不干涉内政原则也是"国家主权平等原则的必然结果"[②]。

四、国家主权平等原则在现代国际社会中的适用

　　从国家主权平等原则的由来、内涵及法律后果等方面的分析来看，笔者认为，在现代国际社会中，适用国家主权平等原则应注意以下几点。

---

① 　See I. A. Shearer, *Starke's International Law*, Butterworths, 1994, p. 100.
② 　［英］詹宁斯、瓦茨修订：《奥本海国际法》，第1卷，第1分册，王铁崖等译，348页，北京，中国大百科全书出版社，1995。

（一）应辩证地理解国家主权平等原则

对于国际法上的国家主权平等原则，我们应当辩证地理解，同时要注意避免走向以下两个极端①：

第一，主张绝对地平等，认为国际社会存在的国家的任何差异以及任何不相同（等）的现象都是违反国家主权平等原则的。

第二，认为国家主权平等只是一种幻想，原因是各国在自然资源、领土面积、人口素质、经济水平等方面存在明显的不同，因而不可能实现真正的国家主权平等。

科学地、辩证地理解国家主权平等原则，意味着：一切国家，不论其大小、强弱，不论其社会、政治和经济制度的性质如何，也不论其发展水平的高低，其在国际法上的地位一律平等，但这种平等并不是绝对的。

（二）国家主权平等是相对的

如前所述，每个国家在版图、人口、资源、经济、文化和制度等许多方面存在诸多差异，这就表明各个国家在事实上就存在一种不平等。国家主权平等原则，像所有的其他法律原则一样，有其特定的内涵、特定的适用范围。因此，从这个意义上说，它也只可能是相对的，而不可能是绝对的。

（三）国家主权平等是指法律上的平等

事实上各个国家是不一样的，是不可能完全相同的，因此国际法上所承认的国家主权平等，非指事实上的平等，而是指法律上的平等，亦即指各国在国际法上的地位完全平等，是指各国在国际社会中平等地享有国际法上的权利并承担义务。

（四）当今坚持国家主权平等原则仍有重要的现实意义

1. 坚持国家主权平等原则，有利于实现国际关系的民主化、国际法的民主化

在近些年的有关联合国及其专门机构的改革大潮中，广大中、小国家提出要适当限制安理会常任理事国的否决权、增加安理会决策的透明度、加强联合国工作的民主化，以及增加在世界银行和国际货币基金组织等专门机构中的基本投票权等，就是要坚持国家主权平等原则的具体体现。况且，国际法是适用于国家之间的法律，国家间的相互联系、相互依存在今天更加紧密，只有坚持国家主权平等原则，建立平等互利的国际关系，才能促进国际法的进一步发展与加强，才能更好地维护世界和平，推动国际社会的共同进步。

2. 坚持国家主权平等原则，有利于维护世界和平

国际法基本上是一种"平等者"之间的法律体系，在国际关系中，一国对他国强行发号施令，把自己的意志强加于他国，或者以表面上合法的方式侵夺他国的权利，就是对国家主权平等原则的侵犯。在当今这样一个全球化的国际社会里，"没

---

① 参见王铁崖主编：《国际法》，118～119页，北京，法律出版社，1995。

有哪一个国家，无论多么强大，能够单单依靠本身的力量保护自己免受当今各种威胁的伤害，每一个国家都需要其他国家的合作才能使自己获得安全"①。因此，时代要求所有国家，特别是强国、大国，都应坚持国家主权平等原则、依法履行国际义务，只有这样，才能维护世界的和平与安全。

推荐阅读书目及论文

1. 江国青. 联合国专门机构法律制度研究. 武汉：武汉大学出版社，1993

2. 许光建主编. 联合国宪章诠释. 太原：山西教育出版社，1999

3. 梁西. 梁著国际组织法. 修订7版. 杨泽伟，修订. 武汉：武汉大学出版社，2022

4. 杨泽伟. 主权论——国际法上的主权问题及其发展趋势研究. 北京：北京大学出版社，2006.

5. M. Goodrich. Charter of the United Nations：Commentary and Documents. Columbia University Press，1969

6. G. von Glahn. Law among Nation. the Macmillan Company，1970

7. R. P. Anand. Sovereign Equality of States in International Law. Recueil des cours，Ⅱ，1986

8. J. M. Castro-Rial. States，Sovereign Equality. in R. Bernhardt ed. . Encyclopedia of Public International Law. Vol. Ⅳ. Amsterdam，2000

---

① "威胁、挑战和改革问题高级别小组"的报告：《一个更安全的世界：我们的共同责任》，载 http：//www. un. org/chinese/secureworld/ch2. htm。

第 八 章

自然资源永久主权及其发展趋势

第二次世界大战后，广大新独立国家为了取得经济上的独立，以联合国大会决议的形式，提出了对自然资源的永久主权（the permanent sovereignty over natural resources），并逐步得到了国际社会的普遍认可，成为国家主权不可分割的部分和国际法原则之一。

然而，进入 20 世纪 80 年代以来，特别是"冷战"结束以后，随着经济全球化进程的加快，对自然资源的永久主权遇到了前所未有的挑战，它成为最有争议的国际法原则之一。[1] 在世界新形势下，对自然资源永久主权的内涵究竟发生了哪些变化？在多大程度上对自然资源的"永久"、"充分"、"绝对"和"不可剥夺"的主权已被"限制"、"相对"和"功能"的主权的要求削弱或者甚至被取代？发展中国家应如何坚持对自然资源的永久主权？对这些问题的考察，无疑具有重要意义。

一、自然资源永久主权的产生背景

自然资源"泛指天然存在的并有利用价值的自然物，如土地、矿藏、气候、水利、生物、海洋等资源"[2]。长期以来，自然资源一直属于自然科学领域的研究范畴。直到 1945 年以后，自然资源才逐渐成为国际法学关注和研究的对象。不过，法学家一般注重的是自然资源的所有权和用益权。

近些年来，虽然有不少有关自然资源方面的法学著作，但是国际法学界并没有对"自然资源"作出一般性界定，而只是在一些条约中就一些特殊类型的自然资源予以定义。例如，1958 年《大陆架公约》第 2 条和 1982 年《海洋法公约》第 77 条就规定："自然资源包括海床和底土的矿物和其他非生物资源，以及属于定居种的生物，即在可捕捞阶段在海床上或海床下不能移动或其躯体须与海床或底土保持接触才能移动的生物。"

---

[1] See Nico Schrijver, *Sovereignty Over Natural Resources*: *Balancing Rights and Duties*, Cambridge University Press, 1997, p. 1.

[2] 夏征农主编：《辞海》，2 286 页，上海，上海辞书出版社，2000。

第二次世界大战后，之所以能够确认国家对自然资源的永久主权，是有多方面的原因的。

（一）对自然资源的缺乏和合理利用的担心

早在第二次世界大战期间，同盟国就深深地感觉到它们对海外原材料的依赖性及供给线的脆弱，因此，战争一结束，各国就着手研究开发和有效利用自然资源的问题。一些国际组织还召开了相关的国际会议，例如，1947年联合国粮食及农业组织主持召开了国际木材会议，1949年联合国举行了关于科学保护和有效利用自然资源的会议。同时，国际社会还倡议各国要兼顾其他国家的利益，树立世界经济为一体的思想。为此，1952年1月12日，联合国大会通过了题为《统一的经济发展和商业协定》的第523（VI）号决议。另外，各民族和人民是否有自决权？特别是各民族和人民是否有自由处置其自然资源和财富的权利？这在联合国人权委员会、经社理事会和联合国大会第三委员会（专门负责人道主义和社会事务）的议程中，都曾讨论过。

（二）发展中国家增强经济独立和维护国家主权的要求

在20世纪50年代，发展中国家的贸易条件呈恶化的趋势。早在1947年11月，联合国贸易与就业会议在哈瓦那开幕，会议试图寻求调整商品价格的手段，以促进扩大商品的生产、交换和消费。但会议最后通过的《哈瓦那宪章》未能生效。到20世纪50年代上半期，世界范围内工业品的价格持续上涨、原材料的价格急剧下跌的趋势，已非常明显。因此，当时拉美经济委员会（the Economic Commission for Latin America）指出，贸易条件对发展中国家是很不利的。

此外，发展中国家在非殖民化运动的过程中，虽然取得了政治上的独立，并作为主权国家加入了联合国，但它们并未获得经济上的独立，因为它们同发达国家之间是一种不平等的关系，尤其是自然资源被牢牢控制在外国公司或跨国公司手中。然而，经济独立是政治独立的基础和保障，没有经济独立，政治独立就难以维持，因此，"发展中国家为了维护本国的主权，为了保证本民族的生存和发展，要求国际上确认国家对自然资源的永久主权，要求联合国为此提供法律保障，就是必然的事情了"[1]。

（三）促进和保护外国投资的需要

在联合国对自然资源永久主权的争论的早期阶段，人们对1938年墨西哥石油国有化还记忆犹新，英伊石油公司的争端（1950年—1952年）仍是当时的热点问题。在拉丁美洲，国有化也是如火如荼。例如，在1951年玻利维亚将锡矿国有化；危地马拉准备发动农村土地改革，并将征收联合果品公司的财产；包括智利和阿根廷在内的其他拉美国家也考虑采取类似的国有化行动。后来，1956年苏伊士运河公司和1958年荷兰在印度尼西亚的财产，都经历了国有化。

---

[1]　汪暄：《国家对自然资源的永久主权》，载《中国国际法年刊》，1982，101页。

其实，在哈瓦那会议上，与会国就外国投资的待遇问题达成了实质性的协议。一方面，它承认外国投资对促进经济发展和社会进步有重要作用，并要求成员国对这类投资提供足够的安全保障且不得有任何的歧视；另一方面，它规定了东道国的某些权利，包括东道国的国内事务和国家政策不容干涉，以及东道国有权决定在将来是否允许外国投资、在多大程度上允许外国投资和允许外国投资的条件等。在联合国的讲坛上，关于外国投资在一国经济发展过程中的作用的不同意见都能听见。欧美国家，甚至包括印度、海地等国，都公开承认外国投资的积极作用；而玻利维亚、乌拉圭和哥伦比亚等国则明确指出外国投资的消极影响。

另外，作为非殖民化运动的结果，新独立国家取代了前殖民地附属国，并负责该领土上的行政管理和对外关系。因此，这就产生了一个重要而复杂的问题：新独立国家是否有权实行白板原则（clean slate principle），并解除由原来的殖民当局所承担的国际义务？或者根据约定必须信守的原则，考虑到第三国和第三方的利益处在危险中，某些条约和特许权是否应该继续保留？这一问题在对自然资源永久主权的争论的早期阶段，就已经提出了。所以，1962 年联合国要求国际法委员会开始处理这个问题，并要"适当参考二战后获得独立的国家的观点"。

（四）"冷战"对峙对自然资源永久主权的争论产生了深刻的影响

因为美苏两大军事集团出于意识形态的对立，在许多方面存在完全相反的意见，比如，关于殖民地人民的权利，关于国家继承问题，关于保护财产权和尊重既得权问题，关于外国投资在一国经济发展过程中的作用，以及国际人权法中的自决权和社会经济权的内涵，等等。

二、自然资源永久主权的法律依据

对自然资源永久主权的法律依据主要来源于三个方面：国际条约、联合国大会决议和国际司法判例。

（一）国际条约

一些国际条约对自然资源的永久主权作出了明确的规定。例如，1958 年《大陆架公约》第 2 条指出，沿海国有勘探和开采大陆架上的自然资源的权利。1966 年《经济、社会、文化权利国际公约》第 1 条规定："所有民族得为本身之目的，自由处置其自然财富及资源。"1981 年《非洲人权和民族权宪章》第 21 条规定："一切民族均可自由处置其自然财富和资源。"1982 年《海洋法公约》除了重申《大陆架公约》所规定的权利，还于第 56 条专门规定沿海国在专属经济区内有以勘探和开发、养护和管理海床上覆水域和海床及其底土的自然资源为目的的主权权利，以及关于在该区内从事经济性开发和勘探的主权权利。

此外，1994 年《欧洲能源宪章条约》承认国家对能源资源的主权权利，指出各国仍继续拥有决定其领域内哪一区域可进行能源开发和利用的权利，并且规定条约"在任何情况下都不得损害缔约方管理能源资源所有权体制的规则"。

(二) 联合国大会决议

联合国大会就自然资源的永久主权通过了一系列的决议。

早在 1952 年，联合国人权委员会第八次会议讨论关于人权的国际公约草案时，一些发展中国家就提出了对自然资源的永久主权问题。① 1952 年 12 月，第 7 届联合国大会通过了题为《自由开采自然财富和资源的权利》的第 626（Ⅶ）号决议，该决议指出："各国有权自由使用和开采自然资源。"

1960 年，第 15 届联合国大会通过了第 1515（ⅩⅤ）号决议，宣布发展中国家的经济社会进步为联合国的主要任务之一，建议"对各国处置其财富和自然资源之主权权利应依国际法上之国家权利与义务予以尊重"。在同一大会通过的《给予殖民地国家和人民独立宣言》中，"重申各国人民可以为了自己的目的在互利和国际法的基础上自由地处理他们的自然财富和资源，而不损害以互利原则和国际法为基础的国际经济合作所产生的任何义务"②。

1962 年，第 17 届联合国大会通过了第 1803（ⅩⅧ）号决议——《关于自然资源之永久主权宣言》（Declaration on Permanent Sovereignty over Natural Resources），宣布"各民族及各国行使其对自然财富与资源之永久主权"。该决议还强调，各国对其自然资源的永久主权是自决权的基本要素，并规定了国有化的权利和条件。

1966 年，第 21 届联合国大会通过了第 2158（ⅩⅪ）号决议，提出外国资本的活动必须符合发展中国家发展的利益，并确认了发展中国家参加外资企业经营的权利。

1970 年第 25 届联合国大会通过的第 2692（ⅩⅩⅤ）号决议和 1972 年第 27 届联合国大会通过的第 3016（ⅩⅩⅦ）号决议，都将国家对自然资源的永久主权从陆上资源扩及邻接海域和大陆架上覆水域的资源。

1974 年 4 月，联合国大会召开了第六届特别会议，通过了 77 国集团起草的《建立新的国际经济秩序宣言》和《行动纲领》，对自然资源的永久主权都作了明确规定。该宣言宣布："每一个国家对自己的自然资源和一切经济活动拥有充分的永久主权。为了保卫这些资源，每一个国家都有权采取适合于自己情况的手段，对本国资源及其开发实行有效控制，包括有权实行国有化或把所有权转移给自己的国民，这种权利是国家充分主权的一种表现。"《行动纲领》还规定，不仅在原则上确认发展中国家对自然资源的永久主权，而且"通过对自然资源行使永久主权来结束一切形式的外国占领、种族歧视、种族隔离以及殖民主义的、新殖民主义的和外国

---

① See Kamal Hossain ed., *Legal Aspects of the New International Economic Order*, London, 1980, p. 46.

② 王铁崖、田如萱编：《国际法资料选编》，10～11 页，北京，法律出版社，1986。

的统治和剥削"。

同年 12 月，联合国大会又通过了贸易与发展会议制定的《各国经济权利和义务宪章》，该宪章指出，各国有权对其自然资源充分行使永久的主权，有权对其管辖范围以内的外国投资加以管理，有权对外国财产实行国有化，并且，各国均有结成初级商品生产者组织以发展民族经济的权利。

通过上述联合国大会决议，国家对自然资源永久主权的原则正式确立了。

（三）国际司法判例

一些国际司法判例也对自然资源的永久主权予以了肯定。例如，在 1974 年"渔业管辖权案"（the Fishery Jurisdiction Case，英国诉冰岛、德国诉冰岛）中，国际法院在判决中提道，在领海和公海之间的渔区，沿岸国享有专属性的渔业管辖权，并已获得公认为 12 海里，沿岸国以其特别依赖渔业的地位而在与渔区毗连的水域享有捕鱼优越权。[①]

在 1977 年"利比亚美国石油公司仲裁案"（the Libyan American Oil Company v. Libya）中，独任仲裁员黎巴嫩人穆罕萨尼（Sobhi Mahmassani）在审查了《关于自然资源之永久主权宣言》后，建议"尊重国家自由处置自然财富和自然资源的主权权利"，并认为"《关于自然资源之永久主权宣言》尽管不是法律的渊源，也是关于自然资源永久主权的居于支配地位的最新趋势"[②]。

在 1982 年"科威特石油国有化仲裁案"（the Kuwait v. Aminoil）中，仲裁庭在裁决中承认，很多国家的宪法都规定所有自然资源都是国家的财产，科威特享有对石油资源的充分的所有权并可将其置于国内管辖之下。[③]

三、自然资源永久主权的内涵

自然资源是一国生存和发展的物质基础。国家对自然资源的永久主权是国家主权的不可分割的组成部分，是一国固有的、不可剥夺的权利。由自然资源永久主权派生的主权权利的内容十分丰富，这些权利已得到国际社会的普遍认可。

（一）自由处置自然资源的权利

对自然资源永久主权的一个基本原则，无疑是各国或各民族在其管辖范围内有自由处置其自然资源和财富的权利。[④] 这明显地体现在与对自然资源永久主权有关

---

① 参见陈致中编著：《国际法案例》，202 页，北京，法律出版社，1998。

② Nico Schrijver, *Sovereignty over Natural Resources：Balancing Rights and Duties*，Cambridge University Press，1997，p. 261；孟国碧：《略论经济主权原则的理论与实践》，厦门大学 2000 年博士学位论文，32 页。

③ 参见姚梅镇主编：《国际投资法成案研究》，125～144 页，武汉，武汉大学出版社，1989。

④ See Nico Schrijver, *Sovereignty over Natural Resources：Balancing Rights and Duties*，Cambridge University Press，1997，p. 260.

的各种决议、国际条约和国际司法判决中。例如，1952 年联合国大会关于自由开采自然财富和资源的第 626（VII）号决议指出："各国有权自由使用和开采自然资源。"1992 年《生物多样性公约》重申各国有"对其自然资源的主权权利"，并规定"决定接近自然资源的权利归于各国政府，并隶属国内法"。自由处置自然资源的权利也为国际仲裁法庭的裁决所承认，如上述 1977 年"利比亚美国石油公司仲裁案"和 1982 年"科威特石油国有化仲裁案"。

（二）自由地勘探和开发自然资源的权利

普遍认为，自由地勘探和开发自然资源的权利是由对自然资源的永久主权原则派生出来的核心权利之一。联合国大会第 626 号、第 1803 号、第 2158 号和第 3171 号决议都提到了这一权利。例如，联合国大会《关于自然资源之永久主权宣言》的第 1803（XVII）号决议宣布："此种资源（指自然资源——引者注）之查勘、开发与处置，以及为此目的而输入所需外国资本时，均应符合各民族及各国家自行认为在许可、限制或禁止此等活动上所必要或所应有之规则及条件。"发展中国家提出享有自由地勘探和开发自然资源的权利的目的，在于对本国资源及其开发实行有效控制，并最大限度地获取勘探和开发所带来的收益。

一些国际条约也提到了自由地勘探和开发自然资源的权利。例如，1978 年《亚马孙流域合作条约》（The Treaty for Amazonian Co-operation）第 4 条指出："在各缔约国的领土内自然资源的开发和利用，是每个主权国家的固有权利。"《海洋法公约》和《欧洲能源宪章条约》都有类似的规定。

一些仲裁裁决也都承认，国家在管理和开发自然资源中的作用日益增强。例如，1982 年"科威特石油国有化仲裁案"的裁决就明确地肯定："科威特政府为了完全接管对石油资源的所有权并将其置于国家管理之下，作出终止美国独立石油公司勘探和开发石油与天然气的特许协议的决定，本身是合法的。"

此外，国际法学家的著作都无一例外地承认国家有自由地勘探和开发自然资源的权利。

（三）恢复对自然资源的有效控制权和损害赔偿的权利

自 1972 年以来，一系列的联合国大会决议表明自然资源的永久主权对所有遭受外国占领、外国统治或种族隔离的人民和领地，也是有效的。联合国纳米比亚理事会起草的保护纳米比亚自然资源的一号法令（1974 年），和联合国大会通过的有关被以色列占领的领土上的巴勒斯坦人和阿拉伯人权利的决议，都把它作为主题。同样，《建立新的国际经济秩序宣言》第四段规定，新国际经济秩序应建立在尊重下列原则的基础之上："所有遭受外国占领、外国和殖民统治或种族隔离的国家、领地和民族，对于其自然资源和所有其他资源受到的剥削、消耗和损害有权要求偿还和充分赔偿。"这些和其他方面的努力，旨在赋予被占领国家和非自治领土的人民对自然资源和财富的永久主权，并确保那些还没有行使对自然资源的永久主权的人民应享有这种权利。

此外，1991 年安理会第 687 号决议重申："伊拉克对非法入侵和占领科威特所造成的任何直接的损失、损害，包括环境的损害和自然资源的损耗，应承担国际法上的责任。"这一决议可视为在武装冲突中保护国家和人民的自然资源的一种努力。

就国际条约而言，恢复有效控制权和损害赔偿的权利，在 1966 年"国际人权两公约"[①] 中得到了最重要、最明显的反映。"国际人权两公约"第 1 条均规定："无论在何种情形下，民族之生计，不容剥夺。"

另外，在一些法律文件和学者的著作中还有一个明显的特点，就是强调被占领国家和非自治领土上的人民，有权要求恢复对自然资源的有效控制、偿还自然资源和赔偿由第三国或企业所造成的损害。[②]

（四）为民族发展而利用自然资源的权利

自由地开发和利用自然资源的权利，与各国和人民为它们的发展计划而利用自然资源的权利紧密相连。为民族发展而利用自然资源的权利，在联合国大会的决议中经常被提及。例如，联合国大会的第 1803 号决议强调："以谋求发展中国家经济发展为目的之国际合作……均应以促进其国家独立发展为依归，并应以尊重其对自然财富和资源之主权为基础。"联合国大会的第 2158 号决议还首次把对自然资源的永久主权与发展中国家主张在自然资源的加工、销售和分配中获得较大份额联系起来。

国际条约一般也承认，各国有为其经济和发展政策而利用、开发其自然资源的权利。如 1992 年《气候变化公约》明确地提到"为追求自己的发展政策而开发其资源的主权权利"。

总之，对自然资源永久主权原则的出现，与促进发展中国家的发展和保护还不能行使其政治上的自决权的人民权利的目标，是有密切联系的。国际条约、仲裁裁决和国际法学著作均承认，各个国家和人民为促进发展而有利用其自然资源的权利。

（五）按照国家环境政策来管理自然资源的权利

在 20 世纪 70 年代上半期，尤其是在斯德哥尔摩会议前后，如何平衡对自然资源的永久主权和国家环境保护的责任，是一个争论的话题。每个国家有制定其环境政策的权利，已为国际社会所公认。这明显地反映在 1972 年《斯德哥尔摩宣言》第 21 条和 1992 年《里约热内卢宣言》。《斯德哥尔摩宣言》第 21 条规定："各国按照《联合国宪章》和国际法原则，有根据本国的环境政策开发其资源的主权权利，并有责任确保在其管辖或控制范围内的活动，不引起对其他国家或超出其管辖范围的区域的环境的损害。"

---

① 《经济、社会、文化权利国际公约》《公民权利和政治权利国际公约》。
② See Nico Schrijver, *Sovereignty over Natural Resources: Balancing Rights and Duties*, Cambridge University Press，1997，p. 269.

在条约法中，最清楚地阐明按照国家环境政策来管理自然资源权利的，是《海洋法公约》第 193 条，该条指出："各国有依据其环境政策和按照其保护和保全海洋环境的职责开发其自然资源的主权权利。"此外，其他一些多边性的国际公约和区域性的国际公约都提到了此项权利，如 1985 年《臭氧层公约》、1992 年《气候变化公约》和《生物多样性公约》，以及 1985 年东南亚《自然和自然资源保护协定》等。

值得注意的是，1992 年不结盟运动首脑会议重申，所有国家有按照其环境政策利用其自然资源的主权权利。这次会议还进一步提出，工业化国家和国际组织"不应以环境因素为借口来干涉发展中国家的内部事务或以此作为发展援助和贸易等方面的条件"①。

可见，各国按照其环境政策保护和管理自然资源的权利，无疑是自然资源永久主权的重要组成部分。

（六）平等地分享跨境自然资源惠益的权利

跨境自然资源的分享，已成为许多国家间争端的主要原因。一些联合国决议提到了分享跨境自然资源的问题。例如，《各国经济权利和义务宪章》第 3 条规定："对于两国或两国以上所共有的自然资源的开发，各国应合作采用一种报道和事前协商的制度，以谋对此种资源作最适当的利用，而不损及其他国家的合法利益。"1977 年在阿根廷的马德普拉塔（Mar del Plata）召开的联合国水会议上通过的《行动纲领》建议："关于共享的水资源的使用、管理和发展，各国政策应考虑每个国家的权利……以能平等地利用这些权利。"②

国际海洋法，特别是国际渔业法，为了适当管理跨境鱼类以达到最大限度地可持续生产和平等地利用，作出了一系列有关平等地利用和共享责任的安排。例如，《海洋法公约》第 83 条规定，海岸相向或相邻国家间大陆架的界限在划定以前，有关各国应基于谅解和合作的精神，尽一切努力作出实际性的临时安排，并在此过渡期间内，不危害或阻碍最后协议的达成；第 142 条还进一步指出，"区域"内活动涉及跨越国家管辖范围的"区域"内资源矿床时，应适当顾及这种矿床跨越其管辖范围的任何沿海国的权利和合法利益。此外，一些国际自然保护协定也含有关于共享资源管理的条款，如 1979 年《保护野生动物迁徙物种的波恩公约》、《气候变化公约》和东南亚《自然和自然资源保护协定》等。

关于"共享资源的平等利用"，在诸多国际法院的判决和仲裁法庭的裁决中都能见到。例如，1974 年"渔业管辖权案"强调，共享资源和共同财产属于一国专属管辖范围之外。

---

① *Final Documents of the Tenth Conference of Heads of State or Government of Non-Aligned Countries*, Jakarta, 1－6 September 1992, p. 37, para. 68.

② UN Doc. E/CONF. 70/29, Recommendation No. 91, 1977, p. 53.

值得一提的是，1966 年国际法协会第 52 次大会通过的《国际河流水利用赫尔辛基规则》提出，各国有"合理、平等地分享用水收益"的权利。同样，布伦特兰法律专家小组（the Brundtland Group of Legal Experts）也认为，平等地分享跨境自然资源惠益的权利可以看作一项已经确立的国际法原则，它已囊括在《环境保护与可持续发展的公约草案》中。① 近年来，各国就跨境渔业或石油资源纷纷达成协议，以更好地行使平等地分享跨境自然资源惠益的权利。

（七）管理外国投资的权利

对自然资源永久主权原则，集中体现了东道国管理和控制外国投资者活动的主权权利。② 这包括传统的立法管辖权、行政管辖权和司法管辖权。因此，外国投资者还有义务遵守东道国的法律、法规和遵照东道国的经济、社会政策，外国投资者的母国有义务禁止采取侵犯东道国永久主权或造成实质损害的措施和政策。1972 年国际商会《外国投资公平待遇国际指南》和 1990 年联合国《跨国公司行动守则草案》都对此作了详细的规定。当然，这些权利与义务受其他国际法原则和规则的支配，如善意原则、约定必须信守以及不干涉其他国家的内部事务等。

联合国大会第 1803 号、第 2158 号和第 3281 号决议，都涉及对外国投资的管理。这些决议都肯定，各国有权按照自己的目标和发展计划管理外国投资。例如，第 1803 号决议宣布，自然资源的利用和外国资本的输入"均应符合各民族和各国自行认为在许可、限制或禁止此等活动上所必要或所应有之规则及条件"。《建立新的国际经济秩序宣言》也规定："根据跨国公司所在国的充分主权，采取有利于这些国家的国民经济的措施来限制和监督这些跨国公司的活动。"

在国际条约方面，《经济、社会、文化权利国际公约》暗示在某种情况下，发展中国家有权给外国投资者与本国国民不同的待遇。③ 1987 年《东盟投资协定》第 3 条规定了东道国管理外国投资的权利。《欧洲能源宪章条约》第 10 条和第 18 条也都承认对外国投资的管理权，并且这种权利还受其他国际法规则的支配。此外，许多双边投资条约都对外国投资的管理作出了具体的规定。

（八）对外国投资实行征收或国有化的权利

在某些条件下，对外国投资实行征收或国有化是每个主权国家的固有权利。这一权利早在对自然资源的永久主权的决议通过之前，就得了普遍的承认。然而，在联合国关于征收或国有化的条件，存在很大的争议。

征收或国有化的权利，在联合国大会的决议中得到了充分的体现。例如，《关

---

① 该公约草案规定："各国应以合理、平等地方式利用跨境资源。"

② See Nico Schrijver, *Sovereignty over Natural Resources：Balancing Rights and Duties*，Cambridge University Press，1997，p. 278.

③ 《经济、社会、文化权利国际公约》第 2 条规定："发展中国家在适当顾及人权及国民经济之情形下，得决定保证非本国国民享受本盟约所确认经济权利之程度。"

于自然资源之永久主权宣言》承认一国有收归国有、征收或征用的权利。《建立新的国际经济秩序宣言》规定："每一个国家都有权采取适合于自己情况的手段，对本国资源及其开发实行有效控制，包括有权实行国有化或把所有权转移给自己的国民，这种权利是国家充分的永久主权的一种体现。"联合国贸易与发展会议贸易与发展理事会（UNCTAD TDB）第 88 号决议强调："国有化的权利是主权权力的一种表现。"联合国大会第 3171 号决议也指出，国有化的权利是"不可侵犯的"（inviolable）。另外，在 20 世纪 70 年代上半期，"77 国集团"试图扩大国有化的范围，并使其变成不附条件的（unconditionalized）权利。然而，这种努力从未得到广泛的支持，大多数资本输出国持保留意见。到 20 世纪 70 年代下半期，发展中国家使国有化不附条件的努力，逐渐消退。①

就国际条约来说，1967 年经济合作与发展组织《保护外国财产公约草案》第 3 条用否定的措辞肯定了征收或国有化的权利。该条规定："一方不得采取任何措施直接或间接地剥夺另一方国民的财产，除非在遵守下列条件的情况下……"一些区域性的人权公约也承认，各国在一定条件下有征收外国人财产的权利。同样，一些区域性的条约、区域间的条约、双边投资保护条约，以及诸如《北美自由贸易协定》和《欧洲能源宪章条约》等多边条约的与投资有关的章节，都承认东道国在遵守国际法的要求下，有权征收外国人财产。

1928 年常设国际法院判决的"霍茹夫工厂案"（the Chorzow Factory Case）②，有时被认为是第一个承认国家有权征收外国人财产的判决，尽管它只是例外情况。在 1952 年"英伊石油公司案"（the Anglo-Iranian Oil Company Case）中，尽管国际法院认为其没有管辖权，但原告方在诉讼的任何阶段都未对国有化的抽象权利提出质疑。自此案后，一国对外国财产实行国有化的权利，逐渐得到了国际社会的普遍承认。例如，在 1987 年"阿姆科案"（the Amoco Case）的裁决中，伊-美求偿庭承认国有化是"属于国家主权的一项基本权利"，并"时常被许多国家，包括发达国家和发展中国家作为经济政策的重要工具"，作为一项权利"不能轻易地被视为已放弃"③。

国有化的权利也体现在国际商会《外国投资公平待遇国际指南》、联合国《跨国公司行动守则草案》和国际法协会《关于逐渐发展有关国际经济新秩序的国际公法原则宣言》（简称《汉城宣言》）中。例如，《跨国公司行动守则草案》承认："国家有权对其领土内的跨国公司的资产实行国有化或征收。"《汉城宣言》也宣布，一国可以国有化或征收在其管辖范围内或领土上的外国人财产。

① See Nico Schrijver, *Sovereignty over Natural Resources：Balancing Rights and Duties*, Cambridge University Press，1997，p. 287.
② 陈致中编著：《国际法案例》，90～93 页，北京，法律出版社，1998。
③ Nico Schrijver, *Sovereignty over Natural Resources：Balancing Rights and Duties*, Cambridge University Press，1997，p. 288.

国际法学者的著作，一般都承认国有化或征收的权利。正如克伦弗尔（Kronfol）所言："一国国有化的权利作为国家主权的一种属性，这一点在长时间里已没有争议。"[1]

可见，对外国财产实行征收或国有化的权利，在今天已得到了国际社会的一致承认。

四、自然资源永久主权是权利与义务的统一

权利与义务的平衡，是几乎每个法律体系的固有特征。国际法也不例外。国家是主权的，享有主权权利，但这并不意味着主权国家可以凌驾于法律之上，并免除其义务。因此，一国在享有对自然资源的永久主权时，必然承担与之相关的义务。

以前，国际社会和学术界对自然资源永久主权的讨论主要集中在其权利方面，而忽视其另一方面——义务。这是因为新独立国家在面对发达国家所主张的约定必须信守、尊重既得权和母国有给予其国外侨民的外交保护权等与自然资源的管理有联系的传统权利时，往往把对自然资源的永久主权当作是一种挡箭牌或保护伞。[2]正如勒林（Roling）所指出的，在 20 世纪 60 年代上半期，"主权的过度崇拜"（idolization sovereignty）是新独立国家虚弱的表现，这些国家需要用主权来保护自己，以抵御外部影响。[3]尽管这话颇具讽刺意味，但在一定程度上也反映了一个客观事实。

因此，对自然资源永久主权的原则，在发展中国家努力追求真正的国家主权平等的过程中起到了关键性的作用。在此过程中，各个国家和人民基于领土主权原则当然获得了充分的处置其自然资源的权利。发展中国家以对自然资源的永久主权为基础，主张收回对自然资源的有效控制权、自由选择其社会经济制度、自由地利用其自然资源和对外国财产实行征收或国有化的权利。当然，发展中国家感兴趣的是增加权利以进一步巩固它们的主权而不是施加义务以限制其主权。长期以来，发展中国家总是把任何义务都看作对其"永久的"（permanent）、"充分的"（full）和"不可剥夺的"（inalienable）自然资源主权的一种潜在的蚕食。

然而，所有的这些传统权利和概念正在被新的、更加灵活的观念取代。今天，国家主权正日益受到限制，这部分可归因于国际经济合作的重要趋势。与此同时，外国投资对一国经济发展的作用愈益重要，民族自决包括土著居民的自决备受关

[1] Nico Schrijver, *Sovereignty over Natural Resources: Balancing Rights and Duties*, Cambridge University Press, 1997, p. 289.

[2] See Nico Schrijver, *Sovereignty over Natural Resources: Balancing Rights and Duties*, Cambridge University Press, 1997, p. 255.

[3] See Nico Schrijver, *Sovereignty over Natural Resources: Balancing Rights and Duties*, Cambridge University Press, 1997, p. 386.

注。此外，人类的联系更加紧密，环境问题也成为一个全球关心的问题。所有这些，都影响着对自然资源永久主权的解释与适用①，同时也表明对自然资源的永久主权在国际法上既是权利又是义务，它是权利与义务的统一。

（一）考虑民族的发展和人民的福利

联合国大会的一些决议，明确地把对自然资源永久主权的行使与促进民族的发展和人民的福利联系起来。例如，联合国大会第 523（VI）号决议要求："发展中国家必须按照自己的民族利益，为能更好地进一步实现其经济发展计划，而利用自然资源。"联合国大会第 1803（XVII）号决议也强调："各民族及各国行使其对自然财富与资源之永久主权，必须为国家之发展着想，并以关系国人民之福利为依归。"此外，《纳米比亚自然资源保护的第 1 号法令》也承认，联合国纳米比亚理事会有责任确保"自然资源的开发不对纳米比亚及其人民有损害"。

一些多边条约，也对自然资源永久主权的行使赋予了间接的义务。例如，1966年"国际人权两公约"第 1 条规定："所有民族得为本身之目的，自由处置其自然财富及资源，但不得妨碍因基于互惠原则之国际经济合作及因国际法而生之任何义务。无论在何种情形下，民族之生计，不容剥夺。"1981 年《非洲人权和民族权宪章》第 21 条指出："一切民族均可自由处置其自然财富和资源。此项权利之行使理应唯民族利益是从。在任何情况下均不得剥夺一个民族的此项权利……自由处置自然财富和资源权利之行使，不得妨碍基于互利、公平交易和国际法原则的促进国际经济合作之义务。"另外，东南亚《自然和自然资源保护协定》也有类似的规定。

（二）尊重土著人民的权益

自 20 世纪 60 年代下半期以来，土著人问题引起了国际社会的关注。1982 年，土著人口工作组（A Working Group on Indigenous Populations）成立，该工作组的主要任务是起草"土著人民权利宣言"。1994 年 8 月，联合国大会附属委员会通过了工作组起草的《土著人民权利宣言草案》（Draft Declaration on the Rights of Indigenous Peoples）。该宣言草案规定了土著人民对土地和自然资源的许多权利。我们由此也可以推断出各国应承担的义务，这些义务包括：（1）土著人民免遭任何剥夺其土地、领土或资源的行为。（2）土著人民有权收回未经其自由的和知情的同意而没收、占据、使用或破坏的土地和领土，在无法收回的情况下，他们有权获得公正和公平的赔偿。（3）承认和尊重土著人民有权保护重要的药用植物、动物和矿物。（4）承认和尊重土著人民对自然资源和财富的权利，特别是他们的下述权利：维护和增强与那些他们历来占有或使用的土地、领土、水和领海的相互关系；保护和恢复其整个环境及其土地和领土的生产能力，和为此目的获得包括国际合作在内的充分援助；拥有、控制、使用他们历来占有或使用的土地和领土；要求国家在现

---

① 一些学者在设想将来是否有可能重新解释对自然资源的永久主权，以别于那种"功能性的主权"（functional sovereignty）。

有资源的范围内采取经他们自由的和知情的同意并反映他们优先选择的特殊措施，立即、有效和不断地改善其社会和经济境况。①

就条约法来说，与尊重土著人民权益最密切相关的是 1989 年 6 月国际劳工组织通过的《关于独立国家土著和部落民族的公约》（Convention Concerning Indigenous and Tribal Peoples in Independent Countries，第 169 号公约）。该公约第 14 条第 1 款规定："对有关民族传统占有的土地的所有权和拥有权应予以承认"；第 15 条第 1 款指出："对于有关民族对其土地的自然资源的权利应给予特殊保护。这些权利包括这些民族参与使用、管理和保护这些资源的权利"；第 16 条第 1 款强调："除非符合本条下列各款规定，有关民族不得被从其所居住的土地上迁走。"② 此外，《生物多样性公约》、1994 年《国际热带木材协定》、《防治荒漠化公约》和《欧洲能源宪章条约》都提到了要尊重土著人民的权益。

另外，国际法院在 1975 年"西撒哈拉案"（the Western Sahara Case）的咨询意见中认为："凡有部落或人民居住并有一定的社会和政治组织的地方，就不能认为是无主地"，就不能自由地占领和取得；在有关时期，毛里塔尼亚实体的游牧民族是拥有一些权利的，其中包括某些与它们移居的土地相关的权利。③

（三）为促进发展而进行国际合作的义务

最早的关于对自然资源的永久主权的联合国大会第 523（Ⅵ）号决议明确指出："发展中国家必须利用这种（自然）资源……以促进世界经济的发展。"联合国大会第 837（Ⅸ）号、第 1314（ⅩⅢ）号和第 1514（ⅩⅤ）号决议都有"因国际合作而产生的义务"的规定。

在一些多边的国际公约中，一般都提到为促进发展而进行国际合作的义务，尽管这些公约并不直接与对自然资源的永久主权相关。当然，这方面的第一个公约是《联合国宪章》，宪章第九章的内容，专门就是"关于国际经济及社会合作"。《海洋法公约》前言规定："……在妥为顾及所有国家主权的情形下，为海洋建立一种法律秩序，以便利国际交通和促进海洋的和平用途，海洋资源的公平而有效的利用……"第 82 条也承认，沿海国对从测算领海宽度的基线量起 200 海里以外的大陆架上非生物资源的开发，原则上有义务向国际海底管理局缴付费用或实物；管理局应根据公平分享的标准将其分配给公约各缔约国，同时考虑到发展中国家的利益和需要，特别是其中最不发达的国家和内陆国的利益和需要。

可见，根据现代国际法，各国有为发展尤其是发展中国家的发展而合作的义务，然而，这种义务并未成为各国在行使对自然资源的永久主权时的一种义不容辞

---

① See Nico Schrijver, *Sovereignty over Natural Resources*：*Balancing Rights and Duties*，Cambridge University Press，1997，pp. 314 - 315.
② 白桂梅：《国际法上的自决》，266~280 页，北京，中国华侨出版社，1999。
③ 参见中国政法大学国际法教研室编：《国际公法案例评析》，183~190 页，北京，中国政法大学出版社，1995。

的义务。

(四) 保护与可持续地利用自然资源和财富的义务

早在 1962 年，联合国大会就一致通过了题为"经济发展和自然保护"的第 1831 (XVII) 号决议，该决议第一次提出了自然资源不应浪费的目标。1972 年《斯德哥尔摩人类环境宣言》指出，要为保护地球上的自然资源而周密地计划和管理，并要为这一代和下一代谋福利。此后，通过联合国大会决议的形式逐渐形成了自然资源保护和利用的标准。

例如，1982 年 10 月联合国大会通过的《世界自然宪章》（World Charter for Nature）规定："自然资源不得浪费，应……按照下列规则有节制地加以使用：……生物资源的利用，不得超过其天然再生能力……应采取措施保持土壤的长期肥力和有机分解作用，并防止侵蚀和一切其他形式的退化，以维持或提高土壤的生产率……使用时并不消耗的资源，包括水资源，应将其回收利用或再循环……使用时会消耗的不可再生资源，应考虑到这些资源是否丰富、是否有可能合理地加以加工用于消费、其开发与自然系统的发挥功能是否相容等因素而有节制地开发。"

在环境和发展领域，有许多全球性和区域性的国际公约。就全球性国际公约来讲，1971 年《国际重要湿地特别是水禽栖息地的拉姆萨尔公约》（Ramsar Convention on Wetlands of International Importance Especially as Waterfowl Habitat）是目前唯一的一部全球性的关于保护物种生境的条约。[①] 1972 年联合国教科文组织《保护世界文化和自然遗产公约》承认，国家领土内的文化遗产和自然遗产的确定、保护、保存、展出和传与后代，主要是有关国家的责任；缔约国不得故意采取任何可能直接或间接损害其他缔约国领土内的文化遗产和自然遗产的措施。1992 年《生物多样性公约》责成各国采取有效的措施，以制止对生物物种、生境和生态系统的破坏。此外，《濒危野生动植物种国际贸易公约》《保护野生动物迁徙物种公约》等都有类似的规定。

至于区域性的国际公约，在非洲、美洲和加勒比海地区、南太平洋地区、欧洲和亚洲都有一些保护该区域的生物资源的条约，如《养护自然和自然资源非洲公约》、《西半球自然和野生物保护公约》以及《欧共体关于保护自然生境和野生动植物种的 92/43 指令》，这些条约为该区域的生物资源保护提供了国际法律框架。

国际法法理学和司法判决一般都承认，一国有义务防止对其他国家的资源与环境造成大的破坏。不过，国际法院并没有专门有关自然资源和环境的判决，只有某些相关的案例，如国际仲裁法庭的"特雷尔冶炼厂案"、国际法院的"核试验案"等。

总之，国际法的发展已证明一国有尊重其他国家特别是邻国的环境的义务。从联合国大会的决议和国际条约可以发现一个明显的趋势：各国有义务保护其自然资

---

① 参见王曦编著：《国际环境法》，256 页，北京，法律出版社，1998。

源和财富，以确保为本国和其他国家的人民及下一代的利益而能持续地利用自然资源。各国还有义务合理地利用自然资源，以维护和改善野生动植物、候鸟和濒危物种的生境，保护生物多样性，消除对土地的过分开发、沙化、过度捕捞和污染所带来的严重后果。因此，根据现代国际法，自然资源的保护和可持续利用不再是一国专属国内管辖的范围。

（五）平等地分享跨界自然资源的义务

对于有些自然资源如水、鱼类、石油、天然气和空气等来说，国家边界是不存在的。有关国家为了共同利用这些跨界的自然资源，达成了许多的国际安排。例如，1966 年国际法协会《赫尔辛基规则》为进一步发展这一领域的国际规范提供了一个范例。1974 年联合国大会通过的《各国经济权利和义务宪章》规定："对于二国或二国以上所共有的自然资源的开发，各国应合作采用一种报道和事前协商的制度，以谋对此种资源作最适当的利用，而不损及其他国家的合法利益。"① 此外，各国就平等地分享跨界自然资源，缔结了许多双边或区域性的条约。

值得注意的是，绝对主权的概念正逐渐被"平等地利用"（Equitable Utilization）的概念取代。这在一些司法判决和仲裁裁决中，得到了明显的体现。例如，1957 年"拉努湖仲裁案"（the Lac Lanoux Arbitration）的最后裁决指出，法国准备在拉努湖的法国管辖部分进行分道工程，由于有条约规定，不能看成单纯是法国境内的事情，法国有义务通知西班牙政府并征求西班牙政府的意见，如果不那样，法国应承担违反条约的责任。②

总之，尽管上述国际法律文件和仲裁裁决并不意味着，领土主权已完全被分享的管辖权或共同的管理权取代，但它至少说明各国有义务承认其他国家的相关权利，并且要就共同利用跨界自然资源与其他国家协商。

（六）尊重国际法与公平地对待外国投资者的义务

联合国关于对自然资源的永久主权的决议，很少明确指出各国有尊重国际法和其他国家权利的义务。例如，《关于自然资源之永久主权宣言》只宣布："各国必须根据主权平等原则，互相尊重，以促进各民族及各国自由有利行使其对自然资源之主权……主权国家或在主权国家间所自由缔结之外国投资协定应诚意遵守……输入之资本及其收益应受许可条款、现行内国法及国际法之管辖。"《各国经济权利和义务宪章》也没有直接提到国际义务，而只规定各国间的经济关系要受"国际经济关系的基本原则"指导，包括"真诚地履行国际义务"。

然而，许多国际条约都规定，各国在行使其对自然资源的永久主权和管理外国投资的权利时要遵守国际法。例如，"国际人权两公约"第 1 条均明确指出："所有民族得为本身之目的，自由处置其自然财富及资源，但不得妨碍因基于互惠原则之

---

① 《各国经济权利和义务宪章》第 3 条。
② 参见陈致中编著：《国际法案例》，83 页，北京，法律出版社，1998。

国际经济合作及因国际法而生之任何义务。"《非洲人权和民族权宪章》第 21 条肯定："自由处置自然财富和资源权利之行使，不得妨碍基于互利、公平交易和国际法原则的促进国际经济合作之义务。"1965 年《关于解决各国和其他国家国民之间投资争端的公约》第 42 条规定："法庭应依照双方可能同意的法律规则判定一项争端，如无此种协议，法庭应适用争端一方的缔约国的法律……以及可能适用的国际法规则。"1985 年《多边投资担保机构公约》第 23 条也重申："努力同发展中国家会员国，尤其是同未来的东道国缔结协议，以确保机构在关于其担保的投资方面，所受到的待遇不应低于有关会员国在投资协议中向享有最优惠待遇的投资担保机构或国家提供的待遇……"

国际法院的判决也普遍承认，应遵守国际法和尊重其他国家的权利。例如，国际法院在"巴塞罗那电车、电灯和电力有限公司案"（the Barcelona Traction Case）的判决中指出："国家允许外国或外国国民在其领土上投资，就必须给他们提供法律保护，和有义务给他们提供某种待遇。"[1] 在 1987 年"阿姆科案"的裁决中，伊-美求偿庭明确提到了美国与伊朗之间的友好条约和习惯国际法，以填补法律缺漏和为友好条约的含糊条款提供合适的解释。[2]

此外，国际商会《外国投资公平待遇国际指南》明确要求东道国政府尊重已经确立的国际法原则，包括公平和平等地对待外国人的财产。联合国《跨国公司行动守则草案》建议各国善意履行其国际义务，包括遵守普遍承认的国际法律规则和原则。

综上所述，各国在行使其对自然资源的永久主权时，要尊重其他国家的权利，善意履行其国际义务。这一义务也得到了许多国际条约和国际司法判决的承认。

（七）国有化或征收的义务

尽管国有化或征收的权利已得到了国际社会的承认，然而发达国家提出，一国在行使此项权利时，应履行下列义务，或要符合以下条件：为了公共目的（public purpose）；非歧视（non-discrimination）；予以补偿（payment of compensation）；按正当法律程序（due process of law）；上诉权（right to appeal）等。虽然发展中国家及其学者对上述条件或义务逐一进行了批判，认为国有化或征收作为一项主权权利是不受限制的[3]，但是许多国际实践似乎都在朝着相反的方向发展。

第一，为了公共目的。在联合国大会的决议中，《关于自然资源永久主权的宣言》规定："收归国有、征收或征用应以公认为远较纯属本国或外国个人或私人利益为重要之公用事业、安全或国家利益等理由为根据。"许多区域性国际条约都把"公共利益"或"公共目的"作为国有化或征收的条件。例如，1981 年《伊斯兰会

---

① 陈致中编著：《国际法案例》，407 页，北京，法律出版社，1998。

② See Nico Schrijver, *Sovereignty over Natural Resources*：*Balancing Rights and Duties*, Cambridge University Press, 1997, p. 342.

③ 参见姚梅镇主编：《国际投资法》，379 页，武汉，武汉大学出版社，1985。

议组织会员国之间投资促进、保护和担保协定》声称："为了公共利益"征收外国人投资是允许的；1987 年《东盟国家投资促进与保护协议》提道，"公共用途……目的或……利益"；1994 年《欧洲能源宪章条约》也规定了为了公共利益的目的。此外，许多双边投资条约都有类似的规定。"为了公共目的"这一条件，还被众多著名的国有化案件援引，如"阿姆科裁决"等。可见，"为了公共目的"这一国有化或征收的义务，基本上已被国际社会接受。

第二，非歧视。歧视有两种类型：一是外国人与本国国民之间的歧视，二是外国人之间的歧视。从《关于自然资源之永久主权宣言》看不出是否应该禁止本国国民与外国人之间的歧视。然而，许多双边和多边投资条约都把"非歧视"作为征收或国有化的条件之一。例如，《阿拉伯国家间投资条约》明确保证充分的非歧视的待遇；《东盟投资协定》和《欧洲能源宪章条约》也都提到"一个非歧视的基础"（a non-discriminatory basis）。有些仲裁裁决也明确提出要禁止歧视，例如，在"阿姆科案"的裁决中，伊-美求偿庭指出："在征收领域，歧视已被习惯国际法广泛禁止。"非歧视的义务，还得到了联合国《跨国公司行动守则草案》、《世界银行外国直接投资待遇指南》等广泛的支持。可见，非歧视的义务也已得到了国际社会的基本认可。

第三，予以补偿。对国有化或征收予以补偿的义务，也已得到了国际社会的普遍承认，然而，争论的是关于补偿的标准问题。许多西方国家一直坚持应给予充分（adequate）、及时（prompt）和有效（effective）的补偿，这就是所谓的"赫尔公式"[1]（Hull Formula）；而发展中国家则坚决否认在这方面有普遍接受的惯例存在，主张给予适当补偿（appropriate compensation）。

实际上，在实践中至今还找不到按照"充分、及时、有效"标准补偿的案例。在理论上，一些欧美学者如沙赫特（O. Schacter）、布林（O. E. Bring）等都对"充分、及时、有效"的补偿标准提出异议。相反，适当补偿的标准不仅为广大发展中国家普遍接受，而且在一些发达国家的仲裁和司法实践中也有所反映。20 世纪 80 年代以来，在有关征收补偿标准的国内立法中，广大发展中国家总体上仍坚持"适当补偿"原则。[2]

第四，按正当法律程序。在所有关于自然资源永久主权的决议中，并没有明确提出国有化或征收要按"正当法律程序"的义务。《各国经济权利和义务宪章》也只规定："因赔偿问题引起的任何争论均应由实行国有化国家的法院依照其国内法加以解决。"[3] 然而，在许多多边和双边投资条约中，都提到了"正当法律程序"，如《阿拉伯国家间投资条约》第 9 条、《欧洲能源宪章条约》第 13 条等。

---

[1] Nico Schrijver, *Sovereignty over Natural Resources：Balancing Rights and Duties*, Cambridge University Press, 1997, p. 352.

[2] 参见陈安主编：《国际经济法学专论》，下编·分论，685～689 页，北京，高等教育出版社，2002。

[3] 《各国经济权利和义务宪章》第 2 条第 2 款。

"正当法律程序"的要求，曾在欧美国家否认国有化的合法性方面发挥了作用。例如，在"智利征收铜业公司案"中，智利国有化由于没有给予当事人申诉的机会而被视为非法，但真正的理由是欧美国家反对对被征收财产的补偿的计算方法。①

在国际法学者的著作中，"正当法律程序"的要求也并不总是被承认。例如，著名的"国际标准"（international standard）的倡导者英国学者施瓦曾伯格（Schwarzenberger）就指出："只要征收是为了公共目的，并伴随着充分、及时和有效的补偿，它就是合法的。"② 此外，《世界银行外国直接投资待遇指南》只模糊地提及"可适用的法律程序"，而《汉城宣言》《跨国公司行动守则草案》则根本没有提到"正当法律程序"的义务。因此，国际社会并没有普遍重视按"正当法律程序"的义务。

第五，上诉权。东道国在多大程度上有义务要给投资者针对一审判决的上诉权，特别是是否要遵守"用尽当地救济规则"？这方面的国际实践还不很明确。一方面，拉美国家和其他一些发展中国家坚决反对政府干预外国投资者与东道国之间的投资争端；另一方面，欧美国家则主张，如果东道国的法院不能按照国内法或国际法规则解决与外国人之间的投资争端，那么应当允许行使外交保护权，以保证政府之间协商解决争端或同意把争端提交国际仲裁或裁决。

事实上，许多区域性和双边投资条约都规定了上诉权或普遍仲裁条款。例如，《东盟投资协定》规定，受征收影响的个人或公司有权要求按照缔约方的法律迅速由司法机关复审；《北美自由贸易协定》和《欧洲能源宪章条约》也都详细规定了上诉权和通过国际仲裁解决投资争端的权利。据彼得斯（Peters）对众多双边投资条约的研究，在整个 20 世纪 80 年代拒绝把投资争端提交国际仲裁的已大大减少。③ 此外，国际商会《外国投资公平待遇国际指南》也要求东道国应在合适的情形下就通过国际仲裁解决投资争端缔结协定。联合国《跨国公司行动守则草案》虽强调国内的争端解决程序，但要求能提供诉诸"其他的双方都能接受的或已接受的争端解决程序"。《世界银行外国直接投资待遇指南》也有类似的规定。

总之，关于对自然资源的永久主权的决议规定外国投资者有权对有关征收或国有化的一审判决进行上诉。众多的多边和双边投资条约也都表明，投资争端经常在没有充分用尽当地救济的情况下诉诸国际仲裁，已成为一个重要趋势。

---

① See Nico Schrijver, *Sovereignty over Natural Resources：Balancing Rights and Duties*，Cambridge University Press，1997，p. 360.

② Nico Schrijver, *Sovereignty over Natural Resources：Balancing Rights and Duties*，Cambridge University Press，1997，pp. 360 - 361.

③ See Nico Schrijver, *Sovereignty over Natural Resources：Balancing Rights and Duties*，Cambridge University Press，1997，pp. 362 - 363.

五、自然资源永久主权的发展趋势

（一）当代国家主权的传统范围受到侵蚀

国家主权是国际法的重要支柱。然而，当今国家主权在国际法的框架内正经历着重大变化，它的传统范围正日益受到侵蚀。首先，国际人权法、安理会关于维持和恢复和平与安全的决议，以及国际环境法的逐渐发展，都使主权国家的国内管辖范围受到很大的限制。其次，欧盟、东盟等区域性国际组织严重地影响了有关主权国家的决策空间。最后，人民对土地和自然环境的权利逐渐被承认，土著居民和世界各国人民日益增长的环境意识，也制约着国家主权权利的行使。《非洲人权和民族权宪章》《生物多样性公约》都明显地体现了这一趋势。

（二）经济全球化逐渐削弱对自然资源的永久主权

20世纪90年代以来，经济全球化浪潮汹涌而至。国际生产分工已从传统的以自然资源为基础的分工逐渐发展为以现代工艺、技术为基础的分工，从产业部门间分工发展到以产品专业化为基础的分工。跨国公司扩展的结果又导致同一产品的不同生产环节在全世界分布，跨国公司内部的全球生产体系在一定程度上决定了各国的国际分工格局。同时，世界市场的形成使各国国内市场逐渐融为一体，并极大地促进了全球贸易的发展。此外，金融国际化已十分明显，国际资本流量剧增和流动速度加快。所有这些，使得20世纪90年代以前的国有企业在自然资源管理中的重要性大大降低。同时，世界原材料（包括原油）和其他初级产品的价格也持续下降。许多发展中国家已成为众多产品的进口国，一些新兴的工业化国家也不再热衷于加入"77国集团"以要求较高的和更加稳定的初级产品的价格。可见，经济全球化减轻了国家对自然资源的依赖程度，从而间接地削弱了对自然资源的永久主权。

（三）新开发自然资源的方法对自然资源永久主权的影响

长期以来，有关自然资源永久主权的决议和条约的一个主要目的，是能充分利用自然资源。然而，这样做的结果是经常忽视对环境和自然资源本身的影响。进入21世纪以来，国际社会逐渐意识到自然资源和财富的固有价值以及其开发对环境的影响。因此，各国就抛弃了传统的开发自然资源的方法，而采用一种新的结合生态系统的方法。这种方法是基于对全球环境问题重要性的认识和"环境利用空间"（environmental utilization space）有限性的意识，并且还给各国施加了许多的义务，限制了各国对自然资源和财富的管辖权，要求各国更加审慎地管理自然资源。《生物多样性公约》和一些渔业协定都体现了这种新的开发自然资源的方法。

可见，对环境的关切现已成为自然资源永久主权的不可分割的一部分。对自然资源永久主权的决议反映了联合国变化中的"发展理念"①（development ideology）。

（四）对自然资源的永久主权更加重视对人类共同利益的关怀

国际环境法的迅速发展，对现代国际法上的自然资源永久主权原则的解释产生了深远的影响。在众多国际环境法律文件中，自然资源永久主权原则得到了进一步的重申和巩固，而有关自然资源和环境保护的义务也愈益受到重视。因此，自然资源的永久主权不仅为各国提供了管理自然资源的主权权利，而且赋予了各国仔细管理自然资源的相关义务。这一观点，突出体现在《斯德哥尔摩宣言》《世界自然宪章》等没有法律约束力的联合国文件中。《气候变化公约》和《生物多样性公约》的开放签署，也很有可能在将来对自然资源的管理和自然资源的永久主权原则产生深远的影响。例如，《生物多样性公约》重申一国国内的生物资源属于该国的主权范围，但生物多样性的保护则是涉及人类共同利益的问题。该公约的目标是"保护生物多样性，持久使用其组成部分以及公平合理分享由利用遗传资源而产生的惠益，包括遗传资源的适当取得及有关技术的适当转让，但需顾及对这些资源和技术的一切权利，以及提供适当资金。"② 此外，热带雨林的破坏也是一个与气候变化和生物多样性的消失密切相关的问题，它说明一国管理其自然资源对全人类共同利益的重要性。

总之，在有关自然资源永久主权的国际法律文件中，人民的利益、人类的共同利益日益备受关注。从这个意义上说，各国有义务代表其人民的利益，行使其对自然资源的永久主权。

（五）对自然资源的永久主权是国际可持续发展法的基石

《里约热内卢宣言》和《21世纪议程》（Agenda 21）敦促进一步发展国际可持续发展法（international sustainable development law）。国际可持续发展法要求为国际经济关系提供一个法律框架，以有助于可持续发展。因此，新的国际可持续发展法不仅包含了国际环境法规则，而且有国际发展法的因素。正如《21世纪议程》所指出的，国际可持续发展法的进一步发展，将更加关注"环境与发展"的平衡，同时要求所有的有关国家积极参与对过去的行动和现存的国际文件和制度的评估、检查，并优先考虑将来的可持续发展方面的立法。对国际环境法来说，对自然资源的永久主权是一项关键性的原则。因为，该原则在调和国际环境法与促进可持续发展的目标方面，能发挥重要作用。鉴于对发展的强调和对环境保护的重视，自然资源永久主权原则能作为动议的国际可持续发展法的一个重要基石。

自然资源永久主权原则的新作用，也符合当前一些对传统的国家主权含义的重新解释。国际法的一些分支，特别是在人权、发展和环境保护等领域，日益冲击着

---

① Nico Schrijver, *Sovereignty over Natural Resources*: *Balancing Rights and Duties*, Cambridge University Press, 1997, p. 379.

② 王曦编著：《国际环境法》，239页，北京，法律出版社，1998。

国家主权的传统屏障。结果是，国际法和国际组织逐渐朝如下方向发展，即"本质上属于任何国家国内管辖之事件"正越来越少。不过，非常明显的是，一般意义上的主权和自然资源的永久主权，都将不会完全萎缩、消亡。那种认为自然资源永久主权原则已经消亡或者在国际关系和国际法中不再起任何作用的观点是错误的。[①] 把对自然资源的永久主权当成违背时代潮流的狭隘的民族主义观念更是站不住脚的。[②] 因为，一方面，自从《威斯特伐利亚和约》以来，主权对国际法一直起到了支撑作用，主权国家仍然是当今国际关系的主角，尽管不是唯一的角色。我们没有理由相信，这种情况在下一个十年将有实质性的不同。另一方面，对自然资源永久主权原则解释的新变化，将与国际法的演进连在一起。在不断变动的当今世界，自然资源永久主权原则作为国际经济合作的原则之一，仍有被继续强调的价值。在随后的二三十年，各国面临的挑战是如何平衡对自然资源的永久主权与其他国际法基本原则以及新的国际法规范，包括遵守国际协定、给予外国投资者公平待遇、追求可持续发展以及尊重人权和人民权利等义务。

总之，现代国际法对人类共同利益关注的趋势日益明显，各个国家和各族人民对环境恶化负有责任，需要从全球的角度探讨可持续发展和环境保护问题。此外，为实现每个人的发展权，恰当地管理自然财富与资源，平等地分享跨境的自然资源，为全人类的共同利益以及下一代的利益等而进行合作，也成为一种趋势。因此，在即将出现的国际可持续发展法中，对自然资源的永久主权，仍能很好地起到一种基本原则的作用。

推荐阅读书目及论文

1. 汪暄. 国家对自然资源的永久主权. 中国国际法年刊，1982

2. 王曦编著. 国际环境法. 北京：法律出版社，1998

3. 孟国碧. 略论经济主权原则的理论与实践. 厦门大学 2000 年博士学位论文

4. 杨泽伟. 主权论——国际法上的主权问题及其发展趋势研究. 北京：北京大学出版社，2006.

5. O. Schachter. Sharing the World's Resources. Columbia University Press，1977

6. Kamal Hossain ed.. Legal Aspects of the New International Economic Order. London，1980

7. Nico Schrijver. Sovereignty over Natural Resources：Balancing Rights and Duties. Cambridge University Press，1997

---

① See Nico Schrijver, *Sovereignty over Natural Resources：Balancing Rights and Duties*, Cambridge University Press，1997，p. 379.

② See O. Schachter, *Sharing the World's Resources*, Columbia University Press，1977，p. 126.

第 九 章

人权国际保护与国家主权

人权国际保护与国家主权的关系，既是当今国际社会深切关注的一个重大问题，也是现代国际法上的一个基本理论问题。从国际法的角度，探讨人权国际保护与国家主权的实质，科学地认识和正确地处理二者之间的关系，对于加强人权领域的国际合作，维护世界和平，促进国际法的发展，均有重要意义。

一、人权国际保护的历史发展

（一）人权的概念

什么是人权？对此，学术界存在很大的分歧。例如，英国学者米尔恩（A. J. M. Milne）认为，人权是最低限度普遍道德权利，而联合国《世界人权宣言》体现的是西方社会的价值和制度，这"在许多国家，尤其是在组成所谓'第三世界'的国家，这种理想标准无可避免地成为乌托邦"①。而美国国际法学者亨金则主张："所谓'人权'，我的意思仅仅指依照当代共同意见，每个人都要对他的社会和政府提出的或被认为应当提出的那些道德上的和政治上的要求。现代国际文件——《世界人权宣言》和一些国际协定——已列举了这些要求。"② 可以说，目前国际法学界还不存在被普遍接受的人权的定义。

不过，学者一般认为人权是指每个人都享有或应该享有的基本权利。人权主要具有以下特征。

1. 人权具有普遍性

人权是一种应当被普遍尊重和遵行的价值，这种价值的存在和实现对于任何国家、种族和民族的任何人是没有区别的，因而它具有普遍的属性。例如，按照《世界人权宣言》第2条、《经济、社会、文化权利国际公约》第2条第2款和《公民

---

① ［英］米尔恩：《人的权利与人的多样性——人权哲学》，夏勇、张志铭译，3页，北京，中国大百科全书出版社，1995。

② ［美］亨金：《人权概念的普遍性》，载《中外法学》，1993（4）。

权利和政治权利国际公约》第 2 条第 1 款之规定，人人都应当享有基本人权，不因种族、肤色、性别、语言、宗教、政见或其他主张、国籍或门第、财产、出生或其他身份等而受歧视。

2. 人权既有绝对性，又有相对性

基本人权是人固有的不可让渡、不可剥夺和不可动摇的权利，因而具有绝对性；但人权从根本上讲又受到法律的限制，因而具有相对性。因为如果不对人权加以限制，就可能出现滥用权利危害社会的现象。在国际人权文件中，对人权的行使既有概括性的限制，也有具体的限制。

3. 人权是权利和义务的统一

没有无义务的权利，也没有无权利的义务。人权作为权利，也是相对义务而言的。处于一定社会关系中的人在享有某项权利时，必有他人尽相应的义务，其权利才能成为现实的权利。没有义务，权利便无从谈起；没有权利，义务便不复存在。

（二）历史发展

人权是历史发展的产物。人权的概念，是 17、18 世纪资产阶级革命时期提出来的。当时，人权被视为人的天赋的、基本的和不可剥夺的权利。例如，1776 年美国《独立宣言》宣称："一切人生来就是平等的，他们被造物主赋予他们固有的、不可转让的权利，其中有生命、自由以及追求幸福的权利。"这个《独立宣言》被马克思誉为"第一个人权宣言"。1789 年法国国民议会在通过的《人权宣言》中宣布，人们生来而始终是自由平等的，人的自然权利就是自由、财产、安全和反抗压迫。后来，该宣言成为 1791 年法国大革命后的第一部法国宪法的序言，因而法国《人权宣言》又被称为"第一部人权法典"。

第一次世界大战以后，人权问题开始引起了世界各国的广泛关注，人权问题也开始由国内法领域进入了国际法的调整范围。在国际联盟的主持下，国际社会制定了几项有关人权的国际公约，如 1926 年《禁奴公约》和 1930 年《禁止强迫劳动公约》等。第二次世界大战期间，德、意、日法西斯大规模践踏基本人权，引起了世界人民的义愤，从而进一步激起了国际社会用国际法保护基本人权与自由的强烈愿望。

因此，1945 年《联合国宪章》第一次将人权规定在一个普遍性的国际组织的文件中，并将"增进并激励对于全体人类之人权及基本自由之尊重"列为联合国的宗旨之一。1948 年联合国大会通过的《世界人权宣言》和 1966 年的《经济、社会、文化权利国际公约》与《公民权利和政治权利国际公约》，一般统称为"国际人权宪章"。"国际人权宪章"的问世，具有划时代的意义，它标志着国际人权法的初步形成。

二、人权国际保护的内容、特点及理论依据

（一）人权国际保护的内容

人权国际保护（international protection of human rights）是指"国家根据其主

权并依据公认的国际法基本原则，主要通过签订国际条约，确立各国一般接受的国际人权规则和原则，并承担予以尊重和履行的国际义务，由有关人权公约所规定的国际机构或法律机制对这些国际义务的履行实行监督，加以保证"[1]。人权国际保护的内容，是十分广泛的。[2] 按照目前主要的国际人权公约的规定，人权国际保护的内容一般分为以下三大类。

1. 个人的基本权利与自由

根据"国际人权宪章"和一些区域性国际人权公约的规定，个人的基本权利与自由主要包括个人的公民权利和政治权利（第一代人权概念）以及个人的经济、社会和文化权利（第二代人权概念），如平等权、财产权、自由迁徙和居留权等。

2. 集体人权

集体人权（Collective Human Rights）是指各国人民、各个民族在国际社会中所享有的一些权利（第三代人权概念）。它主要包括：民族自决权、发展权、环境权、和平权以及人类共同继承财产权等。[3] 但有些发达国家不承认集体人权的存在。

3. 人权国际保护的专门领域

人权国际保护的专门领域是指由专门性国际人权公约加以规定的旨在尊重和保护某类个人或某类权利的特殊领域，如防止及惩治灭绝种族罪、难民、儿童、废止奴隶制和奴隶贩卖及类似奴隶制之制度与习俗、消除一切形式种族歧视、禁止并惩治种族隔离罪行、消除对妇女一切形式歧视和禁止酷刑等。

（二）人权国际保护的特点

从人权国际保护的历史发展和有关国际人权法律文件可以看出，人权国际保护呈现出以下两大特点。

1. 国际性日益突出

在 20 世纪以前，人权基本上属于国内法的调整范围。第二次世界大战后，人权问题已由国内法进入国际法领域，"人权作为具有全球性规模之正统性的理念获得了普遍的承认"[4]。

2. 范围不断扩大

第二次世界大战后，在联合国的主持下制定了一系列的国际人权法律文件，这些文件分别以宣言、公约、议定书和规则等形式涉及人权的各个方面。

---

[1] 邵津主编：《国际法》，308 页，北京，北京大学出版社，2000。
[2] 美国学者唐纳利（Jack Donnelly）以表格的形式对人权国际保护的内容作了列举。See Jack Donnelly, "State Sovereignty and International Intervention：The Case of Human Rights", in Gene M. Lyons and Michael Mastanduno, *Beyond Westaphalia？ State Sovereignty and International Intervention*, the Johns Hopkins University Press, 1995, p. 117.
[3] 参见［德］沃尔夫刚·格拉夫·魏智通：《国际法》，吴越、毛晓飞译，293 页，北京，法律出版社，2002。
[4] ［日］大沼保昭：《人权、国家与文明》，王志安译，97 页，北京，三联书店，2003。

（1）人权保护从仅限于种种自由权的有限的保护，发展成为包括经济、社会、文化权利在内的全面性的国际人权保护。此外，民族自决权等集体人权获得承认。

（2）在人权国际保护的历史中，长期以来实际上被排除在外的妇女、儿童、"有色"人种等也开始受到保护。

（3）人权保护已成为国家的义务，而且在联合国国际法委员会制定的《国家责任条款草案》和许多学说中，对核心性人权的大规模且严重侵害被认为构成国际犯罪。

（三）人权国际保护的理论依据

关于人权国际保护的理论依据问题，国际法学界存在很大的分歧，概言之，主要有以下三种学说。

1. 基本需要说

主张这种学说的主要是发展中国家的学者，他们强调生存权、自决权和发展权是人的基本需要，因而人权国际保护的理论根据就是人的基本需要。

2. 尊严说

持这一学说的代表人物是美国耶鲁大学的教授麦克杜格尔（McDougal）和拉斯韦尔（Lasswell）等，他们强调人权不仅源于尊严，而且人权的标准要体现并符合人的尊严的价值要求，因此，对人的尊严的尊重和维护是人权国际保护的基础。

3. 折中说

这一学说认为人的基本需要包括人的尊严和人格价值，它是人类文明发展的必然结果，人的尊严包括存在尊严和发展尊严，二者相互依存，但人的尊严必须以人的生存、安全等价值的实现为前提。此外，在人权立法方面，折中说强调公民权利、政治权利与经济、社会、文化权利并重，认为这些权利所涉及的人权规则和标准应当受到各国的尊重和执行。[1]

三、人权国际保护与国家主权的关系

（一）国家主权原则与人权原则在国际法中的地位

1. 国家主权原则是国际法的基本原则

作为国家根本属性的国家主权，在国际法上是指"最高权威……是在法律上并不从属于任何其他世俗权威的法律权威。因此，依照最严格和最狭隘的意义，主权含有全面独立的意思，无论在国土以内或在国土以外都是独立的"[2]。国家主权原

---

[1] 参见李林：《当代人权理论与实践》，长春，吉林大学出版社，1996；邵津主编：《国际法》，311页，北京，北京大学出版社，2000。

[2] ［英］詹宁斯、瓦茨修订：《奥本海国际法》，第1卷，第1分册，王铁崖等译，92页，北京，中国大百科全书出版社，1995。

则是一项公认的国际法基本原则，这一基本原则已经得到国际社会的普遍承认。

例如，《联合国宪章》序言重申："……大小各国平等权利之信念"，"力行宽恕，彼此以善邻之道，和睦相处"；第 2 条规定："本组织系基于各会员国主权平等之原则"，"各会员国在其国际关系上不得使用威胁或武力，或以与联合国宗旨不符之任何其他方法，侵害任何会员国或国家之领土完整或政治独立"，"本宪章不得认为授权联合国干涉在本质上属于任何国家国内管辖之事件"。

1970 年《国际法原则宣言》将"各国主权平等之原则"列为一项"国际法之基本原则"。1974 年《各国经济权利和义务宪章》确认"各国的主权、领土完整和政治独立"为首要的指导国际经济关系的基本原则。1975 年《赫尔辛基宣言》宣告"主权平等、尊重主权固有的权利"在指导国家之间的相互关系中"具有首要意义"。此外，"互相尊重主权和领土完整"还被列为和平共处五项原则中的首项。

可见，国家主权原则已成为现代国际法不可缺少的组成部分和基本的指导原则之一。

2. 人权原则是国际法的原则之一

从《联合国宪章》和有关国际人权法律文件的规定可以看出，人权原则也是国际法的重要组成部分和原则之一。

例如，《联合国宪章》的序言开宗明义地宣布："欲免后世再遭今代人类两度身历惨不堪言之战祸，重申基本人权，人格尊严与价值，以及男女与大小各国平等权利之信念。"宪章第 1 条规定，作为联合国的宗旨之一，是"促成国际合作，以解决国际间属于经济、社会、文化、及人类福利性质之国际问题，且不分种族、性别、语言、或宗教、增进并激励对于全体人类之人权及基本自由之尊重"。为了实现这一宗旨，宪章在第 13 条把"促进经济、社会、文化、教育及卫生各部门之国际合作，且不分种族、性别、语言或宗教，助成全体人类之人权及基本自由之实现"列为联合国大会的主要职责之一。此外，宪章第 55 条、第 56 条、第 62 条、第 68 条和第 76 条都规定了人权国际保护的内容。从宪章的上述规定来看，宪章并没有说明"人权与基本自由"的具体内涵，但《联合国宪章》是第一个对人权问题作出原则性规定的国际法文件。

又如，1948 年 12 月联合国大会通过的《世界人权宣言》较全面地规定了人权的具体内容，被认为是对《联合国宪章》中关于"人权与基本自由"概念的具体解释。

此外，1966 年 12 月联合国大会通过了《经济、社会、文化权利国际公约》和《公民权利和政治权利国际公约》。这两个国际人权公约规定了个人应享受的具体的经济、社会、文化权利以及公民权利和政治权利，是对《世界人权宣言》内容的进一步完善和法律化。

3. 国家主权原则与人权原则的适用范围

国家主权原则与人权原则，在适用范围上也是不同的。[①] 由于国家主权原则是

---

① 　参见富学哲：《从国际法看人权》，178～179 页，北京，新华出版社，1998。

国际法的基本原则之一，因而它适用于国际关系和联合国活动的所有领域以及国际法的所有效力范围，构成整个国际关系和国际法的基础，是整个国际社会赖以存在、合作的基石。而人权原则仅仅适用于国际人权法领域，并且即使在这一领域也必须遵守国家主权原则。因此，从这一意义上来说，国家主权原则高于人权原则。

（二）人权国际保护对国家主权的影响

1. 人权国际保护对国家主权的新挑战

近二三十年来，国际政治、经济、社会、安全等各个领域几乎时时处处都有人权。国际关系中的这种人权化趋势，对传统国际法上的国家主权提出新的挑战。

（1）旨在限制或削弱国家主权的种种理论和学说纷纷出台，如所谓的"人权高于主权""人权无国界""主权有限论""主权过时论"等。

一些国家的政府官员和学者或明或暗地主张并支持这一观点，认为在国际关系中人权是高于一切的，当然也是高于主权的，因此，一国主权的行使必须受制于人权的国际保护。

例如，1999 年 4 月 29 日，捷克总统哈维尔（Havel）在加拿大国会的演说中就明确指出："在当今世界里，国家主权的偶像一定会逐渐消退……这种转变，要求我们逐渐抛弃那种互不干预的观念，即那种认为其他国家发生的事，其他国家对人权尊重与否，与己无关的观念……人权高于国家权利。人类自由是一种高于国家主权的价值。就国际法而言，保护单个人的国际法律优先于保护国家的国际法律……人权不可分割，对一些人不公正也就是对所有人的不公正。"[1] 美国学者雷斯曼（W. Michael Reisman）也认为："尽管'主权'这一名词继续在国际法律实践中得以运用，但在现代国际法上它所指的对象已大不相同。国际法仍然保护主权，但保护的是人民的主权而非君主的主权。"他说，在人权面前已不能再坚持通常意义上的国家主权，"沉湎于'明日黄花'（the good old days）并继续鼓吹与国内人权无关的'主权'的人，的确犯了一个时代错误，他们实是损害了人权……人权已使国际法发生了全面的、本质的变化"[2]。

特别是，联合国几任秘书长都突出强调人权问题的重要性。例如，1991 年时任联合国秘书长的德奎利亚尔就宣称："目前一个日益上升的认识是，不得干涉基本上属于国家内部管辖事务的原则，不能被用来庇护大规模地、有系统地、不受惩罚地违反人权的行为。"1992 年，当时新任秘书长加利更直截了当地表示："主权绝对论的时代一去不复返了。"[3]

---

[1] http：//www. libertas 2000. net/gallery/ruleoflaw/havel. htm，最后访问日期：2021 - 06 - 19。

[2] W. Michael Reisman, "Sovereignty and Human Rights in Contemporary International Law", *American Journal of International Law*, Vol. 84, 1990, pp. 869, 876.

[3] Gene M. Lyons and Michael Mastanduno, *Beyond Westaphalia? State Sovereignty and International Intervention*, the Johns Hopkins University Press, 1995, p. 2.

（2）对侵犯人权的追诉趋于国际化，使国家的司法主权受到冲击。

美国普林斯顿大学国际法教授福尔克明确指出："政府须在规定范围内行事，即便是政治、军事领袖，如果他们对人类犯下了罪行或是严重地侵犯了人权，也有可能要对自己的行为负责。这一基本思想代表了革命性的发展。这些新出现的国际标准及其实施毋庸置疑地向一些主权观念提出了挑战。"[1]

众所周知，普遍司法管辖权最先只限于极少数世界性的犯罪或跨国犯罪，如海盗等。然而，受"人权高于主权"等新干涉主义思潮的影响，当今普遍司法管辖权呈扩大的趋势，所谓侵犯人权的罪行已被列入普遍司法管辖的范围，并限制了司法豁免的适用范围。

例如，1992年美国制定了《酷刑受害者保护法》。按照该法的规定，无论有关酷刑和任意处死发生在何处，美国联邦法院都有管辖权。该法将1789年美国《外国人侵权诉讼法》授予外国人民事诉讼权利的范围从一般性的民事侵权案件扩展到了侵犯人权的案件，从而在法律上为美国法院介入"人权诉讼"敞开了大门，也为各种"政治难民"和反政府势力利用美国司法程序进行反对本国政府的图谋提供了便利。[2] 1992年以来，美国联邦法院已受理并裁判了数十起针对外国政府高级官员的民事诉讼。[3]

又如，前些年比利时法庭对4名卢旺达人进行了审判，这4人在1994年非洲卢旺达的种族冲突中犯下了灭绝种族罪。比利时法庭行使管辖权的依据是，1993年比利时制定的国内法《关于惩治严重践踏国际人道法行为的法律》。[4]

特别值得注意的是，近些年来国际社会还出现了一系列对国家领导人的公职行为进行刑事追诉的事例。具体内容已在本书第一章述及，在此不赘述。

此外，为了实现西方的人权战略，以美国为首的西方国家极力推动在柬埔寨建立国际法庭以审判原民柬领导人。尽管柬埔寨政府对此坚决予以反对，但迫于压力，在2001年8月，柬埔寨国会最终通过了《关于在柬埔寨法院设立起诉民柬时期罪行的特别法庭的法案》，正式启动了审判前民柬领导人的司法程序。这也是欧美国家将普遍司法管辖扩大到人权问题的又一图谋。另外，国际社会还为东帝汶及科特迪瓦问题设立了专家委员会和调查委员会。

（3）人权国际保护的发展，使个人在国际法上的地位得到了很大的提高，从而

---

① ［美］理查德·福尔克：《寻求主权与人权的调和》，载 http://www.usembassy-china.org.cn/press/release/2000/c/humanrights0823.html，最后访问日期：2021-06-19。

② 参见黄惠康：《世纪之交国际法发展演变的动态与趋势》，载李双元主编：《国际法与比较法论丛》，第1辑，18页，北京，中国方正出版社，2002。

③ 例如，2000年8月10日，美国纽约曼哈顿联邦法院缺席判决前波黑塞族领导人卡拉季奇向1992年波黑内战期间受到强奸和酷刑的波黑妇女赔偿7.4亿多美元。

④ 根据该法，比利时拥有对战争罪、反人道罪和灭种罪的普遍管辖权。

导致"在是非判断的价值取向上出现了强调以人为本的倾向"①。

传统国际法并不调整国家与个人的关系，国家如何对待本国的国民，完全是其主权范围内的事情。但在今天，在国际人权领域，主权国家与其国民之间的关系，已不再是完全属于一国国内管辖的事项，而成为国际社会共同关注的问题。在涉及主权国家与个人的关系时，国际舆论和道义往往会站在处于弱势的一方（个人）。当道义与法律（合理与合法）之间出现尖锐矛盾时，在道义上占先的一方一定会据此挑战现有的法律、规章，从而对国家主权产生影响。换言之，国际法要求主权国家善待其本国国民，对国家及于其国民的主权权利作出某种要求或限制，已成为当代国际法的重大发展之一。

2. 国家主权受到人权国际保护的限制

（1）主权国家不能违背国际条约中所体现的有关保护人权的一般性国际义务。由于人权的国际保护已成为现代国际法的一项重要内容，《联合国宪章》和一系列的国际条约都为各国政府普遍设定了保护人权的一般性国际法律义务，这就构成了对国家主权的一个重要限制。例如，《联合国宪章》第1条规定："发展国际间以尊重人民平等权利及自决原则为根据之友好关系……增进并激励对于全体人类之人权及基本自由之尊重"。这是联合国193个会员国在人权问题上承担的基本义务。诚如奥地利学者厄马克拉所言："联合国的宗旨是在各地促进并激励对人权的尊重。联合国已经成功地制定了现代的人权标准，就此而言，它已经接近了其宗旨。这就自动暗含了一种对国内管辖权的限制。"②

（2）国家不得违反其缔结或加入的国际人权条约所规定的义务。如果一个国家加入了有关的国际人权条约，便承担了相应的国际法义务，而不能借口与其国家主权相冲突而拒不履行这些义务。③ 正如亨金所指出的："对人权的某些严重侵犯（如种族隔离和其他形式的种族歧视、灭绝种族、奴隶制和酷刑），除了破坏有关各方参加的国际公约之外，还不仅侵犯了有关国家承担的具有约束力的国际习惯法，而且还侵犯了各会员国同意的《联合国宪章》。大多数国家支持这样的观点：联合国会员国，甚至包括非会员国实施的严重侵犯人权的固定模式，破坏了国际法和该国承担的国际义务。很明显，这些侵犯不属于国内管辖权限。一种涉嫌侵犯的行为是否属于上述各种侵犯人权的行为是一个国际法的问题，而不是一个受指控的国家自己决定的问题。"④

（3）国家在行使主权权利时，应当遵守有关人权的国际法强制性规范，禁止实行奴隶制度，禁止种族隔离、种族歧视和种族灭绝等。一国如果在其国内实施了上

---

① 黄惠康：《世纪之交国际法发展演变的动态与趋势》，载李双元主编：《国际法与比较法论丛》，第1辑，6页，北京，中国方正出版社，2002。
② 王可菊：《当代西方学者关于人权与主权的观点》，载《外国法译评》，1997（3）。
③ 参见万鄂湘、郭克强：《国际人权法》，68页，武汉，武汉大学出版社，1994。
④ ［美］亨金：《权利的时代》，信春鹰等译，66页，北京，知识出版社，1997。

述有关的政策，国际社会就可以认为是侵犯人类基本权利的行为，该国也就不得以国家主权为借口来规避国际法律责任。

总之，随着人权国际保护的发展与演进，各国对待其国民的主权权利，已"受到国际法和特别是人权的要求的限制"①。况且，"国际人权法日益发展，国际人权保护涉及的范围越来越宽，对国家主权的限制就愈加广泛"②。

（三）国家主权对人权国际保护的制约

国家是国际人权法的主体，人权的国际保护在任何时候都离不开国家。而国家要达到保护人权的目的，就不可能没有主权。因此，只有坚持国家主权原则，才能更好地保护人权。

1. 国家主权是实现人权国际保护的前提和基础

一方面，主权国家反映并保护人权的基本要求和内容。个人首先是一个国家的国民，因此，个人人权就需要通过主权国家来实现。无论是个人的政治权利，还是个人的经济、社会和文化权利，主权国家通过国内法的方式予以调整、保护，可以说这是最直接、最重要和最有效的途径。诚如亨金所说："显然，国际人权被视为权利，便意味着每个人可以要求享有它们。但它们却是由各国政府宣布的，并取决于政府愿意接受和尊重它们。"③ 另外，主权国家参加有关的国际人权公约以后，按照各自的宪法体制，分别采取转化或并入的方式，将公约的规定适用于该国的全部领土。主权国家根据自己的具体国情，不但要在立法，而且在司法、行政等各个方面，采取相应的措施来保障人权的实施。

可见，人权国际保护的真正实现还取决于主权国家的内部因素，没有主权国家，就不可能实现人权。

2. 承担人权保护方面的国际义务是国家行使主权的表现

（1）人权国际保护的基本规范需由各主权国家来共同协议。人权国际保护的基本规范，即国际人权条约，基本上是主权国家之间的协议。它体现了主权国家的意志，是各主权国家间意志协调的结果。在此基础上，才形成所谓的国际人权标准、人权保护机制等。因此，没有主权国家，就不能形成人权国际保护的基本规范。

（2）主权国家是否签署、加入某一国际人权条约，即是否愿意接受条约所规定的保障人权的义务，也是由各国自行决定的。它体现了一国的主权意志。④ 因为国际法上不存在任何强迫主权国家参加条约（包括人权条约）的规则。而按照国际法上"条约不及第三国"的原则，一主权国家如果没有参加某个或某些人权条约，就

---

① ［英］詹宁斯、瓦茨修订：《奥本海国际法》，第1卷，第1分册，王铁崖等译，293页，北京，中国大百科全书出版社，1995。
② 万鄂湘、郭克强：《国际人权法》，74页，武汉，武汉大学出版社，1994。
③ 转引自庞森：《当代人权 ABC》，105页，成都，四川人民出版社，1991。
④ See Stephen D. Krasner, *Sovereignty*: *Organized Hypocrisy*, Princeton University Press, 1999, p. 123.

意味着不受各该条约义务的限制。

因此，各主权国家对国际人权条约，既可以参加，也可以有保留地参加，甚至可以不参加，任何其他国家不得加以干涉。况且，即使一国参加了某一国际人权公约，该国对某项具体权利也有作出限制的权利，即提出保留的权利。[①] 正如厄马克拉所说："来自有关公约的每项义务，都是根据国家自己的意志来承担的，而不能根据一个完全随意的理由来承担……如果国家同意接受公约的约束可能涉及限制国家主权，那也必须看到国家的同意是可以随时撤销的。"[②]

3. 侵犯人权问题主要是通过主权国家的国内法途径解决

（1）国际社会目前还缺乏一个具有普遍管辖权的人权法院。亚洲至今还没有一部区域性的人权公约，更谈不上建立亚洲人权法院。非洲国家之间虽然设立了有关的人权法院，但是基本上无案可审。在美洲，尽管按照《美洲人权公约》的规定，美洲国家间人权法院设立了，但根据该公约第 45 条和第 62 条，声明接受美洲国家间人权法院管辖的国家，分别只有 8 个和 10 个。而一体化程度最高且被认为具有"超国家"性质的欧洲人权法院所作出的判决，虽然对当事国有约束力，但它都是通过当事国国内机构提供的"公平补偿"来执行的，因而不能算是完全国际性的。[③]

即使 2002 年 7 月 1 日在海牙正式成立的国际刑事法院（International Criminal Court，ICC），其管辖权也只是对国家刑事管辖权的补充。只有在一国的国内法院不愿意、不能够、不方便或不能有效地行使管辖权等特殊情况下，国际刑事法院才可以行使管辖权。国际刑事法院的对人管辖权的范围只限于自然人，国家和法人都被排除在国际刑事法院的属人管辖权范围之外。国际刑事法院对诉讼事项的管辖权的范围，也仅限于那些引起国际社会关注的、最严重的国际罪行，即：灭绝种族罪、战争罪、反人类罪和侵略罪。[④]

（2）关于人权遭受侵犯的救济与保护，基本上仍是国家主权管辖下的事情。一国国民在自己的某项权利受到侵犯后，即使是他的本国在这项权利上承担了条约义务，他也是不能到外国法院寻求救济的，唯一的解决问题的法律途径就是诉诸本国的法院。此外，《世界人权宣言》第 8 条也指出："人人于其宪法或法律所赋予之基本权利被侵害时，有权享受国家管辖法庭之有效救济。"《公民权利和政治权利国际公约》第 2 条第 3 款也详细规定："本盟约缔约国承允：（a）确保任何人所享本盟

---

① 例如，被认为最重要的"国际人权两公约"——《经济、社会、文化权利国际公约》和《公民权利和政治权利国际公约》，都存在着普遍的保留情况。按照条约法上的保留制度，保留可以排除条约的某一条款对保留国适用时的法律效果。因此，如果人权条约当事国在条约的某一事项或某些事项上提出了此等保留，就意味着该当事国在有关事项上未承担任何的义务。

② 沈宗灵、黄枬森主编：《西方人权学说》，下册，485 页，成都，四川人民出版社，1994。

③ 参见万鄂湘、郭克强：《国际人权法》，73 页，武汉，武汉大学出版社，1994；Stephen D. Krasner, *Sovereignty: Organized Hypocrisy*，Princeton University Press，1999，p. 119。

④ 参见邵沙平、余敏友主编：《国际法问题专论》，215 页，武汉，武汉大学出版社，2002。

约确认之权利或自由如遭受侵害，均获有效之救济，公务员执行职务所犯之侵权行为，亦不例外；（b）确保上项救济申请人之救济权利，由主管司法、行政或立法当局裁定，或由该国法律制度规定之其他主管当局裁定，并推广司法救济之机会；（c）确保上项救济一经核准，主管当局概予执行。"

（3）人权的监督机制也需主权国家协助。《联合国宪章》第68条规定："经济暨社会理事会应设立经济与社会部门及以倡导人权为目的之各种委员会，并得设立于行使职务所必需之其他委员会。"为了履行这一职责，1946年6月21日，经社理事会通过决议设立了正式的人权委员会（Commission on Human Rights）。联合国人权委员会是联合国系统内处理一切有关人权事项的主要机构[1]，它有权接受会员国就促进人权采取的措施而提出的报告，经研究报告后，可向有关国家提出增进人权的建议。

《公民权利和政治权利国际公约》也建立了专门性的监督机构，即人权事宜委员会。人权事宜委员会有权接受并审查缔约国管辖下的个人声称为该国侵害公约所载之任何权利的受害人的来文。但是，凡是声称其在公约规定下的任何权利遭受侵害的个人，必须是在其国内可以运用的补救办法悉已援用无遗后，才能向人权事宜委员会提出书面申请，要求审查。此外，《消除一切形式种族歧视国际公约》第14条和《反酷刑公约》第22条均有类似的规定。

可见，人权的监督机制必须首先依赖于侵权地国的法律手段去解决和"用尽当地救济措施"（exhaustion of local remedies），然而才谈得上利用其他的国际人权监督方法。

特别值得注意的是，为了保障国家主权，一些国际人权条约还有限制性条款的规定。例如，《公民权利和政治权利国际公约》第4条第1款规定："如经当局正式宣布紧急状态危及本国，本盟约缔约国得在此种危急情势绝对必要之限度内，采取措施，减免履行其依本盟约所负之义务……"《经济、社会、文化权利国际公约》第8条也规定，为了维护国家安全或公共秩序、或为保障他人权利自由，可以对组织工会和罢工权利的行使予以限制。此外，《公民权利和政治权利国际公约》第12条、第18～22条分别对迁徙和择居权以及离开任何国家的权利、宗教或信仰的权利、发表自由的权利、和平集会的权利和结社的权利等，作了与上述内容基本相同的限制，这些限制都是出于维护国家主权的需要。

四、人权国际保护与不干涉内政原则

一国的内政是该国主权的基本方面。因此，研究人权国际保护与国家主权的关

---

[1] 2006年3月15日，第60届联合国大会以170票赞成、4票反对、3票弃权的表决结果通过一项决议，决定设立共有47个席位的人权理事会，以取代人权委员会。

系问题，必然要涉及国际法上的不干涉内政原则。

（一）国际法律文件对不干涉内政原则的规定

作为国际法的一项基本原则，不干涉内政是指"国家在相互交往中不得以任何理由或任何方式，直接或间接地干涉他国主权管辖范围内的一切内外事务，同时也指国际组织不得干涉属于成员国国内管辖的事项"①。自从近代国际法形成以来，不干涉内政原则就与国家主权原则相伴而行，各种国际法律文件均将它列为国家间关系的基本准则。

《联合国宪章》第2条第7项规定："本宪章不得认为授权联合国干涉在本质上属于任何国家国内管辖之事件，且并不要求会员国将该事件依本宪章提请解决；但此项原则不妨碍第七章内执行办法之适用。"1946年联合国大会通过的《国家权利义务宣言草案》第3条明确提出："各国对任何他国之内政、外交，有不加干涉之义务。"1965年联合国大会通过的《关于各国内政不容干涉及其独立与主权之保护宣言》宣称："任何国家，不论为任何理由，均无权直接或间接干涉任何其他国家之内政、外交，故武装干涉及其他任何方式之干预或对于一国人格或其政治、经济及文化事宜之威胁企图，均在谴责之列。"1970年联合国大会通过的《国际法原则宣言》也指出："任何国家或国家集团均无权以任何理由直接或间接干涉任何其他国家之内政或外交事务。因此，武装干涉及对国家人格或其政治、经济及文化要素之一切其他形式之干预或试图威胁，均系违反国际法。"1981年联合国大会通过的《不容干涉和干预别国内政宣言》不但庄严宣告"任何国家或国家集团均无权以任何方式或以任何理由干涉或干预其他国家的内政和外交"，"充分遵守不干涉和不干预别国内政和外交的原则对维持国际和平与安全和实现《宪章》的宗旨和原则都最为重要"，而且较为全面、系统地规定了不干涉和不干预别国内政和外交原则应包括的各项权利和义务。1987年联合国大会通过的《加强在国际关系上不使用武力或进行武力威胁原则的效力宣言》再次强调："每一国家均有不受别国任何形式的干涉，选择其政治、经济、社会及文化制度的不可剥夺权利"；"各国有义务不武装干涉和不以任何其他形式干预或企图威胁国家的个性或其政治、经济和文化要素"。

综上可见，不干涉内政原则已为国际社会所普遍承认。上述规定对于分析人权国际保护与不干涉内政原则的关系，具有重要意义。

（二）人权在本质上属于主权国家国内管辖的范围

早在1923年2月7日，常设国际法院在"突尼斯和摩洛哥国籍法令案"（Nationality Decrees Issued in Tunis and Morocco，Advisory Opinion）中就明确指出："某一事项是否纯属一国的管辖，这基本上是一个相对的问题，要取决于国际关系的发展。"② 1952年国际法研究院（L'institut de Droit Internationle）的年刊也载

---

① 梁西主编：《国际法》，67页，武汉，武汉大学出版社，2000。
② 梁淑英主编：《国际法教学案例》，143页，北京，中国政法大学出版社，1999。

明："保留给国家国内管辖的领域是指国家的活动不受国际法约束的领域，其范围取决于国际法并依国际法的发展而变化。"① 因此，我们从第二次世界大战后人权领域的国际关系实践来分析，人权问题从根本上讲，仍然属于各国的内政。

第一，从人权的内容来看，它主要是由各国国内法来规定的。各国宪法和其他法律（主要是刑法和民法）所规定的公民政治、经济、文化等方面的权利，是个人人权的最主要内容。《经济、社会、文化权利国际公约》和《公民权利和政治权利国际公约》等国际人权条约所规定的各项人权的具体内容，基本上与之相同。况且，国际人权条约所规定的各项人权，也只有经过主权国家加入、批准，赋予其国内法效力后，才能为个人所享有。诚如英国国际法学者阿库斯特所言，国际人权公约的"这些规定并不赋予个人以国际权利，而仅仅是给予利益，则是很清楚的"②。亨金也指出："在我们的民族国家的国际体制下，人权只能在各国社会中根据各国法律作为权利来享受。"③

第二，国内法为各项具体人权的实现提供了保障条件。国际人权条约所规定的各项人权能否得以实现，关键在于加入这些条约的主权国家所采取的具体的立法、司法和行政等方面的措施，而采取这些措施正属于国家的内政。《世界人权宣言》明确提出："借国家与国际之渐进措施获得其普遍有效之承认与遵行；会员国本身人民及所辖领土人民均各永享咸遵。"

此外，我国国际法学者也认为："一国人民在国内的法律地位及其所享受的各项基本权利，均属于内政的管辖范围，任何国家、国家集团或国际组织均无权干涉。"④

值得一提的是，厄马克拉也指出，在一般的和具体的情况下，保护人权尤其是保障经济、社会及文化权利，仍然本质上属于国内管辖的事项。他还开列了一个本质上属于国内管辖的人权事项的清单，如：所有的司法或准司法保护人权问题；促进社会、经济及文化权利；确定死刑和死刑的执行；控制和保障个人的自由；刑事犯和犯人的待遇；迁徙自由和庇护权；实现公平审判；隐私权，家庭权，信件保密权；宗教和信仰自由；言论自由和信息自由；结社自由与和平集会的权利；妇女的地位和家庭的地位；准许对少数者的特别保护；个人财产制度的秩序。对于上述仍然属于国内管辖事项的主要领域，国家可以实施保护并制定更详细的规定。不干涉原则在这些事项上必须受到尊重。⑤

---

① 转引自白桂梅等编著：《国际法上的人权》，284 页，北京，北京大学出版社，1996。
② Peter Malanczuk, *Akehurst's Modern Introduction to International Law*, London, 1997, p. 212.
③ ［美］亨金：《国际人权与权利在美国》。转引自庞森：《当代人权 ABC》，57 页，成都，四川人民出版社，1991。
④ 魏敏：《人权的国际保护与不干涉内政》，载《人民日报》，1991－04－26，5 版。
⑤ 参见王可菊：《当代西方学者关于人权与主权的观点》，载《外国法译评》，1997（3）。

（三）人权具有国际性

虽然人权问题在本质上属于各国的内政，但并不能因此否认人权具有国际性。自第一次世界大战结束以来，人权问题逐渐从国内法进入国际法领域，从而使人权问题不再完全属于国内问题或国内法上的问题，还包括国际性的一面。

第一，人权问题已成为许多国际条约规定的事项。第二次世界大战以后，在联合国的主持下，国际社会制定了包括《联合国宪章》、《世界人权宣言》以及《经济、社会、文化权利国际公约》和《公民权利和政治权利国际公约》在内的七十多件国际人权法律文书，涉及人权的各个方面。

第二，一些国际条约还设立了有关的机构，专门受理有关国家违反条约义务的指控。"20 世纪 70 年代之后，联合国和各种人权条约上设立之人权委员会和人权法院已在世界成为习惯做法。"①

第三，许多联合国决议和国际会议的决议都规定，大规模地侵犯人权应作为国际社会全体关心的事项来处理。例如，1991 年 10 月，欧洲安全与合作理事会（the Council on Security and Cooperation in Europe）通过的《莫斯科文件》明确地宣布："同意人权问题不再纯属有关国家的内部事务，而是所有参加国直接和合法关心的事项。"② 1993 年世界人权会议通过的《维也纳宣言和行动纲领》第 4 项也规定，保护人权是"国际社会的正当关心事项"。

另外，早期的一些国际法学家也主张："对人类的暴行一开始，国内管辖的专属性就停止。"③

值得注意的是，进入 20 世纪 90 年代，联合国更进一步对几起大规模的人权侵害实施了强制性的介入。例如，1991 年安理会针对伊拉克的库尔德危机通过了第 688 号决议；1992 年安理会就有关前南斯拉夫境内的人道援助和安全问题通过了第 770 号等系列决议；1992 年为保护索马里内战中的大量受害者，安理会通过了第 794 号决议；1994 年安理会针对卢旺达的种族大屠杀通过了第 929 号决议；1994 年针对海地发生的包括对居民自由组织侵害的人道状况恶化，安理会通过了第 940 号决议，等等。④ 所有这些都表明，大规模地粗暴侵犯人权的行为已成为国际关心的事项，成为联合国强制措施的对象。

（四）在特定情势下为保护人权可进行干涉

在承认不干涉内政原则的情况下，笔者认为在特定情势下为保护人权可进行

---

① ［日］大沼保昭：《人权、国家与文明》，王志安译，261 页，北京，三联书店，2003。

② Sohail H. Hashmi ed., *State Sovereignty: Change and Persistence in International Relations*, the Pennsylvania State University, 1997, p. 108.

③ H. Lauterpacht, "The Grotian Tradition in International Law", in John Dunn, etc., ed., *Grotius*, Vol. I, An Elgar Reference Collection, 1997, p. 441.

④ See H. Steiner and P. Alston ed., *International Human Rights in Context*, Clarendon Press, 1996, pp. 811 - 883.

干涉。

1. 《联合国宪章》第 2 条第 7 项所规定的不干涉内政原则的例外

《联合国宪章》第 2 条第 7 项规定："本宪章不得认为授权联合国干涉在本质上属于任何国家国内管辖之事件，且并不要求会员国将该事件依本宪章提请解决；但此项原则不妨碍第七章内执行办法之适用。"这一条款是把宪章第七章所规定的执行办法从国内管辖的事件中排除出去。换言之，按照宪章第七章的规定所采取的执行办法，不属于干涉内政。宪章第七章所规定的执行办法，包括"临时办法"（第40 条）、"武力以外之办法"（第 41 条）和"采取必要之空海陆军行动"（第 42 条）即武力办法三类。这三类办法所针对的是和平之威胁、和平之破坏或侵略行为，即危及国际和平与安全的行为，而危及国际和平与安全往往与人权灾难密切相关。[1]因为第二次世界大战以后，不存在国家间战争即为"和平"状态的传统和平观念发生了变化，"人们开始提出一种积极的和平概念，认为除没有战争外，人权受到保护和不存在构造性暴力的状态，才能被认为是和平状态。"[2]

因此，安理会如果认为一国的人权问题威胁或可能威胁国际和平与安全，它可以根据《联合国宪章》第七章采取执行办法，这种执行办法属于安理会职权范围内的事项，不构成对一国内政的干涉。前联合国秘书长佩雷斯·德奎利亚尔还明确指出："当今国际社会已越来越意识到，不干涉内政原则不能作为大规模或故意地侵犯人权而不受惩罚的一种保护屏障。"[3]

2. 国际社会对一国境内严重人权灾难的干预，不应被认为是对该国内政的干涉

（1）从联合国成立以来在人权问题上的许多实践来看，无论是南非籍印度人的待遇问题、南非的种族隔离政策问题，还是在 20 世纪 60 年代中期到 80 年代中期巴勒斯坦被占领土与阿富汗、玻利维亚、智利、萨尔瓦多、危地马拉、尼加拉瓜和伊朗等国的人权问题，都表明：联合国处理这些人权问题在程序上并未受《联合国宪章》不干涉内政原则的限制，它不但可以讨论一国的人权状况并提出建议，而且还可以调查一国的人权状况并提出报告。采用所有这些方式处理一国的人权问题，被联合国视为其职权范围内的事情，不干涉内政原则因而不再适用。[4] 此外，20 世纪 90 年代联合国在伊拉克库尔德危机、索马里内战、南斯拉夫内战、卢旺达武装冲突等方面的实践，同样表明在出现大规模且严重侵犯人权的情况下，联合国可以进行干预。

可见，"联合国在某种程度上将一国内部发生的大规模且严重的人权侵害认定

---

① 不过，亨金认为："国际和平与安全的概念被对人权的关切扩大了。"（Louis Henkin, "Human Rights and State 'Sovereignty'", *Georgia Journal of International and Comparative Law*, Vol. 25, 1995—1996, p. 43.）

② ［日］大沼保昭：《人权、国家与文明》，王志安译，92 页，北京，三联书店，2003。

③ Sohail H. Hashmi ed., *State Sovereignty: Change and Persistence in International Relations*, the Pennsylvania State University, 1997, p. 116.

④ 参见白桂梅等编著：《国际法上的人权》，268~280 页，北京，北京大学出版社，1996。

为联合国采取强制措施的基础"①。

（2）"对于危及世界和平与安全的行为，诸如由殖民主义、种族主义和外国侵略、占领造成的粗暴侵犯人权的行为，以及种族隔离、种族歧视、灭绝种族、贩卖奴隶、国际恐怖组织侵犯人权的严重事件，国际社会都应进行干预和制止，实行人权的国际保护。"② 实行奴隶制度、种族隔离、种族歧视、种族灭绝等上述政策，都被认为是既破坏了国际和平与安全，也是对人权的重大否定，因此，国际社会采取干预措施予以制止，是符合公认的国际法原则的。厄马克拉也认为，如果侵犯人权威胁到国际和平与安全，或侵犯人权构成"一贯的"和"粗暴"形式的侵犯，涉及种族隔离问题和种族灭绝问题，违反一国在国际公约中承担的义务，或者侵犯别国人民的自决权利，就超出了内政的范围，国际社会可以对其采取适当的行动。③

五、结论：寻求人权国际保护与国家主权的和谐、统一

（一）应当辩证地看待人权国际保护与国家主权的关系

人权国际保护与国家主权并不是绝对对立的，而是互相统一、互相促进的。在由主权国家组成的国际社会中，一方面，作为国际法基本原则之一的国家主权原则，是整个国际社会赖以存在的基石，也是实现人权的保障；另一方面，促进人权的国际保护则是主权国家的共同使命和奋斗目标。人权的国际保护是在主权国家之间发展起来的，是主权国家意志的体现。不过，人权的国际保护反过来又对传统的国家主权理论提出新的挑战，并促使人们重新审视国家主权的内涵。但是，人权国际保护并不意味着否认国家主权，人权也不得成为破坏国家主权的借口，更不能成为干涉别国内政的工具。因此，简单地、笼统地把人权看作高于主权，失之于片面，且不符合国际社会的客观现实；而无视人权国际保护的迅速发展、否定基本人权的观点和行为，又是与《联合国宪章》的宗旨背道而驰的。

（二）人权国际保护应尊重国家主权

人权的国际保护是建立在主权国家相互合作和承担国际义务的基础上的，因此，只有充分尊重国家主权和不干涉内政原则，才可能真正促进人权的国际保护，并最终促进人权的实现。正如中国政府所指出的，人权的实现在本质上是一国内部管辖事项，而且人权的国际保护归根到底也要通过各国的国内立法来实现；中国主张在平等和相互尊重的基础上开展人权领域的对话和合作，通过建设性对话与合作解决分歧，反对将人权问题政治化和双重标准。④ 2018 年 12 月，在纪念联合国颁

① ［日］大沼保昭：《人权、国家与文明》，王志安译，117～118 页，北京，三联书店，2003。
② 国务院新闻办公室：《中国的人权状况》，70 页，北京，中央文献出版社，1991。
③ 转引自庞森：《当代人权 ABC》，120～121 页，成都，四川人民出版社，1991。
④ 参见段洁龙主编：《中国国际法实践与案例》，399 页，北京，法律出版社，2011。

布《世界人权宣言》70 周年的座谈会上，习近平在贺信中表示，"中国人民愿同各国人民一道，秉持和平、发展、公平、正义、民主、自由的人类共同价值，维护人的尊严和权利，推动形成更加公正、合理、包容的全球人权治理"①。上述说法提出了一整套"人权观"的逻辑体系，其内容包括"和平、发展、公平、正义、民主、自由"以及"尊严和权利"，途径是"同各国人民一道"，方法实践及目标则是"推动形成更加公正、合理、包容的全球人权治理"。美国学者亨金也认为："任何社会的人权状况主要依赖于国家和有赖于国家尊重、保证这些权利的程度和手段。显然，任何国家内的个人权利将取决于它对权利观念的赞同，还有赖于民族的道德观念和规范以及国家的态度、政策及社会力量。"②

（三）避免人权国际保护的政治性利用

"正是由于人权乃高贵的理念，呐喊'人权弹压'也就能成为批判敌对势力时极为有效的政治工具。"③ 因此，在未来的国际实践中，避免人权国际保护的政治性利用，是十分必要的。

马克思曾经指出，理论观念取决于社会物质生活条件的发展。的确，任何权利都是一种主观可能性，要使这种可能性变成现实，离不开一定的物质条件。人权问题也是各国政治、经济、文化、宗教、地理等各种因素综合作用的结果，存在不可忽视的民族性④，因此，不同的国家基于不同的经济发展程度、政治状况及文化传统，必然形成自己对人权的理解和评价标准。如果一个国家将自己的人权观、价值观和政治制度等强加于人，甚至奉行双重乃至多重标准，那么必然会导致国家间的对抗，也无益于人权事业的进展。

正如联合国秘书长在第 46 届联合国大会年度报告中指出的那样："维护人权时必须尽量谨慎，以免人权被用来作为侵犯各国基本国内管辖权、破坏各国主权的跳板"，因为"滥用这一原则是制造无政府状态最灵验的方法"⑤。1992 年 9 月，第 10 次不结盟运动首脑会议所通过的《最后文件》也宣布："人权不应被用作政治压力的工具，尤其是对不结盟和其他发展中国家。所有国家均有权在尊重国家主权、自决和不干涉别国内政原则的基础上，自由地建立它们自己的政治经济体系和制

---

① 《习近平致信纪念〈世界人权宣言〉发表 70 周年座谈会强调 坚持走符合国情的人权发展道路 促进人的全面发展》，载《人民日报》，2018-12-11，1 版。
② Louis Henkin, *The Human Rights in Contemporary China: A Comparative Perspective*, Columbia University Press, 1986. 转引自韩德培总主编：《人权的理论与实践》，967 页，武汉，武汉大学出版社，1995。
③ ［日］大沼保昭：《人权、国家与文明》，王志安译，94 页，北京，三联书店，2003。
④ 1993 年世界人权大会通过的《维也纳宣言和行动纲领》第 5 项一方面强调各个国家，不论其政治、经济和文化体系如何，都有义务促进和保护一切人权和基本自由；另一方面指出民族特性和地域特征以及不同的历史、文化和宗教背景的意义都必须予以考虑。
⑤ 转引自刘楠来编：《发展中国家与人权》，42 页，成都，四川人民出版社，1994。

度。"① 值得注意的是，2021 年 9 月 10 日，联合国秘书长古特雷斯向联合国大会提交的秘书长报告《我们的共同议程》还专门呼吁："人权具有普世性，且不可分割；我们眼中的人权愿景必须惠及每一个人并囊括经济、社会、文化、公民和政治权利等所有权利。"②

（四）寻求人权国际保护与国家主权的和谐、统一

第一，国家主权与人权的国际保护以复杂、矛盾的形式相互联系。国家主权既可以被用作一国政府侵犯本国公民人权的挡箭牌和借口；同时，国家主权又能保护一国政府致力于发展本国经济、促进社会和文化等方面的福利，抵御出于地缘政治目的向弱小国家施加压力的行为。由于国家主权具有这样的双重特性，因此，在国际社会目前所处的发展阶段，在不同的环境下，国家主权可能会促进人权的国际保护，也有可能会阻碍人权的国际保护。③

第二，国家主权和人权国际保护的关系，可以看成是权力平衡秩序和道义秩序的关系，也可以看成是秩序和道义的关系。由于人权是法律条文化了的国际间价值规范，所以，重视国际法也就不能不关心国际秩序和道义之间的关系。有学者认为："真正有效的国际法，它的功能不仅是以尊重主权来维持一种狭义的世界和平（一种相互非战的权力平衡秩序），而且也是以加入人权原则来实现一种广义的世界和平（一种互利的、追求普遍人类目标的、共同合作秩序）。"④ 因此，国家主权不是国际法的全部，人权确实也是国际法的一部分。人权不仅应当是政治行为的道德取向，而且也应当是法律意义上必须贯彻的权利。违反人权者（无论是某政权，还是某个人）不仅应受到舆论谴责，而且应受到法律制裁。

第三，一种普遍的观点认为，国家主权是有关地区主权概念的一种统治状况。这就将国际社会强制执行人权的努力与国家主权对立了起来。"但如果将国家主权理解为与历史上法国大革命相关的民众权利，那么在很多情况下，实现人权就恰恰是为'最高权力者'（也就是人民）所拥护的政治努力。即使主权与代表人民的国家，特别是民主国家密切相关，还是有可能将主权看作是可以由国家立法权力机关进行修改的权利与义务的组合，从而使接受人权有可能成为目前条件下实现国家主权的方式，即便这样做会带来一些外来的义务。"⑤

---

① 富学哲：《从国际法看人权》，182 页，北京，新华出版社，1998。
② "Our Common Agenda：Report of the Secretary-General"，available at https：//digitallibrary. un. org/record/3939309/.
③ 参见［美］理查德·福尔克：《寻求主权与人权的调和》，载 http：//www. usembassy-china. org. cn/press/release/2000/c/humanrights0823. html，最后访问日期：2021 - 06 - 19。
④ ［美］哈贝马斯：《论人权的文化间性——哈贝马斯访华讲演录之一》；徐贲：《秩序和道义：哈贝马斯的国际人权观》，载 http：//www. booker. com。
⑤ ［美］理查德·福尔克：《寻求主权与人权的调和》，载 http：//www. usembassy-china. org. cn/press/release/2000/c/humanrights0823. html，最后访问日期：2021 - 06 - 19。

推荐阅读书目及论文

1. 万鄂湘，郭克强. 国际人权法. 武汉：武汉大学出版社，1994

2. 沈宗灵，黄枬森主编. 西方人权学说. 上，下册. 成都：四川人民出版社，1994

3. 白桂梅等编著. 国际法上的人权. 北京：北京大学出版社，1996

4. 王可菊. 当代西方学者关于人权与主权的观点. 外国法译评，1997（3）

5. 富学哲. 从国际法看人权. 北京：新华出版社，1998

6. ［日］大沼保昭. 人权、国家与文明. 王志安，译. 北京：三联书店，2003

7. 杨泽伟. 主权论——国际法上的主权问题及其发展趋势研究. 北京：北京大学出版社，2006

8. W. Michael Reisman. Sovereignty and Human Rights in Contemporary International Law. American Journal of International Law. Vol. 84，1990

9. Gene M. Lyons and Michael Mastanduno. Beyond Westaphalia? State Sovereignty and International Intervention. the Johns Hopkins University Press，1995

10. Louis Henkin. Human Rights and State "Sovereignty". Georgia Journal of International and Comparative Law. Vol. 25，1995/96

11. Sohail H. Hashmi ed. . State Sovereignty：Change and Persistence in International Relations. the Pennsylvania State University，1997

12. Stephen D. Krasner. Sovereignty：Organized Hypocrisy. Princeton University Press，1999

第 十 章

国家主权的终结？[①]

一、国家主权虚无观

主权概念自博丹首先正式提出以来，就一直受到种种攻击、非难和歪曲。主权曾经被贬为一个"陈旧的、没有用处的、令人误解的和危险的"政治教条。[②] 英国政治学家拉斯基（Harold Joseph Laski）声称，主权有害无益，应建立一个"无主权国家的世界"……国家主权论不消灭，国与国的理性生活终不可能。[③] 英国国际政治理论家克尔（Philip Kerr）也说："'战争的基本起因'就是人类被分割成独立的主权国家，而在相互依存的世界中，主权是没有理由存在的。"[④]

然而，第一次世界大战以前，国际法学界还没有人从理论上根本否定国家主权这一观念。第一次世界大战后，法国学者狄骥把他所倡导的"社会连带说"用在国际关系上，对主权观念加以抨击，认为它与国际法不相容。而根据英国学者霍华德-埃利斯（C. Howard-Ellis）的意思，主权"除了是以一个费解的法律原则表达出来的神秘观点外"，什么都不是。多尔顿（Hugh Dalton）预言："国家神话必须消失，传统刚性形式的国家主权必须逐渐地衰减。"贝克（Philip J. N. Baker）断言，一个统一的、不可分割的主权是一个"过时的谬论"。梅尔（L. P. Mair）则认为，主权概念是 19 世纪的"一个幻想"[⑤]。

---

① 1994 年，美国国际法学会第 88 届年会第四小组讨论的主题就是"主权的终结问题"（the End of Sovereignty）。See Theme of Panel Ⅳ, 88th Annual Meeting, 1994 ASIL Proceedings, 1994, p.71。

② 参见阿南：《国际法上的主权》，载阿南编：《对抗或合作？国际法和发展中国家》，1987，72 页。转引自王铁崖：《中国与国际法——历史与当代》，载《中国国际法年刊》，1991，67 页。

③ 参见［英］拉斯基：《政治典范》，第 1 册，张士林译，72 页，北京，商务印书馆，1930。

④ ［日］篠田英朗：《重新审视主权——从古典理论到全球时代》，戚渊译，101 页，北京，商务印书馆，2004。

⑤ ［日］篠田英朗：《重新审视主权——从古典理论到全球时代》，戚渊译，102～103 页，北京，商务印书馆，2004。

第二次世界大战后，著名的国际法学者詹克斯也指出，主权的特性是"神化的无法无天、法律上的怪物和道义上的邪恶"。在他看来，主权是一个毫无意义的概念而且成为一切罪恶的根源。他说："主权使和平没有指望。它不能提供安全；它不能保证正义；它不保障自由；它不含有繁荣的希望；它不造成福利的感觉。它增强了对有秩序的、和平的社会改变的对立面。它破坏纪律，而没有纪律，科学和技术发明就成为我们社会的弗兰肯斯坦因（这是一个永远创造新怪物的残酷的'人形怪物'）。它是对人类的最深刻愿望的嘲弄，而不是它的实现。主权概念在国际关系的范围内的最雄辩的驳斥是：用现代政治的已宣布的目的来检验，它是无用处的。"① 李理希（Lillich）教授也认为，主权概念已经不合时宜。他说，国际法上主权概念之时代已经来过，但也已经过去。②

另外，许多学者批评主权观念在国际法上所造成的模糊和争论，并主张以其他概念来取代主权。例如，阿库斯特就曾经提出："以'独立'一词代替'主权'，那就会好得多。"③ 英国国际法学者麦克奈尔也认为，主权不是一个正确的名词，它与其说属于法律范畴，不如说属于政治范畴；独立是一个比较可取的名词，因为它较能表达符合事实的意义。④

值得注意的是，"冷战"结束以来，由于国际社会的结构性变化，全球化理论的出现，国际干涉的增多，否认和弱化国家主权又一次成为欧美理论界的一种重要趋向。

例如，亨金就指出，主权是一个"坏字眼"（bad word），而应该抛弃不用，因为在国内层面，主权被利用为"国家神话"（national mythologies），而在国际层面，主权是一个标语（catchword），即是一个"替代思考和明确定义"的标语。⑤ 后来，亨金在其《主权的神话》（The Mythology of Sovereignty）一文中，又进一步阐述了他对主权概念的质疑。他说："主权也已经发展成为国家伟大强盛的一种神话，这种神话曲解了主权的概念、屏蔽了主权的真正的内涵和价值。这种神话往往是空洞的，有时甚至是对人类价值观的毁损……然而，更常见的是，主权已经被援引作为抵制各种外来的'入侵'（intrusive）措施，而这些措施是用以监督（各国）确保其遵守有关人权的承诺和军控条约方面的国际义务……现在是将主权拉回到尘世，加以检讨、分析、重新构思、重新包装甚至重新命名的时候了。"⑥

① ［英］詹克斯：《一个新的法律的世界》，134 页，1969。转引自王铁崖：《中国与国际法——历史与当代》，载《中国国际法年刊》，1991，67 页。
② See Lillich, "Sovereignty and Humanity: Can They Converge?", in Grahl Madsen and Toman ed., *The Spirit of Uppsala*, 1984, pp. 406 - 407.
③ ［英］阿库斯特：《现代国际法概论》，汪瑄等译，18～19 页，北京，中国社会科学出版社，1981。
④ 参见周鲠生：《现代英美国际法的思想动态》，载王铁崖、周忠海编：《周鲠生国际法论文选》，395 页，深圳，海天出版社，1999。
⑤ See Louis Henkin, "International Law: Politics, Values and Functions", *Recueil des cours*, Ⅳ, 1989, pp. 24 - 25.
⑥ Louis Henkin, "The Mythology of Sovereignty", in Ronald St. J. Macdonald ed., *Essays in Honour of Wang Tieya*, Martinus Nijhoff Publishers, 1994, pp. 351 - 352.

另有不少学者还宣称，主权概念，即使没有完全消失，也正逐步失去其传统基础。①

罗马俱乐部在《第一次全球革命》（The First Global Revolution）的报告中也明确地提出："主权神圣不可侵犯的观念正在受到挑战，不仅导因于区域经济同盟的发展"，而且还导因于"许多小国家对于领土外事务引起的内政问题失去了控制能力，譬如对物价与利率的控制，或者为获得国际货币基金组织贷款而修整国内政策。国家主权衰退对许多国家来说，反而有利于其迎接全球体制，新体制中民族国家的角色愈来愈不重要"②。

更有甚者，近些年来一些欧美国家的政要和政界人士声称，随着 21 世纪的来临，国家主权已经不能适应国际关系的新现实，国际社会应当改变传统的国际关系准则，必须抛弃"过时的"国家主权观念。他们提出了"主权过时论""人权高于主权论"等一系列否定国家主权的新论调，作为"新干涉主义"（the new interventionism）的理论依据。

然而，上述种种否认国家主权的观点显然是错误的。因为国家主权作为国际法的基本范畴，已渗入国际法的各个领域以及各种国际法文件。没有主权概念，整个国际法体系必将倒塌。事实上，国际法的进步也并未发展到完全否认国家主权在国际法与国际关系中的角色和地位。

特别值得一提的是，在近些年来欧美学界还出现了部分学者对主权虚无主义的反动，概言之，他们的主要观点有：第一，否认在全球化进程中国家主权受到了根本削弱，强调到目前为止非国家实体无一能挑战主权国家的权威与合法性；第二，认为全球化的法律现状反映了主权者的选择，即国际法反映了主权国家的利益；第三，认为主权的弱化并非当代史的新现象，在近代国际关系史上主权原则一直受各国间利益关系的制约，经常受到损害。③

另外，美国斯坦福大学国际关系教授史蒂芬·克莱斯勒（Stephen D. Krasner）

---

① 参见 ［日］ 篠田英朗：《重新审视主权——从古典理论到全球时代》，戚渊译，3 页，北京，商务印书馆，2004；Kaarle Nordenstreng and Herbert I. Schiller ed.，*Beyond National Sovereignty：International Communication in the* 1990s，Ablex Publishing Corporation，1993；David J. Elkins，*Beyond Sovereignty：Territory and Political Economy in the Twenty-First Century*，University of Toronto Press，1995；Gene M. Lyons and Michael Mastanduno ed.，*Beyond Westphalia？State Sovereignty and International Intervention*，the Johns Hopkins University Press，1995；David A. Smith，Dorothy J. Solinger and Steven C. Topik ed.，*States and Sovereignty in the Global Economy*，London，1999；Gerard Kreijen ed.，State，*Sovereignty，and International Governance*，Oxford University Press，2002。

② 罗马俱乐部：《第一次全球革命》，黄孝如译，29 页，台北，台湾时报文化出版企业有限公司，1991。

③ See Harry G. Gelber，*Sovereignty through Interdependence*，Kluwer Law International，1997；Haiung，*Anarchy and Order：the Interplay of Politics and Law in International Relations*，1997；［澳］约瑟夫·凯米莱里、吉米·福尔克：《主权的终结？——日趋"缩小"和"碎片化"的世界政治》，李东燕译，杭州，浙江人民出版社，2001。

更是明确地指出："有人宣称主权已经终结，但这完全是对历史的一种误读。""主权就要消亡了？这种说法绝对错误。主权从来没有像当代许多观察家所描述的那样具有活力。"①

值得注意的是，2020 年新冠肺炎疫情暴发以来，一方面，以世界卫生组织为代表的多边国际组织积极协调各国行动、为应对疫情发挥了重要作用；另一方面，各主权国家基于本国国情，纷纷采取各种管控措施，有效遏制了疫情形势。这再次印证了主权国家在应对重大风险等方面仍然具有不可替代的地位。

二、国家主权是现代国际法的核心

（一）国家主权是一种不容否定的客观存在

在当今国际社会中，国家主权仍然是一种不容忽视或否定的客观存在。这主要体现在以下几个方面。

第一，持主权虚无观的学者大多只是以绝对主权学说作为其攻击的对象，他们并不否定主权的客观性，也不主张废弃主权概念本身。例如，前已述及，杰塞普对国家主权采取了批判的态度，因为他认为主权"在其作为绝对的、不受控制的国家意志最终有诉诸战争为最后裁判的自由的意义上，是传统法律的基础建筑其上的流沙"；然而，他承认"今天，世界是组织在国家共处的基础之上的"，因此，"主权如果指的是在某些领域内管辖权的本质属性而且服从于具有宪法效力的超越性规则，将仍然是一个可用的和有用的概念"②。

另外，美国哈佛大学国际关系教授霍夫曼也指出，尽管为了给我们这个缺乏共同价值观的危险的国际体系以唯一的安全网，发展经济和增加福利要求对国家的主权加以限制，这使国家主权在很大程度上被消磨了昔日的锋芒，但国家主权并未被取代。

日本学者正村公宏认为，在经济国际化进程中国家主权仍具有不可替代的价值。他说："'国际化'与其说是削弱经济性国家主权，还不如说是加强了各国政府的责任，即在充分理解本国经济政策的国际影响的基础上，采取适当手段，有效地行使国家的经济主权。"③

可见，正确理解的主权"并不意味着对和平的任何威胁，对国家的发展和尊严

---

① Stephen D. Krasner，"State Sovereignty"，*Foreign Policy*，2001. 转引自刘丰编译：《国家主权》，载《国际论坛》，2003（1）。
② Philip Jessup，*A Modern Law of Nations*，1948，pp. 12 - 17. 转引自王铁崖：《中国与国际法——历史与当代》，载《中国国际法年刊》，1991，69 页。
③ ［日］正村公宏：《国际化并不制约国家主权》，载《东洋经济》，1988 - 05 - 20，增刊号。转引自肖佳灵：《国家主权论》，177 页，北京，时事出版社，2003。

的任何障碍，对法律逻辑的任何违反，与国际生活现实的任何矛盾"①。

第二，从现代国际关系的实践来看，各国都是支持主权原则的。

（1）主权是每一个国家的构成要素和生命支柱。在当今世界，国家无论大小、强弱，也不论政治、经济制度如何，在现实中都将主权视为国家生命的脊柱，都利用主权原则来维护本国的各项权益。

例如，1946 年美国在接受国际法院"任意强制管辖"的声明时提出保留，把"经美国确定认为主要属于美国国内管辖范围内的事项的争端"排除在国际法院的管辖范围之外。又如，在第 46 届联合国大会上，沙特阿拉伯代表表示，新的国际秩序是捍卫每个国家为国际承认的边界，不容忍一个国家干涉另一个国家内政以及承认和尊重各国人民自决权和资源主权的国际秩序。

（2）尽管国际社会对主权有各种不同的理解和主张，但在实践中，没有任何国家同意放弃自己的主权。例如，美国前总统布什在谈论新国际秩序时指出："新国际秩序并不意味着放弃我们的国家主权，或者丧失我们的利益……它指的是与其他国家共同努力阻止侵略、争取稳定、争取繁荣，特别是争取和平的新途径。"② 这说明美国特别重视自己国家的主权。

又如，俄罗斯也是坚决主张国家主权原则的。在 1999 年北约对南联盟的军事打击中，俄罗斯在安理会上明确反对北约侵犯南联盟国家主权的做法；在打击车臣非法武装的问题上，俄罗斯更是立场坚定，坚决抵制别国的干预。

（3）主权概念还不断出现在国际司法判例、国际条约以及其他的国际和国内法律文件中。

总之，国家主权是一个不可否认的事实。国家主权概念有其真实的存在，它不是由于学者们的想象而产生的，而是在长期的国家实践中发展起来的。

（二）国家主权原则得到了许多国际法律文件的确认

早在近代国际法形成之初，国家主权原则就被提出并得到了国际社会的赞同和肯定。众所周知，《威斯特伐利亚和约》标志着近代国际法的形成，而《威斯特伐利亚和约》明确承认了国家主权原则。

第二次世界大战后，《联合国宪章》和其他重要的国际法律文件都对国家主权原则作出了规定。例如，《联合国宪章》第 2 条第 1 项规定："本组织系基于各会员国主权平等之原则。"同条第 3 项、第 4 项也与国家主权平等原则密切相关。其中，第 3 项规定："各会员国应以和平方法解决其国际争端，俾免危及国际和平、安全、及正义。"第 4 项则规定："各会员国在其国际关系上不得使用威胁或武力，或以与联合国宗旨不符之任何其他方法，侵害任何会员国或国家之领土完整或政治独立。"可以说，宪章所提出的"和平解决国际争端"和"不以武力相威胁或使用武力"这

---

① Ricardo J. AlFaro, "The Rights and Duties of States", *Recueil des cours*，Ⅱ，1959，p. 115.

② 黄仁伟、刘杰：《国家主权新论》，40 页，北京，时事出版社，2004。

两项原则，既是由"主权平等原则"延伸出来的，同时又是维护国家主权及主权平等原则之前提。

后来，在联合国的主持下还通过了其他一些与主权有关的公约和宣言，如1948年《世界人权宣言》、1960年《给予殖民地国家和人民独立宣言》、1962年《关于自然资源永久主权的宣言》、1965年《关于各国内政不容干涉及其独立与主权之保护宣言》、1966年《消除一切形式种族歧视公约》和《经济、社会、文化权利国际公约》以及《公民权利和政治权利国际公约》、1970年《国际法原则宣言》、1974年《建立新的国际经济秩序宣言》和《行动纲领》以及《各国经济权利和义务宪章》、1982年《海洋法公约》等，这些国际文件进一步发展和丰富了国家主权原则。

此外，一些区域性国际组织和一些区域性会议也对国家主权原则作出了规定，如《美洲国家组织宪章》《亚非会议最后公报》等。

总之，《联合国宪章》和其他重要的国际法律文件对国家主权原则的规定，从法律上奠定了国家主权原则的重要地位。因而可以说，国家主权原则是其他任何国际法原则的基础和核心，国际法领域的原则、制度都是从它引申和派生出来的。

（三）国家主权原则贯穿于整个国际法体系中

第一，就国际法的产生来说，国家主权的两大属性——对内最高权和对外独立权使国际社会出现了众多主权国家同时并存的局面。而"独立并存的主权国家以及主要由主权国家组成的国际社会，是国际法形成和发展的最重要的社会基础"[1]。因此，国家主权是国际法产生和存在的前提。

第二，从国际法的内容来看，国家主权原则不但贯穿整个国际法体系、渗透到国际法各个领域，而且也存在于国际法的每一规范层面，如国际法基本原则、国际法渊源、国际法主体、国际法上的承认制度、国家领土、海洋法、国际环境法、国际争端法等。

众所周知，《国际法院规约》第38条对国际法渊源作了权威性的说明和列举，它包括：国际条约、国际习惯、一般法律原则、司法判例及国际法学说。然而，无论是国际条约的签订还是国际习惯的形成以及一般法律原则的适用，都需要主权国家的同意或承认，而同意或承认本身，就是国家主权作用的一种表现。[2]

国家作为国际法的基本主体，是组成现代国际社会的主要成员，而主权则是国家的构成要件之一。国际法上的承认是指既存国家对新国家或新政府所作的单方的行为，它包括对国家的承认、对政府的承认和对叛乱团体的承认等。既存国家对新国家或新政府是否承认、何时承认、以何种方式承认，完全由其自由决定，无须征得对方同意。因此，承认与否是国家行使其主权的一种表现。

国家领土是指处于国家主权管辖下的地球的特定部分，它与主权的关系尤为明

---

①　梁西主编：《国际法》，8页，武汉，武汉大学出版社，2000。

②　参见王志文：《评析国际法上之主权概念》，载《华冈法粹》，2003（29）。

显。国家领土主权是指国家对其领土行使的最高的和排他的权力，它包括领土所有权和领土管辖权。领土主权和领土完整是国家政治独立的重要标志，是久经确认的最基本的国际关系准则和最重要的国际法基本原则。

在海洋法方面，主权原则也得到了很好的体现。例如，1982 年《海洋法公约》第 2 条第 1 款规定："国家主权扩展于其陆地领土及其内水以外邻接其海岸一带海域，在群岛国的情形下则及于群岛水域以外邻接的一带海域"；"此项主权及于领海的上空及其海床和底土"。

国际环境法虽然是国际法的一个新分支，但是国际环境法有一项基本原则，即国家资源主权权利和不损害国外环境义务原则。这一原则包括两个方面的内容：一方面，各国拥有按照本国的环境与发展政策开发本国自然资源的主权权利；另一方面，各国负有确保在其管辖范围内或在其控制下的活动不致损害其他国家或在国家管辖范围以外地区的环境的责任，即国家不损害国外环境的义务。

至于国际争端法，由于"平等者之间无管辖权"，国际法的平等主体之上，没有超越主权权利而凌驾于主体之上的权力机关来制定法律和审理争端，并强制执行解决争端的判决。因此，国际争端的解决方法有其特殊性。换言之，无论是采用外交方法还是采用法律方法解决国际争端，可以由有关的当事国基于主权自由决定。

此外，外交特权与豁免、条约法上的同意原则、一国加入或退出国际组织的行为等，都贯穿着国家主权原则。

由上可见，国家是国际法的制定者和实施者，国际法的各个领域无不体现国家主权原则，因此可以说，国家主权是现代国际法的基础和核心。①

三、国家主权不是神话

（一）国家主权理论是国际关系客观现实的反映

马克思曾经说过："……唯物史观是以一定历史时期的物质经济生活条件来说明一切历史事件和观念、一切政治、哲学和宗教的。"② 国家主权是一个历史的范畴，国家主权理论是一定社会与经济条件的产物，因此，我们"不能离开特定的时间和空间来理解主权"③。

几个世纪主权理论的历史演进表明，"主权"本身的内涵自始就处于发展演进之中，并且这种变化折射了国际关系的演变。

---

① See Gerard Kreijen, "The Transformation of Sovereignty and African Independence: No Shortcuts to Statehood", in Gerard Kreijen ed., *State, Sovereignty, and International Governance*, Oxford University Press, 2002, p. 107.

② 《马克思恩格斯选集》，3 版，第 3 卷，259 页，北京，人民出版社，2012。

③ ［澳］约瑟夫·凯米莱里、吉米·福尔克：《主权的终结？——日趋"缩小"和"碎片化"的世界政治》，李东燕译，14 页，杭州，浙江人民出版社，2001。

例如，在国家主权概念提出之初，强调的是主权对内方面的最高的属地优越权，后来才强调它在对外方面的独立权。这一理论顺应了当时西欧社会各民族统一和新兴资产阶级建立国内最高统治权的现实需要，其目的是为反对分裂、对抗封建贵族乃至建立统一的中央集权国家提供理论依据。第一次世界大战后，欧美部分学者对国家主权的否定与责难，也与当时的国际关系的巨大变化密切相关。[①]

又如，第二次世界大战后，在联合国的推动下，殖民地、附属国纷纷取得独立。在独立之初的（20 世纪）60 年代，这些国家比较关注政治主权；到（20 世纪）70 年代则侧重于经济主权。进入（20 世纪）80 年代后，和平权、发展权、环境权以及人权国际保护等，就成为国际社会国家主权理论关注的新焦点。90 年代以来，随着经济全球化进程的加速发展，文化主权、信息主权等也开始受到重视。

此外，"冷战"结束后，发达国家与发展中国家在人权国际保护与国家主权、国际干涉与国家主权、民族自决与国家主权、环境保护与国家主权、经济全球化与国家主权、国际秩序与国家主权等问题上的立场分歧，既反映了各自的利益与需要，又体现了实力对比的差异。

可见，国家主权理论是根据国际关系在不同时代的不同现实而不断地深化。正因如此，国家主权原则才不断地得到了发展和完善，并一直成为国际社会公认的国际关系的基本准则。

（二）国家主权是实现国家利益的工具

英国学者杰弗里·豪曾经在《主权和相互依存：英国在世界上的地位》（Sovereignty and Interdependence: British's Place in the World）一文中指出，主权有点像"一捆柴枝（a bundle of sticks），并且是民族国家间绝无止境的系列交易的议题，在这些交易中，一个民族国家交出一些东西，换回另一些东西"[②]。

事实上，在国际实践中，不少国家也将主权作为推行国家政策的工具。"依靠国家主权是居少数地位的国家面对居多数的敌对国家的一种自然的防卫性反应。"[③]特别是广大发展中国家，"主权是一个它们特别爱用的词"[④]，它们把主权概念和主权原则作为保护其国家利益和自身文化传统的一道法律屏障。例如，阿尔及利亚总统布特弗利卡（Boueteflika）曾经在 1999 年联合国大会上疾呼："主权是我们对一个不平等世界制度的最后防线。"[⑤]

又如，苏联信奉"准绝对主权"，将其作为"保护小国的可靠手段"。苏联国际

---

① See Sir Robert Jennings, "Sovereignty and International Law", in Gerard Kreijen ed., *State, Sovereignty, and International Governance*, Oxford University Press, 2002, p. 29.

② ［日］篠田英朗：《重新审视主权——从古典理论到全球时代》，戚渊译，254 页，北京，商务印书馆，2004。

③ ［英］阿库斯特：《现代国际法概论》，汪瑄等译，23 页，北京，中国社会科学出版社，1981。

④ ［英］阿库斯特：《现代国际法概论》，汪瑄等译，24 页，北京，中国社会科学出版社，1981。

⑤ Shashi Tharoor and Sam Daws, "Humanitarian Intervention: Getting Past the Reefs", *World Policy Journal*, Vol. XVIII, No. 2, 2001, p. 25.

法学者柯罗文（E. Korovin）曾经提出："依照苏联法学家所构想的主权是进步的民主势力反对反动的帝国主义势力之争中的一种武器。"① 苏联的主权概念可以被比作一面能将面相扭曲的镜子：看起来是显而易见的侵略行为，却被说成是出于尊重主权原则而采取的防御性的利他行动。

在苏联政府入侵捷克斯洛伐克后，勃列日涅夫立即发表声明："社会主义国家支持严格尊重所有国家的主权。我们绝对反对干涉任何国家的事务，反对侵犯其主权。"而按照童金的见解，这种社会主义的主权概念，包括"对（各国）为享有这些权利提供帮助，以及联合防卫他们免于帝国主义者侵犯的义务，此与社会主义的国际主义原则是一致的"②。当然，苏联政府这种为片面追求国家利益而歪曲主权概念的行为，是应该予以批判的。

由上可见，"各国都视国家利益为主权的中轴，不是国家利益围绕主权旋转，而是主权围绕国家利益而展开。国家无论作出什么选择，都以国家利益为核心动源，都深深扎根于国家利益最大化的原则中。正是变动中的国家利益决定了国家主权观的丰富多彩性"③。

（三）国家主权观将随着时代的演变而不断发展

"在弗吉尼亚州议会大厦有一座著名的乔治·华盛顿像。他抱着外面箍着一束枝条的一柄代表权力的斧子，这是流传至今的关于主权的经典式象征。每根枝条代表主权的一个特性。贯穿历史，这束枝条的数目有所变化，每根枝条有各自的含义。你可以从中取出若干枝条，又可以放进去另外一些枝条。如今这些变化是如此深刻，以致那把斧子有了不同以往的新含义，更不用说那束枝条了。"④ 这说明，主权概念不是固定不变的，而是随着时代的改变而有不同的新的解释内容。⑤ 主权概念的变化，恰恰反映了国际社会价值观念和法律体系的发展。

诚如阿库斯特所说："主权学说最初是作为对国家内部结构进行分析的企图而出现的。政治哲学家们教导说，每个国家内都必然存在某种拥有最高立法权力和最高政治权力或者拥有其中之一的实体。根据这个学说不难推论出，掌握最高权力的

---

① ［日］篠田英朗：《重新审视主权——从古典理论到全球时代》，戚渊译，134 页，北京，商务印书馆，2004。
② G. I. Tunkin, *Theory of International Law*, London, 1974, p. 440.
③ 肖佳灵：《国家主权论》，497 页，北京，时事出版社，2003。
④ ［美］乔治·舒尔茨：《国家主权面临挑战及对策——在北京"和平共处五项原则国际研讨会"上的演讲》，载《参考消息》，2004 - 06 - 17，10 版。
⑤ 荷兰莱登大学的学者沃勒阿德（Hans Vollaard）先生认为，主权是一个具有很强的包容性的概念（sponge concept），在不同的背景下能够吸纳许多不同的含义。例如，在以前主权主要被强调的是不受外部干涉的独立权和自由，而在现在主权还包含一国按照一定的标准对待其国民、对待其他国家以及承担国际或区域机构的某些义务与责任。See Alfred van Staden and Hans Vollaard, "The Erosion of State Sovereignty: Towards a Post-territorial World?", in Gerard Kreijen ed., *State, Sovereignty, and International Governance*, Oxford University Press, 2002, p. 182.

主权者本身是不受由他制定的法律的约束的。之后，由于词义的转移，这个词不仅用来表示一国之内上级对其下属的关系，而且用以表示一国的统治者或者国家本身对他国的关系。"①

联合国前秘书长加利（Boutros Boutros-Ghali）也指出："尊重国家的基本主权和完整仍然是主要的，但不可否认的是，数世纪的绝对和排他性的旧主权原则，不再站得住脚。事实上，主权从来没有像理论上所设想的那样，是如此绝对的。我们这个时代的一个主要知识要求就是重新思考主权问题——不是削弱它的本质，因为它对国际安全和合作仍是至关重要的，而是承认它可以形成更多的形式，发挥更多的作用。"②

鉴于此，一些学者认为，"伴随全球市场和生产的全球流水线的形成，全球化的秩序、一种新的规则的逻辑和结构，简单地说，一种新的主权形式正在出现"；"民族—国家主权的衰落并不意味着字面意义上的'主权'已经衰落。在整个当代的变革期间，政治的控制、国家的功能，以及管理的机制已经在继续统治着经济和社会的生产和交换。我们基本的假设是主权已经拥有新的形式，它由一系列国家的和超国家的机体构成，这些机体在统治的单一逻辑下整合。新的全球的主权形式就是我们所称的帝国"③。

综上所述，主权并不是一种以它巨大的力量激励着各国人民和他们的政府在国际事务中行动的神话，主权是实际的必要。正如有学者所言："主权还是正确地反映了国际法领域的客观事实；主权概念的模糊和不够精确，并不能成为否定、抛弃主权概念不用的理由，否则将是一种学术上的不负责的态度和江郎才尽的象征。"④

因此，从整个主权理论的发展轨迹和国际社会的基本结构来看，当今主权国家和国家主权理论所面临的主要问题是如何适应国际关系的新变化、与时俱进、不断发展。我们"不可能把主权从国际法领域内任意抹去"⑤。

推荐阅读书目及论文

1. ［澳］约瑟夫·凯米莱里，吉米·福尔克. 主权的终结？——日趋"缩小"和"碎片化"的世界政治. 李东燕，译. 杭州：浙江人民出版社，2001

---

① ［英］阿库斯特：《现代国际法概论》，汪瑄等译，18页，北京，中国社会科学出版社，1981。
② Boutros Boutros-Ghali, "Empowering the United Nations", *Foreign Affairs*, Vol. 72, No. 5, 1992 - 1993, pp. 98 - 99.
③ ［美］麦克尔·哈特、［意］安东尼奥·奈格里：《帝国——全球化的政治秩序》，杨建国、范一亭译，1～2页，南京，江苏人民出版社，2003。
④ J. D. van der Vyver, "Sovereignty and Human Rights in Constitutional and International Law", *Emory International Law Review*, Vol. 5, 1991, p. 322.
⑤ 阿南：《国际法上的主权》，载阿南编：《对抗或合作？国际法和发展中国家》，72页，1987。转引自王铁崖：《中国与国际法——历史与当代》，载《中国国际法年刊》，1991，67页。

2. 王志文. 评析国际法上之主权概念. 华冈法粹，2003（29）

3. ［美］麦克尔·哈特，［意］安东尼奥·奈格里. 帝国——全球化的政治秩序. 杨建国，范一亭，译. 南京：江苏人民出版社，2003

4. 肖佳灵. 国家主权论. 北京：时事出版社，2003

5. ［日］篠田英朗. 重新审视主权——从古典理论到全球时代. 戚渊，译. 北京：商务印书馆，2004

6. 黄仁伟，刘杰. 国家主权新论. 北京：时事出版社，2004

7. 杨泽伟. 主权论——国际法上的主权问题及其发展趋势研究. 北京：北京大学出版社，2006

8. Lillich. Sovereignty and Humanity：Can They Converge？. in Grahl Madsen and Toman ed.. The Spirit of Uppsala，1984

9. J. D. van der Vyver. Sovereignty and Human Rights in Constitutional and International Law. Emory International Law Review. Vol. 5，1991

10. Kaarle Nordenstreng and Herbert I. Schiller ed.. Beyond National Sovereignty：International Communication in the 1990s. Ablex Publishing Corporation，1993

11. Louis Henkin. The Mythology of Sovereignty. in Ronald St. J. Macdonald ed.. Essays in Honour of Wang Tieya. Martinus Nijhoff Publishers，1994

12. David J. Elkins. Beyond Sovereignty：Territory and Political Economy in the Twenty-First Century. University of Toronto Press，1995

13. Gene M. Lyons and Michael Mastanduno ed.. Beyond Westphalia？ State Sovereignty and International Intervention. the Johns Hopkins University Press，1995

14. David A. Smith，Dorothy J. Solinger and Steven C. Topik ed.. States and Sovereignty in the Global Economy. London，1999

15. Gerard Kreijen ed.. State，Sovereignty，and International Governance. Oxford University Press，2002

第三编　海洋法问题

第十一章

新时代中国深度参与全球海洋治理体系的变革：
理念与路径

对于中国这样一个海洋地理不利的国家和新兴的海洋利用大国而言[1]，推动全球海洋治理体系的变革，不但是中国建设海洋强国的需要[2]，而且是中国发挥负责任大国作用的重要表现，同时也有利于中国有效应对海洋权益维护的种种挑战，进一步提升中国在国际海洋事务中的话语权和影响力。[3] 诚如习近平总书记在中国共产党第十九次全国代表大会上的报告中明确指出的："全球治理体系和国际秩序变革加速推进"，"中国秉持共商共建共享的全球治理观……中国将继续发挥负责任大国作用，积极参与全球治理体系改革和建设，不断贡献中国智慧和力量"[4]。与此同时，近年来全球海洋治理问题日益引起国际社会的关注。例如，联合国在《改变我们的世界：2030 年可持续发展议程》中首次把"海洋可持续发展"单独列入其中[5]；欧盟在 2016 年出台的《国际海洋治理：未来海洋议程》中也表示，要把其海洋治理经验作为塑造全球海洋治理模式的基础[6]，等等。因此，总结中国参与全球海洋治理体系变革的实践及其经验教训，研究中国深度参与全球海洋治理体系变革

---

[1] 目前中国海运船队规模位居世界第 3 位，中国大陆港口货物吞吐量、集装箱吞吐量连续 9 年位居世界第 1 位，中国在 2010 年一举成为世界第一造船大国，中国在港机制造领域也是首屈一指的，中国在海工装备的发展（如"海洋石油 981""蛟龙"号等）也引起世界瞩目。参见杨培举：《海事界的中国之声》，载《中国船检》，2012（8）。

[2] 中国共产党十八大报告明确提出：中国应"提高海洋资源开发能力，发展海洋经济，保护海洋生态环境，坚决维护国家海洋权益，建设海洋强国"。参见胡锦涛：《坚定不移沿着中国特色社会主义道路前进，为全面建成小康社会而奋斗》，40 页，北京，人民出版社，2012。

[3] 中国共产党十八届四中全会决议指出："加强涉外法律工作……积极参与国际规则制定，推动依法处理涉外经济、社会事务，增强我国在国际法律事务中的话语权和影响力，运用法律手段维护我国主权、安全、发展利益。"

[4] 习近平：《决胜全面建成小康社会、夺取新时代中国特色社会主义伟大胜利——在中国共产党第十九次全国代表大会上的报告》（2017 年 10 月 18 日），58、60 页，北京，人民出版社，2017。

[5] 参见《改变我们的世界：2030 年可持续发展议程》，载 http：//www.un.org/en/ga/search/view_doc.asp?symbol＝A/70/L.1。

[6] See Joint Communication to the European Parliament，the Council，the European Economic and Social Committee and the Committee of Regions，*International Ocean Governance*：*An Agenda for the Future of Our Oceans*，Brussels，10.11.2016，JOIN（2016）49 final.

的现实困境及其理念，探讨中国未来深入参与全球海洋治理体系变革的路径选择，无疑具有重要的理论价值与现实意义。

一、中国参与全球海洋治理体系变革的实践

（一）中国参与全球海洋治理体系变革的多边实践

1. 中国与当代全球海洋治理体系的建立

1971 年联合国大会通过了第 2758 号决议，恢复了中华人民共和国在联合国的合法席位。从 1972 年开始，中国派出代表团参加了联合国海底委员会和第三次联合国海洋法会议的历期会议。1977 年中国加入了联合国教科文组织政府间海洋学委员会。1982 年 4 月，在表决《海洋法公约》时，中国投了赞成票。同年 12 月，《海洋法公约》在牙买加开放签署时，中国首批签署了《海洋法公约》[①] 和《第三次联合国海洋法会议最后文件》。[②] 可见，中国完全参与了当代全球海洋治理体系的建立。[③]

2. 中国参与全球海洋治理体系变革的实践

1982 年当代全球海洋治理体系建立后，中国一直积极参与并推动全球海洋治理体系的变革，主动参加"涉海国际组织、多边机制和重大科学计划，推动国际和地区海洋合作"[④]。中国参加了联合国秘书长主持的《关于执行 1982 年 12 月 10 日〈联合国海洋法公约〉第十一部分的协定》的协商工作，并于 1996 年批准了该协定。中国也参加了《关于执行 1982 年 12 月 10 日〈联合国海洋法公约〉有关养护和管理跨界鱼类种群和高度洄游鱼类种群的规定的协定》的协商工作，投票赞成并签署了该协定。中国还积极参与联合国粮食及农业组织、国际海事组织等专门机构有关全球海洋治理规则的制定工作。

1983 年 3 月，国际海底管理局和国际海洋法法庭筹备委员会开始运作，中国一直派政府代表团参加会议。自 1994 年国际海底管理局成立以来，中国积极参加了国际海底管理局《"区域"内多金属结核探矿和勘探规章》、《"区域"内多金属硫化物探矿和勘探规章》和《"区域"内富钴铁锰结壳探矿和勘探规章》的制定，并积极投入国际海底管理局有关"开采法典"的立法工作中。2016 年 7 月，国际海底管理局公布了《"区域"内矿产资源开发和标准合同条款规章工作草案》[⑤]，中国大洋

---

① 1996 年 5 月 15 日，中国全国人民代表大会常务委员会通过了关于批准《海洋法公约》的决定，该公约于 1996 年 6 月 7 日对中国生效。

② 参见陈德恭：《现代国际海洋法》，518 页，北京，海洋出版社，2009。

③ 《海洋法公约》被誉为"海洋宪章"，因此 1982 年《海洋法公约》的开放签署，标志着当代全球海洋治理体系的建立。

④ 徐贺云：《改革开放 40 年中国海洋国际合作的成果和展望》，载《边界与海洋研究》，2018（6），23 页。

⑤ 参见 https：//www.isa.org.jm/files/documents/EN/Regs/DraftExpl/Draft _ ExplReg _ SCT.pdf。

协会、中国五矿集团公司分别向国际海底管理局递交了对于该工作草案的不公开意见。① 此外，中国大洋协会是国际海底多金属结核资源的"先驱投资者"。2001 年，中国大洋协会与国际海底管理局签订了勘探合同，成为勘探开发国际海底区域多金属结核资源的承包者之一，在东北太平洋海底获得了一块面积为 7.5 万平方公里的多金属结核矿区的专属勘探权和优先开采权。2017 年 5 月，中国大洋协会和中国五矿集团公司分别与国际海底管理局签署了勘探合同延期协议和多金属结核勘探合同。2019 年 7 月，在国际海底管理局第 25 届会议上，北京先驱高技术开发公司提交的多金属结核勘探工作计划获得批准。此次获批勘探区位于西太平洋国际海底区域，面积约 7.4 万平方公里。截至 2022 年 1 月，中国实体在国际海底区域获得了五块专属勘探矿区。此外，1996 年国际海洋法法庭成立后，中国的赵理海、许光建、高之国和段洁龙先后担任该法庭的法官。中国代表还当选了联合国大陆架界限委员会委员和国际海事组织理事会主席。②

值得一提的是，2015 年联合国大会通过了第 69/292 号决议，决定启动"国家管辖范围以外海域生物多样性"养护和可持续利用问题的国际协定谈判，就国家管辖范围以外海域生物多样性的养护和可持续利用问题拟订一份具有法律约束力的国际文书。③ 中国积极参与这一全球海洋治理新领域重要立法的谈判进程。④

（二）中国参与全球海洋治理体系变革的区域实践

1. 中国积极参加众多区域性国际组织的活动，以推动国际海洋合作

例如，中国在亚太经合组织、北太平洋海洋科学组织、环印度洋区域合作联盟等区域性国际组织中积极倡导蓝色经济合作，构建蓝色伙伴关系。"中国先后承建了 APEC 海洋可持续发展中心、IOC 海洋动力学和气候培训与研究中心等 8 个国际组织在华国际合作机制，为中国参加相关国际组织合作提供了重要平台。"⑤ 又如，中国政府积极参加极地区域治理。作为北极事务重要利益攸关方，中国于 2013 年正式成为北极理事会观察员国；2018 年中国国务院新闻办公室发表了《中国的北极政策》白皮书，全面介绍了中国参与北极事务的政策目标、基本原则和主要政策主张。中国政府也高度重视南极的治理和发展：早在 1983 年，中国就加入了《南极条约》；1985 年，中国成为《南极条约》的协商国；2008 年，中国单独提出的格

---

① See "Contributions to the Working Draft Exploitation Regulations", available at https：//www. isa. org. jm/files/documents/EN/Regs/DraftExpl/Comments/Comments _ Listing. pdf.

② 2017 年 12 月 7 日，在国际海事组织理事会第 119 届会议上，中国交通运输部国际合作司副司长张晓杰当选为国际海事组织理事会主席。

③ See A/RES/69/212.

④ "国家管辖范围以外海域生物多样性国际协定"的立法进程之所以如此重要，关键原因在于其可能关系到整个国家管辖范围以外海洋秩序的变革，并涉及很多重要问题，如深海基因资源和公海保护区的问题。

⑤ 徐贺云：《改革开放 40 年中国海洋国际合作的成果和展望》，载《边界与海洋研究》，2018（6），23 页。

罗夫山哈丁山南极特别保护区管理计划以及中澳联合提出的阿曼达湾南极特别保护区管理计划获得批准；2017 年，中国政府承办了第 40 届南极条约协商会议和第 20 届南极环境保护委员会会议，发布了《中国的南极事业》报告；并与美国、俄罗斯、德国等国家签署极地合作谅解备忘录等；还积极推动通过由中方牵头并联合美国、澳大利亚等国家提交的绿色考察倡议等。

2. 中国主动倡导与东盟国家的合作，以维护南海的和平与稳定

早在 2002 年中国与东盟各国签署了《南海各方行为宣言》。2011 年，中国与东盟国家又签署了《落实〈南海各方行为宣言〉指导方针》。2017 年，中国与东盟国家就"《南海各方行为准则》（COC）框架"达成一致。2018 年，"《南海各方行为准则》单一磋商文本草案"正式获得中国与东盟国家认可，并开始了第一轮审读。此外，中国与东盟国家在包括海洋合作在内的非传统安全合作方面已经达成了多项协议，如 2002 年《中国与东盟关于非传统安全领域合作联合宣言》、2004 年《中华人民共和国政府和东南亚国家联盟成员国政府非传统安全领域合作谅解备忘录》、2014 年《灾害管理合作安排谅解备忘录》等；并设立了中国与东盟海上合作基金。2015 年为"中国—东盟海洋合作年"，"双方探讨举办包括相关国家海洋部长出席的海洋合作论坛，加强海上执法机构间对话合作，成立海洋合作中心"① 等。2016 年，中国与东盟国家领导人审议通过了《中国与东盟国家关于在南海适用〈海上意外相遇规则〉的联合声明》和《中国与东盟国家应对海上紧急事态外交高官热线平台指导方针》。② 中国政府还提出了《南海及其周边海洋国际合作框架计划(2011—2015)》《南海及其周边海洋国际合作框架计划（2016—2020)》，赢得了南海周边国家的广泛赞誉和积极响应。

值得注意的是，2017 年国家发展改革委和国家海洋局联合发布了《"一带一路"建设海上合作设想》，就推进"一带一路"建设海上合作提出中国方案，致力于推动联合国制定的《2030 年可持续发展议程》在海洋领域的落实，与 21 世纪"海上丝绸之路"沿线各国开展全方位、多领域的海上合作，共同打造开放、包容的合作平台，推动建立互利共赢的蓝色伙伴关系，铸造可持续发展的"蓝色引擎"③。

（三）中国参与全球海洋治理体系变革的双边实践

"中国一直致力于推动构建充满活力的海洋国际合作双多边机制，并深度融入海洋国际大家庭。"④ 中国既注重与大国间的全球海洋治理活动，也重视与周边国

① 李克强：《在第十七次中国—东盟（10＋1）领导人会议上的讲话》，载《人民日报》，2014－11－14，3 版。
② 参见海民：《我国边界海洋问题与中国特色的边海外交》，载《边界与海洋研究》，2018（6），11 页。
③ 国家发展改革委和国家海洋局：《"一带一路"建设海上合作设想》（2017 年 6 月 20 日），载http://www.soa.gov.cn/xw/ztbd/ztbd_2017/gjhyj21sczl/。
④ 徐贺云：《改革开放 40 年中国海洋国际合作的成果和展望》，载《边界与海洋研究》，2018（6），18～19 页。

家的海洋合作，还积极寻求与发展中国家的合作。

第一，就与大国间的全球海洋治理活动而言，从 20 世纪 70 年代开始，中国与美国、加拿大和日本等国家和地区开展了一系列的全球海洋治理合作。例如，早在 1979 年中国与美国签订了《中华人民共和国国家海洋局和美利坚合众国国家海洋与大气局海洋和渔业科技合作议定书》，后来双方又制定了《2011—2015 年中国国家海洋局和美国国家海洋和大气局海洋与渔业科技合作框架计划》，并且开展了"中美热带西太平洋海气相互作用合作研究（1985—1989 年）""中美热带西太平洋海气耦合响应合作试验（1992—1993 年）"等。又如，2010 年中国政府与欧盟委员会签署了《关于在海洋综合管理方面建立高层对话机制的谅解备忘录》，并把 2017 年设立为"中国—欧盟蓝色年"，共同构建"蓝色伙伴关系"[1]。此外，中国与澳大利亚、新西兰、德国、丹麦、冰岛等国家分别签署了加强极地领域合作的谅解备忘录和联合声明，成立了"中国—北欧北极研究中心"，与冰岛共建了"中冰联合极光观测台"，还与德国开展"南海地球科学联合调查研究"，与日本进行"中日黑潮调查研究"等。[2]

第二，从与周边国家的海洋合作来说，早在 20 世纪 70 年代末，中国政府就提出了"主权属我、搁置争议、共同开发"原则，试图通过国际合作以和平的方式解决中国与周边海上邻国间的海洋争端。[3] 例如，2005 年中朝签订了《中朝政府间关于海上共同开发石油的协定》，这是中国与周边海上邻国签订的第一个共同开发协定。同年，中国海洋石油总公司和越南石油总公司签署了《关于北部湾油气合作的框架协议》。2013 年，中国和文莱两国发表了《中华人民共和国和文莱达鲁萨兰国联合声明》，中国和越南两国发表了《新时期深化中越全面战略合作的联合声明》，均表示要积极研究和商谈南海共同开发问题。此外，中越两国还于 2000 年签署了《中华人民共和国和越南社会主义共和国关于两国在北部湾领海、专属经济区和大陆架的划界协定》和《中华人民共和国政府和越南社会主义共和国政府北部湾渔业合作协定》。另外，2000 年中韩两国签署了《中华人民共和国政府和大韩民国政府渔业协定》；2015 年，中韩两国正式启动了海域划界谈判。2000 年，中日两国也签订了《中华人民共和国和日本国渔业协定》；2008 年，中日双方达成了《东海问题原则共识》；2011 年，中日就建立海洋事务高级别磋商机制达成一致；2018 年中日两国先后签署了《中日防务部门海空联络机制谅解备忘录》和《中华人民共和国政府和日本国政府海上搜寻救助合作协定》等。

值得注意的是，2017 年中菲南海问题双边磋商机制正式建立并顺利运作。[4] 特

---

① 目前中国已先后与葡萄牙、欧盟签订了共建"蓝色伙伴关系"协议。
② 参见徐贺云：《改革开放 40 年中国海洋国际合作的成果和展望》，载《边界与海洋研究》，2018（6），21 页。
③ 参见杨泽伟主编：《海上共同开发国际法理论与实践研究》，2 页，武汉，武汉大学出版社，2018。
④ 参见海民：《我国边界海洋问题与中国特色的边海外交》，载《边界与海洋研究》，2018（6），11 页。

别是，2005 年中国、菲律宾和越南的三家石油公司签署了《在南中国海协议区三方联合海洋地震工作协议》，被认为朝着"主权属我、搁置争议、共同开发"原则迈出了历史性、实质性一步。[①] 2018 年，中菲两国签署了《中华人民共和国政府与菲律宾共和国政府关于油气开发合作的谅解备忘录》，规定"双方决定根据有关国际法加快谈判相关安排，为双方在有关海域的油气勘探和开采提供便利；双方将在本备忘录签订后 12 个月内致力于就合作安排达成一致"[②]。

第三，积极寻求与发展中国家的合作，一直是中国参与全球海洋治理体系变革的重要组成部分。例如，在环印度洋海域，中国先后与印度、巴基斯坦、斯里兰卡和孟加拉国等国家签订了《海洋合作谅解备忘录》，与斯里兰卡、巴基斯坦合作建立了海洋观测站和联合研究机构，并与南非、坦桑尼亚、塞舌尔、马尔代夫等国家建立了长期的双边海洋合作机制等。在太平洋海域，中国与瓦鲁阿图签订了有关海洋领域的双边合作法律文件。在大西洋海域，中国与牙买加共建了首个海洋环境联合观测站。[③] 特别是"一带一路"倡议的提出，为中国与广大发展中国家在全球海洋治理体系变革方面的合作提供了新的契机，中国逐步广泛开展与"一带一路"沿线国家的双边海洋合作，以实现"一带一路"倡议与沿线国家的战略对接。

二、中国参与全球海洋治理体系变革的经验教训与现实困境

（一）中国参与全球海洋治理体系变革的经验教训

1. 中国参与全球海洋治理体系变革的成功经验

从中国参与全球海洋治理体系变革的上述实践中，我们可以总结出如下的成功经验：

（1）发展中国家的自身定位，有利于中国获得国际社会绝大多数国家的支持。自中华人民共和国成立以来，中国政府根据当时的国际形势和自身的安全利益考量，在国际事务中与广大亚非拉发展中国家共进退，采取一致立场。这无疑具有正当性与时代的必然性。特别是自 20 世纪 60 年代以来，在联合国非殖民化的推动下，发展中国家逐渐成为联合国会员国的绝大多数。因此，在第三次联合国海洋法会议的历期会议中，中国不但把自己定位为发展中国家的一员，而且立场鲜明地支持其他发展中国家的立场和主张，倾向于扩大沿海国排他性利用与主权管辖的海域

[①] See Liu Zhenmin, "The Basic Position of China on the Settlement of Maritime Disputes", *China Ocean Law Review*, Vol. 2, 2005, p. 22；杨泽伟：《仲裁案后南海共同开发：机遇、挑战及中国的选择》，载《海南大学学报（人文社会科学版）》，2017（6），5 页。

[②] 中华人民共和国外交部：《中华人民共和国政府和菲律宾共和国政府关于油气开发合作的谅解备忘录》（2018 年 11 月 20 日），载 https://www.mfa.gov.cn/web/ziliao_674904/tytj_674911/tyfg_674913/t1616639.shtml.

[③] 参见徐贺云：《改革开放 40 年中国海洋国际合作的成果和展望》，载《边界与海洋研究》，2018（6），22～23 页。

范围，以对抗美苏霸权，保障国家的安全利益与经济利益。例如，在 1974 年 7 月第三次联合国海洋法会议第二期会议上，中国代表明确指出："中国是一个发展中的社会主义国家，属于第三世界"①。又如，在 1972 年 3 月联合国海底委员会全体会议上，中国代表也提出："中国政府和中国人民……坚决站在亚、非、拉各国人民一边"②。可见，中国作为发展中国家的定位，无疑有利于中国赢得国际社会绝大多数国家的好感和支持。

（2）坚持国家主权平等、不干涉内政与和平解决国际争端等原则，既符合中国的一贯立场，也有利于维护中国的海洋权益。例如，在 1972 年联合国海底委员会有关会议上，中国代表不但指出"属于各国领海范围内的海峡……应由各沿岸国进行管理……各国应当遵循互相尊重主权和领土完整、互不侵犯和互不干涉内政的原则"③，而且针对日本代表关于日本对中国钓鱼岛等岛屿拥有主权的谎言进行了驳斥。④ 此外，对于领土问题和海洋划界争议，中国政府一再重申坚持与直接有关当事国在尊重历史事实的基础上，根据国际法，通过谈判协商解决有关争议。⑤

（3）积极参与全球海洋治理体系的变革，有助于中国海洋法律制度的发展与完善。伴随着中国参与当代全球海洋治理体系的建立以及其变革进程，中国涉海法律制度也在不断完善。进入 20 世纪 80 年代后，中国制定、颁布了一系列有关领海、专属经济区、大陆架、海峡、港口管理、船舶管理、防止海洋污染和保护水产资源等方面的法令、条例、规定和规则⑥，如 1992 年《中华人民共和国领海及毗连区法》和 1998 年《中华人民共和国专属经济区和大陆架法》等。特别是，1996 年中国批准了《海洋法公约》。这是中国适应当代全球海洋治理，依据国际法更有效地维护海洋权益的正确选择，它对中国海洋立法、海洋事务等诸多方面产生了广泛而深远的影响。此外，随着国际海底管理局有关探矿规章的制定和"开采法典"立法进程的加快，2016 年中国全国人大常委会通过了《中华人民共和国深海海底区域

---

① 《柴树藩同志在第二期会议上的发言（1974 年 7 月 2 日）》，载《我国代表团出席联合国有关会议文件集（1974.7－12）》，277 页，北京，人民出版社，1975。

② 《安致远代表在海底委员会全体会议上发言阐明我国政府关于海洋权问题的原则立场（1972 年 3 月 3 日）》，载北京大学法律系国际法教研室编：《海洋法资料汇编》，16～17 页，北京，人民出版社，1974。

③ 《沈韦良代表在海底委员会第二小组委员会会议上就海峡通航问题的发言（1972 年 7 月 24 日）》，载北京大学法律系国际法教研室编：《海洋法资料汇编》，33 页，北京，人民出版社，1974。

④ 中国代表安致远指出："日本政府妄图霸占中国领土钓鱼岛等岛屿掠夺这些岛屿附近的海底资源，这是明目张胆的侵略行为，对此，我们当然不能漠然置之……钓鱼岛等岛屿自古以来就是中国的领土。"〔《安致远代表在海底委员会会议上驳斥日本代表对我国领土钓鱼岛等岛屿拥有主权的谰言（1972 年 3 月 10 日）》，载北京大学法律系国际法教研室编：《海洋法资料汇编》，19～20 页，北京，人民出版社，1974。〕

⑤ 参见《中华人民共和国外交部关于应菲律宾共和国请求建立的南海仲裁案仲裁庭所作裁决的声明》（2016 年 7 月 12 日），载外交部网站，http://www.fmprc.gov.cn/nanhai/chn/snhwtlcwj/t1379490.htm。

⑥ 参见国家海洋局政策法规办公室编：《中华人民共和国海洋法规选编》，3 版，北京，海洋出版社，2001。

资源勘探开发法》。所有这些，不但有助于中国海洋强国战略的实施，而且有利于中国深度参与全球海洋治理体系的变革。

2. 中国参与全球海洋治理体系变革的教训

中国参与全球海洋治理体系变革的实践历程，也显露出诸多值得吸取的教训：

（1）中国应成为全球海洋治理体系的积极参与者和变革的推动者，而不是被动接受者和跟跑者。在全球海洋治理体系的变革中，中国多是国际规则的被动接受者，并且"表现良好"，"中国所倡议的新规则寥寥无几"[①]。以第三次联合国海洋法会议为例：在议题设置方面，中国的作用并不突出，没有主动提出有关议案，更多的是支持大多数发展中国家的要求[②]；在约文起草方面，中国对会议纷繁复杂的议题所涉及的法律问题非常陌生，缺乏这方面的法律专家来起草公约条文[③]；在缔约谈判能力方面，中国参会的代表团的成员人数比丹麦、瑞士等中等国家的还少，对国际会议的程序规则也不熟悉。可见，中国政府代表团虽然自始至终都参加了第三次海洋法会议的各期会议，但是并没有在当代全球海洋治理体系建立过程中留下中国烙印。因此，从某种意义上说正是由于中国对全球海洋治理体系的建立及其变革的参与度不高，导致了目前中国海洋维权的被动局面。

（2）中国的立场和主张应以本国海洋权益的维护为依归，而不能主要基于意识形态的考量。在当代全球海洋治理体系的建立以及其变革中，中国主要基于意识形态的考量，坚定地站在第三世界发展中国家一边，支持发展中国家的立场和主张。诚如有学者所指出的："作为一贯站在第三世界国家一边的具有十亿人口的社会主义国家，我国在海洋法主要问题上的原则立场对发展中国家却是个巨大的鼓舞"[④]。例如，国际海底开发制度是第三次联合国海洋法会议上争论的焦点，发展中国家和发达国家对此存在尖锐的对立。中国明确支持"77国集团"提出的由国际海底管理局进行统一开发和管理的主张，坚决反对发达国家对国际海底管理局的限制。[⑤]然而，当今中国已成为国际海底区域事务的积极参与者和贡献者，中国有关实体也早已成为国际海底区域多金属结核资源的"先驱投资者"，并在国际海底区域获得了五块专属勘探矿区。因此，发展中国家的上述立场和主张，明显不符合当今中国的国家利益。

---

① ［加］江忆恩：《中国和国际制度：来自中国之外的视角》，载王逸舟主编：《磨合中的建构——中国与国际组织关系的多视角透视》，351页，北京，中国发展出版社，2003。

② See Hungdah Chiu, "China and the Law of the Sea Conference", *Occasional Papers/Reprints Series in Contemporary Asian Studies*, Issue 4, 1981, p. 25.

③ 参见陈慧青：《中国与〈海洋法公约〉：历史回顾与经验教训》，载《武大国际法评论》，2017（3），127页。

④ 董世忠：《我国在第三次联合国海洋法会议上的原则立场》，载赵理海主编：《当代海洋法的理论与实践》，1页，北京，法律出版社，1987。

⑤ 参见《我国代表在第一委员会工作组会议上关于开发制度问题的发言（1976年8月20日）》，载《我国代表团出席联合国有关会议文件集（1976.7—12）》，174页，北京，人民出版社，1977。

（3）中国应注意短期利益与长远利益的平衡，避免全球海洋治理体系的一些规则成为中国实施海洋强国战略和实现中华民族伟大复兴的桎梏。例如，对于专属经济区的资源，中国的立场是"广大发展中国家宣布对自己沿海资源享有永久主权，这是它们的合法权益，其他国家应当予以尊重……沿海国既然对经济区的自然资源拥有完全主权，随之而来的，自然应该对经济区行使专属管辖权"①。然而，进入 21 世纪以来随着中国远洋渔业的迅速发展②，中国渔船、渔民屡遭他国的扣押，中国与印尼、韩国等国家的渔业纠纷也日益增多。③ 可见，中国的上述主张是与中国的国家长远利益相冲突的。此外，在国际海底区域资源开发方面，中国主张的单一开发制度，对中国来说也是一种明显的束缚，因为按照中国的主张，既然国际海底区域的资源只能由国际海底管理局统一负责开发和管理，那么中国参与开发的资格也没有，更不可能成为目前拥有最多矿区的"先驱投资者"。总之，在当代全球海洋治理体系的建立以及其变革中，对国家的长远利益缺乏战略性思考，导致了全球海洋治理体系的一些规则成为中国进一步发展的桎梏。

（二）中国参与全球海洋治理体系变革的现实困境

中国参与全球海洋治理体系的变革，还面临以下两大现实困境。

1. 中国的角色定位问题：发展中国家还是发达国家

如前所述，中国是以发展中国家的身份和立场融入国际社会、参与全球海洋治理体系变革的。④ 然而，当今中国的国际地位已经得到了较大的提升：首先，在经济方面，自 2010 年中国取代日本成为世界第二大经济体之后，中国的经济实力在不断提升。⑤ 还有国际机构断言，到 2020 年或 2050 年中国的 GDP 总量将超越美国，中国成为世界第一大经济体。中国还是当今世界上第一大制造、第一大货物贸易国、第一大外汇储备国、第一大债权国和第一大石油进口国。其次，在政治上中国是联合国安理会五大常任理事国之一，在国际舞台上具有很大的政治影响力。

---

① 《凌青同志在第二委员会关于专属经济区问题的发言（1974 年 8 月 1 日）》，载《我国代表团出席联合国有关会议文件集（1974.7—12）》，292～293 页，北京，人民出版社，1975。

② 2006 年中国开始补贴远洋渔业，推动了远洋渔业的快速发展，远洋捕捞渔船数量从 2007 年到 2014 年增长了近 45%。参见张春：《中国海洋战略的眼下与远方》，载（英国）《金融时报》网站，2017 年 7 月 18 日。转引自《参考消息》，2017 - 07 - 19，10 版。

③ See Zewei Yang, "The Present and Future of the Sino-South Korean Fisheries Dispute: A Chinese Lawyer's Perspective", *Journal of East Asia & International Law*, Vol. 5, No. 2, 2012, pp. 479 - 493.

④ 参见谢益显主编：《中国当代外交史（1949—2009）》，458 页，北京，中国青年出版社，2009。

⑤ See Hanqin Xue, "Chinese Contemporary Perspective on International Law: History, Culture and International Law", *Recueil des cours*, Vol. 355, 2011, p. 79.

况且，从 2019 年开始中国在联合国会员国应缴会费的分摊比例位居第二。① 最后，在军事方面中国是为数不多的几个核大国之一，在外空的探索与利用、信息技术等军事领域处于世界领先地位。因此，中国很难简单地再把自身定位为发展中国家了。

更为重要的是，海洋对中国的重要性日益明显。2017 年中国发布了《全国海洋经济发展"十三五"规划》，进一步明确了中国的海洋战略和海洋生态环境治理；提出了扩大对深远海空间的拓展，包括未来五年内将初步建立南北两极区域的陆、海、空观测平台；同时将开展深海生物资源调查和评估，推进深海矿业、装备制造和生物资源利用的产业化。这是海洋的重要性提升最直接的标志之一。② 目前中国有 3 800 万涉海就业人员，海洋经济占国内生产总值的比例接近 10%。据估计，到 2030 年海洋经济对国民经济的贡献率将达到 15%。③ 此外，2017 年 5 月中国首次主办了《南极条约》缔约国年会，这标志着中国在全球海洋治理中的角色和影响也日渐重要，也预示着中国将在全球海洋治理中逐渐由"跟跑者"变为"领跑者"。

2. 国内涉海法律制度的缺陷

如前所述，伴随着中国参与全球海洋治理体系变革的实践，中国涉海法律制度也在不断发展和完善。然而，从建设海洋强国的角度来看，目前中国涉海法律制度还存在诸多缺陷：一方面，《中华人民共和国宪法》还没有关于"海洋"的明确规定，中国的"海洋基本法"尚未出台。另一方面，中国现有的一些涉海法律制度也不利于海洋强国战略的实施。例如，关于军舰是否享有无害通过领海的权利问题，中国一直主张军舰在领海不享有无害通过权。④ 然而，"从长远看，根据对等原则，要求外国军舰通过领海必须事先同意，未必对我国有利"⑤，因为：一方面，中国

---

① 根据 2018 年 12 月联合国大会通过的预算决议，2019 年—2021 年联合国会员国应缴会费的分摊比例，中国是 12%，位于第二，仅次于美国；中国承担的联合国维和行动的费用摊款比例达到了 15.2%，也位居第二，仅次于美国。另据 2021 年 12 月联合国大会通过的预算决议，2022 年—2024 年联合国会员国应缴会费的分摊比例，中国达到了 15.254%，位于第二，仅次于美国；中国承担的联合国维和行动的费用摊款比例达到了 18.6556%，位居第二，仅次于美国。

② 参见国家发展改革委、国家海洋局：《全国海洋经济发展"十三五"规划》（2017 年 5 月），载国家发展和改革委员会网站，http：//www.ndrc.gov.cn/zcfb/zcfbghwb/201705/W020170512615906757118.pdf。

③ 参见傅梦孜、陈旸：《对新时期中国参与全球海洋治理的思考》，载《太平洋学报》，2018（11），49 页。

④ 《中华人民共和国政府关于领海的声明》（1958 年 9 月 4 日）明确规定："一切外国飞机和军用船舶，未经中华人民共和国政府的许可，不得进入中国的领海和领海上空"（北京大学法律系国际法教研室编：《海洋法资料汇编》，84 页，北京，人民出版社，1974 年版）。1992 年颁布的《中华人民共和国领海及毗连区法》第 6 条第 2 款规定："外国军用船舶进入中华人民共和国领海，须经中华人民共和国政府批准。"1996 年中国在批准《海洋法公约》时，附带有如下声明："《联合国海洋法公约》有关领海内无害通过的规定，不妨碍沿海国按其法律规章要求外国军舰通过领海必须事先得到该国许可或通知该国的权利。"

⑤ 赵理海：《〈联合国海洋法公约〉的批准问题》，载《北京大学学报（哲学社会科学版）》，1991（4），59 页。

的主张主要是考虑军事安全和难以忘怀的近代屈辱的"炮舰外交"；另一方面，随着中国海洋强国战略的实施，军舰享有无害通过领海的权利更有利于中国海军走向世界和对中国海洋权益的维护。因此，支持第三世界国家的提议，即通过领海范围内的国际海峡一定要征得沿海国的同意或事先通知，从长远来看是与中国作为一个成长中的海洋大国的国家利益相冲突的。①

三、中国深度参与全球海洋治理体系变革的外在机遇与内在动力

（一）中国深度参与全球海洋治理体系变革的外在机遇

当代全球海洋治理体系的种种缺陷以及其面临的新挑战，为中国深度参与全球海洋治理体系的变革提供了难得的外部机遇。

1. 当代全球海洋治理体系的主要缺陷

如前所述，当代全球海洋治理体系的建立，始于 1982 年《海洋法公约》的签署。② 此后，当代全球海洋治理体系不断发展。例如，1994 年《执行协定》对《联合国海洋法公约》第十一部分关于海底采矿规则等内容作了全面的调整；1995 年《联合国鱼类种群协定》对传统的公海捕鱼自由原则作了一些修改。③ 然而，以《海洋法公约》为核心的当代全球海洋治理体系④，作为调和、折中的产物，存在以下几个方面的缺陷：

（1）当代全球海洋治理体系的诸多规则模糊不清。

首先，当代全球海洋治理体系诸多规则的主要载体是造法性条约，相关规定一般比较原则、笼统，容易引发争议。例如，当代全球海洋治理领域最为重要的造法性条约——《海洋法公约》，就在历史性权利以及岛屿与岩礁制度等方面，缺乏明确的规定。《海洋法公约》涉及历史性权利的条款主要有第 10 条、第 15 条和第 298 条。然而，从上述有关条款的规定可以看出，《海洋法公约》并没有明确界定什么是"历史性海湾"（historic bays）、"历史性水域"（historic waters）或"历史性权利"（historic title）。此外，《海洋法公约》第 121 条虽然对"岛屿制度"专门作了规定，但是这一条款既没有对"岛屿""岩礁"作出明确的界定，也没有对"维持人类居住或其本身的经济生活"规定具体的标准，因而造成在理论上和实践中的诸

---

① See Hungdah Chiu, "China and the Law of the Sea Conference", *Occasional Papers/Reprints Series in Contemporary Asian Studies*, Issue 4, 1981, p. 25.

② See Annick de Marffy, "Ocean Governance: A Process in the Right Direction for the Effective Management of the Oceans", *Ocean Yearbook*, Vol. 18, 2004, p. 163.

③ 参见杨泽伟主编：《国际法》，3 版，172～173 页，北京，高等教育出版社，2017。

④ See Tullio Scovazzi, "The Evolution of International Law of the Sea: New Issues, New Challenges", *Recueil des cours*, Vol. 286, 2000, p. 122.

多分歧。①

其次，造法性条约的很多条款规定都是一揽子交易的结果，为了达成协议、平衡各方利益，条约也只能采用模糊的规定。例如，在第三次联合国海洋法会议上，许多国家同意外国军舰及军用飞机可以通过属于沿岸国的海峡之规定时，是以同意《海洋法公约》第十一部分有关海底采矿国际管理制度为条件的。② 又如，在第三次联合国海洋法会议上，关于相邻或相向国家间大陆架的划界原则是争论最激烈的问题之一。在两种不同意见相对立的情形下，《海洋法公约》第83条作出了下述规定："海岸相向或相邻国家间大陆架的界限，应在国际法院规约第三十八条所指国际法的基础上以协议划定，以便得到公平解决。"可见，该条规定是原则性的，实际上并没有解决上述两种观点对立问题。

最后，当代全球海洋治理体系的一些规则通常以政治性声明的形式出现，法律约束力不强。例如，为了增进本地区的和平、稳定、经济发展与繁荣，促进建设南海地区和平、友好与和谐的环境，2002年中国与东盟各国签署了《南海各方行为宣言》，但该宣言没有法律约束力，对相关国家在南海违反该宣言精神的行为缺乏惩罚机制。③

（2）当代全球海洋治理机制的碎片化现象十分明显。④

一方面，在当代全球海洋治理机制中，国际组织众多：既有发挥重要作用的联合国专门机构，如国际海事组织、联合国粮食及农业组织、联合国教科文组织，也有不少区域性国际组织，特别是在渔业领域⑤，如"南极海洋生物资源养护委员会""大西洋金枪鱼养护国际委员会""印度洋金枪鱼委员会"等。

---

① See Jon M. Van Dyke and Robert A. Brooks, "Uninhabited Islands: Their Impact on the Ownership of the Oceans' Resources", *Ocean Development and International Law*, Vol. 12, 1983, p. 286; Yann-huei Song, "The Application of Article 121 of the Law of the Sea Convention to the Selected Geographical Features Situated in the Pacific Ocean", *Chinese Journal of International Law*, Vol. 9, 2010, pp. 679 - 680; Jonathan I. Charney, "Note and Comment: Rocks that cannot Sustain Human Habitation", *American Journal of International Law*, Vol. 93, 1999, p. 868; 杨泽伟：《论21世纪海上丝绸之路建设与国际海洋法律秩序的变革》，载《东方法学》，2016（5），46~47页。
② See Hugo Caminos and Michael R. Molitor, "Progressive Development of International law and the Package Deal", *American Journal of International Law*, Vol. 79, 1985, pp. 879, 887 - 890.
③ 同样，2011年7月中国与东盟国家签署的《落实〈南海各方行为宣言〉指导方针》也是一项政策性声明。
④ See Yoshifumi Tanaka, "Zonal and Integrated Management Approaches to Ocean Governance: Reflections on a Dual Approach in International Law of the Sea", *The International Journal of Marine and Coastal Law*, Vol. 19, 2004, p. 506.
⑤ 关于区域性国际组织在全球海洋治理中的作用，see A. H. A. Soons, "Implementation of the Law of the Sea Convention through International Institutions", *Proceedings of the 23rd Annual Conference of the Law of the Sea Institute*, June 12 - 15, 1989, Honolulu, University of Hawaii, 1990, pp. 38 - 138; L. Juda, "Rio Plus Ten: The Evolution of International Marine Fisheries Governance", *Ocean Development & International Law*, Vol. 33, 2002, pp. 123 - 128.

另一方面，与当代全球海洋治理机制有关的国际组织，相互之间缺乏协调①，职能存在重叠。例如，在海域环境管理方面，国际海底管理局于 2017 年 1 月公布了《国际海底区域矿产资源勘探开发环境规章草案》（the development and drafting of Regulations on Exploitation for Mineral Resources in the Area, Environmental Matters），对国际海底区域环境影响评估、环境保护规划、环境规划审议以及补救和惩罚措施等内容作了较为详细的制度设计和安排。② 然而，国际海洋法法庭成立了 "海洋环境争端分庭"（the Chamber for Marine Environment Dispute），以处理《海洋法公约》缔约方提交的有关海洋环境保护和保全方面的争端。③ 另外，国际海事组织也订立了诸多有关海洋环境全球治理的公约，如 1969 年《国际干预公海油污事故公约》和《国际油污损害民事责任公约》等。可见，与当代全球海洋治理机制有关的国际组织相互间的职能重叠，非常明显。④

当代全球海洋治理机制的碎片化现象，造成了一些海洋治理领域的缺漏。例如，按照地理要素，《海洋法公约》将海域划分为七大区域，即内（海）水、领海、毗连区、专属经济区、大陆架、公海和国际海底区域，并规定了不同的法律制度。然而，在这种碎片化的管理模式下，在管理内容上必然存在真空地带。以《海洋法公约》第 101 条为例：该条规定海盗行为必须发生在公海上。依这一条款规定发生在专属经济区的非法暴力行为被排除在海盗行为之外。同时，它也削弱了各国基于《海洋法公约》第 100 条所负有的 "合作制止海盗行为的义务"⑤，严重影响了打击海盗的有效性。⑥

2. 当代全球海洋治理体系面临的主要挑战

当代全球海洋治理体系主要面临以下挑战并呈现出以下发展趋势：

---

① See Yoshifumi Tanaka, "Zonal and Integrated Management Approaches to Ocean Governance: Reflections on a Dual Approach in International Law of the Sea", *The International Journal of Marine and Coastal Law*, Vol. 19, 2004, pp. 511 - 512.

② See "The Development and Drafting of Regulations on Exploitation for Mineral Resources in the Area, Environmental Matters", available at https: //www. isa. org. jm/files/documents/EN/Regs/DraftExpl/DP-EnvRegsDraft25117. pdf.

③ 关于国际海洋法法庭 "海洋环境争端分庭" 的有关情况，see https: //www. itlos. org/the-tribunal/chambers/。

④ 不可否认，国际组织之间有协调行动，但远远不够。See Annick de Marffy, "Ocean Governance: A Process in the Right Direction for the Effective Management of the Oceans", *Ocean Yearbook*, Vol. 18, 2004, p. 184.

⑤ 《海洋法公约》第 100 条 "合作制止海盗行为的义务" 规定："所有国家应尽最大可能进行合作，以制止在公海上或在任何国家管辖范围以外的任何其他地方的海盗行为。"因此，根据《海洋法公约》第 100 条的规定，各国对发生在其领海或专属经济区的海盗行为，无须承担义务。

⑥ See Rosemary Collins and Daud Hassan, "Applications and Shortcomings of the Law of the Sea in Combating Piracy: A South East Asian Perspective", *Journal of Maritime Law and Commerce*, Vol. 40, 2009, p. 3.

（1）当代全球海洋治理的新领域、新问题不断出现。

例如，目前养护和利用国家管辖范围以外海域生物多样性问题，已成为国际社会关注的一个热点领域。2017年7月20日，国家管辖范围以外海域生物多样性问题国际文件谈判预委会第4次会议，向联合国大会提交了《海洋生物多样性养护和可持续利用的具有法律拘束力的国际文书建议草案》（A/AC.287/2017/PC.4/2），同时建议在联合国的主持下尽快决定召开政府间会议，充分考虑上述草案的各项要素并依其案文开展详细讨论。2017年12月，第72届联合国大会决定将国家管辖范围以外海域生物多样性养护和可持续利用问题国际协定谈判正式转入政府间大会阶段，从2018年9月到2020年上半年先安排四次会议，继续聚焦海洋遗传资源及其惠益分享、海洋保护区等划区管理工具、环境影响评价、能力建设和海洋技术转让等议题。可见，有关新的全球海洋治理规则和制度正在酝酿产生中。

又如，当前国际海底区域活动的重心已进入一个历史性转折期，即从勘探阶段向勘探与开发准备期过渡，当务之急是制定"开采法典"，以便就未来的矿区开发问题搭建制度框架。为此，2016年国际海底管理局公布了《"区域"内矿产资源开发和标准合同条款规章工作草案》（以下简称《开采规章》）。① 2017年国际海底管理局公布了《国际海底区域矿产资源勘探开发环境规章草案》（以下简称《环境规章》）。② 2017年8月，国际海底管理局公布了《"区域"内矿产资源开发规章草案》（Draft Regulations on Exploitation of Mineral Resources in the Area），将开发、环境与监管等事项合并为一份规章草案。2018年7月，国际海底管理局公布了《"区域"内矿产资源开发规章草案》的修订版，有关条款的内容更加清晰，但各方对开发规章草案中所涉及的开采矿区的申请制度、企业部独立运作、承包者的权利和义务、担保国的责任、惠益分享、缴费机制和环境保护等问题仍然存在较大分歧。2019年3月，国际海底管理局公布了《"区域"内矿产资源开发规章草案》的修订版，其内容在上一版本的基础上进行了微调。从整体上看，2019年版的内容比较全面，涵盖了开发事项的诸多方面，如承包者申请开发的条件、环境保护以及监管等。然而，该版草案还有许多议题需要完善，如在涉及人类共同继承财产最核心的收益分享事项上草案并没有作出任何规定，草案对企业部的设立和运作也缺乏具体规定等。2020年2月，国际海底管理局第26届第一期会议就开发规章草案所涉财务、环保、决策、监管等问题进行了讨论，但没有形成一致结论。虽然相关利益攸关方对上述《开采规章》和《环境规章》还存在较大的利益分歧，特别是在收费、

① See "Working Draft Regulations and Standard Contract Terms on Exploitation for Mineral Resources in the Area", available at https：//www.isa.org.jm/files/documents/EN/Regs/DraftExpl/Draft_Expl-Reg_SCT.pdf.

② See "The Development and Drafting of Regulations on Exploitation for Mineral Resources in the Area，Environmental Matters", available at https：//www.isa.org.jm/files/documents/EN/Regs/DraftExpl/DP-EnvRegsDraft25 117.pdf.

环保、保密信息这三项核心议题上尚未达成统一的意见，因而"开采法典"的最终完成尚需时日，但是制定科学合理、公平公正的国际海底区域资源"开采法典"无疑是国际海底管理局今后几年面临的一项主要挑战，也是当代全球海洋治理必须面对的新问题。

（2）非传统安全问题对当代全球海洋治理体系的冲击。

一方面，海上恐怖主义威胁凸显。随着"伊斯兰国"等恐怖主义组织在伊拉克和叙利亚的日渐式微，诸如"伊斯兰国"等恐怖主义组织有可能向海上渗透和转移。另一方面，气候变化对全球海洋治理的影响，也引起国际社会越来越多的关注[1]，诚如2015年第70届联合国大会通过的《2030年可持续发展议程》所指出的："全球升温、海平面上升、海洋酸化和气候变化产生的其他影响，严重影响到沿海区域和低地沿海国家，包括许多最不发达国家和小岛屿发展中国家。"[2]

（3）诸多涉海问题兼具公法与私法的特点，这种复杂性大大降低了全球海洋治理的成效。

例如，航行自由既涉及公法上的一国军舰在他国领海的无害通过和在他国专属经济区的活动问题，也涉及私法上的国际海上货物运输问题。而确保航行自由和安全又涉及打击海上恐怖主义和海盗的行动，也与海上油气钻井平台的设立和搭建密切相关，后者又有可能关系到大陆架的划界和国际海底区域资源的开发，其中海洋环境保护问题又贯穿始终。

（4）对国家管辖范围以外海域的限制持续加强，成为全球海洋治理的新趋势。

目前全球海洋治理体系正在经历理念、规则和秩序的变化，并呈现"对国家管辖范围以外海域的限制持续加强"的发展趋势[3]，如深海基因资源法律地位的确定、公海保护区的法律制度构建问题等。关于公海保护区的建立问题，至今全球范围内主要建了四个公海保护区，一些国际组织和非政府组织还提出了数十个公海保护区潜在优选区，如马达加斯加东部的印度洋沙耶德马勒哈浅滩等。目前建立公海保护区已成为国际社会保护国家管辖范围以外的海洋资源的有效手段。

（二）中国深度参与全球海洋治理体系变革的内生动力

1. 中国的综合国力增强、影响力不断提升，为中国深度参与全球海洋治理体系的变革提供了现实基础

作为全球海洋治理体系的重要组成部分，"高成本、高技术含量的海洋研究和

---

① Robin Kundis Craig, "Ocean Governance for the 21st Century: Making Marine Zoning Climate Change Adaptable", *Harvard Environmental Law Review*, Vol. 36, 2012, pp. 305 - 350.

② "Transforming our world: the 2030 Agenda for Sustainable Development" (A/70/L. 1), available at http://research.un.org/en/docs/ga/quick/regular/70.

③ 参见杨泽伟主编：《国际法》，3版，181页，北京，高等教育出版社，2017。

海洋开发与保护，需要雄厚的国家综合实力作为支撑"①。随着中国综合国力的日益增强，中国的国家利益日益拓展，中国影响力在进一步提升。中国提出的"一带一路"倡议产生了很大影响，并被写入了联合国有关决议中。特别是中国提出的人类命运共同体思想，作为新时代中国国际法观的核心理念和中国对国际法的发展的重要理论贡献，也得到了国际社会的广泛认同和响应。这说明中国参与规则塑造的能力在不断增强。

2. 中国深度参与全球海洋治理体系的变革，是应对国际格局的变化和因应"逆全球化"趋势的应有之义

一方面，近年来国际关系出现了较大变化，国际权力开始出现了转移，"东升西降"的趋势较为明显。例如，美国的综合国力相对下降，在国际上的影响力有所降低；与此同时，出现一些新兴力量，如"20国集团""金砖五国""薄荷四国"等，它们对国际关系的发展演变产生了重要影响。另一方面，"逆全球化"的趋势更加明显。例如，2020年1月31日，英国正式离开欧盟。又如，美国接连"退群"。特朗普上任以来，美国相继退出了《跨太平洋贸易伙伴协定》（TPP）、气候变化《巴黎协定》、联合国教科文组织、《伊朗核问题全面协议》。另外，美国还有可能退出联合国人权理事会、万国邮政联盟和《中导条约》等。可见，中国深度参与全球海洋治理体系的变革，既是为了有效应对"逆全球化"的趋势，也是为了更好地维护和保障中国的海洋权益。

3. 中国深度参与全球海洋治理体系的变革，有利于更好地维护和保障中国的海洋权益

首先，中国海洋权益涉及的范围日益扩大，它不但包括中国国家管辖的海域，如领海、毗连区、专属经济区等，而且涉及与邻国的岛屿主权争端和海洋权益主张重叠问题②，还包括海上通道安全、国家管辖范围以外海域生物多样性的管理和养护、国际海底区域资源的勘探与开发、公海保护区的设立以及极地治理问题等。

其次，中国在加快实施海洋强国战略的过程中，面临海洋生态环境恶化、海洋资源开采粗放务虚等海洋治理难题。

最后，中国参与全球海洋治理体系的深度不够、有效性不强。中国不但在进行海洋国际合作过程中，遭遇传统地缘政治和非传统新兴问题的双重挑战，而且在北极、印度洋等区域治理机制中仅为观察员国或对话伙伴，缺乏有效海上安全机制等。因此，中国深度参与全球海洋治理体系的变革，也是维护中国海洋权益的现实需要。

总之，国家实力的提升和海洋权益的拓展，是中国深度参与全球海洋治理体系变革的基础和动力。中国的海洋权益范围已由原来单纯的地理空间扩展到国际制度

---

① 徐贺云：《改革开放40年中国海洋国际合作的成果与展望》，载《边界与海洋研究》，2018（6），18页。
② 参见海民：《我国边界海洋问题与中国特色的边海外交》，载《边界与海洋研究》，2018（6），7页。

层面，中国参与全球海洋治理体系变革越深入，在全球海洋治理体系变革的制度设计中中国的作用将越大。诚如中国常驻联合国副代表吴海涛大使所指出的：中国作为发展中海洋大国，始终做国际海洋法治的维护者、和谐海洋秩序的构建者、海洋可持续发展的推动者。①

四、新时代中国深度参与全球海洋治理体系变革之路径

（一）中国深度参与全球海洋治理体系变革的理念

从某种意义上讲，目前全球海洋治理的理念是建立在欧美地缘政治学说的基础之上的，"重博弈、轻合作"② 的特点较为明显。然而，中国作为负责任的大国，在深度参与全球海洋治理体系变革的过程中，应当秉持"海洋命运共同体"的理念。

1. 以构建和谐海洋秩序为目标

中国古代就有天人合一的观念，注重人与自然的和谐。在新时代中国提出构建人类命运共同体，既是中国外交工作的总目标、总纲领和总战略③，"也是新时代中国国际法观的核心理念和根本价值追求"④。然而，人类命运共同体是一个多维度的概念，"全球海洋命运共同体"无疑是人类命运共同体的重要组成部分。因此，中国深度参与全球海洋治理体系的变革，应以实现人类命运共同体为宗旨，以构建和谐海洋秩序为目标。一方面，把"……各海洋区域的种种问题……作为一个整体来加以考虑……"⑤，注意平衡发达国家与发展中国家的利益；既尊重沿海国的权利，也注意维护国际社会的整体利益。另一方面，倡导由各当事方按照包括《海洋法公约》在内的现代国际法，通过谈判协商等和平的方法，解决岛屿主权争端和海域划界争端，以维护相关海域的和平与稳定。正如 2012 年中国常驻联合国副代表王民大使在关于纪念《海洋法公约》开放签署 30 周年的发言中所指出的："中国高度重视发展海洋事业，积极参与国际海洋事务，倡导构建和维护和谐海洋秩序……构建和维护和谐海洋秩序，有利于各国共享海洋机遇、共迎海洋挑战、共谋海洋发

---

① 参见中国常驻联合国副代表吴海涛大使在《海洋法公约》第 28 次缔约国会议"秘书长报告"议题下的发言，2018 年 6 月 12 日，载 http：//www. china-un. og/chn/zgylhg/flyty/t1569734。

② Lisa M. Campbell, Noella J. Gray, Luke Fairbanks, etc., "Global Oceans Governance: New and Emerging Issues", *Annual Review of Environment and Resources*, July 6, 2016, available at https://www. annualreviews. org/doi/pdf/10. 1146/annurev-environ-102014 – 021121.

③ 参见徐宏：《人类命运共同体与国际法》，载《国际法研究》，2018（5），3～14 页。

④ 中华人民共和国外交部条约法律司编著：《中国国际法实践案例选编》，8 页，北京，世界知识出版社，2018。

⑤ 《海洋法公约》序言。

展，符合国际社会的整体利益。"①

2. 坚持"共商、共建、共享"的原则

"一带一路"倡议的提出以及其建设进程的加快，给全球海洋治理体系的变革带来新的希望。无论是 2015 年国家发展改革委、外交部和商务部联合发布的《推动共建丝绸之路经济带和 21 世纪海上丝绸之路的愿景与行动》，还是 2017 年"一带一路"建设工作领导小组办公室发布的《共建"一带一路"：理念、实践与中国的贡献》，抑或国家发展改革委和国家海洋局发布的《"一带一路"建设海上合作设想》，均提出要坚持"共商、共建、共享"的原则。更为重要的是，"全球海洋治理是超越单一主权国家的国际性海洋治理行动的集合"②。因此，坚持"共商、共建、共享"的原则是"全球海洋命运共同体"理念的具体化和必然要求。"中国秉持共商共建共享的全球治理观"③，进一步加强多边、区域和双边等多层次的全球海洋治理合作，兼顾各国利益，共谋合作、共同建设、共享成果，避免作为"全球公域"（Global Common）的海洋沦为"公地悲剧"（the Tragedy of the Commons）和少数海洋大国或地理条件优越国的专利，使之符合国际社会的整体利益，为全人类谋福利，从而最终形成海上合作的利益共同体。

（二）中国深度参与全球海洋治理体系变革的基本模式

1. 中国深度参与全球海洋治理体系变革的制度设计——宏观战略与微观措施并举

在新时代背景下中国深入参与全球海洋治理体系变革的制度设计，可以包括两个方面：一是宏观方面，倡议发起成立"国际海洋组织"；二是微观方面，采取一些具体步骤以推动全球海洋治理体系的变革。

（1）中国深入参与全球海洋治理体系变革的宏观路径——倡议发起成立"国际海洋组织"（International Ocean Organization）。

鉴于目前全球海洋治理体系缺乏专门的国际组织主导并呈现碎片化特征，中国政府可以在借鉴发起成立亚洲基础设施投资银行的经验的基础上，主动倡导成立"国际海洋组织"，以推行全球海洋治理体系的新规范。

第一，中国发起成立"国际海洋组织"的必要性和可行性。

首先，发起成立"国际海洋组织"，是化解目前全球海洋治理机制碎片化的需要。④ 要实现"海洋善治"的目标，就必须有相关的全球海洋治理的国际组织作为

---

① 《常驻联合国副代表王民大使关于纪念〈联合国海洋法公约〉开放签署 30 周年的发言》（2012 年 6 月 8 日），载外交部网站，http://www.mfa.gov.cn/ce/ceun/chn/zgylhg/flyty/hyfsw/t939870.htm。

② 崔野、王琪：《关于中国参与全球海洋治理若干问题的思考》，载《中国海洋大学学报（社会科学版）》，2018（1），12 页。

③ 习近平：《决胜全面建成小康社会、夺取新时代中国特色社会主义伟大胜利——在中国共产党第十九次全国代表大会上的报告》（2017 年 10 月 18 日），58~60 页，北京，人民出版社，2017。

④ See Yoshifumi Tanaka, "Zonal and Integrated Management Approaches to Ocean Governance: Reflections on a Dual Approach in International Law of the Sea", *The International Journal of Marine and Coastal Law*, Vol. 19, 2004, pp. 511-512.

支柱。[1] 其次，发起成立"国际海洋组织"，是中国参与全球海洋治理体系变革由单向适应向适应与主动塑造两者并行转变的开始[2]，也是中国将自身理念，包括中国思想、中国话语和中国声音，注入全球海洋治理体系变革中，从而实现对全球海洋治理体系刚性约束的历史超越的有益尝试。最后，2015 年 12 月亚洲基础设施投资银行正式成立，从某种意义上说，既是全球迎来首个由中国倡议设立的多边金融机构，也加强了中国作为全球治理主要改革者的地位。[3]

第二，"国际海洋组织"的宗旨目标与组织结构。

建设"和谐海洋"，实现海洋的可持续开发与利用，是"国际海洋组织"的基本宗旨目标。关于"国际海洋组织"的组织结构，可以参照国际组织典型的"三级结构"[4]，设立以下三大机构：大会、理事会和秘书处。

大会作为"国际海洋组织"的最高权力机关，由各成员国派政府代表参加，可拥有制定政策、通过预算、进行各种选举、提出建议以及实施监督等方面的职权，每年可召开一至两次常会。

理事会作为"国际海洋组织"的执行机关，由大会选举的少数成员国的代表组成，其职责主要包括执行大会的决议、提出工作措施并付诸实施等。

秘书处一方面负责"国际海洋组织"的日常事务；另一方面可以设立一些专门的办公室，如海上安全办公室、海洋资源开发办公室、海洋环境保护办公室和海洋可持续发展办公室等，其办事人员被视作国际公务员。

第三，"国际海洋组织"的表决方式及法律地位。

"国际海洋组织"的表决方式可以分为两类：一类是多数表决制，另一类是协商一致的议事规则。众所周知，多数表决制可以分为：简单多数，即由出席并参加表决的过半数成员作出决定；2/3 多数，即由出席并参加表决的成员的 2/3 多数作出决定；3/4 多数，即由出席并参加表决的成员的 3/4 多数作出决定；4/5 多数，即由出席并参加表决的成员的 4/5 多数作出决定等。就"国际海洋组织"而言，可以根据其各机构的不同特点、不同事项的重要程度，分别采用不同的表决方式。所谓"协商一致"是指"作为一种非正式的实践，往往是在正式投票规则不能令人满意或不能据此作出行之有效的决定的情况下，在成员国间进行广泛协商的基础上达成一种不经投票的一般合意的决策方法"[5]。"国际海洋组织"的大会，宜采用协商一致的表决方式。

---

① Annick de Marffy, "Ocean Governance: A Process in the Right Direction for the Effective Management of the Oceans", *Ocean Yearbook*, Vol. 18, 2004, pp. 162 – 163; Jan van Ettinger, Alexander King and Peter B. Payoyo, "Ocean Governance and the Global Picture", *World Bulletin*, Vol. 33, No. 7, 1991, pp. 44 – 45.

② 参见崔荣伟：《中国参与塑造国际规范：需求、问题与策略》，载《国际关系研究》，2015 (3)，38 页。

③ 参见庞中英：《全球治理的中国角色》，5 页，北京，人民出版社，2016。

④ 梁西：《梁著国际组织法》，6 版，杨泽伟修订，291 页，武汉，武汉大学出版社，2011。

⑤ 江国青：《联合国专门机构法律制度研究》，212 页，武汉，武汉大学出版社，1993。

关于"国际海洋组织"的法律地位，我们可以基于"国际海洋组织"的上述宗旨目标、组织结构和活动程序等，把它定性为一种新型的政府间国际组织。

（2）中国深入参与全球海洋治理体系变革的具体方式。

中国深入参与全球海洋治理体系变革的微观路径，可以包括：

第一，进一步增强中国在有关全球海洋治理体系国际条约规则制定过程中的议题设置、约文起草和缔约谈判等方面的能力。

首先，就议题设置而言，最为重要的是要改变多年来中国参与国际条约制定过程中所采取的"事后博弈"的方式，即由发达国家提出国际条约草案、主导游戏规则，中国仅扮演一个参赛选手的角色。① 相反，在未来全球海洋治理体系变革的过程中，中国不但要参与规则的制定，而且要做到"事前博弈"：积极推出自己的议题，并把中国所有的利益诉求都纳入议题中；想方设法将中国提出的制定涉及某些海洋问题的条约规则的单方面诉求，转化为国际社会的共同诉求，为中国关注的条约规则制定议题"起事造势"，使其能够进入相关的议程平台进行讨论。

其次，就约文起草来说，一个完善的条约约文草案或条款建议更容易获得谈判方的多数同意，进而推动国际条约规则的产生。因此，中国在约文起草过程中要占领道义制高点和具备国际思维，注意各方关切，真正做到"别人关心、于我有利"，从而实现国家现实利益与国际社会共同利益的平衡。例如，在《海洋法公约》起草过程中，有关国家不断将其立场和主张纳入公约草案中的成功实践，就很值得中国借鉴。

最后，从缔约谈判方面来看，要寻找不同的利益共同体，注意团结其他国家。众所周知，在当今全球政治舞台上出现了形形色色的国家集团，它们复杂的内部关系已经完全超越了 20 世纪 60 年代以来所谓"南北鸿沟"或"两个世界"的简单二分法，其中，发展中国家内部不同集团间的利益诉求也有很大差别。因此，在未来的全球海洋治理体系变革的过程中，中国应从维护和争取中国海洋权益的角度出发，寻找不同的利益共同体；并且应注意到发展中国家已经分化的事实，在加强与发展中大国协调的同时，适当支持与中国有共同利益的发达国家，在应对全球海洋治理体系变革问题时共同进退。事实上，目前无论是在国际海底区域资源的开发领域，还是在维护航行自由方面，中国与美、俄、日、法、德等大国具有更多的共同利益。

第二，进一步提升中国以实践引导有关全球海洋治理体系的国际习惯规则形成的能力。

---

① 有学者曾经一针见血地指出："中国并不是议程的制定者。中国常常对别国提出的议案做出反应。事实上，中国的被动性表现使发展中国家的外交家感到惊讶。中国在联合国大会或安理会上很少提出建设性的解决办法。"江忆恩：《美国学者关于中国与国际组织关系研究概述》，载《世界经济与政治》，2001（8），48～53 页。

有学者认为，中国是除美国以外，唯一有能力影响海洋国际习惯规则的国家。① 因此，中国可以从国际习惯形成的一般国家实践和法律确信两个方面，进一步提升中国以国家实践引导有关全球海洋治理体系的国际习惯规则形成的能力。为此，应充分发挥中国司法对全球海洋治理体系的国际习惯规则形成的积极影响。司法判例能够起到作为习惯法原则和规则存在的证据的作用，诚如有学者所指出的："国内司法判决，尤其是那些涉及或适用国际法规则的国内判决，构成国家实践的组成部分，是国际习惯规则形成与发展的重要证据。"② 事实上，中国司法机关在审理涉海洋民商事案件、涉海洋行政案件和涉海洋刑事案件等有关海洋权益纠纷案件的过程中，除了适用中国现有的《涉外民事法律适用法》、《民法通则》、《刑法》以及相关的行政法，还不可避免地要涉及对当代全球海洋治理规则的适用和认定。中国可以趁此机会表明相关立场和主张，以通过国家司法实践的方式来有效地推动有关全球海洋治理体系的国际习惯规则的形成。值得注意的是，2016 年 8 月 2 日开始施行的《最高人民法院关于审理发生在我国管辖海域相关案件若干问题的规定（一）》和《最高人民法院关于审理发生在我国管辖海域相关案件若干问题的规定（二）》，既是维护中国海洋权益的重要举措，也是中国司法实践促进有关全球海洋治理体系的国际习惯规则形成的重要步骤。

第三，充分利用国际组织制定有关全球海洋治理体系的国际规则的平台作用。

一方面，中国可以通过政府间国际组织这一平台有效参与有关全球海洋治理体系的国际规则的制定。长期以来，中国虽然是联合国安理会常任理事国，但是参与国际组织的方式多比较被动，参与及设计意识较弱。③ 事实上，在全球海洋治理体系的变革中，国际组织在国际规则制定中的作用凸显。无论是联合国大会、安理会、国际法院还是国际法委员会等，既是国家间制定国际硬法（如国际条约）的组织者，又是国际软法（如宣言等）的重要制定者。因此，中国应善于利用既有的各类政府间国际组织提升中国对国际规则制定的影响力。中国在国际司法活动中要发挥更加积极的作用，尤其是对于那些与中国国家权益的维护密切相关的案件，要善于利用国际司法机构的程序阐释中国的观点，从而对裁判过程产生合法有效的影响。

另一方面，要重视中国的非政府组织在有关全球海洋治理体系的国际规则的制定过程中的作用。事实上，在全球海洋治理体系的变革中，非政府组织发挥了重要的作用。④ 一方面，非政府组织的作用早已得到了明确的承认。例如，《海洋法公

---

① See Min Gyo Koo, "Belling the Chinese Dragon at Sea: Western Theories and Asian Realities", *Ocean Development & International Law*, Vol. 48, No. 1, 2017, p. 63.

② 曾令良主编：《国际法学》，19 页，北京，人民法院出版社、中国社会科学出版社，2003。

③ 参见王逸舟：《全球政治和中国外交：探寻新的视角与解释》，254 页，北京，世界知识出版社，2003。

④ See Remi Parmentier, "Role and Impact of International NGOs in Global Ocean Governance", *Ocean Yearbook*, Vol. 26, 2012, p. 211; Grant J. Hewison, "Role of Environmental Nongovernmental Organizations in Ocean Governance", *Ocean Yearbook*, Vol. 12, 1996, p. 32.

约》第 169 条专门规定了"同国际组织和非政府组织的协商和合作"问题。另一方面，非政府组织在有关全球海洋治理体系的国际规则制定过程中的作用也非常明显，无论是《海洋法公约》，还是目前正在谈判和讨论的"国家管辖范围以外海域生物多样性国际协定"[①]，都是如此。从某种意义上讲，非政府组织的"跨国参与"有利于促进国际立法价值的多元化。[②] 因此，中国国内非政府组织提升参与全球海洋治理体系的国际规则制定活动的能力，与政府形成合力，有助于实现中国对全球海洋治理体系变革之深度参与。

总之，无论是倡议发起成立"国际海洋组织"的宏观路径，还是推动全球海洋治理体系变革的具体步骤，最终目的都是进一步增强中国在未来全球海洋治理体系变革中的话语权。正如美国学者基欧汉（Robert Keohane）所注意到的："随着实力的增加，中国与现有多边主义制度的互动呈现出更为复杂的状态：一方面中国广泛加入多边主义制度，寻求在其中更大的发言权；另一方面中国也尝试创建新的多边制度来实现国家利益，比如创建亚洲基础设施投资银行、金砖国家银行等"[③]。

2. 推动当代全球海洋治理体系的完善与健全国内涉海法律制度相结合

（1）推动当代全球海洋治理体系的完善。

如前所述，当代全球海洋治理体系是以《海洋法公约》为核心的，而《海洋法公约》处于"海洋宪章"地位。这种情况决定了我们不可能另起炉灶，以全新的和革命的方式解决海洋问题，而是需要在现有的全球海洋治理体系内进行革新和完善。况且，当代全球海洋治理体系确立的规则和制度理念已经深入人心，影响和重塑着各主权国家的海洋意识与海洋行为。因此，具体而言，当代全球海洋治理体系的完善，可以从两个层面来实现：

第一，国际层面的完善步骤。

首先，建立健全《海洋法公约》审议机制。《海洋法公约》第 312 条和第 313 条具体规定了公约的修正问题。目前联合国大会关于"海洋和海洋法"议题的年度审议会议，主要依靠联合国秘书长的报告和"临时海洋和海洋法非正式协商程序"（the Open-ended Informal Consultative Process on Oceans and Law of the Sea）的建议；况且，联合国大会的年度审议会议只是偶尔关注各国海洋政策和《海洋法公约》的发展问题。因此，按照《海洋法公约》的上述规定，召开审议《海洋法公约》的会议，建立类似于其他国际公约的审议机制，必将有利于当代全球海洋治理体系的完善。[④]

[①] Remi Parmentier, "Role and Impact of International NGOs in Global Ocean Governance", *Ocean Yearbook*, Vol. 26, 2012, p. 214.

[②] 参见蔡拓、刘贞晔主编：《全球学的构建与全球治理》，258～259 页，北京，中国政法大学出版社，2013。

[③] ［美］罗伯特·基欧汉：《竞争的多边主义与中国崛起》，载《外交评论》，2015（6），20 页。

[④] See Timo Koivurova, "A Note on the European Union's Integrated Maritime Policy", *Ocean Development and International Law*, Vol. 40, 2009, p. 172.

其次，订立专门性质的补充协定。例如，1994 年《关于执行 1982 年 12 月 10 日〈联合国海洋法公约〉第十一部分的协定》、1995 年《执行 1982 年 12 月 10 日〈联合国海洋法公约〉有关养护和管理跨界鱼类种群和高度洄游鱼类种群的规定的协定》，就分别对《海洋法公约》第十一部分和公海捕鱼自由原则等有关全球海洋治理问题作出了修改和完善。又如，目前"国家管辖范围以外海域生物多样性国际协定"的立法进程，以及国际海底管理局正在推动制定的"采矿法典"，都将进一步完善全球海洋治理体系。

最后，引导相关国际组织完善全球海洋治理体系。众所周知，按照《联合国宪章》第 1 条的规定，联合国有以下四大宗旨：维持国际和平与安全、发展各国间的友好关系、促进国际合作和协调各国行动。[①] 因此，有学者提出：鉴于全球海洋治理的复杂性和重要性以及联合国在全球海洋治理方面的重要作用，可以通过修改《联合国宪章》、把"全球海洋治理"提升到与"维护国际和平与安全"等联合国其他宗旨一样的地位这种方式来完善全球海洋治理体系。[②]

第二，区域层面的完善措施。

例如，2004 年 16 个亚洲国家缔结了《亚洲地区反海盗及武装劫船合作协定》(The Regional Cooperation Agreement on Combating Piracy and Armed Robbery against Ships in Asia，以下简称《亚洲协定》)，专门对"武装抢劫船舶"进行了界定。《亚洲协定》既适用于发生在公海或专属经济区的海盗罪行，又适用于发生在领海、群岛水域、用于国际航行的海峡海域的"武装抢劫犯罪"。因此，《亚洲协定》不但填补了《海洋法公约》相关规定的不足[③]，而且推动了全球海洋治理体系的发展和完善。

(2) 健全国内涉海法律制度。

一方面，因应中国深度参与全球海洋治理的需要，对一些涉海法律政策作出相应的调整。例如，中国对航行自由应持更加开放、包容的立场，由消极抵制向积极有为转变。这既是"加快建设海洋强国"的必然要求，也是实现海上互联互通、推进"一带一路"建设的重要步骤。为此，需要对"航行与飞越自由""海洋科学研究"等术语进行明确的界定，以弥补 1998 年颁布的《中华人民共和国专属经济区和大陆架法》存在的笼统性和模糊性等缺陷。

另一方面，进一步完善国内涉海法律法规。首先，在《中华人民共和国宪法》中增加"海洋"为自然资源组成部分并加以保护的内容，以确立"海洋"在国家法

---

① 参见梁西：《梁著国际组织法》，修订 6 版，杨泽伟修订，72～73 页，武汉，武汉大学出版社，2011。

② See Maribel B. Aguilos，"Toward Integrated Ocean Management and Development"，*World Bulletin*，Vol. 12，1996，p. 121.

③ See Rosemary Collins and Daud Hassan，"Applications and Shortcomings of the Law of the Sea in Combating Piracy：A South East Asian Perspective"，*Journal of Maritime Law and Commerce*，Vol. 40，2009，p. 15. 另参见杨泽伟主编：《中国海上能源通道安全的法律保障》，134～138 页，武汉，武汉大学出版社，2011。

律体系中的地位①；同时，尽快出台"海洋基本法"，制定"海洋科技法""海洋安全法"和"中国海警局组织法"等法律法规。其次，通过配套立法或司法解释的方式，制定"领海无害通过管理办法"、"专属经济区航行与飞越自由规则"以及"专属经济区海洋科学研究实施细则"等。② 再次，密切跟踪"采矿法典"和"国家管辖范围以外海域生物多样性国际协定"的立法进程，以进一步完善 2016 年颁布实施的《中华人民共和国深海海底区域资源勘探开发法》等。最后，鉴于海洋争端法律化的趋势凸显，进一步提高中国利用法律方法解决海洋争端的能力。

五、结论

（一）综合国力强大的国家在全球海洋治理体系变革中一直处于主导地位

虽然有学者指出，"海洋问题既是由海军力量或海上能力所决定，同样又由平等主义的组织程序和富国与穷国的对抗所决定"③，但是通过梳理全球海洋治理体系的演变过程及发展态势，我们发现：无论是中世纪欧洲海事法的编纂、近现代海战法的产生，还是当代全球海洋治理体系的建立，都是各主权国家相互博弈、相互妥协的结果。而且，综合实力强大的国家或地区始终处于主导支配地位。例如，近代"海洋自由论"与"闭海论"的激烈冲突与博弈，主要是在海洋大国西班牙、英国和荷兰等国家之间展开。又如，近现代海上交战规则的制定中起主导作用的主要是俄国、英国、法国、德国、意大利和日本等当时的强国。事实上，目前综合国力强大的国家之间围绕全球海洋治理体系变革之主导权的博弈，也异常激烈。例如，美国在《21 世纪海洋蓝图》（An Ocean Blueprint for the 21st Century）中明确提出"以美国国内管理经验作为全球海洋治理的范例"④；欧盟于 2016 年制定的《国际海洋治理：未来海洋议程》，也将自身定位为"强大的全球行动者"，努力以其治理经验为基础塑造全球海洋治理模式。⑤

（二）中国在全球海洋治理体系变革方面发挥的作用比较有限，仍属"后来者"

如前所述，由于中国参与全球海洋治理的时间较晚，综合国力有限，因此在较

---

① 参见金永明：《现代海洋法体系与中国的实践》，载《国际法研究》，2018（6），44 页。
② 参见韦强、赵书文：《美国〈2015 航行自由报告〉评析》，载《国际研究参考》，2016（8），35 页。
③ R. Keohane & J. Nye, *Power and Interdependence：World Politics in Transition*, 4th edition, Longman, 2011, p. 127.
④ U. S. Commission on Ocean Policy, "An Ocean Blueprint for the 21st Century", Final Report, Washington, D. C. , 2004, p. 68, available at http：//govinfo. library. unt. edu/oceancommission/documents/full_color_rpt/000_ocean_full_report. pdf.
⑤ See Joint Communication to the European Parliament, the Council, the European Economic and Social Committee and the Committee of the Regions, "International Ocean Governance：An Agenda for the Future of Our Oceans"（November 10, 2016）, available at https：//ec. europa. eu/maritimeaffairs/sites/maritimeaffairs/files/join - 2016 - 49 _ en. pdf.

长的一段时间里中国在全球海洋治理体系变革中发挥的作用比较有限，中国在全球治理体系变革中是"后来者""参与者"的角色，在有关全球海洋治理的议题设置、话语建构和规则制定等方面仍然相对滞后。换言之，目前在全球海洋治理体系变革中仍是"西强东弱"，理论话语体系中有强烈的"西方色彩""欧美味道"，中国声音太过弱小。不过，自 2013 年以来中国不再满足于参与全球海洋治理，而是试图塑造、影响全球海洋治理，要在全球海洋治理方面发挥更大的作用。诚如习近平主席于 2014 年 3 月应德国科尔伯基金会邀请在德国柏林发表演讲时所指出的："我们将从世界和平与发展的大义出发，贡献处理当代国际关系的中国智慧，贡献完善全球治理的中国方案，为人类社会应对 21 世纪的各种挑战作出自己的贡献。"[1] 因此，"在全球海洋治理的议程上，中国只是迟到，不会缺席"[2]。

（三）中国应利用成立亚洲基础设施投资银行的经验，把握共建"一带一路"倡议的有利时机，进一步提升在全球海洋治理体系变革中的话语权

中国在现行全球海洋治理体系变革中的角色越来越清晰，越来越坚定。[3] 一方面，日益全球化的中国需要进一步参与全球海洋治理体系的变革。这不仅是维护中国自身发展和海洋权益的需要，也是中国作为大国的责任所在。另一方面，国际社会对中国在全球海洋治理体系变革中发挥更大作用，也有较高的期待。亚洲基础设施投资银行的建立和开始运行，标志着中国在全球经济治理领域已逐渐由"跟跑者"变为"领跑者"。而建设"21 世纪海上丝绸之路"，从某种意义上说是中国旨在倡导和推动建设基于海上航行开放自由、海上共同安全和海洋资源共同开发的海洋新秩序。[4] 因此，中国应借助金砖机制、"二十国集团"、上海合作组织、"一带一路"倡议等平台，利用成立亚洲基础设施投资银行的经验，推动全球海洋治理从"西方治理"向"东西方共同治理"转变，将中国思想、中国话语、中国声音融入全球海洋治理体系的变革中，从而最终实现构建"海洋命运共同体"的目标。

推荐阅读书目及论文

1. 庞中英 . 全球治理的中国角色 . 北京：人民出版社，2016

2. 陈慧青 . 中国与《海洋法公约》：历史回顾与经验教训 . 武大国际法评论，2017（3）

3. 崔野，王琪 . 关于中国参与全球海洋治理若干问题的思考 . 中国海洋大学学报（社会科学版），2018（1）

---

[1] 庞中英：《全球治理的中国角色》，143～144 页，北京，人民出版社，2016。

[2] 傅梦孜、陈旸：《对新时期中国参与全球海洋治理的思考》，载《太平洋学报》，2018（11），50 页。

[3] 参见庞中英：《全球治理的中国角色》，4 页，北京，人民出版社，2016。

[4] 参见张洁主编：《中国周边安全形势评估》，2015·"一带一路"与周边战略，6～7 页，北京，社会科学文献出版社，2015。

4. 徐贺云．改革开放 40 年中国海洋国际合作的成果和展望．边界与海洋研究，2018（6）

5. 海民．我国边界海洋问题与中国特色的边海外交．边界与海洋研究，2018（6）

6. 傅梦孜，陈旸．对新时期中国参与全球海洋治理的思考．太平洋学报，2018（11）

7. 杨泽伟主编．《联合国海洋法公约》若干制度评价与实施问题研究．武汉：武汉大学出版社，2018

8. Tullio Scovazzi. The Evolution of International Law of the Sea：New Issues，New Challenges. *Recueil des cours*. Vol. 286，2000

9. Xue Hanqin. Chinese Contemporary Perspective on International Law：History，Culture and International Law. *Recueil des cours*. Vol. 355，2011

10. Zewei Yang. The Present and Future of the Sino-South Korean Fisheries Dispute：A Chinese Lawyer's Perspective. *Journal of East Asia & International Law*. Vol. 5，No. 2，2012

11. Charles H. Norchi. China and the Public Order of the Oceans. *Ocean and Coastal Law Journal*. Vol. 17，2012

12. Lisa M. Campbell，Noella J. Gray，Luke Fairbanks，etc.. Global Oceans Governance：New and Emerging Issues. *Annual Review of Environment and Resources*. July 6，2016

13. Zewei Yang. China's Participation in the Global Ocean Governance Reform：Its Lessons and Future Approaches. *Journal of East Asia & International Law*. Vol. 11，No. 2，2018

第 十 二 章

"21世纪海上丝绸之路"建设的风险及其法律防范

2013年习近平主席提出的"21世纪海上丝绸之路"倡议,得到国际社会的高度关注和有关国家的积极响应。2017年6月,国家发展和改革委员会、国家海洋局制定并发布了《"一带一路"建设海上合作设想》。[①] 目前"21世纪海上丝绸之路"倡议已进入建设阶段,不过"对于如何缓解其过程中面临的风险,至今没有提供任何信息"[②]。事实上,诚如有学者所言,"21海上丝绸之路"倡议是一个超越国家间互联互通的宏大计划,一俟基础设施项目启动,由于其建设周期较长,将难以避免地遭遇金融不确定性和政治、安全风险。[③] 因此,研究"21海上丝绸之路"建设面临的风险形势,探讨"21世纪海上丝绸之路"建设的政治风险及其防范、海外企业及其相关人员安全救援的法律保障机制等问题,为中国政府和企业如何应对风险提出具体的对策、建议,必将有利于进一步推动"21世纪海上丝绸之路"的建设。

一、"21世纪海上丝绸之路"建设面临的主要风险形势

"21世纪海上丝绸之路"涵盖的地域范围很广,它旨在将多个国家和地区连接起来:穿越四大洋,贯通欧洲和亚太经济圈,重点面向东盟国家,联通南亚、西亚和部分非洲、欧洲国家,自然延伸至南太平洋。[④] 由于"21世纪海上丝绸之路"沿线涉及诸多国家,"21世纪海上丝绸之路"建设将面临多种多样的挑战,其潜在风险和挑战可能对"21世纪海上丝绸之路"建设的推进产生与日俱增的负面影响。[⑤]

---

① 参见国家发展改革委、国家海洋局:《"一带一路"建设海上合作设想》(2017年6月20日),载国家海洋局官网,http://www.soa.gov.cn/xw/ztbd/ztbd_2017/gjhyj21sczl/。

② Stjepan Bosnjak, "New Silk Road for a New China", Australian Institute of International Affairs, available at http://www.internationalaffairs.org.au/australianoutlook//a-road-for-a-new-china/.

③ See Michal Meidan and Luke Patey, "The Challenges Facing China's Belt and Road and Initiative", Danish Institute for International Studies, 29 March 2016.

④ 参见国家发展改革委、外交部、商务部:《推动共建丝绸之路经济带和21世纪海上丝绸之路的愿景与行动》(2015年3月28日),载http://news.xinhuanet.com/2015-03/28/c_1114793986.htm。

⑤ See Eurasia Research Institute, "'China's the Belt and Road Risk' Assessment Issue", March 2016.

概言之，"21世纪海上丝绸之路"建设面临的风险主要有以下三类：一是自然灾害风险，如因地震、台风等自然因素；二是商业风险，如企业自身的决策失误、经营不善、货币贬值等；三是政治风险，是指与东道国的政治、社会、法律有关的、人为的、非投资者所能控制的风险，如货币兑换风险、征收和类似措施风险、违约风险、战争和内乱风险、人员安全风险等。[①]

基于"21世纪海上丝绸之路"涵盖的地域范围，"21世纪海上丝绸之路"建设中的重要节点地区包括东南亚、南太平洋岛国地区、南亚、中东和非洲。在上述重要节点地区，"21世纪海上丝绸之路"建设面临的风险形势主要有以下特点。

（一）"21世纪海上丝绸之路"建设的重要节点是高风险活动频发的地区

例如，南亚长期以来一直是"基地"组织、"阿富汗塔利班"等恐怖组织的大本营。特别是2014年北约驻阿富汗联军大幅撤离后，阿富汗的恐怖活动进一步外溢至其他南亚国家。2015年，"伊斯兰国"宣称在阿富汗和巴基斯坦等国建立"呼罗珊"省，委派塔利班成员作为行政首脑，正式将触角伸向南亚。[②] 2017年，随着"伊斯兰国"在伊拉克和叙利亚的节节溃败，"伊斯兰国"有可能会进一步加强在南亚地区的渗透和影响，南亚地区的安全形势将更趋复杂严峻。又如，由于受领土争端、宗教矛盾、民族冲突和资源纠纷等因素的影响，中东地区长期以来一直处于混乱、动荡状态，成为世界上矛盾聚集的地区，叙利亚危机、也门内战、伊拉克动乱、伊朗核问题、卡塔尔断交风波等此伏彼起，连绵不断。诚如有学者所言："作为国际秩序的一个政治和经济轴心的当代中东地图正在坍塌，相互竞争的组织和意识形态正在撕裂整个地区。"[③] 也门、索马里、阿富汗和伊拉克仍被认为是当今世界上最脆弱的国家。[④] 此外，在东南亚还活跃着"伊斯兰祈祷团"（Jemaah Islamiya）、"阿布沙耶夫"（Abu Sayyaf Group）等恐怖组织或极端组织。

（二）"21世纪海上丝绸之路"建设的重要节点地区主要面临的政治风险

"21世纪海上丝绸之路"建设的重要节点地区除面临上述人员安全风险以外，还都面临由不稳定的国内政治因素所产生的政治风险，这些因素包括民主政治转型、民族与宗教冲突、非传统安全问题以及法律制度不完善等。例如，在东南亚、南亚各国，随着经济全球化的发展、科学技术的进步，传统文化与传统政治正在受到冲击，政治生态出现重大变化，政治转型成为发展趋势。以缅甸为例：缅甸新政府在实现政治转型过程中，民众对长期执政的军人政府的不满，被一些势力所利用

---

① 参见余劲松、吴志攀主编：《国际经济法》，248页，北京，北京大学出版社、高等教育出版社，2000。
② 参见石源华主编：《中国周边外交研究报告（2015—2016）》，108页，北京，世界知识出版社，2016。
③ Robin Wright, Imagining A Re-mapped Middle East, New York Times, September 28, 2013.
④ 参见《2018年，中国"一带一路"计划面临新的安全挑战》，载美国"外交学者"网站，2017-12-21。转引自《参考消息》，2017-12-22，14版。

而把矛头引向中国。中国在缅甸密松水电站项目的失败，就是典型例子。① 另外，斯里兰卡科伦坡港口城项目历经"叫停""重启"等波折，也是受政治风险的影响。例如，2015 年 1 月斯里兰卡新政府在竞选期间指责亲华的拉贾帕克萨政府"出卖国家利益"，并提出将重新评估新的重大项目。② 值得注意的是，2018 年在"21 世纪海上丝绸之路"建设的重要节点地区有许多国家面临选举，其中包括柬埔寨、马来西亚和泰国。这些国家进行权力交接有一个潜在风险，即政府对华政策以及对待"21 世纪海上丝绸之路"倡议的政策的不连贯性。中国或许成为候选人的竞选话题。某些候选人也许会采取反中和反"21 世纪海上丝绸之路"倡议的立场来获取选民的支持。

（三）"21 世纪海上丝绸之路"建设的重要节点地区面临的主要政治风险有所不同

虽然"21 世纪海上丝绸之路"建设的重要节点地区都面临政治风险，但是这种政治风险并不完全相同：有些国家处于政治、经济、社会转型期，政局不稳、腐败严重、政策多变、法治缺失；有些国家则处于动乱或内战中。例如，南太平洋岛国地区一直是中国台湾当局拓展"外交空间"的重点地区，是仅次于拉美和加勒比地区的台湾第二大"邦交国"集中地。一些南太平洋岛国不但受自然条件的限制，经济结构比较单一、工业基础相对薄弱、经济发展水平不高，而且政府政策的稳定性和连贯性不强，在中国大陆和中国台湾当局之间一再通过"外交倒戈"坐收渔人之利。③ 比较典型的有：基里巴斯在 1980 年—2003 年与中国大陆建立了外交关系，2003 年以后又与中国台湾当局建立了"外交关系"，2019 年 9 月 20 日与中国大陆恢复大使级外交关系；马绍尔群岛在 1990 年—1998 年与中国大陆建立了外交关系，1998 年以后又与中国台湾当局建立了"外交关系"；瑙鲁在 1980 年—2002 年与中国台湾当局建立了"外交关系"，2002 年—2005 年与中国大陆建立了外交关系，2005 年以后又与中国台湾当局建立了"外交关系"等。④ 此外，一些南太平洋岛国因种族、地区和文化上的差异，政治上不稳定，如斐济的多次政变，波利尼西亚、瓦努阿图、所罗门群岛的骚乱，新喀里多尼亚的暴力运动，巴布亚新几内亚的非法活动，布尔维尔的游击战争等。⑤ 可见，与"21 世纪海上丝绸之路"建设其他的重

① 参见李家真：《对外投资面临的政治风险及其对策研究》，载《今日中国论坛》，2013（1），65～68 页；秦晖：《中缅密松电站搁置之惑》，载"中外对话"网站，https://www.chinadialogue.net/article/show/single/ch/4832 - Behind-Myanmar-s-suspended-dam-2。
② 参见《斯里兰卡"政治变天"影响中国港口项目》，载大公网，http：//news.takungpao.com/world/exclusive/2015 - 01/2884060.html?
③ See Fergus Hanson, "The Dragon in the Pacific: More Opportunity than Threat", *Policy Briefs*, Lowy Institute for International Policy, June 2008.
④ 参见祁怀高等：《中国崛起背景下的周边安全与周边外交》，343 页，北京，中华书局，2014。
⑤ See Te'o I. J. Fairbairn, et al., *The Pacific Islands: Politics, Economics, and International Relations*, Honolulu, Hawaii, University of Hawaii Press, 1991, pp. 10 - 11, 15 - 38.

要节点地区相比较，南太平洋岛国地区的政治风险也非常复杂。

二、"21世纪海上丝绸之路"建设面临的政治风险及其防范

如前所述，"21世纪海上丝绸之路"建设主要面临三类风险：自然灾害风险、商业风险和政治风险。因为目前各国的投资保险范围主要限于政治风险，一般不包括自然灾害风险和商业风险，所以本章也仅聚焦于政治风险问题。"21世纪海上丝绸之路"建设面临的政治风险主要包括货币兑换风险、征收和类似措施风险、违约风险、战争和内乱风险等。一般而言，政治风险与政治变化密切相关，且具有难以预料的不连续性。[①] 政治风险主要包含两个方面，即东道国的经济政策干预行为和东道国强加给企业的政治事件。[②]

对于"21世纪海上丝绸之路"建设面临的政治风险，一般可以通过以下三种方式加以防范。

（一）建立海外投资保险制度

海外投资保险制度是指资本输出国政府对本国海外投资者在国外可能遇到的政治风险，提供保证或保险，投资者向本国投资保险机构申请保险后，若承保的海外风险发生，致使投资者遭受损失，则由国内保险机构补偿其损失的制度。[③] 为了使本国私人投资免受东道国政治风险的影响，自20世纪40年代开始，美国、日本、德国、法国等发达国家都先后建立了投资保险制度，以保护本国的海外私人投资。根据现有的相关国家的立法与实践，负责海外投资保险业务的主要有政府机构、政府公司或公营公司等。因此，针对"21世纪海上丝绸之路"建设面临的政治风险，中国有关的政府机构或国有企业可以作为保险人负责实施海外投资保险业务，投资保险范围主要限于政治风险，包括征收险、外汇险、战争与内乱险等。

1. 征收险

征收险一般是指在"21世纪海上丝绸之路"建设的重要节点地区的国家出于国家利益或公共利益的考量，通过行政措施或法律手段，致使投保者的投资财产受到全部或部分损失时，由承保人负责赔偿。征收分为直接征收和间接征收，前者是指直接剥夺财产所有权，后者是指限制财产所有权人使用、占有和处置财产的权利。一般而言，间接征收比直接征收更难预测。[④]

---

① See Stefan H. Robock，"Political Risk Identification and Assessment"，*Columbia Journal of World Business*，Vol. 6，No. 4，1971，p. 7.

② See Stephen J. Kobrin，"When does Political Instability Result in Increased Investment Risk"，*Columbia Journal of World Business*，Vol. 13，No. 2，1978，pp. 113 - 122.

③ 参见余劲松、吴志攀主编：《国际经济法》，248页，北京，北京大学出版社、高等教育出版社，2000。

④ 参见郑之杰：《"走出去"的法律风险问题与实践》，389～390页，北京，法律出版社，2013。

2. 外汇险

外汇险主要是指由于东道国实行外汇管制、停止或限制外汇，或者由于其他突发事件，如革命、战争、内乱，投资者无法在一定期间内进行外汇业务等。事实上，在"21 世纪海上丝绸之路"建设重要节点地区的一些国家长期处于财政赤字状态，银行不良贷款占比高，汇率波动大。例如，2010 年—2014 年间，缅甸货币兑美元的汇率由每美元兑 5.63 缅元贬值至每美元兑 984.35 缅元。①

3. 战争与内乱险

战争与内乱险是指由于战争、革命、暴动或内乱，投资者在东道国的投保财产受到损害时，由承保人负责赔偿。如前所述，在"21 世纪海上丝绸之路"建设的重要节点地区的一些国家长期处于政局动荡、种族冲突或战乱频发之中，因此，战争与内乱险是在"21 世纪海上丝绸之路"建设重要节点地区需要重点防范的政治风险之一。

值得注意的是，国务院于 2015 年批准设立的中国保险投资基金已于 2016 年 1 月正式设立，由中保投资有限责任公司运营，第一期 400 亿元基金已经投向境外的"一带一路"项目。此外，中国出口信用保险公司也是国家专门为减少"走出去"企业的风险而成立的政策性金融机构，可以用来防范在"21 世纪海上丝绸之路"建设重要节点地区的政治风险。

(二) 签订双边投资条约

在保护与促进私人直接投资活动方面，签订双边投资条约是迄今为止最为行之有效的国际法律制度。② 目前国际上通行的双边投资条约以保护和促进两国间私人国际直接投资为中心内容，既包含促进与保护投资的实体性规定，也有关于代位求偿权、争议解决等的程序性规定，内容都比较详尽具体。根据《2014 年度中国对外直接投资统计公报》，到 2014 年年底，中国企业对"一带一路"沿线国家地区直接投资排名前五的为：新加坡、俄罗斯、印度尼西亚、老挝和缅甸。③ 原因是这些国家与中国签订了双边投资条约。截至 2016 年 12 月，中国已与 104 个国家签订了双边投资条约。④ 因此，针对在"21 世纪海上丝绸之路"建设的重要节点地区的政治风险，中国需要签订新的双边投资条约。因为在"21 世纪海上丝绸之路"建设重要节点地区，如果没有双边投资条约，那么投资人的权益就难以得到有效保护。

① 参见于津平、顾威：《"一带一路"建设的利益、风险与策略》，载《南开学报（哲学社会科学版）》，2016 (1)，69 页。
② 参见陈安主编：《国际经济法学专论》，下编·分论，657 页，北京，高等教育出版社，2002。
③ 2021 年，我国企业在"一带一路"沿线对 57 个国家非金融类直接投资 1 309.7 亿元人民币，同比增长 6.7%（折合 203 亿美元，同比增长 14.1%），占同期总额的 17.9%，较上年同期上升 1.7 个百分点，主要投向新加坡、印度尼西亚、马来西亚、越南、孟加拉国、阿拉伯联合酋长国、老挝、泰国、哈萨克斯坦和柬埔寨等国家。参见商务部网站，http://fec.mofcom.gov.cn/article/fwvdyl/202201/20220103239004.shtml。
④ 参见《我国对外签订双边投资协定一览表》，载商务部条约法律司网站，http://tfs.mofcom.gov.cn/article/Nocategory/201111/20111107819474.shtml。

例如，对于在"21世纪海上丝绸之路"建设重要节点地区的征收风险，如果当事国之间存在双边投资条约，那么当事国就可以按照双边投资条约的规定并基于"合理补偿原则"进行补偿；反之，如果当事国之间没有双边投资条约，则只能按照东道国国内法确定的补偿数额、方式和时间进行适当补偿，而这不利于保护投资人的合法权益。此外，针对"21世纪海上丝绸之路"建设重要节点地区面临新的政治风险形势，中国需要重新梳理对外签订的双边投资条约，特别是要与那些中国企业投资较多的在"21世纪海上丝绸之路"建设的重要节点地区的国家重新修订双边投资条约，在此过程中还注意关注环境保护、劳工保护以及知识产权保护等问题。[1]

（三）加入《多边投资担保机构公约》

政治风险一般是指东道国的政治、经济政策的不稳定而影响企业既定经营结果的非市场不确定性或变化。[2] 因此，为了保护国际投资，改善国际投资环境，国际社会于1985年制定并通过了《多边投资担保机构公约》（Convention Establishing the Multilateral Investment Guarantee Agency）。随着《多边投资担保机构公约》的生效，多边投资担保机构也于1988年4月正式宣告成立。根据《多边投资担保机构公约》第2条的规定，多边投资担保机构的目标是鼓励生产性投资在会员国之间，尤其是向发展中国家会员国的流动，以补充国际复兴开发银行、国际金融公司和其他国际开发金融机构的活动。为实现这一目标，多边投资担保机构主要履行以下职责：对会员国内来自其他会员国的投资的非商业性风险提供担保，包括共保和分保；开展合适的辅助性活动，以促进投资向发展中国家会员国的流动以及在发展中国家会员国之间的流动；行使其他为推进其目标所必要的或适宜的附带权力。按照《多边投资担保机构公约》第11条确立的原则，多边投资担保机构的承保范围主要限于政治风险，包括征收或类似措施险、货币兑换险、战争与内乱险和违约险等险别。总之，多边投资担保机构的建立和运作，为国际投资的政治风险提供了安全保障，弥补了区域性和国家性投资担保制度的不足，有利于东道国与投资者之间投资争端的非政治性解决。[3]

"一带一路"沿线有65个国家，中国与在"21世纪海上丝绸之路"建设的重要节点地区的一些国家还没有签订双边投资条约。因此，加入《多边投资担保机构公约》，利用多边投资担保机构来防范政治风险，是重要选择之一。事实上，三十多年的国际实践证明，多边投资担保机构具有其他各类官办的和私营的国际投资保险机构均没有的经营优势，特别是与其他国际投资保险机构相比，在防范政治风险发

---

[1] 参见北京市律师协会外事委员会课题组：《关于"一带一路"法制建设和法律风险防范的思考》，载《中国司法》，2016（11），45页。

[2] Wenlee Ting, "Multinational Risk Assessment and Management: Strategies for Investment and Marketing Decisions", *The International Executive*, Vol. 20, No. 2, 1988, pp. 31-33.

[3] 参见余劲松、吴志攀主编：《国际经济法》，271页，北京，北京大学出版社、高等教育出版社，2000。

生、调解解决纠纷和顺利实现代为求偿理赔等方面，多边投资担保机构的优势非常
明显。[1]

三、"21世纪海上丝绸之路"建设面临的人员安全风险及其防范

"21世纪海上丝绸之路"建设的重要节点地区由于历史问题复杂、民族矛盾尖
锐、宗教冲突激烈、武装斗争频发，因而面临较大的人员安全风险。例如，仅2013
年在巴基斯坦、缅甸、阿富汗和肯尼亚等国，就有不少中国公民因暴力冲突而丧
生，从而严重威胁中国公民在"21世纪海上丝绸之路"重要节点地区的人身安
全。[2] 从严格意义上说，人员安全风险也属于政治风险。因此，针对上述政治风险
的三种防范措施，当然也适用于人员安全风险的防范。只是因为人员安全的特殊
性，所以对于"21世纪海上丝绸之路"建设面临的人员安全风险问题，还应当采
取特别措施。

（一）修改国内相关立法，成立中国私人安保公司

自从2013年"21世纪海上丝绸之路"倡议提出以来，中国的国家利益日益向
更广阔的领域和更深的层次方向拓展。目前中国已成为世界第一大货物贸易国、第
二大对外投资国。2016年，中国货物贸易进出口总值3.7万亿美元；中国对外直接
投资1 701.1亿美元，同比增长44.1%；对外承包工程完成营业额1 594.2亿美元；
有3万多家企业遍布世界各地；几百万中国公民工作、学习、生活在全球各个角
落，全年出境旅游人数达1.22亿人次，各类在外劳务人员约97万。2021年，我国
企业在"一带一路"沿线对57个国家非金融类直接投资1 309.7亿元人民币；我国
企业在"一带一路"沿线的60个国家新签订对外承包工程项目合同6 257份，完成
营业额5 785.7亿元人民币。截至2016年年底，中国企业在"一带一路"沿线国家
建立初具规模的合作区56个，累计投资185.5亿美元；共有107家中国央企在
"一带一路"沿线国家投资建设，主要从事道路、港口、能源、工程承包、产业园
和其他基础设施建设。[3] 因此，在"21世纪海上丝绸之路"建设的背景下，海外利
益已成为中国国家利益的重要组成部分，维护在"21世纪海上丝绸之路"建设的
重要节点地区中国公民的人员安全问题也日益突出。

事实上，进入21世纪以来，中国政府日益重视海外中国公民的人身安全问题。

---

① 参见陈安主编：《国际经济法学专论》，下编·分论，634～645页，北京，高等教育出版社，2002。

② 值得注意的是，2017年以来，中国外交部和有关驻外使领馆多次提醒中国公民暂勿前往利比亚、叙利
亚、伊拉克、也门、埃及西奈半岛地区、阿富汗部分省份、尼日利亚东北三州、马里北部和中部地
区。目前，有关国家和地区安全形势依然复杂严峻，恐怖袭击、爆炸、绑架等事件频繁发生。而上述
国家和地区正是"21世纪海上丝绸之路"建设的重要节点地区。参见中国外交部：《再次提醒中国公
民暂勿前往海外安全高风险国家和地区》，载中国领事服务网，http://cs.mfa.gov.cn/zggmzhw/ls-
bh/aqtx/t1496559.shtml。

③ 参见傅梦孜：《"一带一路"沿线中国企业经营意识问题》，载《世界知识》，2017 (15)，65页。

例如，早在 2004 年 7 月，外交部就设立了涉外安全事务司，其主要职责为：研究涉及国家安全问题的涉外事宜，提出政策建议；重点工作之一就是对付恐怖主义，开展与其他国家在反恐方面的合作等。外交部办公厅还增设了"应急办公室"，制定了"外交部应急机制"，以解决中国公民和机构的海外安全问题。此外，2000 年外交部首次发布了《中国领事保护和协助指南》（目前已经更新至 2015 年版），2011 年外交部发布了《中国公民海外安全常识》。特别是，2011 年 11 月外交部发布了《中国企业海外安全风险防范指南》，该指南分为八篇，内容涵盖了"组织领导""员工选派和雇用""安全培训""风险评估""安全软环境建设""安保硬件投入""日常管理""应急处置"等。①

针对"21 世纪海上丝绸之路"建设面临的人员安全风险问题，除了如上所述要加强中国公民安全防范教育，强化中国企业在"21 世纪海上丝绸之路"建设中的安全保卫工作以外，中国能否借鉴欧美国家的经验成立中国私营安保公司，以保护在"21 世纪海上丝绸之路"建设的重要节点地区的中国公民的人身安全呢？

鉴于中国公民和企业在海外频繁遇袭，存在很大的人员安全风险，有学者认为：中国海外项目已经由过去计划经济下的国家行为变为企业自主的商业行为，以往由政府代办的风险调查和安全防范事宜，现在应该由商业服务来提供，而私营安保公司不属于政府机构，政治敏感度低，可便于执行安保任务，避免与驻在国产生主权、法律等方面的争议。因此，中国政府应出台相关规定支持中国国内安保公司走出去，为在海外的中国公民和企业提供纯商业性的包括武装安保在内的高级安保服务，以维护中国的海外利益。②

然而，由于受《中华人民共和国国防法》、《中华人民共和国枪支管理法》和《专职守护押运人员枪支使用管理条例》等国内法的限制，目前中国国内安保公司在海外开展业务最大的问题在于无法获得枪械弹药等致命武器。例如，2020 年修订的《中华人民共和国国防法》第 29 条明确规定，"国家禁止任何组织或者个人非法建立武装组织，禁止非法武装活动，禁止冒充军人或者武装力量组织"。2015 年修正的《中华人民共和国枪支管理法》第 3 条第 1 款也明确规定，"国家严格管制枪支。禁止任何单位或者个人违反法律规定持有、制造（包括变造、装配）、买卖、运输、出租、出借枪支"。2002 年《专职守护押运人员枪支使用管理条例》不但规定配备公务用枪的专职守护、押运人员必须符合某些条件，而且明确要求只有在执行守护、押运任务时才可以携带枪支。③ 况且，《专职守护押运人员枪支使用管理条例》根本没有涉及专职守护、押运人员的涉外行为。

---

① 参见《中国企业海外安全风险防范指南》（2011 年 11 月 22 日），载中国领事服务网，http：//cs. mfa. gov. cn/zggmzhw/lsbh/lbsc_660514/t877276. shtml。
② 参见陈利：《中国保安公司应"走出去"》，载《人民公安》，2007（4），17 页。
③ 参见《专职守护押运人员枪支使用管理条例》第 3～6 条。

综上可见，因为《中华人民共和国国防法》、《中华人民共和国枪支管理法》和《专职守护押运人员枪支使用管理条例》等国内法的一般禁止或特别禁止，中国的私营公司和个人均无法占有、使用武器和军事设备，因此，目前在中国还暂时不会出现类似欧美国家的私营安保公司。① 然而，中国从 2008 年开始在亚丁湾海域护航行动的开展，2011 年利比亚撤侨行动和 2015 年也门撤侨行动的实施，在某种程度上表明中国政府愿意并且开始尝试使用国家武装力量来保护海外中国公民和企业的安全。因此，伴随着中国综合国力的进一步上升以及中国国家利益的全面拓展，特别是"21 世纪海上丝绸之路"建设的全面推进，我们可以大胆预言："修改《中华人民共和国国防法》、《中华人民共和国枪支管理法》和《专职守护押运人员枪支使用管理条例》等相关立法，成立中国私人安保公司，以保护'21 世纪海上丝绸之路'建设的重要节点地区的中国公民和企业的安全"，沿着这一方向前进的步伐可能会加快。②

（二）建立多个后勤保障基地，实施"保护性干预"

2017 年 8 月 1 日，中国人民解放军驻吉布提保障基地部队进驻营区仪式在基地营区举行。③ 虽然中国在吉布提基地设立的只是后勤保障设施，而不是作战设施，目的是维护该地区的和平稳定，但是鉴于吉布提重要的地理位置，今后中国政府在采取类似 2011 年利比亚撤侨行动和 2015 年也门撤侨行动以保护中国公民的人身安全的过程中，中国驻吉布提保障基地必将提供更多便利和发挥更大作用。由于基础设施互联互通是"一带一路"建设的优先领域④，因此中国政府在推进"设施联通"的过程中，可以通过采取以下两种方式在"21 世纪海上丝绸之路"建设的重要节点地区建立多个后勤保障基地。

第一，采取"吉布提模式"，即通过与在"21 世纪海上丝绸之路"建设的重要节点地区的一些国家谈判协商、签订协议的方式，部署必要的军事力量和装备器材等，建立陆上机动作战的前沿部署基地和海上补给保障基地，以执行危机反应与突发事件处置等应急任务。⑤

第二，采用企业出面租赁方式，即由中国在海外的企业与在"21 世纪海上丝绸之路"建设的重要节点地区的一些国家签订长期、短期或临时租赁合同，借用或租用这些国家的机场、港口，预留军事需求借口，以作为未来需要时的后勤保障

---

① 参见朱路：《昨日重现：私营军事安保公司国际法研究》，340 页，北京，中国政法大学出版社，2017。
② 中国安保公司甚至已入股美国安保公司。迄今已有 3 000 多名中国民间保安力量进入外国，对维护中国企业发展与个人人身安全发挥着重要作用。参见傅梦孜：《"一带一路"沿线中国企业经营意识问题》，载《世界知识》，2017（15），67 页。
③ 参见《我军官兵进驻吉布提保障基地》（2017 年 8 月 3 日），载人民网，http：//military.people.com.cn/n1/2017/0803/c1011-29447460.html。
④ 参见国家发展和改革委员会、外交部、商务部：《推动共建丝绸之路经济带和 21 世纪海上丝绸之路的愿景与行动》（2015 年 3 月 28 日），载 http：//www.mfa.gov.cn/mfa_chn/zyxw_602251/t1249574.shtm。
⑤ 参见王卫星：《全球视野下的"一带一路"：风险与挑战》，载《学术前沿》，2016（5），17 页。

基地。

在"21世纪海上丝绸之路"建设的重要节点地区建立多个后勤保障基地，有利于中国实施"保护性干预"，从而更好地保障在"21世纪海上丝绸之路"建设的重要节点地区的中国公民的人身安全。所谓"保护性干预"是指"在国际关系中出现严重的人道主义灾难的情况下，或者中国的国家利益面临严重的威胁或破坏的情况下，中国政府为践行国际法治与民主价值、保护中国的国家利益而进行的干预"①。实施"保护性干预"，一方面有利于解决"21世纪海上丝绸之路"建设面临的人员安全风险问题；另一方面，也有助于满足国际社会希望中国发挥更大作用的期盼，从而进一步树立中国负责任大国的国际形象。由于中国政府承担的联合国维和行动的费用摊款占比达到了 18.655 6%，居世界第二，而且中国还是联合国安理会五大常任理事国中派出维和人员最多的国家②，因此实施"保护性干预"能使中国的外交方式更加积极、主动，有助于彰显中国承担的国际责任和义务，从而更好地维护中国的国家利益，为在"21世纪海上丝绸之路"建设的重要节点地区的中国公民的人身安全保障创造有利条件。

四、结论与前瞻

（一）建立"21世纪海上丝绸之路"建设的风险预警和防范机制，是"21世纪海上丝绸之路"建设风险法律防范的基础

首先，建立"21世纪海上丝绸之路"建设的风险预警系统。一方面，加强对"21世纪海上丝绸之路"建设的重要节点地区及相关国家的政治局势走向的预测与评估，及时发布"21世纪海上丝绸之路"建设的重要节点地区有关风险的微观分析和预报；另一方面，鼓励中国企业设立独立的"21世纪海上丝绸之路"建设的重要节点地区投资风险评估部门，全面和量化评估"21世纪海上丝绸之路"建设的重要节点地区所面临的各类风险，从而为中国企业降低投资风险作参考。③

其次，成立"21世纪海上丝绸之路"建设风险预防和处置委员会。2011年4月，经国务院批准，国家发展和改革委员会、商务部会同20多个部门建立了"走出去部级协调机制会议"。在此基础上，应在国家层面设立"21世纪海上丝绸之路"建设风险预防和处置委员会，负责领导并综合协调"21世纪海上丝绸之路"

---

① 杨泽伟：《国际社会的民主和法治价值与保护性干预——不干涉内政原则面临的挑战与应对》，载《法律科学》，2012（5），45页。
② 截至2020年9月，中国军队8 000人规模维和待命部队完成在联合国注册；中国先后参加了25项联合国维和行动，累计派出维和军事人员4万余人次，共有13名中国军人担任特派团司令、副司令、战区司令、副司令等重要职务，16名中国军人牺牲在维和一线；有2 521名中国官兵在8个维和特派团和联合国总部执行任务。
③ 参见于军主编：《中国海外利益蓝皮书2016》，249～250页，北京，世界知识出版社，2017。

建设的重要节点地区风险的分析、评估、预防、协调以及处置等。

最后，构建"21世纪海上丝绸之路"建设风险预防法律体系。一方面，基于2006年联合国国际法委员会二读通过的《外交保护条款草案》，构建中国的外交保护理论体系；另一方面，制定"中国公民境外保护法"、修改《中华人民共和国国防法》和《中华人民共和国枪支管理法》等，为中国私人安保公司在"21世纪海上丝绸之路"建设的重要节点地区保障中国企业和公民的安全提供法律支撑。①

（二）坚持并落实"共商共建、互利共赢"的原则，是"21世纪海上丝绸之路"建设风险法律防范的关键

"21世纪海上丝绸之路"建设的一个重要原则就是坚持"共商共建、互利共赢"，即中国愿与在"21世纪海上丝绸之路"建设的重要节点地区的国家一道，不断充实、完善"21世纪海上丝绸之路"建设的合作内容和方式，寻求利益契合点和合作最大公约数，共同制定时间表、路线图，把各方的优势和潜力充分发挥出来。因此，对在"21世纪海上丝绸之路"建设的重要节点地区的合作意愿较强的国家，可以共同成立"21世纪海上丝绸之路"建设合作规划编制小组，签署双边合作备忘录或协议，确定双方合作的领域、项目投资主体、政治风险的防范等内容，尽早建设一批取得积极成效的合作典型项目，以对其他沿线国家产生示范效应。② 例如，2017年8月9日，中国参与的马来西亚价值130亿美元的铁路项目正式开工，该项目连接马来西亚的东部和西部，是马来西亚最大的铁路项目，也是"21世纪海上丝绸之路"建设的重大标志性项目。③ 总之，进一步落实"共商共建、互利共赢"的原则，有利于防范"21世纪海上丝绸之路"建设的重要节点地区的政治风险。

（三）充分发挥现有国际机制的作用，是"21世纪海上丝绸之路"建设风险法律防范的重要保障

"21世纪海上丝绸之路"建设，不是摈弃现有的国际合作机制，而是要充分利用已有的双边、区域和多边国际合作机制。④ 因此，对于"21世纪海上丝绸之路"建设的重要节点地区的政治风险及其防范，我们也应当充分发挥现有国际机制

---

① 值得注意的是，在2013年3月全国政协第十一届五次会议上，中国人民对外友好协会提交了《关于加强海外机构和公民安全保护的提案》。该提案建议修改、制定相关法律，允许中国私人安保公司走出国门，为海外中国企业和中国公民承担更大的安全防范任务。

② 值得注意的是，2015年4月国家税务总局发布了《关于落实"一带一路"发展战略要求做好税收服务与管理工作的通知》。目前中国已经与"一带一路"沿线的53个国家签订了双边避免双重征税的税收协定或议定书。所有这些，无疑都有助于"21世纪海上丝绸之路"建设的推进。

③ 参见路透社马来西亚关丹2017年8月9日电。转引自《参考消息》，2017－08－11，14版。

④ 参见国家发展和改革委员会、外交部、商务部：《推动共建丝绸之路经济带和21世纪海上丝绸之路的愿景与行动》（2015年3月28日），载 http：//www.mfa.gov.cn/mfa_chn/zyxw_602251/t1249574.shtml。

的作用。

首先，要加强双边合作。在"21 世纪海上丝绸之路"建设的重要节点地区，要开展多层次、多渠道沟通磋商，注重发挥现有的联委会、混委员、协委会、指导委员会等双边机制的作用，推动双边关系全面发展，建立"共享收益、共担风险"的治理新机制。

其次，要继续发挥沿线各国区域、次区域相关国际论坛、展会以及博鳌亚洲论坛、中国—东盟博览会、中国—亚欧博览会、欧亚经济论坛、中国国际投资贸易洽谈会，以及中国—南亚博览会、中国—阿拉伯博览会、中国西部国际博览会、中国—俄罗斯博览会、前海合作论坛等平台的建设性作用，特别是要发挥上海合作组织①、中国—东盟"10＋1"、亚太经合组织、亚欧会议（ASEM）、亚洲合作对话、亚信会议、中阿合作论坛、中国—海合会战略对话、大湄公河次区域经济合作、中亚区域经济合作、金砖国家开发银行等现有的区域合作机制的作用，以有效地应对"21 世纪海上丝绸之路"建设的重要节点地区的政治风险。

最后，要深化与联合国等多边国际组织的协调与合作，为"21 世纪海上丝绸之路"建设提供有国际安全保障的环境。一方面，要利用联合国等多边机构向国际社会宣示中国愿意主动承担的国际责任；另一方面，在联合国等多边机构中利用议程设置、程序安排和规则制定等各个环节，逐步提升中国的话语权和影响力，以保障"21 世纪海上丝绸之路"建设的推进和更好地维护中国的国家利益。② 此外，对于中国主导建立的亚洲基础设施投资银行，使其从治理机制的角度为"21 世纪海上丝绸之路"建设发挥安全保障作用，也是其应有之义。

（四）注意协调域外大国的利益和合理关切，是"21 世纪海上丝绸之路"建设风险法律防范不可缺少的重要组成部分

在"21 世纪海上丝绸之路"建设的重要节点地区的一些国家，在地缘安全上处于重要地位，因此，许多域外大国都将在国家利益、安全战略等方面与中国存在竞争关系③，一些地区大国还担心中国挤入其传统势力范围。④ 例如，在奥巴马政

---

① 2015 年 7 月 10 日，上海合作组织发表了《上海合作组织成员国元首乌法宣言》，支持中国关于建设丝绸之路经济带的倡议。
② 值得注意的是，2016 年 11 月 17 日，联合国 193 个会员国协商一致通过决议，欢迎共建"一带一路"等经济合作倡议，呼吁国际社会为"一带一路"建设提供安全保障环境。2017 年 3 月 17 日，联合国安理会一致通过第 2344 号决议，呼吁国际社会通过"一带一路"建设加强区域经济合作。此外，中国政府还与联合国开发计划署、亚太经社会、世界卫生组织等多边国际组织签署了共建"一带一路"的合作文件。
③ See Michal Meidan and Luke Patey, "The Challenges Facing China's Belt and Road and Initiative", Danish Institute for International Studies, 29 March 2016.
④ See Christopher K. Johnson, *President Xi Jinping's "Belt and Road" Initiative: A Practical Assessment of the Chinese Communist Party's Roadmap for China Global Resurgence*, Center for Strategic & International Studies Press, 2016, p. 10.

府时期,美国不但推出了"新丝绸之路计划",而且也实施了"亚太再平衡战略"。美国担心"一带一路"是中国实现崛起并进而挑战美国"全球领导地位"的"战略设计",并认为中国以"一带一路"为旗帜的新经济外交正在挑战国际经济规则和秩序,对美国构成挑战。① 美国一些学者甚至明确提出,"保持美国在西半球的支配地位,同时要防止中国在亚洲取得地区霸权"②。又如,印度既是在"21世纪海上丝绸之路"建设的重要节点地区的人口大国和区域大国,也是"21世纪海上丝绸之路"建设的关键国家。然而,印度不但对中国政府提出的"一带一路"倡议反应冷淡③,而且面对中国以"一带一路"建设扩大对沿线国家的影响力,印度与日本决定合作推出一个多元化、从亚太到非洲的基建计划,即所谓的"亚非走廊"计划,携手在非洲、伊朗、斯里兰卡和东南亚国家兴建多个基础建设项目④,以对冲中国"一带一路"倡议。⑤ 此外,有学者认为,中国在南太平洋地区日益增长的影响力,正在对澳大利亚、新西兰和美国等该地区的一些传统大国构成巨大挑战。⑥因此,包括澳大利亚、新西兰等国在内的全球主要大国在南太平洋地区对中国的防范加大。此外,中东地区的大国之争会使地区局势进一步复杂化,这不仅会给中国在中东地区的"21世纪海上丝绸之路"基础设施项目带来新风险,还将使中国很难维持在阿拉伯—以色列冲突以及沙特—伊朗冲突中的"中立"角色。有鉴于此,在"21世纪海上丝绸之路"建设过程中,注意协调域外大国的利益和合理关切,加强与域外主要大国发展战略的对接,并在战略对接的框架下开展一些符合各自战略需要的合作项目,无疑有利于对"21世纪海上丝绸之路"建设的重要节点地区的政治风险的防范。

---

① 参见吴兆礼:《"一带一路"下的大国互动:包容合作与竞争对冲》,载《世界知识》,2017(12),59页。

② John Mearsheimer, "Maintain U. S. Dominance in the Western Hemisphere and Prevent China Achieving Regional Hegemony in Asia", *National Interest*, August 21, 2015, available at http://nationalinterest. org/feature/we-asked.

③ 有印度学者甚至明言:"(印度)不太可能看到'一带一路'倡议作为一个整体获得印度的正式认可。"[Tanvi Madan, "What India Think about China's One Belt, One Road Initiative (But doesn't Explicitly Say)", March 14, 2016, available at http://www. brookings. edu/blog/order-from-chaos/post/2016/03/14-india-china-asia-connectivity-madan.] 印度观察家研究基金会副主席萨米尔·萨兰(Samir Sarran)认为,包装为"一带一路"倡议的中国政治扩张和经济雄心是一个硬币的正反两面。See Samir Sarran, "Seizing the 'One Belt, One Road' Opportunity", *The Hindu*, February 2, 2016, available at http://www. thehindu. com/opinion/op-ed/chinas-one-belt-one-road-programe/article817970. ece.

④ 参见[俄]谢尔盖·马努科夫:《中国的"一带一路"出现竞争者》,载俄罗斯《专家》周刊网站,2017年8月3日。转引自《参考消息》,2017-08-04,14版。

⑤ 值得注意的是,2016年以来,印度以"中巴经济走廊"穿过印巴克什米尔争议区为借口,对该走廊建设持明确的反对立场;并对"孟中印缅经济走廊"、"中尼经济走廊"倡议进行了"冷处理"。2017年5月,印度政府也没有派官方高级代表团出席"一带一路"国际合作高峰论坛。

⑥ 参见石源华主编:《中国周边外交研究报告(2015—2016)》,137页,北京,世界知识出版社,2016。

推荐阅读书目及论文

1. 杨泽伟. 国际社会的民主和法治价值与保护性干预——不干涉内政原则面临的挑战与应对. 法律科学，2012（5）

2. 郑之杰. "走出去"的法律风险问题与实践. 北京：法律出版社，2013

3. 傅梦孜. "一带一路"沿线中国企业经营意识问题. 世界知识，2017（15）

4. 朱路. 昨日重现：私营军事安保公司国际法研究. 北京：中国政法大学出版社，2017

5. 王翰. "一带一路"与人类命运共同体构建的法律与实践. 北京：知识产权出版社，2018

6. 漆彤. "一带一路"国际经贸法律问题研究. 北京：高等教育出版社，2018

7. 傅梦孜. "一带一路"倡议的三个理论视角. 现代国际关系，2018（12）

8. 傅梦孜. "一带一路"建设的持续性. 北京：时事出版社，2019

9. 杨泽伟，等. "一带一路"倡议与国际规则体系研究. 北京：法律出版社，2020

10. 杨泽伟编. "一带一路"倡议文件汇编. 北京：法律出版社，2020

11. 杨泽伟. "一带一路"倡议背景下全球能源治理体系的变革与中国作用. 武大国际法评论，2021（2）

12. Michal Meidan and Luke Patey. The Challenges Facing China's Belt and Road and Initiative. Danish Institute for International Studies, 29 March 2016

13. Zhao Yun. International Governance and the Rule of Law in China under the Belt and Road Initiative. Cambridge University Press, 2018

14. Yu Cheng, Lilei Song, et al.. The Belt & Road Initiative in the Global Arena: Chinese and European Perspectives. Macmillan, 2018

15. Zewei Yang. Understanding the Belt and Road Initiative under Contemporary International Law. China and WTO Review. Vol. 5, No. 2, 2019

16. Zewei Yang. Building the 21st-Century Maritime Silk Road: Its Impact on the South China Sea Dispute. Journal of Boundary and Ocean Studies. Vol. 1, No. 1, 2019

第 十 三 章

航行自由的法律边界与制度张力

"航行自由是海洋法律制度中最古老、最普遍承认的原则之一。"① 它既是海洋法历史发展的一条主线,也是《海洋法公约》的重要内容。② 从某种意义来讲,航行自由是"一项全球公共产品,涉及各国利益,因而没有一个国家公开反对它"③。然而,近年来围绕美国的航行自由行动,相关国家间出现了较大的分歧。产生这种争议的根本原因在于相关国家对《海洋法公约》有关航行自由的条款有不同的理解。④ 其实,航行自由与中国国家利益密切相关。因此,探讨航行自由的法律边界与制度张力问题,既是当前海洋法中面临的新课题,也具有重要的现实意义。

一、美国的航行自由行动与对航行自由产生争议的原因

(一) 美国的航行自由行动

1. 美国的航行自由行动的缘起

为了贸易和商业的目的,美国长期以来一直主张航行自由。即使在美国立国之前,北美的殖民者也强调航行自由的重要性。从某种意义来讲,美国参加 1812 年战争和卷入第一次世界大战的一个重要原因就是维护航行自由。⑤ 不过,美国的航行自由行动(Freedom of Navigation Operation,FONOP)正式开始于 1979 年卡特

---

① Nkeiru Scotcher, "The Freedom of Navigation in International Law and the Utility of International Society Discourse", *US-China Law Review*, Vol. 7, No. 8, 2010, p. 56.

② See Hugo Caminos ed., *Law of Sea*, Dartmouth Publishing, 2001, p. 215.

③ Myron H. Nordquist, etc., ed., *Freedom of Navigation and Globalization*, Brill Nijhoff, 2015, p. 5.

④ See Haiwen Zhang, "Is It Safeguarding the Freedom of Navigation or Maritime Hegemony of the United States? —Comments on Raul (Pete) Pedrozo's Article on Military Activities in the EEZ", *Chinese Journal of International Law*, Vol. 9, Issue 1, 2010, p. 47.

⑤ See John E. Noyes, "The United States, the Law of the Sea Convention, and Freedom of Navigation", *Suffolk Transnational Law Review*, Vol. 29, Issue 1, 2005, p. 11.

政府时期，迄今已有 40 余年的历史。① 美国的航行自由行动旨在"通过积极行使航行权和飞越权，以保护美国在海上的相关安全利益，反对'过度的海洋主张'（Excessive Maritime Claims）"②。一般而言，美国的航行自由行动主要是针对美国认为不符合国际法的海洋主张，特别是如下类型的过度海洋主张：历史性水域；过度的直线基线；过度的领海主张以及对领海利用的非法限制；领海之外水域利用的过度主张；过度的群岛水域主张等。③ 据统计，自 1991 年以来美国已经开展了 300 多次航行自由行动，关系到 50 多个国家的海洋权益。④

值得注意的是，美国航行自由行动不但针对它认为的敌对国家，而且也针对日本、韩国和菲律宾等盟国。以美国国防部于 2017 年 12 月发布的《2017 年航行自由报告》为例，从 2016 年 10 月 1 日到 2017 年 9 月 30 日美军针对阿尔巴尼亚、阿尔及利亚、柬埔寨、克罗地亚、厄瓜多尔、印度、印度尼西亚、伊朗、马来西亚、马尔代夫、马耳他、黑山、阿曼、菲律宾、斯洛文尼亚、斯里兰卡、突尼斯、委内瑞拉、越南和也门等 22 个国家或地区开展了航行自由行动，以抗议这些国家或地区过度的海洋主张。⑤

2. 美国进行航行自由行动的原因

首先，如前所述，美国进行航行自由行动主要是为了挑战一些沿海国的过度海洋主张，以免构成对这些主张的默认，并强调各个国家都有义务遵守《海洋法公约》所体现的习惯国际法规则。⑥ 其次，坚持和维护航行自由是美国独立以来外交政策的核心。美国海军还把维护航行自由作为其三大支柱之一。⑦ 最后，美国认为所有国家在专属经济区享有与在传统的公海一样的自由。在第三次海洋法会议的闭幕会上，美国政府代表还专门强调了这一点。⑧

---

① See Ryan Santicola, "Legal Imperative: Deconstructing Acquiescence in Freedom of Navigation Operations", *National Security Law Journal*, Vol. 5, Issue 1, 2016, p. 64.

② National Security Decision Directive No. 72, President Ronald Reagan (December 13, 1982), available at http://www.reagan.utexas.edu/archives/reference/Scanned%20NSDDS/NSDD72.pdf.

③ See Ryan Santicola, "Legal Imperative: Deconstructing Acquiescence in Freedom of Navigation Operations", *National Security Law Journal*, Vol. 5, Issue 1, 2016, p. 65.

④ 参见韦强、赵书文：《美国〈2015 年航行自由报告〉评析》，载《国际研究参考》，2016（8），33 页。

⑤ See Department of Defense Report to Congress, Annual Freedom of Navigation Report Fiscal Year 2017, available at https://policy.defense.gov/Portals/11/FY17%20DOD%20FON%20Report.pdf?ver=2018-01-19-163418-053.

⑥ See Benjamin K. Wagner, "Lessons from Lassen: Plotting a Proper Course for Freedom of Navigation Operations in the South China Sea", *Journal of East Asia and International Law*, Vol. 9, Issue 1, 2016, p. 139.

⑦ See Joshua L. Root, "The Freedom of Navigation Program: Assessing 35 Years of Effort", *Syracuse Journal of International Law and Commerce*, Vol. 43, Issue 2, 2016, p. 325.

⑧ See *Official Records of the Third UN Conference on the Law of the Sea*, Vol. 17, Plenary Meeting, Doc. A/CONE. 62/WS/37 and ADD. 1 and 2, New York 1982, p. 243.

3. 美国的航行自由行动是一种法律行为

不可否认，美国的航行自由行动有多重目的。然而，从国际法的角度来看，它实质上是一种法律行为。首先，它是为了表示美国对相关国家（地区）宣布的直线基线有疑义。其次，它是试图挑战相关国家（地区）尚未正式宣布的潜在海洋主张。最后，它还想强化相关案件的裁决结果。

（二）对航行自由产生争议的原因

如前所述，虽然航行自由已经成为海洋法的一项基本原则，但是各个国家对其真正含义还有很大的争议。究其原因，主要有以下方面。

1.《海洋法公约》对航行自由没有明确的界定，各国任意解释的空间较大

被誉为"海洋宪章"（Constitution for Oceans）[1] 的《海洋法公约》，是规范当代国际社会有关海洋秩序和各国海洋权益的基本文件，确立了人类利用海洋和管理海洋的基本法律框架。正是《海洋法公约》的这种宪法性地位，决定了它不可能详细地规定所有涉海问题并为每个涉海问题提供答案。[2] 况且，《海洋法公约》还是"一揽子交易"的结果。这也导致了包括航行自由制度在内的诸多海洋法律制度具有模糊性，为各国对航行自由的争议埋下了伏笔，并催生了"包容性解释"（inclusive interpretation）和"非包容性解释"（exclusive interpretation）这两种对航行自由的不同解释派别。[3]

2. 航行自由的实质是国家管辖权与海洋自由的博弈，体现的是海洋强国与中小国家战略和利益的分野与较量

早在近代国际法产生之初，格老秀斯主张包括航行自由在内的海洋自由论就与塞尔登（John Selden）主张的闭海论存在尖锐对立。第二次世界大战结束以后，许多新独立的中小国家纷纷试图扩大沿海国的国家管辖权，以深入到领海以外的公海范围。这无疑对海洋强国长期坚持的航行自由原则构成了挑战。因此，在联合国主持召开的三次海洋法会议上有关国家管辖权与海洋自由的博弈异常激烈。最后，《海洋法公约》的有关制度安排，"既照顾了沿海国的权利，又考虑到全球航行自由"[4]，基本实现了海洋强国与中小国家之间国家利益的平衡。

3. 航行自由的多面性，进一步加剧了各国对航行自由的争议

航行自由具有多重属性，它涉及国家主权、海上安全、海洋资源开发和海洋环境保护等。例如，领海是沿海国的领土重要组成部分，因而其他国家在沿海国领海

[1]　T. B. Koh, "A Constitution for the Oceans", in UN, *The Law of the Sea-Official Text of the United Nations Convention on the Law of the Sea with Annexes and Index*, New York, 1983, p. xxiii.

[2]　See Vladimir Golitsyn, "Freedom of Navigation: Development of the Law of the Sea and Emerging Challenges", *International Law Studies*, Vol. 93, 2017, p. 264.

[3]　参见牟文富：《互动背景下中国对专属经济区内军事活动的政策选择》，载《太平洋学报》，2013（11），46页。

[4]　刘琳：《美国在南海的"航行自由行动"探析》，载《当代美国评论》，2018（1），85页。

内享有的无害通过权就不得对沿海国的国家主权构成威胁。又如，沿海国对专属经济区内自然资源的开发享有主权权利，这就涉及海洋资源开发与航行自由权的平衡问题。① 此外，还有国际海事组织制定的有关海上航行安全立法对航行自由的限制以及海洋保护区的设立对航行自由的影响等。可见，"航行自由始终与其他海洋问题互为影响与制约"②。航行自由与其他海洋问题的这种紧密联系，使各个国家基于不同的海洋利益诉求而对航行自由作出各种各样的解读，从而进一步模糊了航行自由的法律边界。

二、航行自由的法律边界

"虽然数百年来航行自由一直是海洋法的核心，但是近些年来航行自由受到了诸多限制。"③

(一) 沿海国管辖权

伴随着《海洋法公约》的出台，沿海国管辖权呈扩大之势，航行自由受国家管辖权的制约也越来越多。

1. "无害"的限制

《海洋法公约》第 17 条规定，所有国家的船舶均享有"无害"通过领海的权利。换言之，在领海的航行自由受到"无害"的限制，即航行自由不能损害沿海国的和平、安全和良好秩序。不过，关于在国际实践中如何认定"无害"，还存在较大分歧。例如，在 1949 年"科孚海峡案"（Corfu Channel, United Kingdom of Great Britain and Northern Ireland v. Albania）中，国际法院拒绝认定阿尔巴尼亚提出的英国军舰的通过不是"无害"的指控④，导致后来国际社会对此一直存在争议。

2. "和平利用"原则的限制

一方面，禁止以武力相威胁或使用武力已成为国际法基本原则和国际强行法规则。况且，《海洋法公约》序言指出"确认本公约未予规定的事项，应继续以一般国际法的规则和原则为准据"；其第 301 条"海洋的和平利用"也明确规定"缔约国在根据本公约行使其权利和履行其义务时，应不对任何国家的领土完整或政治独立进行任何武力威胁或使用武力，或以任何其他与《联合国宪章》所载国际法原则

---

① See Raul Pedrozo, "Preserving Navigational Rights and Freedoms: The Right to Conduct Military Activities in China's Exclusive Economic Zone", *Chinese Journal of International Law*, Vol. 9, Issue 1, 2010, p. 9.

② 马德懿：《海洋航行自由的体系化解析》，载《世界经济与政治》，2015（7），128 页。

③ Jon M. Van Dyke, "The Disappearing Right to Navigational Freedom in the Exclusive Economic Zone", *Marine Policy*, Vol. 29, 2005, p. 107.

④ "Corfu Channel, United Kingdom of Great Britain and Northern Ireland v. Albania", available at http://www.icj-cij.org/files/case-related/1/001-19490409-JUD-01-00-EN.pdf.

不符的方式进行武力威胁或使用武力"。另一方面,《海洋法公约》第88条也强调"公海只用于和平目的"。可见,在领海、专属经济区和公海的航行自由,均受到"和平利用"原则的限制。

3. "适当顾及"原则的限制

《海洋法公约》第58条第1款规定:"在专属经济区内,所有国家,不论为沿海国或内陆国,在本公约有关规定的限制下,享有第八十七条所指的航行和飞越的自由,铺设海底电缆和管道的自由,以及与这些自由有关的海洋其他国际合法用途……";该条第3款又指出:"各国在专属经济区内根据本公约行使其权利和履行其义务时,应适当顾及沿海国的权利和义务,并应遵守沿海国按照本公约的规定和其他国际法规则所制定的与本部分不相抵触的法律和规章"。可见,在专属经济区内的航行自由受到"适当顾及"原则的限制。然而,"适当顾及"原则的内涵是什么?怎样才是"适当顾及"?《海洋法公约》没有明确标准,因而两者的含义存在较大的弹性。[1]

4. 由资源开发活动所引发的沿海国管辖权的扩张

《海洋法公约》第56条第1款第1项规定: "沿海国在专属经济区内有:(a)以勘探和开发、养护和管理海床上覆水域和海床及其底土的自然资源(不论为生物或非生物资源)为目的的主权权利,以及关于在该区内从事经济性开发和勘探,如利用海水、海流和风力生产能等其他活动的主权权利"。在此基础上,近年来沿海国为了保护生物资源,在专属经济区内设立了"特别敏感海域"(particularly sensitive sea areas)以建立资源养护区。这种由资源开发活动所引发的沿海国管辖权的扩张,造成了"从船舶扣押、油污追责、港口准入、以承认管辖权为前提的船舶通行等方面约束着船舶行为,对航行自由构成限制"[2]。因此,有学者认为,为保护专属经济区内的资源,对航行自由加以限制是合法的。[3]

5. 海洋环境管辖权

《海洋法公约》第220条第3款指出,如有明显根据认为在一国专属经济区或领海内航行的船只,在专属经济区内违反关于防止、减少和控制来自船只的污染的可适用的国际规则和标准或符合这种国际规则和标准并使其有效的该国的法律和规章,那么该沿海国可以按照该国法律提起司法程序,包括对该船的拘留在内。海洋环境管辖权的这种扩大趋势,在2002年"声望"(Prestige)号油轮事故后进一步增强。此外,国际海事组织还针对海洋环境保护问题专门推出了"MARPOL特殊

---

① 例如,中美两国关于在专属经济区放置声呐系统是否会对海洋哺乳动物和鱼类种群有影响,以及是否符合"适当顾及"原则的要求,存在较大争议。See Raul Pedrozo, "Preserving Navigational Rights and Freedoms: The Right to Conduct Military Activities in China's Exclusive Economic Zone", *Chinese Journal of International Law*, Vol. 9, Issue 1, 2010, pp. 23 - 25.

② 王秋雯:《航行自由与海洋资源开发的冲突与协调》,载《国际论坛》,2017 (4),8页。

③ See Jon M. Van Dyke, "The Disappearing Right to Navigational Freedom in the Exclusive Economic Zone", *Marine Policy*, Vol. 29, 2005, p. 110.

区域"、"特别敏感海区"和"排放控制区"，使海洋环境管辖权得到了空前的强化。[1] 因此，"国际法日益承认以环境保护为由对航行自由进行限制是正当的"[2]。

6. "海洋科学研究"问题

《海洋法公约》第 56 条明确规定，沿海国在专属经济区内对海洋科学研究有管辖权。因此，有关船只如果在沿海国的专属经济区从事海洋科学研究活动，那么其航行自由就会受到限制。不过，因为《海洋法公约》对"海洋科学研究"并没有作出明确界定，所以各国在实践中对"海洋科学研究"的具体内涵以及"海洋科学研究"是否包括水道测量和海洋数据采集等，还存在较大分歧。[3]

综上可见，国际实践表明航行自由已经明显受到了以国家管辖权的名义实施的种种限制。

（二）海上安全与普遍管辖权

1. 海上安全

"如今海洋航行自由受到海上安全因素的限制早已成为一种共识。"[4] 一方面，国际海事组织制定的诸多应对海上航行安全威胁的规章制度，限制了航行自由。例如，2002 年国际海事组织就通过了《国际船舶和港口设备安全法典》（International Ship and Port Facility Security Code），要求 3 500 家公司拥有的 25 000 艘船只必须在船上配备安全员、制订安全计划并由公认的安全机构予以审核验收。[5] 另一方面，许多国家宣布装载危险货物的船只不享有通过该国专属经济区的航行权。例如，2002 年智利通过修改其《核安全法》，明确要求载有核材料或放射性物质的外国船舶要想通过其专属经济区，就必须事先获得智利政府的批准。[6] 又如，2004 年阿根廷联邦最高法院裁定，禁止有核反应堆的船只通过阿根廷的专属经济区。[7] 总之，"允许沿海国根据船舶及其装载货物的性质，来规制其在专属经济区的航行活

---

① 参见管松：《航行权与海洋环境管辖权冲突的协调机制研究——兼论建立南海协调机制的构想》，载《国际关系与国际法学刊》，2013（3），84～85 页。

② Jon M. Van Dyke, "The Disappearing Right to Navigational Freedom in the Exclusive Economic Zone", *Marine Policy*，Vol. 29，2005，p. 110.

③ See Myron H. Nordquist, etc., ed., *Freedom of Navigation and Globalization*，Brill Nijhoff，2015，pp. 285 - 287；Zhang Haiwen，"Is It Safeguarding the Freedom of Navigation or Maritime Hegemony of the United States? —Comments on Raul（Pete）Pedrozo's Article on Military Activities in the EEZ"，*Chinese Journal of International Law*，Vol. 9，Issue 1，2010，p. 43；Raul Pedrozo，"Preserving Navigational Rights and Freedoms：The Right to Conduct Military Activities in China's Exclusive Economic Zone"，*Chinese Journal of International Law*，Vol. 9，Issue 1，2010，p. 23.

④ 马德懿：《海洋航行自由的体系化解析》，载《世界经济与政治》，2015（7），132 页。

⑤ See H. O'Mahony，"IMO Measures Give Owners First Taste of the New Regime"，*Lloyd's List International*，December 18，2002.

⑥ Chile's Law for Nuclear Safety，Law Number 18. 302，art. 4，originally promulgated April 16，1984，and amended pursuant to Law 19825 on October 1，2002.

⑦ D. Weikel and H. Tobar，"Argentina Limits Reactor Route"，*Los Angeles Times*，January 16，2004，p. B1.

动，已呈习惯国际法发展之势"①。

2. 普遍管辖权

普遍性管辖权是指对国际法上规定的严重危害国际和平与安全以及全人类的共同利益的犯罪行为，任何国家都有管辖权，而不论罪行发生在何处和罪犯的国籍如何。② 基于此，《海洋法公约》第 99 条、第 105 条、第 108 条、第 109 条和第 110 条规定，各国对在公海上从事贩卖奴隶、海盗行为、非法贩运麻醉药品或精神调理物质以及从事未经许可的广播等均有管辖权，各国军舰还可以对有合理根据认为有从事上述活动嫌疑的外国船舶行使登临权。这是普遍管辖权对航行自由的限制。

此外，2003 年美国在提出"防扩散安全倡议"（the Proliferation Security Initiative）以后，与部分国家对被怀疑载有大规模杀伤性武器及其相关部件的海上、空中和陆地运载工具，进行拦截、登临和检查。③ 无疑，"防扩散安全倡议"及其实践限制了航行自由。

3. 军事活动

由于《海洋法公约》对军事活动的内涵及范围没有明确的界定，因此有学者根据《海洋法公约》第 298 条第 1 款 b 项和第 58 条第 1 款认为，每个国家可自由决定何谓军事活动④以及沿海国对专属经济区内的军事活动没有管辖权。⑤ 不过，可以肯定的是，按照《海洋法公约》第 58 条第 3 款的规定，在专属经济区进行上述军事活动无疑要受到"适当顾及"原则的限制。此外，在武装冲突中所采取的海上封锁、海上隔离措施⑥以及海上拦截行动⑦，均会对航行自由产生影响。

（三）船旗国管辖权

船旗国管辖权也能对航行自由产生限制作用。一方面，按照《海洋法公约》第 92 条和第 94 条的规定，船舶航行应仅悬挂一国的旗帜，在公海上应受该国的专属管辖；每个国家应对悬挂该国旗帜的船舶有效地行使行政、技术及社会事项上的管辖和控制。船旗国行使管辖的方式主要有临检、搜索、逮捕和扣押等方式。另一方面，随着海洋环境的日益恶化和海洋环保意识的逐步增强，按照《防止船舶造成污

① Jon M. Van Dyke, "The Disappearing Right to Navigational Freedom in the Exclusive Economic Zone", *Marine Policy*, Vol. 29, 2005, p. 107.

② 参见杨泽伟：《国际法》，3 版，75～76 页，北京，高等教育出版社，2017。

③ 参见杨泽伟：《防扩散安全倡议：国际法的挑战与影响》，载《中国海洋法评论》，2008（2），1～11 页。

④ See Erik Franckx, "American and Chinese Views on Navigational Rights of Warships", *Chinese Journal of International Law*, Vol. 10, Issue 1, 2011, p. 202.

⑤ 军事活动包括军事演习、武器演练、情报收集和军事测量等。See Myron H. Nordquist, etc., ed., *Freedom of Navigation and Globalization*, Brill Nijhoff, 2015, p. 294.

⑥ 如 1962 年古巴导弹危机期间美国军舰所采取的"防御性隔离"（Defensive Quarantine）措施。

⑦ 如 1965 年南罗德西亚的军事拦截行动、1982 年英阿马岛之战的军事拦截行动、1991 年海湾战争期间的军事拦截行动以及 1993 年—1994 年海地军事拦截行动等。

染国际公约》和《国际海上人命安全公约》以及国际海事组织决议等法律文件的规定，船旗国承担了防止船源污染的首要责任，并且需要适用船舶出海航行的有关国际公约的标准。

综上可见，无论是在公海还是在专属经济区和领海，航行自由受到的限制越来越多。因此，"把在他国专属经济区的航行自由等同于在公海的航行自由，很明显是不准确的了"①。有学者甚至指出："伴随着航行自由与沿海国国家利益的平衡的持续演进，航行自由呈逐渐消失之势。"②

三、航行自由的制度张力

如前所述，航行自由存在诸多限制，但由于缺乏明确的法律边界，其制度张力也比较突出③，并且伴随着从航行自由到航行权的演进，呈现传统航行自由的缩小与国家管辖权的扩大之势。

（一）被压缩了的公海航行自由

众所周知，公海自由原则是国际法上较古老的海洋法规则。按照国际法，公海是全人类的共同财富，对一切国家自由开放，平等使用；任何国家不得将公海的任何部分据为己有，不得对公海本身行使管辖权。因此，根据《海洋法公约》第87条，无论是对沿海国还是对内陆国，航行自由是公海自由的最重要的内容之一。然而，航行自由并不是绝对的、毫无限制的。事实上，1982年《海洋法公约》通过以来，公海航行自由在"质"和"量"上均受到压缩。④

1. "质"方面的压缩

按照公海航行自由原则，所有国家均享有在公海上航行的权利；每个国家，不论是沿海国还是内陆国，都有权在公海上行驶悬挂其国旗的船舶；船舶在公海上航行，只服从国际法和船旗国的法律。然而，为了维持公海航行安全，国际社会制定了一些专门的国际公约，如《国际海上避碰规则》《国际船舶载重线公约》《统一船舶碰撞若干法律规则的国际公约》《统一海上救助若干法律规则的国际公约》等，因此，船舶在公海上航行，要遵守上述关于安全航行的制度。

2. "量"方面的压缩

根据传统国际法，"公海"是指国家领海以外的海域。然而，这个概念已不能

① Jon M. Van Dyke, "The Disappearing Right to Navigational Freedom in the Exclusive Economic Zone", *Marine Policy*, Vol. 29, 2005, p. 107.

② Jon M. Van Dyke, "The Disappearing Right to Navigational Freedom in the Exclusive Economic Zone", *Marine Policy*, Vol. 29, 2005, p. 107.

③ 所谓张力是指"物体受到拉力作用时，存在于其内部而垂直于两相邻部分接触面上的相互牵引力"（夏征农主编：《辞海》，1310页，上海，上海辞书出版社，2000）。

④ 参见张小奕：《试论航行自由的历史演进》，载《国际法研究》，2014（4），31页。

反映当代国际海洋法的实际情况了。按照《海洋法公约》第86条的规定，公海是指"不包括在国家的专属经济区、领海或内水或群岛国的群岛水域内的全部海域"。可见，公海的范围明显地缩小了，公海航行自由的地理范围也随之缩减。此外，国际海底区域制度的建立，并实行一种与公海完全不同的制度，从而使国际海底也不再是公海的组成部分。因此，各国在国际海底区域上覆水域的航行自由活动也受到了一定的限制，即应适当顾及国际海底区域的勘探和开发活动。

（二）衍生的专属经济区的航行自由

在联合国第三次海洋法会议上，关于专属经济区的法律地位有两种主张：一是西方国家认为专属经济区仍是公海的一部分，只要与专属经济区的规定不抵触，公海的规定仍适用于专属经济区；二是许多发展中国家主张，200海里专属经济区既非领海也非公海，而是沿海国的专属管辖区，是自成一类的海域。海洋法会议采纳了后一种主张[1]，因此，"专属经济区的航行自由是公海航行自由根据专属经济区的特殊法律地位而加以调整和演变的一种新型的航行自由制度"[2]。换言之，专属经济区的航行自由虽然是由公海航行自由衍生的，但是诸多的限制条件又使其自成一类。

1. 各国在专属经济区的航行自由应符合《海洋法公约》第88条至第115条以及其他国际法有关规则的要求

换言之，按照《海洋法公约》第58条第2款的规定，专属经济区的航行自由制度同样可以参照适用公海航行自由制度，只要后者与《海洋法公约》第五部分专属经济区制度不相抵触。也正因如此，一些学者主张各国在专属经济区内就像在公海一样可以进行军事活动，因为"法无明令禁止即允许"，《海洋法公约》并没有明确规定不能在专属经济区进行军事活动。[3]

2. 在专属经济区的航行自由受《海洋法公约》有关规定的限制

从联合国第三次海洋法会议的正式记录来看，创立专属经济区制度的主要目的是赋予沿海国对200海里范围内的资源更大的管辖权。[4] 因此，各国在专属经济区的航行自由受到沿海国对专属经济区内自然资源的主权权利和在该区域内从事经济性活动的主权权利的限制。

3. 各国在专属经济区的航行自由还应遵守沿海国的有关法律和规章

如前所述，船舶在公海上航行，只需遵守国际法和服从船旗国的管辖。然而，

---

① 参见丘宏达：《现代国际法》，622页，台北，三民书局，1995。

② 张小奕：《试论航行自由的历史演进》，载《国际法研究》，2014（4），31页。

③ See James W. Houck and Nicole M. Anderson, "The United States, China, and Freedom of Navigation in the South China Sea", *Washington University Global Studies Law Review*, Vol. 13, Issue 3, 2014, pp. 443-444.

④ See Raul Pedrozo, "Preserving Navigational Rights and Freedoms: The Right to Conduct Military Activities in China's Exclusive Economic Zone", *Chinese Journal of International Law*, Vol. 9, Issue 1, 2010, p. 11.

按照《海洋法公约》第58条第3款的规定，各国在专属经济区的航行自由除了应遵守国际法以外，还应遵守沿海国的有关法律和规章，只要这些法律和规章符合《海洋法公约》的规定和其他国际法规则。况且，沿海国为确保这些法律和规章得到遵守，还可以采取登临、检查、逮捕和进行司法程序等措施。①

（三）航行权

伴随着从公海到专属经济区，再到领海的物理空间的变化，国家的管辖权在逐步增强，航行自由也逐渐向航行权过渡。

1. 领海的无害通过权

领海的航行权主要是指无害通过权。按照《海洋法公约》第18条和第19条的规定，所谓"无害"是指不损害沿海国的和平、安全和良好秩序；"通过"是指为了穿过领海但不进入内水，或从内水驶出或驶入内水的航行，除例外情况外，通过必须继续不停和迅速进行。此外，潜水艇和其他潜水器通过领海时，必须在水面上航行并且要展示其国旗。总之，这种"通过"应符合《海洋法公约》和其他国际法规则。可见，无害通过权是一种严格的航行权。此外，为了保证航行安全，沿海国还可以要求行使无害通过其领海权利的外国船舶，使用其为管制船舶通过而指定或规定的海道和分道通航。

2. 海峡的过境通行权

在第三次海洋法会议上，关于用于国际航行的海峡的法律地位问题，引起了很大的争论。发展中国家认为，外国船舶在用于国际航行的海峡，只能享受无害通过权。而海洋大国则极力主张所有外国军舰、商船和飞机都可以在这种海峡内或其上空自由通行。②《海洋法公约》采用了折中方案，并创设了一种新型的航行权——过境通行权。按照《海洋法公约》第38条的规定，过境通行权是指在公海或专属经济区的一个部分和公海或专属经济区的另一个部分之间用于国际航行的海峡内，所有船舶和飞机都享有不受阻碍地过境通行的权利。过境通行仅为继续不停和迅速过境的目的而进行的自由航行和飞越。过境通行的船舶应遵守一般接受的关于海上安全的国际规章、程序和惯例。总之，相比于无害通过权过境通行权所受的限制条件更少。

值得注意的是，近十几年来一些沿海国以保护海洋环境为由，对用于国际航行的海峡的航行权加以限制。例如，澳大利亚、法国和意大利以环境保护为理由，分别在托雷斯海峡和博尼法乔海峡，实行强制领航制度并收取强制领航费，或者限制有关船只在海峡内的航行。2010年6月，法国和意大利的环境部长签订了一份关于博尼法乔海峡的宣言，声称为更好地保护脆弱的生态系统，提议禁止装运危险材料的船只在该海峡航行。对此，一些国家认为收取强制性领航费的做法将危及《海洋

---

① 参见《海洋法公约》第73条。
② 参见杨泽伟：《国际法》，3版，167页，北京，高等教育出版社，2017。

法公约》规定的航行自由和过境通行权，并强调不应为保护环境而损害《海洋法公约》所规定的权利。①

3. 群岛水域的群岛海道通过权

群岛国的群岛水域制度是介于领海制度与内水制度之间的一种制度，但又有海峡过境通行制度的性质，为《海洋法公约》所创。② 可见，群岛海道通过权也是一种新的航行权。根据《海洋法公约》第53条的规定，所有船舶和飞机均享有在群岛国指定的海道和其上空的空中航道内的群岛海道通过权。所谓"群岛海道通过权"是专为在公海或专属经济区的一部分和公海或专属经济区的另一部分之间继续不停、迅速和无障碍地过境的目的，行使正常方式的航行和飞越的权利。当然，行使群岛海道通过权也应遵守有关规则，如通过群岛海道和空中航道的船舶与飞机在通过时不应偏离其中心线25海里以外，但这种船舶和飞机在航行时与海岸的距离不应小于海道边缘各岛最近各点之间的距离的10%。其实，群岛海道通过权在很多方面是参照适用过境通行权制度的。③

四、航行自由的新挑战

科学技术是影响国际法发展的重要因素之一。可以说，"大多数新的海洋法规，包括大陆架、海床、航行、国家管辖和海洋科学研究，都是科学技术的巨大变化的结果"④。伴随着科学技术的进步而导致的海洋法的新发展，也给航行自由带来了一些新的挑战。

（一）国家管辖范围以外海域生物多样性的管理和养护

《海洋法公约》虽然囊括的范围很广，但是并没有包括国家管辖范围以外海域生物多样性的管理和养护问题。⑤ 2004年1月，联合国大会通过第24号决议，决定建立特设非正式工作组，以"研究与国家管辖范围以外区域的海洋生物多样性的养护和可持续利用有关的问题"。2015年6月，联合国大会通过了第69/292号决议，决定启动"国家管辖范围以外海域生物多样性养护和可持续利用"国际协定（以下简称"BBNJ国际协定"）谈判，并提出分三步走的路线图，分别是成立协定谈判委员会、决定是否召开政府间大会以启动谈判正式进程和出台"BBNJ国际协

① 参见2007年12月《〈联合国海洋法公约〉第十七次缔约国会议的报告》（SPLOS/164），载 http://daccess-dds-ny. un. org/doc/UNDOC/GEN/N07/426/81/PDF/N0742681. pdf。
② 参见丘宏达：《现代国际法》，590页，台北，三民书局，1995。
③ 参见《海洋法公约》第54条。该条明确规定，（适用于过境通行的）第39条、第40条、第42条和第44条各条比照适用于群岛海道通过。
④ Manfred Lachs, "Thoughts on Science, Technology and World Law", *American Journal of International Law*, Vol. 86, 1992, p. 691.
⑤ See Vladimir Golitsyn, "Freedom of Navigation: Development of the Law of the Sea and Emerging Challenges", *International Law Studies*, Vol. 93, 2017, p. 264.

定"。2017 年 12 月，联合国大会第 72/249 号决议决定于 2018 年—2020 年召开政府间大会，就国家管辖范围以外海域生物多样性的管理和养护问题拟定一份具有法律约束力的国际协定。2018 年 4 月，政府间大会的组织会议已经召开，"BBNJ 国际协定"的拟定工作正式进入了政府间谈判阶段。"BBNJ 国际协定"也被视为《海洋法公约》的第三个执行协定。

按照目前讨论的情况和联合国大会的授权，"BBNJ 国际协定"适用的范围为国家管辖范围以外的区域，即《海洋法公约》规定的公海和国际海底区域；"BBNJ 国际协定"涉及的内容主要包括海洋遗传资源、划区管理工具、环境影响评价、能力建设和海洋技术转让等。其中，划区管理工具（area-based management tools）是养护海洋生物多样性的重要手段，它是基于生态系统方法和预防原则等现代海洋治理方法，划定一定的区域，采取养护或限制措施。因此，未来"BBNJ 国际协定"中的划区管理工具，将对包括航行自由在内的公海六大自由产生限制性影响。

（二）公海保护区的设立

公海保护区是从 21 世纪初开始设立的。所谓公海保护区是指为了保护公海上某些特定区域的海洋生态系统和海洋资源，在公海的水域内设立的若干由相关各国共同建设、规划和管理的具有特殊地理条件、生态系统、生物或非生物资源以及海洋开发利用的特殊需要和突出的自然与社会价值的区域。[①] 目前全球范围内主要建有 4 个公海保护区，分别是 2002 年法国、意大利和摩洛哥建立的"地中海派拉格斯海洋保护区"，2010 年南极生物资源养护委员会通过决议建立的"南奥克尼群岛海洋保护区"、2011 年"大西洋公海海洋保护区网路"，以及 2017 年建立的"罗斯海保护区"。此外，一些国际组织和非政府组织还提出了数十个公海保护区潜在优选区，如马达加斯加东部的印度洋沙耶德马勒哈浅滩等。目前建立公海保护区已成为国际社会保护国家管辖范围以外的海洋资源的有效手段。然而，公海保护区的设立也将对公海的航行自由和捕鱼自由产生限制性影响。

以"南奥克尼群岛海洋保护区"为例：该保护区采取的保护措施包括禁止一切捕鱼活动；禁止一切渔业船只（包括渔船、对渔船进行补给的船只、渔业加工船只和渔业运输船只等）在该区进行任何形式的倾废排污，禁止实施与任何渔业船只有关的转运活动；为监测保护区内的交通情况，鼓励渔业船只在途经该区前将其船旗国、船只大小、IMO 编号以及途经路线等信息通知南极生物资源养护委员会秘书处；等等。可见，公海保护区所采取的上述保护措施，为在该区航行的船只施加了比在公海其他区域更多的限制条件。

（三）国际海底区域资源的开发活动

按照《"国际海底区域"内多金属结核探矿和勘探规章》的规定，从 2016 年开

---

① 参见范晓婷主编：《公海保护区的法律与实践》，19 页，北京，海洋出版社，2015。

始承包者可以向国际海底管理局申请开发活动。[①] 为此，2011 年国际海底管理局第17 届会议已经决定启动制定"开采法典"的准备工作。[②] 2016 年 7 月，国际海底管理局公布了《"区域"内矿产资源开发和标准合同条款规章工作草案》。[③] 此外，2017 年 1 月国际海底管理局公布了"环境规章"草案。[④] 可见，当前国际海底区域的活动重心已从勘探阶段向勘探与开发准备期过渡[⑤]，国际海底区域大规模商业开发已初现端倪。[⑥] 结合《"区域"内矿产资源开发和标准合同条款规章工作草案》和"环境规章"草案的有关条款，今后承包者与国际海底管理局签订"开采合同"、划定"开采矿区"及其之后的开发活动，也有可能对公海的航行自由产生影响。[⑦]

此外，随着科技的进步，一些国家有可能在公海上建造可再生的海洋能装置，并把生产的可再生能源通过海底电缆输往陆地。[⑧] 这种在公海上进行可再生能源的开发活动，并没有被《海洋法公约》禁止，因为按照《海洋法公约》第 87 条第 2 款的规定，"这些（公海）自由应由所有国家行使，但须适当顾及其他国家行使公海自由的利益，并适当顾及本公约所规定的同'区域'内活动有关的权利"。然而，在公海上建造可再生的海洋能装置，既要顾及与其他公海自由的关系，也将对公海的航行自由产生一定的影响。

五、中国国家身份的变动与对航行自由法律、政策的调整

（一）中国国家身份的转型与海洋重要性的凸显

众所周知，中国是以发展中国家的身份和立场参加联合国第三次海洋法会议

[①] 参见杨泽伟：《国际海底区域"开采法典"的制定与中国的应有立场》，载《当代法学》，2018（2），27 页。

[②] See International Seabed Authority，Press Release，Seventeenth Session Kingston，Jamaica 11 - 22 July 2011，available at https：//www.isa.org.jm/sites/default/files/files/documents/sb-17 - 15.pdf.

[③] 参见 https：//www.isa.org.jm/files/documents/EN/Regs/DraftExpl/Draft _ ExplReg _ SCT.pdf.

[④] 参见 https：//www.isa.org.jm/files/documents/EN/Regs/DraftExpl/DP-EnvRegsDraft25117.pdf.

[⑤] See Aline Jaeckel，"An Environmental Management Strategy for the International Seabed Authority？The Legal Basis"，*International Journal of Marine and Coastal Law*，Vol. 27，2012，pp. 94 - 95，119.

[⑥] See Aline Jaeckel，"Deep Seabed Mining and Adaptive Management：The Procedural Challenges for the International Seabed Authority"，*Marine Policy*，Vol. 70，2016，p. 205. 此外，2018 年 Nautilus Minerals Niugini Limited 和巴布亚新几内亚联合企业首次进行了深海海底矿产的商业开采。See Luz Danielle O. Bolong，"Into The Abyss：Rationalizing Commercial Deep Seabed Mining through Pragmatism and International Law"，*Tulane Journal of International & Comparative Law*，Vol. 25，2016，pp. 128 - 129. 另外，英国首相也曾表示，国际海底资源开发将在"未来 30 年内给英国经济带来 400 英镑的增值"。See K. Michael，"UK Government Backs Seabed Mining Sector"，*Pro-Quest*，2013；Rupert Neate，"Seabed Mining Could Earn Cook Islands 'Tens of Billions of Dollars'"，*Guardian*，August 5，2013.

[⑦] See Vladimir Golitsyn，"Freedom of Navigation：Development of the Law of the Sea and Emerging Challenges"，*International Law Studies*，Vol. 93，2017，pp. 269 - 271.

[⑧] See Vladimir Golitsyn，"Freedom of Navigation：Development of the Law of the Sea and Emerging Challenges"，*International Law Studies*，Vol. 93，2017，p. 267.

的。① 然而，当今中国的国际地位已经得到了较大的提升，中国国家身份正在转型。首先，在经济方面中国自 2010 年已取代日本成为世界第二大经济体。据国际货币基金组织的预测，早在 2014 年年底按购买力评价法得出的全球 GDP 总量中国将超过美国，成为世界最大经济体。还有国际机构断言，到 2020 年或 2050 年中国 GDP 总量将超越美国，成为世界第一大经济体。中国还是当今世界上第一大制造国、第一大货物贸易国、第一大外汇储备国、第一大债权国、第一大原油进口国和第一大天然气进口国。其次，在政治上中国是联合国安理会五大常任理事国之一，在国际舞台上具有很大的政治影响力。目前中国在联合国会员国应缴会费的分摊比例，位居第二。最后，在军事方面中国是为数不多的几个核大国之一，在外空的探索与利用、信息技术等军事领域处于世界领先地位。因此，中国要重新对自身进行定位了。

更为重要的是，海洋对中国的重要性日益明显。2016 年中国海洋生产总值 70 507 亿人民币，比上年增长 6.8%，占国内生产总值的 9.5%。② 2017 年 5 月，中国发布了《全国海洋经济发展"十三五"规划》，进一步明确了中国的海洋战略和海洋生态环境治理；提出了扩大对深远海空间的拓展，包括未来五年内将初步建立南北两极区域的陆、海、空观测平台；同时将开展深海生物资源调查和评估，推进深海矿业、装备制造和生物资源利用的产业化。这是海洋重要性提升最直接的标志之一。③ 此外，2017 年 5 月中国首次主办了《南极条约》缔约国年会，标志着中国在全球海洋治理中的角色和影响也凸显，也预示着中国将在全球海洋治理中逐渐由"跟跑者"变为"领跑者"。

总之，国家实力的提升和海洋利益的拓展，是中国对航行自由法律、政策作出调整的基础和前提。

（二）"加快建设海洋强国"需要对航行自由法律、政策进行调整

2017 年 10 月，中国共产党第十九次全国代表大会报告明确提出"加快建设海洋强国"④。不言而喻，海洋强国的内涵是多维度的，其中的一个重要方面就是要具备维护国家海洋权益的"硬实力"和远洋制海能力，能为中国"走出去战略"和"一带一路"建设提供有效的保障，能为海外中国公民的生命财产安全和中国海洋利益的拓展提供坚实后盾。诚如马汉所言："无论是和平时期还是战争时期，海军战略实际上都是以确立、维持并扩大一国之制海权为最终目标。"⑤ 因此，对航行

---

① 参见谢益显主编：《中国当代外交史（1949—2009）》，458 页，北京，中国青年出版社，2009。
② 参见杨晓丹、杨志荣：《维护海洋权益、建设海洋强国》，载《当代世界》，2017（9）。
③ 参见国家发展和改革委员会、国家海洋局：《全国海洋经济发展"十三五"规划》（2017 年 5 月），载国家发展和改革委员会网站，http：//www.ndrc.gov.cn/zcfb/zcfbghwb/201705/W020170512615906 757 118. pdf。
④ 习近平：《决胜全面建成小康社会、夺取新时代中国特色社会主义伟大胜利——在中国共产党第十九次全国代表大会上的报告》（2017 年 10 月 18 日），33 页，北京，人民出版社，2017。
⑤ ［美］阿尔弗雷德·塞耶·马汉：《海权论》，欧阳瑾译，21 页，北京，台海出版社，2017。

自由法律、政策作出调整，由消极抵制向积极有为转变，是"加快建设海洋强国"的必然要求和重要步骤。

（三）"一带一路"倡议的推进为对航行自由法律、政策的调整提供了契机

2015 年 3 月，国家发展改革委、外交部和商务部联合发布了《推动共建丝绸之路经济带和 21 世纪海上丝绸之路的愿景与行动》，把基础设施互联互通作为"一带一路"建设的优先领域，强调要推进港口合作建设、增加海上航线和班次、加强海上物流信息化合作等。[①] 2017 年 6 月，国家发展改革委与国家海洋局制定并发布了《"一带一路"建设海上合作设想》，明确提出要推进海上互联互通、加强国际海运合作、完善沿线国之间的航运服务网络、共建国际和区域性航运中心以及提升海运便利化水平等。可见，无论是基础设施的互联互通还是海上互联互通，都是"一带一路"倡议的重要内容之一。而要实现海上互联互通，航行自由是其中的重要一环。因此，"一带一路"倡议的推进为中国对航行自由法律、政策的调整提供了外部动力。

（四）中国对航行自由法律、政策的调整

1. 中国对航行自由应持更加包容的立场

首先，航行自由与中国的国家利益密切相关。中国虽然是一个陆海兼备的国家，但也是一个海洋地理条件不利的国家。尽管中国主张的海域面积约有 300 万平方公里，但如果按照人均来计算，中国几乎处于所有沿海国的末位，而与内陆国相差无几。然而，中国是新兴的海洋利用大国，目前中国海运船队规模位居世界第 3位，中国大陆港口货物吞吐量、集装箱吞吐量连续 9 年位居世界第 1 位，中国在2010 年一举成为世界第一造船大国。[②] 况且，作为第一大货物贸易国，中国的货物进出口运输主要依靠海运。可见，航行自由是中国国家利益之所在。

其次，《海洋法公约》在某种意义上限制了中国的航行权。如前所述，随着《海洋法公约》的生效和专属经济区制度的建立，公海的面积明显缩小，沿海国的管辖权明显扩大。这对包括中国在内的世界各国的航行权施加了更多的限制。

最后，中国也开始在其他沿海国的专属经济区进行相关活动。进入 2000 年以后，中国军舰、潜艇、科学考察船也多次在日本、美国等国的专属经济区或国际海峡进行相关活动，行使航行权或过境通行权。[③] 例如，针对有记者问"2015 年 9 月中国海军 5 艘舰船进入白令海，在没有向美方作出任何通报的情况下，进入了美国阿留申群岛"，中国国防部发言人回应称："根据年度计划，中国海军舰艇编队组织

① 国家发展和改革委员会、外交部、商务部：《推动共建丝绸之路经济带和 21 世纪海上丝绸之路的愿景与行动》（2015 年 3 月 28 日），载 http：//www. mfa. gov. cn/mfa_ chn/zyxw_ 602251/t1249574. shtml。
② 参见杨培举：《海事界的中国之声》，载《中国船检》，2012（8）。
③ See Raul Pedrozo，"Preserving Navigational Rights and Freedoms：The Right to Conduct Military Activities in China's Exclusive Economic Zone"，*Chinese Journal of International Law*，Vol. 9，Issue 1，2010，pp. 16 - 18.

远海训练，在白令海航行并经塔纳加海峡进入西太平洋海域……根据有关国际法，塔纳加海峡是用于国际航行的海峡，各国军用舰机享有过境通行权"①。

综上可见，航行自由对中国也具有非常重要的意义。况且，随着中国综合国力的日益增强，中国也在积极行使航行权。因此，中国对航行自由应当秉持更加开放、包容的立场，甚至也可以公开反对一些沿海国的过度海洋主张。②

2. 中国应进一步修改和完善有关航行自由的国内法律制度

首先，采用混合基线法取代单一的直线基线法，以避免给航行自由带来不必要的限制。众所周知，1992 年《中华人民共和国领海及毗连区法》第 3 条第 2 款明确规定："中华人民共和国领海基线采用直线基线法划定，由各相邻基点之间的直线连线组成"。然而，1996 年中国以《中华人民共和国领海及毗连区法》为国内法依据公布的西沙群岛直线基线，在理论上给该水域内的航行自由带来了一些不必要的限制。③ 其次，对"航行与飞越自由""海洋科学研究"等术语进行明确的界定，以弥补 1998 年颁布的《中华人民共和国专属经济区和大陆架法》存在的笼统性和模糊性等缺陷。最后，通过配套立法或司法解释的方式，制定"领海无害通过管理办法"、"专属经济区航行与飞越自由规则"以及"专属经济区海洋科学研究实施细则"等，以进一步完善中国海洋法律体系。④

六、结论

通过对以上航行自由的法律边界与制度张力的分析，我们可以得出以下结论。

（一）航行自由从来就不是绝对的

虽然海洋法自近代产生之际，航行自由就成为其原则之一，然而，绝对的航行自由从来就没有出现过⑤，即使是在国家管辖范围以外的公海，航行自由也受到诸多限制。况且，不管是航行自由与国家管辖权的博弈持续演进，还是科技进步导致海洋法有新发展，航行自由受到的限制还在日益增多。因此，从某种意义上讲，用"航行权"来代替"航行自由"，能更准确地反映当代海洋法律秩序的现状。

① 中国国防部：《2015 年 9 月中国国防部例行记者会文字实录》（2015 年 9 月 24 日），载 http：//www.mod.gov.cn/jzhzt/2015－09/24/content_4622179_2.htm.

② See Joshua L. Root, "The Freedom of Navigation Program：Assessing 35 Years of Effort", *Syracuse Journal of International Law and Commerce*, Vol.43, Issue 2, 2016, pp.322－333.

③ 参见傅崐成、郑凡：《群岛的整体性与航行自由——关于中国在南海适用群岛制度的思考》，载《上海交通大学学报（哲学社会科学版）》，2015（6），12 页。

④ 参见韦强、赵书文：《美国〈2015 航行自由报告〉评析》，载《国际研究参考》，2016（8），35 页。

⑤ See Zhang Haiwen, "Is It Safeguarding the Freedom of Navigation or Maritime Hegemony of the United States? —Comments on Raul（Pete）Pedrozo's Article on Military Activities in the EEZ", *Chinese Journal of International Law*, Vol.9, Issue 1, 2010, p.37.

（二）从航行自由到航行权的转变

《海洋法公约》打破了传统的领海之外即公海的两分法，创设了专属经济区制度[1]，因而使航行自由的权利从公海到领海逐步递减，实现了从航行自由到航行权的转变。事实上，《海洋法公约》"对航行自由的立法不仅体现在重申航行自由原则，更在于为不同海域的航行都对应地规定了船舶和沿海国的权利与义务"[2]。无论是公海的航行自由，还是专属经济区的航行权、群岛水域的群岛海道通过权、国际海峡的过境通行权以及领海的无害通过权，莫不如此。此外，鉴于《海洋法公约》在航行自由制度方面的模糊性，特别是各国对有关专属经济区内的航行权问题存在较大分歧，一些国家试图推动有关的立法进程。例如，2005年日本海洋政策研究基金会（the Ocean Policy Research Foundation of Japan）推出了《专属经济区航行与飞越指南》（the Guidelines for Navigation and Overflight in the Exclusive Economic Zone）。从该指南的内容来看，它反映了不少国家在有关专属经济区航行与飞越问题上的共识。[3] 因此，就航行自由而言这种兼具限制性和保护性的立法尝试，说明了航行自由还在发展变化中。[4]

（三）对美国的航行自由行动不宜过多地作政治或军事的解读

首先，如前所述美国的航行自由行动主要是一种法律行动，针对的主要是过度海洋主张，如沿海国要求行使无害通过权的军舰事先获得批准或事先进行通知、禁止在专属经济区内进行军事活动、在地理条件不符合《海洋法公约》规定的情况下划设直线基线以及美国不承认的历史性海湾/水域主张等。[5] 客观地讲，作为一种法律工具，美国的航行自由行动还具备固有的法律价值，即否定对其他沿海国过度法律主张的默认。[6] 其次，美国的航行自由行动还针对美国的盟国或友好国家，如菲律宾[7]等。据学者的统计，从1993年到2010年美国进行了数百次航行自由行动，

---

[1] See Zhang Haiwen, "Is It Safeguarding the Freedom of Navigation or Maritime Hegemony of the United States? —Comments on Raul (Pete) Pedrozo's Article on Military Activities in the EEZ", *Chinese Journal of International Law*, Vol. 9, Issue 1, 2010, p. 33.

[2] 袁发强：《航行自由制度与中国的政策选择》，载《国际问题研究》，2016（2），85页。

[3] See Myroon H. Nordquist, etc., eds., *Freedom of Seas, Passage Rights and the 1982 Law of the Sea Convention*, Martinus Nijhoff Publishers, 2009, p. 126.

[4] See Nkeiru Scotcher, "The Freedom of Navigation in International Law and the Utility of International Society Discourse", *US-China Law Review*, Vol. 7, No. 8, 2010, p. 62.

[5] 参见刘琳：《美国在南海的"航行自由行动"探析》，载《当代美国评论》，2018（1），88～89页。

[6] See Ryan Santicola, "Legal Imperative: Deconstructing Acquiescence in Freedom of Navigation Operations", *National Security Law Journal*, Vol. 5, Issue 1, 2016, p. 93.

[7] 根据有学者的研究，菲律宾是世界上所有国家中遭受美国航行自由行动最多的国家，自1979年以来每年都有，只有一年除外。See Joshua L. Root, "The Freedom of Navigation Program: Assessing 35 Years of Effort", *Syracuse Journal of International Law and Commerce*, Vol. 43, Issue 2, 2016, p. 330.

涉及 47 个国家①；而从 1992 年到 2009 年美国的航行自由行动共计对柬埔寨实施了 9 次，对菲律宾实施了 14 次，对越南实施了 5 次，对马来西亚实施了 7 次，对印度尼西亚实施了 7 次。② 可见，美国的航行自由行动的主要意图仍是维护航行自由。最后，美国的航行自由行动在某种意义上对中国也是有利的。例如，1961 年 6 月菲律宾政府颁布了《第 3046 号共和国法令》，主张所谓的历史性领水，从而扩大了菲律宾的内水范围，并影响了其他国家在菲律宾有关海域的航行自由。为此，美国实施了多次航行自由行动，以示反对。③

总之，中美国两国在航行自由问题有很多的共同利益；维护和保障海上运输通道的安全，也是中美两国的共同需要。因此，对美国的航行自由行动，不宜过多地作政治或军事方面的解读。由此可见，转变对自由航行的态度和立场颇为重要。

（四）中国应以更加积极、开放的态度看待航行自由

如前所述，改革开放四十多年来中国的国际地位和综合国力都发生了巨大的变化。特别是随着"一带一路"倡议的实施，中国的国家利益已经远远超出国境，拓展到更广阔的领域和更深的层次。目前中国经济已深度融入世界经济体系当中，是典型的经济外向型国家。2019 年，中国对"一带一路"沿线国家直接投资 145.3 亿美元，有 3 万多家企业遍布世界各地，几百万名中国公民工作、学习、生活在全球各个角落，全年出境旅游人数达 1.6 亿人次。未来五年，中国对外投资总额将达到 7 500 亿美元，出境旅游将达到 7 亿人次。④ 可见，海外利益已成为中国国家利益的重要组成部分，维护航行自由、保障海上运输通道的畅通对中国具有特别重要的意义。因此，中国应改变过去对航行自由的被动防范和消极抵触的心态，以更加积极、开放和包容的态度来对待航行自由，进一步修改、完善国内有关航行自由的法律制度，主动构建中国的航行自由话语体系。

推荐阅读书目及论文

1. 杨泽伟. 防扩散安全倡议：国际法的挑战与影响. 中国海洋法评论，2008（2）

2. 张小奕. 试论航行自由的历史演进. 国际法研究，2014（4）

3. 袁发强. 航行自由制度与中国的政策选择. 国际问题研究，2016（2）

---

① See Joshua L. Root，"The Freedom of Navigation Program：Assessing 35 Years of Effort"，*Syracuse Journal of International Law and Commerce*，Vol. 43，Issue 2，2016，p. 323.
② 参见吴士存、胡楠：《美国航行自由行动体系与遵约议价模式研究：兼论对南海形势的影响》，载《东北亚论坛》，2017（4），112 页。
③ See Joshua L. Root，"The Freedom of Navigation Program：Assessing 35 Years of Effort"，*Syracuse Journal of International Law and Commerce*，Vol. 43，Issue 2，2016，pp. 331-333.
④ 参见陈文玲：《世界经济：告别危机，驶入复苏轨道》，载《参考消息》，2018-01-05，11 版。

4. 吴士存，胡楠. 美国航行自由行动体系与遵约议价模式研究：兼论对南海形势的影响. 东北亚论坛，2017（4）

5. 刘琳. 美国在南海的"航行自由行动"探析. 当代美国评论，2018（1）

6. 杨泽伟主编.《联合国海洋法公约》若干制度评价与实施问题研究. 武汉：武汉大学出版社，2018

7. Haiwen Zhang. Is It Safeguarding the Freedom of Navigation or Maritime Hegemony of the United States? —Comments on Raul (Pete) Pedrozo's Article on Military Activities in the EEZ. Chinese Journal of International Law. Vol. 9, Issue 1, 2010

8. Nkeiru Scotcher. The Freedom of Navigation in International Law and the Utility of International Society Discourse. US-China Law Review. Vol. 7, No. 8, 2010

9. Zewei Yang. The Freedom of Navigation in the South China Sea: An Ideal or a Reality? . Beijing Law Review. Vol. 3, No. 3, 2012

10. James W. Houck and Nicole M. Anderson. The United States, China, and Freedom of Navigation in the South China Sea. Washington University Global Studies Law Review. Vol. 13, Issue 3, 2014

11. Myron H. Nordquist, etc. , ed. . Freedom of Navigation and Globalization. Brill Nijhoff, 2015

12. Ryan Santicola. Legal Imperative: Deconstructing Acquiescence in Freedom of Navigation Operations. National Security Law Journal. Vol. 5, Issue 1, 2016

13. Benjamin K. Wagner. Lessons from Lassen: Plotting a Proper Course for Freedom of Navigation Operations in the South China Sea. Journal of East Asia and International Law. Vol. 9, Issue 1, 2016

14. Vladimir Golitsyn. Freedom of Navigation: Development of the Law of the Sea and Emerging Challenges. International Law Studies. Vol. 93, 2017

15. Zewei Yang, China's Participation in the Global Ocean Governance Reform: Its Lessons and Future Approaches. Journal of East Asia & International Law. Vol. 11, No. 2, 2018

第 十 四 章

海上共同开发的法律依据、发展趋势及中国的实现路径

一、海上共同开发的理论基础

一般认为，合作原则是共同开发的理论基础。[①] 笔者认为，海上共同开发的理论基础包括国际法上的国家主权平等原则、国际合作原则以及和平解决国际争端原则。

(一) 国家主权平等原则

国家主权平等是指各个国家不论大小、强弱，或政治、经济、社会制度和发展程度如何不同，它们在国际社会中都是独立地和平等地进行交往，在交往中产生的法律关系上也同处于平等地位。[②] 作为传统国际法的重要原则和现代国际法的基本原则之一，国家主权平等原则在联合国和其他区域性国际组织中不断予以重申。在海上共同开发活动中，坚持国家主权平等原则具有重要的意义。

1. 坚持国家主权平等原则，有利于海上共同开发协议的达成

海上共同开发的前提是达成共同开发的协议。因为海上共同开发区的主权归属尚未明确，所以双方互相尊重、互谅互让十分重要。因此，有关国家应在坚持国家主权平等原则的基础上，基于"谅解和合作"的精神，尊重对方的主权地位和主权权利，注重各主权国家实质上的平等，善意谈判，达成协议。正如国际法院在"北海大陆架案"（the North Sea Continental Shelf Case）判决中所阐明的那样，"这种谈判应是富有意义的，不应当各持己见，而不考虑对其主张作任何修改"[③]。

2. 坚持国家主权平等原则，有利于海上共同开发协议的实施

海上共同开发协议的实施，同样离不开各主权国家及其国内各部门的配合与支

[①] 参见萧建国：《国际海洋边界石油的共同开发》，79~102 页，北京，海洋出版社，2006。

[②] 参见杨泽伟：《国际法》，3 版，59 页，北京，高等教育出版社，2017。

[③] North Sea Continental Shelf Cases（Federal Republic of Germany/Denmark, Federal Republic of Germany/Netherlands），Judgments, I. C. J. Reports 1969, available at http：//www. icj-cij. org/docket/files/52/5561. pdf.

持。如果有关的共同开发协议完全违背国家主权平等原则，在违反一方意志的情况下做出明显有利于另一方的安排，那么这样的协议是不可能得到很好的实施的，有关的共同开发也难以付诸实践。

当然，国家主权平等原则不能绝对化。换言之，在海上共同开发的实践中，坚持国家主权平等原则并不意味着共同开发协议可以完全无视沿海国的特殊情况、而只能做出对等的安排。例如，按照 2001 年 7 月澳大利亚与东帝汶临时政府签订的《关于东帝汶海合作安排的谅解备忘录》（Memorandum of Understanding between Australia and the UNTAET）的规定，东帝汶获得联合石油开发区内石油收益的 90%，而不是 1989 年《帝汶缺口条约》（the Timor Gap Zone of Co-operation Treaty）所规定的 50%。① 笔者认为，这种安排既考虑到东帝汶特殊的情况，也是澳大利亚做出巨大让步的结果，因而并不违反国家主权平等原则。

（二）国际合作原则

国际合作原则是指为了维护国际和平与安全、增进国际经济安定与进步以及各国的福利，各国不问在政治、经济及社会制度上有何差异，都应在政治、经济、社会、文化及科技等方面，彼此合作。国际合作原则作为普遍适用的一项现代国际法基本原则，使各沿海国对海上共同开发活动负有一般性的合作义务。一方面，各沿海国"应基于谅解和合作的精神，尽一切努力作出实际性的临时安排"。换言之，各沿海国对海上共同开发活动，负有善意进行谈判、协商和合作的义务。另一方面，各沿海国还负有"相互克制并禁止单方面开采"的义务。因为某一沿海国如果对争议海区或重叠海域的生物资源或非生物资源进行单方面开发的话，必然会侵害其他沿海国在该区域的资源利益，并有可能造成对资源的破坏。因此，《海洋法公约》第 56 条特别强调，"沿海国在专属经济区内根据本公约行使其权利和履行其义务时，应适当顾及其他国家的权利和义务，并应以符合本公约规定的方式行事"。不少学者把《海洋法公约》的这一规定解释为"一国不得采取单方面的行为"②。

事实上，从目前的国际实践来看，现有的海上共同开发活动正是在国际合作原则的指引下，在划界前就资源的开发利用作出的实际安排。③ 例如，1979 年《泰国与马来西亚就泰国湾两国大陆架—确定地域海床中的资源进行开发而建立联合管理局的谅解备忘录》（Memorandum of Understanding between Malaysia and the Kingdom of Thailand on the Establishment of a Joint Authority for the Exploitation of the Resources in the Sea-bed in a Defined Area of the Continental Shelf of the Two

---

① See David M. Ong, "The New Timor Sea Arrangement 2001: Is Joint Development Of Common Offshore Oil and Gas Deposits Mandated Under International Law?", *International Journal Of Marine & Coastal Law*, Vol. 17, No. 1, 2002, p. 80.

② 萧建国：《国际海洋边界石油的共同开发》，99 页，北京，海洋出版社，2006。

③ See Yu Hui, "Joint Development of Mineral Resources-An Asian Solution", *Asian Yearbook of International Law*, Vol. 2, 1994, pp. 100 - 101.

Countries in the Gulf of Thailand) 第 2 条明确指出："本着合作互利之原则"；该协定的前言还专门强调："确信通过彼此间相互合作才能进行开发活动"①。

（三）和平解决国际争端原则

和平解决国际争端原则是指为了国际和平、安全及正义，各国应以和平方法解决其与其他国家之间的国际争端。和平解决国际争端原则是从禁止以武力相威胁或使用武力原则中引申出来的。《联合国宪章》第 2 条第 3 项规定："各会员国应以和平方法解决其国际争端，俾免危及国际和平、安全及正义。"宪章第六章"争端之和平解决"还就和平解决国际争端作了详细的规定。在海上共同开发活动中，各沿海国间难免会产生矛盾、出现争端，关键是要用和平的方法解决之。和平解决国际争端的方法，既包括政治或外交手段，如谈判、斡旋、调查、调停与和解；也包括法律方法，如仲裁和司法解决。有关国家可以根据具体情况，选择上述一种或几种方法来解决海上共同开发的争端。总之，坚持和平解决国际争端原则，既是各沿海国的义务，也是海上共同开发活动得以顺利进行的保障。

海上共同开发协定一般都会明确规定有关海上共同开发的争端解决程序。例如，在 1981 年"冰岛—挪威共同开发案"中，《关于冰岛和扬马延岛之间大陆架协定》（Agreement between Iceland and Norway on the Continental Shelf between Iceland Jan Mayen）第 9 条明确指出："假如签约双方之一认为，同第 5 条、第 6 条所述的安全措施和环境保护相关的法规在第 2 条中所规定范围内勘探或生产时无法提供充分保护，那么双方应该参照关于渔业和大陆架问题的 1980 年 5 月 28 日协议中第 10 条进行磋商。假如磋商时双方无法达成一致意见，应将该问题提交给由三名成员组成的调解委员会。在调解委员会提出建议之前除了可以提出充分理由外，签约双方不应该进行或继续进行勘探开发活动。签约双方之间任何一方应该任命一人为调解委员会成员，该委员会主席由签约国双方共同任命。"②

综上所述，国家主权平等原则是海上共同开发的基石，国际合作原则是海上共同开发的核心，和平解决国际争端原则是海上共同开发的重要保障，它们犹如一副三脚架共同构成了海上共同开发的理论基础。

二、海上共同开发的法律依据

《海洋法公约》的有关条款规定，无疑是海上共同开发最直接、最主要的法律

---

① Memorandum of Understanding between Malaysia and the Kingdom of Thailand on the Establishment of a Joint Authority for the Exploitation of the Resources in the Sea-bed in a Defined Area of the Continental Shelf of the Two Countries in the Gulf of Thailand（21 February 1979），*Energy*，Vol. 6，1981，pp. 1356 - 1358.

② Agreement between Iceland and Norway on the Continental Shelf between Iceland Jan Mayen of 22 October 1981，*International Law Materials*，Vol. 21，1982，pp. 1222 - 1226.

依据。此外，双边条约、国际习惯、一般法律原则、司法判例以及国际组织的决议，也是海上共同开发法律依据的组成部分。

（一）国际条约

作为海上共同开发法律依据的国际条约，既包括以《海洋法公约》为代表的多边条约，也涉及各沿海国间签订的双边条约。

1.《海洋法公约》

《海洋法公约》第 74 条和第 83 条明确规定，在达成划界协议前，"有关各国应基于谅解和合作的精神，尽一切努力作出实际性的临时安排，并在此过渡期间内，不危害或阻碍最后协议的达成。这种安排应不妨碍最后界限的划定"。虽然这一条款可能不是为划界前的共同开发这种临时安排而专门订立的，但却为国家间达成共同开发协议提供了直接的法律依据。[①]

2.双边条约

如前所述，签订共同开发协议是进行海上共同开发活动的前提条件。因此，双边共同开发协定，如 1974 年《苏丹和沙特阿拉伯关于共同开采共同区域内的红海海床和底土的自然资源的协定》（Agreement between Sudan and Saudi Arabia Relating to the Joint Exploitation of the Natural Resources of the Sea-bed and Subsoil of the Red Sea in the Common Zone of 16 May 1974），或双边海域划界条约中的共同开发条款，如 1958 年巴林和沙特阿拉伯《关于划分波斯湾大陆架边界的协定》（Agreement concerning the Delimitation of the Continental Shelf in the Persian Gulf between the Shaykhdom of Bahrain and the Kingdom of Saudi Arabia of 22 February 1958）规定："沙特阿拉伯和巴林业已同意，该地区的石油资源应以沙特阿拉伯认为合适的方式开发，但开发石油后所获收入将在两国之间平分"[②]，这些都为海上共同开发活动提供了直接的法律依据。

（二）国际习惯

国际习惯是指各国在其实践中形成的一种有法律约束力的行为规则。因此，国际习惯也是海上共同开发的法律依据之一。不过，这类国际习惯规则主要是指有关国家在海上共同开发活动中逐渐形成的国际商业惯例，如沿海国和石油公司之间的实践所产生的惯例；由石油公司之间的经营活动逐渐发展起来的惯例；石油生产国之间在争议海域进行海上石油的共同开发而形成的惯例；法官、仲裁员或律师在海上石油开发活动的争端解决中或在对海上共同开发协议的解释中所形成的惯

[①]　See Yu Hui, "Joint Development of Mineral Resources-An Asian Solution", *Asian Yearbook of International Law*, Vol. 2, 1994, p. 102.

[②]　Agreement concerning the Delimitation of the Continental Shelf in the Persian Gulf between the Shaykhdom of Bahrain and the Kingdom of Saudi Arabia of 22 February 1958, *Energy*, Vol. 6, 1981, p. 1330.

例等。①

（三）一般法律原则

一般法律原则也是海上共同开发的法律依据之一。它主要是指适用于海上共同开发活动的一些原则，如"约定必须信守"（pacta sunt servanda）、"禁止反言"（estoppel）、"禁止滥用权利"（jus abutendi）、"行使自己权利不得损害他人"（qui jure sus utitur，neminin facit injuriam）以及"不法行为不产生权利"（exinjuria jus non oritur）等。事实上，一些一般法律原则，已经较为明显地体现在《海洋法公约》的有关条款中。例如，《海洋法公约》第 56 条第 2 款规定："沿海国在专属经济区内根据本公约行使其权利和履行其义务时，应适当顾及其他国家的权利和义务，并应以符合本公约规定的方式行事"。显然，这一规定与"禁止滥用权利""行使自己权利不得损害他人"等一般法律原则的内涵是一致的。

（四）司法判例

司法判例主要是指司法机构和仲裁法庭所做的裁决。它包括国际司法判例和国内司法判例。与海上共同开发活动有关的国际司法判例，主要有 1969 年"北海大陆架案"、1982 年"突尼斯和利比亚大陆架案"（the Tunisia and Libya Continental Shelf Case）等。在"北海大陆架案"中，国际法院的判决提出了重叠海域共同开发的解决方法："在像北海这种具有特别构造的海上，鉴于沿海当事国海岸线的特别地理情势，由当事国选择的划定各自边界线的方法可能会在某些区域导致领土重叠。法院认为，这一情势必须作为现实来接受，并通过协议，或若达不成协议通过平等划分重叠区域，或者通过共同开发的协议来解决。在维护矿床完整的问题上，最后一个解决办法显得尤为适当。"② 杰塞普（Jessup）法官在该案的个别意见中进一步强调，在有争议但尚未划界而又有部分领土重叠的大陆架区域，共同开发的方法更适合。③ 可以说，"北海大陆架案"的判决"为未来海上共同开发的广泛适用提供了法律支持"④，有力地推动了世界范围内海上共同开发的发展。⑤ 此外，国际法院在"突尼斯和利比亚大陆架案"中也对海上共同开发的主张予以支持。特别是

---

① 参见杨泽伟：《中国能源安全法律保障研究》，232 页，北京，中国政法大学出版社，2009。

② The North Sea Continental Shelf Cases（Federal Republic of Germany/Denmark，Federal Republic of Germany/Netherlands），Judgments，I. C. J. Reports 1969，available at http：//www. icj-cij. org/docket/files/52/5561. pdf.

③ See Separate Opinion of Judge Jessup，in the North Sea Continental Shelf Cases（Federal Republic of Germany/Denmark，Federal Republic of Germany/Netherlands），Judgments，I. C. J. Reports 1969，available at http：//www. icj-cij. org/docket/files/52/5561. pdf.

④ 萧建国：《国际海洋边界石油的共同开发》，9 页，北京，海洋出版社，2006。

⑤ 一方面，从地域范围来看，1969 年"北海大陆架案"的判决后，海上共同开发的实践从波斯湾、西北欧扩大到红海、地中海、东亚、南亚、东南亚、非洲北部和拉美等地区；另一方面，就海上共同开发的数量而言，从 1969 年"北海大陆架案"的判决到 1994 年《海洋法公约》的生效这 25 年时间里，一共出现了 12 个海上共同开发协议，几乎平均每两年就出现了 1 个。

艾文森（Evensen）法官在他的个别意见中指出："若一个油田坐落于边界线的两端或上面提出的共同开发区的界线的两端，本案当事国——应该加入关于其完整性的规定，这看来是可取的。"① 而国内司法判例对"依循先例"（Stare Decisis）原则的英美法系国家来说，尤为重要。总之，"司法判例"对海上共同开发规则的认证和解释，发挥了重要作用，促进了海上共同开发的发展。

（五）国际组织的决议

自 20 世纪 70 年代以来，联合国大会通过了许多决议，提出了在拥有共享自然资源的国家之间进行合作的一般原则，如 1972 年联合国大会关于各国在环境领域合作的第 2295 号决议、1973 年联合国大会关于在由两国或多国共享自然资源的有关环境领域合作的第 3129 号决议等。虽然联合国大会的决议一般只具建议性质，没有法律约束力，但是它们"反映各国政府的意愿，是世界舆论的积累和集中表达，具有很大的政治作用——它们代表一种普遍的信念，可以作为国际习惯形成的有力证据"②。特别是 1974 年联合国大会通过的《各国经济权利和义务宪章》第 3 条明确要求："对于二国或二国以上所共有的自然资源的开发，各国应合作采用一种报道和事前协商的制度，以谋对此种资源作最适当的利用，而不损及其他国家的合法利益。"有学者认为，这一规定"构成了海上共同开发原则的直接法律依据"③。此外，联合国环境规划署、欧盟等国际组织也相继通过有关决议，倡导对跨界自然资源进行共同开发。

三、海上共同开发的法律适用

海上共同开发区适用的法律主要有国际法、国际石油开发合同、特别法和国内法。

（一）国际法

作为国家间的一项国际合作行动，海上共同开发无疑要接受国际法的调整和规范。④ 海上共同开发区适用的国际法主要包括：《海洋法公约》、共同开发协定、与航行和捕鱼活动以及环境保护有关的国际法律制度、国际习惯以及国际司法判例等。

---

① Dissenting Opinion of Judge Evensen, in the Tunisia and Libya Continental Shelf Case, Judgment of 24 February 1982, available at http://www.icj-cij.org/docket/files/63/6281.pdf.
② 梁西：《梁著国际组织法》，6 版，杨泽伟修订，40 页，武汉，武汉大学出版社，2011。
③ Zhiguo Gao, "The Legal Concept and Aspects of Joint Development in International Law", *Non-living Resources*, 1998, p. 117.
④ See Robert Beckman eds., *Beyond Territorial Disputes in the South China Sea: Legal Framework for the Joint Development of Hydrocarbon Resources*, Edward Elgar Publishing Limited, 2013, p. 169.

1. 《海洋法公约》

1982年《海洋法公约》对不同海域的法律地位和法律性质以及各国的有关权利和义务做了明确的规定。因此，共同开发区的当事国不但要遵守《海洋法公约》的这些规定，而且必须使本国在共同开发区的法律管辖权限与公约允许沿海国在这些海域行使的那些权利相一致。① 例如，《海洋法公约》第五部分和第六部分分别对沿海国在其专属经济区与大陆架的有关权利和义务作出了较为详细的规定。

2. 共同开发协定

海上共同开发的国际实践表明，在争议海域进行海上共同开发活动的一项基本条件就是签订共同开发协定。这是双方进行海上共同开发活动的前提。② 共同开发协定一般是以条约形式缔结的，并对共同开发活动作出原则性的规定。例如，1989年《澳大利亚与印度尼西亚共和国之间关于在印度尼西亚东帝汶省和北澳大利亚之间的合作区条约》分为八部分，具体涵盖了合作区、在合作区内的勘探和开采、部长委员会、联合国管理局、在有关区域A的某些事项上的合作、适用的法律、争端的解决、最后条款③等规定。

3. 与航行、捕鱼活动以及环境保护有关的国际法律制度

共同开发活动有可能对航行、捕鱼等其他海洋活动造成干扰④，因而需要在法律上予以调整。这种调整的一般适用规则是禁止"不正当干扰"原则。该原则不仅体现在一些共同开发协定中⑤，也在《海洋法公约》中得到重申，例如，公约第78条规定，沿海国对大陆架权利的行使不应对"航行和本公约规定的其他国家的其他权利和自由有所侵害，或造成不当的干扰"。可见，禁止"不正当干扰"原则是沿海国进行共同开发活动所应承担的一项义务。⑥ 此外，海上共同开发活动还须遵守有关海洋环境保护方面的国际法律制度，如1972年《伦敦倾倒公约》⑦、1972年《奥斯陆倾倒公约》⑧、1989年国际海事组织通过的《关于撤除在大陆架上或专属经济区内的近海设施及结构的指南和标准》等。值得注意的是，一些共同开发协定还

---

① 参见萧建国：《国际海洋边界石油的共同开发》，147页，北京，海洋出版社，2006。

② See William T. Onorato, "Potential Joint Development of the Methane Gas Reserves of La Kivu", *International & Comparative Law Quarterly*, Vol. 39, 1990, p. 653.

③ The Treaty between Australia and the Republic of Indonesia on the Zone of Co-operation in an Area between the Indonesian Province of East Timor and Northern Australia of 11 December 1989.

④ 在1974年"日韩共同开发案"中，日本对共同开发区建立后石油开发活动是否会对渔业和自由航行产生影响以及海洋污染的预防和控制问题的考量，也是影响日本政府批准《日本与韩国共同开发协定》的一个重要因素。

⑤ See Masahiro Miyoshi, "The Joint Development of Offshore Oil and Gas in Relation to Maritime Boundary Delimitation, International Boundaries Research Unit", *Maritime Briefing*, Vol. 2, No. 5, 1999, p. 45.

⑥ 参见何沙、秦扬主编：《国际石油合作法律基础》，64页，北京，石油工业出版社，2008。

⑦ 该公约规定，处置（油气开发）平台这类"易于沉到海底、可能对捕鱼或航行造成严重障碍的大体积废物"必须事先获得"特别许可证"。

⑧ 一般认为，该公约适用于油气平台的处置。

明确规定,双方要加强合作以防止或减少海洋污染和其他环境损害。[1]

4. 国际司法判例

作为国际法辅助渊源的国际司法判例,不但影响共同开发区块的选择,而且与共同开发区的法律适用密切相关。例如,在"澳大利亚—印度尼西亚共同开发案"中,印度尼西亚在1972年与澳大利亚缔结的《海底协定》中接受了澳方关于大陆架的自然延伸主张,但在1989年两国的共同开发协定中,则坚决反对澳方主张的自然延伸主张。印度尼西亚的态度发生变化,主要是受国际法院两个判决的影响:1969年"北海大陆架案"确认了自然延伸原则,1972年《海底协定》的缔结正是受到该案的影响;而1989年共同开发协定则与1985年"利比亚—马耳他大陆架案"有关,因为国际法院在该案中强调沿海国200海里内的大陆架不考虑海底结构。[2]

(二) 国际石油开发合同

海上共同开发的目的主要是获取共同开发区内的油气资源,为此,需要用国际石油开发合同的形式对共同开发区内开发机构与承包商之间的权利义务关系加以规范。因此,国际石油开发合同(international petroleum development contract)主要是指共同开发机构(既可以是东道国政府,也可以是联合管理局)与作为承包商的外国石油公司之间签订的有关油气勘探、开发和生产等方面活动的协定。国际石油开发合同主要包括租让制合同、产品分成合同、服务合同以及混合型合同等类型。[3] 国际石油开发合同一般包含"经济、管理和法律等三类基本条款"[4]。其中,经济条款一般会涉及共同开发区块及其面积、勘探生产期限、区块归还、勘探义务、签约定金、矿区使用费、成本回收限制、利润油分割、税收、政府参股等内容;管理条款主要规定执行合同的代表机构——联合管理局和作业者机构的职权;法律条款往往会涵盖合同生效和终止、适用法律、不可抗力、合同文字、工作语言以及争端解决等。

值得注意的是,按照《维也纳条约法公约》的规定,国际石油合同无疑不是国际条约。国际法院在"英伊石油公司案"的判决中也明确指出,伊朗政府和英伊石

---

① 如2002年《东帝汶政府与澳大利亚政府间帝汶海条约》(Timor Sea Treaty between the Government of East Timor and the Government of Australia)第10条。有学者认为该条具有重要意义,它表明缔约双方意识到虽然共同开发区内的油气开发活动不一定造成污染,但是环境损害还是有可能会发生的。See David M. Ong, "The New Timor Sea Arrangement 2001: Is Joint Development of Common Offshore Oil and Gas Deposits Mandated under International Law?", *International Journal of Marine & Coastal Law*, Vol. 17, No. 1, 2002, p. 101.

② See Case concerning the Continental Shelf (Libyan Arab Jamahiriya/Malta, 3 June 1985), available at http://www.icj-cij.org/docket/files/68/6415.pdf.

③ See Ana E. Bastida, etc., "Cross-border Unitization and Joint Development Agreements: An International Law Perspective", *Houston Journal of International Law*, Vol. 29, No. 2, 2007, p. 418.

④ 王年平:《国际石油合同模式比较研究》,25页,北京,法律出版社,2009。

油公司签订的合同，仅仅是一国政府和外国公司签订的特许协定，而不是条约。①

（三）特别法

海上共同开发的当事方一般不愿意把对方的国内法律当作共同开发区的法律予以适用，因为这样做有可能被理解为接受对方在争议海域的司法管辖。同时，虽然从理论上来看，第三国的法律有可能成为共同开发区适用的法律；但是从国家利益的角度出发，共同开发的当事方也往往会排斥第三国的法律。因此，为共同开发区的开发活动而专门制定一套全新而独特的法律，成为海上共同开发的当事方能接受的一种妥协方案。

这方面最典型的例子是前面已经提到的"澳大利亚—印度尼西亚共同开发案"。在该案中，《帝汶缺口条约》以条约附件 B、条约附件 C 和条约附件 D 的形式，详细地规定了澳大利亚和印度尼西亚在两国的共同开发区——A 区有关石油勘探的管理、合同及税收的规章制度。②

条约附件 B——《合作区 A 区石油开采章程》。该章程是规范在 A 区的石油勘探开发活动的基本法律。它规定，联合管理局应将 A 区划分为若干区块作为石油开发合同区，对合同区的勘探开发进行招标，与石油公司签订产品分成合同，赋予合同方在 A 区进行石油作业的专属开发权，联合管理局享有对合同区块的所有权。此外，该章程还就如何在 A 区进行石油勘探开发招标和生产，以及与石油勘探开发作业有关的一般事项等，均作了明确的管理规定。

条约附件 C——《联合管理局与（合作方）产品分成合同模式》。该产品分成合同模式的实质内容是"如何对石油勘探和开发后的产品成功地进行分成"③。因此，它具体规定了石油合同公司必须遵守的产品分成合同的基本内容和标准，包括产品分成合同的期限与权利转让条件，开发计划与经费使用，合同方、合同执行人和联合管理局的权利和义务，作业投资与收回办法，合同方与联合管理局的产品分配，合同的终止，财会制度，争端的解决程序等。另外，它还规定了联合管理局、合同执行人、合同方享有的权利和承担的义务等。

条约附件 D——《避免对合作区 A 区活动双重征税税务规章》。该税务规章详细规定了对 A 区征税和避免双重征税问题。它适用于两缔约国的法人和居民，以及与 A 区石油勘探开发有直接或间接关系的非缔约国法人和居民。

（四）国内法

在跨界海上共同开发的情况下，各国一般在海上共同开发区内其边界线一侧的

① "The Anglo-Iranian Oil Co. Case", in *International Court of Justice: Reports of Judgements, Advisory Opinions and Orders*, Leydon, 1952, p. 112.
② See Anthony Bergin, "The Australian-Indonesian Timor Gap Maritime Boundary Agreement", *International Journal of Estuarine and Coastal Law*, Vol. 5, 1990, pp. 388 - 389.
③ 于辉：《澳大利亚与印度尼西亚〈帝汶缺口条约〉述评》，载《中国国际法年刊》，1995，216 页。

区域适用其国内法。此外，在争议海域或主张重叠区，有关共同开发区仍存在适用国内法的特殊情形。

四、海上共同开发的发展趋势

（一）海上共同开发的领域由以油气资源开发为主向海上观光旅游等多领域延伸

自从 1958 年巴林与沙特阿拉伯签订《关于波斯湾大陆架划界协定》（Agreement concerning the Delimitation of the Continental Shelf in the Persian Gulf between the Shaykhdom of Bahrain and the Kingdom of Saudi Arabia of 22 February 1958）实施共同开发以来，海上共同开发的实践已有六十多年了，海上共同开发的领域主要是以油气资源开发为主。然而，进入 21 世纪以来的国际实践表明，海上共同开发逐渐向生物资源、海上观光旅游等多领域延伸。

1. 从海上生物资源的共同开发来讲，它既有国际条约的规定，也有国际案例的支持

一方面，《海洋法公约》第 63 条第 1 款规定，对位于两个或两个以上沿海国的专属经济区内的生物资源，"……国家应直接或通过适当的分区域或区域组织，设法就必要措施达成协议，以便在不妨害本部分其他规定的情形下，协调并确保这些种群的养护和发展"。《海洋法公约》第 123 条也指出，闭海或半闭海沿岸国"应尽力直接或通过适当区域组织……协调海洋生物资源的管理、养护、勘探和开发"。此外，《海洋法公约》还就有关国家在高度洄游鱼种、海洋哺乳动物、溯河产卵鱼种和降河产卵鱼种的养护与管理，以及渔业科学研究和科学情报交流等方面进行合作分别作了规定。可见，为了促进海上生物资源的最适度利用，《海洋法公约》非常重视海上生物资源的共同开发。

另一方面，国际社会还存在诸多海上生物资源共同开发的实践。例如，1978 年澳大利亚和巴布亚新几内亚签订《托里斯海峡条约》（The Torres Strait Treaty）建立保护区，以共同开发渔业资源。[①] 又如，1993 年哥伦比亚和牙买加在签订的海上划界条约中明确规定，双方对生物资源实行共同管理。[②] 1976 年印度与斯里兰卡、1981 年澳大利亚与印度尼西亚、1985 年特立尼达和多巴哥与委内瑞拉、1990 年英国与阿根廷等国家间都以协定的形式，建立了海上渔业资源的共同开发区。[③]

---

① See H. Burmester, "The Torres Strait Treaty: Ocean Boundary Delimitation by Agreement", *American Journal of International Law*, Vol. 76, 1982, pp. 321 – 349.

② See David M. Ong, "Joint Development of Common Offshore Oil and Gas Deposits: 'Mere' State Practice or Customary International Law?", *American Journal of International Law*, Vol. 93, No. 4, 1999, p. 790.

③ See S. P. Jagota, "Maritime Boundary and Joint Development Zones: Emerging Trends", *Non-living Resources*, 1993, pp. 120 – 121.

此外，按照 2000 年《中越北部湾渔业合作协定》的规定，缔约双方同意设立共同渔区，双方本着互利的精神，在共同渔区内进行长期渔业合作，共同制定共同渔区生物资源的养护、管理和可持续利用措施等。值得注意的是，一些国际组织如联合国粮食及农业组织、联合国环境规划署、东加勒比国家组织以及南太平洋论坛渔业机构（South Pacific Forum Fisheries Agency）等，也致力于促进渔业资源的共同开发与养护。①

2. 就海上观光旅游的共同开发而言，它逐渐成为有关国家的共识

首先，共同开发海上观光旅游资源属于《海洋法公约》规定的临时安排的一种类型。《海洋法公约》第 74 条和第 83 条明确提出，在达成划界协议前，"有关各国应基于谅解和合作的精神，尽一切努力作出实际性的临时安排，并在此过渡期间内，不危害或阻碍最后协议的达成"。按照《海洋法公约》的立法史，上述规定意味着沿海国应"以积极的方式"利用其专属经济区和大陆架。② 而共同开发争议海区或重叠区的海上旅游资源，不但符合《海洋法公约》的实质要求，而且还因应了渔业资源锐减、渔民纷纷转产的趋势。

其次，一些多边和双边文件倡导共同开发海上观光旅游资源。例如，2002 年中国与东盟各国政府签订的《南海各方行为宣言》明确规定，"在全面和永久解决争议之前，有关各方可探讨或开展合作，包括以下领域：海洋环保；海洋科学研究等……"。又如，2013 年 10 月《新时期深化中越全面战略合作的联合声明》也明确指出："双方同意……积极探讨不影响各自立场和主张的过渡性解决办法，包括积极研究和商谈共同开发问题……加大中越北部湾湾口外海域工作组和海上低敏感领域合作专家工作组工作力度……稳步推进湾口外海域划界谈判并积极推进该海域的共同开发……尽快实施北部湾海洋和岛屿环境管理合作研究……海上低敏感领域合作项目，继续推进在海洋环保、海洋科研、海上搜救、防灾减灾、海上互联互通等领域合作。"无疑，海上观光旅游的共同开发属于低敏感度合作的领域。③

最后，不少学者也认为海上观光旅游资源的共同开发是共同开发的重要内容或为实现海上油气资源共同开发的第一步。④ 有学者甚至提出要成立"南海合作理事会"（South China Sea Cooperation Council，SCSCC），以促进在南海争议海区或海

① See United Nations Office for Ocean Affairs and the Law of the Sea, *The Law of the Sea: Current Developments in State Practice*, Vol. 2, New York, 1989, pp. 135 - 169.

② See Masahiro Miyoshi, "The Basic Concept of Joint Development of Hydrocarbon Resources on the Continental Shelf", *International Journal of Estuarine & Coastal Law*, Vol. 3, No. 1, 1988, p. 14.

③ 值得注意的是，2014 年 8 月 14 日菲律宾武装部队总参谋长格雷戈里奥·皮奥·卡塔潘向媒体表示，菲律宾军方计划推出南海六岛渡轮旅游行程，以推动地方观光发展，渡轮将环游包括中业岛和仁爱礁在内的六座岛屿。参见"中央社马尼拉 2014 - 08 - 14 电"。转引自《参考消息》，2014 - 08 - 16，8 版。

④ See Hasjim Djalal, "The Relevance of the Concept of Joint Development to Maritime Disputes in the South China Sea", *Indonesian Quarterly*, Vol. 27, No. 3, 1999, p. 185; Zou Keyuan, "Joint Development in the South China Sea: A New Approach", *International Journal Of Marine & Coastal Law*, Vol. 21, No. 1, 2006, p. 102.

域重叠区进行低敏感度领域的合作和共同开发。①

（二）海上共同开发呈向习惯国际法规则方向发展之势

关于海上共同开发是否已成为习惯国际法规则，学术界有不同的看法。② 有学者明确指出，"海上共同开发是新出现的习惯国际法规则"③；而另外一些学者则持相反的意见。④ 笔者认为，海上共同开发正呈现向习惯国际法规则方向发展之势。

众所周知，国际习惯的形成有两个要件：一是物质要件，即众多国际实践的存在；二是心理要件，即各国在从事同一行为时具有"法律确信"（Opinio Juris），认为采取这种行为是一项法律义务。⑤ 因此，我们探讨海上共同开发是否已成为习惯国际法规则问题，也要从这两方面入手。诚如塔纳卡（Tanaka）法官在"北海大陆架案"的异议意见中所言："唯一的方法是从某一习惯的客观存在和其必要性被国际社会感知的事实来确定法律确信的存在，而不是从每一个国家实践的主观动机中去寻找证据。"⑥

1. 众多共同开发案例是海上共同开发习惯国际法规则形成的物质要件

如前所述，海上共同开发的国家实践已有六十多年的历史了。目前国际社会有30个左右的海上共同开发案例，且分布在世界不同地区，地域范围囊括北海、西非、中东、东南亚、东亚、加勒比海以及南大西洋地区等。⑦ 这些海上共同开发案例，在某种程度上体现了有关海上共同开发国家实践在空间范围上的代表性和时间方面的连续性，也寓意着这种国家实践正日益被国际社会普遍认可。因此，有学者

---

① See Nazery Khalid, "Sticks in a Bundle: The Case for Cooperative Initiatives in the South China Sea", in Conference on the Practices of the UNCLOS and Resolution of South China Sea Disputes, 3 – 5 September 2012, p. 9.

② See Masahiro Miyoshi, "The Basic Concept of Joint Development of Hydrocarbon Resources on the Continental Shelf", *International Journal of Estuarine & Coastal Law*, Vol. 3, 1988, pp. 8 – 10.

③ Zhiguo Gao, "The Legal Concept and Aspects of Joint Development in International Law", *Non-living Resources*, 1998, p. 123; William T. Onorato, "Apportionment of an International Common Petroleum Deposit", *International and Comparative Legal Quarterly*, Vol. 17, 1968, p. 85; William T. Onorato, "Apportionment of an International Common Petroleum Deposit: A Reprise", *International and Comparative Legal Quarterly*, Vol. 26, 1977, p. 324.

④ See Rainer Lagoni, "Oil and Deposit Across National Frontiers", *American Journal of International Law*, Vol. 73, No. 2, 1979, p. 215; Masahiro Miyoshi, "The Basic Concept of Joint Development of Hydrocarbon Resources on the Continental Shelf", *International Journal of Estuarine & Coastal Law*, Vol. 3, 1988, pp. 8 – 18; Beckman, Ian Townsend-Gault, Clive Schofield, Tara Davenport, Leonardo Bernard, eds., *Beyond Territorial Disputes in the South China Sea: Legal Framework for the Joint Development of Hydrocarbon Resources*, Edward Elgar Publishing Limited, 2013, p. 111.

⑤ 参见杨泽伟：《国际法》，3 版，33 页，北京，高等教育出版社，2017。

⑥ Dissenting Opinion of Judge Tanaka, The North Sea Continental Shelf Cases (Federal Republic of Germany/Denmark, Federal Republic of Germany/Netherlands), Judgments, I. C. J. Reports, 1969, available at http://www.icj-cij.org/docket/files/52/5561.pdf.

⑦ See Ana E. Bastida, etc., "Cross-border Unitization and Joint Development Agreements: An International Law Perspective", *Houston Journal of International Law*, Vol. 29, No. 2, 2007, p. 381.

认为海上共同开发已成为区域性的习惯国际法规则。①

2. 绝大多数国家对《海洋法公约》及其有关条款的接受是海上共同开发习惯国际法规则形成的心理要件

一方面，《海洋法公约》得到了广大国家的支持。早在 1982 年 12 月 10 日第三次海洋法会议举行的最后一次会议上，就有 100 多个联合国成员国在《海洋法公约》上签字。而到目前为止，《海洋法公约》共有 160 多个缔约方，其中包括欧洲共同体。另一方面，与海上共同开发有关的《海洋法公约》第 74、83 条和第 142 条等条款内容，自公约正式通过以来，国际社会就始终对其没有异议，表明了海上共同开发的这种"法律确信"已被大多数国家接受，并且深信只有这样做才符合现代国际法的要求。

3. 海上共同开发明显不同于单方面开发，它含有相互约束的义务

按照《海洋法公约》的规定，虽然海上共同开发一种可供选择的条约性义务，但是它含有善意谈判和禁止单方面开发等相互约束的义务。②

(1) 意谈判的义务。首先，海上共同开发涉及有关国家共同行使主权权利问题，它不是由任何一方单独决定的，也不是由国际法院在没有当事国同意或授权的情况下裁判作出的，而是必须由当事国通过谈判方式达成协议予以实施。③ 其次，《海洋法公约》第 74 条和第 83 条均规定，"有关各国应……尽一切努力作出实际性的临时安排"。"尽一切努力"当然包括要利用谈判的方法。况且，《联合国宪章》也把谈判作为和平解决国际争端最重要、最常见的方法。最后，国际法院和仲裁法庭的判决表明争端当事国负有谈判的法律义务。例如，国际法院在 1974 年"渔业管辖权案"中明确指出，谈判是当事国间解决争端的最适当的方法，并且当事国在从事谈判时双方都应诚信合理地重视对方的法律利益和实际情况。④ 2007 年圭亚那与苏里南仲裁案（Guyana v. Suriname）的裁决，也提出了类似的看法。⑤ 可见，海上共同开发的实施是以有关国家在法律上的谈判义务为基础的。当然，善意谈判

---

① See David M. Ong, "Joint Development of Common Offshore Oil and Gas Deposits: "Mere" State Practice or Customary International Law?", *American Journal of International Law*, Vol. 93, No. 4, 1999, p. 804.

② See Masahiro Miyoshi, "The Basic Concept of Joint Development of Hydrocarbon Resources on the Continental Shelf", *International Journal of Estuarine & Coastal Law*, Vol. 3, 1988, pp. 10–14; David M. Ong, "Joint Development of Common Offshore Oil and Gas Deposits: 'Mere' State Practice or Customary International Law?", *American Journal of International Law*, Vol. 93, No. 4, 1999, p. 798.

③ 参见俞宽赐：《南海诸岛领土争端之经纬与法理——兼论东海钓鱼台列屿之主权问题》，109 页，台北，台湾编译馆，2000.

④ See Fisheries Jurisdiction Case Between the U. K. and Iceland, Judgments of 25 July 1974, available at http://www.icj-cij.org/docket/index.

⑤ See Guyana v. Suriname (2007) Arbitral Tribunal Constituted Pursuant to Article 287, and in Accordance with Annex VII of the UN Convention on the Law of the Sea, available at http://www.pca-cpa.org/show-page.asp.

的义务涵盖事先通知、交换信息或协商等内容。

（2）禁止单方开发的义务，即有关国家不得对重叠海区的共有资源进行单方面的开采活动，以致破坏另一国的合法权利。一方面，1969 年《维也纳条约法公约》第 18 条明确指出，"一国负有义务不得采取任何足以妨碍条约目的及宗旨之行动"。《海洋法公约》第 74 条和第 83 条均规定，"有关各国应……在此过渡期间内，不危害或阻碍最后协议的达成"。这就意味着有关国家必须自我克制，不得单方开发。另一方面，国际法院在 1976 年 "爱琴海大陆架案"（the Aegean Sea Continental Shelf case）中明确提出，使用爆炸方法搜集地球结构的资料，从国际法发展的观点来看应予以禁止，因为利用爆炸物探测可能造成大陆架资源无法补救的损害；土耳其单方的地震勘探活动，未经希腊同意，会产生侵害后者的探测专属权利的可能性。① 因此，主张海上共同开发原则对国家没有法律约束力，认为在海域重叠区或争议区对共有自然资源进行单方面开发在政治和法律方面都是可以接受的观点，即使从法律常识来看也是不正确的。②

综上所述，虽然目前我们作出海上共同开发已经完全成为习惯国际法规则的结论还为时尚早，但是它朝着这个方向发展的趋势的确很明显。③

五、中国在南海共同开发的实现路径

（一）中国在南海的共同开发倡议陷入困境的原因

众所周知，20 世纪 70 年代末中国政府提出了 "主权属我、搁置争议、共同开发"原则，试图以此来解决中国与周边邻国间的领土和海洋权益争端。然而，四十多年过去了，迄今仍然鲜有共同开发的成功案例。④ 笔者认为，中国在南海的共同开发倡议陷入困境的原因主要有以下几个方面：

1. 政治意愿缺乏

"政治意愿是达成共同开发的关键因素。"⑤ 共同开发作为一项政治色彩浓厚的国际合作行动，无论是在之前的谈判、还是在共同开发协议的实施及其后续行动等

---

① See the Aegean Sea Continental Shelf Case（Greece v. Turkey），Judgment of 19 December 1978，available at http：//www. icj-cij. org/docket/index.

② See Zhiguo Gao，"The Legal Concept and Aspects of Joint Development in International Law"，*Non-living Resources*，1998，p. 122.

③ See S. P. Jagota，"Maritime Boundary and Joint Development Zones：Emerging Trends"，*Non-living Resources*，1993，p. 131；Yu Hui，"Joint Development of Mineral Resources-An Asian Solution"，*Asian Yearbook of International Law*，Vol. 2，1994，p. 104.

④ 2005 年 4 月，中国、菲律宾和越南的三家石油公司签署了《在南中国海协议区三方联合海洋地震工作协议》，被认为朝着 "搁置争议、共同开发" 迈出的历史性、实质性一步，也是三方共同落实《南海各方行为宣言》的重要举措。然而，该协议在 2008 年到期后无果而终。

⑤ 贾宇：《中日东海共同开发的问题与前瞻》，载《世界经济与政治论坛》，2007（4）。

各个环节，都受到双方政治意愿强弱的影响。例如，在 1981 年"冰岛与挪威关于扬马延岛海域共同开发案"中，两国之所以能达成协议、且做出明显有利于冰岛的安排，是因为挪威希望冰岛继续留在北约，并使之作为抗衡苏联的前哨。然而，南海周边国家国家缺乏与中国进行共同开发的政治意愿。此外，中国与东盟各国虽然于 2002 年签署了《南海各方行为宣言》，但该宣言没有法律约束力，对相关国家在南海违反该宣言精神的行为缺乏惩罚机制。①

2. 现实需要不强

"国际实践表明，共同开发是基于现实的考虑，具有明显的功能性特征。"② 例如，1976 年英国与挪威签订了联合开发协定——《关于开发弗里格油田和从油田向英国运送天然气的协定》，就是为了使两国尽快获取北海的石油和天然气，以有效应对 1973 年以来的第一次全球性能源危机。因此，"国家急需油气资源等经济因素，会促使政府寻找办法先从开发上受益，而不致（至）于使资源的开发利用由于有时甚至会影响国家关系的划界谈判而拖延"③。正如美国夏威夷东西方研究中心共同开发问题的国际法专家瓦伦西亚（M. J. Valencia）和日本学者三好正弘（Masahiro Miyoshi）所分析的："也许国家选择共同开发的最主要的理由是出于保护其油气矿藏的紧迫感或义务感，同时希望维护或加强与邻国的关系。"④ 然而，目前中国与南海周边国家之间的大部分争议海域都处在邻国的实际控制、管理或开发利用之下，中国在这些争议海域的实际存在和油气资源开发活动十分有限甚至根本就没有，因而处于一种明显的劣势地位。所以，"在这种情势下，对这些邻国来说，自然就不存在与中国进行共同开发的必要性和迫切性"⑤。

3. 岛屿主权争议

按照《海洋法公约》第 121 条的规定，能够维持人类居住或其本身经济生活的岩礁或岛屿，能拥有 12 海里领海、200 海里专属经济区和大陆架。因此，岛屿的主权归属十分重要。从当前已有的国际实践看，共同开发大多数是在两国没有岛屿主权争议的海域重叠区进行的。所以，许多学者甚至认为，"共同开发的先决条件应是解决有关岛屿的主权冲突"⑥。然而，在南海，中国与越南、菲律宾、马来西亚、文莱等国之间也存在岛礁主权争端。虽然中国无论从历史依据还是就法理基础来看，对这些岛屿都拥有无可争辩的主权，但是相关国家既不愿搁置争议、也不愿做出让步。因此，共同开发难以实现。

① 同样，2011 年 7 月中国与东盟国家签署的《落实〈南海各方行为宣言〉指导方针》也是一项政策性声明。
② 萧建国：《国际海洋边界石油的共同开发》，50 页，北京，海洋出版社，2006。
③ 于辉：《共同开发海洋矿物资源的国际法问题》，50 页，载《中国国际法年刊》，1994。
④ M. J. Valencia and M. Miyoshi, "Southeast East Sea: Joint Development of Hydrocarbons in Overlapping Claims Areas?", *Ocean Development & International Law*, Vol. 16, 1986, p. 223.
⑤ 高之国等主编：《国际海洋法的理论与实践》，203 页，北京，海洋出版社，2006。
⑥ 萧建国：《国际海洋边界石油的共同开发》，209 页，北京，海洋出版社，2006。

4. 争议海域（海区）模糊

共同开发的一个重要前提是双方存在明确承认的权利重叠海域（海区）。然而，南海的争议海区比较模糊。一方面，有关国家权利主张的海洋区域不明确。例如，南海争端涉及六国七方，不但两国间的争议海区难以确定，而且争议海区一般还会涉及三国以上的权利要求。诚如印尼外交部无任所大使贾拉尔所言，"由于《海洋法公约》对岛屿、岩礁的权利规定得不明确，有些声称者主张岩礁本身或在暗礁上建立设施就可拥有大陆架及专属经济区，这造成南海各国主张的多次重叠，非常复杂，很难确定哪些是争议区。"① 另一方面，中国的海洋权利主张也不具体。虽然中国批准了《海洋法公约》，并颁布了《中华人民共和国领海及毗连区法》和《中华人民共和国专属经济区和大陆架法》，但是中国政府仅仅笼统地指出中国对南沙群岛及其附近海域拥有无可争辩的主权，而没有明确中国在南海的领海、专属经济区和大陆架等海洋权利的详细范围；对中国传统断续线的含义，也没有公开予以准确地阐释。可见，在这种情况下，要划定共同开发区、进行共同开发就非常困难。

5. 外部势力干扰

美国等区域外势力的介入，使南海问题更加复杂，它在某种程度上阻碍和干扰了共同开发的推进。例如，进入 21 世纪以来，美国开始"积极关注"② 南海问题；2014 年末，美国国务院还发表了《海洋界限：中国的南海主张》（Limits in the Seas：China's Maritime Claims in the South China Sea）的报告，毫不含糊地支持菲律宾所谓的"南海仲裁案"③。日本政府则在近些年来以打击海盗活动、毒品走私、非法移民等跨国犯罪的名义，积极参加在南海地区的军事演习，频繁派遣舰船进出南海。2015 年 2 月，日本防卫大臣中谷元曾明确表示"南海局势对日本影响正在扩大"④。值得注意的是，2014 年莫迪就任印度总理以后，印度政府的"东进政策"转变成"向东行动政策"。在莫迪访问华盛顿期间，印度和美国发表了一项联合声明，指出南中国海是对捍卫海上安全和确保航行自由具有重大意义的地区。此外，就在莫迪访问美国之前，印度总统普拉纳布·慕克吉在河内与越南签署了一份

---

① 萧建国：《国际海洋边界石油的共同开发》，182 页，北京，海洋出版社，2006。

② Yann-Huei Song，"The Overall Situation in the South China Sea in the New Millennium：Before and After the September 11 Terrorist Attacks"，*Ocean Development ＆ International Law*，July-September 2003，p. 236.

③ See the Office of Ocean and Polar Affairs，"Bureau of Oceans and International Environmental and Scientific Affairs in the Department of State，Limits in the Seas：China's Maritime Claims in the South China Sea"，December 5，2014，available at http：//www. state. gov/e/oes/ocns/opa/c16065. htm，last visited on November 15，2021.

④ 环球军事报道：《日本称可能介入南海争端、祭三招对付中国海军》（2015 - 02 - 04），载 http：//mil. sohu. com/20150204/n408488518. shtml。

近海石油勘探协议。① 另外，东盟一些国家希望借助外部势力抗衡中国。一些东盟国家声称要将南海问题提交联合国。他们认为："重要的是要引起全世界的注意；同样重要的是，要考虑群岛争端国际化的日子的来临。"②

（二）中国在南海共同开发的路径选择

鉴于中国在南海的共同开发倡议陷入困境，中国可以顺应海上共同开发的发展趋势，在推动与南海周边国家进行海上油气资源共同开发的同时，应积极倡导在海上生物资源、观光旅游等领域的共同开发。特别是中国可以选择与印度尼西亚在纳土纳海域进行共同开发，以此为突破口，打破南海共同开发的困境，树立南海共同开发的典范，进而带动与其他南海周边国家的双边共同开发甚至多边共同开发。

1. 中国与印度尼西亚在纳土纳海域进行共同开发的可能性

中国与印尼在纳土纳海域进行共同开发的基础或有利条件，主要有以下四个方面：

（1）中国与印尼之间的关系良好。自从中国与印尼建交以来，经过多年快速发展，中国与印尼的合作已今非昔比，呈现全方位、多层次、宽领域的发展态势。特别是2013年10月习近平主席访问访问印尼后，中国与印尼双边关系提升为全面战略伙伴关系，因而两国关系已经成为中国和东盟国家关系中最有分量、最富活力、最具潜力的双边关系之一。从双边经济关系看，2013年中印尼货物贸易额为524.5亿美元。其中，印尼对中国出口226亿美元，占印尼出口总额的12.4%；印尼自中国进口298.5亿美元，占印尼进口总额的16%。中国成为印尼的第一大进口来源地和继日本之后的第二大出口市场。目前中印尼之间的安全合作机制，如特种部队反恐联合训练、联合生产导弹、双边国防及安全磋商、双边海洋安全协议、双边海军对话等，在中国与东南亚的安全合作中均走在前列。2015年是中国与印尼两国建交65周年、万隆会议60周年，双边关系得到了进一步发展。未来，中国倡议的"21世纪海上丝绸之路"必将把印尼这个东南亚最大的群岛国家纳入其中，届时印尼将成为海丝合作的重要枢纽。与此同时，印尼的六大走廊建设规划也将从中受益。

（2）中国与印尼之间不存在岛屿主权争端。如前所述，从当前已有的国际实践看，共同开发大多数是在两国没有岛屿主权争议的海域重叠区进行的。许多学者也认为，共同开发的先决条件应是解决有关岛屿的主权冲突。因此，中国与越南、菲律宾、马来西亚、文莱等国在南海存在的岛屿主权争端，影响了共同开发的推进。而中国与印尼之间不存在岛屿主权争端，仅在南海南部存在5万平方公里的海域重

① 参见［美］迈克尔·库格尔曼：《从向东"看"到向东"行动"：印度自己的重返亚洲政策》，载日本外交学会网站，2014-10-10。转引自《参考消息》，2014-10-14，10版。
② 刘复国、吴士存主编：《2010年南海地区形势评估报告》，45页，台北，政治大学国际关系研究中心，2011。

叠区。印尼也一再声称自己不是南海岛礁主权的争端方，但将致力于推动以外交方式解决南海争端，并继续扮演"调停者"的角色。

（3）印尼有与他国进行共同开发的实践。1989年12月印尼与澳大利亚签订了《澳大利亚和印度尼西亚共和国在印度尼西亚东帝汶省和北澳大利亚之间建立合作区的条约》，两国划定了共同开发区块、并进行了共同开发。特别值得注意的是，在印尼与澳大利亚的共同开发案中，印尼坚持200海里大陆架的主张，这可能有助于确定中国与印尼在纳土纳海域的主张重叠区。另外，如果将来中国与印尼在纳土纳海域进行共同开发，还可以借鉴印尼与澳大利亚之间关于大面积海域共同开发的经验，将共同开发区划分为三部分分别适用不同的开发制度。

（4）纳土纳海域蕴藏较为丰富的天然气资源。有资料显示，中国与印尼在南海南部纳土纳海域重叠区的纳吐纳气田，可采储量约为1.31万亿立方米，是世界上最大的气田之一。这就有可能避免两国今后划定的共同开发区块无油气资源可以开采。

2. 如何推进中国与印度尼西亚在纳土纳海域的共同开发

推进中国与印尼在纳土纳海域的共同开发，可以从以下几个方面入手：

（1）适当借鉴印尼—澳大利亚共同开发案的成功经验。1989年印尼与澳大利亚共同开发案主要涉及共同开发区块、共同开发机构、适用法律以及争端解决等内容。该案有关共同开发的制度设计，不但内容很详尽，而且比较科学，因而具有较为重要的借鉴意义。首先，中国与印尼有关共同开发协定的内容，也可以规定较为详细。其次，在共同开发区的划定方面，两国也可以划为A、B、C三个区块，其中A区作为核心开发区，由两国共同管理、平分收益；B区则由中国管辖，但是要同印尼亚分享部分收益；C区则由印尼管辖，印尼须和中国分享部分收益。最后，关于共同开发的管理机构——联合管理局，两国也可以赋予其较大权限。

（2）注重中国与印尼在纳土纳海域进行共同开发的示范作用。在澳大利亚—东帝汶共同开发案中，澳大利亚为了促使东帝汶尽早批准共同开发协定，做出了许多让步。一方面，澳方把共同开发区石油收益的绝大部分让与东帝汶；另一方面，澳方同意共同开发机构由东帝汶主导，如东帝汶任命的联合委员会的成员比澳大利亚多一名，指定当局则有东帝汶的国内实体担任。澳大利亚做出让步的条件是，要求东帝汶必须先批准共同开发协定。因为共同开发协定的实施，既可以保证帝汶海的稳定，确保澳方现有的石油项目得以继续，也实现了澳大利亚的政治经济利益。中国在南海推进共同开发也面临相似的问题。因此，中国在与印尼进行共同开发的谈判中，也可以做出适当的让步，充分发挥在纳土纳海域进行共同开发的示范作用。

（3）可以考虑把印尼作为两国共同开发的后勤保障基地。纳土纳群岛距中国大陆大约1 900公里。目前印尼已经修建了从西纳土纳群岛到新加坡、马来西亚的天然气输送管道。因此，把印尼的纳土纳群岛作为两国在纳土纳海域进行共同开发的后勤保障基地，既可以利用印尼现有的油气加工等基础设施，为两国的共同开发提供便利；也因为距离近，后勤保障快捷、方便，具有经济上的可行性，从而有可能产生最大的经济效益。

推荐阅读书目及论文

1. 蔡鸿鹏. 争议海域共同开发的管理模式：比较研究. 上海：上海社会科学院出版社，1998

2. 余民才. 海洋石油勘探与开发的法律问题. 北京：中国人民大学出版社，2001

3. 萧建国. 国际海洋边界石油的共同开发. 北京：海洋出版社，2006

4. 杨泽伟主编. 海上共同开发国际法问题研究. 北京：社会科学文献出版社，2016

5. 杨泽伟主编. 海上共同开发协定汇编. 上，下册. 北京：社会科学文献出版社，2016

6. 杨泽伟主编. 海上共同开发国际法理论与实践研究. 武汉：武汉大学出版社，2018

7. 邓妮雅. 海上共同开发管理模式法律问题研究. 武汉：武汉大学出版社，2019

8. 董世杰. 争议海域既有石油合同的法律问题研究. 武汉：武汉大学出版社，2019

9. 何海榕. 泰国湾海上共同开发法律问题研究. 武汉：武汉大学出版社，2020

10. Hazel Fox, et al. , eds. . Joint Development of Offshore Oil and Gas：A Model Agreement for States with Explanatory Commentary. London，1989

11. Yu Hui. Joint Development of Mineral Resources-An Asian Solution. Asian Yearbook of International Law. Vol. 2，1994

12. Gerald Blake, etc. , eds. . Boundaries and Energy：Problems and Prospects. Kluwer Law International，1998

13. David M. Ong. The 1979 and 1990 Malaysia-Thailand Joint Development Agreement：A Model for International Legal Co-operation in Common Offshore Petroleum Deposits? . International Journal of Marine & Coastal Law. Vol. 14，No. 2，1999

14. Nguyen Hong Thao. Vietnam and Joint Development in the Gulf of Thailand. Asian Yearbook of International Law. Vol. 8，2003

15. Chidinma Bernadine Okafor. Joint Development：An Alternative Legal

Approach to Oil and Gas Exploitation in the Nigeria-Cameroon Maritime Boundary Dispute? . International Journal of Marine & Coastal Law. Vol. 2, No. 4, 2006

16. Robert Beckman, eds.. Beyond Territorial Disputes in the South China Sea: Legal Framework for the Joint Development of Hydrocarbon Resources. Edward Elgar Publishing Limited, 2013

17. Vasco Becker-Weinberg. Joint Development of Hydrocarbon Deposits in the Law of the Sea. Springer, 2014

第 十 五 章

海上共同开发的先存权问题

　　2013 年 10 月，中国、文莱两国发表了《中华人民共和国和文莱达鲁萨兰国联合声明》，双方决定进一步深化两国关系，并一致同意支持两国相关企业开展海上共同开发，勘探和开采海上油气资源。紧接着，中国、越南两国发表了《新时期深化中越全面战略合作的联合声明》，双方同意积极研究和商谈共同开发问题，在政府边界谈判代表团框架下成立中越海上共同开发磋商工作组；本着先易后难、循序渐进的原则，稳步推进湾口外海域划界谈判并积极推进该海域的共同开发。[①] 2014 年 11 月，中国国家主席习近平分别会见前来参加亚太经合组织第 22 次领导人非正式会议的文莱苏丹哈桑纳尔、马来西亚总理纳吉布时也指出："中方愿意同文方加强海上合作，推动南海共同开发尽早取得实质进展"；中、马"双方要推进海上合作和共同开发，促进地区和平、稳定、繁荣"[②]。2015 年 11 月，《中越联合声明》再次强调："双方将稳步推进北部湾湾口外海域划界谈判并积极推进该海域的共同开发，同意加大湾口外海域工作组谈判力度，继续推进海上共同开发磋商工作组工作，加强低敏感领域合作……"[③] 因此，海上共同开发问题有可能成为未来中国对外合作关系中的重要内容之一。而如何处理海上共同开发中的先存权问题，既是海上共同开发谈判过程中必须解决的问题，也是关系海上共同开发活动能否顺利实施的前提条件。[④] 因此，研究海上共同开发中的先存权问题，具有重要的理论价值与现实意义。

---

① 早在 2005 年 10 月，中国海洋石油总公司和越南石油总公司就在河内签署了《关于北部湾油气合作的框架协议》。

② 新华社消息：《习近平会见参加 APEC 会议 5 经济体领导人》，载《人民日报（海外版）》，2014 - 11 - 11。转引自 http://news.163.com/14/1111/04/AAOCDM6500014AED.html。

③ 《中越联合声明》（2015 年 11 月 6 日），载人民网，http://politics.people.com.cn/n/2015/1106/c1001 - 27786514.html。

④ See David M. Ong, "The New Timor Sea Arrangement 2001: Is Joint Development of Common Offshore Oil and Gas Deposits Mandated under International Law?", *International Journal of Marine & Coastal Law*, Vol. 17, No. 1, 2002, p. 98.

一、先存权问题产生的原因

所谓先存权（pre-existing right）是指海上共同开发区块划定之前，沿海国单方面将该区域或部分区块的勘探开发许可权授予了第三方的石油公司，该石油公司由此获得的对该区域或部分区块的某种经营开发权利。① 《海洋法公约》第 77 条第 1 款规定："沿海国为勘探大陆架和开发其自然资源的目的，对大陆架行使主权权利。"因此，原则上沿海国只能在属于本国的内海、领海、毗连区和大陆架范围内颁发勘探开发的许可证，超越此范围的许可证就是无效的。然而，在实践中沿海国一般会基于以下种种原因而颁发在争议海域的勘探开发许可证，从而导致先存权问题的产生。

1. 法律原因

《联合国宪章》第 2 条第 3 项规定："各会员国应以和平方法解决其国际争端，俾免危及国际和平、安全及正义。"在海上共同开发活动中，各沿海国间难免会产生矛盾、出现争端，关键是要用和平的方法解决之。因此，各沿海国在争议海域不宜采取任何行动改变现状，从而危及地区和平与安全。然而，在实践中沿海国一般会想方设法强化本国对争议海域的主权权利或管辖权，方法之一就是向第三方颁发许可证，制造先存权问题，以向他方证明或使他方相信该国对争议海域拥有专属管辖权或主权权利。② 争议海域的另一方如果未对此行为提出抗议，就构成了对上述行为的默认。有鉴于此，争议海域的另一方会采取同样的措施，颁发在争议海域的许可证，从而使双方对争议海域的立场更加强硬。

2. 政治考量

政治考量既是海上共同开发能否顺利实施的关键因素③，也是导致先存权问题产生的重要原因之一。一方面，沿海国政府为了迎合国内的民意，或者为了保住其执政党的地位，有可能会不顾争议海域的客观现实情况，故意向第三方颁发在争议海域的勘探开发许可证。另一方面，沿海国采取单方面行动，在有争议海域规划勘探开发区块并向第三方或其他方私营公司颁发许可证，旨在增加其对该区域提出主权权利或管辖权要求的筹码，从而使本国在未来争议海域的谈判中处于一种有利地位。总之，先存权有时被沿海国当作一种政治性或战略性的工具。

---

① 参见萧建国：《国际海洋边界石油的共同开发》，113 页，北京，海洋出版社，2006；Hazel Fox, et al., eds., *Joint Development of Offshore Oil and Gas：A Model Agreement for States with Explanatory Commentary*, London, 1989, p. 214.

② See Ian Townsend-Gault, "The Impact of a Joint Development Zone on Previously Granted Interests", in Hazel Fox ed., *Joint Development of Offshore Oil and Gas*, Vol. Ⅱ, London, 1990, p. 171.

③ See Robert Beckman, et al., eds., *Beyond Territorial Disputes in the South China Sea：Legal Framework for the Joint Development of Hydrocarbon Resources*, Edward Elgar Publishing Limited, 2013, p. 310.

3. 经济因素

沿海国向第三方颁发勘探开发许可证，既可以借助第三方的力量更好地了解、掌握争议海域油气资源分布及开发潜力等方面的情况①，也可以在发现有商业开采价值的油气田的情况下尽早实施油气资源开发活动，以达到实现本国经济利益的目的。②

4. 技术背景

因为海上石油勘探开发活动投资大、风险高、技术难度大，而国家石油公司可能在财政、技术方面受到种种制约，所以沿海国从技术角度考虑一般也愿意与国际石油公司合作，颁发许可证，准许其勘探开发大陆架上的油气资源。例如，1997 年圣多美和普林西比与美国拯救环境控股公司（Environmental Remediation Holding Corporation，ERHC）签署了海上油气勘探开发合作协议。一年之后在拯救环境控股公司的帮助下，圣多美和普林西比就向联合国提交了该国基于中间线原则的专属经济区主张③，从而在某种程度上为 2000 年该国与尼日利亚签订共同开发协议奠定了基础。

由上可见，先存权问题产生的原因较为复杂。同时，它也有可能引发与沿海国所承担的义务相冲突的问题。

二、先存权是否与沿海国相互克制的义务相冲突

对于先存权是否与沿海国承担的相互克制的义务相冲突的问题，学者间有不同的看法。例如，有学者认为沿海国承担相互克制的义务得到了较多的学理支持。④有学者甚至指出，"可能存在禁止各国在争议海域开发海床资源的国际法规则"⑤；而另有学者提出，"国家单方面的行动，如给有关对方国家的矿藏或权利造成损害，是违法的。但每个国家仍对其各自的那份矿藏拥有权利。声称缺乏共同开发程序的

---

① 例如，1998 年 9 月圣多美和普林西比与埃克森美孚石油公司（Exxon Mobil）签署了技术援助协议。1999 年 9 月埃克森美孚石油公司就向圣多美和普林西比政府递交了在该国专属经济区内的 22 个区块进行二维地震数据采集的结果——具有石油储量高潜力的区块都在邻国尼日利亚主张的海洋边界附近。

② 参见蔡鸿鹏：《争议海域共同开发的管理模式：比较研究》，18 页，上海，上海社会科学院出版社，1998。

③ See Gerhard Seibert, "Sao Tome & Principe: The Difficult Transition from Aid-dependent Cocoa Producer to Petrol State", *The African Studies Association of Australian and the Pacific Annual Conference*, Vol. 26, 2004, p. 7.

④ See William T. Onorato, "Apportionment of an International Common Petroleum Deposit: A Reprise", *International and Comparative Legal Quarterly*, Vol. 26, 1977, p. 327.

⑤ David M. Ong, "Joint Development of Common Offshore Oil and Gas Deposits: 'Mere' State Practice or Customary International Law?", *American Journal of International Law*, Vol. 93, No. 4, 1999, p. 798.

协议将阻止任何有效的实地开发，这会给另一国否决权……因此可以说，在未达成采取共同措施协议的情况下，那些不影响对方国家权利的单方面行动并非不符合国际法"①。笔者认为，沿海国因在争议海域单方面颁发勘探开发许可证而产生的先存权，是与沿海国承担的相互克制的义务相冲突的。这种冲突具体体现在以下三个方面。

（一）违背了适当顾及其他沿海国权利的义务

虽然《海洋法公约》对争议海域的利用问题，并没有明确规定沿海国的哪种行为是绝对禁止的，但是沿海国在争议海域行使主权权利或管辖权时，要对其他沿海国的权利适当顾及。例如，《海洋法公约》第 56 条第 2 款规定："沿海国在专属经济区内根据本公约行使其权利和履行其义务时，应适当顾及其他国家的权利和义务，并应以符合本公约规定的方式行事。"《海洋法公约》第 78 条第 2 款也规定："沿海国对大陆架权利的行使，绝不得对航行和本公约规定的其他国家的其他权利和自由有所侵害，或造成不当的干扰。"许多学者都将公约的上述规定解释为一国不得采取单方面的行动。② 还有学者得出了"沿海国在争议海域行使任何权利或管辖权都有可能侵犯另一沿海国的主权权利"③ 的结论。因此，沿海国单方面颁发勘探开发许可证的行为违背了其承担的适当顾及其他沿海国权利的义务。

（二）违背了善意谈判的义务

一方面，《海洋法公约》第 74 条和第 83 条均规定，"有关各国应基于谅解和合作精神，尽一切努力作出实际性的临时安排，并在此过渡期间内，不危害或阻碍最后协议的达成。这种安排应不妨害最后界限的划定"。"尽一切努力"当然包括沿海国要利用谈判的方法解决争议海域的争端。况且，《联合国宪章》也把谈判作为和平解决国际争端最重要、最常见的方法。另一方面，国际法院和仲裁法庭的判决表明争端当事国负有谈判的法律义务。例如，国际法院在 1974 年"渔业管辖权案"中明确指出，谈判是当事国间解决争端的最适当的方法，并且在从事谈判时当事国双方都应诚信合理地重视对方的法律利益和实际情况。④ 2007 年圭亚那与苏里南仲裁案的裁决，也提出了类似的看法。⑤ 可见，沿海国单方面颁发争议海域的勘探开

① Ian Townsend-Gault, "The Frigg Gas Field-Exploitation of an International Cross-Boundary Petroleum Field", *Marine Policy*, Vol. 3, 1979, p. 302.

② 参见萧建国：《国际海洋边界石油的共同开发》，99 页，上海，海洋出版社，2006。

③ Rainer Lagoni, "Interim Measures Pending Maritime Delimitation Agreements", *American Journal of International Law*, Vol. 78, No. 2, 1984, p. 365.

④ Fisheries Jurisdiction Case between the U. K. and Iceland, Judgments of 25 July 1974, available at http://www. icj-cij. org/docket/index.

⑤ Guyana v. Suriname (2007) Arbitral Tribunal Constituted Pursuant to Article 287, and in Accordance with Annex Ⅷ of the UN Convention on the Law of the Sea, available at http：//www. pca-cpa. org/ show-page. asp.

发许可证的行为，违背了其承担的善意谈判的义务。

（三）违背了禁止单方开发的义务

禁止单方开发的义务是指有关国家不得对争议海域的共有资源进行单方面的开采活动，以致损害另一国的合法权利。一方面，《各国经济权利和义务宪章》第3条明确指出："对于二国或二国以上所共有的自然资源的开发，各国应合作采用一种报道和事前协商的制度，以谋对此种资源作最适当的利用，而不损及其他国家的合法权益。"《海洋法公约》第123条也规定："闭海或半闭海沿岸国在行使和履行本公约所规定的权利和义务时，应互相合作……"这就意味着有关国家承担了相互克制的专门义务，不得单方开发。① 另一方面，国际法院在1976年"爱琴海大陆架案"中也明确提出，使用爆炸方法搜集地球结构的资料，从国际法发展的观点来看应予以禁止，因为利用爆炸物探测可能造成对大陆架资源无法补救的损害；土耳其单方的地震勘探活动，未经希腊同意，会产生侵害后者的探测专属权利的可能性。② 因此，诚如有学者所言，主张海上共同开发原则对国家没有法律约束力，认为在海域重叠区或争议区对共有自然资源进行单方面开发在政治和法律方面都可以接受的观点，即使从法律常识来看，也是不正确的。③

三、对先存权问题的主要处理方式

先存权问题的存在是影响海上共同开发的阻碍因素之一。④ 因此，要想顺利推进海上共同开发活动，就必须首先解决先存权问题。然而，关于如何处理先存权问题，学者间的主张也不尽相同。例如，赫兹尔·福克斯（Hazel Fox）提出了以下处理先存权问题的四种办法：一是保证先存权不受共同开发的影响；二是在划定共同开发区块时，专门避开有先存权的区域；三是取消先存权而予以补偿或不予补偿；四是把先存权纳入新的共同开发活动中。⑤ 而戴维·翁（David M. Ong）指出，解决先存权问题有两种可能的方式："第一，买下或取消双方的先存权，进而授予一项涵盖整个共同开发区的新的特许权；第二是要求双方的先存权所有者进行联合

① See Rainer Lagoni, "Interim Measures Pending Maritime Delimitation Agreements", *American Journal of International Law*, Vol. 78, No. 2, 1984, p. 362.
② See the Aegean Sea Continental Shelf Case (Greece v. Turkey), Judgment of 19 December 1978, available at http://www.icj-cij.org/docket/index.
③ See Zhiguo Gao, "The Legal Concept and Aspects of Joint Development in International Law", *Non-living Resources*, 1998, p. 122.
④ See Hazel Fox, et al, eds., *Joint Development of Offshore Oil and Gas: A Model Agreement for States with Explanatory Commentary*, London, 1989, p. 207.
⑤ See Hazel Fox, et al., eds., *Joint Development of Offshore Oil and Gas: A Model Agreement for States with Explanatory Commentary*, London, 1989, p. 216.

经营，并为整个共同开发区任命一名经营者"①。笔者结合海上共同开发的相关案例和有关国际法理论，认为海上共同开发中先存权问题的处理方式主要有以下五种。

（一）明确承认先存权

明确承认先存权是海上共同开发实践中较为普遍的一种做法。例如，在 1979 年马来西亚与泰国在泰国湾的共同开发案中，马来西亚与泰国签订的《马来西亚和泰王国为开发泰国湾两国大陆架划定区域内海床资源而建立联合管理局的谅解备忘录》第 3 条第 2 款规定："联管局应代表双方享有和承担勘探及开发重叠区域（以下简称'共同开发区'）内海床和底土非生物自然资源事宜所有的权利和义务，以及共同开发区域内开发、控制和管理的所有权利和义务。联管局的这种权利和义务不得以任何方式影响或减损任何一方迄今授予的特许权、已签发的许可证、已达成的协定或作出安排的有效性。"② 可见，马、泰两国政府是承认这种先存权的，因为：在马、泰两国签订共同开发协议之前，美国得克萨斯太平洋（Texas Pacific）石油公司从泰国获得了 B17 区块的权益，美国特里顿能源（Triton Energy）公司也从泰国获得 B18 和 B19 区块的权益；而埃克森美孚（EPMI）石油公司从马来西亚获得了共同开发区大部分区块的权益。况且，在马、泰两国政府进行共同开发的谈判期间，泰方的受让人仍然在该区域进行勘探活动。1985 年泰国向受让人（同时向马来西亚）提出建议，任何产出油气的 50% 将服从泰方体系监管，其余服从马来西亚体系监管；而马来西亚提出了"联合作业理念"，将整个区域视为单独一个合同区，由受让人订立资产和运营协议。1986 年，马来西亚又向泰国提出了"三区理念"，由泰方受让人按照泰方条款运作它们的区域，由马来西亚国家石油公司依照马来西亚的条款运作剩余的区域。最后，马、泰两国同意采用产品分成合同制来进行共同开发。

同样，1992 年马来西亚与越南共同开发案中也采取了保留先存权的做法。《马来西亚和越南社会主义共和国关于两国大陆架划定区域内石油勘探和开采的谅解备忘录》第 3 条第 3 款规定，鉴于划定区域内已存在实际投资，双方同意尽全力保证共同开发区内之前授予的开采权继续有效。③ 因为早在 1986 年，马来西亚就分别与美国埃索（Esso）石油公司、美国与澳大利亚合资的汉密尔顿（Hamilton）石油

① David M. Ong, "The New Timor Sea Arrangement 2001: Is Joint Development Of Common Offshore Oil and Gas Deposits Mandated under International Law?", *International Journal of Marine & Coastal Law*, Vol. 17, No. 1, 2002, p. 98.

② Article 3 (2) of the Memorandum of Understanding between Malaysia and the Kingdom of Thailand on the Establishment of a Joint Authority for the Exploitation of the Resources in the Sea-bed in a Defined Area of the Continental Shelf of the Two Countries in the Gulf of Thailand.

③ See Article 3 (C) of the Memorandum of Understanding between Malaysia and the Socialist Republic of Vietnam for the Exploration and Exploitation of Petroleum in a Defined Area of the Continental Shelf involving the Two Countries.

公司签订了石油勘探合同，前者涉及的区块面积为 500 平方公里，后者涉及的面积达到 1 440 平方公里。①

此外，2001 年尼日利亚和圣多美普林西比共同开发案中以另外一种方式承认先存权的存在。《尼日利亚联邦共和国与圣多美和普林西比民主共和国共同开发两国专属经济区的石油及其他资源的条约》第 46 条规定："双方当事国间应以公平的方式解决，一方当事国在本条约谈判期间，在区域内的任何部分与第三人进行的先前交易（该交易已经向另一方当事国披露）引发的问题。对于一方当事国在本条约谈判过程中没有向另一方当事国披露的问题，应该由该当事国单方承担，但不影响为了解决开发区内当事国与第三人先前交易引发的问题，另一当事国合作和帮助的权利。"②

（二）不正式承认先存权

不正式承认先存权的典型案例是 1974 年苏丹和沙特阿拉伯共同开发红海案。《苏丹和沙特阿拉伯关于共同开采共同区域内的红海海床和底土的自然资源的协定》第 13 条规定："鉴于苏丹民主共和国业已于 1973 年 5 月 15 日达成了一项协定，据此而向苏丹矿业有限公司和德国普赛格公司发放了勘探许可证，这一协定使苏丹民主共和国政府承担起法律责任。因此，两国政府一致同意联合委员会应当以维护苏丹民主共和国政府的权益的方式，并依以上由共同开发区域的本协定而建立起来的制度来对此项事务作出决定。"③ 可见，在该案中苏丹矿业有限公司和德国普赛格公司共同取得的先存权，并未在新的共同开发协定中获得正式承认。

（三）对先存权重新授权

1974 年日本与韩国共同开发东海大陆架案是重新认定先存权的典型案例。《日本和大韩民国关于共同开发邻接两国的大陆架南部的协定》第 3 条第 1 款规定，"共同开发区应划分为若干区块，每个区块由双方的特许权持有人进行勘探和开发"④；第 4 条第 1 款规定，"本协定生效三个月内，各方应当在每个分区内将特许权授予一人或多人"。从上述规定可以看出，日、韩双方均为共同开发区各分区块特许权的颁授者。因此，双方虽然没有正式承认先存权，但是都可以向既有的特许

---

① See Nguyen Hong Thao, "Joint Development in the Gulf of Thailand", *IBRU Boundary and Security Bulletin*, Autumn 1999, p. 81.

② Article 46 of the Treaty between the Federal Republic of Nigeria and the Democratic Republic of São Tomé e Príncipe on the Joint Development of Petroleum and other Resources in respect of Areas of the Exclusive Economic Zone of the Two States.

③ Article 13 of the Agreement between Sudan and Saudi Arabia Relating to the Joint Exploitation of the Natural Resources of the Sea-bed and Subsoil of the Red Sea in the Common Zone.

④ Article 3 (1) and Article 4 (1) of the Agreement between Japan and the Republic of Korea concerning Joint Development of the Southern Part of the Continental Shelf Adjacent to the Two Countries.

权持有人重新授权。① 日韩共同开发案中这种处理先存权的方式，既有利于原来的特许权持有人，也比较灵活，便于操作。

（四）回避先存权问题

这种方式主要是指沿海国双方在划定共同开发区块时，有意避开存在先存权的区域或把先存权存在的区域排除在共同开发区块之外，从而避免先存权问题可能对共同开发活动的干扰。例如，在 1992 年马来西亚与越南共同开发案中，马、越两国签订的共同开发协定所划定的共同开发区块，就位于同第三方发生争议以外的区域的海区。同样，在 1985 年利比亚和马耳他大陆架划界案（case concerning the Continental Shelf，Libyan Arab Jamahiriya/Malta）中，国际法院在意大利没有参与该案的情况下，也对马耳他大陆架的边界作了调整②，目的就是避免日后意大利可能对该大陆架区域提出主权要求而产生麻烦。

（五）单方废除先存权

单方废除先存权，以便划定共同开发区进行共同开发活动。这种处理先存权的方式虽然比较简单，但是在国际事件中较为罕见，因为单方废除先存权的行为不但违反了国内法，也违反了国际法。③ 事实上，"国际法和国内法均禁止一国采取任何单方面行为取消授予外国公民的先存权"④。况且，承认既有权利也是国际仲裁法庭承认的一般法律原则之一。⑤ 例如，1958 年国际仲裁法庭在"阿拉姆科仲裁案"的裁决中，认定 1933 年授予阿拉姆科的权利具有既得权性质，沙特阿拉伯和奥雷西斯的协议与沙特阿拉伯在阿拉姆科协议中所承担的义务相冲突，阿拉姆科的权利优先于授予奥雷西斯的权利。⑥ 可见，单方废除先存权这种极端的处理方式，可能只具有理论上的价值。

四、中国应如何处理海上共同开发中的先存权问题

（一）中国周边海域有关先存权问题的现状

中国周边海域的油气资源勘探开发活动缘于 20 世纪 60 年代末联合国经社理事

---

① See Hazel Fox，et al.，eds.，*Joint Development of Offshore Oil and Gas：A Model Agreement for States with Explanatory Commentary*，London，1989，p. 217.

② See Case concerning the Continental Shelf（Libyan Arab Jamahiriya/Malta），available at http：//www.icj-cij. org/docket/files/68/6415. pdf.

③ See Hazel Fox，et al.，eds.，*Joint Development of Offshore Oil and Gas：A Model Agreement for States with Explanatory Commentary*，London，1989，p. 215.

④ Robert Beckman，et al.，eds.，*Beyond Territorial Disputes in the South China Sea：Legal Framework for the Joint Development of Hydrocarbon Resources*，Edward Elgar Publishing Limited，2013，p. 163.

⑤ See Vasco Becker-Weinberg，*Joint Development of Hydrocarbon Deposits in the Law of the Sea*，Springer，2014，p. 127.

⑥ 参见姚梅镇主编：《国际投资法成案研究》，216 页，武汉，武汉大学出版社，1989。

会亚洲及远东经济委员会的"亚洲近海地区矿产资源联合勘探协调委员会"（Committee for Coordination of Joint Prospecting for Mineral Resources in Asian Offshore Areas）发表的报告，该报告认为中国近海油气资源前景广阔。因此，1972年韩国就宣布在黄海建立"海上特区"和"租让区"，引进美国等西方国家的石油公司在黄海大陆架进行油气资源勘探活动。这些"租让区"的西部已有一部分侵入了中国的黄海海域。[①] 1974年，日本和韩国又签署了《日本和大韩民国关于共同开发邻接两国的大陆架南部的协定》（Agreement between Japan and the Republic of Korea concerning Joint Development of the Southern Part of the Continental Shelf adjacent to the Two Countries），将东海东北部约10万平方公里的大陆架划为日本和韩国的共同开发区。而在南海海域，越南、菲律宾、马来西亚和文莱等国家都采取划分"石油租让区"的方式，将南沙海域租让给外国石油公司勘探和开发。有学者统计，有来自美国、日本、英国、意大利、俄罗斯和挪威等国家的200多家石油公司先后在南沙海域拥有"石油租让区"并进行勘探活动。[②] 例如，2012年菲律宾宣布对位于南海中菲争议海域的3个区块进行招标；2014年菲律宾能源部宣布启动第五轮能源合同招标，在推出的11个油气勘探区块中，区块7位于南沙群岛的礼乐滩。[③]

（二）中国的应对之策

针对周边国家把中国周边争议海域的油气资源勘探开发权授予外国石油公司的行为，中国外交部多次发表声明予以抗议，并强调"区域内的资源理应属于中国，任何国家未经许可进入上述区域从事勘探、开发和其他活动都是非法的，任何国家与国家之间为在上述区域内进行勘探、开采等非法活动而签订的协定或合同都是无效的"[④]。然而，中国政府一旦决定与周边国家在争议海域进行共同开发活动，就必然会在谈判过程中面临首先要解决先存权的问题。因此，笔者建议根据不同情况，分别采取以下三种应对策略。

1. 阻断

如果周边国家已与外国石油公司签订了在中国周边争议海域进行勘探开发的合同，那么中国政府应想方设法阻止这种勘探开发活动，直至该合同到期，以达到阻断合同实施的目的。

2. 纳入

如果周边国家与外国石油公司签订的在中国周边争议海域进行勘探开发的合同

---

① 参见张良福：《关于争议海域油气资源共同开发的问题》，载高之国等主编：《国际海洋法的理论与实践》，167~168页，北京，海洋出版社，2006。

② 参见萧建国：《国际海洋边界石油的共同开发》，167页，北京，海洋出版社，2006。

③ 礼乐滩（Reed Bank）位于中国南沙群岛的东北，在中国南海"九段线"的范围之内，属中国的固有领土。

④ 萧建国：《国际海洋边界石油的共同开发》，168页，北京，海洋出版社，2006。

已经生效并且进入了实质性的开发阶段，那么中国政府应把它纳入共同开发中，并且由共同开发的管理机构重新认定、加以管理。

3. 顾及

早在 1992 年中国海洋石油总公司就与美国克里斯通能源公司签订合同，授权后者勘探万安滩的油气资源，合同有效期至 2013 年。然而，由于越南的干扰和破坏，该合同一直没有很好地履行。2012 年 6 月，中国海洋石油总公司发布了"2012年中国海域部分对外开放区块公告"，供与外国公司进行合作勘探开发的区块共 9个，其中 7 个位于中建南盆地，2 个位于万安盆地和南薇西盆地部分区域，总面积160 124.38 平方公里。[①] 如果外国石油公司对这些区块进行投标，中国将来与周边国家在中建南盆地、万安盆地和南薇西盆地等海域进行共同开发时，就同样会面临先存权问题的处理，因而需要前瞻性地顾及外国石油公司的利益和其他沿海国的相关立场。

推荐阅读书目及论文

1. 蔡鸿鹏. 争议海域共同开发的管理模式：比较研究. 上海：上海社会科学院出版社，1998

2. 余民才. 海洋石油勘探与开发的法律问题. 北京：中国人民大学出版社，2001

3. 萧建国. 国际海洋边界石油的共同开发. 北京：海洋出版社，2006

4. 杨泽伟主编. 海上共同开发国际法问题研究. 北京：社会科学文献出版社，2016

5. 杨泽伟主编. 海上共同开发国际法理论与实践研究. 武汉：武汉大学出版社，2018

6. 杨泽伟主编.《联合国海洋法公约》若干制度评价与实施问题研究. 武汉：武汉大学出版社，2018

7. 邓妮雅. 海上共同开发管理模式法律问题研究. 武汉：武汉大学出版社，2019

8. 董世杰. 争议海域既有石油合同的法律问题研究. 武汉：武汉大学出版社，2019

9. 何海榕. 泰国湾海上共同开发法律问题研究. 武汉：武汉大学出版社，2020

10. Hazel Fox, et al., eds.. Joint Development of Offshore Oil and Gas：A Model Agreement for States with Explanatory Commentary. London，1989

---

① 参见中国海洋石油总公司：《2012 年中国海域部分对外开放区块公告》，载 http://www.cnooc.com.cn/art/2012/6/23/art_91_67771.html。

11. Yu Hui. Joint Development of Mineral Resources-An Asian Solution. Asian Yearbook of International Law. Vol. 2，1994

12. Gerald Blake，etc.，eds.. Boundaries and Energy: Problems and Prospects. Kluwer Law International，1998

13. David M. Ong. The 1979 and 1990 Malaysia-Thailand Joint Development Agreement: A Model for International Legal Co-operation in Common Offshore Petroleum Deposits? . International Journal of Marine & Coastal Law. Vol. 14，No. 2，1999

14. David M. Ong. The New Timor Sea Arrangement 2001: Is Joint Development of Common Offshore Oil and Gas Deposits Mandated under International Law?. International Journal of Marine & Coastal Law. Vol. 17，No. 1，2002

15. Chidinma Bernadine Okafor. Joint Development: An Alternative Legal Approach to Oil and Gas Exploitation in the Nigeria-Cameroon Maritime Boundary Dispute? . International Journal of Marine & Coastal Law. Vol. 2，No. 4，2006

16. Robert Beckman eds.. Beyond Territorial Disputes in the South China Sea: Legal Framework for the Joint Development of Hydrocarbon Resources. Edward Elgar Publishing Limited，2013

17. Vasco Becker-Weinberg. Joint Development of Hydrocarbon Deposits in the Law of the Sea. Springer，2014

第 十 六 章

《海洋法公约》第 82 条的执行：问题与前景

随着外大陆架划界工作的广泛开展①以及深海开采技术的进步，外大陆架资源的开发日益成为现实。作为负责管理《海洋法公约》第 82 条规定的应缴费用和实物的国际主管机构，国际海底管理局（以下简称管理局）正在考虑采取具体步骤，以执行《海洋法公约》第 82 条之规定。因此，研究《海洋法公约》第 82 条的执行问题，对于拥有广泛的外大陆架并作为管理局理事会成员的中国而言，具有非常重要的现实意义。

一、《海洋法公约》第 82 条执行问题的产生

虽然《海洋法公约》第 82 条现在暂时还是"休眠条款"（dormant article），但是随着外大陆架开发活动的进行以及相关国家立法实践的增多，《海洋法公约》第 82 条的执行问题将日益突出。

（一）外大陆架资源的开发前景

按照《海洋法公约》第 76 条的规定，沿海国大陆架的外部界限可以从测算领海宽度的基线量起达到 350 海里，因此，有可能被各沿海国主张的外大陆架面积将超过 1 500 万平方公里。② 而外大陆架上的资源也十分丰富，主要包括石油、天然气、气水化合物、锰结核、钛、铁、镍、铜、钴、金、钻石、含油沙层以及砂砾层等。根据国际能源机构发布的《2011 年世界能源展望》报告，在世界范围内所有的能源资源中，石油和天然气是两种最重要的能源资源，分别约占整个能源需求的 33％和 21％；按照目前的发展趋势，到 2035 年世界石油需求将达到每天 10 700 万

---

① 在联合国 193 个会员国中，有 152 个国家是沿海国。截至 2021 年 2 月，大陆架界限委员会已经举行了 52 届会议，已收到 88 项划界案和 7 项修订案、49 项初步信息，并审结了 30 项划界案。参见 http：// www. un. org/depts/los/clcs _ new/commission _ submissions. htm.

② See International Seabed Authority, "Non-Living Resources of the Continental Shelf Beyond 200 Nauti-cal Miles：Speculations on the Implementation of Article 82 of the United Nations Convention on the Law of the Sea", *ISA Technical Study*, No. 5, Kingston, 2010, p. 1.

桶，年均增长率为 0.8%。① 日益增长的能源需求，促使越来越多的国家加快对外大陆架上的石油资源的勘探开发活动。同时，经过几十年的发展，深海的石油勘探开发技术也在不断地进步。目前众多外大陆架上的石油勘探开发项目，已达到 3 000 英尺（约 914.4 米）～5 000 英尺（约 1 525 米）水深。② 而巴西石油公司在深海石油勘探开发方面走在了世界前列，目前该公司正在开发的距美国新奥尔良 250 海里墨西哥湾上的喀斯喀特和奇努克（the Cascade and Chinook）油气田水深达 8 200 英尺（约 2 870 米）～8 900 英尺（约 3 115 米）。③ 可见，未来 20 年石油的勘探开发活动会更多地向深海大陆架范围迈进。

（二）相关国家的实践

进入 21 世纪以来，一些国家已经开始考虑《海洋法公约》第 82 条的执行问题，并见诸国内有关立法中。美国在这方面最为典型：美国虽然还没有批准《海洋法公约》，但是从 2001 年开始美国国内的矿产管理机构就要求，一旦美国批准《海洋法公约》，不论是之前签订的矿区租约还是之后的租约，承租人缴付的费用都应适用《海洋法公约》第 82 条之规定。例如，2008 年 8 月 20 日美国《墨西哥湾西部规划区石油天然气租约拍卖最后公告》明确规定："在美国专属经济区之外由美国政府出租的任一矿区或某一矿区之一部分，不论是在美国政府批准《海洋法公约》之前或之后，矿区使用费的缴付都应按照《海洋法公约》第 82 之规定；公约规定在某一矿址进行第一个五年生产以后，沿海国对该矿址的全部生产应每年缴付费用，而这一费用应由美国政府而不是由承租人来缴付……"④ 此外，加拿大⑤、英国、挪威、尼日利亚等国家也有相关立法。

值得注意的是，管理局在其报告中也明确指出："《海洋法公约》第 82 条将在 2015 年正式付诸实施"⑥。因此，根据《海洋法公约》第 82 条之规定，无论是沿海国所应承担的义务或者是管理局所应发挥的作用，也都提上了议事日程。为此，2009 年管理局联合英国皇家国际事务研究所能源、环境和发展项目部召集有关专家，专门讨论了《海洋法公约》第 82 条的执行问题。

---

① See International Energy Agency, *World Energy Outlook 2011*, Paris, 2011, p. 71.
② See Flori Li, "Exploratory and Exploitive Activities on the Deepwater and Ultra-Deepwater Non-Living Resources on the Outer Continental Shelf", in International Workshop on Future Consideration of the Implementation of Article 82 of the United Nations Convention on the Law of the Sea, 26 - 30 November 2012, Beijing, p. 5.
③ See Z. Haddad, etc., "The Design and Execution of Frac Jobs in the Ultra Deepwater Lower", *SPE International*, 2011, p. 20.
④ The Minerals Management Service, available at http://www.gomr.mms.gov/homepg/lsesale/207/fstips207.pdf.
⑤ 加拿大已颁发了纽芬兰（Newfoundland）和拉布拉多（Labrador）外大陆架勘探许可证。
⑥ International Seabed Authority, "Issues Associated with the Implementation of Article 82 of the United Nations Convention on the Law of the Sea", *ISA Technical Study*, No. 4, Kingston, 2009, p. 11.

二、《海洋法公约》第 82 条的主要内容以及其存在的问题

（一）《海洋法公约》第 82 条的主要内容

《海洋法公约》第 82 条"对二百海里以外的大陆架上的开发应缴的费用和实物"，包括以下四项规定：（1）沿海国对从测算领海宽度的基线量起 200 海里以外的大陆架上的非生物资源的开发，应缴付费用或实物。（2）在某一矿址进行第一个五年生产以后，对该矿址的全部生产应每年缴付费用和实物。第六年缴付费用或实物的比率应为矿址产值或产量的 1%。此后该比率每年增加 1%，至第 12 年为止，其后比率应保持为 7%。产品不包括供开发用途的资源。（3）某一发展中国家如果是其大陆架上所生产的某种矿物资源的纯输入者，对该种矿物资源免缴这种费用或实物。（4）费用或实物应通过管理局缴纳。管理局应根据公平分享的标准将其分配给本公约各缔约国，同时考虑到发展中国家的利益和需要，特别是其中最不发达的国家和内陆国的利益和需要。

从上述规定可以看出，《海洋法公约》第 82 条的主要内容包括：第一，对 200 海里以外的大陆架上的非生物资源的开发，沿海国既可以选择缴付费用，也可以选择缴纳实物；并且，缴付的费用或实物是与非生物资源有关的。这是该条款的核心内容。第二，沿海国每年都要缴付费用或实物。第三，缴付费用或实物是基于全部生产并根据生产的产值或产量来计算的，并且产品不包括供开发用途的资源。第四，沿海国应按照预先确立的比率来缴付费用和实物：某一矿址在第一个五年生产期无须缴付费用或实物，从第六年开始缴付的比率为该矿址产值或产量的 1%，此后每年增加 1%，直到第十二年的 7% 为止，以后此比率保持不变。第五，发展中国家可以免除缴付义务，前提是该国对其大陆架上所生产的某种矿物资源的进口大于其出口。第六，费用和实物应通过管理局来缴纳，并由其分配给各缔约国；分配时应按照公平分享的标准，并考虑到发展中国家，特别是最不发达的国家和内陆国的利益与需要。

（二）《海洋法公约》第 82 条与其他条款的关系

诚如《海洋法公约》序言所指出的："各海洋区域的种种问题都是彼此密切相关的，有必要作为一个整体来加以考虑。"并且，《海洋法公约》本身也是"一揽子交易"的结果。① 因此，从某种意义上讲《海洋法公约》第 82 条与其他条款都是相互关联的。

1. 与《海洋法公约》第 76 条的关系

《海洋法公约》第 82 条与第 76 条是一种特殊的补充关系。这两个条款既反映

---

① See James Harrison, *Making the Law of the Sea：A Study in the Development of International Law*, Cambridge University Press，2011，p. 45.

了缔约国的意图，也体现了沿海国在享有外大陆架勘探、开发非生物资源权利的同时也需承担相关的义务。此外，第76条除确立沿海国对大陆架主权权利的空间范围以外，也为沿海国履行第82条规定义务划定了适用范围，因为沿海国在按照《海洋法公约》的规定确定其大陆架外部界限之前，对非生物资源的勘探、开发活动就可能已经开始。《海洋法公约》也没有暗示在沿海国外大陆架界限划定之前，该沿海国在外大陆架上的资源勘探、开发活动不能适用《海洋法公约》第82条之规定。因此，大陆架外部界限的确定与《海洋法公约》第82条的适用，不存在因果关系。

2. 与《海洋法公约》第十一部分的关系

国际法协会在一份报告中指出："虽然外大陆架处在沿海国管辖范围以内，但是它与《海洋法公约》第十一部分'国际海底区域'一样仍应适用人类共同继承财产原则。"[①] 其实，从第三次联合国海洋法会议谈判的历史资料来看，通过管理局来缴付费用或实物的规定，并不能证明外大陆架一定要适用人类共同继承财产原则，因为外大陆架及其资源从属于沿海国的主权权利，这与人类共同继承财产原则截然不同。事实上，《海洋法公约》第十一部分的有关条款为授权管理局，特别是管理局理事会执行第82条提供了法律依据。例如，《海洋法公约》第162条第1款规定："理事会为管理局的执行机关。理事会应有权依本公约和大会所制订的一般政策，制订管理局对于其权限范围以内的任何问题或事项所应遵循的具体政策。"该条第2款第15项进一步赋予了理事会如下职权："向大会建议关于公平分享从'区域'内活动取得的财政及其他经济利益以及依据第82条所缴费用和实物的规则、规章和程序，特别顾及发展中国家和尚未取得完全独立或其他自治地位的人民的利益和需要。"

3. 与《海洋法公约》其他条款的关系

《海洋法公约》第82条与第300条、第317条也是密切相关的。例如，《海洋法公约》第300条规定："缔约国应诚意履行根据本公约承担的义务并应以不致构成滥用权利的方式，行使本公约所承认的权利、管辖权和自由。"这一规定对沿海国具有特别重要的意义：它意味着沿海国有责任按照《海洋法公约》第82条的内容和精神，在国内法律体系中切实履行相关的义务。又如，《海洋法公约》第317条第2款明确指出："一国不应以退出为理由而解除该国为本公约缔约国时所承担的财政和合同义务，退出也不影响本公约对该国停止生效前因本公约的执行而产生的该国的任何权利、义务或法律地位。"它表明，沿海国即使退出《海洋法公约》，仍需继续履行第82条有关缴付费用或实物的义务；当然，沿海国也可以继续享有根据《海洋法公约》第76条对本国外大陆架的主权权利。

---

① International Law Association，Committee on the Outer Continental Shelf，"Report on Article 82 of the UN Convention on the Law of the Sea（UNCLOS）"，Rio De Janeiro Conference，2008，available at http://www.ila-hq.org/en/committees/index.cfm/cid/33，p. 2.

（三）《海洋法公约》第 82 条存在的问题

其实，《海洋法公约》第 82 条是各缔约国经过艰苦谈判，最后无奈妥协的结果，加上规范的内容又比较新，因而"该条款存在许多模糊的地方"①。

1. 沿海国承担缴付费用或实物义务的性质问题

第三次联合国海洋法会议并没有明确沿海国需承担的应缴费用或实物的义务性质，因此，关于《海洋法公约》第 82 条所规定之义务的性质问题存在争议。不过，《海洋法公约》第 82 条所规定之义务不是一种国际"税"，因为：一方面，税收与国家主权权利密切相关，征税是为了政府开支和公共服务，并且征税也要依法进行。另一方面，《海洋法公约》并没有赋予管理局征税的权力；况且，管理局也不是缴付费用和实物的接受者和受益人，沿海国仅仅通过管理局来缴付费用或实物，最后管理局还要把它分配各缔约国。② 此外，《海洋法公约》第 82 条也没有提及补偿管理局因提供这种服务而遭受的损失。

2. 缴付费用或实物问题

《海洋法公约》第 82 条只规定沿海国对外大陆架上的开发活动应缴付费用和实物。这就提出了以下四个问题：（1）缴付哪种货币？也即：如果沿海国选择缴付费用的方式的话，那么沿海国究竟应选择哪种货币单位？对此公约并没有规定。而从管理局最终要把缴付的费用分配给各缔约国的流程来看，我们只能假定管理局希望沿海国能缴付可以自由兑换的货币单位。当然，最好的解决办法是沿海国与管理局缔结专门的协定加以明确。（2）缴付方式能否变更？也即：如果沿海国在第六年选择缴付费用的方式，那么第七年是否可以变更为缴付实物的方式？我们仅从《海洋法公约》第 82 条的文法解释来分析，它并没有排除这种缴付方式的变化。（3）矿址产值或产量的计算问题？作为计算缴付数量的基础的"全部生产"是指生产总值（量）还是扣除相关生产成本后的净值（量）？计算总值时，应依据哪个阶段的产品价值（如是资源被提取到海面上的原始状态时的价值还是经初步加工或运到市场销售时的价值等）？管理局是否有对沿海国与产值或产量有关的数据或信息进行审计和监督的权力？（4）缴付的时间，即何时缴付的问题。"沿海国每年缴付"中的"年"是日历年还是财务年度？是否应确定每年的具体缴付日期？（3）（4）两个问题的回答主要取决于诚如《海洋法公约》第 300 条规定的"缔约国应诚意履行根据本公约承担的义务"。

---

① International Sea-bed Authority，"Issues Associated with the Implementation of Article 82 of the United Nations Convention on the Law of the Sea"，*ISA Technical Study*，No. 4，Kingston，2009，p. 11.

② See Aldo Chircop, "Operationalizing Article 82 of the United Nations Convention on the Law of Sea: A New Role for the International Seabed Authority?", *Ocean Yearbook*，Vol. 18，2004，p. 395.

3. 公平分享的标准问题

《海洋法公约》第 82 条第 4 款有一个初步的分配标准，但还存在很多缺漏。[①] (1) 该条款规定，管理局应根据公平分享的标准将费用或实物分配给各缔约国，同时考虑到发展中国家的利益和需要，特别是其中最不发达的国家和内陆国的利益和需要。那么，这一规定是否与《海洋法公约》第 162 条第 2 款第 o 项关于"特别顾及发展中国家和尚未取得完全独立或其他自治地位的人民的利益和需要"的规定一致？为什么前者没有提及"尚未取得完全独立或其他自治地位的人民的利益和需要"？[②] (2) 何谓"考虑到"（taking into account）？"考虑到"是否意味着"优先考虑"（preferential consideration）？"公平分享"的含义是什么？(3) 什么是"发展中国家的利益和需要"？不同的发展中国家的利益和需要是不一致的，例如，同为发展中国家的能源进口国与能源出口国不可能有一样的利益和需要。此外，划分发展中国家和最不发达国家的标准，又是一个有分歧的问题。况且，发展中国家和最不发达国家的地位，也不是一成不变的。(4) 该条款所指的内陆国是否包括发达的内陆国或地理条件不利的国家？[③] 可见，对于这些疑虑和问题都需要管理局制定更详细的公平分享标准加以解决。[④]

4. 管理局的作用以及其开支问题

《海洋法公约》第 176 条规定："管理局应具有国际法律人格以及为执行其职务和实现其宗旨所必要的法律行为能力。"然而，对于管理局在《海洋法公约》第 82 条中的作用，即管理局应如何履行第 82 条第 4 款所赋予的职责，第 82 条并没有规定。事实上，管理局的职权在《海洋法公约》第十一部分得到了明确的规定，但是第 82 条并不在第十一部分范围以内。因此，对于管理局在《海洋法公约》第 82 条中的作用问题，我们只能从第 82 条条款本身、该条的谈判记录以及《海洋法公约》的其他条款进行推断。[⑤] 例如，《海洋法公约》第 160 条第 1 款中规定，"大会应有权依照本公约各项有关规定，就管理局权限范围内的任何问题或事项制订一般性政

[①] See International Seabed Authority, "Issues Associated with the Implementation of Article 82 of the United Nations Convention on the Law of the Sea", *ISA Technical Study*, No. 4, Kingston, 2009, pp. 39 - 40.

[②] 笔者推测，这或许是因为公约第 82 条第 4 款主要着眼于缔约国，而"尚未取得完全独立或其他自治地位的人民"没能取得国家资格，不能成为缔约国，所以没有公约提及。

[③] 从第三次联合国海洋法会议谈判的历史资料和公约本身来分析，应当包括发达的内陆国和地理条件不利的国家。

[④] 加拿大达尔豪西大学（Dalhousie University）彻科·奥尔多（Aldo Chircop）教授曾经提出"公平分享的标准"应遵循以下顺序：第一，最不发达的内陆国和尚未取得完全独立或其他自治地位的人民；第二，其他发展中国家，包括其他处于内陆的发展中国家；第三，其他国家，包括新兴工业国、处于内陆的发达国家以及一般的发达国家。See Aldo Chircop, "Operationalizing Article 82 of the United Nations Convention on the Law of Sea: A New Role for the International Seabed Authority?", *Ocean Yearbook*, Vol. 18, 2004, pp. 409 - 410.

[⑤] See Seabed Assembly Discusses Secretary-General's Annual Report, *ISA Press Release*, SB/9/12, 5 August 2003.

策"；第 162 条第 1 款指出，"理事会应有权依本公约和大会所制订的一般政策，制订管理局对于其权限范围以内的任何问题或事项所应遵循的具体政策"。此外，管理局理事会还有权"向大会建议关于公平分享从'区域'内活动取得的财政及其他经济利益以及依据第八十二条所缴费用和实物的规则、规章和程序，特别顾及发展中国家和尚未取得完全独立或其他自治地位的人民的利益和需要"①。同时，管理局大会"根据理事会的建议，审议和核准关于公平分享从'区域'内活动取得的财政及其他经济利益和依据第八十二条所缴的费用和实物的规则、规章和程序，特别考虑到发展中国家尚未取得完全独立或其他自治地位的人民的利益和需要。如果大会对理事会的建议不予核准，大会应将这些建议送回理事会，以便参照大会表示的意见重新加以审议"②。

另外，《海洋法公约》第 82 条第 4 款规定，费用或实物应"通过"管理局缴纳，而不是交给管理局；并且管理局还要把这些费用或实物分配给各缔约国。这就出现了管理局在履行这一职责过程中产生的开支问题。同时，如果沿海国选择缴付实物的话，那么管理局在接收、贮存和运输这些实物过程中又会增加额外的开销。然而，《海洋法公约》第 82 条并没有规定管理局产生的这些开支问题。况且，《海洋法公约》第 171 条对"管理局的资金"来源有明确的规定。此外，关于管理局能否像联合国其他信托基金那样收取 15% 的管理费，也存在较大争议。

5. 有关矿址的非生物资源超出外大陆架的界限问题

这主要有以下四种情况：（1）某一矿址的非生物资源延伸到该沿海国的专属经济区范围以内；（2）某一矿址的非生物资源延伸到邻国的专属经济区范围以内；（3）某一矿址的非生物资源延伸到邻国的外大陆架范围以内；（4）某一矿址的非生物资源延伸到国际海底区域范围以内。《海洋法公约》第 82 条谈判的历史资料显示，上述四种情形并不包括在该条的范围内。③ 那么，在上述情形下应如何计算沿海国需缴付的费用或实物呢？总的来说，这是一个非常复杂的问题。就第一种情形来说，关键是确定在外大陆架上对非生物资源开发的产量占总产量的百分比。第二、三种情形涉及两国共同开发问题，这方面的国际实践较多。④ 第四种情形主要是管理局与沿海国签订共同开发协议的问题。

6. 争端解决问题

一旦出现沿海国不履行《海洋法公约》第 82 条规定的义务，如拒绝缴付费用或实物、或无故拖延缴付的情况，由此引发的争端应如何解决？《海洋法公约》对

---

① 《海洋法公约》第 162 条第 2 款第 o 项第 1 目。

② 《海洋法公约》第 160 条第 2 款第 f 项第 1 目。

③ See International Seabed Authority，"Issues Associated with the Implementation of Article 82 of the United Nations Convention on the Law of the Sea"，*ISA Technical Study*，No. 4，Kingston，2009，p. 59.

④ See J. C. Woodliffe，"International Unitization of an Offshore Gas Field"，*International and Comparative Law Quarterly*，Vol. 26，1977，p. 171.

此没有规定。在第三次联合国海洋法会议期间，内陆国和地理条件不利的国家曾经提出，当沿海国违反《海洋法公约》第 82 条规定的义务时，管理局应有权采取适当的措施。然而，这一动议因没有获得足够多的国家支持而没有被写进《海洋法公约》。① 众所周知，《海洋法公约》第十五部分规定了较为详尽的争端解决程序。然而，管理局并不能利用这一争端解决程序来解决由《海洋法公约》第 82 条引发的争端，理由在于：首先，海底争端分庭管辖权的范围限于"区域"内活动引起的争端，第 82 条的争端明显不在此列。其次，《海洋法公约》第 187 条规定了"海底争端分庭的管辖权"，它也把涉及第 82 条的事项排除在外。最后，管理局虽然可以利用《海洋法公约》第 191 条之规定，请求海底争端分庭提供咨询意见，但是有关的咨询意见仅限于对《海洋法公约》第 82 条和管理局职权的法律解释。这种解释虽然有法律和道德权威，但是它不能强迫沿海国履行有关义务。

此外，根据《海洋法公约》第 82 条第 3 款的规定，一些属于发展中国家的沿海国可以免缴费用和实物，那么这些国家能否公平地分享其他沿海国所缴付的费用或实物呢？《海洋法公约》对此没有规定是否意味着这些国家当然享有这些权益？这些都是需要进一步澄清的问题。

三、《海洋法公约》第 82 条的发展前景

（一）呼之欲出的"第 82 条示范协定"

如前所述，《海洋法公约》第 82 条存在诸多问题与缺漏。为此，2009 年管理局与英国皇家国际事务研究所能源、环境和发展项目部召集有关专家，专门讨论了如何执行《海洋法公约》第 82 条的问题。与会者认为，管理局与沿海国的关系最好由专门的双边协定加以规范。同时，他们还建议管理局制定"执行《海洋法公约》第 82 条的准则"，特别是发起制定"第 82 条示范协定"（A Model Article 82 Agreement）。2012 年 11 月，加拿大达尔豪西大学彻科·奥尔多教授把他负责起草的《第 82 条示范协定草案》，提交到由管理局和中国国家海洋局海洋发展战略研究所联合举办的《海洋法公约》第 82 条执行问题国际研讨会予以讨论。

《第 82 条示范协定草案》除序言外，共 27 条，主要包括序言（preamble）、用语和范围（use of terms and scope）、公约义务（convention duties）、缴付费用和实物的共同规定（provisions common to both payments and contributions in kind）、有关缴付费用的规定（provisions regarding payments）、有关缴付实物的规定（provisions regarding contributions in kind）、生产的中断或终止（interruption or suspension of production）、数据和信息的检查与保密（monitoring and confidentiality

---

① See R. Platzöder ed. , *Third United Nations Conference on the Law of the Sea：Documents*，Vol. Ⅳ，Oceana Publications，1988，p. 327.

of data and information)、条款的解释与争端解决（interpretation and dispute settlement）、最后条款（final provisions）等。①

此外，奥尔多教授还提出了一些有待进一步讨论并需要解决的问题，如：是否应鼓励沿海国只选择缴付费用的方式？管理局应如何接收沿海国缴付的实物？如何发挥管理局潜在的监督作用？应当用什么方法解决沿海国与管理局之间的争端？奥尔多教授还特别指出，《海洋法公约》第 82 条的一些缺漏属于事务性的形式问题，很容易在示范协定中予以弥补；而有些实质性的内容，仍需提交《海洋法公约》缔约国大会予以讨论决定。②

当然，《第 82 条示范协定草案》要成为有约束力的协定，还需各缔约国进一步讨论，达成共识，最后完成各自的国内批准程序。这是一个较长的过程。不过，《海洋法公约》第 82 条是"国际社会为实现公平利益分配而经妥协达成的独特国际法制度，它的顺利实施需要国际社会善意合作并对该条款作出公平、合理及务实的解释"③。毋庸置疑的是，《第 82 条示范协定草案》昭示了《海洋法公约》第 82 条的发展方向与前景。

（二）中国的对策

中国大陆海岸线约 18 000 多公里。根据《海洋法公约》和中国的有关法律法规，中国可主张的管辖海域面积约为 300 万平方公里。④ 然而，在黄海、东海和南海中，中国与朝鲜、韩国、日本、菲律宾、马来西亚、文莱、印度尼西亚和越南等 8 个海岸相向或相邻国家之间，存在着海洋管辖权界限的划定问题，划界争议海域总面积高达 150 多万平方公里，占中国管辖海域面积的 52%。⑤ 2009 年 5 月，中国常驻联合国代表团向联合国秘书长提交了关于确定 200 海里以外大陆架外部界限的初步信息，但这次提交的文件只涉及中国东海部分海域 200 海里以外大陆架外部界限。⑥ 2012 年 12 月 14 日，中国政府向联合国大陆架界限委员会提交了"东海部分海域 200 海里以外大陆架外部界限划界案"⑦。今后中国政府还会提交其他海域 200

---

① See Aldo Chircop, "Development of Guidelines for the Implementation of Article 82", in International Workshop on Future Consideration of the Implementation of Article 82 of the United Nations Convention on the Law of the Sea, 26 - 30 November 2012, Beijing, pp. 16 - 30.

② See Aldo Chircop, "Development of Guidelines for the Implementation of Article 82", in International Workshop on Future Consideration of the Implementation of Article 82 of the United Nations Convention on the Law of the Sea, 26 - 30 November 2012, Beijing, p. 4.

③ 中国常驻国际海底管理局代表处编：《实施〈海洋法公约〉第 82 条相关问题报告摘要》，载《国际海底信息》，2009（40）。

④ 参见国家海洋局海洋发展战略研究所课题组：《中国海洋发展报告（2011）》，22 页，北京，海洋出版社，2011。

⑤ 参见华敬炘：《海洋法学教程》，505 页，青岛，中国海洋大学出版社，2009。

⑥ 参见《外交部发言人马朝旭就我国提交 200 海里外大陆架初步信息答记者问》，2009 - 05 - 11，载 http://www.mfa.gov.cn/chn/gxh/tyb/fyrbt/dhdw/t765185.htm，最后访问日期：2021 - 06 - 03。

⑦ http://www.un.org/depts/los/clcs_new/submissions_files/submission_chn_63_2012.htm.

海里以外大陆架外部界限的信息资料。然而，诚如有学者所言："目前很少有沿海国认识到公约第 82 条的重要性"①。鉴于中国石油对外依存度的不断攀升，中国政府对海上石油资源开发力度的加大，未来若干年中国也将会面临如何执行《海洋法公约》第 82 条的问题。为此，我们应当采取以下对策：

第一，深入研究《海洋法公约》第 82 条的执行问题。如前所述，《海洋法公约》第 82 条有关沿海国应缴费用或实物的规定、发展中国家免缴义务的问题、管理局的作用、公平分享的标准、有关矿址的非生物资源超出外大陆架的界限问题以及争端的解决等，都与中国的国家权益密切相关。因此，在讨论、形成"第 82 条示范协定"的过程中，我们不但要积极参与，而且要在核心条款的内容上尽可能反映我们的立场、体现我们的关切、作出有利于我们的安排，以更好地维护和保障中国的国家利益。

第二，进一步完善中国国内相关的法律制度。如前所述，美国等有关国家未雨绸缪，已经在相关的国内立法中设立了与《海洋法公约》第 82 条有关的条款。而目前中国有关的国内立法还没有"适用公约第 82 条"之规定。例如，国务院于1982 年 1 月 30 日颁布的《中华人民共和国对外合作开采海洋石油资源条例》虽然历经四次修改（2001 年 9 月 23 日、2011 年 1 月 8 日、2011 年 9 月 30 日、2013 年12 月 7 日），但也仅仅在第 10 条提出"参与合作开采海洋石油资源的中国企业、外国企业，都应当依法纳税"。因此，完善中国国内相关的法律制度，以履行《海洋法公约》第 82 条规定的义务，既是公约对缔约国的要求，也是未来中国海洋法制建设的内容之一。

具体而言，中国政府在结合公约相关规定和参考《第 82 条示范协定草案》相关条款的基础上，尽快制定"中华人民共和国实施《海洋法公约》第 82 条之规定"，建立与《海洋法公约》规定的缴付制度相一致的"中国外大陆架勘探许可制度"，以便将来能够根据中国国内法收集到履行《海洋法公约》所需的"费用或实物"；同时，进一步通过规定将来采用的缴付方式、缴付数量的计算方法以及缴付时间等，建立中国有关收集缴付物的国内程序和财务处理办法等。

推荐阅读书目及论文

1. 中国常驻国际海底管理局代表处编 . 实施《海洋法公约》第 82 条相关问题报告摘要 . 国际海底信息，2009（40）

2. 华敬炘 . 海洋法学教程 . 北京：中国海洋大学出版社，2009

3. 杨泽伟主编 . 海上共同开发国际法问题研究 . 北京：社会科学文献出版

① International Seabed Authority, "Issues Associated with the Implementation of Article 82 of the United Nations Convention on the Law of the Sea", *ISA Technical Study*, No. 4, Kingston, 2009, p. 47.

社，2016

4. 杨泽伟主编.《联合国海洋法公约》若干制度评价与实施问题研究. 武汉：武汉大学出版社，2018

5. 董世杰. 争议海域既有石油合同的法律问题研究. 武汉：武汉大学出版社，2019

6. 刘亮. 大陆架界限委员会建议的性质问题研究. 武汉. 武汉大学出版社，2020

7. Aldo Chircop. Operationalizing Article 82 of the United Nations Convention on the Law of Sea：A New Role for the International Seabed Authority? . Ocean Yearbook. Vol. 18，2004

8. International Sea-bed Authority. Non-Living Resources of the Continental Shelf beyond 200 Nautical Miles：Speculations on the Implementation of Article 82 of the United Nations Convention on the Law of the Sea. ISA Technical Study. No. 5，Kingston，2010

9. Z. Haddad，etc. . The Design and Execution of Frac Jobs in the Ultra Deepwater Lower. SPE International，2011

10. James Harrison. Making the Law of the Sea：A Study in the Development of International Law. Cambridge University Press，2011

11. Clive. Schofield eds. . Maritime Energy Resources in Asia：Legal Regimes and Cooperation. the National Bureau of Asian Research，2012

第四编　国际组织与国际法

第 十 七 章

联合国改革的理论基础和法律依据

联合国改革，是当今国际社会普遍关注的问题，也是当前联合国所面临的重大问题之一。然而，联合国为什么要改革？联合国改革的理论基础是什么？联合国改革的法律依据又如何？这是我们研究联合国改革首先应当解决的问题。

一、联合国改革的理论基础

联合国改革是指为了适应国际关系的变化和提高效率，而对联合国进行的机构性演变的过程。① 关于联合国改革的理论基础问题②，我们可以从以下两个方面进行分析。

（一）法律的稳定性与可变性

法律作为维护现存社会秩序的重要手段，具有相对的稳定性。"一个完全不具备稳定性的法律制度，只能是为了应付一时情势而制定的特定措施。它会缺乏一致性与连续性。"③ 过分的变动和经常的不稳定，会导致法律的朝令夕改。这与真正含义上的法律是不符合的。然而，我们应当看到，单凭稳定性并不足以为我们提供一套行之有效的、富有生命力的法律制度，法律也必须符合发展的潮流。一项法律制度，如果跟不上时代的需要，而死死抱住在上个时代只有短暂意义的观念不放，那是没有什么可取之处的。在一个变幻不定的世界中，如果把法律仅仅视为一种永恒性的工具，那么它就不能有效地发挥其作用。诚如美国学者庞德所言："法律必

---

① See Beck Verlag, *United Nations: Law, Policies and Practice*, Vol. Ⅱ, 1995, p. 1013.

② 有学者认为，联合国改革缺乏政治、经济和法律理论。See Ernst-Ulrich Petersmann, "How to Reform the United Nations: Lessons from the International Economic Law Revolution", *UCLA Journal of International Law and Foreign Affairs*, Vol. 2, No. 2, 1997/98, p. 193; Kamil Idris and Michael Bartolo, *A Better United Nations for the New Millennium: The United Nations System-How it is now and How it should be in the Future*, Kluwer Law International, 2000, p. 1.

③ ［美］博登海默：《法理学——法哲学及其方法》，邓正来等译，311 页，北京，华夏出版社，1987。

须稳定，但又不能静止不变。"① 有学者进一步指出："法律从本质上讲只能是进化的。"②

因此，所有法律思想都力图使有关稳定和变化这两种相互冲突的要求协调起来，我们必须在运动与静止、保守与变革、经久不变与变化无常这些互相矛盾的力量之间谋求某种和谐。社会利益促使人们为人类行为的绝对秩序寻求某种确定的基础，从而使某种坚实而稳定的社会秩序得以保障。但是，社会生活环境的不断变化，也要求法律根据其他社会利益的压力和危及安全的新形式不断作出新的调整。这样，法律秩序必须稳定而同时又必须灵活，人们必须根据法律所应调整的实际生活的变化，不断对法律进行检查和修改。所以，包括联合国法律制度在内的国际法，也应该能够反映国际社会经常变化的需要，其稳定性并不是绝对的。

不过，法律中的许多变化都是一个渐进的过程，这些变化往往局限于法律制度的一些特殊方面，或局限于一个特定框架中的具体问题。法律制度中受到影响的部分也只会发生部分变化，而其原有结构的大部分仍保持不变。大多数法律改革都具有非整体或不得完全的性质，这就阐明了这一事实，即稳定性与变动性在法律生活中倾向于互相连接、互相渗透。

基于上述"法律的稳定性与可变性"之间的辩证关系，就联合国改革而言，一方面，联合国作为世界上成员国最多、影响最大的国际组织，它的宗旨原则、组织机构、职权范围和活动程序等都应具备一定的稳定性，从而有利于联合国在维持国际和平与安全领域更好地发挥作用；另一方面，随着国际关系的演变，联合国组织本身及其组织法——《联合国宪章》都应加以改革和发展，以适应时代的需要。此外，从法律演进的规律来看，联合国的改革和《联合国宪章》的修改，也是一个缓慢的过程，不能一蹴而就。

（二）国际社会的组织化与"结构平衡论"

自从 1804 年莱茵河管理委员会成立以来，随着科学技术的发展、交通和通信手段的进步、国家间交往的增多，国际组织增长迅猛。特别是第二次世界大战后，国际社会的组织化现象日益明显，形成了一个以联合国为中心的巨大的国际组织网。

国际社会组织化现象的增强，与"结构平衡论"密切相关。所谓"结构平衡论"是指国际社会组织化现象的形成是"当代国际结构中两种社会力量的平衡与调和的结果"③。一方面，各主权国家出于维护本国国家利益的需要，在国际交往与合作的过程中，自然有一种离心、自利的倾向；另一方面，由于国家间联系日益紧密、全球性问题更加突出，各主权国家的合作愿望也非常迫切，因而有一种向心、

---

① ［美］罗斯科·庞德：《法律史解释》，曹玉堂等译，1 页，北京，华夏出版社，1989。
② ［阿尔及］穆罕默德·贝贾维：《争取建立国际经济新秩序》，欣华等译，85 页，北京，中国对外翻译出版公司，1982。
③ 梁西：《梁著国际组织法》，修订 6 版，杨泽伟修订，349 页，武汉，武汉大学出版社，2011。

为公的倾向。因此，国际组织的形成与发展，既符合主权国家离心倾向的要求，也满足主权国家向心倾向的需要。

"结构平衡论"对于目前联合国改革，仍然具有重要的指导意义。首先，《联合国宪章》的起草和联合国的成立，本身就是第二次世界大战即将结束时各种力量对比的反映。其次，联合国成立后，《联合国宪章》的三次修改，也体现了国际关系力量对比的变化。最后，联合国的改革，需要各有关国家的妥协，更需要在国际关系的各种力量中寻求一种平衡。正如梁西先生所说："国际组织作为现代国际社会的一种结构形态，显然是国家间诸种力量和愿望得到平衡的必然结果。"① 联合国前秘书长哈马舍尔德曾经直截了当地指出：联合国是"共同寻求平衡差别与矛盾以及当今国家与民族利益的场所"②。

二、联合国改革的必要性

联合国改革的必要性，主要体现在以下两个方面：一是联合国面临新挑战，二是国际法律秩序的危机。

（一）联合国面临新挑战

联合国之所以要改革，是因为它面临诸多挑战。

1. 国际关系的变化

这是联合国改革的外部因素。

（1）国际关系中的"无政府状态"和"单边主义倾向"更加明显。

在现今的国际社会里，各国都是平等共处的主权国家，没有凌驾于其上的权威，在各国之上也不可能有一个超国家的世界政府存在。各国之间既没有一个统一的最高立法机关来制定法律，也没有一个处于国家之上的司法机关来适用和解释法律，更没有一个凌驾于国家之上的行政机关来执行法律，因此，主权国家可以按照自己的国家利益行事，只受所谓"权力均衡"的限制。所以，从这个意义上说，存在着迪金森（Goldsworthy Lowes Dickinson）所说的"国际无政府状态"（the international anarchy）③。有学者指出，无政府状态是国际社会生活的主要事实与理论思考的起点，"对国际生活最有成效的研究，大多与探寻国际生活缺少这种共同政府所造成的后果有关"④。

---

① 梁西：《梁著国际组织法》，修订 6 版，杨泽伟修订，349 页，武汉，武汉大学出版社，2011。

② ［新加］许通美：《探究世界秩序——一位务实的理想主义者的观点》，门洪华等译，18 页，北京，中央编译出版社，1999。

③ ［英］赫德利·布尔：《无政府社会——世界政治秩序研究》，张小明译，37 页，北京，世界知识出版社，2003。

④ ［美］詹姆斯·德·代元主编：《国际关系理论批判》，秦治来译，101 页，杭州，浙江人民出版社，2003。

　　"冷战"结束后，虽然美苏两极对峙已经消失，但原来在两极格局掩盖下的民族矛盾、种族纷争和宗教冲突一再涌现，地区分治主义不断抬头，因此，国际关系中的"无政府状态"似乎比以往更加明显。有学者认为，"20世纪90年代的世界，比东西方核武器、意识形态的对抗突然结束时人们估计的要更加危险得多。"①联合国开发计划署《2002年人类发展报告》也指出："9·11"事件后，"人们有理由担心出现更加严重的全球分裂现象"。

　　同时，当今美国政府的单边主义倾向也十分突出。②单边主义（unilateralism）是指一国为追求国家利益而不与国际社会或盟友进行协商而采取的单方面行动和政策。③2001年布什政府上台后不久，就在许多重大国际问题上不顾全球强大的反对意见，抛开联合国等国际机制，恣意妄为。例如，在"9·11"事件之后，美国对各国的政策调整完全以"要么与我站在一起，要么就与恐怖主义站在一起"为分界线，说明它与大国合作的局限性和单边主义。又如，美国拒绝接受《京都议定书》、《生物和毒素武器公约》和《全面禁止核试验条约》，并于2001年年底单方面退出《反弹道导弹系统》（ABM）并执意建立遭到俄罗斯和中国等大国强烈反对的战区导弹防御系统（TMD）和国家导弹防御系统（NMD），从而被称为国际社会中"孤独的牛仔"。2001年12月29日，德国《明镜》周刊的一篇文章也曾经指出："美国对真正的国际合作不感兴趣。"2003年伊拉克战争更是美国实行单边主义的一个突出事例。值得注意的是，近年来美国政府相继退出了《跨太平洋贸易伙伴协定》、气候变化《巴黎协定》、《伊朗核问题全面协议》、《中程导弹条约》以及联合国教科文组织、世界卫生组织和联合国人权理事会等。

　　（2）经济全球化的震荡日益突出，南北差距进一步扩大。

　　人类进入20世纪90年代以来，"全球化"（globalization）浪潮汹涌而至，出现了经济全球化、政治全球化、法律全球化、生态环境全球化、文化信息全球化等现象。其中，经济全球化（狭义的全球化）是全球化的基础和重要组成部分，也是全球化进程的最基本动因。所谓经济全球化是指"跨国商品与服务交易及国际资本流动规模和形式的增加，以及世界各国经济的相互依赖性增强"④。经济全球化具体表现为生产全球化、贸易全球化和金融全球化等。总之，信息时代的到来、现代市场经济前所未有的全球扩张以及全球性问题的日益严重，使经济全球化的规模愈益扩大、速度空前加快。这正是今天国际社会普遍感受到经济全球化震荡的缘由。

　　在经济全球化的背景下，不少发展中国家在全球化的浪潮中被边缘化，最不发

---

① Erskine Childers and Brian Urquhart, "Renewing the United Nations System: The International Civil Service", *Development Dialogue*, No. 1, 1994, p. 11.

② See Ivan Simonovic, "Relative Sovereignty of the Twenty First Century", *Hastings International & Comparative Law Review*, Vol. 25, 2002, p. 375.

③ See John Dumbrell, "Unilateralism and 'America First'? President George W. Bush's Foreign Policy", *The Political Quarterly*, Vol. 73, 2000, p. 284.

④ 国际货币基金组织：《世界经济展望》，45页，北京，中国金融出版社，1997。

达国家的数目越来越多，发展中国家的债务负担越来越沉重，南北差距进一步扩大。例如，根据 2015 年 3 月联合国发展政策委员会制定的有关最不发达国家的标准，如人均收入、人力资产以及经济脆弱性等，截至 2019 年全世界经联合国批准的最不发达国家总共有 47 国。其中，非洲就有 33 个国家，亚洲有 9 个国家，大洋洲有 4 个国家，北美洲只有海地一个国家，而在欧洲则没有最不发达国家。据世界银行统计，这些国家共有 7.5 亿人口（其中 31 个国家位于撒哈拉以南的非洲地区，涉及人口近 7 亿），近半数人每天的生活费不足 1 美元；文盲比例最高的占全国人口的 78.1%（利比里亚）；婴儿死亡率最高的为塞舌尔和中非共和国。此外，2019 冠状病毒病（COVID-19）不但威胁人类的健康，也加剧了贫困和不平等。

（3）从传统安全观到非传统安全观的演变十分显著。

所谓"传统安全观"是指一种国家安全至上、政治与军事安全为主、以武力或战争方式解决国家间矛盾和冲突的安全观念；"非传统安全观"则是指由非政治和非军事因素所引发，直接影响甚至威胁本国和别国乃至地区与全球发展、稳定和安全的跨国性问题以及与此相应的一种新安全观。

"非传统安全观"的出现，实际上反映了人们对安全问题认识的变化和国家安全观的扩展，即安全意识与安全概念从政治、军事领域逐步扩展到经济、文化、社会、资源、环境、科技、信息、舆论等领域，出现金融安全、经济安全、科技安全、信息安全、生态安全、环境安全、资源安全、能源安全、粮食安全、文化安全、舆论安全、社会安全、公共卫生安全等概念；国家安全概念已从过去只是针对外部军事入侵和战争威胁的传统含义，扩展到保持本国稳定、发展和有序；安全认识和关注的对象不仅包括国家，还扩大到作为公民的个人和整个人类。[1]

因此，正如联合国前秘书长安南所言："今日之世界已完全不同于 1945 年。"[2] 我们现在和未来几十年所面临的最大的安全威胁已经绝不仅仅是国家发动的侵略战争了，这些威胁扩大到恐怖主义、毒品和武器交易、跨国有组织犯罪、生态和环境问题、民族和宗教冲突、邪教猖獗、金融动荡、信息网络攻击、基因与生物事故、非法移民、地下经济及洗钱、能源安全、武器扩散、传染病蔓延、海盗和贫穷等"非传统安全"领域。[3] 况且，上述"非传统安全"领域的威胁还在不断加剧，并以前所未有的范围和强度对一国、地区乃至全球的发展、稳定和安全造成强烈的

---

[1] 参见陆忠伟主编：《非传统安全论》，19～23 页，北京，时事出版社，2003。

[2] Edward C. Luck, "How not to Reform the United Nations", *Global Governance*, Vol. 11, 2005, p. 407.

[3] See Mark Udall, "Collective Security and the United Nations", *Denver Journal of International Law and Policy*, Vol. 33, No. 1, 2004—2005, p. 4. 此外，"威胁、挑战和改革问题高级别小组"在其《一个更安全的世界：我们的共同责任》的报告中，将当今世界面临的各种威胁归纳成六组：经济和社会威胁，包括贫穷、传染病及环境退化；国家间冲突；国内冲突，包括内战、种族灭绝和其他大规模暴行；核武器、放射性武器、化学和生物武器；恐怖主义；跨国有组织犯罪。2005 年 3 月，安南秘书长在其报告《大自由：实现人人共享的发展、安全和人权》中采纳了上述高级别小组报告中的观点。

冲击。

2. 联合国自身发展的需要

这是联合国改革的内部动因。

（1）会员国的发展变化。

一方面，会员国的数量增长迅猛。在联合国成立之初，会员国只有 51 个。而在今天，联合国会员国已发展到 193 个，几乎囊括世界上所有国家。在联合国成立时，安理会由 11 个成员组成（5 个拥有否决权的常任理事国和 6 个无否决权的非常任理事国），占当时会员国总数的 20％。现在 15 个安理会成员就变成只占会员国总数的 7.8％。这说明安理会的代表性已大大降低，显然已不能反映联合国的现实，必须予以扩大。

另一方面，会员国的力量对比也发生变化。以德国、日本等国为代表，这些国家的综合国力不断上升，并且在全球和地区事务中的影响力也不断增强。它们在财政或其他方面是联合国的积极支持者，对联合国作出了重要贡献。[①] 因此，这些国家迫切要求改革联合国，尤其是增加安理会常任理事国的席位，以使其能力、影响及对联合国的贡献能得到反映。

（2）安理会职能的扩大。

近年来，安理会采取了不少超越《联合国宪章》基本原则的行动。例如，在纳米比亚、柬埔寨、索马里、萨尔瓦多、安哥拉、莫桑比克、卢旺达、海地、南非和南斯拉夫等国家组织和实施国际监督下的民主选举；在柬埔寨、东帝汶和科索沃等国家和地区设立了联合国临时权力机构，实际上行使国家的主权权力；同意美国以联合国维和部队的名义派遣数万名美军到索马里采取超出自卫范围的大规模军事行动；2003 年美国占领伊拉克后安理会通过第 1483 号决议确认美英对伊拉克的占领等。

此外，安理会还处理了大体上属于国内性质的冲突，监督各国的人权状况，加强预防性外交，频繁使用强制性措施等。总之，安理会的触角不断地深入国家主权的管辖范围，使国家军备、环境保护、人权等诸多方面都受到不同程度的影响。

（3）联合国的业务、预算和职能都急剧扩增。

今天联合国执行着复杂的任务，在世界各地直接提供重要的服务。为此，联合国与国家政府、区域组织、民间社会团体、慈善基金会和私营部门公司等众多伙伴协作，开展维持和平、建设和平、减贫扶贫、防治艾滋病毒/艾滋病和促进千年发

[①] 根据联合国大会通过的预算决议，2013 年—2015 年联合国会员国应缴会费的分摊比例，美国是 22％，日本是 10.83％，德国是 7.14％；2016 年—2018 年联合国会员国应缴会费的分摊比例，美国是 22％，日本是 9.68％，中国是 7.921％，德国是 6.389％；2019 年—2021 年联合国会员国应缴会费的分摊比例，美国是 22％，中国是 12.01％；2022 年—2024 年联合国会员国应缴会费的分摊比例，美国是 22％，中国是 15.254％，日本是 8.033％，德国是 6.111％。

展目标等众多领域的活动。联合国秘书处的工作人员也从成立初期的 1 500 人扩展到现在的 45 000 人，另外还有许多志愿者以及维和人员遍布世界各地。① 联合国因而产生了机构臃肿、效率低下、人浮于事、铺张浪费等现象。前些年揭露出来的维和部队性丑闻、"石油换食品案"，还有高级官员滥用职权和贪污腐败等，进一步暴露出联合国的内部管理存在着诸多严重问题。

因此，从组织层面来说，联合国从机构设立、人员配备到行政管理，在适应时代变化和应对各种危机方面还存在着差距。

（4）其他国际组织的挑战。

一方面，非政府组织的作用增大，并要求扩大对联合国的参与。"冷战"结束以来，非政府组织发展迅速，目前全世界约有 5.1 万多个非政府组织②，其中与联合国建立正式关系的有近 2 000 个。非政府组织与联合国的关系，已从部分参与经社理事会会议扩大到组织非政府组织论坛，与联合国召开的国际会议并行举行，实际上已成为联合国会议的一部分。例如，2000 年来自一百多个国家的一千多个非政府组织和其他民间团体在联合国总部举行了非政府组织千年论坛，发表了它们的宣言和行动议程，并提出了"为 21 世纪的到来加强联合国"的改革建议和设想。2003 年，联合国秘书长还任命了"联合国与民间社会关系知名人士小组"，该小组向秘书长提交了"我们人民：民间社会、联合国和全球施政"的报告，代表全球非政府组织和民间社会，再次提出了改革联合国的意见和方案。

另一方面，区域性国际组织的影响增强。自联合国成立以来，相当多的区域性和次区域性国际组织建立了。其中，有些区域性国际组织对其成员国的稳定和繁荣作出了重大贡献，也有一些区域性国际组织已经开始直接处理对和平与安全的威胁，还有些区域性国际组织在它们的任务区域外开展了维持和平行动。由于区域性国际组织无论是在宗旨目标还是在组织结构和执行手段等方面，都比较集中、有效和灵活，因此，区域性国际组织在全球事务中正扮演着越来越重要的角色，对联合国的作用和地位构成挑战。

总之，今日联合国所担负的使命和面临的挑战，已经与七十多年前大不相同了。诚如联合国前秘书长安南所说："联合国处于三岔路口。"③ 美国《基督教科学箴言报》也指出："在安南任职的 10 年，全球发生了最深刻的变化，或者说联合国以前是世界最大的会议召集者，现在则在很大程度上是'行动者'——管理的维和人员比以往任何时候都多，对发展努力进行引领，与艾滋病作斗争，这种观点几乎

---

① 截至 2020 年 12 月，联合国秘书处的工作人员为 36 827 人。截至 2022 年 1 月，联合国维持和平行动共有超过 11 万名军人、警察和文职人员；联合国大会批准的 2022 年联合国正常预算为 31.2 亿美元；2021 年 7 月 1 日至 2022 年 6 月 30 日财政年度联合国维持和平行动的核定预算约为 63.8 亿美元。

② 详见国际组织年鉴网站，http://www.uia.org/stats。

③ Edward C. Luck, "How not to Reform the United Nations", *Global Governance*, Vol. 11, 2005, p. 407.

没有什么人反对。"① 现任联合国秘书长古特雷斯坦言："我们正处于历史转折的紧要关头。在我们自第二次世界大战以来遭遇的最大共同考验中，全人类面临一个严峻而紧迫的抉择：是走向崩溃，还是取得突破。2019 冠状病毒病（COVID-19）正在颠覆我们的世界，气候变化带来了灾难后果，人们正在日益背弃相互信任和团结互助的价值观。"② 因此，要使诞生于七十多年前的联合国适应 21 世纪的时代要求，改革是其必由之路。

（二）国际法律秩序的危机

"9·11"事件后，随着国际关系的演变，一些国际法基本原则和制度受到了严重的挑战，从而引发了国际法律秩序的危机。国际法上的这些新变化，成为影响联合国改革进程的重要因素之一。

1. "保护的责任"与国际法的"新规范"

2001 年 12 月，加拿大"干涉和国家主权国际委员会"（the International Commission on Intervention and State Sovereignty）正式提交了《保护的责任》（The Responsibility to Protect）的报告，该报告的核心内容是"保护的责任"，即主张主权国家有责任保护本国公民免遭可以避免的灾难——免遭大规模屠杀和强奸、免遭饥饿，但是当它们不愿或者无力这样做的时候，必须由更广泛的国际社会来承担这一责任。③

2004 年 12 月，"威胁、挑战和改革问题高级别小组"在其《一个更安全的世界：我们的共同责任》的报告中明确表示："我们赞同新的规范，即发生灭绝种族和其他大规模杀戮，国际社会集体负有提供保护的责任，由安理会在万不得已情况下批准进行军事干预，以防止主权国家政府没有力量或不愿意防止的族裔清洗或严重违反国际人道法的行为。"④

2005 年 3 月，联合国秘书长安南在其《大自由：实现人人共享的发展、安全和人权》报告中也认为："我们必须承担起保护的责任，并且在必要时采取行动。这一责任首先在于每个国家，因为国家存在的首要理由及职责就是保护本国人民。但如果一国当局不能或不愿保护本国公民，那么这一责任就落到国际社会肩上，由国际社会利用外交、人道主义及其他方法，帮助维护平民的人权和福祉。如果发现这些方法仍然不够，安理会可能不得不决定根据《联合国宪章》采取行动，包括必要

---

① 《安南以后的联合国领导人什么样?》，载美国《基督教科学箴言报》网站，2006-09-27。转引自《参考消息》，2006-09-29，3 版。

② "Our Common Agenda: Report of the Secretary-General", available at https://digitallibrary.un.org/record/3939309/.

③ 参见"干涉和国家主权国际委员会"的报告：《保护的责任》（2001 年 12 月），中文本，载 http://www.iciss.ca/pdf/commission-report.pdf。

④ "威胁、挑战和改革问题高级别小组"的报告：《一个更安全的世界：我们的共同责任》（2004 年 12 月 1 日），载 http://www.un.org/chinese/secureworld/ch9.htm。

时采取强制行动。"①

可见，一旦"保护的责任"成为"新的（国际法）规范"，它将对国家主权的内涵、国家主权平等原则以及不干涉内政原则等产生深远的影响。②

2. 国家主权的内涵更加丰富，即国家主权不仅是一种权利，而且是一种义务或责任

作为责任的主权意味着：对外是尊重别国的主权；对内是尊重国内所有人的尊严和基本权利，保护本国人民免遭屠杀、种族清洗和饥饿等严重伤害。从某种意义上说，作为责任的主权已成为国际公民权利的最起码的内容。在国际人权公约中，在联合国的实践中以及在国家本身的实践中，作为责任的主权已日益得到广泛的承认。正如有学者所言："主权在很长的一段时间里一直当作独立权和不受外部干涉的权利，但在今天，主权也包含对其国民、其他国家、国际组织、区域性组织、公私机构等的某些义务或责任。"③ 联合国前秘书长安南也指出："实际上主权意味着责任和权力，其中在这些责任中，最重要的是保护本国公民免遭暴力和战争的责任。"④

3. 不干涉内政原则受到冲击

（1）内政的范围不断缩小。一方面，《联合国宪章》第 2 条第 7 项把宪章第七章所规定的执行办法从国内管辖的事件中排除出去。换言之，按照宪章第七章的规定所采取的执行办法，不属于干涉内政。另一方面，联合国在有关会员国内进行的"冲突后建设和平"（post conflict peace-building）的过程中，行使的是国家的主权权力，处理的都是国家主权管辖范围内的事务。⑤

（2）不干涉内政原则要服从于国际保护责任。现在越来越多的人承认，虽然主权政府负有使自己的人民免受各种人为灾难的主要责任，但是如果它们没有能力或不愿意这样做，广大国际社会就应承担起这一责任，并由此连贯开展一系列工作，包括开展预防工作，在必要时对暴力行为作出反应和重建四分五裂的社会。⑥ 例如，在索马里、波斯尼亚和黑塞哥维纳、卢旺达、科索沃以及苏丹达富尔等相继发

---

① 联合国秘书长的报告：《大自由：实现人人共享的发展、安全和人权》（2005 年 3 月 21 日），载 http://www.un.org/chinese/largerfreedom/part4.htm。

② 参见杨泽伟：《"保护的责任"及其对国家主权的影响》，载《珞珈法学论坛》，第 5 卷，武汉，武汉大学出版社，2006。

③ Alfred van Staden and Hans Vollaard, "The Erosion of State Sovereignty: Towards a Post-territorial World?", Janneke Nijman, "Sovereignty and Personality: A Process of Inclusion", all in Gerard Kreijen ed., *State, Sovereignty, and International Governance*, Oxford University Press, 2002, pp. 182, 128.

④ Secretary-General Addresses International Peace Academy Seminar on "The Responsibility to Protection", available at http://www.un.org/News/Press/docs/2002/sgsm8125.doc.htm.

⑤ See Franz Cede and Lilly Sucharipa-Behrmann ed., *The United Nations: Law and Practice*, Kluwer Law International, 2001, pp. 321 - 322.

⑥ "威胁、挑战和改革问题高级别小组"的报告：《一个更安全的世界：我们的共同责任》（2004 年 12 月 1 日），载 http://www.un.org/chinese/secureworld/ch9.htm。

生的人道主义灾难，使人们不再集中注意主权政府的豁免权，而注意它们对本国的人民和广大国际社会的责任。

（3）安理会在20世纪90年代以来的实践表明：对国际和平与安全的威胁并不限于军事侵略或军事威胁的存在；如果在成员国内出现了人为的紧急情况，如灭绝种族或其他大规模杀戮等，而该国政府又像索马里那样完全瘫痪，不管是否波及邻国，就完全有可能被安理会认定为构成对国际和平与安全的威胁。另外，有些学者也主张，大规模侵犯人权是如此地背离了"国际价值体系"的本质，仅此理由就构成了宪章第七章意义上的对和平的威胁。① 在这一情况下，安理会就可以采取执行行动，实行人道主义干涉。

4. "预防性"攻击与"先发制人"战略对国际法的破坏

"9·11"事件给美国造成巨大震撼。在此背景下，美国政府对各项政策进行系统审议和评估，先后出台了一系列新的战略报告和政策文件。特别是2002年9月20日，时任美国总统布什正式公布了《美国国家安全战略》（The National Security Strategy of the United States of America）报告。报告把"预防性"攻击作为一种"自卫"形式，列为国家安全保障战略的核心。它标志着美国的国家安全战略发生了重大转变，被认为是"美国外交政策的一个分水岭"。美国还将伊拉克作为推行其"先发制人"战略的第一个试验场。这是对国际法上自卫权制度的破坏，也是对现代国际法律秩序的践踏。

诚如有学者所言："'预防性'攻击与'先发制人'战略，并不符合《联合国宪章》有关'自卫'条款的规定……如果这一做法被国际社会仿效（甚至接受），那不仅是对国际法上自卫权制度的破坏，而且是对自《威斯特伐利亚和约》三百五十多年以来所逐步形成的现代国际法体系的一次严重冲击，也是对以联合国为主导的国际法律体制的一种践踏。"② 联合国前秘书长安南也曾严肃指出：先发制人的军事干预原则所引起的危机，将联合国带到了一个具有决定性的"岔路口"；并且担心这可能开创先例，导致"非法使用武力"（lawless use of force）的现象会进一步泛滥起来。③

5. 使用武力的正当性问题

自"冷战"结束以来，一些发达国家认为当今国际社会面临的主要威胁是大规模杀伤性武器、恐怖主义和违反人权，并主张将它们列入《联合国宪章》第七章"对于和平之威胁、和平之破坏及侵略行为之应付办法"，以此重新划定使用武力的

---

① See Lori F. Damrosch and D. J. Scheffer ed. , *Law and Force in the New International Order*, Westview Press, 1991, p. 220; Henry Schermers, "Different Aspects of Sovereignty", in Gerard Kreijen ed. , *State, Sovereignty, and International Governance*, Oxford University Press, 2002, p. 188.

② 梁西：《国际法的危机》，载《法学评论》，2004（1）。

③ See Edward C. Luck, "How not to Reform the United Nations", *Global Governance*, Vol. 11, 2005, p. 410.

界限。这些国家还建议安理会应通过一项决议，凡符合下列三个条件之一者就是对和平构成足够大的威胁，从而有充分理由对其使用武力：（1）拥有大规模杀伤性武器，或有清楚而令人信服的证据说明企图拥有这些武器；（2）有计划、有步骤地侵犯人权行为，它表明这样的国家缺乏制约政府行为的内部机制；（3）有迹象表明侵略其他国家的意图。①

2005 年 3 月，联合国秘书长安南根据"威胁、挑战和改革问题高级别小组"的建议，在其《大自由：实现人人共享的发展、安全和人权》报告中提出了使用武力5 条正当性的基本标准，即"如何衡量威胁的严重性""拟议的军事行动的适当目的""不使用武力的手段是否有无可能遏制威胁""军事办法与面临的威胁是否相称""是否有合理的成功机会"；并建议在决定是否核可或授权使用武力时，应由安理会通过有关的决议。②

然而，有人认为上述 5 条标准其实是降低了使用武力的门槛。有些国家更是明确反对制定这样的标准。例如，俄罗斯政府代表就曾经在联合国大会指出："《联合国宪章》仍然是对使用武力问题可靠的、坚实的法律基础，没有必要修改或作新的解释。"③ 中国政府也认为："我们赞成既不修改宪章第 51 条，也不重新解释第 51条。宪章对使用武力已有明确规定，除因遭受武力攻击而进行自卫外，使用武力必须得到安理会授权。对是否构成'紧迫威胁'，应由安理会根据宪章第七章并视具体情况判定，慎重处理。导致发生危机的原因和各类危机的情况不尽相同。就使用武力形成一个'放之四海皆准'的规则和标准不现实，也容易引起较大争议。是否使用武力，应由安理会视冲突实际情况逐案处理。"④

6. 恐怖主义定义的分歧

"9·11"事件后，如何有效地预防和打击恐怖主义活动已成为国际社会关注的焦点问题之一。恐怖主义危及联合国的一切主张：尊重人权、法治、保护平民；民族与国家之间的相互容忍；和平解决冲突。然而，关于恐怖主义的定义，无论是各国政府还是学者之间都存在较大分歧。恐怖主义的定义问题，也是多年来在联合国内分歧最大、争论最激烈的问题之一，并始终没有取得一致。

2004 年 12 月，"威胁、挑战和改革问题高级别小组"在其报告中将"恐怖主义"表述为："现有有关恐怖主义各方面的公约、日内瓦四公约和安理会第 1566（2004）号决议已经列明的各种行动，以及任何有意造成平民或非战斗员死亡或严重身体伤害的行动，如果此种行动的目的就其性质和背景而言，在于恐吓人口或强

---

① See Anne-Marine Slaughter, *A Chance to Reshape the U. N.*, Washington Post Sunday, April 13, 2003. 转引自钱文荣：《论联合国改革》，载《现代国际关系》，2004（9）。

② 参见联合国秘书长的报告：《大自由：实现人人共享的发展、安全和人权》（2005 年 3 月 21 日），载 http://www.un.org/chinese/largerfreedom/part3.htm。

③ 《联合国新闻稿》，GA/10338，07/04/2005，载 www.un.org。

④ 《中国关于联合国改革问题的立场文件》（2005 年 6 月 7 日），载 http://www.fmprc.gov.cn/chn/wjb/zzjg/gjs/gjzzyhy/1115/t205944.htm。

迫一国政府或一国际组织实施或不实施任何行为。"① 虽然联合国前秘书长安南在2005 年 3 月《大自由：实现人人共享的发展、安全和人权》报告中对上述定义表示赞同并呼吁各国支持这一定义，但由于该定义没有把反对外国占领的斗争与恐怖主义区别开来，也没有提及国家恐怖主义，更没有反对反恐中的双重标准，因此许多国家都反对这一定义。

总之，会员国不能就包括恐怖主义定义在内的一项全面的公约达成协议，制约了联合国拟定一项综合战略的能力。这使得联合国不能充分发挥其道德权威和谴责恐怖主义的力量。

三、联合国改革的法律依据

《联合国宪章》是联合国的根本法。联合国的组织结构、职权范围和活动程序，都是以宪章为依据的。《联合国宪章》为联合国规定了宗旨与原则，并赋予它一定的权力，它的一切活动不能超出宪章所规定的范围。因此，联合国改革的法律依据就是《联合国宪章》。事实上，联合国的改革主要通过两种方式来进行：一是按照《联合国宪章》规定的修改程序，二是在联合国实践中产生的"事实上的修正"的方法。

（一）程序分析

《联合国宪章》第 108 条和第 109 条规定了两种修改程序：一种是联合国大会对宪章的个别修正（amendments），另一种是联合国会员国全体会议对宪章进行重新审查（reviewing）。

1. 对宪章的个别修正

《联合国宪章》第 108 条规定："本宪章之修正案经大会会员国三分之二表决并由联合国会员国三分之二，包括安全理事会全体常任理事国，各依其宪法程序批准后，对于联合国所有会员国发生效力。"这一条款规定了对宪章进行修改的基本程序。

（1）修改程序。

关于修改《联合国宪章》的动议权，宪章对此没有明确规定，但是按照《大会议事规则》（the Rules of Procedure of the GA）第 13 条第 3、4、5、7 款的规定，联合国大会本身、联合国其他主要机关包括安理会以及联合国任何会员国，都可以提出修改宪章的动议。况且，这种动议权的行使还不受时间和内容的限制。因此，针对宪章任何条款的修改案都可以提交给任何一届联合国大会。

关于修正案的生效条件，宪章第 108 条规定，宪章修正案在联合国大会表决通

① "威胁、挑战和改革问题高级别小组"的报告：《一个更安全的世界：我们的共同责任》（2004 年 12 月 1 日），载 http：//www.un.org/chinese/secureworld/ch6.htm。

过时，要获得 2/3 的多数。很多学者认为，这里的 2/3 是指联合国会员国总数的 2/3，而不是宪章第 18 条第 2 项所指的"到会及投票之会员国 2/3"，因为在修正案的表决阶段，支持的国家越多，那么以后批准的国家也就有可能越多，该修正案也就容易生效。这种解释，一方面能增强宪章的完整性，另一方面又能使该修正案更加民主、合法。[1] 宪章第 108 条还规定，宪章修正案的批准需要包括五大国在内的 2/3 以上的多数。这一规定，虽然增加了修正案被批准的难度，但它既照顾了五大国的否决权，又保护了中小国家的利益。

关于联合国大会是否应为修正案的批准设立时限，存在较大分歧。宪章起草者也意识到了这一问题，并试图为批准规定一个时限。[2] 联合国在其实践中，也曾规定会员国对宪章修正案进行批准的时限。例如，1963 年联合国大会通过关于扩大经社理事会和安理会成员的修正案时，要求会员国在 1965 年 9 月 1 日之前完成其各自的批准程序。该修正案在美国交存批准书后于 1965 年 8 月 31 日生效。

（2）宪章修正案的法律效果。

宪章修正案一旦生效，就对联合国的所有会员国都有法律约束力，即使那些反对或没有批准修正案的国家也受该修正案的约束。1945 年，在旧金山制宪会议上，挪威代表曾经提出，关于宪章中影响会员国义务的重要条款的修正应对反对该修正的国家不具拘束力。但是这一建议未经会议讨论。

关于反对或未批准宪章修正案的会员国是否有退出联合国组织的权利问题，宪章第 108 条并没有作出明确的规定。[3] 然而，根据旧金山制宪会议设立的"专门委员会"（the Technical Commission）通过的《解释宣言》（the Interpretative Declaration）的规定，会员国在下列两种情况下可以退出联合国组织：一是当会员国的权利和义务被其不能接受的修正所改变时，二是在一项修正案经多数通过但得不到批准时。[4]

（3）宪章修改的实践。

自联合国成立以来，按照宪章第 108 条规定的程序，对宪章条款的个别修正只有以下三次[5]：

第一次是对第 23 条、第 27 条和第 61 条的修正案，由联合国大会于 1963 年 12 月 17 日通过，于 1965 年 8 月 31 日生效。第 23 条的修正案将安理会原

---

[1] See Bruno Simma, "Amendments", in Paul Taylor, etc., ed., *Documents on Reform of the United Nations*, Dartmouth Publishing Company, 1997, p. 507.

[2] 参见许光建主编：《联合国宪章诠释》，669 页，太原，山西教育出版社，1999。

[3] 相反，《国际联盟盟约》第 26 条第 2 项有如下规定："联盟任何会员国有自由不承认盟约之修正案，但因此即不复为联盟会员国。"

[4] See *Documents of the United Nations Conference on International Organization*, Vol. 7, San Francisco, 1945, pp. 262 - 267.

[5] See Bruno Simma, "Amendments", in Paul Taylor, etc., ed., *Documents on Reform of the United Nations*, Dartmouth Publishing Company, 1997, pp. 517 - 520.

来的 11 个理事国增加到 15 个，即把其中的非常任理事国从 6 个增加到 10 个。第 27 条的修正案则将原来条文的措辞改为，安理会关于程序事项的决定，应以"九理事国"（原为"七理事国"）的可决票表决之；关于其他一切事项的决定，应以"九理事国"（原为"七理事国"）的可决票包括 5 个常任理事国的同意票表决之。第 61 条的修正案将经社理事会原来的"18"个理事国增加到"27"个理事国。

第二次是对第 109 条的修正案，由联合国大会于 1965 年 12 月 20 日通过，于 1968 年 6 月 12 日生效。第 109 条的修正案，将该条第 1 项的措辞相应修正为"安理会任何九理事国（原为'七理事国'）之表决"。

第三次是对第 61 条的修正案，由联合国大会于 1971 年 12 月 20 日通过，于 1973 年 9 月 24 日生效。第 61 条的修正案将经社理事会原来的"27"个理事国再次增加到"54"个理事国。

可见，上述宪章的修改，只是关于增加安理会和经社理事会理事国的或者与此相关的修正，而对于否决权、扩大安理会常任理事国的席位等实质性问题都没有涉及。上述三个修正案，主要反映了联合国会员国数量的变化。

2. 对宪章进行重新审查

《联合国宪章》第 109 条规定："联合国会员国，为检讨本宪章，得以大会会员国三分之二表决，经安全理事会任何九理事国之表决，确定日期及地点举行全体会议。联合国每一会员国在全体会议中应有一个投票权。""全体会议以三分之二表决所建议对于宪章之任何更改，应经联合国会员国三分之二，包括安全理事会全体常任理事国，各依其宪法程序批准后，发生效力。""如于本宪章生效后大会第十届年会前，此项全体会议尚未举行时，应将召集全体会议之提议列入大会该届年会之议事日程；如得大会会员国过半数及安全理事会任何七理事国之表决，此项会议应即举行。"

宪章第 109 条，提供了召开"审查宪章的联合国会员国全体会议"（general conference of the members of the United Nations for purpose of reviewing the present Charter）进行修正的途径。从程序方面分析：首先，审查宪章的全体会议的召开，需要大会和安理会的决议通过，并且还要获得大会 2/3 的多数和安理会至少任何九理事国的同意。

其次，全体会议以 2/3 的表决所建议的对宪章的任何更改，都应经过联合国会员国的 2/3，包括安理会全体常任理事国，按照各自的宪法程序批准后，才发生效力。

最后，如果该项全体会议在第 10 届联合国大会召开前尚未举行，那么召开该项全体会议的建议将自动列入第 10 届联合国大会议程，只要经大会会员国半数及安理会任何 7 理事国赞成，该全体会议就可召开。"这是大国在旧金山制宪会议上所作的一项让步，特别是将通过召开全体会议的建议所需赞成数目降至会员国半数，使中小国家召开全体会议的希望得到了某种程度上的满足。"① 然而，迄今为止，联合国从未适用第 109 条所规定的上述程序。

自联合国成立后，广大中小国家一直提议召开审查宪章会议来修改宪章。1946 年、1947 年和 1948 年，古巴和阿根廷代表团连续在三届联合国大会上要求召开讨论取消否决权的特别会议或审查宪章的全体会议，但都遭到多数会员国包括美国的反对。1953 年 11 月，联合国大会还曾经讨论了关于召开全体会议的准备工作，并通过了联合国大会第 796（Ⅷ）号决议，要求秘书处对宪章从法律和实践方面进行研究。1955 年 11 月，第 10 届联合国大会通过第 992（Ⅹ）号决议，决定在"合适的时间"举行审查宪章的全体会议，成立"审查宪章会议筹备委员会"（Preparatory Committee on Arrangements for a Conference for the Purpose of Reviewing the Charter），并与秘书长进行协商以确定召开全体会议的时间、地点、组织与程序问题。1974 年 12 月，联合国大会通过了第 3349（ⅩⅩⅨ）号决议，决定成立一个由 42 个会员国组成的"联合国宪章问题特设委员会"（the Ad Hoc Committee on the Charter of the UN），讨论各国政府对审查宪章的意见以及在不需要修改宪章的情况下如何提高联合国工作效能的建议。1975 年 12 月，联合国大会通过了第 3499（ⅩⅩⅩ）号决议，决定将特设委员会改为由 47 国参加的"联合国宪章和加强联合国作用特别委员会"（the Special Committee on the Charter of the UN and on the Strengthening of the Role of the Organization）。此后，该特别委员会根据联合国大会历次决议所交付的任务不断地进行工作，并取得了一些突出的成就，如 1982 年《和平解决国际争端的马尼拉宣言》等，但是在宪章修改的问题上至今仍没有多大进展。②

综上可见，就程序方面来说，按照《联合国宪章》规定，对宪章任何条款的修改，不论是由联合国大会通过的还是由联合国会员国全体会议通过的，安理会常任理事国都享有否决权。这就使任何修改宪章的意图受到严格限制，即只要有一个安理会常任理事国表示反对，该修正案就无法生效。③ 然而，随着国际力量对比的变化，在目前的国际关系背景下，安理会常任理事国无论是迫于国际政治压力还是出于对舆论道德的考量，不得不在修改宪章问题上作出一定的让步。

（二）实践透视

与上述《联合国宪章》规定的"正式修正"（formal amendments）不同，还有

---

① 许光建主编：《联合国宪章诠释》，671 页，太原，山西教育出版社，1999。

② 在 1995 年"联合国宪章和加强联合国作用特别委员会"会议上，波兰代表团曾经提出启动第 108 条规定的修宪程序删除"敌国"条款的建议。参见《联合国宪章和加强联合国作用特别委员会的报告》，A/50/33.

③ 参见梁西：《梁著国际组织法》，修订 6 版，杨泽伟修订，70 页，武汉，武汉大学出版社，2011。

一种在联合国实践中产生的修正宪章的方法，有学者称之为"事实上的修正"①
(de facto amendments)。"事实上的修正"不需要按照宪章第 108 条和第 109 条规
定的程序来进行。联合国在其实践过程中，曾经出现了以下四种"事实上的修正"
的改革方式。②

（1）对宪章条款的扩大解释。《联合国宪章》关于对宪章本身如何进行解释的
问题未作任何规定。有关宪章的疑义，似应根据宪章第 10 条和第 92 条由联合国大
会和国际法院解释，但是也并无根据肯定联合国其他机关与会员国不能自行解
释。③ 因此，在联合国的实践中，联合国的所有机关和会员国，都按各自的意志来
解释宪章。

例如，宪章第 18 条第 2、3 项规定，大会关于所有问题的表决，无论重要问题
或其他问题，其"多数"均以"出席并投票"的会员国计算，因此不包括"缺席"
和"不参加投票"者在内。而投弃权票的会员国应被认为没有参加投票，就是对这
一条款的扩大解释。又如，宪章没有提及安理会常任理事国的弃权问题，但在联合
国多年的实践中已形成一种惯例，常任理事国在投票中的弃权被解释为不产生否决
效果。1971 年 6 月，国际法院也曾发表咨询意见，认为常任理事国的自愿弃权已一
贯被解释为并不妨碍安理会决议的通过。此外，自安南担任秘书长以来，秘书长的
职权已远远超过了宪章规定的范围，并且这种对秘书长职权的扩大解释也得到了大
会和安理会的认可。总之，对宪章任何条款的扩大解释，只要得到多数会员国的同
意，就成为一种有效解释。

（2）缔结"专门的补充协定"（special supplementary agreements）。迄今，联
合国缔结了一系列的相关协定以弥补宪章的缺陷。例如，关于联合国的特权与豁免
问题，宪章第 105 条只作了原则性的规定，而 1946 年缔结的《联合国特权与豁免
公约》则在这方面规定了广泛而详细的内容。此外，1947 年 6 月，联合国秘书长和
美国国务卿还签订了有关处理纽约联合国总部的特权与豁免的《总部协定》，该协
定规定：联合国有权就总部辖区制定必要的管理规则，总部地址享有一定的特权与
豁免等。另外，联合国同各政府间的专门机构也签订了一系列的协定，1947 年 7 月
联合国同万国邮政联盟在巴黎签订的协定就是其中之一。

（3）创设"辅助机关"（subsidiary organs）。根据宪章第 7 条第 2 款、第 22 条、
第 29 条和第 68 条的规定，联合国可以设立认为执行其职能所必需的各种辅助机
关，如大会的纳米比亚理事会、安理会的印度及巴基斯坦委员会、经社理事会的自

---

① Meinhard Schroder, "Amendment to and Review of the UN Charter", in Paul Taylor, etc., ed., *Documents on Reform of the United Nations*, Dartmouth Publishing Company, 1997, pp. 491 - 499.

② See Meinhard Schroder, "Amendment to and Review of the UN Charter", in Paul Taylor, etc., ed., *Documents on Reform of the United Nations*, Dartmouth Publishing Company, 1997, pp. 496 - 498; Rumki Basu, *The United Nations—Structure and Functions of an International Organization*, Sterling Publishers Private Limited, 1993, p. 182.

③ 参见梁西：《梁著国际组织法》，修订 6 版，杨泽伟修订，67 页，武汉，武汉大学出版社，2011。

然资源委员会等。联合国各主要机构对其所设立的辅助机关的组织与职能，可以随时加以变更或终止。在联合国六大机构中，以大会与经社理事会设立的辅助机关最多，而且随着各主要机构的活动范围与日俱增，辅助机关的设立也有不断扩展之势。[1] 上述辅助机关，不仅积极协助联合国各主要机构的工作，而且在一定程度上也扩大了这些机构的原有职能。

（4）宪章某些条款的不履行或久不适用。[2] 宪章中的某些条款虽然很重要，但是由于种种原因一直无法适用。例如，宪章第 43 条第 1 项规定，"联合国各会员国为求对于维持和平及安全有所贡献起见，担任于安全理事会发令时，并依特别协定，供给为维持国际和平及安全所必需之军队、协助及便利，包括过境权"。由于联合国成立以后的"冷战"对峙的国际格局，特别协定难以达成，因而该条一直未能适用，形同虚设。与此相关的宪章第 44 条、第 45 条、第 46 条、第 48 条和第 106 条均未履行。此外，与宪章第 53 条、第 77 条和第 107 条有关的"敌国条款"（the enemy states clauses）[3]，由于联合国的创始会员国与其"敌国"的敌对关系已经不复存在，已失去其法律意义。[4]

四、改革是联合国的必由之路

联合国是第二次世界大战结束前夕特定国际关系的产物。随着国际关系的发展和国际格局的演变，改革是联合国历史发展的必然。在联合国的改革问题上，我们应奉行如下一些基本理念。

（一）联合国在国际事务中的作用是不可或缺的

我们对联合国应有一个清醒的认识。[5] 不可否认，联合国既有不少先天性的体制上的缺陷，也有诸多后天性的决策中的失误。然而，七十多年来，联合国历经国际风云变幻，在曲折的道路上成长、壮大，为人类的和平与繁荣作出了重要贡献。它在实现全球非殖民化、维护世界和平与安全、促进经济和社会发展等方面取得了令人瞩目的成就。俄罗斯政治研究中心副主任阿列克谢·马卡尔金曾经撰文指出，在已经过去的整整 60 年间，联合国充当了一个独一无二的对话场所，各国在"冷战"的年代里在这里都能阐述自己的观点，至少可以指望自己的呼声被人听到；联

① 参见梁西：《梁著国际组织法》，修订 6 版，杨泽伟修订，94 页，武汉，武汉大学出版社，2011。
② 参见张雪慧：《联合国体制改革的若干问题》，北京大学 1997 年博士学位论文，13～14 页。
③ 按照宪章第 53 条第 2 项的规定，"敌国"是指"第二次世界大战中为本宪章任何签字国之敌国"。
④ See Meinhard Schroder, "Amendment to and Review of the UN Charter", in Paul Taylor, etc., ed., *Documents on Reform of the United Nations*, Dartmouth Publishing Company, 1997, p. 497.
⑤ See Franz Cede and Lilly Sucharipa-Behrmann ed., *The United Nations: Law and Practice*, Kluwer Law International, 2001, p. 327.

合国还是不干涉内政等国际法基本原则的主流认知的传播者。① 因此，联合国在当今国际社会中的地位和作用，仍然是无可替代的。

（二）联合国改革是一个渐进的过程

联合国自成立以来，就一直在不停地进行改革，好几任秘书长都曾就联合国的改革提出过设想，不少成员国也提出过各种各样的要求和建议。然而，七十多年来对宪章条款的个别修正只有三次，内容仅仅是关于增加安理会和经社理事会理事国的数目或者与此相关的修正，而对于否决权、扩大安理会常任理事国的席位等实质性问题都没有涉及。这一方面说明各国对大幅度的制度改革难以达成共识，另一方面也显示联合国的改革极需耐心。诚如有学者所说："联合国改革的难度比'斯芬克司'② 的难题更加深奥。"③ 还有人甚至认为，联合国的改革将打开一个"潘多拉盒子"（pandora's box)④。因此，对联合国的改革，应从有助于维护和增进联合国会员国的团结目的出发，遵循先易后难、循序渐进的原则；对于尚存分歧的重大问题，需要采取谨慎态度，继续磋商，争取广泛一致，不应人为设定时限或强行推动作出决定。⑤ 这正像联合国前秘书长安南所指出的："（联合国）改革不是一个事件，而是一个过程。"⑥

（三）联合国改革应有利于提高联合国的权威和效率

前已述及，当今的联合国面临严重的威胁与挑战，国际法律秩序也处于危机状态中，因此，联合国改革的现实目标在于：维护《联合国宪章》的宗旨和原则，推动多边主义的发展，提高联合国机构的工作效率，加强联合国在国际社会的地位和作用，增强联合国应对国际关系和国际法上新威胁与新挑战的能力。

（四）联合国改革成功与否主要取决于成员国的政治意愿

虽然联合国涉及的领域比较广，但它主要还是一个政治性的组织。可以说，联合国所做的每一件事，都取决于成员国的政治意愿，特别是一些大国的政治意

---

① 参见［俄］阿列克谢·马卡尔金：《跨时代的联合国》，俄新社莫斯科 2005 年 8 月 29 日电。转引自《参考消息》，2005 - 08 - 30，7 版。

② 斯芬克司（Sphinx）是指希腊神话中带翼狮身女怪，传说她常令过路行人猜谜，猜不出即杀害之；后谜底被俄狄浦斯道破，遂自杀。今每用以隐喻"谜"样的人物。参见夏征农主编：《辞海》，1791 页，上海，上海辞书出版社，2000。

③ 庞森：《走进联合国》，254 页，成都，四川人民出版社，2005。

④ Adam Roberts and Benedict Kingsbury ed., *United Nations*, *Divided World*: *The UN's Roles in International Relations*, Clarendon Press, 1991, pp. 206 - 207.

⑤ 参见《中国关于联合国改革问题的立场文件》（2005 年 6 月 7 日），载 http：//www. fmprc. gov. cn/chn/wjb/zzjg/gjs/gjzzyhy/1115/t205944. htm。

⑥ Kofi Annan, *Renewing the United Nations*: *A Programme for Reform*, UN Doc. A/51/950, 14 July 1997, para. 25.

愿。① 联合国的改革更不能例外。例如，前已述及，对宪章的个别修正，既需要会员国 2/3 多数通过，还需安理会全体常任理事国的同意。因此，任何联合国改革方案的提出，既要考虑本国的国家利益，也要顾及国际社会的共同利益和价值。换言之，只有保持国家利益与国际利益的平衡、大国利益与小国利益的平衡，联合国的改革才能成功。诚如联合国前秘书长德奎利亚尔所说："任何有关实施宪章原则的看法，如果反映的只是一类国家的利益和观点，无视别国的利益和观点，就注定会带来分裂；包括大会、安理会和秘书处在内的各主要机关之间，应始终如一地保持宪章所设想的平衡，这对本组织的内部运作和履行维持和平的任务都至关重要；在这个大变革的时代，联合国管理国际事务时必须特别注意不要失去平衡，唯有始终如一地遵守宪章所揭示的各项原则，才能提供必要的均衡，才能稳固可靠。"②

推荐阅读书目及论文

1. 张雪慧. 联合国体制改革的若干问题. 北京：北京大学，1997

2. 许光建主编. 联合国宪章诠释. 太原：山西教育出版社，1999

3. "威胁、挑战和改革问题高级别小组"的报告. 一个更安全的世界：我们的共同责任（2004 年 12 月 1 日）. http：//www. un. org/chinese/secureworld/ch6. htm

4. 陈东晓，等. 联合国：新议程和新挑战. 北京：时事出版社，2005

5. 庞森. 走进联合国. 成都：四川人民出版社，2005

6. 联合国秘书长的报告. 大自由：实现人人共享的发展、安全和人权（2005 年 3 月 21 日）. http：//www. un. org/chinese/largerfreedom/part3. htm

7. 中国关于联合国改革问题的立场文件（2005 年 6 月 7 日）. http：//www. fmprc. gov. cn/chn/wjb/zzjg/gjs/gjzzyhy/1115/t205944. htm

8. 联合国秘书长的报告. 着力改革联合国：构建一个更强有力的世界性组织（Investing in the UN：For a Stronger Organization Worldwide）（2006 年 3 月 7 日）. http：//www. un. org/chinese/reform/

9. 杨泽伟主编. 联合国改革的国际法问题研究. 武汉：武汉大学出版社，2009

10. 梁西. 梁著国际组织法. 修订 7 版. 杨泽伟，修订. 武汉：武汉大学出版社，2022

11. ［美］何塞·阿尔瓦雷斯. 作为造法者的国际组织. 蔡从燕，等译. 北京：法律出版社，2011

12. 李伯军. 联合国集体安全制度面临的新挑战. 湘潭：湘潭大学出版

---

① See Kamil Idris and Michael Bartolo, *A Better United Nations for the New Millennium：The United Nations System—How It Is Now and How It Should be in the Future*, Kluwer Law International, 2000，p. 9.

② 陈东晓等：《联合国：新议程和新挑战》，147～148 页，北京，时事出版社，2005。

社，2013

13. Adam Roberts and Benedict Kingsbury ed.. United Nations, Divided World: The UN's Roles in International Relations. Clarendon Press, 1991

14. Rumki Basu. The United Nations—Structure and Functions of an International Organization. Sterling Publishers Private Limited, 1993

15. Erskine Childers and Brian Urquhart. Renewing the United Nations System: The International Civil Service. Development Dialogue. No. 1, 1994

16. Beck Verlag. United Nations: Law, Policies and Practice. Vol. II, 1995

17. Paul Taylor, etc., ed.. Documents on Reform of the United Nations. Dartmouth Publishing Company, 1997

18. Ernst-Ulrich Petersmann. How to Reform the United Nations: Lessons from the International Economic Law Revolution. UCLA Journal of International Law and Foreign Affairs. Vol. 2, No. 2, 1997/98

19. Kamil Idris and Michael Bartolo. A Better United Nations for the New Millennium: The United Nations System—How It Is Now and How It Should Be in the Future. Kluwer Law International, 2000

20. Franz Cede and Lilly Sucharipa-Behrmann ed.. The United Nations: Law and Practice. Kluwer Law International, 2001

21. Mark Udall. Collective Security and the United Nations. Denver Journal of International Law and Policy. Vol. 33, No. 1, 2004—2005

22. Edward C. Luck. How not to Reform the United Nations. Global Governance. Vol. 11, 2005

第 十 八 章

联合国改革与现代国际法：挑战、影响和作用

联合国改革涉及哪些国际法问题？现代国际法在联合国改革中有何作用？联合国改革对现代国际法又将产生哪些影响……对这些问题的探讨，不仅有助于厘清现代国际法上的一些理论困惑，推动现代国际法的发展，而且有利于中国在联合国改革过程中发挥更大的作用，在国际交往与合作中取得应有的国家利益。

一、联合国改革与国家主权平等原则

国家主权平等原则（the principle of sovereign equality of states），既是传统国际法上的重要原则之一，也是一项现代国际法的基本原则。联合国改革与国家主权平等原则密切相关。

（一）《联合国宪章》与国家主权平等原则

早在联合国筹建的过程中，在 1943 年 10 月的莫斯科会议上，国家主权平等原则就被认定为一个原则。通过《敦巴顿橡树园建议案》（The Dumbarton Oaks Proposals），国家主权平等原则在《联合国宪章》中得到了确认和保障。宪章的序言庄严地宣布："大小各国平等权利之信念"；而且在第 1 条确定"发展国际间以尊重人民平等权利及自决原则为根据之友好关系"的宗旨；特别在第 2 条第 1 项规定"本组织系基于各会员国主权平等之原则"，并且接着在第 7 项声明"不得认为授权联合国干涉在本质上属于任何国家国内管辖之事件"。宪章第 78 条再次肯定："联合国会员国间之关系，应基于尊重主权平等之原则。"

可见，《联合国宪章》重申了国家主权与平等，并把它列为各项原则之首，作为联合国的一项基本组织原则。

（二）安理会常任理事国的否决权与国家主权平等原则

按照《联合国宪章》的规定，安理会五大常任理事国对于程序性事项以外的一切事项的决定以及某一事项是否属于程序性这一先决问题的决定拥有否决权。由于安理会常任理事国拥有"双重否决权"，所以，有学者认为这是国际实践否认国家

主权平等原则的最有力的例证。① 应该承认，从严格的法律意义上讲，联合国会员国在联合国组织的决策过程中所参与的程度、所发挥的作用，实际上并不是完全相同、完全平等的，因为各国的情况迥异，既有大小的不同，更有实力的强弱之分。可以说，会员国"要求绝对的平等是超现实的，也是难以做到的"②。

其实，安理会常任理事国的否决权的确立，有它特殊的政治背景，即：它是在第二次世界大战即将结束的前夕东、西方国家既矛盾又合作的产物。

一方面，就当时的美国而言，凭借其已有的各方面的优势，建立起能由其控制的有限度的否决权，正是它所希望的；另一方面，对当时的苏联来说，由于西方国家占绝大多数，一项广泛的否决权正好是对抗英、美等国的有效武器；而在中小国家看来，各大国是不会接受没有否决权的联合国的。③ 有鉴于此，我们不能用这种特殊的战时政治安排，来否定在法律上的各个国家主权平等的原则。况且，按照宪章的规定，大国在维持和平与安全方面负有主要责任。这意味着，大国比广大的中小国家在维持国际和平与安全方面要承担更多的义务。这就在一定程度上体现了大国的权利与义务的对立、统一。这正如在 1945 年 6 月旧金山会议上正式发表的《四发起国政府代表团关于安全理事会投票程序的声明》（Statement by the Delegations of the Four Sponsoring Governments on Voting Procedure in the Security Council）所指出的："五大常任理事国既然负有维持国际和平与安全的主要责任，那么就不可能期望一个常任理事国有可能轻易同意按照一项它所不同意的决定在维持和平与安全这种严重问题上担负起行动的义务。"此外，大国拥有否决权并不等于大国在国际关系中就可以为所欲为，可以任意欺凌小国、漠视其他国家的基本权利。

特别值得注意的是，在近年来有关联合国改革的呼声中，广大发展中国家提出要提高联合国工作的效率、修改或限制否决权、更多地参与联合国的决策过程等。这本身就是一个要求实现真正的国家主权平等的具体反映。

（三）"保护的责任"与国家主权平等原则

2001 年 12 月，加拿大"干涉和国家主权国际委员会"正式提交了《保护的责任》的报告，该报告的核心内容是"保护的责任"，即主张主权国家有责任保护本国公民免遭可以避免的灾难——免遭大规模屠杀和强奸、免遭饥饿，但是当它们不愿或者无力这样做的时候，必须由更广泛的国际社会来承担这一责任。④

---

① 例如，劳特派特就指出："联合国宪章，虽然号称是以'会员国主权平等'的原则为根据的，但在逐步修改传统的国家平等主义的过程中却是一个可注意的标志。"（［英］劳特派特修订：《奥本海国际法》，上卷，第 1 分册，王铁崖、陈体强译，211 页，北京，商务印书馆，1989。）
② 许光建主编：《联合国宪章诠释》，31 页，太原，山西教育出版社，1999。
③ 参见梁西：《梁著国际组织法》，修订 6 版，杨泽伟修订，151 页，武汉，武汉大学出版社，2011。
④ 参见"干涉和国家主权国际委员会"的报告：《保护的责任》（2001 年 12 月），中文本，载 http://www.iciss.ca/pdf/commission-report.pdf。

2004 年 12 月，"威胁、挑战和改革问题高级别小组"在其《一个更安全的世界：我们的共同责任》的报告中明确表示："我们赞同新的规范，即发生灭绝种族和其他大规模杀戮，国际社会集体负有提供保护的责任。"①

2005 年 3 月，时任联合国秘书长的安南在其《大自由：实现人人共享的发展、安全和人权》报告中也认为："我们必须承担起保护的责任，并且在必要时采取行动。"② 总之，一旦"保护的责任"成为"新的（国际法）规范"，它将对国家主权平等原则产生深远的影响。③

1. 国家主权的内涵更加丰富

主权意味着责任，作为责任的主权（sovereignty as responsibility），具有三重意义：（1）它意味着国家权力当局对保护国民的安全和生命以及增进其福利的工作负有责任；（2）它表示国家政治当局对内向国民负责，并且通过联合国向国际社会负责；（3）它意味着国家的代理人要对其行动负责，就是说，他们要说明自己的授权行为和疏忽。④ 以上这种作为责任的主权思想正得到国际社会越来越多的承认，并逐步向习惯国际法方向发展。⑤ 它表明国家主权正在经历一个变化的过程，即在内部功能和外部责任上从作为控制手段的主权到作为责任的主权。

2. 国家主权平等原则遭到破坏

"保护的责任"意味着对迫切需要保护人类的局势作出反应的责任。如果预防措施不能解决或遏制这种局势，而且某个国家没有能力或不愿意纠正这种局势，那么就可能需要更广泛的国际社会的其他成员国采取干预措施。这些强制措施可能包括政治、经济或司法措施，而且在极端的情况下，它们也可能包含军事行动。干预对国家主权的影响主要表现为，干预在一定程度上中止了主权要求。因为如果干预者无法对某个领土行使权力，就不能促进或恢复良好的管治及和平与稳定。但是在干预和后续行动期间，主权行使的中止只是事实上的，而不是法律上的。⑥

另外，2005 年 12 月，联合国大会和安理会同时通过决议，成立了联合国"建设和平委员会"（a Peace-building Commission）。"建设和平委员会"将帮助各国从

---

① "威胁、挑战和改革问题高级别小组"的报告：《一个更安全的世界：我们的共同责任》（2004 年 12 月 1 日），载 http：//www. un. org/chinese/secureworld/ch9. htm。

② 联合国秘书长的报告：《大自由：实现人人共享的发展、安全和人权》（2005 年 3 月 21 日），载 http：//www. un. org/chinese/largerfreedom/part4. htm。

③ 参见杨泽伟：《"保护的责任"及其对国家主权的影响》，载《珞珈法学论坛》，第 5 卷，武汉，武汉大学出版社，2006。

④ 参见"干涉和国家主权国际委员会"的报告：《保护的责任》（2001 年 12 月），中文本，9 页，载 http：//www. iciss. ca/pdf/commission-report. pdf；Gareth Evans，"The Responsibility to Protect：Humanitarian Intervention in the 21st Century"，available at http：//www. crisisgroup. org/home。

⑤ See Gareth Evans，"The Responsibility to Protect and September 11"，at http：//www. crisisgroup. org/home.

⑥ 参见"干涉和国家主权国际委员会"的报告：《保护的责任》（2001 年 12 月），中文本，31 页，载 http：//www. iciss. ca/pdf/commission-report. pdf。

战争过渡到和平，就恢复工作提出咨询意见，并重点关注重建和体制建设。① 显然，"建设和平委员会"处理的都是国家主权管辖范围内的事务，承担的是"预防的责任"和"重建的责任"。

值得注意的是，近些年来美国奉行单边主义，在国际事务中独断专行，为所欲为②，严重破坏了国家主权平等原则。

二、联合国改革与不干涉内政原则

不干涉内政原则与国家主权原则相伴而行，是一项较早的国际法原则。然而，联合国的改革进程对不干涉内政原则提出了挑战。

（一）内政的范围相对缩小

什么是"内政"或"国内管辖事项"？这在国际法学中是一个有争议的问题。正如菲德罗斯所说："哪些事件是国内事件的问题，已是有争论的。在这方面，有一个学说主张，根本没有在本质上保留给国家规定的事件，因为国际法可以对任何客体加以规定。所以，人们只能把下列两种事件予以区别：一般的或者特殊的国际法已经规定的事件，以及它尚未规定并且在国际法予以规定以前委诸国内规定的事件。因此，如果'国内事件'这个名词确有意义的话，那么它只能指第二种事件。国际法学会于 1954 年 4 月 29 日在其埃克斯会议中也表示了同一的见解，即'保留范围是国家活动的范围，在这范围内，国家的管辖不受国际法的拘束'。"③

一般来讲，所谓内政"是指国家可以不受依国际法而产生的那些义务的限制而能自由处理的那些事项，例如一个国家的政体、内部组织、同其国民的关系等"④。不过，内政是随着国际关系的发展而变化的。诚如 1923 年常设国际法院在"突尼斯和摩洛哥国籍法令案"中所指出的："某一事项是否纯属一国的管辖，这基本上是一个相对的问题，要取决于国际关系的发展。"⑤ 1952 年国际法研究院的年刊也载明："保留给国家国内管辖的领域是指国家的活动不受国际法约束的领域，其范围取决于国际法并依国际法的发展而变化。"⑥

《联合国宪章》第 2 条第 7 项把宪章第七章所规定的执行办法从国内管辖的事件中排除出去。换言之，按照宪章第七章的规定采取其所规定的执行办法，不属于干涉内政。随着国际关系的演变、国际社会的组织化趋势的进一步增强，内政的范

① See http：//www. un. org/chinese/peace/peacebuilding/.
② See Detlev F. Vagts，"Hegemonic International Law"，*American Journal of International Law*，Vol. 95，2001，p. 843.
③ ［奥］菲德罗斯等：《国际法》，上册，李浩培译，604 页，北京，商务印书馆，1981。
④ 梁西：《梁著国际组织法》，修订 6 版，杨泽伟修订，79 页，武汉，武汉大学出版社，2011。
⑤ 梁淑英主编：《国际法教学案例》，143 页，北京，中国政法大学出版社，1999。
⑥ 转引自白桂梅等编著：《国际法上的人权》，284 页，北京，北京大学出版社，1996。

围在呈相对缩小的趋势，因此，主权国家管辖的范围日益缩小，原来由主权国家管辖的事项逐渐转移给国际社会。《保护的责任》报告中所涉及的"预防的责任""作出反应的责任"和"重建的责任"，就是这种趋势的反映。

（二）不干涉内政原则要服从国际保护责任

现在越来越多的人承认，虽然主权政府负有使自己的人民免受各种人为灾难的主要责任，但是如果它们没有能力或不愿意这样做，广大国际社会就应承担起这一责任，并由此连贯开展一系列工作，包括开展预防工作，在必要时对暴力行为作出反应和重建四分五裂的社会。[1] 例如，各国根据《防止及惩治灭绝种族罪公约》认为，灭绝种族，不管是在和平时期还是在战争期间发生，都是国际法所列的罪行；任何地方发生的灭绝种族行为都是对所有人的威胁，是绝对不能允许的。因此，不能用不干涉内政原则来保护灭绝种族行为或其他暴行。有学者把这种保护责任称为"主权的人道主义责任"（the humanitarian responsibility of sovereignty）[2]。

（三）广义的"国际和平与安全"的概念

根据《联合国宪章》第七章，如果安理会断定威胁和平、破坏和平以及侵略行为之存在，安理会有权采取强制措施，实施干预。这里指的是"国际"和平与安全。然而，国内冲突和大规模地侵犯人权是否可以被看作正在构成对国际和平的威胁或正影响国际安全？对于在一国国内大规模地侵犯人权是否构成对国际和平与安全的威胁，存在很大的争论。[3] 不过，安理会的实践似乎显示了这样的一个趋势：国内冲突，特别是侵犯人权，关系到国际和平与安全。1992 年 1 月，安理会举行了特别会议，会议发表的声明强调："国家间没有战争和军事冲突本身并不能确保国际和平与安全。在经济、社会、生态和人道主义等方面的非军事的不稳定因素已构成对和平与安全的威胁。联合国成员国作为一个整体，在相关机构的工作中，需最优先解决这些问题。"[4] 1992 年 12 月，安理会通过了第 794 号决议，在首先断定"索马里的冲突导致了巨大的人类灾难，从而构成了对国际和平与安全的威胁"后，安理会授权联合国秘书长和有关会员国"使用一切必要手段，以尽快为在索马里的人道主义救援行动建立一个安全的环境"[5]。

总之，安理会在 20 世纪 90 年代的实践表明：对国际和平与安全的威胁并不限

---

① 参见"威胁、挑战和改革问题高级别小组"的报告：《一个更安全的世界：我们的共同责任》（2004 年 12 月 1 日），载 http：//www. un. org/chinese/secureworld/ch9. htm。

② Nicholas J. Wheeler, "The Humanitarian Responsibility of Sovereignty: Explaining the Development of a New Norm of Military Intervention for Humanitarian Purposes in International Society", in Jennifer M. Welsh ed. , *Humanitarian Intervention and International Relations*, Oxford University Press, 2004, pp. 29 - 51.

③ See Peter Malanczuk, *Humanitarian Intervention and the Legitimacy of the Use of Force*, Het Spinhuis, 1993, p. 60.

④ Provisional Verbatim Record of the Meeting of 31 January 1992, S/Pv. 3046, 1992, p. 143.

⑤ S. C. Res. 794, U. N. SCOR, 47th Sess. , 3145 mtg, U. N. Doc. S/RES/794（1992）, at 2.

于军事侵略或军事威胁的存在；如果在成员国内出现了人为的紧急情况，如灭绝种族或其他大规模杀戮等，而该国政府又像索马里政府那样完全瘫痪，不管是否波及邻国，就完全有可能被安理会认定为构成对国际和平与安全的威胁。另外，有些学者也主张，大规模侵犯人权是如此地背离了"国际价值体系"的本质，仅此理由就构成了宪章第七章意义上的对和平的威胁。①

三、联合国改革与禁止以武力相威胁或使用武力原则

（一）《联合国宪章》的有关规定

《联合国宪章》第 2 条第 4 项确立了禁止以武力相威胁或使用武力原则。宪章对禁止使用武力有三种例外：

第一，宪章第 42 条允许安理会根据其决定使用武力，而安理会的决定是基于宪章第 39 条规定的"任何和平之威胁、和平之破坏或侵略行为之是否存在"而作出的。

第二，宪章第 51 条规定的自卫权。

第三，宪章第 107 条准许采取行动反对第二次世界大战中宪章签署国的敌国。不过，这一条现已成为不再适用的条款。虽然国际法学者对禁止使用武力及其在国际法上的限制仍然存在分歧②，但是大多数学者认为，宪章为禁止使用武力制订了一条广泛的规则，它已成为国际强行法。对这种禁止使用武力仅允许非常有限的例外。正如有学者所言："断言禁止使用武力这一《联合国宪章》基本原则已被不一致的国家实践所废弃，还为时尚早。"③

（二）人道主义干涉合法化的标准问题

对于是否要设立人道主义干涉合法化的标准，学者有不同的看法。有些学者反对将它标准化，认为这样做可能为潜在的干涉者不仅提供了另外的干涉借口，而且也告诉他们何处能找到和利用法律上的漏洞，因此，它"应该留给以一个个案例为基础的实践为好"④。相反，另外一些学者则主张确立人道主义干涉合法化的条件，

---

① See Lori F. Damrosch and D. J. Scheffer ed. , *Law and Force in the New International Order*，Westview Press，1991，p. 220；Henry Schermers，"Different Aspects of Sovereignty"，in Gerard Kreijen ed. ，*State，Sovereignty，and International Governance*，Oxford University Press，2002，p. 188.

② See O. Schachter，*International Law in Theory and Practice*，Martinus Nijhoff Publishers，1991，Chapters Ⅶ and Ⅷ.

③ E. Stein， "The United Nations and the Enforcement of Peace"，*Michigan Journal of International Law*，Vol. 10，1989，p. 304.

④ Peter Malanczuk，*Humanitarian Intervention and the Legitimacy of the Use of Force*，Het Spinhuis，1993，p. 31.

甚至建议以联合国大会或安理会决议的形式制定标准以指导实施人道主义干涉。[①]
笔者认为，历史经验表明缺乏明确的合法化的条件，容易导致滥用人道主义干涉，
因此，制定人道主义干涉合法化的标准，进一步使其规范化，能够增强对滥用人道
主义干涉的法律限制。有鉴于此，任何国家计划或准备卷入人道主义干涉行动时，
应事先或在干涉过程中立即向联合国递交令人信服的证据。

换言之，人道主义干涉应该满足以下条件：

第一，人道主义干涉必须基于震惊人类良知的大规模、持续的侵犯人权的情形
已经出现或即将发生。

第二，人道主义的动机应该是压倒一切的，而有关的政治、经济或意识形态的
考虑根本不存在或明显地完全处于从属地位。

第三，只有在各种和平努力宣告失败后，才能诉诸人道主义干涉。

第四，对被干涉国的权力结构的政治影响应限于最小，如不超出为保护行动的
目的绝对必要的程度。

第五，采取的人道主义行动应与该情势的严重程度相称。

第六，人道主义干涉不能构成对国际和平与安全的威胁，以至于可能引起比它
意欲防止或消除的更大的灾难和痛苦。

第七，一旦履行了人道主义干涉任务，干涉力量必须尽快地开始撤退，并在合
理期限内完成这种撤退。当然，在特殊情况下，对大规模侵犯人权是否要进行人道
主义干涉的最后决定权，仍然专属安理会。

如果由国家组成的国际社会同意设立人道主义干涉合法化的条件，那么在理论
上来看，最适宜的方式是以联合国大会决议的形式将其明确化。

（三）自卫权制度与"先发制人"战略

《联合国宪章》第 51 条之规定是宪章所确立的自卫权制度的核心条款，它表
明：首先，主权国家行使自卫权的前提条件是武力攻击事实的存在。换言之，任何
国家都不能以预防紧迫的、可能的威胁而进行"先发制人"的预防性攻击；其次，
该条应被看作是宪章第 2 条第 4 项"关于禁止使用武力"的例外条款，对它只能作
限制性解释而不能扩大解释；最后，武力攻击事实是否存在的最终决定权属于安理
会（宪章第 39 条）。然而，"先发制人"战略对上述宪章所规定的自卫权制度造成
了严重的冲击。

"9·11"事件给美国造成巨大震撼。在此背景下，美国政府对各项政策进行系
统审议和评估，先后出台了一系列战略报告和政策文件。特别是 2002 年 9 月 20
日，时任美国总统布什正式公布了《美国国家安全战略》（The National Security
Strategy of the United States of America）报告。该报告把"预防性"攻击作为一

[①]　See Francis Kofi Abiew, "Assessing Humanitarian Intervention in the Post-cold War Period: Sources of
Consensus", *International Relations*, Vol. 14, No. 2, 1998, p. 73.

种"自卫"形式，列为国家安全保障战略的中心，声称：美国将按照自己选择的时间和方式对自己认定的对手和威胁源发动"事先毫无警告的打击"，"将自己的意志强加于对手，包括改变敌国的政权，对其实行军事占领，直到达成美国的战略目标"。《美国国家安全战略》标志着美国的国家安全战略发生了重大转变，被认为是"美国外交政策的一个分水岭"。美国还将伊拉克作为推行其"先发制人"战略的第一个试验场。这是对国际法上自卫权制度的破坏，也是对现代国际法律秩序的践踏。

诚如有学者所言："'预防性'攻击与'先发制人'战略……并不符合'自卫'条款的有关规定，因此是违反国际法的。如果这一做法被国际社会仿效（甚至接受），那不仅是对国际法上自卫权制度的破坏，而且是对自《威斯特伐利亚和约》三百五十多年以来所逐步形成的现代国际法体系的一次严重冲击，也是对以联合国为主导的国际法律体制的一种践踏。"[1] 美国学者努斯鲍姆也认为："先发制人战略对传统的自卫准则造成严重破坏，将加剧全球暴力和不稳定性。"[2] 联合国前秘书长安南更是严肃地指出：先发制人的军事干预原则所引起的危机，将联合国带到了一个具有决定性的"岔路口"；并且担心这可能开创先例，导致"非法使用武力"（lawless use of force）的现象会进一步泛滥起来。[3]

（四）使用武力的正当性问题

"9·11"事件后，一些发达国家认为当今国际社会面临的主要威胁是大规模杀伤性武器、恐怖主义和违反人权，并主张将它们列入《联合国宪章》第七章"对于和平之威胁、和平之破坏及侵略行为之应付办法"，以此重新划定使用武力的界限。

2004 年 12 月，"威胁、挑战和改革问题高级别小组"在其《一个更安全的世界：我们的共同责任》的报告中明确指出，"安理会在考虑是否批准或同意使用武力时，不管它可能会考虑的其他因素为何，至少必须考虑以下五个正当性的基本标准：（1）威胁的严重性；（2）正当的目的；（3）万不得已的办法；（4）相称的手段；（5）权衡后果"[4]。

2005 年 3 月，联合国前秘书长安南根据"威胁、挑战和改革问题高级别小组"的建议，在其《大自由：实现人人共享的发展、安全和人权》报告中提出了使用武力正当性的 5 条基本标准，即"如何衡量威胁的严重性""拟议的军事行动的适当目的""不使用武力的手段是否有无可能遏制威胁""军事办法与面临的威胁是否相称""是否有合理的成功机会"；并建议在决定是否核可或授权使用武力时，应由安

---

① 梁西：《国际法的危机》，载《法学评论》，2004（1）。
② 美国《商业周刊》，2002-10-07。
③ See Edward C. Luck, "How not to Reform the United Nations", *Global Governance*, Vol. 11, 2005, p. 410.
④ "威胁、挑战和改革问题高级别小组"的报告：《一个更安全的世界：我们的共同责任》（2004 年 12 月 1 日），载 http://www.un.org/chinese/secureworld/ch9.htm。

理会通过有关的决议。①

然而，有人认为上述 5 条标准其实是降低了使用武力的门槛。有些国家更是明确反对制定这样的标准，例如，俄罗斯政府代表就曾经在联合国大会指出："《联合国宪章》仍然是对使用武力问题可靠的、坚实的法律基础，没有必要修改或做新的解释。"② 中国政府也认为："我们赞成既不修改宪章第 51 条，也不重新解释第 51 条。宪章对使用武力已有明确规定，除因遭受武力攻击而进行自卫外，使用武力必须得到安理会授权。对是否构成'紧迫威胁'，应由安理会根据宪章第七章并视具体情况判定，慎重处理。导致发生危机的原因和各类危机的情况不尽相同。就使用武力形成一个'放之四海皆准'的规则和标准不现实，也容易引起较大争议。是否使用武力，应由安理会视冲突实际情况逐案处理。"③

四、联合国改革与集体安全制度

（一）《联合国宪章》有关集体安全制度的规定

《联合国宪章》有关集体安全制度的基本条款，主要集中在第 39、41、42、43 条和第 47 条。从上述条款之规定可以看出，联合国集体安全制度主要有以下特点。

1. 集体安全制度在《联合国宪章》体系中处于重要地位

除宪章第七章对集体安全制度作了基本的规定以外，宪章序言还郑重宣布："欲免后世再遭今代人类两度身历惨不堪言之战祸……集中力量，以维持国际和平及安全……"宪章第 1 条重申："……采取有效集体办法，以防止且消除对于和平之威胁，制止侵略行为或其他和平之破坏……"

2. 维持国际和平与安全的主要责任属安理会

一方面，安理会处于"国际裁判官"的地位，可以断定是否出现了威胁和平、破坏和平或侵略行为之"情势"（situation）；另一方面，安理会在履行此项职责时，系代表会员国行事，因此，各会员国应按照特别协定的规定，向联合国提供陆、海、空军，组成军队，以执行武力制裁。

3. 安理会有关集体措施的决议对各会员国有约束力

在安理会作出决定之前，各会员国不需采取任何行动。但在安理会作出采取强制措施的决定后，不论有关的决定其内容是属于武力以外的办法还是武力行动，都对各会员国有约束力。各会员国还应通力合作、相互协助以执行该决定。

---

① 参见联合国秘书长的报告：《大自由：实现人人共享的发展、安全和人权》（2005 年 3 月 21 日），载 http：//www.un.org/chinese/largerfreedom/part3.htm。
② 《联合国新闻稿》，GA/10338，07/04/2005，载 www.un.org。
③ 《中国关于联合国改革问题的立场文件》（2005 年 6 月 7 日），载 http：//www.fmprc.gov.cn/chn/wjb/zzjg/gjs/gjzzyhy/1115/t205944.htm。

（二）联合国集体安全制度的缺陷和挑战

1. 联合国集体安全制度的缺陷

从联合国成立以来七十多年的实践看，联合国集体安全制度主要有以下缺陷：

（1）集体安全制度赖以存在的"大国一致原则"不易实现。联合国集体安全制度是建立在第二次世界大战期间反法西斯盟国战时合作的基础上的。由于这一特殊的历史背景，"大国一致原则"（the principle of unanimity of great powers）从一开始就被设想为联合国集体安全制度建立和有效运作的基础。[①] 这正如有学者所指出的："只有在各大国决定使国际安全组织成为有效组织的情况下，只有在大国间在这方面协调一致并彼此信赖的情况下，国际安全组织的宗旨才能实现，这就是将来国际安全体系主要的和决定性的前提。"[②] 在以五大国为核心的安理会中，常任理事国均拥有否决权。安理会在涉及有关集体安全制度的任何实质问题上，如断定和平之威胁或和平之破坏或侵略行为是否存在、确定具体制裁对象和制裁措施、建立联合国军队等，均需五大国的一致通过。然而，由于"冷战"对峙的国际格局、大国间国家利益的矛盾和冲突，安理会在很多情况下很难就某些重大问题达成一致。"大国一致原则"的建立，在某种程度上为集体安全的达成设置了实质性的障碍。[③]

（2）集体安全制度所需军队无法建立。联合国军队是保障集体安全体制最有力的工具。按照宪章第 43 条的规定，会员国向联合国提供维持国际和平与安全所需的军队必须依"特别协定"（a special agreement，special agreements）。因此，缔结"特别协定"成为建立联合国军队的决定性步骤。然而，由于各国在安理会常任理事国提供部队的规模、供联合国使用的武装部队与其本国的关系、会员国应提供的协助和便利的性质、联合国部队的一般驻扎地点、联合国部队的指挥等问题上，未能取得一致意见，"特别协定"就难以签订，联合国军队因而就不能建立。联合国部队的缺失势必影响到宪章第 42 条的实施，在缺乏武力行动所必需的军队以及便利和协助的情况下，维持或恢复国际和平的集体武力强制行动只能是纸上谈兵，其结果必然会严重削弱联合国集体安全制度的实际能力和作用。[④]

（3）对集体强制行动的法律基础缺乏权威性的统一解释。宪章第 39 条关于安理会对"和平之威胁、和平之破坏及侵略行为之断定"的规定，是联合国集体安全制度的一个关键性条款，被认为是联合国集体强制措施的法律基础。然而，在安理会对某一情势作出断定时，对于有关事件是否已经构成对和平的威胁或破坏和平或者已经发展到侵略的程度，往往存在激烈的争论。各个国家总是从自己的立场、政策和利益出发，对涉及联合国集体强制行动的有关问题，作出有利于自己的解释。例如，关于如何认定"侵略"的问题，虽然联合国大会于 1974 年 12 月通过了《关

① 参见黄惠康：《国际法上的集体安全制度》，67 页，武汉，武汉大学出版社，1990。
② ［苏］克里洛夫：《联合国史料》，第 1 卷，张瑞祥等译，56 页，北京，中国人民大学出版社，1955。
③ 参见门洪华：《和平的纬度：联合国集体安全机制研究》，194 页，上海，上海人民出版社，2002。
④ 参见黄惠康：《国际法上的集体安全制度》，103～111 页，武汉，武汉大学出版社，1990。

于侵略定义的决议》，使安理会有了作出"断定"的法律依据，但是《侵略定义》的决议在实际运用和解释中，仍难以适应各种复杂的形势；况且，当问题牵涉到大国或其有关利益时，安理会更不可能作出有效的"断定"①。

2. 联合国集体安全制度面临的新挑战

进入 21 世纪以来，联合国集体安全制度面临以下新的挑战。

(1) 新的安全共识。

当今的集体安全有以下三个基本支柱：

第一，威胁不分国界。今天，各种威胁相互交织在一起，对一国的威胁便是对所有国家的威胁；对一人之威胁就是对所有人之威胁。这种情况比以往任何时候都更为突出。例如，据世界银行估计，仅"9·11"事件就使生活在贫穷中的人口增加了 1 000 万，世界经济损失总计可能超过 800 亿美元。②

第二，自我保护的有限性。没有哪一个国家，无论多么强大，能够单单依靠本身的力量保护自己免受当今各种威胁的伤害。每一个国家都需要其他国家的合作才能使自己获得安全。因此，所有国家都有切身利益，筑成一个新的全面集体安全体制，通过这一体制使所有这些国家都承诺携手行动，以应对范围广泛的各种威胁。

第三，主权与责任。主权不仅包含权利，而且含有义务，即保护本国人民福祉的义务以及向更为广泛的国际社会履行义务之义务。如果有关国家不能够或不愿意履行其保护本国人民和避免伤害自己邻国的责任，那么集体安全原则意味着上述责任的某些部分应当由国际社会予以承担。

(2) 全面的集体安全。

在联合国创立之时人们所关心的是国家安全。当他们谈及建立一个新的集体安全体制时，他们遵循的是传统的军事思路：这一体制由各国参与并作出保证，对一国之侵略就是对所有各国之侵略；他们承诺，如果发生此种侵略，他们将作出集体反应。因此，宪章所禁止的核心指向侵略，关注的是国家之间的冲突或战争。然而，在目前和未来几十年中，我们面临的最大的安全威胁已经绝不仅仅是国家发动的战争了，这些威胁扩大到：经济和社会威胁，包括贫穷、传染病和环境退化；国家间冲突；国内冲突，包括内战、种族灭绝和其他大规模暴行；核武器、放射性武器、化学和生物武器；恐怖主义以及跨国有组织犯罪等。③ 这些威胁不仅来自国家，也来自非国家行为者；威胁的不仅是国家安全，也威胁到人类安全。

---

① 梁西：《梁著国际组织法》，修订 6 版，杨泽伟修订，187 页，武汉，武汉大学出版社，2011。
② 参见"威胁、挑战和改革问题高级别小组"的报告：《一个更安全的世界：我们的共同责任》(2004 年 12 月 1 日)，载 http：//www. un. org/chinese/secureworld/ch2. htm。
③ 参见"威胁、挑战和改革问题高级别小组"的报告：《一个更安全的世界：我们的共同责任》(2004 年 12 月 1 日)，载 http：//www. un. org/chinese/secureworld/ch3. htm。

（3）集体安全与使用武力。

宪章的起草者意识到可能需要用武力来"防止且消除对于和平之威胁，制止侵略行为或其他和平之破坏"。因此，合法和适当地使用军事力量是任何实际可行的集体安全体制的一个重要部分。然而，联合国会员国在何时、以何种方式使用武力维护国际和平与安全的问题上分歧很大。具体来讲，它体现在以下三个方面：第一，国家是否有权为先发制人而使用军事力量，对紧迫威胁采取自卫行动；第二，国家是否有权为预防目的而使用军事力量，对潜在威胁或非紧迫威胁采取自卫行动；第三，国家是否有权或有义务为保护目的使用军事力量，以使其他国家的公民免遭灭绝种族或类似罪行之害。①

（三）联合国集体安全制度的改革思路

1. 联合国集体安全制度改革涉及的主要问题

关于联合国集体安全制度的改革，国际社会讨论的问题主要有："和平之威胁、和平之破坏或侵略行为之是否存在"的客观标准或定义、安理会的改革问题、否决权的修改、如何增加安理会在何时宜使用或不宜使用包括武力在内的强制措施等问题上达成共识、联合国军队的建立等。所有这些问题，对于联合国集体安全制度的改革和完善，都是必不可少的。

2. 联合国集体安全制度的改革要兼顾效力、效率以及平等的关系

如果没有效力，就会导致遵守不力、监测和核查工作不稳定、执行环节薄弱，最后使集体安全措施无法发挥作用。如果没有效率，就不能及早地投入时间和资源，以防止冲突的爆发和升级，从而造成更大规模、更为惨烈的灾难。如果因潜在受益者的性质、位置、资源或同大国的关系不同而有所差别或歧视，那么就不能促进集体安全体制中所有成员的安全。因此，"一个集体安全体制若要有信誉并能持久，就必须有效力、有效率并且公平"②。建立一个有效力、效率和公平的集体安全机制，关键是坚持多边主义，推动实现国际关系民主化和法治化，坚持宪章的宗旨和原则，加强联合国的权威和能力，维护安理会作为集体安全体系的核心地位。③

总之，尽管联合国集体安全制度仍然存在种种缺陷，其成就也不尽如人意，但是它在经历半个多世纪的发展后，已经显示出生命力。在可以预见的将来，还不可能有其他的方式能够取代集体安全制度。因此，联合国集体安全制度将随着现代国际法的发展而继续存在和不断完善。

---

① 参见联合国秘书长的报告：《大自由：实现人人共享的发展、安全和人权》（2005 年 3 月 21 日），载 http：//www. un. org/chinese/largerfreedom/part3. htm。

② "威胁、挑战和改革问题高级别小组"的报告：《一个更安全的世界：我们的共同责任》（2004 年 12 月 1 日），载 http：//www. un. org/chinese/secureworld/ch2. htm。

③ 参见《中国关于联合国改革问题的立场文件》（2005 年 6 月 7 日），载 http：//www. fmprc. gov. cn/chn/wjb/zzjg/gjs/gjzzyhy/1115/t205944. htm。

五、联合国改革与《联合国宪章》的修改

关于联合国改革与《联合国宪章》的修改，可参见第十七章"联合国改革的理论基础和法律依据"的相关内容，在此不赘述。

六、结论：联合国改革与现代国际法的互动

（一）现代国际法在联合国改革进程中的作用

联合国的改革进程涉及诸多国际法问题。联合国改革过程中出现的一些新概念，正在影响或改变国际法的某些基本理念，例如："预防性攻击"和"先发制人"战略，对传统自卫权理论和禁止以武力相威胁或使用武力原则的挑战；被联合国前秘书长安南称为逐步成为"新的规范"的"保护的责任"概念，对国家主权平等原则和不干涉内政原则的影响；对于防止大规模杀伤性武器扩散、恐怖主义定义等问题的讨论，对国际人道法和战争法的发展产生了重大的影响；对《联合国宪章》的修改也涉及与条约法的关系等问题。联合国的改革还涉及国际组织内部法的问题。秘书长的地位问题、联合国管理结构和层次的全面调整、简化会议议程、资源合理配置、加强人力建设、提高领导能力、提升信息和通信技术、理顺预算和财政、改进决策机制等问题，都为国际组织法的研究提供了新的课题。[①] 安理会否决权可能发生的变化，对联合国以及其他国际组织的表决制度、决策的透明度和民主化将都产生重大的影响；安理会的扩大则体现了多极化格局下各国力量的对比变化。至于托管理事会，随着其任务的完成，它的职能应逐步转向对全球环境、海洋、空气空间和外层空间进行托管。[②] 这一新的制度设计，是对人类共同继承的财产更好地加以利用所作的一种有益尝试。

值得注意的是，在联合国的改革进程中，现代国际法发挥了重要作用：

第一，现代国际法发展的重要趋势之一——国际社会的组织化进一步增强，使联合国的作用更加突出。各国出于维护自身利益的需要，日益要求在联合国内发挥更大的作用。安理会的改革，既反映了各利益集团的政治诉求，也使联合国更具有代表性、更为民主化。

第二，国际法的调整范围的扩大，使得更多的问题需要并且可以通过联合国来

---

① 参见联合国秘书长的报告：《着力改革联合国：构建一个更强有力的世界性组织》（2006 年 3 月 7 日），A/60/692。

② 值得注意的是，2021 年 9 月 10 日，联合国秘书长古特雷斯向联合国大会提交秘书长报告《我们的共同议程》（Our Common Agenda: Report of the Secretary-General），就联合国机构改革提出重要设想，包括更新托管理事会，提议重新确定该理事会的使命，将其作为多利益攸关方机构应对新兴挑战：一是成为代表子孙后代行事的审议论坛；二是可就全球公域长期治理、全球公益物提供和全球公共风险管控提供建议和指导等。See Our Common Agenda: report of the Secretary-General, available at https://digitallibrary.un.org/record/3939309.

得到解决。国际法的调整范围从政治逐步扩展到经济、文化等各领域，从陆地扩展到海洋、大气层乃至外层空间，从以维护和平为主扩大到包括当代国际生活的所有方面。这些变化，必然体现在联合国方方面面的改革当中。

第三，国际法的新发展及其新分支的产生，也引起了联合国相应的内部改革。例如，海洋法、空间法的发展使得海洋、外层空间等领域的人类共同继承财产需要寻求一个代表人类共同利益的机构来加以管理，联合国责无旁贷，托管理事会的改革适逢其时。

第四，现代国际法的基础理论和研究方法的发展与变化，为联合国改革进程中提出的新概念提供了理论基础。另外，经济全球化进程的加速发展，使很多问题不再局限在一国境内，需要世界各国互相配合、相互协调来加以解决，其中国际法就是有效的调整手段之一。国际法的全球化趋势，要求联合国改革重视环境和资源的利用，使发展与安全并重，更好地兼顾发达国家和发展中国家的利益。

（二）联合国改革将进一步推动现代国际法的发展

第一，联合国改革有助于世界多极化趋势的形成。在世界向多极化趋势的发展过程中，各国国家利益博弈的深入、国际关系的发展变化，都将为现代国际法提供更为丰富的研究素材。

第二，联合国改革过程中出现的一些新概念，如"预防性攻击"、"先发制人"战略、"保护的责任"以及"新的安全共识"（或"新安全观"）等，有助于深化对现代国际法上一些基本理论问题的研究。而对"武力攻击"、"使用武力的正当性"、"宪章第51条与自卫"、"全面的集体安全"以及"恐怖主义的定义"等问题的讨论，必将进一步推动现代国际法上某些分支学科的发展。

第三，联合国改革对"国家主权平等原则""不干涉内政原则""禁止以武力相威胁或使用武力原则"等的挑战，不但丰富了现代国际法基本原则的内涵，而且可能推动现代国际法基本原则的演进。

第四，联合国机构的改革、决策机制的变化，不但关系到国际组织运作的民主化，而且也将为其他国际组织提供借鉴，进而进一步促进国际组织法的发展。而安理会改革的成功，对现代国际法律秩序的进一步完善必将发挥重要作用。

推荐阅读书目及论文

1. 黄惠康. 国际法上的集体安全制度. 武汉：武汉大学出版社，1990

2. 许光建主编. 联合国宪章诠释. 太原：山西教育出版社，1999

3. 门洪华. 和平的纬度：联合国集体安全机制研究. 上海：上海人民出版社，2002

4. 梁西. 国际法的危机. 法学评论，2004（1）

5. "威胁、挑战和改革问题高级别小组"的报告. 一个更安全的世界：我们的共同责任（2004 年 12 月 1 日）. http：//www. un. org/chinese/secureworld/ch2. htm

6. 联合国秘书长的报告 . 大自由：实现人人共享的发展、安全和人权（2005 年 3 月 21 日）. http：//www. un. org/chinese/largerfreedom/part3. htm

7. 杨泽伟主编 . 联合国改革的国际法问题研究 . 武汉：武汉大学出版社，2009

8. 梁西 . 梁著国际组织法 . 修订 7 版 . 杨泽伟，修订 . 武汉：武汉大学出版社，2022

9. ［美］何塞·阿尔瓦雷斯 . 作为造法者的国际组织 . 蔡从燕，等译 . 北京：法律出版社，2011

10. 李伯军 . 联合国集体安全制度面临的新挑战 . 湘潭：湘潭大学出版社，2013

11. Peter Malanczuk. Humanitarian Intervention and the Legitimacy of the Use of Force. Het Spinhuis，1993

12. Detlev F. Vagts. Hegemonic International Law. American Journal of International Law. Vol. 95，2001

13. Edward C. Luck. How not to Reform the United Nations. Global Governance. Vol. 11，2005

第 十 九 章

国际法院的司法独立：困境与变革

七十多年来，国际法院在和平解决国际争端、推动现代国际法的发展等方面，作出了重要贡献，但至今"尚有潜力"①。近些年来，改革国际法院的呼声不断。②其中，国际法院的司法独立问题为其重要内容之一。③ 因此，剖析国际法院司法独立的困境，提出相关的改革建议，无疑具有重要的意义。

一、司法独立：起源及其标准

（一）司法独立的起源

1608 年英国普通诉讼法院首席法官爱德华·柯克与英国国王詹姆士一世之间的冲突，被认为是司法独立思想的最早渊源。詹姆士一世说："依朕意，法是以理性为基础的，故朕及他人与法官具有同样的理性。"柯克指出："不错，陛下具备伟大的天赋和渊博的学识。但是，陛下并没有研读英格兰领地的各种法规。涉及臣民

---

① Stephen M. Schwebel，"Reflections on the Role of the International Court of Justice"，*Washington Law Review*，Vol. 61，1986，p. 1062.

② See ABILA Committee on Intergovernmental Settlement of Disputes，"Reforming the United Nations：What about the International Court of Justice?"，*Chinese Journal of International Law*，Vol. 5，No. 1，2006，pp. 39 – 65；Andreas Zimmermann，etc.，eds.，*The Statute of the International Court of Justice：A Commentary*，Oxford University Press，2006，pp. 1481 – 1486；Shabtai Rosenne，*Law and Practice of the International Court：1920—2005*，4th edition，Martinus Nijhoff Publishers，2006，pp. 93 – 96；Sienho Yee，"Notes on the International Court of Justice (Part 2)：Reform Proposals Regarding the International Court of Justice—A Preliminary Report for the International Law Association Study Group on United Nations Reform"，*Chinese Journal of International Law*，Vol. 8，No. 1，2009，pp. 181 – 189.

③ 2004 年 7 月，国际法律协会"国际法院和法庭的实践与程序研究小组"与"国际法院和法庭的项目研究小组"（the Study Group of the International Law Association on the Practice and Procedure of International Courts and Tribunals，in association with the Project on International Courts and Tribunals）共同推出了《伯格豪斯国际司法机构独立原则》（The Burgh House Principles on the Independence of the International Judiciary）的报告。详见 http：//www. pict-pcti. org/activities/Burgh％ 20House％ 20English. pdf。

的生命、继承、所有物或金钱等的诉讼的决定，不是根据自然理性，而是根据有关法的技术理性和判断。对法的这种认识有赖于长年的、在研究和经验中才得以获得的技术。"詹姆士一世认为："如此，则国王被置于法律之下，汝等的主张应当以叛逆罪论处！"柯克回应道："布莱克斯通有句至理名言，'国王贵居万众之上，却应该受制于上帝和法律。'因此，国王以本人身份不能裁判任何案件，正义、自由与权利应由司法来保障。"①

不过，一般认为作为现代法治基本原则的司法独立，是源于孟德斯鸠的权力分立和制衡理论。孟德斯鸠在其名著《论法的精神》中明确指出："一切有权力的人都容易滥用权力，这是万古不易的一条经验。有权力的人们使用权力一直到遇有界限的地方才休止。说也奇怪，就是品德本身也是需要界限的！从事物的性质来说，要防止滥用权力，就必须以权力约束权力。我们可以有一种政制，不强迫任何人去做法律所不强制他做的事，也不禁止任何人去做法律所许可的事"；"当立法权和行政权集中在同一个人或同一机关之手，自由便不复存在了，因为人们将要害怕这个国王或议会制定暴虐的法律，并暴虐地执行这些法律。如果司法权不同立法权和行政权分立，自由也就不存在了。如果司法权同立法权合而为一，则将对公民的生命和自由施行专断的权力，因为法官就是立法者。如果司法权同行政权合而为一，法官便将握有压迫者的力量。如果同一个人或是由重要人物、贵族或平民组成的同一个机关行使这三种权力，即制定法律权、执行公共决议权和裁判私人犯罪或争诉权，则一切便都完了——同一个机关，既是法律执行者，又享有立法者的全部权力。它可以用它的'一般的意志'去蹂躏全国；因为它还有司法权，它又可以用它的'个别的意志'去毁灭每一个公民。"②

因此，司法独立原则是指"在司法活动中，以规范司法机关及其法官，依据宪法和法律赋予的权力，独立进行司法活动为内容的基本法律规范。它包括以下三个方面的内容。第一，司法独立原则的主体，包括两种类型：一是权利主体，指司法独立原则的直接受益者，主要是指司法机关及其法官；二是义务主体，即有义务保障司法权独立行使的主体，具体是指立法机关、行政机关及其工作人员。第二，司法独立原则的客体，是指司法活动本身。第三，司法独立原则的适用范围，一般是指审判阶段，但在刑事诉讼中，还应包括侦查及起诉阶段"③。

（二）司法独立原则是世界各国的一项宪法原则

目前，司法独立原则已经成为世界上绝大多数国家所奉行的一项宪法原则。例如，美国宪法第 1 条第 1 款规定，"本宪法所规定的立法权，全属合众国的国会，国会由一个参议院和一个众议院组成"；第 2 条第 1 款规定，"行政权力赋予美利坚

---

① 李德海：《论司法独立》，载《法律科学》，2000 (1)。
② ［法］孟德斯鸠：《论法的精神》，上册，张雁深译，154~156 页，北京，商务印书馆，1997。
③ 房国宾：《司法独立原则解读》，载《贵州社会科学》，2006 (5)。

合众国总统"；第 3 条规定，"合众国的司法权属于一个最高法院以及由国会随时下令设立的低级法院。最高法院和低级法院的法官，如果尽忠职守，应继续任职，并按期接受俸给作为其服务之报酬，在其继续任职期间，该项俸给不得削减。司法权适用的范围，应包括在本宪法、合众国法律和合众国已订的及将订的条约之下发生的一切涉及普通法及衡平法的案件；一切有关大使、公使及领事的案件；一切有关海上裁判权及海事裁判权的案件；合众国为当事一方的诉讼；州与州之间的诉讼，州与另一州的公民之间的诉讼，一州公民与另一州公民之间的诉讼，同州公民之间为不同之州所让与之土地而争执的诉讼，以及一州或其公民与外国政府、公民或其属民之间的诉讼"。可见，在美国，法院不但独立行使司法权，而且对宪法的实施亦有监督和保障权。

法国宪法第 64 条规定："共和国总统是司法机关独立的保障者，司法官的地位由组织法规定，审判官是终身职。"《德意志联邦共和国基本法》第 92 条规定，"司法权委托法官行使，联邦宪法法院和本基本法规定的各联邦法院和各州法院行使司法权"；第 97 条是有关"法官的独立性"的条款，它明确规定，"法官享有独立的地位，只服从法律"。日本宪法第 76 条规定，"一切司法权属于最高法院及由法律规定设置的下级法院；不得设置特别法院，行政机关不得施行作为终审的判决；所有法官依良心独立行使职权，只受本宪法及法律的拘束"；第 78 条规定，"法官除因身心故障经法院决定为不适于执行职务者外，非经正式弹劾不得罢免。法官的惩戒处分不得由行政机关行使之"。

综上可见，作为现代法治最基本的原则之一，司法独立原则的实质在于司法机关在行使司法权时只服从法律，而不受随意性的干扰和阻碍。

（三）司法独立原则得到了国际法律文件的确认

"随着国际司法机构的增加和其所发挥作用的日益重要，司法独立作为一项法律理念，已经逐渐从国内原则上升到国际制度。"① 司法独立得到了国际法律文件的确认。

《联合宪章》序言庄严宣告："我联合国人民同兹决心：……重申基本人权，人格尊严与价值，以及男女与大小各国平等权利之信念，创造适当环境，俾克维持正义，尊重由条约与国际法其他渊源而起之义务，久而弗懈；促成大自由中之社会进步及较善之民生……"虽然《联合宪章》没有明确提出司法独立原则，但它是《联合宪章》序言所隐含的目标之一，因为司法独立原则是实现社会正义的前提。

1948 年《世界人权宣言》对独立审判权和司法救济权作了明确规定。例如，该宣言第 10 条规定，"人人完全平等地有权由一个独立而无偏倚的法庭进行公正的和公开的审讯，以确定他的权利和义务并判定对他提出的任何刑事指控"；第 8 条规定，"任何人当宪法或法律所赋予他的基本权利遭受侵害时，有权由合格的国家

---

① 赵海峰等：《国际司法制度初论》，167 页，北京，北京大学出版社，2006。

法庭对这种侵害行为作有效的补救"。

1966 年联合国在《世界人权宣言》的基础上通过了一项公约——《公民权利和政治权利国际公约》。《公民权利和政治权利国际公约》进一步强调了司法独立原则。例如，该公约的序言明确宣布：本公约缔约各国，考虑到按照《联合国宪章》所宣布的原则，对人类家庭所有成员的固有尊严及其平等的和不移的权利的承认，乃是世界自由、正义与和平的基础，确认这些权利是源于人身的固有尊严，确认按照《世界人权宣言》，只有在创造了使人人可以享有其公民和政治权利，正如享有其经济、社会和文化权利一样的条件的情况下，才能实现自由人类享有公民及政治自由和免于恐惧和匮乏的自由的理想，考虑到各国根据《联合国宪章》负有义务促进对人的权利和自由的普遍尊重和遵行，认识到个人对其他个人和对他所属的社会负有义务，应为促进和遵行本公约所承认的权利而努力……第 14 条规定：（1）所有的人在法庭和裁判所前一律平等。在判定对任何人提出的任何刑事指控或确定他在一件诉讼案中的权利和义务时，人人有资格由一个依法设立的合格的、独立的和无偏倚的法庭进行公正的和公开的审讯。由于民主社会中的道德的、公共秩序的或国家安全的理由，或当诉讼当事人的私生活的利益有此需要时，或在特殊情况下法庭认为公开审判会损害司法利益因而严格需要的限度下，可不使记者和公众出席全部或部分审判；但对刑事案件或法律诉讼的任何判决应公开宣布，除非少年的利益另有要求或者诉讼系有关儿童监护权的婚姻争端。（2）凡受刑事控告者，在未依法证实有罪之前，应有权被视为无罪。（3）在判定对他提出的任何刑事指控时，人人完全平等地有资格享受以下的最低限度的保证：（甲）迅速以一种他懂得的语言详细地告知对他提出的指控的性质和原因；（乙）有相当时间和便利准备他的辩护并与他自己选择的律师联络；（丙）受审时间不被无故拖延；（丁）出席受审并亲自替自己辩护或经由他自己所选择的法律援助进行辩护；如果他没有法律援助，要通知他享有这种权利；在司法利益有此需要的案件中，为他指定法律援助，而在他没有足够能力偿付法律援助的案件中，不要他自己付费；（戊）讯问或业已讯问对他不利的证人，并使对他有利的证人在与对他不利的证人相同的条件下出庭和受讯问；（己）如他不懂或不会说法庭上所用的语言，能免费获得译员的援助；（庚）不被强迫作不利于他自己的证言或强迫承认犯罪。（4）对少年的案件，在程序上应考虑到他们的年龄和帮助他们重新做人的需要。（5）凡被判定有罪者，应有权由一个较高级法庭对其定罪及刑罚依法进行复审。（6）在一人按照最后决定已被判定犯刑事罪而其后根据新的或新发现的事实确实表明发生误审，他的定罪被推翻或被赦免的情况下，因这种定罪而受刑罚的人应依法得到赔偿，除非经证明当时不知道的事实的未被及时揭露完全是或部分是由于他自己的缘故。（7）任何人已依一国的法律及刑事程序被最后定罪或宣告无罪者，不得就同一罪名再予审判或惩罚。

1980 年，第六届联合国预防犯罪和罪犯待遇大会在其第 16 号决议中明确要求犯罪预防和控制委员会，把拟定有关法官的独立以及法官和检察官的甄选、专业训练和地位的准则，列为优先事项。①

1983 年 6 月，在加拿大蒙特利尔举行的世界司法独立第一次会议上通过的《世界司法独立宣言》，首次用一节的篇幅规定了有关国际法官独立的事项。② 国际法官的独立，是国际司法机构的权威性和公正性的基础，也是维护国际司法机构独立性的重要保障。

1985 年，第七届联合国预防犯罪和罪犯待遇大会通过了《联合国关于司法机关独立的基本原则》（The United Nations Basic Principles on the Independence of the Judiciary）。它较为系统地规定了司法独立的一般标准。

第一，司法机关的独立。各国应保证司法机关的独立，并将此项原则正式载入其本国的宪法或法律之中。尊重并遵守司法机关的独立，是各国政府机构及其他机构的职责。司法机关应不偏不倚，以事实为根据并依法律规定来裁决其所受理的案件，而不应有任何约束，也不应为任何直接间接不当影响、怂恿、压力、威胁或干涉所左右，不论其来自何方或出于何种理由。司法机关应对所有司法性质问题享有管辖权，并应拥有绝对权威就某一提交其裁决的问题按照法律是否属于其权力范围作出决定。不应对司法程序进行任何不适当或无根据的干涉；法院作出的司法裁决也不应加以修改。此项原则不影响由有关当局根据法律对司法机关的判决所进行的司法检查或采取的减罪或减刑措施。人人有权接受普通法院或法庭按照业已确立的法律程序的审讯。不应设立不采用业已确立的正当法律程序的法庭来取代应属于普通法院或法庭的管辖权。司法机关独立的原则授权并要求司法机关确保司法程序公平进行以及各当事方的权利得到尊重。向司法机关提供充足的资源，以使之得以适当地履行其职责，是每一会员国的义务。

第二，资格、甄选和培训。获甄选担任司法职位的人，应是受过适当法律训练或在法律方面具有一定资历的正直、有能力的人。任何甄选司法人员的方法，都不应有基于不适当的动机任命司法人员的情形。在甄选法官时，不得有基于种族、肤色、性别、宗教、政治或其他见解、民族本源或社会出身、财产、血统或身份的任何歧视，但司法职位的候选人必须是有关国家的国民这一点不得被视为一种歧视。

第三，服务条件和任期。法官的任期、法官的独立性、保障、充分的报酬、服务条件、退休金和退休年龄应当受到法律保障。无论是任命的还是选出的法官，其任期都应当得到保证，直到法定退休年龄或者在有任期情况下直到其任期届满。如有法官晋升制度，法官的晋升应以客观因素，特别是能力、操守和经验为基础。向法院属下的法官分配案件，是司法机关的内部事务。③

值得注意的是，20 世纪 90 年代以后，一些区域性国际组织也开始关注司法独立问题，并出现了一些有关区域性的国际立法文件。例如，1995 年 8 月，34 个亚

---

① 参见信春鹰等：《依法治国与司法改革》，151 页，北京，中国法制出版社，1999。
② 参见王林彬：《国际司法程序价值论》，91 页，北京，法律出版社，2009。
③ 参见联合国大会 1985 年 11 月 29 日第 40/32 号决议。

太国家最高法院院长（或首席法官）在北京签署了《关于司法独立的宣言》（又称《北京宣言》）。《北京宣言》明确指出，司法机关应该在公正地分析事实和理解法律的基础上依法审理案件，而不应该受到其他任何因素直接或间接的影响；司法机关对一切具有司法性质的问题，享有司法管辖权。

无疑，国际法院司法独立也应遵循上述基本原则的规定，满足一般标准的要求。

二、国际法院司法独立：客观要求与制度保障

（一）司法独立是国际法院运作的基本原则

今天，无论是全球性的司法机构，还是临时性的特设法庭，抑或准司法机构，其基本的组织约章都包含了司法独立原则的条款。因此，司法独立原则已经成为包括国际法院在内的现代国际司法机构运作的内在要求和基本原则。

（二）国际法院司法独立的制度保障

除《联合国宪章》第十四章对国际法院的职能作出专门的原则性规定以外，《国际法院规约》（以下简称《规约》）（既是《联合国宪章》的组成部分，也是国际法院的基本文件）的相关规定，为国际法院的司法独立提供了制度保障。

1. 法官独立

马克思曾经指出："法官除了法律就没有别的上司……独立的法官既不属于自我，也不属于政府。"[①]《规约》第 2 条规定："法院以独立法官若干人组织之。此项法官应不论国籍。"这是对国际法院法官独立性的基本要求。换言之，法官虽然由各国团体提名并来自某个国家，但是在国际法院并不是代表某个国家的意志的。同时，国际法院对于获得担任法官资格的人要求很高。《规约》第 2 条规定："……就品格高尚并在各本国具有最高司法职位之任命资格或公认为国际法之法学家中选举之。"此外，法官的职位相当稳定，每一任期长达 9 年，连选可以连任；并且除由其他法官一致认为某一法官不复适合必要条件外，该法官不能被免职（《规约》第 13、18 条）。可见，《规约》的上述规定是符合保证国际司法机构独立性的传统做法的。[②] 诚如美国学者亨利·卢米斯所说："在法官作出判决的瞬间，被别的观点，或者被任何形式的外部权势或压力所控制或影响，法官就不复存在了。宣布决定的法官，其作出的决定哪怕是受到其他意志的微小影响，他也就不是法官了——法院必须摆脱胁迫，不受任何控制和影响，否则它们便不再是法

---

① 《马克思恩格斯全集》，2 版，第 1 卷，180～181 页，北京，人民出版社，1995。

② See Jose E. Alvarez, *International Organization as Law-Makers*, Oxford University Press, 2005, p. 747.

院了。"①

2. 机构独立

国际法院虽为联合国的主要司法机关，但它在法律地位上与联合国大会、安理会、经社理事会、托管理事会和秘书处等联合国其他五大机关是平等的。在联合国系统内，没有凌驾于国际法院之上的机构。事实上，国际法院的组织管理工作，均由国际法院自己负责，而不受制于任何其他机构。例如，《规约》第21条第2项规定："法院应委派书记官长，并得酌派其他必要之职员"。另外，法官于执行法院职务时，还享受外交特权及豁免（《规约》第19条）。

3. 运作程序独立

首先是工作原则。国际法院法官在就职前应在公开法庭郑重宣誓，"本人必当秉公竭诚行使职权"（《规约》第20条）。其次是职业禁止。《规约》第16、17条分别规定，国际法院的法官不得行使任何政治或行政职务，或执行任何其他职业性质之任务；法官对于任何案件，不得充任代理人、律师或顾问（辅佐人）。这一规定，主要是为了使法官摆脱政治影响或有关案件的影响以及外界的干扰等。再次是回避制度。《规约》第17条要求，如果法官曾经担任某一案件当事方的代理人、律师或顾问（辅佐人），或者作为国内法院或国际法院的法官或调查委员会委员或以其他资格参加该案件，那么该法官就不得参与该案件的裁决。最后是独立审议和裁决。"秘密审议是保证司法独立的关键"②，因此，《规约》第54条第3项规定："法官之评议应秘密为之，并永守秘密。"此外，任何法官在审理案件过程中，还可以独立发表自己的法律意见。

综上可见，《规约》的上述规定和程序设计，都是"为了保证司法独立，并使国际法院的决定具有更高的威信，使各国能信赖国际法院"③。

三、国际法院司法独立：困境及其成因

（一）国际法院司法独立的困境

虽然国际法院把司法独立原则作为其基本的价值追求，并且《规约》也为国际法院的司法独立提供了制度保障，但是由于诸多因素的影响，国际法院的司法独立还是不尽如人意。国际法院司法独立的困境，主要体现在以下几个方面。

1. 国际法院法官的结构问题

首先，在国际法院成立之初，来自欧美国家的法官人数较多。④ 后来，这种局

① [英] 罗杰·科特威尔：《法律社会学导论》，潘大松等译，236～237页，北京，华夏出版社，1989。
② Gilbert Guillaume, "Some Thoughts on the Independence of International Judges Vis-à-vis States", *The Law and Practice of International Courts and Tribunals*, Vol. 2, 2003, p. 165.
③ 施觉怀：《国际法院》，24页，苏州，苏州大学出版社，1993。
④ 在国际法院成立后的前20年，共选出38名法官，其中亚洲6名，非洲2名。

面有所改观，并逐渐形成一个 15 名法官按照地区进行分配的惯例，即：亚洲 3 人，非洲 3 人，东欧 2 人，西欧 4 人，美洲、澳大利亚 3 人。从 20 世纪 70 年代以来，15 名法官的席位分配，一般为：美、英、法、苏联各 1 席，亚洲国家 3 席，非洲国家 3 席，拉丁美洲国家 2 席，东欧国家 1 席，西欧及其他地区 2 席。① 其次，国际法院规模的设置是否要反映联合国会员国数目的变化。因为联合国会员国已由最初的 51 个增加到目前的 193 个，所以有学者提出应增加国际法院法官的人数。"法官人数的增加，可以使更多国家有机会直接参加国际法院的司法活动，可以提高法院审判案件的公正程度，最终必然有助于增强国际社会对法院的普遍信任。"② 最后，国际法院法官的性别平衡问题。自从国际法院（包括常设国际法院）成立以来，只有两位女法官——希金斯（Rosalyn Higgins）和薛捍勤，一位女专案法官（Judge ad hoc）——巴斯提德（Mme S. Bastid）。

2. 主权国家利用国际法院的积极性不高

常设国际法院在其 18 年的司法活动中，共处理了 66 起案件，包括诉讼案件和咨询案件，平均每年达 4 件左右。而国际法院自 1946 年 4 月 1 日开始工作以来，只审理了 100 多个案件。③ 其中约 80% 的是国家之间的诉讼案件，约 20% 的是联合国机关或专门机构要求发表咨询意见的案件。平均每年的案件仅 2 件左右。特别是，"从 1971 年 6 月 22 日到 1971 年 8 月 30 日，法院甚至干脆停摆，因为当时已没有任何提交到法院的案件"④。主权国家利用国际法院的积极性不高，原因是多方面的，但不能否认的一个重要因素是，一些国家对国际法院不信任，对国际法院的司法独立持怀疑态度。

3. 国际法院的一些判决或咨询意见引发较大争议

例如，国际法院在 1966 年"西南非洲案"第二阶段的判决中，作出了明显偏袒南非的判决。⑤ 2010 年，国际法院就"科索沃单方面宣布独立是否符合国际法问题"发表的咨询意见⑥，对此世界各国也有不同的看法，存在较大分歧。上述判决

---

① 有学者认为：多数国际法官所期待的和实际上的"独立性"是值得怀疑的，即便对于国际法院的法官来说，他们是否在较大程度上独立于据以选举或重新选举他们的显然具有政治性的进程，也是值得怀疑的。国际法院法官选举中实际上采取的地区配额，意味着不论是常任法官还是专案法官的选举，国籍都是一个非常重要的因素。See Jose E. Alvarez, *International Organization as Law-Makers*, Oxford University Press, 2005, p. 851.

② 叶兴平：《和平解决国际争端》，修订本，142 页，北京，法律出版社，2008。

③ 截至 2021 年 6 月，国际法院已收到的案件总数为：诉讼案 136 件，咨询案为 27 件。参见 http://www.icj-cij.org/docket/index。

④ 贺其治：《国际法院在争端解决中的角色》，载《中国国际法年刊》，2005，6 页。

⑤ See South West Africa Cases (Ethiopia v. South Africa, Liberia v. South Africa) Second Phase, Judgment of 18 July 1966, available at http://www.icj-cij.org/docket/files/47/4955.pdf.

⑥ See "Accordance with International Law of the Unilateral Declaration of Independence in Respect of Kosovo (Request for Advisory Opinion)", 22 July 2010, available at http://www.icj-cij.org/docket/files/141/15987.pdf.

或咨询意见，不但反映了国际法院的判决受大国政治的干扰，而且也加深了主权国家对国际法院司法独立的忧虑。

（二）影响国际法院司法独立的因素

影响国际法院司法独立的因素，主要涉及以下两个方面。

1. 先天局限

（1）国际法院仅为联合国的六大机构之一，不是严格意义上的国际组织。国际法院只是联合国的一个机关，虽然有一定的司法独立性，但还不能说是"一个严格意义上的国际组织"①。《联合国宪章》第92条规定："国际法院为联合国之主要司法机关，应依所附规约执行其职务。该项规约系以国际常设法院之规约为根据并为本宪章之构成部分。"之所以将国际法院与联合国结合在一起，是因为存在着这样一种认识，即以维持和平为主要目的的联合国，有必要让依法解决争端的国际法院承担起联合国处理国际争端的主要职能。因此，当时联合国的创建者宣称："由于国际法院的建立，联合国在一个饱经战乱的世界面前，高举起正义和法律的火炬，使法律和秩序取代战争和暴力统治成为现实基础"②。国际法院与联合国系统之间的联系还表现在：联合国大会或安理会对于任何法律问题得请国际法院发表咨询意见；联合国其他机关和各种专门机构，对于其工作范围内的任何法律问题，经大会授权，也可请国际法院发表咨询意见。

（2）国际法院与安理会的关系颇为复杂。安理会是联合国在维持国际和平与安全方面负主要责任的机关，因此，如何处理安理会与国际法院的关系，对于保证国际法院的司法独立至关重要。③ 一般来讲，安理会发挥的是"政治性职能"，而国际法院承担的是"纯粹的司法性职能"，两者能就同一争端担负起"各自独立但又互为补充的职能"④。换言之，安理会就解决国际争端提出建议时，应注意，凡具有法律性质的争端，原则上应由当事国依《规约》提交国际法院。安理会也可以促请争端当事国，以包括司法途径在内的和平方法解决其争端。遇有当事国一方不履行由国际法院判决所确定的义务时，他方得向安理会申诉。安理会认为必要时，得作出建议或决定应采取的办法，以执行判决。然而，由于《联合国宪章》没有明确规定安理会与国际法院在处理同一争端时的优先地位关系，因而在实践中出现了国际法院在安理会面前退让的情况。例如，在"洛克比空难案"中，国际法院以安理会有关命令引渡爆炸嫌疑犯的第748号决议为由，拒绝利比亚根据《关于制止危害民用航空安全的非法行为的公约》《蒙特利尔公约》所提出的临时保全措施的请求。⑤ 有学者认为，国际法院拒绝利比亚的申请，究竟是考虑到由于存在安理会的

---

① 杨泽伟主编：《联合国改革的国际法问题研究》，193页，武汉，武汉大学出版社，2009。
② *Documents of the United Nations Conference on International Organization*，Vol. 13，1945，p. 381.
③ 参见王林彬：《国际司法程序价值论》，107页，北京，法律出版社，2009。
④ ICJ Reports，1984，pp. 431－436.
⑤ See ICJ Reports，1992，pp. 15，126－127.

决议，临时保全措施已经无法产生效果，还是为了避免与安理会决议相冲突，这一点似乎并不十分明确，但无论如何，国际法院在这里采取了没有必要的保守立场。[①]

总之，鉴于国际法院在司法独立方面这种先天的局限，有学者建议，"如果认为国际法院作为司法机关应该以不受到联合国的政治命运之影响的形式发挥作用和存在的话，那么不与联合国在组织上结合，才是国际法院应有的姿态"[②]。

2. 后天影响

国际法院的司法独立，除了受上述结构性的内在缺陷的影响以外，还受到了以下因素的制约。

(1) 大国政治。

自从 1815 年维也纳会议以来，国际社会中一直存在着"大国"：它们在国际法中享有特权，它们与其他国家之间的关系在法律上并不是平等的，法律上的平等关系只能维系在这些"大国"之间。[③] 大国政治对国际法院司法独立的影响，也非常明显。

首先，现代国际司法的产生，反映了大国政治的影响。[④] 常设国际法院的创立者本来计划建立一个随时可以受理国家间争端的法院，但遭到大国的反对，其理由是它将削弱国家主权。同样，在 1945 年旧金山会议上，多数中小国家支持接受国际法院的某种强制管辖权，而主要大国，特别是美国、苏联，没有准备接受这个在国际实践中有深远意义的创举，因而"任择条款"仍然被保留下来。[⑤]

其次，在当今国际法院已经受理的案件中，大国为当事国一方的为数不多，最终通过国际法院判决的方式予以解决的则更少。目前在联合国安理会五大常任理事国中，只有英国接受了国际法院的强制管辖权。[⑥]

最后，国际法院的司法实践与联合国审议的各种政治问题紧密相连。例如，无论是国际法院成立初期的"科孚海峡案""接纳联合国新会员国案的咨询意见"，还是 2010 年"科索沃单方面宣布独立是否符合国际法问题的咨询意见"，都带有浓厚的东西方关系色彩，或者直接反映了大国政治的现实。因此，国际法院的一些法官

---

① See R. St. J. Macdonald, "Changing Relations between the International Court of Justice and the Security Council of the United Nations", *Canadian Yearbook of International Law*, Vol. 31, 1993, p. 13.

② ［日］杉原高嶺：《国际司法裁判制度》，王志安、易平译，42 页，北京，中国政法大学出版社，2007。

③ 参见［澳］杰里·辛普森：《大国与法外国家：国际法律秩序中不平等的主权》，朱利江译，1 页，北京，北京大学出版社，2008。

④ 参见苏晓宏：《变动世界中的国际司法》，113 页，北京，北京大学出版社，2005。

⑤ 参见贺其治：《国际法院在争端解决中的角色》，载《中国国际法年刊》，2005，4 页。

⑥ 苏联和如今的俄罗斯，从未接受国际法院的强制管辖权；中华人民共和国在恢复联合国的合法席位后不久，于 1972 年 9 月 5 日宣布"不承认过去中国政府 1946 年 10 月 26 日关于接受国际法院强制管辖权的声明"；法国曾经接受国际法院的强制管辖权，但于 1974 年 10 月 2 日在拒绝参加"核试验案"出庭后终止了其声明；美国则于 1985 年 10 月 7 日在国际法院审理"尼加拉瓜诉美国案"的过程中，终止了其对国际法院强制管辖权的承认。

呼吁："不要把（国际）法院作政治斗争的工具"①。

另外，一些国家还把国际法院作为一种外交手段的延伸。无论是冷战前还是冷战后，即便是最具司法性的国际法院所利用的手段，与政治机构所利用的手段也不总是不相同的。例如，尼加拉瓜在1986年诉诸国际法院，就像美国诉诸国际法院寻求解决1979年在伊朗发生的劫持人质事件，伊朗就美国破坏石油平台而诉诸国际法院，利比亚因洛克比空难事件而把英国与美国告到国际法院，以及波斯尼亚声称南斯拉夫纵容种族灭绝而诉诸国际法院一样，所有这些都表明国际法院作为国际社会中最重要的法院是非常重要的政治谈判的组成部分。②

综上可见，"从国际关系的角度看，国家间争端通过和平方法，包括司法解决方法解决的趋势在增长，但是实力、霸权、强权仍是障碍，也不可能通过国际司法解决的方法的改进而消失"③。

（2）国家利益。

国际法院是建立在保持国家利益微妙平衡的基础上的。④ 由于国际法院不是超国家机构，它既不能制定各国普遍接受的法律，也没有强制执行的机关，因而其管辖权只能建立在主权国家"同意"的基础上，主权国家的意愿和利益也不能不在其中有所反映和体现。出于国际合作的需要，主权国家在一定条件下自愿地和有限度地限制其主权权力，以接受国际法院的管辖权；而基于对国家利益的考虑，主权国家也不可能无条件地接受国际法院的管辖和处置。因此，主权国家对国际法院强制管辖权的态度都十分慎重⑤，大多数国家在接受国际法院强制管辖权的声明中还附有各种条件和保留，例如：美国声称对"美国自己认为是本质上属于国内管辖事项"，不适用《规约》第36条第2款；法国也对"法国政府理解为本质上属于国内管辖之事项"予以保留；英国则把根据第二次世界大战期间的事实而产生的争端排除在其接受强制管辖权的范围之外。事实上，在涉及国家根本利益的问题上，主权国家对国际法院的组成、适用法律以及法官的公正性等，会有更深的疑虑，国际法院的司法独立更受考验。

此外，一些学者认为，国际法院受理的案件以及国际法院的一些法官与政府的密切关系，也使人们对司法独立产生了怀疑，甚至认为"国际法院存在幕后黑手

---

① 柯列茨克法官的"异议意见"，载《苏联国际法年刊》，俄文版，1963。转引自黄嘉华、孙林、周晓林：《国际法院的回顾与展望》，载《中国国际法年刊》，1986，39页。

② See Robert O. Keohane, Andrew Moravcsik and Anne-Marie Slaughter, "Legalized Dispute Settlement: Interstate and Transnational", *International Organizations*, Vol. 54, 2000, p. 481.

③ 孙林、高燕平：《加强国际法院作用的探索：现实与期望》，载《中国国际法年刊》，1989，20页。

④ See Onuma Yasuaki, "Is the International Court of Justice an Emperor Without Clothes?", *International Legal Theory*, Vol. 8, No. 1, 2002, p. 3.

⑤ 根据2016年《国际法院的报告》，截至2022年1月31日，有193个国家为《规约》的缔约国，其中只有73个国家根据《规约》第36条第2款向联合国秘书长交存了承认国际法院强制管辖权的声明，仅略多于《规约》缔约国总数的1/3。参见 http://www.icj-cij.org/court/en/reports/report_2015—2016.pdf。

(ICJ mafia)"①。

(3) 文化因素。

虽然国际法院在法官的组成方面考虑到了"法系和文化的分布"，并在《规约》第9条明确规定："每次选举时，选举人不独应注意被选人必须各具必要资格，并应注意务使法官全体确能代表世界各大文化及各主要法系"，但是文化因素对国际法院司法独立的影响还是不可否认的。一方面，近代国际法源于欧洲，是基督教文明的产物。长期以来，第三世界国家坚持认为，国际法院适用的国际法反映的是欧美发达国家的利益，部分法律是殖民主义的产物。这也是第三世界国家对国际法院缺乏信任的重要原因。② 另一方面，国际法院的法官虽然具有独立的身份，但是每个法官的教育背景、法系和文化，以及其所处的政治与社会环境等若干潜在因素的影响，都不是他（她）们自身所能克服和消除的。况且，英美法系或大陆法系是大多数亚非国家法律体系的基础。因此，欧美国家的法律文化和价值取向在国际法院的主导地位，无疑给国际法院的司法独立蒙上了一层阴影。

四、国际法院司法独立：发展与完善

目前关于国际法院司法独立的改革方案多种多样：既有各国政府和国际法院自身的正式文件，也有民间团体和学者的对策、建议。③ 未来国际法院司法独立的发展与完善，主要涉及以下内容。

（一）法官的组成与任职资格

为了保证国际法院具有"更加均衡的代表性"，有人主张以18人为上限来增加法官的人数。④ 然而，就国际法院的工作效率而言，增员没有必要。因为当前还没有出现因人数不够而导致案件大量积压的情况。另外，法官人数的增加还有可能影响法官评议的水平。因此，现今的15人制或许是国际法院"运作的最高人数"⑤。

---

① J. G. Merrills, *International Dispute Settlement*, Cambridge University Press，1998，p. 138；Alain Pellet，"The Role of the International Lawyer in International Litigation"，January 15，1998.

② 参见［英］威廉斯：《欠发达国家对国际法院的态度》，英文版，11～13页，1976。转引自孙林、高燕平：《加强国际法院作用的探索：现实与期望》，载《中国国际法年刊》，1989，5页。

③ See Sienho Yee, "Notes on the International Court of Justice（Part 2）：Reform Proposals Regarding the International Court of Justice—A Preliminary Report for the International Law Association Study Group on United Nations Reform"，*Chinese Journal of International Law*，Vol. 8，No. 1，2009，p. 182.

④ See P. J. Allott, *International Court of Justice*, *International Disputes：The Legal Aspects*，1972，pp. 139 - 140.

⑤ R. Y. Jennings, "The International Court of Justice after Fifty Years"，*American Journal of International Law*，Vol. 89，1995，p. 497.

关于法官的选任条件中"最高司法职位之任命资格"的要求，一方面体现出较为浓厚的政治色彩，有关的候选人一般是在该国担任过重要的政治、司法或外交职务；另一方面"在其本国具有最高司法职位之任命资格"者，不一定通晓国际法。诚如国际法院前法官菲茨莫里斯（Fitzmaurice）所言："按照《规约》第 2 条规定选出的国际法院法官，其中颇大一部分并无国际法知识，须在选进该法院后从头学起，因此该条规定须适当修改，以使国际法院的组成能达到熟悉国际法的法官不少于总数的 1/5 或 2/3。"① 因此，国际法院不应将"最高司法职位之任命资格"作为遴选其法官的主要任职资格，而应侧重其国际法的专业背景。

（二）法官的任期

法官的任期也是与法官的独立性密切相关的一个问题。鉴于在大多数国家法官都是终身任职，有学者主张，"国际法院法官终身任职，既可以让法官消除在未来事业上的雄心，将其余生都奉献给司法岗位，也避免法官因物质利益而分心"②。不过，笔者认为，从目前国际司法机构的实践和国际关系的现实来看，实行国际法院法官终身制的条件还不太成熟，而把法官的任期由目前的 9 年延长至 12 年～15 年、不得连任且在选举时年龄不应超过 70 岁的做法③，可能更加切实可行，因为这种方式，既可以减少政治因素的影响，也可以做到人尽其才。

（三）法官的选举

国际法院法官的选举，带有强烈的政治色彩。特别是在 1966 年国际法院"西南非洲案"后，有的国家曾经明确表示，今后在法官选举中要考虑法官国籍国的政治态度。④ 1971 年《关于重新审视国际法院问题的美国的回答》也指出："（国际法院法官）候选人的提名以及选举程序，都屈服于强大的政治压力，在好些国家里引起了对国际法院独立性和客观性的怀疑。"⑤ 然而，现行的选举制度反映了国际社会的政治性均衡。⑥ 它既顾及了大国的利益，保证了安理会五大常任理事国当然拥

---

① G. Fitzmaurice, *The Future of Public International Law*, Kluwer Publishers, 1973, p. 236.
② Chester Brown, "The Evolution and Application of Rules Concerning Independence of The International Judiciary", *The Law and Practice of International Courts and Tribunals*, Vol. 2, 2003, p. 77.
③ See ABILA Committee on Intergovernmental Settlement of Disputes, "Reforming the United Nations: What About the International Court of Justice?", *Chinese Journal of International Law*, Vol. 5, No. 1, 2006, pp. 50 – 52.
④ 参见第 21 届联合国大会会议正式记录，第 1439 次会议，1～2 页。
⑤ ［日］杉原高嶺：《国际司法裁判制度》，王志安、易平译，53 页，北京，中国政法大学出版社，2007。
⑥ 人们对于选举和重新选举国际法院法官的政治过程提出了批评，这一政治过程涉及安理会、大会以及联合国会员国的"国内团体"的参与，包括事实上确保所有安理会常任理事国在国际法院中都有其公民担任法官。由于这些原因，一些人把国际争端解决者的"公正性"与国内法院的"公正性"区别开来，并认为，在国际裁判中公正性与其说是每个仲裁员或法官个体的中立性，还不如说是组建与平衡整个法庭的一种功能。See Richard B. Bilder, "International Dispute Settlement and the Role of International Adjudication", in Lori Damrosch ed., *The International Court of Justice at a Crossroads*, Transnational Publishers, 1987, p. 161.

有具有本国国籍的法官，也体现了各大法系的代表性，已当选的法官在具体案件中也很少出现不依国际法裁判的特例。因此，对目前国际法院法官的选举制度进行根本性的改革，似乎不太现实。

（四）回避制度

实行回避制度，是为了保证法官能公正地办案，避免可能会受过去以特定身份参加有关案件时形成的观点的影响。在国际法院的实践中，因在被任命为国际法院法官之前曾经以某种资格从事过有关同一案件的工作而进行回避的例子很多，如"柏威夏寺案"中的杰塞普法官、"巴塞罗那电力公司案"中的扎弗鲁拉法官等。值得注意的是，回避的标准应该是国际法院的法官是否以前参与该案件，而不是是否为本国政府的利益从事过活动。①

（五）专案法官

《规约》第31条规定："属于诉讼当事国国籍之法官，于法院受理该诉讼案件时，保有其参与之权。法院受理案件，如法官中有属于一方当事国之国籍者，任何他方当事国得选派1人为法官，参与该案……法院受理案件，如当事国均无本国国籍法官时，各当事国均得依本条第2项之规定选派法官1人。"这是"专案法官"（Judge ad hoc）制度的法律依据。通过专案法官，可以把双方当事国的主张和利害关系准确地传达给国际法院并使之得到充分的理解。然而，国际社会对专案法官制度的批评也越来越多。例如，联合国大会第六委员会的某些成员在1970年至1974年关于法院作用的讨论中阐述了这样的观点："这种制度是旧的仲裁程序的残存物，它的根据仅仅是国际司法管辖权还是个新的事物，毫无疑问它会随着这种管辖权的不断稳固和确立而消亡。"② 国际实践也表明，当国际法院的绝大多数法官的表决不利于某当事国时，专案法官经常是唯一的持不同意见者。③ 因此，相对于国际法院司法独立"这种崇高的价值理念而言，专案法官制度为诉讼提供的些许便利不能成为其存在的理由，专案法官制度应该废止，本国国籍的法官应该回避"④。

综上所述，为了进一步增进国际法院的司法独立，未来国际法院选举法官时应更加注重其国际法的专业背景，法官的任期可以适当延长但不得连任，专案法官制度应当废除，等等。

---

① 参见［日］杉原高嶺：《国际司法裁判制度》，王志安、易平译，64页，北京，中国政法大学出版社，2007。
② 国际法院书记处编：《国际法院》，于华译，20页，北京，中国对外翻译出版公司，1985。
③ See Forest L. Grieves，*Supranationalism and International Adjudication*，University of Illinois Press，1969，p.111.
④ 王林彬：《国际司法程序价值论》，121页，北京，法律出版社，2009。

五、国际法院司法独立：理想与现实的平衡

如前所述，国际法院的确存在司法独立的困境。国际法院的法官被认为缺乏问责性，国际组织普遍存在"民主赤字"问题。[①] 然而，国际法院七十多年的司法实践表明：在提交到法院的大多数诉讼案件中，当事方的案情曲直是基本平衡的[②]；并且在选择作出判决的程序方面，也使其能够保证多数法官可以达成一种公正和持久的结果。[③] 诚如有学者所言："没有案例表明，常设国际法院和国际法院的司法独立遭到质疑。"[④] 在国际法院中看到保障"结构上的公正"（structural impartiality）的程序，比如法官选举的相对去政治化、法官任期长、法官的资格可能会由于存在偏袒而被剥夺、公正性随着时间推移发生的发展变化，甚至包括针对专案法官以及争端当事方选择产生的专门法庭的特别规定，都会促进对公正的认知。[⑤] 事实上，从 20 世纪 80 年代末以来，主权国家对国际法院的态度已经发生了很大变化，国际法院也进入了一个"复兴"的时期。截至 2022 年 2 月 1 日，国际法院正在审理的诉讼案件数为 17 件。诉讼案件来自世界各地：目前有 2 件是欧洲国家间的案件，有 6 件是拉美国家间的案件，3 件是非洲国家间的案件，3 件是亚洲国家间的案件，另有 3 件是洲际性质的案件。这些案件所涉的问题极为多样，如领土和海洋划界、外交保护、环境问题、国家的管辖豁免、领土完整的保护、种族歧视、侵犯人权、条约的解释和适用等。[⑥] 可以预言：随着国际关系的发展变化，特别是国际法治理念的深入，今后国际法院的作用还可能会进一步增强。

国际法院七十多年的历史发展也明显昭示：国际法院的司法独立只能是理想与现实的一种平衡。换言之，未来国际法院司法独立的变革与发展，主要只能依靠国际法院本身。诚如有学者所言："应该引进国内法院的诉讼形式与程序的建议是值得怀疑的，而把一个运作成功的国际争端解决者的相关要素移植到另一个国际争端

---

① See Eric Stein, International Integration and Democracy: No Love at First Sight, *American Journal of International Law*, Vol. 95, 2001, p. 489.

② 有学者根据法官的选任方法、任期等因素，从高到低计算出许多国际司法机构的"独立性"程度。他们认为，欧洲法院与欧洲人权法院的独立性最高，美洲人权法院的独立性是中等偏上，WTO/前GATT 专家小组与国际法院的独立性为中等。See Robert O. Keohane, Andrew Moravcsik and Anne-Marie Slaughter, "Legalized Dispute Settlement: Interstate and Transnational", *International Organizations*, Vol. 54, 2000, p. 469.

③ 参见贺其治：《国际法院在争端解决中的角色》，载《中国国际法年刊》，2005，8 页。

④ Shabtai Rosenne, *The World Court: What Is It and How It Works*, Martinus Nijhoff Publishers, 1995, p. 71.

⑤ See Thomas Franck, *The Power of Legitimacy Among Nations*, Oxford University Press, 1990, p. 109.

⑥ 参见国际法院网站，https://www.icj-cij.org/en/cases。

解决者也是值得商榷的。"① 此外，"国际争端解决者的多样化也表明，在描述一般性趋势以及提出共同适用的改革建议时要慎之又慎"②。

首先，从程序方面分析，按照《规约》第69条的规定，规约的修正采用与修改《联合国宪章》相同的程序，即：修正案须经会员国 2/3 的表决并由会员国的 2/3 包括安理会全体常任理事国，各依其宪法程序批准后，方对所有会员国发生效力。因此，对《规约》的任何修改，都会面临诸多法律程序上的困难和大国政治现实的障碍。③

其次，从国际法院已经完成的改革来看，它主要是对《国际法院规则》的几次修正，而《规约》从未被正式修订过。④

最后，关于国际法院受西方法律文化的影响问题，一方面，我们要看到西方法律文化的精华是人类文明的结晶和共同智慧的产物；另一方面，可以通过增加来自发展中国家的法官的数量⑤，使国际法院真正体现"世界各大文化及各主要法系"。当然，法官数量的增加以不影响国际法院的工作效率为前提。

总之，国际法院对司法独立的价值追求，减少外部政治因素，特别是大国势力的干扰，应是国际法院自身主导改革的最大动力。

推荐阅读书目及论文

1. 苏晓宏. 变动世界中的国际司法. 北京：北京大学出版社，2005

2. 赵海峰，等. 国际司法制度初论. 北京：北京大学出版社，2006

3. ［日］杉原高嶺. 国际司法裁判制度. 王志安，易平，译. 北京：中国政法大学出版社，2007

4. 杨泽伟主编. 联合国改革的国际法问题研究. 武汉：武汉大学出版社，2009

5. 王林彬. 国际司法程序价值论. 北京：法律出版社，2009

6. 梁西. 梁著国际组织法. 修订7版. 杨泽伟，修订. 武汉：武汉大学出版社，2022

7. ［以］尤瓦·沙尼. 国际法院与法庭的竞合管辖权. 韩秀丽，译. 北京：法律出版社，2012

① Jose E. Alvarez，*International Organization as Law-Makers*，Oxford University Press，2005，p. 997.
② Jose E. Alvarez，*International Organization as Law-Makers*，Oxford University Press，2005，p. 1021.
③ 1969年，国际法院曾首次根据《规约》第70条提出对《规约》的修正案，但联合国大会无限期地延迟了对此修正案的考虑。
④ See ABILA Committee on Intergovernmental Settlement of Disputes，"Reforming the United Nations：What about the International Court of Justice？"，*Chinese Journal of International Law*，Vol. 5，No. 1，2006，p. 46.
⑤ 截至2022年1月20日，在国际法院15名法官中，来自中国、俄罗斯、斯洛伐克、摩洛哥、巴西、索马里、乌干达、印度、牙买加、黎巴嫩等发展中国家的法官有10名。

8. ［英］郑斌. 国际法院与法庭适用的一般法律原则. 韩秀丽，等译. 北京：法律出版社，2012

9. Forest L. Grieves. Supranationalism and International Adjudication. University of Illinois Press，1969

10. Stephen M. Schwebel. Reflections on the Role of the International Court of Justice. Washington Law Review. Vol. 61，1986

11. R. St. J. Macdonald. Changing Relations between the International Court of Justice and the Security Council of the United Nations. Canadian Yearbook of International Law. Vol. 31，1993

12. R. Y. Jennings. The International Court of Justice after Fifty Years. American Journal of International Law. Vol. 89，1995

13. Shabtai Rosenne. The World Court: What Is It and How It Works. Martinus Nijhoff Publishers，1995

14. Onuma Yasuaki. Is the International Court of Justice an Emperor without Clothes? . International Legal Theory. Vol. 8，No. 1，2002

15. Chester Brown. The Evolution and Application of Rules concerning Independence of the International Judiciary. The Law and Practice of International Courts and Tribunals. Vol. 2，2003

16. ABILA Committee on Intergovernmental Settlement of Disputes. Reforming the United Nations: What about the International Court of Justice? . Chinese Journal of International Law. Vol. 5，No. 1，2006

17. Andreas Zimmermann，etc. ，eds. . The Statute of the International Court of Justice: A Commentary. Oxford University Press，2006

18. Shabtai Rosenne. Law and Practice of the International Court: 1920—2005. 4th edition. Martinus Nijhoff Publishers，2006

第二十章

中国与联合国50年：历程、贡献与未来展望

2021年是中国恢复联合国合法席位50周年。作为联合国安理会常任理事国，中国在过去50年里为联合国各领域工作作出了重要贡献。当前，联合国面临的挑战此伏彼起，联合国和全球治理体系的变革加速。因此，全面回顾中国参与联合国工作50年的发展历程，深入探讨中国对联合国的重要贡献，系统总结中国参与联合国工作的经验教训，进一步提出中国在将来如何在联合国发挥更大作用、引领全球治理体系变革，推动构建人类命运共同体，无疑具有重要的理论价值和现实意义。

一、中国参与联合国工作50年的发展历程

纵观中国参与联合国工作50年的发展历程，它可以分为以下四个阶段。

（一）学习观望期（1971年—1978年）

1971年10月25日，第26届联合国大会就阿尔巴尼亚、阿尔及利亚和缅甸等23个国家关于"恢复中华人民共和国在联合国的合法权利"的提案进行表决，结果以76票赞成、35票反对和17票弃权的多数通过了第2758（26）号决议。该决议决定，"恢复中华人民共和国的一切权利，承认其政府的代表为中国在联合国组织的唯一合法代表并立即把蒋介石的代表从其在联合国组织及所属一切机构中所非法占据的席位上驱逐出去"[①]。从此，中国与联合国的关系翻开了新的一页。

一方面，中国在恢复在联合国的合法席位以后，逐渐与其他许多世界性和区域性的国际组织发生了联系，例如，在这一时期中国与国际电信联盟、万国邮政联盟、国际海事组织、国际民用航空组织、世界卫生组织、世界气象组织和联合国教科文组织等有关通信、运输、卫生、教育文化等方面的联合国专门机构建立了关系，实现了正常往来。[②] 另一方面，中国利用联合国这一平台公开展示自己第三世

[①] A/RES/2758（XXVI）"Restoration of the Lawful Rights of the People's Republic of China in the United Nations", A/PV. 1976，available at https：//documents-dds-ny. un. org/doc/resolution/gen/nr0/327/74/img/nr032774. pdf？openelement.

[②] 参见梁西：《梁著国际组织法》，修订6版，杨泽伟修订，43页，武汉，武汉大学出版社，2011。

界国家的属性，并把联合国看作是宣讲中国外交政策、争取国际社会理解和支持的舞台。例如，在第三次联合国海洋法会议的历期会议中，中国不但把自己定位为发展中国家中的一员，而且立场鲜明地支持其他发展中国家的立场和主张。中国代表明确指出："中国是一个发展中的社会主义国家，属于第三世界"①，"中国政府和中国人民……坚决站在亚、非、拉各国人民一边"②。又如，1974 年 4 月中国国务院副总理出席第六届特别联合国大会，全面阐述了毛主席关于三个世界划分的理论，宣布中国属于第三世界。

然而，在这一时期中国在联合国的表现并不活跃，也明显缺乏经验；在维和、裁军和人权等领域，则采取回避不参加的态度。其主要原因是对联合国事务不太熟悉，加之还处在"文化大革命"时期，对多边外交缺乏清晰的定位。③ 诚如有学者所指出的："上世纪 70 年代，中国主要是了解和学习联合国的过程，学习联合国的运作方法、议事规则、联合国讨论问题的来龙去脉，以及各方的立场和态度。到了80 年代，中国逐渐参与联合国的一些活动。"④

（二）跟跑适应期（1978 年—2001 年）

1978 年中国共产党第十一届三中全会以后，中国实行改革开放的政策，并全面调整对外战略，中国与联合国的关系进入了跟跑适应期，中国在联合国的角色也随之发生转变，"从原来和 77 国集团一起战斗的'斗士'变成在南北之间发挥'桥梁'作用的角色，联合国对中国而言不光是'讲堂'还是国际合作的平台"⑤。一方面，中国不但在联合国提出了建立公正合理的国际政治经济新秩序的主张，而且把联合国当成中国引进资金、技术、人才和信息的重要渠道。例如，从 1978 年起，联合国开发计划署以 5 年为一周期，向中国提供相应的援助。另一方面，"中国参与国际组织的积极性明显增强，速度明显加快，数量明显增多，范围明显扩大，质量也随之明显提高"⑥。例如，1980 年中国相继成为国际货币基金组织和世界银行的理事国，并加入了世界知识产权组织、国际开发协会和国际金融公司。此外，在这一时期，中国开始主动推荐候选人参加国际法院、前南斯拉夫国际刑事法庭、卢旺达国际刑事法庭和国际海洋法法庭等国际司法机构法官的竞选活动，并成功当选。特别是，1997 年 11 月国际竹藤组织（International Network for Bamboo and

---

① 《柴树藩同志在第二期会议上的发言（1974 年 7 月 2 日）》，载《我国代表团出席联合国有关会议文件集（1974.7—12）》，277 页，北京，人民出版社，1975。
② 《安致远代表在海底委员会全体会议上发言阐明我国政府关于海洋权问题的原则立场（1972 年 3 月 3 日）》，载北京大学法律系国际法教研室编：《海洋法资料汇编》，16～17 页，北京，人民出版社，1974。
③ 参见张贵洪等：《中国与联合国》，27 页，南京，江苏人民出版社、江苏凤凰美术出版社，2019。
④ 宋宇、张伊宇：《亚非拉朋友把我们抬进了联合国——专访中国联合国协会前会长吴海龙》，载《参考消息》，2019 - 09 - 24，10 版。
⑤ 陈健：《中国的联合国外交和我的联合国生涯》，载《世界知识》，2020（17），20 页。
⑥ 曾令良：《中国践行国际法治 30 年：成就与挑战》，载《武大国际法评论》，2011（1），5 页。

Rattan，INBAR）在北京宣告成立。① 这是第一个将其总部落户于中国的政府间国际组织。

（三）主动有为期（2001 年—2012 年）

2001 年 12 月，中国正式加入世界贸易组织。以此为标志，中国与联合国的关系开始进入主动有为期，中国从"默默耕耘者"转变成联合国事务的积极参与者。首先，中国开始有意识地利用联合国这个平台来宣讲自身奉行的各项原则。例如，2005 年 9 月在联合国成立 60 周年首脑会议上，中国国家主席提出了在文明多样性的基础上共建和谐世界的构想，引起国际社会的广泛关注。其次，中国开始主动参与国际司法机构的相关程序。② 例如，针对国际法院"科索沃单方面宣布独立咨询意见案"，中国深入参与该案的审理过程，于 2009 年 4 月 16 日提交了书面意见，并于 12 月 7 日由时任中国外交部法律顾问薛捍勤大使代表中国政府在国际法院出庭作口头陈述，就该案相关的国际法问题充分、完整、深入地阐述了中方的法律立场。"这是新中国首次参与国际法院司法活动，具有重要意义。"③ 又如，在国际海洋法法庭受理的第一个咨询案"担保国责任咨询意见案"中，中国政府于 2010 年 8 月 9 日向国际海洋法法庭提交担保国责任咨询案书面意见，反映了中国在国际海底区域内活动中担保国责任问题上的基本立场。2011 年 2 月 1 日，国际海洋法法庭海底争端分庭发表的咨询意见基本上采纳了中国书面意见中的观点。④ 最后，从 2005 年开始中国参加的多边条约的数量呈明显上升之势。⑤ 此外，从 2007 年开始，联合国第七任中国籍副秘书长主管经济和社会事务部。⑥ 这既折射出中国综合国力增强、世界影响力日增的事实，也是中国在联合国系统主动有为的表现。⑦

----

① 参见 http：//www.inbar.int。
② 参见杨泽伟：《改革开放 40 年来的中国国际公法学：特点、问题与趋势》，载《武大国际法评论》，2018（6），37 页。
③ 中华人民共和国外交部条约法律司编著：《中国国际法实践案例选编》，21 页，北京，世界知识出版社，2018。
④ 参见中华人民共和国外交部条约法律司编著：《中国国际法实践案例选编》，65 页，北京，世界知识出版社，2018。
⑤ 据统计，1949 年—1977 年中国参加的多边条约仅 32 项，平均每年大约 1 项；1978 年—2004 年中国参加的多边条约达到 239 项，平均每年大约 9 项；而在 2005 年，中国已完成签署、批准、核准、接受和加入等程序或对中国生效的多边条约就有 12 项。参见曾令良：《中国践行国际法治 30 年：成就与挑战》，载《武大国际法评论》，2011（1），11 页。
⑥ 参见刘振民：《联合国：中国从参与者到领导者》，载《参考消息》2019-09-24，12 版。
⑦ 按照不成文的惯例，联合国安理会五大常任理事国虽然不能竞选担任秘书长一职，但是可以推荐一名本国官员担任副秘书长，协助秘书长工作。一般情况下，联合国秘书处中主管政治、维和、人事、财务、法律和新闻等重要部门的职位往往分给由西方大国举荐的副秘书长。由中国籍副秘书长主管的是大会和会议管理部（简称为"大会事务部"）。这个部门人数最多，主要负责联合国会务方面的工作，虽然曝光率较高，且任务繁重，但是其工作基本上属于技术性或服务性范畴，与联合国实质性核心部门还有一定距离。参见万经章：《联合国总部里的中国人》，载张贵洪主编：《联合国研究》，21 页，北京，世界知识出版社，2012。

（四）积极影响期（2012年至今）

2012年中国共产党第十八次全国代表大会召开以后，中国在联合国的工作开始进入积极引领期。首先，中国提出的"构建新型国际关系""人类命运共同体"等主张和理念在联合国系统中得到了广泛的认可，并被载入联合国相关决议中。例如，2017年1月习近平主席在联合国日内瓦总部发表了题为《共同构建人类命运共同体》的演讲，系统阐述了人类命运共同体的理念。[①] 此后，联合国安理会、大会和人权理事会等联合国机构相继把"人类命运共同体"写入其决议中。其次，中国在联合国机构中的影响力进一步提升。例如，中国政府推荐的候选人先后出任世界卫生组织总干事、国际民航组织秘书长、国际电信联盟秘书长、联合国工业发展组织总干事和联合国粮食及农业组织总干事等联合国专门机构的负责人。再次，中国对联合国的贡献在加大。例如，据2018年12月联合国大会通过的预算决议，2019年—2021年联合国会员国应缴会费的分摊比例，中国是12.01%，位于第二，仅次于美国；中国承担的联合国维和行动的费用摊款比例达到了15.2%，位居第二，仅次于美国。[②] 另据2021年12月联合国大会通过的预算决议，2022年—2024年联合国会员国应缴会费的分摊比例，中国达到了15.254%，位于第二，仅次于美国；中国承担的联合国维和行动的费用摊款比例达到了18.655 6%，位居第二，仅次于美国。况且，中国还成为国际货币基金组织的第三大股东，在世界银行的投票权也位居第三。最后，中国还对联合国系统还发挥了"创新补充"作用。例如，针对联合国面临诸多新的挑战，近年来中国发起成立了亚洲基础设施投资银行等区域性国际组织，旨在推动区域和全球经济发展，引领新一波全球化。特别是，中国政府再三强调中国这样做并非要取代现有的区域和国际组织，而是作为一种补充。[③]

二、中国参与联合国工作50年的主要贡献

50年来，中国参与联合国工作的贡献，主要体现在以下几个方面。

（一）维护国际和平与安全

1. 维护联合国包括联合国安理会的权威

虽然按照《联合国宪章》的规定，中国作为安理会常任理事国拥有否决权，但

[①] 参见习近平：《共同构建人类命运共同体》（2017年1月18日日），载《习近平谈治国理政》，第2卷，537~549页，北京，外文出版社，2017。

[②] 从1972年以来，中国承担的联合国会费分摊比例经历了一个先增后降、再迅速增长的过程。从1972年至1979年，中国承担的会费分摊比例从4%增加到5.5%，1980年下降到1.62%，此后持续下降，到1995年降到最低0.72%；进入21世纪以后，中国承担的会费分摊比例持续较快上升，在过去的近20年增加了12倍，成为联合国会员国中增长最多、最快的国家。

[③] 参见郑永年：《中国与世界秩序》，载新加坡《联合国早报》网站，2018-05-01。转引自《参考消息》，2018-05-03，14版。

是中国政府始终遵守《联合国宪章》的宗旨和原则，维护联合国的核心地位，支持由联合国发挥主导作用。例如，2016 年 6 月中俄两国签署并发表了《中华人民共和国和俄罗斯联邦关于促进国际法的声明》，两国"重申全面遵守《联合国宪章》"①。2021 年 4 月，中国国家主席习近平在领导人气候峰会上的讲话中再次强调，"我们要坚持以国际法为基础……维护以联合国为核心的国际体系"②。诚如有学者所指出的，中国政府一再强调作为拥有否决权的联合国安理会常任理事国，它一向"深思熟虑、慎之又慎"地使用该权力。③

2. 为国际和地区热点问题的解决提供中国方案

多年来，中国政府一直寻求全面维护世界和平稳定，主动、建设性地参与处理国际和地区热点问题，劝和促谈，消弭战端，在达尔富尔问题、朝核问题、阿富汗和平进程、叙利亚内战、伊朗核问题、巴以冲突、伊拉克问题和乌克兰东部局势等问题上坚持原则，提出中国方案。④ 例如，针对朝核问题，在中国政府的积极斡旋下，从 2003 年开始在北京举行了由朝鲜、韩国、中国、美国、俄罗斯和日本六国共同参与的旨在解决朝鲜核问题的一系列谈判。在此过程中，中国政府不但扮演了东道国的角色，而且直接参与调停，以促成"六方会谈"取得成果，从而为推动朝鲜半岛无核化、维护半岛和东北亚地区的和平与稳定作出了积极贡献。⑤

3. 积极参加联合国维和行动

中国以实际行动维护世界和平，积极参加联合国维和行动：1982 年，中国开始为联合国维和行动支付摊款；1988 年，中国正式加入联合国维和行动特别委员会；1990 年，中国首次派出 5 名军事观察员参与中东的联合国停战监督组织，开启中国军队参加联合国维和行动的序幕；1992 年，中国军队向联合国柬埔寨临时权力机构派出由 400 名官兵组成的维和工程兵大队，首次成建制参加联合国维和行动。特别是，2015 年中国国家主席出席联合国维和峰会并发表讲话，提出中国支持和改进联合国维和行动的 4 点主张和 6 项承诺，其中包括应联合国要求，派更多工程、运输、医疗人员参与维和行动等。2017 年，中国完成了 8 000 人规模的维和待命部队在联合国的注册。此外，中国还设立了"中国—联合国和平与发展基金"支持联合国维和行动。迄今，中国已成为联合国第二大维和摊款国，是安理会常任

---

① 《中华人民共和国和俄罗斯联邦关于促进国际法的声明》（2016 年 6 月 25 日），载外交部网站，https://www.fmprc.gov.cn/web/ziliao_674904/1179_674909/t1375313.shtml。

② 习近平：《共同构建人与自然生命共同体——在"领导人气候峰会"上的讲话》（2021 年 4 月 22 日），载外交部网站，https://www.mfa.gov.cn/web/zyxw/t1870844.shtml。

③ 参见［俄］弗拉基米尔·波尔佳科夫：《中国 40 年来在联合国日趋活跃》，载俄罗斯《独立报》网站，2011－10－30。转引自《参考消息》，2011－11－01，14 版。

④ 参见肖肃、朱天祥主编：《和平与发展：联合国使命与中国方案》，149～151 页，北京，时事出版社，2017。

⑤ 参见刘长敏：《论朝鲜核问题解决中的国际斡旋与调停》，235～245 页，北京，中国政法大学出版社，2007。

理事国第一大出兵国；先后参加了 25 项联合国维和行动，累计派出维和官兵 4 万余人次。[①]

4. 主动参与军控、裁军和防扩散进程

中国政府以共同、综合、合作和可持续的安全观为指导[②]，相继加入并切实履行了有关国际军控条约，积极参加国际军控和裁军领域的各项重大活动，积极参与联合国和有关国际机构关于裁军问题的审议与谈判，提出许多合情合理、切实可行的主张，努力推进国际军控与裁军进程。[③] 例如，中国于 1982 年加入了《禁止或限制使用某些可被认为具有过分伤害力或滥杀、滥伤作用的常规武器公约》，于 1984 年加入了《禁止细菌（生物）及毒素武器的发展、生产及储存以及销毁这类武器的公约》，于 1989 年加入了《核材料实物保护公约》，于 1992 年加入了《核不扩散条约》，于 1997 年批准了《禁止化学武器公约》等。值得注意的是，2008 年中国与俄罗斯在日内瓦裁军会议上共同提交了《防止在外空部署武器、对外空物体使用或威胁使用武力条约（草案）》。该草案禁止在太空部署任何类型的武器，禁止对太空目标使用或威胁使用武力，以确保太空物体完好无损，巩固各方安全，加强军备监控等。2014 年，中俄两国又提交了新的条约草案。

（二）推动经济社会发展

作为联合国会员国，中国积极推动全球的经济社会发展，主动加入联合国可持续发展议程的进程中，并发挥了重要作用。

首先，新中国成立 70 多年来，中国向亚洲、非洲、拉丁美洲和加勒比地区、大洋洲和欧洲等地区共 160 多个国家和国际组织提供了多种形式的援助，减免了有关国家债务，为广大发展中国家落实千年发展目标提供帮助。[④] 据统计，"1950 年至 2016 年，中国累计对外提供贷款 4 000 多亿元人民币"[⑤]。此外，2015 年中国常驻联合国代表在第 70 届联合国大会发言时提出："中方决定设立为期 10 年、总额 10 亿美元的中国—联合国和平发展基金"[⑥]。

其次，中国积极推动实现联合国千年发展目标。2000 年，联合国千年首脑会议通过了《千年宣言》，指明了 21 世纪人类社会面临的 8 项任务；2001 年，联合国

[①] 参见中国国务院新闻办公室：《中国军队参加联合国维和行动 30 年》（2020 年 9 月 18 日），载中国政府网，http：//www.gov.cn/zhengce/2020 - 09/18/content_ 5544398. htm。

[②] 参见刘志贤主编：《联合国 70 年：成就与挑战》，177 页，北京，世界知识出版社，2015。

[③] 参见中国国务院新闻办公室：《中国的军控、裁军与防扩散努力》（2005 年 9 月），载中国政府网，http：//www.gov.cn/zhengce/2005 - 09/13/content_ 2615754. htm。

[④] 参见中国国务院新闻办公室：《人类减贫的中国实践》（2021 年 4 月 6 日），载《人民日报》，2021 - 04 - 06，2 版。

[⑤] 习近平：《共同构建人类命运共同体》（2017 年 1 月 18 日日），载《习近平谈治国理政》，第 2 卷，546 页，北京，外文出版社，2017。

[⑥] 《常驻联合国代表刘结一大使在第 70 届联大全会审议秘书长关于联合国工作报告时的发言》（2015 年 10 月 14 日），载外交部网站，https：//www.mfa.gov.cn/ce/ceun/chn/gdxw/t1306025. htm。

秘书长在《千年宣言进程路线图》中正式出台了有关发展的 8 项目标，以及 18 个可量化的具有时限性的目标及 48 个指标，统称为千年发展目标。2015 年，第 70 届联会国大会通过了《改变我们的世界：2030 年可持续发展议程》，提出了 17 个可持续发展目标和 169 个具体目标，成为指导未来 15 年全球发展的指导性文件。① "改革开放以来，按照现行贫困标准计算，中国 7.7 亿农村贫困人口摆脱贫困；按照世界银行国际贫困标准，中国减贫人口占同期全球减贫人口 70％以上。"② 可见，占世界人口近 1/5 的中国全面消除绝对贫困，提前 10 年实现了《联合国 2030 年可持续发展议程》减贫目标，从而为全球减贫事业发展和人类发展进步作出了重大贡献。

最后，中国还大力促进南北合作。50 年来，中国积极支持联合国为推动南北对话、深化南南合作作出了各项努力。例如，2011 年—2013 年中国政府每年通过南南合作计划，向非洲国家、最不发达国家以及小岛屿国家提供 1 000 万美元的特别资金，帮助它们适应气候变化。③ 又如，2015 年中国政府代表宣布："中方将设立'南南合作援助基金'，首期提供 20 亿美元，支持发展中国家落实 2015 年后发展议程；中方将向妇女署捐款 1 000 万美元，在今后 5 年内帮助发展中国家实施 100 个'妇幼健康工程'"④ 值得注意的是，2013 年以来中国政府发起的共建"一带一路"倡议，能助力相关国家更好地实现减贫发展。"据世界银行研究报告，共建'一带一路'将使相关国家 760 万人摆脱极端贫困、3 200 万人摆脱中度贫困。"⑤

（三）促进国际法治

1. 中国是国际法治的积极参加者

50 年来，中国以积极、建设性的态度参加了联合国国际法委员会⑥、联合国大会法律第六委员会（法律委员会）、国际贸易法委员会、和平利用外层空间委员会的法律小组委员会等专门性国际法编纂机构，以及联合国设立的一些特设委员会的活动，而且参与了《海洋法公约》等重要国际条约的起草和制定工作。迄今，中国加入了众多的政府间国际组织，并缔结了 25 000 多项双边条约，批准了 600 多项多边条约，年平均缔结约 600 项双边条约，涉及中国参与政治、经济、社会、文化等

① 参见《改变我们的世界：2030 年可持续发展议程》，载 http：//www.un.org/en/ga/search/view_doc.asp?symbol＝A/70/L.1。
② 中国国务院新闻办公室：《人类减贫的中国实践》（2021 年 4 月 6 日），载《人民日报》，2021-04-06，2 版。
③ 参见张贵洪：《中国与联合国》，125 页，南京，江苏人民出版社、江苏凤凰美术出版社，2019。
④ 《常驻联合国代表刘结一大使在第 70 届联大全会审议秘书长关于联合国工作报告时的发言》（2015 年 10 月 14 日），载外交部网站，https：//www.mfa.gov.cn/ce/ceun/chn/gdxw/t1306025.htm。
⑤ 中国国务院新闻办公室：《人类减贫的中国实践》（2021 年 4 月 6 日），载《人民日报》，2021-04-06，2 版。
⑥ 50 年来，我国学者倪征燠、黄嘉华、史久镛、贺其治、薛捍勤和黄惠康都曾当选为联合国国际法委员会委员。

领域国际交往的方方面面。①

2. 中国是国际法治的坚定维护者

一方面，作为联合国安理会常任理事国，中国始终坚定捍卫以《联合国宪章》为核心的国际法基本原则和国际关系基本准则。例如，2014 年中国国家主席习近平在中、印、缅三国共同举办的"和平共处五项原则发表 60 周年纪念大会"上明确指出："……应该共同推动国际关系法治化，推动各方在国际关系中遵守国际法和公认的国际关系基本原则，用统一适用的规则来明是非、促和平、谋发展……在国际社会中，法律应该是共同的准绳……应该共同维护国际法和国际秩序的权威性和严肃性，各国都应该依法行使权利……"② 此外，中国政府还强调"要坚持国际规则制定进程的平等和民主参与，弘国际法治之义……要坚定维护国际法的权威性，立国际法治之信"③。值得注意的是，2021 年 3 月《中华人民共和国和俄罗斯联邦外交部长关于当前全球治理若干问题的联合声明》呼吁，"国际法是人类社会发展的基石。各国无一例外均应坚定维护以联合国为核心的国际体系、以国际法为基础的国际秩序……世界大国特别是联合国安理会常任理事国应增强互信，带头维护国际法和以国际法为基础的国际秩序"④。

另一方面，中国按照"条约必须信守"原则不折不扣地履行条约义务，严肃对待国际责任。例如，截至 2021 年 10 月，中国政府先后批准或加入了 26 项国际人权条约，包括：《妇女公约》《消除一切形式种族歧视国际公约》《禁止酷刑处罚公约》《儿童权利公约》《经济、社会、文化权利国际公约》《残疾人权利公约》等 6 项联合国核心国际人权公约。对于上述国际公约，中国均负有报告义务。为此，截至 2019 年 3 月中国已向条约机构提交履约报告 27 次，总计 43 期，并参与了 26 次国家报告的审议会议且完成了相关的履约义务。⑤ 又如，自 1997 年《禁止化学武器公约》生效以来，中国已接受禁止化学武器组织 270 余次视察。⑥

3. 中国是国际法治的重要建设者

一方面，中国提出的"和谐世界"的主张和"人类命运共同体"理念，进一步丰富和发展了国际法治的价值目标。可以说，人类命运共同体理念是对和平共处五项原则的传承和发展。从某种意义上说，人类命运共同体语境下的和平共处五项原

---

① 参见中华人民共和国外交部条约法律司编著：《中国国际法实践案例选编》，81～83 页，北京，世界知识出版社，2018。

② 习近平：《弘扬和平共处五项原则、建设合作共赢美好世界——在和平共处五项原则发表 60 周年纪念大会上的讲话》（2014 年 6 月 28 日），载《人民日报》，2014 - 06 - 29，2 版。

③ 王毅：《中国是国际法治的坚定维护者和建设者》，载《光明日报》，2014 - 10 - 24，2 版。

④ 《中华人民共和国和俄罗斯联邦外交部长关于当前全球治理若干问题的联合声明》（2021 年 3 月 23 日），载外交部网站，https://www.fmprc.gov.cn/web/ziliao_674904/1179_674909/t1863317.shtml。

⑤ 参见孙萌：《中国与联合国人权机制：影响与变革》，145 页，北京，中国政法大学出版社，2020。

⑥ 参见吴海龙：《中国与联合国关系 40 年》，载张贵洪主编：《联合国研究》，7 页，北京，世界知识出版社，2012。

则，是 60 多年前提出的该原则的升级版，是站在新的时代前沿提出的更高层次的追求。① 另一方面，50 年来"中国以建设性姿态参与国际规则制定，在事关国际法解释、适用和发展的重大问题上积极发声"②。例如，2008 年中国与俄罗斯在日内瓦裁军会议上共同提交了《防止在外空部署武器、对外空物体使用或威胁使用武力条约（草案）》；2013 年，中俄联合向联合国提交了《信息安全国际行为准则（草案）》等。

三、中国参与联合国工作 50 年的教训

中国参与联合国工作 50 年的历程中，还存在以下明显的缺陷或教训。

（一）中国在联合国立法、司法等机构的影响力有待进一步增强

一方面，在联合国有关立法机构方面，中国虽然基本上参加了以联合国国际法委员会为核心的联合国各种国际法律编纂或起草机构的活动，但是中国籍的委员作为专题报告人或牵头人比较罕见；况且，中国很少在联合国立法机构中主动提出原创性的国际法议题进行讨论，一般只是就已有的草案发表意见或作出评论，而且意见或评论通常都是原则性的，缺乏对具体条款的深入阐释。此外，在国际条约制定过程中的议题设置和约文起草方面，中国一般采取所谓的"事后博弈"的方式，即由发达国家主动设置议题、提出国际条约草案，中国仅扮演一个参赛选手的角色。③ 最典型的如中国虽然派代表团参加了第三次联合国海洋法会议，但没有主动提出有关议案，更多的是支持大多数发展中国家的要求④，因而作用有限，有很多教训。⑤

另一方面，就联合国有关司法机构而言，中国对利用联合国国际法院等司法机构提供的法律方法来解决国际争端持一种消极的态度。众所周知，联合国国际法院自成立以来，在解释适用和发展国际法、推动国际争端的和平解决等方面，发挥了积极的作用。然而，中华人民共和国在恢复联合国的合法席位以后，随即在 1972 年致函联合国秘书长，宣布对 1946 年中国国民政府有关接受国际法院的强制管辖权的声明不予承认。此外，中国从未与其他国家订立将国际争端提交国际法院的特别协定；中国对外缔结的双边条约从未同意将有关争端诉诸国际法院；在参加国际公约时，如果该公约含有将争端提交国际法院的条款，中国通常将此条款予以保

---

① 参见徐宏：《人类命运共同体与国际法》，载《国际法研究》，2018（5）。

② 王毅：《中国是国际法治的坚定维护者和建设者》，载《光明日报》，2014 - 10 - 24，2 版。

③ 参见［加］江忆恩：《中国和国际制度：来自中国之外的视角》，载王逸舟主编：《磨合中的建构——中国与国际组织关系的多视角透视》，351 页，北京，中国发展出版社，2003。

④ See Hungdah Chiu, "China and the Law of the Sea Conference", *Occasional Papers/Reprints Series in Contemporary Asian Studies*, Issue 4, 1981, p. 25.

⑤ 参见杨泽伟：《新时代中国深度参与全球海洋治理体系的变革：理念与路径》，载《法律科学》，2019（6），179 页。

留，仅对经贸、科技、航空、环境、文化等专业性和技术性国际公约中的类似规定可视情况决定是否保留。迄今，中国也未曾向国际法院提交任何争端或案件，亦未主动请求国际法院发表咨询意见。并且，在国际法院的判决中，中国籍的法官提出的独立意见也明显偏少。此外，2009 年 4 月中国虽然针对国际法院"科索沃单方面宣布独立咨询意见案"提交了书面意见（尽管这是新中国首次参与国际法院司法活动，具有重要意义），但是从中国提交的书面陈述意见的篇幅来看，中国 8 页纸的篇幅与英国 138 页、美国 152 页的篇幅完全不"对等"，且部分意见还包含自相矛盾的地方。

综上可见，中国在联合国立法、司法等机构的影响力，还存在较大的提升空间。

（二）中国在联合国有关硬、软实力的塑造方面还有待进一步提升

1. 中国在联合国有关"财""物"等硬实力方面存在明显的不足

一方面，就"财"而言，中国对联合国预算的影响力非常有限。虽然从 2019 年开始中国已成为联合国会员国中第二大会费缴纳国，但是中国对联合国预算的影响和作出的财政贡献不成正比。按照联合国相关的制度规定，联合国的预算通常由秘书处提出预算草案，然后由联合国大会第五委员会（行政和预算委员会）进行审议。在联合国预算制定过程中，最为关键的职位是主管联合国战略、政策和合规部的副秘书长。然而，自联合国成立以来，该部"有 41 年被会费大国占据，其中美国 23 年、德国 8 年、日本 6 年、英国 4 年，剩下的 19 年也几乎被发达国家把持"[①]。另一方面，从"物"来看中国在联合国采购中占比较低。众所周知，一国企业成为联合国的供应商，不但有助于提高企业的声誉，而且能够提升企业的全球竞争力。2017 年，联合国从中国采购额为 2.2 亿美元，占全球采购总额的 1.18%，在所有会员国中排第 23 名。此外，2017 年联合国系统内 40 家机构的采购总额为 186.2 亿美元，排名前十的供应商所属国家及所占比例分别为：美国，9.35%；印度，4.87%；阿联酋，4.28%；比利时，3.86%；法国，3.72%；英国，2.98%；瑞士，2.94%；荷兰，2.75%；丹麦，2.72%；肯尼亚，2.7%。联合国从上述 10 个国家的采购总额为 74.8 亿美元，占比 40.2%。[②] 可见，联合国从中国的采购比例，既不符合中国是制造业世界第一大国的身份，也没有体现中国是联合国第二大会费缴纳国的贡献。

2. 中国在联合国有关规则制度等软实力方面的短板较为明显

一方面，如前所述，中国在联合国国际法委员会等国际立法机构很少提出国际法议题，在国际规则制定方面的话语权比较有限。另一方面，中国在联合国有关其组织内部运作的内部关系法[③]规则的塑造力方面还有待增强。众所周知，联合国设

---

① 张怿丹：《中国成为联合国第二大会费国之后》，载《世界知识》，2019（11），63 页。
② 参见张怿丹：《中国成为联合国第二大会费国之后》，载《世界知识》，2019（11），63 页。
③ 学者一般把国际组织法分为外部关系法和内部关系法。外部关系法是指调整国际组织同成员国、非成员国以及其他国际组织关系的准则。参见饶戈平主编：《国际组织法》，19 页，北京，北京大学出版社，1996。

立了联合国大会、安理会和国际法院等六大机构。除上述六大主要机构外，联合国还可以依据《联合国宪章》设立认为执行其职能所必需的各种辅助机关。① 例如，联合国大会就设立了不少下属机关来协助其工作，包括联合检查组、审计委员会、独立审计咨询委员会、行政和预算问题咨询委员会等。这些机关均会根据工作需要形成各种决议草案供联合国大会审议。一旦联合国大会通过了上述决议，包括秘书处在内的联合国相关机构就必须执行。然而，目前中国只在行政和预算问题咨询委员会中有一个位置，在其他机关均无固定工作人员②，因而就谈不上通过这些机关对联合国内部关系法规则的制定施加应有的影响。

（三）中国在对联合国组织系统的人才输送方面存在明显的不足

目前在联合国 15 个专门机构中，虽然有 4 个专门机构的领导人是中国人，中国成为出任联合国专门机构领导人最多的国家，但是根据中国对联合国的会费贡献和地域分配原则，联合系统中的中国籍国际职员实际比例远低于其应占比例，高级职位数量也偏少，代表性严重不足。

一方面，总数少。据统计，2017 年年底联合国秘书处共有 38 105 名国际职员。其中，中国籍职员共有 492 名，仅占总数的 1.29%；美国籍职员 2 503 人，占总数的 6.57%；法国籍职员 1 462 人，占比 3.84%；英国籍职员 839 人，占比 2.2%，俄罗斯籍职员 537 人，占比 1.41%。③ 可见，国际职员数量是最少的。另外，根据 2019 年 4 月联合国秘书长古特雷斯的报告，截至 2018 年年底联合国秘书处专业及以上职类中，中国籍职员的数量适当范围是 169 人～229 人，实际职员只有 89 人，离低限差 80 人。④

另一方面，高级岗位少。目前联合国秘书处副秘书长、助理秘书长级的高级岗位共有 150 多个，但中国仅占一席，其他席位分别被美国、英国、澳大利亚、法国、俄罗斯、日本、加拿大和加纳等国占据。⑤ 在秘书处 D－1 以上的高级别职员中，美国有 42 位，英国有 21 位，德国有 16 位，印度有 12 位，中国仅有 13 位。⑥ 此外，自 2012 年以来，虽然中国提供的维和部队数量远远超过了其他成员，但在目前联合国维和行动中没有任何中国人担任高级职务。⑦

中国在联合国系统中代表性不足的问题，在某程度上反映了中国在联合国等国

---

① 参见梁西：《梁著国际组织法》，修订 6 版，杨泽伟修订，武汉，武汉大学出版社，2011。
② 欧美国家非常重视这些辅助机关的活动，并想方设法安插人员参与其日常运作。例如，美国在联合检查组、独立审计咨询委员会、行政和预算问题咨询委员会中均有成员；美国国会甚至通过立法形式，要求美国政府必须保证"行政和预算问题咨询委员会"中有 1 名美国人。
③ 参见张怿丹：《中国成为联合国第二大会费国之后》，载《世界知识》，2019 (11)，64 页。
④ 参见张海滨：《为什么在国际组织中任职的中国人不多?》，载《环球》，2020 (13)。
⑤ 参见张怿丹：《中国成为联合国第二大会费国之后》，载《世界知识》，2019 (11)，64 页。
⑥ 参见张海滨：《为什么在国际组织中任职的中国人不多?》，载《环球》，2020 (13)。
⑦ 参见［美］洛根·波利：《中国在联合国维和行动中成为领头者》，载美国"外交学者"网站，2018-04-17。转引自《参考消息》，2018-04-19，14 版。

际组织人才储备方面的欠缺。这种局面对于中国积极推动全球治理体系变革，增强在全球治理中的话语权和规则制定权，将有可能形成越来越大的制约。

四、中国参与联合国工作的未来展望

今后，中国要想在联合国工作中发挥更大作用、进一步增强中国的话语权，可以从以下几个方面入手。

（一）主动设置议题，进一步增强在联合国立法机构中的作用

一方面，积极推动人类命运共同体理念成为联合国国际法委员会编纂的新议题。首先，人类命运共同体理念已产生较大影响，并多次被载入联合国相关决议中。其次，需要改变长期以来在联合国立法机构中一般由发达国家提出国际立法议题、中国仅扮演参赛选手的被动情形[1]，想方设法将中国提出的理念和主张转化为国际社会的共同诉求，并被纳入联合国国际法委员会的工作议程中。[2] 最后，大国要实现和平发展，更需要将自身的理念融入国际社会的规范性平台中，形成更强的合力，从而更好地促进本国发展和推动世界进步。[3]

另一方面，主动尝试把人类命运共同体理念发展成国际公约草案或载入联合国大会通过的国际公约草案的具体条款中。首先，人类命运共同体理念代表一种先进的价值追求，处在国际道义的制高点，比较容易获得国际社会绝大多数国家的赞同，从而有可能推动有关国际条约规则的产生。其次，近年来法国发起制定《世界环境公约》的成功做法，值得中国学习借鉴。[4] 最后，随着科技的进步和国际关系的巨大变化，目前在极地、网络和外空等国际法新兴领域，联合国国际立法工作非常繁忙，因此，在未来联合国涉及上述领域的缔约谈判中，力争把人类命运共体理

---

① 参见杨泽伟：《新时代中国深度参与全球海洋治理体系的变革：理念与路径》，载《法律科学》，2019（6），185 页。

② 值得注意的是，2018 年 1 月密克罗尼西亚联邦政府代表在联合国大会法律委员会提议将"海平面上升的法律影响"作为联合国国际法委员会的一项议题列入委员会的长期工作方案。这一提案不但得到了联合国大会法律委员会多数成员国的支持，而且获得了联合国国际法委员会的积极响应。联合国国际法委员会在 2018 年第 70 届会议上决定建议将"与国际法有关的海平面上升"（sea-level rise in relation to International Law）专题列入其长期工作方案。参见联合国大会正式记录，第七十三届会议，补编第 10 号（A/73/10），第 369 段。

③ 参见刘志贤主编：《联合国 70 年：成就与挑战》，473 页，北京，世界知识出版社，2015。

④ 2017 年以来法国一直在全球积极倡议制定《世界环境公约》，并在联合国主题峰会等场合宣介造势。由于法国的倡议既迎合了进一步加强环境保护的世界潮流，又弥补了当今国际社会缺乏普遍性国际环境公约的法律缺陷，因而 2018 年第 72 届联合国大会通过了题为"迈向《世界环境公约》"（Towards a Global Pact for the Environment）的第 A/RES/72/277 号程序性决议，包括中国在内的 143 个国家都投了赞成票。该决议的通过，标志着法国在国际环境法领域的"造法"努力取得了阶段性进展。See "Towards a Global Pact for the Environment", A/RES/72/27, available at https://undocs.org/en/A/RES/72/277.

念嵌入有关国际公约草案的序言或具体条文中。

（二）进一步密切与国际法院等联合国国际司法机构之间的关系

一方面，2005 年在纽约联合国总部召开的世界首脑会议上，各国国家元首或政府首脑一致重申，"认识到国际法院作为联合国主要司法机关在裁决国家间争端方面的重要作用，以及其工作的重大意义，吁请尚未接受法院管辖权的国家考虑根据《国际法院规约》接受法院管辖权"[①]。2007 年，联合国大会决议再次"吁请尚未接受国际法院管辖权的国家考虑依照《国际法院规约》规定接受法院管辖权"[②]。另一方面，中国政府一再强调"中国是国际法治的坚定维护者和建设者"。特别是，2019 年中国共产党十九届四中全会明确提出，"建立涉外工作法务制度，加强国际法研究和运用"。中国共产党十九届五中全会进一步指出，"加强国际法运用，维护以联合国为核心的国际体系和以国际法为基础的国际秩序"。2020 年 11 月，习近平总书记在中央全面依法治国工作会议上强调，要坚持统筹推进国内法治和涉外法治。尤其值得注意的是，自 2001 年中国加入世界贸易组织以后，中国已从世界贸易组织争端解决机制的"门外汉"变成了"优等生"，并成为世界贸易组织的捍卫者。[③]

有鉴于此，调整中国对联合国国际法院的立场与态度，进一步密切中国与联合国国际司法机构之间的关系，既有必要，也是水到渠成的事情。第一，对有关经贸、科技、航空、环境、交通运输、文化等技术性的多边公约所规定的须经缔约方同意方可将争端提交国际法院解决的任意性条款，中国可以不再一律作出保留；第二，对双边条约中有关将争端诉诸国际法院的内容，中国可以不再简单地一味予以排斥，而是根据具体情况进行灵活处理，并不排除同意将特定的争端提交国际法院解决；第三，由于目前接受国际法院强制管辖的国家只有 74 个[④]，中国可以暂不接受国际法院的任意强制管辖；第四，通过联合国其他五大机关及各种专门机构，中国可以积极参与国际法院的咨询管辖活动。

---

① 《2005 年世界首脑会议成果》（2005 年 9 月 20 日），A/60/L.1，载 https：//documents-dds-ny.un.org/doc/undoc/ltd/n05/511/29/pdf/n0551129.pdf? openelement。

② 联合国第六委员会的报告：《国内和国际的法治》（2007 年 12 月 6 日），A/RES/62/70，载 https：//documents-dds-ny.un.org/doc/undoc/gen/n07/467/96/pdf/n0746796.pdf? openelement。

③ 美国华盛顿战略与国际问题研究中心中国商业与政治经济项目主任斯科特·肯尼迪认为："中国人已经从游离于 WTO 体系之外变为在这个体系内发挥重要的领导作用；中国从那里得到了非常大的好处，也是这个组织的主要拥趸。"美国国家安全委员会亚洲事务前高级主管埃文·梅代罗斯也明确指出，现在中国认为美国提交诉讼属于贸易争端正常解决程序，中国自己也向 WTO 投诉。到目前为止，中国作为第三方参与的案件只比美国少 1 件。况且，中国在 WTO 已经积累了雄厚的人才储备。参见《中国培养世界贸易组织储备人才 15 年，备战中美贸易战》，载彭博新闻社网站，2017 - 03 - 16。转引自《参考消息》，2017 - 03 - 17，14 版。

④ See "Declarations Recognizing the Jurisdiction of the Court as Compulsory", available at https：//www.icj-cij.org/en/declarations.

（三）深入开展对联合国内部关系法的研究

一方面，中国国内学术界对包括联合国法在内的国际组织法的研究，将由粗放型转向深入型和精细化。自从中华人民共和国恢复在联合国的合法席位以后，中国学术界对包括联合国法在内的国际组织法的研究日益重视，涌现了不少有分量的研究成果。这些成果为推动中国国际组织法学科的创立、培养国际组织法方面的人才，发挥了重要的作用。然而，已有的研究成果主要聚焦于国际组织与成员国、非成员国以及其他国际组织关系的准则等外部关系法问题，而对国际组织内部运行规则等内部关系法问题的关注相对较少。① 因此，在处在百年未有之大变局的今天，进一步加强对联合国内部关系法的研究，是中国学术界对包括联合国法在内的国际组织法的研究由粗到细、由浅入深转变的必然趋势。

另一方面，熟悉、掌握联合国内部关系法是中国全面参与联合国工作，进一步提升中国话语权的前提。首先，要加大对联合国内部关系法研究的力度。联合国系统在世界各地开展丰富多样的活动，相关的法律制度的规定更是浩如烟海，因此，应组织研究队伍对联合国内部关系法进行全面系统的梳理。其次，要重视对联合国秘书处法律制度的研究。事实上，联合国秘书处的运行非常复杂，它开展每一项业务都有详尽的工作规程：不但有专门的机关制定规则并监督秘书处各部门予以执行，而且还设立了对秘书处进行内部审计、评估和调查等活动的内部监管事务厅等专门机关。因此，只有事先非常熟悉秘书处的运行规则，才谈得上对秘书处的人员安排予以谋划，进而对秘书处的制度规章施加影响。最后，内部关系法还是联合国的"润滑剂"或"指南针"。中国只有从内部关系法层面加强对联合国系统管理工作的参与，才能将中国的立场、理念融入联合国的"润滑剂"中，成为联合国"指南针"的组成元件，从而在联合国发挥引领作用。

（四）进一步加大对联合国等国际组织后备人员的培养力度，积极向联合国输送人才

如前所述，在联合国等国际组织中国籍国际公务员人数偏少、级别偏低，占据的重要部门和关键岗位不多。未来，我们可以从以下两个方面弥补这一不足。

1. 构建中国涉外法治人才培养体系，弥补中国涉外法治人才培养的短板

习近平总书记强调，要提高我国参与全球治理的能力，着力增强"规则制定能力、议程设置能力、舆论宣传能力、统筹协调能力"，必须培养一大批熟悉党和国家方针政策、了解我国国情、具有全球视野、熟练运用外语、通晓国际规

---

① 梁西先生认为，国际组织内部关系法主要包括用以协调组织范围内各成员国（作为组织本身一分子）的权利与义务、各机构间的横向（职权）分工与纵向（领导）关系、议事及决策过程、各种预算及会费分摊、人事安排管理与选举事宜、会谈或谈判活动、各种专门技术标准、信息与资料交流以及语言文字处理等工作的各种有法律约束力的规章制度。其中，有些系基本文件所规定，而大部分则是组织按其职权范围自行制定的规则。参见梁西：《梁著国际组织法》，修订6版，杨泽伟修订，13页，武汉，武汉大学出版社，2011。

则、精通国际谈判的专业人才。《中华人民共和国国民经济和社会发展第十四个五年规划和 2035 年远景目标纲要》也明确提出要"加强涉外法治体系建设，加强涉外法律人才培养"。可见，人才培养在中国涉外法治体系建设中是具有基础性、战略性、先导性的地位和作用的。因此，我们必须加强涉外人才培养和储备，进一步探讨国际法作为一级学科建设的理论与实践问题，构建国际法本科、硕士、博士、博士后全流程培养机制，设立国际组织后备人才培养基地、涉外法治人才培养基地等。[1]

2. 积极向联合国等国际组织输送人才，实现量的突破和质的飞跃

一方面，派遣和鼓励更多的中国年轻人才进入联合国系统工作，尤其要重视占据重要部门和关键岗位。这既可以弥补中国在联合国系统代表性不足的问题，也有利于展现中国的软实力，把中国的文化和理念融入联合国工作的各个领域。另一方面，要充分利用联合国现有的输送、培养国际人才的渠道。例如，联合国开发计划署、经济和社会事务局均设立了一个初级职业官员项目，专门培养年轻的专业人员（P1/P2 级别）。一般 50％的初级职业官员项目的官员都留在了联合国系统。[2] 事实上，很多国家已经利用该渠道为联合国系统提供了不少的人力资源。中国应大力支持本国年轻人参与此类项目。

（五）推动联合国大胆创新，充分发挥联合国协调大国关系的平台作用

首先，利用联合国这一多边机构，降低或削弱任何国家企图欺骗或奉行零和单边主义的可能性。众所周知，联合国大会可以讨论和审议的问题非常广泛，因而有人把它称为"世界议会"[3]。况且，联合国还具有很大的政治影响力，不管是其公开发出的呼吁还是依绝大多数通过的决议，都是世界舆论的积累和集中表达。因此，联合国不但能提供相关论坛、辩论主题、共享信息并最终达成共同解决办法，而且还能发挥中立监督机构的作用，因而对维护国际法律秩序的作用不可或缺。

其次，联合国有助于管控大国间的竞争。例如，1972 年美苏达成的《反弹道导弹条约》、限制战略武器会谈以及 1972 年的《防止海上事件协定》等，不但延缓了美苏之间的军备竞赛，而且缓和了美苏关系。可见，诸如联合国此类的多边组织机构对处理大国间的具体危险行之有效。

最后，推动世界银行等联合国系统内有关国际组织的创新，以共同应对各国共同关切的诸如应对气候变化、生物多样性保护、跨境基础设施和新技术的规制等方面的全球性问题，从而加强国际合作。

（六）通过联合国分享中国发展理念

截至 2021 年，中国不但完成了消除绝对贫困的艰巨任务，而且提前 10 年实现

---

①　参见杨泽伟：《为涉外法治工作提供学理支撑》，载《人民日报》，2021 - 10 - 20，9 版。

②　参见刘志贤主编：《联合国 70 年：成就与挑战》，489 页，北京，世界知识出版社，2015。

③　梁西：《梁著国际组织法》，修订 6 版，杨泽伟修订，40 页，武汉，武汉大学出版社，2011。

了《联合国 2030 年可持续发展议程》减贫目标。① 因此，中国在这方面的成功经验具有世界意义。

一方面，通过联合国向世界宣讲中国减贫的成功经验。首先，联合国作为全球最大的政府间国际组织，无论是其世界舞台的中心地位还是它的全球经验和专业知识，均为推广中国减贫的成功经验最适合的平台。其次，中国"坚持以人民为中心""用发展的办法消除贫困""汇聚各方力量形成强大合力"等在减贫实践中探索形成的宝贵经验，既为人类减贫事业探索了新的路径，也为其他发展中国家提供了更多的发展思路和道路选择。最后，通过联合国分享中国发展理念和减贫经验，有助于进一步增强中国在全球可持续发展进程中的话语权和影响力。

另一方面，与联合国开展合作、引领全球可持续发展。首先，中国既是安理会五大常任理事国之一，也是世界性大国，同时还是发展中国家。中国这种发展中大国的定位，有利于成为发达国家和发展中国家沟通的桥梁，也有利于在联合开展合作。其次，自新中国成立 70 多年来，中国已经向亚、非、拉等地区的 160 多个国家提供了多种形式的援助，有助于联合国千年发展目标在发展中国家的落实。特别是，近年来在全球可持续发展的国际合作中，中国日益发挥引领作用。例如，在2020 年 5 月召开的第 73 届世界卫生大会上，中国政府宣布："中国将在两年内提供20 亿美元国际援助……中国将同联合国合作，在华设立全球人道主义应急仓库和枢纽……中国将建立 30 个中非对口医院合作机制……中国将同二十国集团成员一道落实'暂缓最贫困国家债务偿付倡议'……"②。最后，中国今后可以支持联合国开发计划署设立涵盖中国的发展理念和成功经验的"中国发展工具箱"，以供发展中国家参考和借鉴；另外，还可以在世界银行的帮助下，成立"中国经济与社会发展基金项目"，重点资助非洲等地区的发展中国家及其相关领域的专家。③

推荐阅读书目及论文

1. 饶戈平. 国际组织法. 北京：北京大学出版社，1996

2. 王逸舟主编. 磨合中的建构——中国与国际组织关系的多视角透视. 北京：中国发展出版社，2003

3. 杨泽伟主编. 联合国改革的国际法问题研究. 武汉：武汉大学出版社，2009

4. 梁西. 梁著国际组织法. 修订 7 版. 杨泽伟，修订. 武汉：武汉大学出版

---

① 参见中国国务院新闻办公室：《人类减贫的中国实践》（2021 年 4 月 6 日），载《人民日报》，2021 - 04 - 06，2 版。

② 习近平：《团结合作战胜疫情、共同构建人类卫生健康共同体——在第 73 届世界卫生大会视频会议开幕式上的致辞》（2020 年 5 月 18 日），载中国政府网，http://www.gov.cn/xinwen/2020 - 05/18/content_5512708.htm。

③ 参见张贵洪等：《中国与联合国》，67~68 页，南京，江苏人民出版社、江苏凤凰美术出版社，2019。

社，2022

　　5. 曾令良 . 中国践行国际法治 30 年：成就与挑战 . 武大国际法评论，2011
（1）

　　6. 张贵洪主编 . 联合国研究 . 北京：世界知识出版社，2012

　　7. 刘志贤主编 . 联合国 70 年：成就与挑战 . 北京：世界知识出版社，2015

　　8. 肖肃，朱天祥主编 . 和平与发展：联合国使命与中国方案 . 北京：时事出版
社，2017

　　9. 中华人民共和国外交部条约法律司编著 . 中国国际法实践案例选编 . 北京：
世界知识出版社，2018

　　10. 张贵洪，等 . 中国与联合国 . 南京：江苏人民出版社，江苏凤凰美术出版
社，2019

　　11. 陈健 . 中国的联合国外交和我的联合国生涯 . 世界知识，2020（17）

　　12. 孙萌 . 中国与联合国人权机制：影响与变革 . 北京：中国政法大学出版
社，2020

第五编　国际能源法

21 世纪法学研究生参考书系列

第 二 十 一 章

国际能源法：国际法发展的新突破

随着国际关系的发展变化，国际法的调整范围不断扩大，国际法的新分支也不断涌现。① 国际能源法（international energy law）就是晚近出现的一个新的、特殊的国际法部门。国际能源法的兴起，是国际法发展的新突破。

一、国际能源法的产生

国际能源法是指调整跨国间关于能源勘探、开发、生产、运输、贸易、储备以及利用等方面关系的原则、规则和制度的总和。②

（一）国际能源法的形成

国际能源法是国际关系发展到一定阶段的产物。虽然人类利用能源的历史十分悠久，早在远古时代，人们就利用柴薪取暖、加工食物，但是在工业革命前，由于科技水平的限制、地理条件的制约，跨国的能源开发活动十分罕见，因而谈不上有国际能源法。进入工业革命以后，1859 年德雷克（Colonel Edwin Drake）在宾夕法尼亚的泰特斯维尔（Titusville）钻出了世界上第一口油井。③ 此后，很多国家开始出现了规范石油勘探开发活动的法律制度。

到了 20 世纪，跨国能源开发活动日益增多。1901 年，英国人达西（William Knox D'Arcy）与波斯（今伊朗）政府签订了著名的《达西特许协议》（D'Arcy

---

① See Malcolm N. Shaw, *International Law*, 9th ed., Cambridge University Press, 2021, pp. 36 – 37.
② 有学者认为，国际能源法有狭义和广义之分：狭义的国际能源法是指调整国际法主体间有关能源活动的法律制度；而广义的国际能源法是指调整所有跨国间有关能源活动的法律制度，它由国际公法、国际经济法、比较能源法等部门法的一些内容所组成。See Thomas W. Wälde, "International Energy Law: Concepts, Context and Players", available at http：//www. dundee. ac. uk/cepmlp/journal/htm/vol9/vol9 – 21. html；Thomas W. Wälde, "International Energy Law and Policy", in Cutler J. Cleveland editor-in chief, *Encyclopedia of Energy*, Vol. 3, Elsevier Inc., 2004, pp. 557 – 582.
③ See the Royal Dutch/Shell Group of Companies, *The Petroleum Handbook*, Elsevier Science Publishers B. V., 1983, p. 21；Zhiguo Gao, *International Petroleum Contracts：Current Trends and New Directions*, Graham & Trotman Limited, 1994, pp. 9 – 11.

Concession Agreement），该协议规定，达西只要把主要的意外收益和公司年利润的16％支付给波斯政府，就可以获得波斯境内 60 年的石油勘探开发活动的专属权。[①] 此后，这种特许协议越来越多。1948 年，沙特阿拉伯还率先以特许协议的形式将阿拉伯湾近海石油的勘探开发权租让给阿姆科石油公司。

第二次世界大战后，在联合国非殖民化运动的推动下，殖民地、半殖民地纷纷取得了独立，并成为联合国会员国。在这些新独立国家的强烈要求下，联合国大会通过了一系列关于国家对自然资源永久主权的决议，如 1952 年《自由开采自然财富和资源的权利》、1962 年《关于自然资源之永久主权宣言》、1974 年《各国经济权利和义务宪章》等。1960 年，伊朗、伊拉克、科威特、沙特阿拉伯和委内瑞拉五国宣告成立石油输出国组织（Organization of Petroleum Exporting Countries，OPEC，以下简称"欧佩克"），旨在协调和统一各成员国的石油政策，并确定以最适宜的手段来维护它们各自和共同的利益。1968 年，科威特、利比亚和沙特阿拉伯三国又创建了阿拉伯石油输出国组织（Organization of Arab Petroleum Exporting Countries，OAPEC），其宗旨是协调成员国间的石油政策，维护成员国的利益。1973 年 10 月，第四次中东战争爆发后，经济合作与发展组织（the Organization for Economic Co-operation and Development，OECD，简称经合组织）国家一方面开始协调它们之间的能源政策，并成立了国际能源机构（the International Energy Agency，IEA）；另一方面又加强各国的能源立法。此后，国际能源法开始呈现并逐渐发展起来。

（二）国际能源法产生的原因

为什么在 20 世纪 70 年代下半期国际能源法会逐渐兴起呢？笔者认为，其原因主要有以下几个方面。

1. 第四次中东战争导致了第一次全球能源危机

1973 年 10 月，埃及和叙利亚等国家反对以色列的第四次中东战争爆发，阿拉伯产油国按照战前的约定在外交领域发动了震动全球的石油斗争。阿拉伯石油输出国组织部长级会议决定，每月递减石油产量 5％，日产原油也由原来的 2 080 万桶减少到 1 580 万桶，石油价格则从每桶 2.59 美元上涨到每桶 11.65 美元[②]；并按对阿以问题的态度将石油消费国分为"友好"（friendly）、"中立"（neutral）和"不友好"（hostile）三类国家[③]，确定不同的石油供应量。第四次中东战争所导致的第

---

① See Nwosu E. Ikenna，"'International Petroleum Law'：Has It Emerged as a Distinct Legal Discipline？"，*African Journal of International and Comparative Law*，Vol. 8，No. 2，1996，p. 434.

② See Helga Steeg，"The International Energy Agency（IEA）—Description and Practical Experiences：a Case Study"，in Martha M. Roggenkamp，etc.，ed.，*Energy Law in Europe：National，EU and International Law and Institutions*，2nd ed.，Oxford University Press，2007，p. 156.

③ 比利时、法国、西班牙和英国为友好国家，联邦德国和大多数西欧国家为中立国家，荷兰和美国为不友好国家。See Herbert Miehsler，"International Energy Agency"，in R. Bernhardt ed.，*Encyclopedia of Public International Law*，Vol. II，Amsterdam，1995，p. 1137.

一次全球能源危机，一方面促使各国反思以前的能源法律与政策，同时对能源安全也更加关切①；另一方面也有力地推动了各国在国际能源法律和政策方面的协调与合作，从而有利于国际能源法的勃兴。因此，从某种意义上说，第一次全球能源危机催生了国际能源法。

2. 能源领域的私有化和国际化浪潮

20 世纪 70 年代以来，私有化与国际化这两股潮流席卷各国能源领域，推动了国际能源法的产生和发展。就私有化而言，其实从世界范围来看，"国家对能源领域商业活动的控制在 20 世纪 70 年代达到了顶峰"②。然而，为了促进国内能源市场的竞争，各国纷纷将国有能源企业私有化，原来法律所赋予的垄断权利被废除。这股私有化浪潮最先是从电力部门开始的，智利、英国和西班牙是第一批将其电力部门进行重组和私有化改革的国家。③ 欧盟委员会也一直要求其成员国承认，在统一的欧洲市场，无论是国家垄断还是私人垄断，都是不能接受的。例如，1989 年 6月，欧洲经济委员会根据《欧洲经济共同体条约》第 90 条通过了一项指令，规定，各成员国的电信服务业必须开放竞争。④ 私有化为世界各国和地区的能源市场在投资、贸易和竞争等方面的开放奠定了基础，为接受国际能源法律制度的规制创造了条件。

从国际化来说，能源问题超越国家边界。例如，在能源利用过程中出现的酸雨现象、温室效应、石油污染、核泄漏事故等，不但得到有关国家的重视，而且引起世界各国的关切。"这种跨国界的影响必然要求采取超国家的行动。"⑤ 因此，在相关国际机构的倡导和推动下，《里约环境与发展宣言》《气候变化公约》等纷纷出笼。这些法律文件都强调，能源效率是可持续发展的关键因素之一，各国（地区）应把能源效率放在本国可持续发展能源政策的核心位置。⑥ 与此同时，各国（地区）的能源法律制度也日益国际化：一方面，众多的国际能源条约对各国（地区）能源立法产生影响；另一方面，一些国家（地区）还对其他国家（如英国、美国）（地区）的能源法进行直接的法律移植。

---

① See Adrian J. Bradbrook, "Energy Law as an Academic Discipline", *Journal of Energy & Natural Resources Law*, Vol. 14, No. 2, 1996, pp. 207 - 208.

② Dennis C. Stickley, "New Forces in International Energy Law: A Discussion of Political, Economic, and Environmental Forces within the Current International Energy Market", *Tulsa Journal of Comparative & International Law*, Vol. 1, 1993—1994, p. 96.

③ See NERA, "Privatization and Restructuring of Public Utilities", Washington, 1992, p. 8.

④ See OECD, "Competition Policy in OECD Countries", Brussels, 1991, p. 39.

⑤ Thomas W. Wälde, "International Energy Law: Concepts, Context and Players", available at http://www.dundee.ac.uk/cepmlp/journal/htm/vol9/vol9 - 21.html.

⑥ See Adrian J. Bradbrook, "Energy Law: The Neglected Aspect of Environmental Law", *Melbourne University Law Review*, Vol. 19, No. 1, 1993, pp. 6 - 7; Adrian J. Bradbrook, etc., "International Law and Global Sustainable Energy Production and Consumption", in Adrian J. Bradbrook, etc., ed., *The Law of Energy for Sustainable Development*, Cambridge University Press, 2005, pp. 181 - 201.

3. 国际组织的推动作用

"国际组织在国际能源法的形成过程中发挥了重要的作用。"[1] 首先，国际组织的立法活动丰富了国际能源法的内容。各类国际能源组织以多边条约的形式进行的立法活动，涉及能源领域的方方面面，如勘探、开发、生产、运输、贸易、储备、节约、信息交换、技术合作以及争端解决等。其次，国际组织为各国（地区）的能源活动提供了行动指南，有利于"国"际能源法的统一。例如，国际能源机构要求各成员国保持不低于其 90 天石油进口量的石油存量；又如，"欧盟还是当今国际能源制度最为先进的实验室"[2]，它不但为其成员国，而且为世界上其他国家的能源立法提供了某种样板。最后，国际组织还为各国（地区）提供了一个交流、对话的场所，有利于解决各国（地区）在能源活动中产生的分歧和争端。例如，阿拉伯石油输出国组织的宗旨之一就是协调成员国间的石油政策、协助交流技术情报；该组织还设有由正、副庭长和 5 名法官组成的仲裁法庭，以解决成员国间的争端。

4. 国内能源法的勃兴

在 20 世纪 70 年代，各国（地区）能源法之所以勃兴，主要有两个原因：一是所谓"危机生法、法解危机"。正是 1973 年第四次中东战争所导致的第一次全球能源危机，加快了各国的能源立法进程。二是荷兰、挪威、英国和丹麦等国家相继在本国的近海海域发现了石油和天然气，因而都需要在国内进行相关立法以便对石油和天然气的开发活动进行规范。在上述背景下，1974 年法国制定了《省能法》，1976 年英国颁布了《能源法》，1978 年美国出台了《能源政策与保护法》，1979 年日本颁布实施了《节约能源法》等。各国（地区）能源法的制定和实施，为国际能源法的重要组成部分——比较能源法（comparative energy law）[3] 提供了丰富的素材。

二、国际法新分支：国际能源法的"性质定位"

就国际能源法的性质而言，它不是国内法，而是国际法的一个新分支。对此，我们可以从国际能源法的法律渊源、基本原则和主体等方面作一些分析。

（一）国际能源法的渊源

一般认为，《规约》第 38 条是国际法渊源的权威列举和说明。[4] 然而，国际能源法的渊源不限于此，它包括国际条约、国际习惯、国际石油合同、国家立法、一

---

[1] Thomas W. Wälde, "International Energy Law and Policy", in Cutler J. Cleveland editor-in chief, *Encyclopedia of Energy*, Vol. 3, Elsevier Inc., 2004, p. 558.

[2] Thomas W. Wälde, "International Energy Law: Concepts, Context and Players", available at http://www. dundee. ac. uk/cepmlp/journal/htm/vol9/vol9 - 21. html.

[3] See Thomas W. Wälde, "International Energy Law: Concepts, Context and Players", available at http://www. dundee. ac. uk/cepmlp/journal/htm/vol9/vol9 - 21. html.

[4] See Andrew Clapham, *Brierly's Law of Nations: An Introduction to the Role of International Law in International Relations*, 7th edition, Oxford University Press, 2012, p. 54.

般法律原则、司法判例和权威法学家学说以及国际组织的决议等。

1. 国际条约

国际条约是国际能源法的主要渊源，它可以分为两类：一是造法性条约，如《国际能源纲领协议》《国际原子能机构规约》《能源宪章条约》等；二是契约性条约，如 2004 年中哈两国政府签署的《关于在油气领域开展全面合作的框架协议》、2007 年巴西与塞内加尔签署的《生物能源合作协议》等。

2. 国际习惯

国际习惯主要是指在长期的能源活动中逐渐形成的国际商业惯例。它由于得到了国际社会的承认，因而具有法律约束力。就国际能源法而言，这种惯例主要来自以下五个方面：国家和石油公司之间的实践所产生的惯例；由石油公司之间的经营活动逐渐发展起来的惯例；石油生产国之间在争议地区进行共同的石油开发而形成的惯例；石油生产国、石油公司与石油消费国在石油和天然气贸易活动中所产生的惯例；法官、仲裁员或律师在石油活动的争端解决中，或在对共同开发协议的解释中所形成的惯例等。[1]

3. 国际石油合同

国际石油合同（international petroleum contracts）主要是指东道国政府与外国石油公司签订的有关石油开发、生产等方面活动的协定，它可以分为"泰国式的现代特许合同"（Thailand's Modern concession contract）、"印度尼西亚式的产品分成合同"（Indonesia's production-sharing contract）、"巴西式的风险服务合同"（Brazil's risk service contract）和"中国式的混合合同"（China's hybrid contract）等。[2] 值得注意的是，按照《维也纳条约法公约》的规定，国际石油合同无疑不是国际条约。国际法院在"英伊石油公司案"的裁决中也明确指出，伊朗政府和英伊石油公司签订的合同，仅仅是一国政府和外国公司签订的特许协定，而不是条约。[3]

4. 国家立法

国家立法可以分为两类：一类是综合性的能源立法，如 1976 年英国《能源法》、2005 年美国《能源政策法》，以及中国目前正在起草的"中华人民共和国能源法"等；另一类是专门性的能源立法，如 1979 年《美国能源税法》、1982 年《中华人民共和国对外合作开采石油资源条例》（2013 年修订）、1997 年《中华人民共和国节约能源法》（2018 年修正）、2004 年《德国可再生能源法》以及 2005 年《中

---

① See Nwosu E. Ikenna, "'International Petroleum Law': Has It Emerged as a Distinct Legal Discipline?", *African Journal of International and Comparative Law*, Vol. 8, No. 2, 1996, p. 432.

② See Zhiguo Gao, *International Petroleum Contracts: Current Trends and New Directions*, Graham & Trotman Limited, 1994, pp. 23 - 200.

③ "The Anglo-Iranian Oil Co. Case", in International Court of Justice, "Reports of Judgements, Advisory Opinions and Orders", Leydon, 1952, p. 112.

华人民共和国可再生能源法》（2019 年修正）等。

5. 一般法律原则

《国际法院规约》第 38 条规定，国际法院在裁判案件时，应适用为文明各国所承认的"一般法律原则"（general principles of law）。就国际能源法来说，一般法律原则主要是指适用于石油、天然气、电、煤等能源贸易活动的，且被大多数国家承认的一般法律原则。不言而喻，一般法律原则在国际能源法的法律渊源中处于次要地位。

6. 司法判例和权威法学家学说

（1）司法判例。"司法判例"主要是指司法机构和仲裁法庭所作的裁决，它包括国际司法判例和国内司法判例。与国际能源法有关的国际司法判例，主要有 1952 年"英伊石油公司案"、1981 年"利埃姆科诉利比亚阿拉伯共和国政府仲裁案"（the Liamco v. the Government of the Libyan Arab Republic）、1994 年"欧盟诉美国对汽车征税案"（the European Union v. United States taxes on automobiles）以及 1996 年"巴西、委内瑞拉诉美国精炼汽油案"（Venezucla and Brazil v. United States-standards for reformulated and conventional gasoline）等。而国内司法判例对遵行"依循先例"（stare decisis）原则的英美法系国家来说，尤为重要。总之，"司法判例"对国际能源法规则的认证和解释，发挥了重要作用，推动了国际能源法的发展。

（2）权威法学家学说。虽然权威法学家学说只是国际能源法的辅助渊源之一，但它在确定国际能源法的规则，甚至在国际能源法的发展方面，产生了重大影响，目前仍有相当的作用。

7. 国际组织的决议

国际组织的决议包括国际组织的机关通过的宣言、决定、决议和行动指南等，如联合国大会通过的《关于自然资源之永久主权宣言》、欧佩克关于石油生产或石油价格的决议、世界银行关于外国直接投资指南、国际海事组织关于去除大陆架和专属经济区上近海装置和结构的指南与标准等。重要的国际组织的决议，就其广泛代表性和舆论价值来说，应是确立法律原则的一种非常有价值的补助资料，因而它们对国际能源法渊源有很大的影响。[①]

由上可见，国际能源法的渊源虽然与国际法的渊源不完全一样，但其具体内容与国际法有很多相同之处，其脱胎于国际法的痕迹非常明显。

（二）国际能源法的基本原则

所谓国际能源法基本原则（basic principles of international energy law）是指在国际能源法体系中那些被国际社会公认的，具有普遍约束力的，适用于国际能源

---

① 参见［英］詹宁斯、瓦茨修订：《奥本海国际法》，第 1 卷，第 1 分册，王铁崖等译，27 页，北京，中国大百科全书出版社，1995。

法各个领域并构成国际能源法基础的法律原则。

国际能源法的基本原则主要包括以下几个方面。

1. 自然资源永久主权原则（principle of permanent sovereignty over natural resource）

国家对自然资源的永久主权是国家主权的不可分割的组成部分，是一国固有的、不可剥夺的权利。由自然资源永久主权派生的主权权利的内容十分丰富，它包括自由处置自然资源的权利、自由勘探和开发自然资源的权利、恢复对自然资源的有效控制权和损害赔偿的权利、为民族发展而利用自然资源的权利、按照国家环境政策来管理自然资源的权利、平等地分享跨境自然资源惠益的权利、管理外国投资的权利、对外国投资实行征收或国有化的权利等。① 20 世纪 50 年代以来，联合国大会通过一系列的决议，正式确立了国家对自然资源永久主权原则。目前，由自然资源永久主权派生的主权权利已得到国际社会的普遍认可。

2. 可持续发展原则（principle of sustainable development）

可持续发展原则是指国际能源法对能源利用的规范，既要满足人民生活的能源需求，有效保障国家的能源安全，又要最大限度地减少能源生产转换利用对环境和健康的影响，形成能源可持续发展机制，为今后更长远的发展奠定基础。早在 1987 年，由挪威首相布伦特兰夫人领导的世界环境与发展委员会就提出了可持续发展原则。② 可持续发展原则在许多国际环境条约、国际组织的决议，如《气候变化公约》《生物多样性公约》等中都得到了反映。而 1992 年《里约环境与发展宣言》宣布的 27 项原则中有多项直接提到可持续发展。《21 世纪议程》则为各国实现可持续发展提供了具体的计划。③

3. 和平利用原则（principle of peaceful use）

和平利用原则主要是指能源的利用，特别是原子能的开发利用应以和平为目的、以谋求人类的福祉为依归，而不能用于军事或战争目的。例如，《国际原子能机构规约》第 2 条明确规定，国际原子能机构的宗旨为：加速并扩大原子能对全世界和平、健康和繁荣的贡献；确保由其本身，或经其请求，或在其监督或管制下提供的协助不致用于推进任何军事目的。

从上述国际能源法的基本原则可以看出，国际能源法基本原则是国际法基本原则的引申和具体化，例如，自然资源永久主权原则就是在国家主权原则基础上发展起来的。

---

① 参见杨泽伟：《论自然资源永久主权及其发展趋势》，载《法商研究》，2003（4）；Nico Schrijver, *Sovereignty over Natural Resources: Balancing Rights and Duties*, Cambridge University Press, 1997, pp. 260–299。

② See Adrian J. Bradbrook, "Energy Law as an Academic Discipline", *Journal of Energy & Natural Resources Law*, Vol. 14, No. 2, 1996, pp. 206–207。

③ See Adrian J. Bradbrook, etc., "International Law and Global Sustainable Energy Production and Consumption", in Adrian J. Bradbrook, etc., ed., *The Law of Energy for Sustainable Development*, Cambridge University Press, 2005, pp. 182–185。

（三）国际能源法的主体

国际能源法的主体（subjects of international energy law）是指被赋予国际法律人格而有能力承担国际法上的权利与义务的实体。① 它包括以下三类。

第一，国家。国家是国际能源法的基本主体。在国际能源法律关系中，国家具有完全的权利能力和行为能力；它既是国际能源法的制定者，也是国际能源法的实施者。就能源生产国而言，其权利、义务更多的是利用外国的投资进行能源开发，促进本国的社会经济发展。从能源消费国来说，它的权利、义务主要集中在以合理、能支付的价格获取稳定的能源供应。

第二，国际组织。国际组织是国际能源法的重要主体，它在一定范围内能独立参与国际能源法律关系，并能承受国际能源法上的权利和义务。事实上，许多国际组织，如欧佩克、国际原子能机构、国际能源机构、能源宪章会议和秘书处（the Energy Charter Conference and Secretariat）、经合组织的核能机构（the Organization for Economic Co-operation and Development's Nuclear Energy Agency）、欧盟、世界银行等，都把能源法律和政策作为其重要职责或主要议题之一。②

第三，非国家实体。非国家实体主要包括能源公司和非政府组织，它们是国际能源活动的积极参加者，在国际能源法的形成过程中发挥了重要的作用③，因而都是国际能源法的主体。例如，能源公司不仅以商业惯例的形式来促进能源法的产生，而且通过制订公司内部有关环境、人权、公司治理等方面的行动指南来推动能源法的形成。④

可见，国际能源法的主体与国际法的主体类似，国家和国际组织都是二者的主体。

总之，无论是从国际能源法的法律渊源来看，还是就国际能源法的基本原则和主体来分析，国际能源法不是国内法，而应属国际法，是国际法的一个分支。

三、新兴的国际法分支：国际能源法之"新"

（一）国际能源法产生的年代新、内容新

与国际公法上的海洋法、外交与领事关系法有几百年的发展历史不一样，国际

---

① See Bin Cheng, "Introduction to Subjects of International Law", in Mohammed Bedjaoui general editor, *International Law: Achievements and Prospects*, UNESCO, 1991, p. 23.

② See Thomas W. Wälde, "International Energy Law and Policy", in Cutler J. Cleveland editor in chief, *Encyclopedia of Energy*, Vol. 3, Elsevier Inc., 2004, p. 557.

③ See Lillian Nyagaki Maina, *The Role of Non-governmental Organizations in the Oil and Gas Industry*, Dundee University Thesis, 2001, pp. 1 - 49.

④ See Thomas W. Wälde, "International Energy Law: Concepts, Context and Players", available at http://www.dundee.ac.uk/cepmlp/journal/htm/vol9/vol9 - 21.html.

能源法的历史还很短暂，它是在 20 世纪 70 年代以后才逐渐发展起来的，进入 20 世纪 80 年代后，国际能源法的研究才慢慢地引起学界的关注。[①] 然而，国际能源法又是一个仍在发展的法律部门。由于能源的开发、利用受科学技术的影响和制约，因此国际能源法也将伴随着科技的进步而不断发展。可以预言，随着石油、天然气储量的减少，人类环保意识的增强，可再生能源利用的增多，国家管辖范围以外资源开发的扩大，国际能源法的领域还会不断增多，国际能源法的调整范围也将不断扩大，国际能源法的内容也将更加丰富。

（二）国际能源法的客体新

国际能源法的客体，即国际能源法的调整对象，主要是指由国际能源法所规范的各种能源活动的法律关系。国际能源法的客体也与传统国际法的客体不一样，呈现多样性的特点。

第一，从国际能源法的法律关系主体出发，它可以分为：（1）国家与国家之间的关系。它包括能源生产国与能源消费国之间的关系、能源生产国之间的关系以及能源消费国之间的关系。（2）国家与国际能源组织之间的关系。它又可分为国际能源组织与其成员国之间的关系、国际能源组织与非成员国之间的关系。（3）国际能源组织之间的关系，如欧佩克与阿拉伯石油输出国组织之间的关系等。（4）国家与能源公司之间的关系。它包括能源生产国与外国能源公司之间的关系、一国与本国能源公司之间的关系。其中，前者是国际能源法中内容最广泛、情况最复杂的一种法律关系。（5）能源公司之间的关系。（6）非政府组织与国家、国际能源组织以及能源公司之间的关系。[②]

第二，根据国际能源活动涉及的主要环节，它可以分为：（1）能源国际合作。能源活动离不开国际合作。目前各国（地区）签订了为数众多的双边和多边条约，内容涉及能源研究与开发、信息与人员交流、科学与技术合作、环境保护等。（2）能源投资。能源是跨国投资最先涉足的领域，现今有许多双边和多边条约规范外国直接投资，如《多边投资协定》、《关于解决各国和其他国家国民间投资争端的公约》、《多边投资担保机构公约》和世界贸易组织《与贸易有关的投资措施协议》等。（3）能源贸易。由于能源的特殊地位，能源贸易问题在各国（地区）特别受重视。然而，目前以关税总协定/世界贸易组织体制为主导的国际贸易法律制度，并未涉及国际能源贸易问题。不过，有专家指出，将来的国际能源法会包含与世界贸易组织有关

---

① 1984 年，国际律师协会能源与自然资源法分会（International Bar Association Section on Energy and Natural Resources Law）主编了一本名为"国际能源法"的论文集。这可能是第一次使用"国际能源法"这个词。See International Bar Association Section on Energy and Natural Resources Law，*International Energy Law*，Houston，1984.

② 在能源生产、利用过程中，非政府组织对人权保障和可持续发展等方面的推动作用，功不可没。See Donald N. Zillman，etc.，ed.，*Human Rights in Natural Resource Development：Public Participation in the Sustainable Development of Mining and Energy Resources*，Oxford University Press，2002.

的能源规则。① （4）能源与环境保护。② 自 20 世纪 70 年代以来，"环境保护运动向能源工业提出了前所未有的挑战"③。各类国际环境条约从不同的角度确立了各国在能源生产、利用等活动中对环境应尽的保护义务。④ （5）能源争议的解决。在跨国能源生产、贸易等活动中，不可避免地会产生争议，因而能源争议的解决当然属于国际能源法的调整范围。例如，《能源宪章条约》就把保障能源投资与贸易、解决能源争端作为其重要内容之一。

第三，按照国际能源开发活动的地域范围，它可以分为：（1）国家管辖范围以内的资源开发活动，如在一国领海、专属经济区、大陆架等进行的资源开发活动；（2）国家管辖范围以外资源的开发活动，如在公海、国际海底、南极和北极地区等进行的资源开发活动；（3）在外层空间和其他天体进行的资源开发活动。⑤

第四，依照能源的构成，它可以分为国际石油法（international petroleum law）、国际天然气法（international gas law）、国际电法（international electricity law）、国际风能法（international wind energy law）、国际核能法（international nuclear energy law）⑥、国际太阳能法（international solar energy law）以及国际地热能法（international geothermal energy law）等。国际能源法的这些分支，有的还可以进一步细分，例如，国际石油法又可以分为上游国际石油法（upstream international petroleum law）、下游国际石油法（downstream international petroleum law）、石油投资法（petroleum investment law）、石油融资法（petroleum financing law）、石油开采法（petroleum operations law）、石油运输法（petroleum transportation law）、石油税法（petroleum taxation law）等。⑦

（三）国际能源法与国际公法、国际经济法、国际环境法、国内能源法等的不同

1. 国际能源法与国际公法

国际能源法所调整的是一种跨国能源法律关系，所规范的是一种涉及国家、国

---

① See Thomas W. Wälde, "International Energy Law: Concepts, Context and Players", available at http://www.dundee.ac.uk/cepmlp/journal/htm/vol9/vol9 - 21. html.

② See "Energy and International Law: Development, Litigation, and Regulation (Symposium, in Panel Five: Energy & Environmental Litigation)", *Texas International Law Journal*, Vol. 36, 2001, pp. 38 - 46.

③ Zhiguo Gao ed., *Environmental Regulation of Oil and Gas*, Kluwer Law International Ltd., 1998, p. 3.

④ See Rex J. Zedalis, *International Energy Law: Rules Governing Future Exploration, Exploitation and Use of Renewable Resources*, Ashgate Publishing Company, 2000, pp. 233 - 333.

⑤ See Rex J. Zedalis, *International Energy Law: Rules Governing Future Exploration, Exploitation and Use of Renewable Resources*, Ashgate Publishing Company, 2000, pp. 1 - 231.

⑥ See G. N. Barrie, "International Nuclear Energy Law—Present and Future", *Journal of South African Law*, No. 2, 1988, pp. 210 - 215; Mohamed Elbaradei, etc., "International Law and Nuclear Energy: Overview of the Legal Framework", *IAEA Bulletin*, Vol. 37, No. 3, 1995, pp. 16 - 25; Elena Molodtsova, "Nuclear Energy Law and International Environmental Law: An Integrated Approach", *Journal of Energy & Natural Resources Law*, Vol. 13, No. 4, 1995, pp. 275 - 298.

⑦ See Nwosu E. Ikenna, " 'International Petroleum Law': Has It Emerged as a Distinct Legal Discipline?", *African Journal of International and Comparative Law*, Vol. 8, No. 2, 1996, pp. 440 - 442.

际能源组织和非国家实体之间的国际能源活动，故与国际公法一样，国际能源法同属于国际法体系，因此，它们之间有着一定的内在联系。例如，狭义的国际能源法其实就是国际公法的一个分支①，国际能源法的很多内容是国际公法的重要组成部分，国际公法的基本原理也能够适用于国际能源法等。② 但是，国际能源法与国际公法之间还是有许多不同：（1）主体范围不同。国际公法的主体包括国家、政府间国际组织和争取独立的民族，而个人（包括自然人和法人）被认为不是国际公法的主体。国际能源法的主体既包括国家、国际能源组织，还包括法人（能源公司）和非政府组织。（2）法律渊源不同。如前所述，国际能源法的渊源除了包括国际公法中的国际条约、国际习惯、一般法律原则、司法判例和权威法学家学说以及国际组织的决议，还包括国际石油合同、国家立法。（3）调整范围不同。国际能源法的调整范围除了国际公法的部分内容，还包括非国家行为体（能源公司、非政府组织）与国家、国际能源组织之间所产生的各种能源法律关系。

2. 国际能源法与国际经济法

早在 20 世纪 70 年代，著名国际法学者斯塔克（Starke）就预言，"未来国际经济法的一个重要分支将由规范和指导分享能源、原材料等自然资源的规则所组成"③。事实上，国际能源法与国际经济法在主体、调整对象等方面，都有很多相似之处。不过，国际能源法与国际经济法的区别也很明显：首先，国际经济法的主体范围大于国际能源法的主体范围，因为国际能源法的主体不包括个人，而国际经济法的主体包括个人。其次，国际经济法更侧重调整其主体间的经贸关系，而国际能源法除了调整其主体间有关能源投资、贸易的关系，还调整能源利用所产生的环境问题、能源国际合作等。最后，国际能源法与国际公法的联系更加紧密，比如国际能源法的客体同样包括国家管辖范围以外区域的有关事项。

3. 国际能源法与国际环境法

不可否认，国际能源法与国际环境法的联系非常密切，例如：能源问题与环境问题息息相关；国际环境公约包含很多国际能源法的实体规范，而国际能源法中也有很多环境保护方面的规定④；甚至有学者认为，能源法还是环境法的一部分⑤，

---

① See Thomas W. Wälde, "International Energy Law and Policy", in Cutler J. Cleveland editor-in chief, *Encyclopedia of Energy*, Vol. 3, Elsevier Inc., 2004, pp. 557–582.
② 有学者指出，就石油开发和贸易而言，国际公法在维持国家利益与投资者利益之间的平衡方面，发挥了重要作用。See Richard W. Bentham, "The International Legal Structure of Petroleum Exploitation", *Oil and Gaw Law and Taxation Review*, Vol. 9, 1984—1985, p. 238.
③ I. A. Shearer, *Starke's International Law*, Butterworths, 1994, p. 345.
④ 例如，欧盟能源法律体系中就有关于环境保护的专门规定。See Peter Duncanson Cameron, *Competition in Energy Markets：Law and Regulation in the European Union*, second edition, Oxford University Press, 2007, pp. 495–516.
⑤ See Adrian J. Bradbrook, "Energy Law: the Neglected Aspect of Environmental Law", *Melbourne University Law Review*, Vol. 19, No. 1, 1993, pp. 1–19.

能源生产、消费与气候变化、可持续发展密不可分。① 然而，国际能源法与国际环境法的区别也很显著：一方面，国际能源法比国际环境法的调整范围更广一些，它不局限于与能源有关的环境问题，而是包含跨国能源活动的各个环节；另一方面，国际能源法的约束力更强些，而国际环境法更多地带有软法性质。

4. 国际能源法与国内能源法

国际能源法和国内能源法是两个不同的法律体系，但这两个体系存在着许多联系，因此，国际能源法与国内能源法既不能等同，也不能相互替代。相比较而言，国际能源法的调整范围更广，诸如国家管辖范围以外区域之资源的开发与利用，就只能由国际能源法予以规范。

四、国际法发展的新突破：新兴的国际能源法之"意义"

国际能源法的兴起，具有十分重要的意义，它是国际法发展历程中的一个新突破。

（一）国际能源法突破了传统部门法的分野

1. 国际能源法体现了当今经济全球化背景下部门法的界限日益模糊的客观事实

国际能源法是一个特殊的国际法分支，它打破了传统部门法中被人为划定的界限，其实体规范包含了国际公法、国际经济法、国际环境法、国内能源法等部门法的一些具体内容②，因此，它不是任何一个传统法律部门所能涵盖的。国际能源法的这一特点也是经济全球化的客观要求。

2. 国际能源法反映了国际法与国内法相互渗透、相互转化和相互影响的发展趋势

例如，国际能源法和国内能源法虽然是两个不同的法律体系，但国内能源法的制定者和国际能源法的制定者都是国家，因此，这两个体系之间有着密切的联系，彼此不是互相对立而是互相渗透和互相补充的：首先，国际能源法的部分内容来源于国内能源法，如一些国际能源公约的制定就参考了某些国家能源法的规定，国内能源法还是国际能源法的渊源之一。其次，国内能源法的制定一般也参照国际能源公约的有关规定，从而使与该国承担的国际义务相一致。最后，国际能源法有助于各国国内能源法的趋同与完善。

---

① See Rosemary Lyster and Adrian Bradbrook, *Energy Law and the Environment*, Cambridge University Press, 2006.

② 例如，国际石油合同的性质就是双重的，既含有国际公法的成分，也包括国际私法的因素。不过，一般都认为国际石油合同是投资合同或商业合同，不是国际条约，它应受缔约国国内法的调整。See Zhiguo Gao, *International Petroleum Contracts: Current Trends and New Directions*, Graham & Trotman Limited, 1994, pp. 209 – 210.

3. 国际能源法印证了"国际法不成体系"或曰"碎片化"① (fragmentation of international law) 的时代潮流

近些年来，国际法发展呈两种态势：一方面，国际法的调整范围不断扩大，国际法的发展日益多样化；另一方面，在国际法的一些领域或一些分支，出现了各种专门的和相对自治的规则与规则复合体。因此，国际法"不成体系成为一种现象"②。国际能源法的产生和发展，就是其中一例。

（二）国际能源法拓展了国际法的研究领域

长期以来，国际法学研究的重点主要集中在以军事安全为核心的"传统安全" (traditional security) 领域，而对诸如恐怖主义、种族冲突、环境恶化、粮食不足、能源短缺、毒品交易、跨国犯罪、人口增长和非法移民等"非传统安全"(non-traditional security) 问题重视不够。然而，能源安全直接关系到国民经济的发展和国家的安全，确保能源安全也是各国维护国家安全的重要的政治与外交政策的目标。③ 因此，以"能源安全"为核心的国际能源法，需要法学界，特别是国际法学界予以密切关注。可以预言，研究国际能源法，将拓宽国际法学研究的思路，开辟国际法研究的新领域，提供国际法学研究的新视野，丰富国际法的理论，并有可能进一步推动"国际原子能法"、"国际石油法"和"国际天然气法"等国际法新分支学科的产生和发展，进而促进国际能源新秩序的建立。

（三）国际能源法将推动国际法研究方法的革新

国际法研究的新方法不断呈现，是晚近国际法理论发展的重要趋势之一。④ 例如，批判的国际法方法 (critical international legal studies)⑤、女权主义者的国际

---

① 早在 2000 年第 52 届会议上，国际法委员会就决定将"国际法不成体系引起的危险"专题列入其长期的工作方案。2006 年 5 月～8 月，在日内瓦召开的第 58 届国际法委员会会议上，研究小组提交了《国际法不成体系问题：国际法多样化和扩展引起的困难》(Fragmentation of International Law: Difficulties Arising from the Diversification and Expansion of International Law) 的研究报告。See Report of the Study Group of the International Law Commission, "Fragmentation of International Law: Difficulties Arising from the Diversification and Expansion of International Law", available at http: //daccess-dds. un. org/doc/UNDOC/LTD/G06/634/39/PDF/G0663439. pdf? OpenElement.
② Report of the Study Group of the International Law Commission, "Fragmentation of International Law: Difficulties Arising from the Diversification and Expansion of International Law", available at http: //daccessdds. un. org/doc/UNDOC/LTD/G06/634/39/PDF/G0663439. pdf? OpenElement.
③ 参见［英］巴瑞·布赞等：《新安全论》，朱宁译，10 页，杭州，浙江人民出版社，2003；Jan H. Kalicki and David L. Goldwyn, *Energy and Security: Towards a New Foreign Policy Strategy*, the John Hopkins University Press, 2005, pp. 52, 562。
④ See Malcolm N. Shaw, *International Law*, 9th ed., Cambridge University Press, 2021, pp. 45 - 54.
⑤ See Anthony Carty, "Critical International Law: Recent Trends in the Theory of International Law", *European Journal of International Law*, Vol. 2, No. 1, 1991, p. 66; Peter Malanczuk, *Akehurst's Modern Introduction to International Law*, London, 1997, p. 33.

法方法（feminist approach to international law）①、国际法与国际关系交叉研究的方法②、法律的经济分析方法③等，都是近年来欧美国际法学界产生的一些新的研究方法。然而，中国国际法学界对这些新的研究方法并未充分地吸收、消化，因而在研究方法方面稍显单一。而国际能源法和能源安全问题，需要包括法学在内的多学科的系统研究，甚至需要多学科的交叉研究。但在法学领域，现今中国国内法学界，尤其是国际法学界还没有系统研究这些问题。

具体而言，研究国际能源法和能源安全问题，至少需要采取以下三种研究方法：

第一，国际法与国内法相结合的研究方法。因为国际能源法和能源安全问题不仅仅是一个国际法问题，它还涉及各国国内能源法律制度的建立与完善，所以必须采用国际法与国内法（如社会法、环境法、民法、能源法等）相结合的方法来研究。

第二，国际法与国际关系、国际政治、国际经济相结合的研究方法。在当今经济全球化的背景下，能源安全问题是一个属于非传统安全领域的全球性问题，它与国际政治、国际关系、国际经济密切相关，如各国对中东石油的争夺、各利益集团在中亚的石油角逐、石油运输的"马六甲困局"等，莫不如此。因此，单靠国际法的方法，是很难把维护能源安全问题分析透彻，必须进行跨学科的研究，把国际能源法分析与对国际政治、国际关系和国际经济的考察有机地结合在一起。

第三，国际法理论联系实际的方法，即：运用具有代表性的国际法理论来剖析能源安全所涉及的各个重大国际能源法问题，并通过对这些重大国际问题的研究力图丰富和发展现有的国际能源法理论，从而推动国际能源法的进一步发展。

可见，研究国际能源法，既能填补国内法学界研究的空白，又将推动国际法研究方法的更新。

推荐阅读书目及论文

1. 杨泽伟. 国际能源法：国际法的一个新分支. 华冈法萃，2008（40）

---

① See F. R. Teson, "Feminism and International Law: A Reply", *Virginia Journal of International Law*, Vol. 33, No. 3, 1993, p. 650; Hilary Charlesworth, etc., "Feminist Approaches to International Law", *American Journal of International Law*, Vol. 85, 1991, p. 623.

② See Anne-Marie Slaughter, etc., "International Law and International Relations Theory: A New Generation of Interdisciplinary Scholarship", *American Journal of International Law*, Vol. 92, 1998, p. 367; Peter Malanczuk, *Akehurst's Modern Introduction to International Law*, London, 1997, p. 33.

③ See Steven R. Ratner, etc., "Appraising the Methods of International Law: A Prospectus for Readers", *American Journal of International Law*, Vol. 93, 1999, p. 294.

2. 杨泽伟. 中国能源安全法律保障研究. 北京：中国政法大学出版社，2009

3. 杨泽伟主编. 从产业到革命：发达国家新能源法律政策与中国的战略选择. 武汉：武汉大学出版社，2015

4. International Bar Association Section on Energy and Natural Resources Law. International Energy Law. Houston，1984

5. G. N. Barrie. International Nuclear Energy Law—Present and Future. Journal of South African Law. No. 2，1988

6. Dennis C. Stickley. New Forces in International Energy Law：A Discussion of Political，Economic，and Environmental Forces within the Current International Energy Market. Tulsa Journal of Comparative & International Law. Vol. 1，1993—1994

7. Zhiguo Gao. International Petroleum Contracts：Current Trends and New Directions. Graham & Trotman Limited，1994

8. Adrian J. Bradbrook. Energy Law as an Academic Discipline. Journal of Energy & Natural Resources Law. Vol. 14，No. 2，1996

9. Nwosu E. Ikenna. "International Petroleum Law"：Has It Emerged as a Distinct Legal Discipline? . African Journal of International and Comparative Law. Vol. 8，No. 2，1996

10. Rex J. Zedalis. International Energy Law：Rules Governing Future Exploration，Exploitation and Use of Renewable Resource. Ashgate Publishing Company，2000

11. Thomas W. Wälde. International Energy Law：Concepts，Context and Players. http：//www. dundee. ac. uk/cepmlp/journal/htm/vol9/vol9 – 21. html

12. Thomas W. Wälde. International Energy Law and Policy. Cutler J. Cleveland editor in chief. Encyclopedia of Energy. Vol. 3. ，Elsevier Inc. ，2004

13. Adrian J. Bradbrook，etc. ，ed. . The Law of Energy for Sustainable Development. Cambridge University Press，2005

14. Rosemary Lyster and Adrian Bradbrook. Energy Law and the Environment. Cambridge University Press，2006

15. Martha M. Roggenkamp，etc. ，ed. . Energy Law in Europe：National，EU and International Law and Institutions. 2nd ed. . Oxford University Press，2007

16. Peter Duncanson Cameron. Competition in Energy Markets：Law and Regulation in the European Union. 2nd ed. . Oxford University Press，2007

17. Malcolm N. Shaw. International Law. 9th ed. . Cambridge University Press，2021

第 二 十 二 章

跨国能源管道运输的国际法问题

一、跨国能源管道运输的现状

法律意义上的"管道"（pipeline）是指"由许多有泵控装置的相连的输送管组成，用来运送液体、气体或者浆料固体"①。管道运输是指"使用大型管道输送流体货物的运输方式。按输送物料的状态，输送管道分为油品管道、天然气管道和固体浆料管道"②。能源管道运输（energy transport by pipeline）是指"在选定的线路上敷设用钢铁制成的管道，用以输送常规能源"③。能源管道运输主要有原油管道运输、成品油管道运输、天然气和石油管道运输、煤炭管道运输等。

管道运输是与铁路、公路、水运、航空并列的五大运输方式之一。据史料记载，早在两千多年前，我国四川人民就发明了利用竹管输送煮盐的方法。管道运输主要用于能源输送，除普遍用于石油、天然气、液化石油气、化工原料等的输送外，还用于煤浆、煤气层、铁矿石和矿渣等的运输。世界上第一条输油管道是1865年在美国建成的。在当代，管道运输是最适宜于输送石油和天然气的一种运输方式，它是连接石油生产和消费的纽带，是促进油气田开发、有效利用油气资源的重要手段。目前，输油、输气管道已经被广泛运用，全球已建成油气输送管道两百多万公里，世界上100％的天然气、85％以上的原油运输是通过管道输送实现的。不过，全球能源管道运输网的分布，很不均匀，主要集中在北美、欧洲、俄罗斯和中东地区。

据专家估计，在未来几十年全球能源产品贸易将更加依赖跨国石油和天然气管道运输。④ 这主要有两大原因：一方面，靠近传统市场的石油和天然气储量逐渐开

---

① R. Lagoni, "Pipelines", in R. Bernhardt ed., *Encyclopedia of Pubic International Law*, Vol. Ⅲ, Amsterdam, 1997, p.1033.

② 夏征农主编：《辞海》，2276页，上海，上海辞书出版社，2000。

③ 王庆一主编：《能源词典》，482页，北京，中国石化出版社，2005。

④ See Sergei Vinogradov, *Cross-border Oil and Gas Pipelines：International Legal and Regulatory Regimes*, Dundee University, 2001, p.10.

采殆尽。为满足世界各国（地区）对能源的需求，国际社会开始寻找新的、位置更加偏僻的石油和天然气资源，而这些新探明的油气区，往往要求管道输送。例如，有"第二中东"之称的里海地区丰富的石油生产国都是内陆国，它们主要依靠管道才能将石油运送出去。[①] 而中国为了突破能源安全的"马六甲困局"，也正逐步增加能源管道运输的比重。[②] 另一方面，能源需求模式发生变化。过去很多天然气市场受到法律制度的限制，而近年来通过天然气部门的改革等措施，这些限制逐渐消失。这使天然气需求增大，在能源领域作用增强。而天然气更适合用管道进行运输。

（一）中哈石油管道

该管道1期和2期已分别于2005年和2009年建成，是我国第一条跨国原油进口管道，全长2 834公里，西起里海阿特劳，途经阿克纠宾，东至中哈边界阿拉山口。目前输油能力为2 000万吨/年，近五年实际平均年输量为1 200万吨左右，实现由哈西部到新疆的全线贯通。

（二）中亚（中国—中亚）天然气管道

该管道由A、B、C、D四条线路组成，其中A、B、C线已分别于2009年、2010年和2014年建成投运，全长约1万公里，A、B、C三条管道的线路走向完全一致，西起土库曼斯坦，途经乌兹别克斯坦和哈萨克斯坦，至中国霍尔果斯入境后与西气东输二线管道相连，是全球最长的天然气管道。目前总输气能力是550亿立方米/年，2020年实际输气量为389亿立方米左右。

中亚天然气管道D线走向与A、B、C线走向有所不同，以土库曼斯坦为起点，经乌兹别克斯坦、塔吉克斯坦、吉尔吉斯斯坦，最后到达中国新疆。D线设计输气能力为300亿立方米，2020年1月D线工程1号隧道顺利贯通。

A、B、C、D四条管道均实现满负荷输量后，中国从中亚地区接受的天然气将达到850亿立方米/年，占我国当前国内天然气产量的60%左右。截至2021年2月，中亚天然气管道每日向中国输气达1.2亿立方米，单日最高峰值达1.45亿立方米，每年以中亚天然气管道输送中国的天然气约占中国同期天然气消费总量的15%以上。

（三）中俄能源管道

1. 中俄原油管道

早在1996年，中国政府就提议兴建中俄石油管道，但一直进展不大。2003年，

---

① 2002年9月动工、2006年7月开始输油的巴库—第比利斯—杰伊汉输油管道，经由阿塞拜疆、格鲁吉亚和土耳其三国，全长1 760公里，是美国出于其全球战略考虑，为获得里海的石油资源而推动建设的，由英国BP公司出面筹资实施。巴杰管道设计年输油能力为5 000万至6 000万吨。该管道把来自里海地区和阿塞拜疆的原油经格鲁吉亚输送到土耳其，再从土耳其输往欧洲和世界市场。参见〔日〕石川阳平：《石油天然气管线，政治的缩略图》，载《日本经济新闻》，2006-07-04。

② See Philip Andrews-Speed, etc., *The Strategic Implications of China's Energy Needs*, Oxford University Press，2002，p. 20.

时任俄罗斯总理卡西亚诺夫宣布，从俄罗斯西伯利亚的安加尔斯克修建一条直至中国大庆的输油管道（即"安大线"），但随后日本也提议修建一条从俄罗斯的安加尔斯克到太平洋的纳霍德卡港的输油管道（即"安纳线"）。因此，俄方一直在"安大线"方案与"安纳线"方案之间摇摆，"安大线"计划也被搁浅。到2009年，中俄两国达成了"贷款换石油"的协议，俄罗斯从中方获得了一笔250亿美元的贷款，而中国从2011年起的20年期间每天进口30万桶俄罗斯原油。至此，"安大线"也变身成为俄罗斯西伯利亚至太平洋石油管道的中国支线，即中俄石油管道。该管道起点为俄远东斯科沃罗季诺原油分输站，途经中国黑龙江和内蒙古自治区的13个市县区，终点为大庆。2010年8月29日，俄罗斯总理普京在俄阿穆尔州斯科沃罗季诺市亲自转动了通往中国境内的输油管道阀门。这条总长度为999公里、设计输送能力为1500万吨的跨国输油管线，如期开始向中国输送原油。这是中俄原油管道一线。

中俄原油管道二线于2018年正式建成。二线起自漠河首站，止于大庆末站，与一线并行铺设，全长约940公里。二线设计年输油能力1500万吨，二线建成后每年从东北通道进口的俄原油可提升至3000万吨。

2. 中俄东线天然气管道

中俄东线天然气管道项目于2015年开工建设，经俄远东地区至中国黑河市入境，设计年输气量380亿立方米。该项目已于2019年12月建成，是我国目前口径最大、压力最高的长距离天然气输送管道。

中俄东线天然气管道起自俄罗斯东西北利亚，由布拉戈维申斯克进入中国黑龙江黑河，途径黑龙江、吉林、内蒙古、辽宁、河北、天津、山东、江苏、上海9个省（直辖市、自治区）。俄境内管道全长约3000公里，中国境内段新建管道3371公里，利用已建管道1740公里；每年输气380亿立方米，累计30年。它是全球能源领域最大的投资项目，合同额为4000亿美元。

3. 中俄西线天然气管道

中俄西线天然气管道拟从新疆入境，该项目的合作协议尚在商谈之中，若能最终达成协议并按期投产，未来十年内，中俄天然气贸易量将超过700亿立方米。

（四）中缅能源管道

1. 中缅原油管道

2010年6月，中缅原油管道项目正式开工。该管道于2015年投产运行，全长2402公里，管道起点位于缅甸西海岸皎漂港东南方的微型小岛马德岛，从中国云南省瑞丽58号界碑处进入中国，延伸到贵州安顺后北上在重庆长寿收尾。其设计输送能力为2200万吨/年，相当于2017年中国原油进口总量4.2亿吨的1/18左右。该项目可使原油运输不经过马六甲海峡，从西南地区输送到中国。

2. 中缅天然气管道

该管道于2013年正式投运，和中缅原油管道一样均起于缅甸西海岸皎漂港，并肩延伸至中国云南省瑞丽进入中国，至贵州安顺分道南下在广西南宁结束。其年输气能力为 120 亿立方米，相当于 2017 年中国天然气进口总量的 15%。

总之，目前我国陆上西北、东北和西南三大方向的跨境油气管道全面建成投运且达到高峰输量后，通过陆上原油管道向中国的输油量可达到 7 200 万～9 200 万吨/年，占全国年消费量的 20%左右；通过陆上天然气管道向中国的输气量可达 1 650 亿立方米，占全国年消费量的 60%左右。

二、跨国能源管道运输的国际法律框架

跨国能源管道运输涉及有关国家的实质性的合作，因而需要相应的国际法律制度加以调整和规范。从 20 世纪三四十年代开始，一些国家开始签订跨国能源管道运输方面的协议。到七八十年代，随着石油和天然气国际贸易的迅速增长以及近海石油的勘探开发，跨国能源管道运输协议大幅增加。然而，现今国际社会还没有专门针对跨国能源管道运输的统一的国际法律制度，有关的国家实践也比较有限。不过，以下三类国际协议能够适用于跨国能源管道运输的有关法律问题。

（一）一般性的国际公约

1. 1919 年《国际联盟盟约》（Covenant of the League of Nations）

《国际联盟盟约》第 23 条（戊）款规定：除按照现行及将来订立之国际公约所规定外，联盟会员国应采用必要的办法，对联盟所有会员国确保并维持交通及过境之自由，暨商务上之公平待遇……可见，盟约这一规定着重强调了对国际贸易和国际交往特别重要的两大国际法原则：过境自由和平等待遇。

2. 1921 年《巴塞罗那过境自由协定规范》（Barcelona Convention and Statute on Freedom of Transit）

过境自由规约主要规定了"非歧视原则"（第 2、3、4 条）、"合理的过境关税"（第 4 条）以及"不违背协议规定，除非出现了影响过境国安全或其重大利益的紧急情况"（第 7 条）。此外，缔约国还有义务为铁路和水运的自由过境提供便利。虽然该规约并不直接适用于管道运输，但是该规约的有关规定具有习惯国际法的地位，能适用于任何与过境有关的活动，因此，该规约是有关一般过境权的主要法律渊源。[①]

3. 1947 年《关税及贸易总协定》（General Agreement on Tariffs and Trade）

《关税及贸易总协定》第 5 条规定了适用于货物过境的一般过境权的原则。该条第 1 款指出，"过境运输是指经由一缔约国的领土通过……只要通过的路程是全部运程的一部分，而运输的起点和终点又在运输所经的缔约国的领土以外"；第 2

---

① See Sergei Vinogradov, *Cross-border Oil and Gas Pipelines：International Legal and Regulatory Regimes*，Dundee University，2001，p. 33.

款赋予了缔约国非歧视的义务；第 3 款规定，缔约国对通过其领土的过境运输，可以要求在适当的海关报关，但应对它免征关税、过境税或有关过境的其他费用，而运输费用以及相当于因过境而支出的行政费用或提供服务的费用，不在此限；第 5 款是在有关过境的费用、条例和手续方面的"最惠国待遇条款"。1994 年《关税及贸易总协定》对第 5 条也未作任何修改。尽管有学者认为现有的《关税及贸易总协定》第 5 条规定涵盖了能源产品如石油和天然气的过境问题[①]，但是这种观点并没有得到国家实践的明确支持。

4. 1958 年"日内瓦海洋法公约"（Geneva Conventions on the Law of the Sea）

《日内瓦公海公约》制定了有关海底管道的规定，如作为公海自由的组成部分，所有国家有权铺设管道（第 2 条第 2 款第 3 项），并且应适当顾及已经铺设的管道（第 26 条第 3 款）。《日内瓦大陆架公约》也规定了所有国家都有在大陆架上铺设管道的权利，但沿海国为了勘探大陆架、开发其自然资源，有权采取合理措施。后来这两个公约都并入了《海洋法公约》。

5. 1965 年《内陆国过境贸易公约》（Convention on Transit Trade of Land-Locked States）

该公约是第一个专门规定内陆国过境问题的多边条约。该公约主要规定了"过境自由原则"（第 2 条）、"非歧视原则"（第 2、3 条）以及"不阻挠（non-interruption）原则，除非出现不可抗力的情形"（第 7 条）。此外，其第 11、12 条还规定了公约的某些重要的例外，包括保护缔约国"至关重要的安全利益"等。

该公约并不直接适用于管道运输，不过缔约国可以约定将它适用于包括石油、天然气的管道运输。另外，该公约还受到了许多内陆国的批评，原因是公约比较强调互惠原则，并要求与过境国缔结单独的协议。该公约参加国很少，因此它的实际影响也很有限。

6. 1982 年《海洋法公约》

《海洋法公约》包含了许多有关陆地管道运输和海底管道运输的规定。

（1）陆地管道过境制度。《海洋法公约》第十部分专门规定了"内陆国出入海洋的权利和过境自由"，其主要内容有：内陆国应有权出入海洋，应享有利用一切运输工具通过过境国领土的过境自由；行使过境自由的条件和方式，应由内陆国和有关过境国通过双边、分区域或区域协议予以议定；不得侵害过境国的合法利益；最惠国条款的不适用；避免或消除过境运输发生迟延或其他技术性困难的措施。

（2）海底管道的法律制度。《海洋法公约》第五部分"专属经济区"和第六部分"大陆架"有许多调整国家间有关海底管道活动的规定。根据这两部分的规定，国家的基本权利和义务主要有：所有国家都有在专属经济区和大陆架上铺设海底管

---

① M. Roggenkamp, "Transit of Network-bound Energy: The European Experience", in Thomas W. Wälde, *The Energy Charter Treaty: An East-West Gateway for Investment & Trade*, Kluwer Law International, 1996, p. 506.

道的权利；沿海国除为了勘探大陆架、开发其自然资源和防止、减少或控制管道造成的污染，有权采取合理措施外，对于铺设或维持这种管道不得加以阻碍；在大陆架上铺设这种管道，其线路的划定须经沿海国同意；各国应适当顾及已经铺设的管道；各国应制定必要的法律和规章，对管道的安全作出规定。

关于海底管道的污染损害责任问题，《海洋法公约》第 235 条规定，各国有责任履行其国际义务；各国对于在其管辖下的自然人或法人污染海洋环境所造成的损害，应确保按照其法律制度，可以提起申诉以获得迅速和适当的补偿或其他救济。

7. 1994 年《能源宪章条约》（Energy Charter Treaty）

《能源宪章条约》是一个旨在为能源原材料和能源产品的安全的、无阻碍的管道运输建立一般法律框架的多边条约，并为其他有关的能源活动制订共同的"游戏规则"。该公约于 1998 年 4 月生效。该公约的另一个目的是建立一个开放、竞争的能源原材料和能源产品市场。与跨国管道运输问题有关的是《能源宪章条约》第 7 条，该条规定适用于过境运输，当来自某国的能源产品通过另一国或其他国家的领土时，该条约的成员国有义务采取必要措施为能源原材料和能源产品的过境提供便利，并且所采取的这些措施要符合过境自由、非歧视和不妨碍等原则。

《能源宪章条约》采取了国民待遇的方式，即过境运输享受过境国适用于其本国的进出口货物的同样的待遇和条件。过境国不应为新建过境设施设置障碍，但如果这种新的过境设施和活动危及其本国的能源系统的安全或效率，过境国可以拒绝。[①]

值得一提的是，1998 年 4 月，在莫斯科召开的八国集团能源部长会议上，能源宪章秘书长作了关于国际过境运输问题的报告，在报告中提到了必须制定"能源宪章过境运输议定书"的构想，得到了与会者的一致支持。[②] 2010 年，《能源宪章条约》秘书处发布了过境议定书草案第二稿，分为序言、正文（八个部分，共 34 条）和附件。其主要内容包括：定义、目标和范围；一般条款；特别条款；国际能源交换协议；议定书的履行和遵守；争端解决；机构条款和最后条款等。[③] 然而，由于欧盟和俄罗斯双方在能源过境制度的关键利益上的差异，导致上述议定书谈判屡陷困顿。2011 年 11 月 29 日，能源宪章会议废除了过境议定书的谈判任务，不过并没有完全关闭未来谈判的大门。

（二）政府间的协议

政府间有关跨国管道运输的协议都规定了管道运输活动的一般原则、参加国的

---

① See Thomas W. Wälde ed., *The Energy Charter Treaty*: *An East-West Gateway for Investment & Trade*, Kluwer Law International, 1996, pp. 507 - 513.

② 参见［俄］斯·日兹宁：《国际能源政治与外交》，强晓云等译，203～204 页，上海，华东师范大学出版社，2005；Sergei Vinogradov, *Cross-border Oil and Gas Pipelines*: *International Legal and Regulatory Regimes*, Dundee University, 2001, pp. 47 - 48.

③ 参见 http：//www.energycharter.org/fileadmin/Documents Media/TTG _ 87 _ ENG. pdf.

义务等，因此这种协议必然成为跨国能源管道运输的国际法律框架的重要组成部分。

早在 1938 年，巴西和玻利维亚就签订了这类协定。1941 年，阿根廷、玻利维亚、巴西、巴拉圭和乌拉圭五国在蒙得维的亚召开的拉普拉塔河区域国家会议上签署了《石油管道建设的公约》（Convention on the Construction of Oil Pipelines）。上述法律文件的主要目的是鼓励和促进跨国管道的建设和运行：一方面，缔约国同意对其领土上的石油管道运输适用国内法制度，免征捐税、罚款和关税等；另一方面，缔约国承诺在各自管辖范围内或基于双边协议，为来自其他缔约国的石油运输管道的建设提供便利。[1]

第二次世界大战后，随着国际关系的发展变化，有关管道协议的规定变得更加详细。这说明与能源管道运输有关的法律问题，也日益复杂。与以往相比，现代政府间的管道运输协议有了很大的不同：一类是框架性的双边或多边协议，它为有关的跨国能源管道运输确立了一整套的一般法律原则和义务，并能适用于缔约国间所有的跨国管道运输。这类协议很多，如 1977 年《美国和加拿大之间跨国管道协议》和《英国与挪威间有关相连海底管道的铺设、运行和管辖的框架协定》。另一类是非常详细的专门的管道运输项目的协议，如 1973 年《土耳其和伊拉克之间的原油管道运输协议》、1977 年《美国和加拿大之间北部天然气管道的原则协议》、1985 年《马尔堡—欧洲天然气供应管道项目的协议》，以及 1993 年《英国和爱尔兰之间关于通过管道输送天然气的协议》等。这类协议较详细地规定了相连海底管道的铺设、运行和管辖等方面的国际法问题，以及发展有关的法律框架和国内立法的必要性。

（三）间接适用的国际协议

在贸易、运输和过境领域，还有一些国际协议也涉及跨国石油基础设施的建设和运行。由于过境是从一地到其他地方的一种移动方式，它能通过包括电缆、电线、飞机、汽车、火车、轮船甚至波浪和能源管道等各种运输方式来实现。这方面的运输协议有其相似性，都含有能适用于不同运输模式的一般原则和规则，因而也完全能适用于管道运输活动。虽然有些协议并不直接适用于跨国管道运输，甚至有些协议还明确地把管道运输排除在其适用范围以外，但是这些协议所包含的一些基本规定，如"过境自由"、"不干预"、"非歧视"和"平等待遇"等原则，也能为管道运输提供一些基本的法律原则。

三、跨国能源管道运输的一般国际法原则

根据管道运输的性质，一些一般国际法原则，比如过境自由原则、非歧视原则

---

[1] See Hee-Man Ahn, *Transnational Pipeline Gas Projects in Northeast Asia: Factors Affecting the Development and International Legal Perspectives*, Dundee University, 2000, p. 65.

和不妨碍原则等，对跨国能源管道运输的规制也特别重要。①

（一）过境自由原则（the principle of freedom of transit）

国际法意义上的"过境"（transit）是指货物或人员至少在两个国家的边境通过，因此，国际法上的过境至少涉及一个国家（过境国）的领土主权。过境国出于对本国利益的考虑，可以征收过境税，也可以拒绝或限制通过其领土上的过境运输，甚至可以中断原来允许的过境通行。

"过境自由原则"有其特定的含义。就国内法而言，它意味着通行权或地役权；而从国际法来看，它类似于公海自由航行之类的原则。当然，"过境自由原则"也包含某些限制。例如：甲国无权对乙国提出要求，要按甲国设计的专门线路铺设管道；甲国也不能期待乙国同意并只征收标准的关税。不过，乙国若不同意甲国的管道过境，就必须特别阐明甲国的管道过境运输会危及本国的能源系统的安全或效率，包括供应安全。②

"过境自由原则"也体现在一些与能源有关的国际条约或政府间协议中。例如，《能源宪章条约》在"过境"条款中就明确提到了"过境自由原则"，并对缔约国施加了对过境请求要予以准许的一般义务。然而，我们不能以此断言国际法上已经存在"过境自由原则"。此外，《能源宪章条约》也只是提到了"过境自由原则"，而不是确立了这一原则，因此，它对"过境自由原则"的普遍实施并没有太大的实际意义。③

（二）非歧视原则（the principle of non-discrimination）

"非歧视原则"是国际法上普遍适用的一项原则。就能源管道运输而言，它是指正在运输的能源产品的来源地、目的地或运载工具，不应被用作实施差别待遇的依据；基于任何这些标准的定价，缔约方不得歧视；这种来自或前往其他缔约国领土的过境运输，不应受到不必要的迟延或限制，并应对它免征关税、过境税或有关过境的其他费用。

1977 年美国和加拿大签订的《天然气过境协议》，为过境管道运输安排提供了一个很好的范例。该协议规定的主要原则之一就是"非歧视原则"，它适用于与过境管道有关的关税、过境税或者其他的过境费用。

此外，《能源宪章条约》还对"非歧视原则"作了补充，增加一些重要的义务，如积极鼓励过境工具的现代化，避免过境运输中断，过境石油和天然气的待遇应与国内的石油和天然气的待遇一样，等等。

---

① See Hee-Man Ahn, *Transnational Pipeline Gas Projects in Northeast Asia: Factors Affecting the Development and International Legal Perspectives*, Dundee University, 2000, p. 58.

② See P. Heren, "Natural Gas Pipes in Peace", *Petroleum Economist*, Vol. 61, No. 3, 1994.

③ See R. Liesen, "Transit under the 1994 Energy Charter Treaty", at http://www.dundee.ac.uk/cepmlp/journal/html/vol3/article3 - 7. html, 1998.

（三）不妨碍原则（the principle of non-interference）

为了应对因外部因素引起的管道运输中断问题，国际法上的"不妨碍原则"应运而生。就管道运输而言，"不妨碍原则"旨在排除对现存能源管道运输的中断或对能源管道运输数量的削减，但一些法律明确规定的例外情况除外；另外，即使双方对过境协议中的有关条款有争议，但在争议解决期间对能源管道运输的中断或破坏，也是不允许的。"不妨碍原则"有助于防止一国利用中断或削减能源管道运输的方法敲诈另一国，迫使其接受一些新的过境条件或有利于它的争端解决方案。①

一些国际条约对"不妨碍原则"作了明确的规定。例如，《能源宪章条约》第7条第6款指出："能源物资和能源产品因过境通过其领土的缔约国，如果出现了由过境引起的争端，该国不得中断现有的能源管道运输或削减能源管道运输的数量；也不得允许其管辖范围内的任何机构作出中断能源管道运输或削减管道运输数量的行为，或者要求其管辖范围内的机构从事这种行为。"这一规定被认为是过境条款中最重要的内容，其重要性也是不言而喻的。不过，关于这一条款究竟是基于它的真正的法律意义，抑或是一厢情愿的产物，还存在较大的争议。② 一般而言，过境协议都含有在何种条件下过境运输可以被合法地中断的条款，尽管大多数过境协议并未规定过境税未缴纳的情形。

此外，前面提到的1977年美国和加拿大间的过境协议也是一个很好的例子。该协议规定，要保证对非来自本国的石油和天然气通过管道不中断地输送到另一个国家。该协议还禁止缔约国的行政机关采取任何措施，终止、改变、转移或妨碍能源的过境运输，除非发生了威胁性较大的自然灾害或者出现了紧急情况。

四、跨国能源管道运输的管辖权问题

国家管辖权主要是涉及每一个国家对行为和事件后果加以调整的权利的范围的。在不同的场合，国家管辖权的范围可能是不同的。关于跨国能源管道运输的管辖权，主要有以下两种模式。

（一）属地管辖

"由于国家领土内一切人和物都属于国家的属地权威的支配，因而每个国家对他们都有管辖权——立法、司法和行政。属地性是管辖权的首要根据。"③ 因此，在传统上由两个或两个以上的国家组成的跨国能源运输管道，被认为是由各个国家

① See J. Carver, "The Energy Charter Treaty and Transit", in T. Wälde and K. Christie ed., *Energy Charter Treaty: Selected Topics*, CEPMLP, 1995, pp. 71-77.

② See Hee-Man Ahn, *Transnational Pipeline Gas Projects in Northeast Asia: Factors Affecting the Development and International Legal Perspectives*, Dundee University, 2000, p. 61.

③ ［英］詹宁斯、瓦茨修订：《奥本海国际法》，第1卷，第1分册，王铁崖等译，328页，北京，中国大百科全书出版社，1995。

的管道相连接而成的，每个国家境内的那部分跨国管道设施处在各个国家的领土管辖权之下，并受国内法支配。①

例如，在西欧、北美和中东等地的大多数跨国能源运输管道，仅仅是各国管线的连接，跨国能源运输管道的各个部分处在各国的专属领土管辖权之下，并受管道所在地国国内法的支配。跨国能源运输管道的每个部分，一般由私营、公私合营或者国有的管道公司所有和经营。能源运输管道的建设和运营，通常要得到国家有关当局的授权。如果是不能由有关的许可证或特许协议支配的跨国事项，那么一般由与国家的其他部门的所有者或经营者签订的契约来调整，或者由与有关的政府签订的协议来调整。

（二）协定管辖

鉴于跨国能源管道在事实和法律上的独特性，国际社会逐渐形成了一个新的趋势，即签订政府间的协议，明确规定有关国家的权利和义务，对其进行管辖。换言之，跨国能源运输管道应受政府间协议的保护，以免遭无故的管道运输中断和由征收超额的过境税费而引起的过度负担。

上述这类协议并没有提到任何特定的管道，但它包含了签署国在其领土范围内为管道的建设提供便利的普遍义务，并且还确立了有关管道使用的非歧视的一般国际法原则和管道输送的不妨碍原则等。这种方式被许多条约采用，如 1938 年《巴西和玻利维亚之间关于出口和使用玻利维亚石油的协议》，1941 年阿根廷、玻利维亚、巴西、巴拉圭和乌拉圭五国在蒙得维的亚签订的《石油管道建设的公约》，以及 1977 年《美国和加拿大之间关于跨境管道的协议》。这些协议的规定，都能适用于两国间所有的现存的和即将建设的管道运输。

值得一提的是，东北亚的能源管道运输项目主要是在双边范围内进行的。从俄罗斯或其他中亚国家的能源管道运输项目最终是否通过蒙古国，把蒙古国作为过境国，最后到达韩国和日本，还未最后确定。

另外，与陆地跨国能源管道运输相比，海底能源运输管道主要受《海洋法公约》相关条款的支配。

众所周知，公海自由的习惯国际法规则，经过编纂被纳入了 1958 年的《日内瓦公海公约》中，该公约明确规定，所有国家都有权铺设海底管道，并有义务适当顾及已经铺设的其他管道。而 1958 年的《日内瓦大陆架公约》，一方面肯定了各国都有在其他国家的大陆架上铺设海底管道的权利，另一方面规定这种权利受到"沿海国为了勘探大陆架、开发其自然资源和防止、减少或控制管道造成的污染有权采取合理措施"的限制。1982 年《海洋法公约》取代了"日内瓦海洋法四公约"，并进一步发展、充实了海底管道制度。所有国家都有权在大陆架上铺设管道的一个必

---

① See J. Behnke, "Safety Jurisdiction over Natural Gas Pipelines", *Energy Law Journal*, Vol. 19, No. 1, 1998.

然结果是，沿海国对于铺设或维持这种海底管道不得加以阻碍，除非沿海国为了勘探大陆架、开发其自然资源和防止、减少或控制管道造成的污染而采取合理措施。《海洋法公约》还要求在大陆架上铺设海底管道时其线路的划定须经沿海国同意。

由上可见，与海底管道相比较，陆地跨国能源运输管道完全处于不同国家的领土范围内，并不享有国际法上类似的法律地位。通过类推或经有关国家同意，一些一般性的国际公约也可以适用于陆地跨国能源管道运输。因此，这方面的国家实践有很大的不同，其法律制度主要取决于有关国家间达成的专门协议或安排。

五、跨国能源管道运输的环境问题

20 世纪 70 年代以来，随着环境保护运动的勃兴，由能源生产和消费所引起的环境问题逐渐引起了人们的关注。

（一）与跨国能源管道运输有关的国际环境法律制度

大约从 20 世纪中叶开始，与跨国能源管道运输有关的国际环境法律制度开始逐步增加。这方面的国际法规范主要包括以下三种类型。

第一，国际条约，如 1958 年《日内瓦公海公约》和《日内瓦大陆架公约》、1972 年《伦敦倾倒公约》、1982 年《海洋法公约》、1992 年《气候变化公约》和《生物多样性公约》等。

第二，区域性的协议，如 1972 年《奥斯陆倾倒公约》、1992 年《保护东北大西洋海洋环境公约》、1994 年《能源宪章条约》，以及 1997 年欧盟《环境影响评估指令》等。

第三，软法，如 1972 年《人类环境宣言》、1992 年《里约环境与发展宣言》和《21 世纪议程》等。

上述国际法律文件主要赋予了主权国家环境保护义务，并规范了其相关的行为。例如，《保护东北大西洋海洋环境公约》规定了对海洋倾倒活动予以管制，其中包括通过船舶、飞机、海上设施及其管道的倾倒，以及对低、中水平放射性物质和废弃物的倾倒。不过，上述国际环境法律制度只涉及海上能源管道运输活动，而对陆地能源管道运输活动注意较少。况且，有关的国际环境法律制度也比较零散，并存在相互矛盾之处。

（二）跨国能源管道运输的环境管理

跨国能源管道运输的环境管理，主要包括以下内容。

1. 环境影响评估（Environmental Impact Assessment，EIA）

环境影响评估是指"评价者在全面考虑环境影响受体的敏感性的前提下，依据一定的原则或评价基准，运用评价方法对规划环境影响预测结果，即对评价因子的显著性程度进行定性或定量的结论性描述。能源规划环境影响评价的内容包括规划对自然环境与资源影响的评价；规划引发的结构性污染变化趋势，污染物总量平衡分析及其与环境容量的兼容性；规划的合理性分析，包括社会、经济、环境变化趋势与生态承载力的兼容性分析；规划的累积影响分析与评价"①。

环境影响评估被认为是环境管理和保护中最有效的方法，目前已被广泛用于石油和天然气工业。环境影响评估有两大作用：一是为决策者提供拟议中的能源项目对环境的潜在影响，二是为拟议中的能源项目提供调查和减轻任何可能的环境损害的机会。许多国家已经对能源项目和活动提出了强制性的环境影响评估的要求，如1992年尼日利亚就颁布了《环境影响评估法令》（The Nigerian EIA Decree）。② 跨国能源管道运输项目在获得许可证和正式运行前，首先应该提交环境影响评估报告。由于能源工业是个高风险的行业，预先进行环境影响评估是十分必要的。

2. 环境管理规划（Environmental Management Plan）

环境管理规划是跨国能源管道运输环境管理的另外一项重要内容，它包括能源公司的环境政策和目标、环境工作人员及其责任、紧急情况预案和程序、环境训练和意识、事故的报告和调查以及环境义务实施的审议等。

3. 环境报告（Environmental Report）

它是指在跨国能源管道运输的过程中，能源公司应在规定的时间内或事故发生后提供环境报告，阐明环境形势、污染事故的原因以及采取减轻环境影响和防止再次发生的措施等。

4. 环境保险方案（Environmental Assurance Programs）

除了传统的石油财产和设备的保险，许多石油生产国还要求能源公司对跨国能源管道运输建立强制性的环境保险方案。这种环境保险政策一般包括污染责任、污染清理费用以及管道突然泄漏的修理费用等。

5. 环境监控和审计（Environmental Monitoring and Audit）

跨国能源管道运输环境管理的另外一种新方式是，为了能源工业的内部管理而出现的"环境监控和审计"程序，它有利于环境保护的管理和控制、环境保护措施实施的评价以及确保环境义务的履行等。"环境监控和审计"程序，被认为是跨国能源管道运输环境保护管理最有效的手段之一。

（三）跨国能源管道运输环境管理的影响

在过去30年，跨国能源管道运输环境管理，对能源的生产和消费产生了重要的影响。

1. 投资条件的不同

能源工业最大的变化是投资条件的不同，产生了很多新的利益攸关方（stakeholder），如土著居民、地方社团、环境方面的非政府组织、媒体和一般公众等。其

---

① 鞠美庭等主编：《能源规划环境影响评价》，93页，北京，化学工业出版社，2006。

② See Zhiguo Gao, "Environmental Regulation of the Oil and Gas Industries", available at http：// www. dundee. ac. uk/cepmlp/journal/html/vol2/article2 - 11. html，1997.

中，最重要的变化是建立了环境控制程序的法律制度，如"环境影响评估机制"。目前世界上已有九十多个国家进行了这方面的相关立法。例如，在越南，只有通过了环境影响评估，政府部门才能签发环境许可证，有关的能源管道运输项目才能上马。

2. 能源公司结构和管理的变化

跨国能源管道运输环境管理对能源公司的结构和管理也产生了影响。例如，许多石油公司颁布了公司内部的环境政策、行为守则以及行动指南等，有关环境管理的方案和责任落实到公司的各级管理层、部门及雇员中。一些公司还进行了专门的财政和人力资源的分配，以保证环境标准和目标得到实现。另外，一些公司还进行内部的环境监控和审计等。

3. 能源公司运行成本的增加

跨国能源管道运输环境管理，无疑会增加能源公司的运行成本。首先，在跨国能源管道运输项目开工前，在管道所经过的领土范围内，要求具备能源泄漏反应能力和配备防污染的设备。其次，在跨国能源管道运输项目实施过程中，还需要支付一些额外的费用，如突发泄漏事件的保险费、环境损害费以及第三方的责任和其他的环境控制措施等方面的费用。最后，在跨国能源管道运输项目完成后，一些海上废弃装置的处理对许多能源公司来说也已成为一项重要的经济负担。例如，据英国海上施工协会的估计，把英国北海上的所有的219个装置全部处理掉，需要花费70亿美元。[1] 此外，跨国能源管道运输环境管理规则的实施，还会引起有关产品价格的上扬。

4. 跨国能源管道运输项目的实施范围的限制

随着世界范围内环保意识的日益增强以及近年来生物多样性保护的日益勃兴，许多国家对一些环境敏感地区，如湿地、禁猎区、森林和一些有保护价值的区域等实施了专门的环境立法保护。保护措施一般包括不同类型的季节性的限制措施和专门的保护手段。如果跨国能源管道运输项目未能满足有关的环境保护标准，那么该项目就有可能被推迟实施，甚至被否决；而对于正在实施的跨国能源管道运输项目而言，则有可能被暂时中止，甚至被取消许可证。

5. 责任形式的严格

如果跨国能源管道运输项目造成了环境损害的结果，那么有关的能源公司就会承担行政处罚和刑事处罚等责任形式。这是目前非常明显的一个发展趋势。例如，根据秘鲁的石油环境法，对于违法的企业可以罚款1 000美元至1 000 000美元，另外还要禁止或限制其从事可能引起损害的活动、对受害方予以赔偿、立即恢复受害地区的原状等。同时，近些年来很多经合组织国家还实行了环境污染付费、征收能

[1]　See Zhiguo Gao, "Environmental Regulation of the Oil and Gas Industries", available at http：// www. dundee. ac. uk/cepmlp/journal/html/vol2/article2 - 11. html，1997.

源税等。另外，近年来有关能源环境问题的诉讼案件也在不断增加。

（四）跨国能源管道运输环境管理面临的新挑战

1. 环境诉讼

近年来，针对外国能源公司在他国引起的环境损害的诉讼正在逐步增加，这类诉讼还往往涉及人权问题。"奥克特迪案"（Ok Tedi Case）就是其中最著名的一例。20 世纪 90 年代以来，一群原告代表 43 000 名巴布亚新几内亚土著居民，就所谓的奥克特迪和弗莱河流域的环境损害问题，在澳大利亚和巴布亚新几内亚法院分别提起了针对 BHP 公司（Broken Hill Proprietary Ltd.）和奥克特迪矿业有限公司的诉讼。在诉讼中，有人质疑澳大利亚维多利亚州最高法院对在外国的能源开发项目是否有管辖权，但法院认为对这类事项有管辖权。1995 年，由于巴布亚新几内亚政府的干预，该案最后在庭外和解，奥克特迪矿业有限公司同意向当地居民支付总额大约为八千万美元的补偿款。有学者认为，该案具有里程碑的意义[①]：首先，它为将来的类似事项确立了一个先例，即针对能源公司的环境不法行为，如果不能运用东道国的法律救济手段，那么也可在它们的母国提起诉讼。其次，一些法官可能基于道德和伦理观念，愿意扩大对这类环境损害事项的管辖权。最后，该案可能标志着传统国际法上司法管辖权限制的观念已经发生了很大变化。可见，如果跨国能源管道运输项目造成环境污染，那么有关的环境诉讼也很有可能发生。

2. 人权问题

近年来，人权问题日益成为能源工业关切的另外一个重要事项。众所周知，国际环境法从一开始就对人的基本权利的保护产生了深远的影响，这在《人类环境宣言》和《里约环境与发展宣言》之原则 1 中得到了明显的体现。该原则规定，人类处于环境与发展问题的中心并享有健康生活的权利。目前，国际环境法还日益注重对土著居民"健康生活权"的保护。例如，在"奥戈尼案"（the Ogoni Case）中，尼日利亚的奥戈尼土著居民因壳牌石油公司的勘探开发活动导致了他们的居住环境退化，向壳牌公司提出了补偿的要求。而壳牌公司在母国也面临侵犯人权和破坏环境的指控。总之，目前这方面的案件在不断增加，它清楚地表明人权问题将成为能源开发包括跨国能源管道运输中不同寻常的挑战。

3. 当地民众的利益

自 20 世纪 50 年代以来，保护当地民众的利益已逐渐成为能源工业的组成部分。当地民众的利益一般包括为地方服务、培训当地居民、转让技术，以及帮助当地进行道路、医院和学校等基础设施的建设。进入 20 世纪 90 年代以来，当地民众利益的观念得到了进一步的发展，包括参加当地资源收益的分配。环境影响评估实施以来，当地民众还要求参与有关能源开发项目的决策过程。在某种程度上，当地

---

① See Zhiguo Gao, "Environmental Regulation of the Oil and Gas Industries", available at http：//www. dundee. ac. uk/cepmlp/journal/html/vol2/article2‐11. html，1997.

民众的参与已成为决定某些能源项目能否实施的重要因素之一。现今，当地民众的利益在由当地资源所产生的收益分配中得到更好的体现。中央政府在日益增长的当地民众的压力之下，也要求能源公司将部分收益返还给当地民众以促进当地的发展和自然资源的可持续开发。可见，保护当地民众的利益也已成为跨国能源管道运输项目应该考虑的因素之一。

4. 可持续发展

根据 1993 年联合国有关机构的报告，按照当今世界石油开采水平，地球上的石油大约还可以开采 75 年。因此，可持续发展已成为 21 世纪能源工业的最大挑战。为了实现石油资源的可持续发展，有学者建议在各国石油立法中设立"未来资源基金"（Resources for the Future Fund，RFF），政府和石油公司要从油矿使用费或租金中按一定的比例留成以用作可持续发展，如研究和开发可再生资源等。"未来资源基金"是一种能把不可再生资源转变成可再生资源的机制。上述建议也许过于理想化，然而，能源工业包括跨国能源管道运输的确需要认真思考如何把可持续发展原则落到实处。

由上可见，在跨国能源管道运输中，环境问题，当地民众的利益、人权问题以及可持续发展等都不能被忽视。换言之，如果环境问题没有得到足够的重视，当地民众的利益和人权没有得到很好的保障，那么跨国能源管道运输项目就有可能难以顺利地实施。由于种种原因，一些国家和能源公司可能对人权、当地民众的利益和可持续发展等问题，还没有予以足够的重视。然而，这些因素已成为 21 世纪国际能源开发包括跨国能源管道运输面临的重要挑战。总之，国际环境法律制度对跨国能源管道运输产生了深远的影响，它可以中止或取消跨国能源管道运输项目的实施。

六、跨国能源管道运输争议的解决

（一）争议类型

通过对现有跨国能源管道运输实践中出现的问题的分析，我们可以总结出以下几种常见的能源管道运输争议。

第一，由技术原因引发的争议，如管线出现事故、泵站停止工作等。

第二，因商务纠纷产生的争议，如税费纠纷、自由使用过境权纠纷、合同条款解释纠纷以及单方面终止合同纠纷等。

第三，因跨国能源管道运输所导致的生态和环境的破坏而引起的争议等。

第四，政治或经济原因造成跨国能源管道运输的人为中断的威胁等所引发的争议。

第五，由跨国能源管道运输领域市场经济原则的实施问题，包括竞争、自由进入过境运输基础设施等所引起的争议。

第六，对现有管道运输基础设施进行改造和建设新设施所需的投资问题等所引起的争议。[1]

对于上述争议，都应按照和平解决国际争端的原则，在国际法的框架内用非强制的方法予以妥善解决。

(二) 争议解决方法

尽管跨国能源管道运输有其特殊性，但是其争议解决方法与国际贸易争端的解决方法类似，除谈判、协商和调解等传统的政治方法以外，还有国际仲裁和国际司法机构的裁决等方法。

1. 国际仲裁

就跨国能源管道运输争议解决而言，有关的国际仲裁机构主要有：

(1) 国际商会仲裁院 (the International Chamber of Commerce Court of Arbitration)。国际商会仲裁院是国际社会最重要的仲裁机构之一。[2] 国际商会仲裁院有自己的仲裁规则，现在生效的是 1998 年《国际商会仲裁规则》，该规则对仲裁程序的开始、仲裁庭、仲裁程序、裁决、仲裁费用等作出了明确的规定。国际商会仲裁院具有国际性，影响较大，据统计每年有两百多起争议被提交到该机构仲裁。因此，对于有关跨国能源管道运输的争议，无疑可以提请国际商会仲裁院予以仲裁。

(2) 伦敦国际仲裁院 (the London Court of International Arbitration)。伦敦国际仲裁院成立于 1892 年，是世界上最早的常设仲裁机构。1998 年 1 月开始适用的《伦敦国际仲裁院仲裁规则》对仲裁申请、答辩、仲裁庭的组成、仲裁语言、庭审、管辖权、担保金、临时措施和保全措施以及裁决等作出了具体的规定。按照《伦敦国际仲裁院仲裁规则》，该机构特别适合裁决能源领域的争议。正如伦敦国际仲裁院前院长克尔 (Michael Kerr) 所言："毋庸置疑，伦敦国际仲裁院仲裁条款日益成为现今合同内容的重要组成部分。该机构新的仲裁规则被广泛运用，并已获得了世界声誉。"[3]

(3) 临时国际商事仲裁机构和专项国际商事仲裁机构。对于跨国能源管道运输争议也可以提请临时国际商事仲裁机构或专项国际商事仲裁机构予以仲裁。临时国际商事仲裁机构是指由各当事方指定的仲裁员自行组成仲裁庭进行仲裁，案件处理完了就自动解散的国际商事组织或机构。这类机构大多由当事方的合同约定。专项国际商事仲裁机构也属于临时仲裁机构，它是指"两国或数国间以条约约定在某一类经济关系上如果发生了争议，应如何组织专门解决这一类关系中的争议的临时国

---

[1] 参见〔俄〕斯·日兹宁：《国际能源政治与外交》，强晓云等译，201～202 页，上海，华东师范大学出版社，2005。

[2] See Anthony Connerty, "Dispute Resolution in the Oil and Gas Industry—Recent Trends", available at http：//www. dundee. ac. uk/cepmlp/journal/html/vol8/vol8 - 8. html，2001.

[3] Anthony Connerty, "Dispute Resolution in the Oil and Gas Industry—Recent Trends", available at http：//www. dundee. ac. uk/cepmlp/journal/html/vol8/vol8 - 8. html，2001.

际商事仲裁机构"①。

此外,《能源宪章条约》也设立了复杂的国际争端解决机制,包括强制和解程序与国际仲裁,以处理由过境运输所引发的争端。②

2. 国际司法机构的裁决

如果跨国能源管道运输争议的双方均为主权国家,那么也可以将该争议提交到国际法院予以裁决。此外,《海洋法公约》第十五部分还规定了较为复杂的争端解决制度,以解决包括海底管道建造和运行所引发的权利、义务的各种争端。例如,按照《国际海洋法法庭规约》第 21 条的规定,国际海洋法法庭的管辖权"包括按照本公约向其提交的一切争端和申请,和将管辖权授予法庭的任何其他国际协议中具体规定的一切申请"。一般来说,国际海洋法法庭的管辖只限于《海洋法公约》所有缔约国,但是缔约国以外的实体,也可根据《海洋法公约》第十一部分的规定,或根据相关协定,将案件提交法庭管辖。因此,如果跨国能源运输管道经过国际海底或沿海国的大陆架,那么对于有关的争议也可以提请国际海洋法法庭裁决。

七、结语

综上可见,现今国际社会还没有专门针对跨国能源管道运输的统一的国际法律制度,各国国内法中关于跨国能源管道运输的法律制度也不健全。不过,在可以预见的将来,有关的国际法原则和相关的国际公约对于保证跨国能源管道运输的效率和安全,仍将发挥重要作用。③

值得注意的是,政治因素是跨国能源管道运输中的一个重要问题。近东石油运输管道的历史证明,从 1931 年世界第一条石油运输管道开始运行到现在为止,10 多条国际能源运输管线中的每一条都曾经(至少一次)被关闭过。多数情况下,过境运输出现的问题都与政治原因有关。而根据国际能源机构和欧洲能源宪章秘书处的评估,1992 年至 1998 年在苏联境内曾发生三十多起削减天然气运输数量的事件,其中有 10 起中断事件与进行延长过境运输协议期限或签订新的过境运输协议的谈判有关,6 起是由于技术原因,而 3 起是由供货不规律引发的,有 8 次供货则被完全中断。同时还应看到,高加索和中亚苏联共和国之间能源供应的中断往往与政治

① 张晓东:《国际经济法原理》,327~328 页,武汉,武汉大学出版社,2005。

② 《能源宪章条约》第 26 条规定,如果不能用政治方法解决争端,那么可以选择国际仲裁的方式。See Anna K. Myrvang, "An Illustration of How Traditional Arbitration is Being Changed by Modern International Investment Law: Investor-State Arbitration under NAFTA Chapter Ⅺ and the Energy Charter Treaty", available at http://www.dundee.ac.uk/cepmlp/journal/html/vol13/vol13-11.pdf, 2003.

③ See Sergei Vinogradov, *Cross-border Oil and Gas Pipelines: International Legal and Regulatory Regimes*, Dundee University, 2001, p. 96.

原因有关。① 另外，2006 年年初俄罗斯和乌克兰之间的天然气之争中，政治因素也格外明显。近年来，美国、俄罗斯以及部分欧盟国家围绕"北溪二"天然气项目的博弈，更是地缘政治的反映。因此，要保障与我国有关的跨国能源管道运输的安全，对政治因素的影响不能低估。

此外，经济问题也是跨国能源管道运输中一个不可忽视的因素。例如，必须吸引对能源管道过境运输感兴趣的国家和企业的投资以及遵守保障过境运输体系正常运行的市场原则（包括竞争原则）；同时，还要重视进入能源管道过境运输体系通道的经济条件，包括运价和其他税费的无差别待遇问题等。

推荐阅读书目及论文

1. ［俄］斯·日兹宁. 国际能源政治与外交. 强晓云，等译. 上海：华东师范大学出版社，2005

2. 杨泽伟. 中国能源安全的法律保障. 北京：中国政法大学出版社，2009

3. 杨泽伟主编. 从产业到革命：发达国家新能源法律政策与中国的战略选择. 武汉：武汉大学出版社，2015

4. T. Wälde and K. Christie ed. . Energy Charter Treaty：Selected Topics. CEPMLP，1995

5. Thomas W. Wälde ed. . The Energy Charter Treaty：An East-West Gateway for Investment & Trade. Kluwer Law International，1996

6. Zhiguo Gao. Environmental Regulation of the Oil and Gas Industries. http：//www. dundee. ac. uk/cepmlp/journal/html/vol2/article2 - 11. html，1997

7. J. Behnke. Safety Jurisdiction over Natural Gas Pipelines. Energy Law Journal. Vol. 19，No. 1，1998

8. Anthony Connerty. Dispute Resolution in the Oil and Gas Industry—Recent Trends. http：//www. dundee. ac. uk/cepmlp/journal/html/vol8/vol8 - 8. html，2001

9. Sergei Vinogradov. Cross-border Oil and Gas Pipelines：International Legal and Regulatory Regimes. Dundee University，2001

10. Hee-Man Ahn. Transnational Pipeline Gas Projects in Northeast Asia：Factors Affecting the Development and International Legal Perspective. Dundee University，2000

11. Glada Lahn and Keun-Wook Paik. Russia's Oil and Gas Exports to North-East Asia. http：//www. dundee. ac. uk/cepmlp/journal/html/volme15. html，2005.

---

① 参见［俄］斯·日兹宁：《国际能源政治与外交》，强晓云等译，201 页，上海，华东师范大学出版社，2005。

第 二 十 三 章

国际能源机构的法律制度

近年来，随着我国经济社会的发展、我国石油进口量的猛增，如何维护能源安全已成为我国面临的一个十分紧迫的问题。而能源领域的多边合作是维护我国能源安全的重要途径之一。因此，探讨国际能源机构的法律制度及其对维护我国能源安全的作用，无疑具有重要的现实意义。

一、国际能源机构的建立

国际能源机构是和经合组织相联系的石油消费国政府间的国际经济组织，它的成立是经合组织国家面对阿拉伯国家运用"石油武器"（the Oil Weapon）而导致石油危机的一种反应。

1973 年 10 月，埃及和叙利亚等国家反对以色列的第四次中东战争爆发，阿拉伯产油国按照战前的约定在外交领域发动了震动全球的石油斗争。战争爆发当天，叙利亚首先关闭了自己境内的一条输油管道。次日，伊拉克宣布将两大美国石油巨头在伊拉克石油公司中拥有的股份收归国有。不久，阿拉伯石油输出国组织部长级会议决定，每月递减石油产量5%，日产原油也由原来的2 080万桶减少到1 580万桶，石油价格则从每桶2.59美元上涨到每桶11.65美元①，并按对阿以问题的态度将石油消费国分为"友好"、"中立"和"不友好"三类国家②，确定不同的石油供应量，其中，对"友好"国家的石油供应与原来一样，而对"不友好"国家则实行石油禁运。

1973 年 12 月，美国国务卿基辛格在伦敦"英国清教徒学会"（the Pilgrims Society）的讲演中指出，能源危机在经济上的冲击不亚于1957年的苏联人造地球卫

① See Helga Steeg，"The International Energy Agency（IEA）—Description and Practical Experiences: A Case Study"，in Martha M. Roggenkamp, etc. , ed. , *Energy Law in Europe: National, EU and International Law and Institutions*，Oxford University Press，2001，p. 156.

② See Herbert Miehsler，"International Energy Agency"，in R. Bernhardt ed. , *Encyclopedia of Public International Law*，Vol. Ⅱ，Amsterdam，1995，p. 1137.

星，这次危机不单纯是阿以战争的结果，它是世界范围内能源需求的快速增长超过能源供应的必然产物，解决能源危机的长远之计是努力刺激生产、提高产量，鼓励消费者合理利用现有能源，并发展替代能源。为了实现上述目标，基辛格建议由欧洲、北美和日本组建"能源行动小组"（the Energy Action Group）[1]。不久，在欧共同体哥本哈根峰会上，会议主席乔根森（Jorgensen）宣布各国元首或政府首脑考虑将与其他石油消费国一起在经合组织框架内研究石油消费国共同面临的各种能源问题。

1974 年 2 月，比利时、加拿大、丹麦、法国、联邦德国、爱尔兰、意大利、日本、卢森堡、荷兰、挪威、英国和美国共 13 个主要石油消费国的能源部长，以及欧洲经济共同体、经合组织的高级官员出席了"华盛顿能源会议"（the Washington Energy Conference）。会议认为，为了应对世界能源形势，需要采取协调措施并制订广泛的行动计划；会议决定成立"能源协调小组"（the Energy Co-ordinating Group，ECG）以指导和协调与会国的能源工作。[2] 法国既没有签署该会议公报，随后也没有派人参加能源协调小组的工作。

1974 年 9 月，能源协调小组完成了经合组织理事会决议草案和《国际能源纲领协议》（Agreement on an International Energy Program，IEP）。同年 11 月 15 日，经合组织成员国在巴黎通过了建立国际能源机构的决定。[3] 11 月 18 日，16 国举行首次工作会议，签署了《国际能源纲领协议》，并开始临时工作。1976 年 1 月 19 日，《国际能源纲领协议》正式生效。国际能源机构的总部设在法国巴黎，目前有 30 个成员国。[4]

二、国际能源机构的法律框架

国际能源机构的法律制度主要涉及该机构的基本文件、宗旨与原则、成员国、组织结构、职权范围以及活动程序等问题。

（一）《国际能源纲领协议》

1. 法律地位

《国际能源纲领协议》是国际能源机构的基本文件。按照《维也纳条约法公约》第 2 条第 1 款的规定，《国际能源纲领协议》无疑是国际法意义上的条约。《维也纳条约法公约》第 5 条关于"组成国际组织之条约及在一国际组织内议定之条约"之

---

[1]　Richard Scott，*The History of the International Energy Agency：The First Twenty Years（Origins and Structures of the IEA）*，Vol. I，Paris，1994，p. 44.

[2]　See Richard Scott，*The History of the International Energy Agency：The First Twenty Years（Origins and Structures of the IEA）*，Vol. I，Paris，1994，pp. 45 - 48.

[3]　芬兰、法国和希腊弃权。

[4]　参见 http：//www. iea. org。

规定同样适用于《国际能源纲领协议》。此外，《国际能源纲领协议》是以"明确具有法律约束力的形式拟定的"[1]。例如，该协议序言指出"协议如下……"；又如，在整个协议中都使用的"参加国"（participating countries）一词等同于"缔约方"（the contracting parties），该协议第 1 条第 2 款还专门对"参加国"作了如下界定："参加国是指协定对其临时适用和已经生效的国家"。另外，该协议的许多条文，如第 2 条、第 5 条、第 6 条等还用强制形式"应"（shall），以表明它是具有法律约束力的义务。

2. 法律效果

虽然《国际能源纲领协议》为各成员国创设了国际义务，但是它并不能直接在各成员国适用。因此，《国际能源纲领协议》第 66 条"协议的执行"明确规定："每个参加国应采取必要的措施，包括各种必要的立法措施以履行这一协议和理事会的决定。"实际上，这一规定要求各成员国在正式同意受该协议约束之前制定相应的执行措施。另外，这一规定还进一步确定了该协议起草者的意图，即在各成员国国内，该协议并不能直接拘束公司、其他实体或个人，它需要国内层面的执行措施才能对它们产生法律约束力。

3. 生效

根据《国际能源纲领协议》第 67 条第 2 款的规定，当拥有累计投票权（the combined voting weights）不少于 60% 的至少 6 个国家交存批准书或加入书后的第十天，该协议应对这些国家生效。1976 年 1 月 9 日，加拿大、丹麦、联邦德国、爱尔兰、日本、卢森堡、西班牙、瑞典、瑞士、英国和美国共 11 国交存批准书后，这 11 国的累计投票权达到了 121，超过了累计投票权总数的 60%，于是该协议第 67 条第 2 款规定的生效条件完全满足，因此，1 月 19 日，《国际能源纲领协议》正式生效。

4. 加入

关于加入《国际能源纲领协议》的问题，该协议第 71 条第 1 款作了如下规定："此协议应对能够并愿意满足本纲领要求的经济合作与发展组织任何成员国开放加入。"

5. 解释

《国际能源纲领协议》没有对该协议的解释方法作任何说明。有学者认为，"国际能源机构的解释问题，更多地应以政治手段而不是严格地按照法律方法来解决。"[2] 在《国际能源纲领协议》本身没有对解释规则作出明确规定的情况下，国际法上的一般解释规则应该能够适用于该协议的解释问题。

---

[1] Richard Scott, *The History of the International Energy Agency：The First Twenty Years*（*Origins and Structures of the IEA*）, Vol. I, Paris, 1994, p. 63.

[2] Richard Scott, *The History of the International Energy Agency：The First Twenty Years*（*Origins and Structures of the IEA*）, Vol. I, Paris, 1994, p. 88.

（二）国际能源机构的宗旨

国际能源机构的宗旨主要体现在《国际能源纲领协议》的序言中，具体内容为：保障在公平、合理基础上的石油供应安全；共同采取有效措施以满足紧急情况下的石油供应，如发展石油供应方面的自给能力，限制需求，在公平的基础上按计划分享石油等；通过有目的的对话和其他形式的合作，促进与石油生产国和其他石油消费国的合作关系，包括与那些发展中国家的关系；推动石油消费国与石油生产国之间能够达成更好的谅解；顾及其他石油消费国包括那些发展中国家的利益；通过建立广泛的国际情报系统和与石油公司的常设协商机制，在石油工业领域发挥更加积极的作用；通过努力采取保护能源、加速替代能源的开发以及加强能源领域的研究和发展等长期合作的措施，减少对石油进口的依赖。①

（三）国际能源机构的成员国

1. 成员资格

根据取得成员资格程序上的不同，国际能源机构的成员可以分为签署国（signatories）和加入国（membership by accession）。

（1）签署国。国际能源机构有 16 个签署国，分别为：奥地利、比利时、加拿大、丹麦、德国、爱尔兰、意大利、日本、卢森堡、荷兰、西班牙、瑞典、瑞士、土耳其、英国和美国。这些国家要么出席了 1974 年 2 月的"华盛顿能源会议"，要么参加了布鲁塞尔"能源协调小组"，或者都参与了《国际能源纲领协议》和经合组织理事会决定的起草工作。每个国家在签署《国际能源纲领协议》前，也参与了 1974 年 11 月 15 日经合组织理事会的决定。上述 16 国构成了一个完整的签署国集团，之后的成员只适用加入程序而不适用签署程序。在《国际能源纲领协议》正式生效之前，该协议暂时适用于所有签署国。②

（2）加入国。《国际能源纲领协议》对那些不是该协议签署国但符合加入国际能源机构条件的国家也作了规定。该协议第 71 条第 1 款对未来的成员国规定如下："此协议应对能够并愿意满足本纲领要求的经济合作与发展组织任何成员国开放加入。理事会应依多数决定任何加入申请。"迄今，已有 14 国通过加入的方式成为国际能源机构的成员，如挪威（1974 年）、新西兰（1976 年）、希腊（1977 年）、澳大利亚（1979 年）、葡萄牙（1981 年）、芬兰和法国（1992 年）、匈牙利（1997 年）、韩国和捷克（2001 年）、斯洛伐克（2007 年）、波兰（2008 年）、爱沙尼亚（2014 年）、墨西哥（2018 年）等。③

---

① 参见 http：//www.iea.org。
② See Richard Scott，*The History of the International Energy Agency：The First Twenty Years（Origins and Structures of the IEA）*，Vol. I，Paris，1994，p. 98.
③ 挪威是以特别协定的方式加入国际能源机构的。而根据《经济合作与发展组织公约第一附加议定书》的规定，欧洲委员会也是国际能源机构的参与者。

2. 成员国的义务

国际能源机构成员国的义务主要包括两类：一是直接基于《国际能源纲领协议》而承担的义务，二是履行理事会决定的义务。

（1）直接基于《国际能源纲领协议》而承担的义务。它包括履行国际能源机构"紧急分享机制"（the IEA Emergency Sharing System）基本要求的义务及其他相关义务，如石油储备、需求限制、石油分配、召开紧急会议、石油市场等方面的情报系统、与石油公司协商的框架、长期计划、与石油生产国及其他石油消费国的关系、执行国际能源机构有约束力的决定、经费分摊、采取立法和其他措施、支持理事会的行动方案、支持国际能源机构的工作并促成其宗旨的实现等义务。[1]

（2）履行理事会决定的义务。国际能源机构是能对成员国作出有法律约束力的决定的国际组织之一。根据《国际能源纲领协议》的规定，第51条授权理事会"作出为该机构本身的职能所必需的决定和建议"。而理事会决定的约束性质则体现在第52条第1款中："根据本协议第61条第2款和第65条的规定，由理事会或理事会的代表组成的任何其他机关所通过的决定应对参加国有约束力。"相反，第52条第2款则规定："建议应无约束力。"

（四）国际能源机构的组织结构

国际能源机构主要有以下四大机关：理事会、管理委员会、常设小组和秘书处。

1. 理事会（the Governing Board）

按照《国际能源纲领协议》第50条第1款的规定，理事会"由各成员国的能源部长或高级官员为代表的一名或一名以上代表组成"。理事会由煤炭工业顾问委员会（the Coal Industry Advisory Board）和石油工业顾问委员会（the Oil Industry Advisory Board）协助工作。理事会依多数选出自己的主席和副主席。理事会主席的作用有：和国际能源机构的执行主任一起，制定政策和承担该机构的组织领导工作，充当理事会的主要公共代言人，完成理事会委托的各项工作和组织会议等。理事会为国际能源机构的最高权力机关。理事会的职权主要包括：制定国际能源机构的政策，确立成员国的义务，协调该机构内部各机关的工作，批准新成员的加入和发展对外关系；任命国际能源机构的执行主任，通过年度工作计划和机构的预算；作出为该机构本身的职能所必需的决定和建议；对有关国际能源形势的发展，包括任何成员国或其他国家的石油供应问题及其对经济和金融的影响，进行定期审议和采取适当的行动。不过，在履行最后一项职责时，理事会还应顾及对整个经济和金融问题负责的有关国际组织的职权和活动。

2. 管理委员会（the Management Committee）

管理委员会由各成员国的主要代表一人或一人以上组成。理事会设立了以下三个

---

[1]　See Richard Scott, *The History of the International Energy Agency: The First Twenty Years* (*Origins and Structures of the IEA*), Vol. I, Paris, 1994, pp. 116 - 119.

常设的委员会：非成员国家委员会（the Committee on Non-member Countries，NMC）、能源研究和技术委员会（the Committee on Energy Research and Technology，CERT）以及预算和支出委员会（the Committee on Budget and Expenditure，BC）。每个委员会都享有建立该委员会的理事会决定所赋予的权限。管理委员会是理事会的执行机构，它应履行《国际能源纲领协议》所赋予的职责和由理事会所委派的任何其他职责。管理委员会可以就《国际能源纲领协议》范围内的任何事项进行检查并向理事会提出建议，还可以应任何会员国的请求召开会议。管理委员会依多数选出自己的主席和副主席。

3. 常设小组（the Standing Groups）

国际能源机构建立了四个常设小组：紧急情况常设小组（the Standing Groups on Emergency Questions，SEQ）、石油市场常设小组（the Standing Groups on the Oil Market，SOM）、长期合作常设小组（the Standing Groups on Long Term Co-operation，SLT）、与石油生产国和其他石油消费国关系常设小组（the Standing Groups on Relations with Producer and Other Consumer Countries，SPC）。每个常设小组由各成员国的政府代表一人或一人以上组成。每个常设小组的主席和副主席由管理委员会依多数选出。常设小组还设立了众多的辅助机关。常设小组的主要职权是为理事会准备报告、提出建议。[①] 具体而言，各常设小组应履行《国际能源纲领协议》为其规定的各自的职责（紧急情况常设小组的职责规定在该协议第一章至第五章及其附录，石油市场常设小组的职责规定在第五章至第六章，长期合作常设小组的职责规定在第七章，与石油生产国和其他石油消费国关系常设小组的职责规定在第八章），执行由理事会所委派的任何其他任务，审议《国际能源纲领协议》为其规定的各自范围内的任何事项并向管理委员报告。此外，各常设小组还可以就其职权范围内的任何事项同石油公司进行协商（长期合作常设小组除外）。

4. 秘书处（the Secretariat）

秘书处由执行主任（the Executive Director）和一些必要的公务员组成，大约有 140 人，均来自成员国。执行主任由理事会任命，但任期并不固定。[②] 秘书处包括五个办公室：经济、统计和情报系统办公室（the Economics，Statistics and Information Systems），石油市场和紧急防备办公室（the Oil Markets and Emergency Preparedness），长期合作和政策分析办公室（the Long Term Co-operation and Policy Analysis），非成员国家办公室（the Non-member Countries），能源技术和研究与发展办公室（the Energy Technology and Research & Development）。[③]

---

① See Richard Scott, *The History of the International Energy Agency：The First Twenty Years*（*Origins and Structures of the IEA*），Vol. I，Paris，1994，p. 231.

② See Richard Scott, *The History of the International Energy Agency：The First Twenty Years*（*Origins and Structures of the IEA*），Vol. I，Paris，1994，pp. 241 - 271.

③ See Richard Scott, *The History of the International Energy Agency：The First Twenty Years*（*Origins and Structures of the IEA*），Vol. I，Paris，1994，p. 411.

秘书处的建立及运作是由理事会依多数所作出一切必要的决定来进行的。秘书处应履行《国际能源纲领协议》所规定的职责和由理事会所委派的任何其他职责。执行主任和秘书处的公务员在履行其职责时，并不代表其本国，而应对国际能源机构负责并向该机构的有关机关报告。

值得注意的是，理事会还设立了"国际能源机构争端解决中心"（the IEA Dispute Settlement Centre）[1]，它负责以仲裁的方式解决石油买卖双方之间的争端，或者在执行紧急石油分享计划期间因石油供应交易而引起的石油交换方之间的争端。其管辖权来源于有关当事方提交的明确接受其管辖的声明。争端解决中心的仲裁程序规则，与联合国国际贸易法委员会和国际投资争端解决中心的相关规则类似。

（五）国际能源机构特殊的表决程序

"国际能源机构最重要的特征之一就是它的表决制度。"[2] 国际能源机构成员国的投票权由两部分组成：基本投票权（the general voting weights）和石油消费投票权（the oil consumption voting weights），两者相加即为该国的最终累计投票权。按照《国际能源纲领协议》的规定，每个成员国有三个基本投票权，而石油消费投票权则是基于1973年的石油消费量和有关该机构作为一个整体的石油消费的百分比。例如，美国的石油消费投票权为44，日本的石油消费投票权为14，德国的石油消费投票权为8，英国和法国的石油消费投票权均为6，意大利和加拿大的石油消费投票权均为4。[3] 根据《国际能源纲领协议》第61、62条的规定，理事会有以下四种不同的表决方式：全体一致、简单多数以及两种情况下的特定多数。《国际能源纲领协议》规定，对于行动计划的管理、预算、程序问题和建议等事项的决定，以简单多数通过；对于所有其他事项的决定，特别是对成员国施加该协议所没有规定的新义务的决定，应以全体一致的方式作出（全体一致是指出席并参加投票的成员国的一致，成员国的弃权不应被视为投票）；而特定多数则要求达到累计投票权总数的60％和基本投票权的50％（另外一种情况下基本投票权则是57％），它们主要适用于有关的紧急机制。不过，在国际能源机构的实践中，理事会在很多情况下都是以协商一致的方式进行表决的。

（六）国际能源机构的活动

国际能源机构的活动，主要包括以下几个方面：

第一，建立"应急机制"（the Emergency System）。建立应急机制的目的是降

[1] Charter adopted on July 23, 1980; *International Law Materials*, Vol. 20, 1981, p. 241.

[2] Helga Steeg, "The International Energy Agency (IEA)—Description and Practical Experiences: A Case Study", in Martha M. Roggenkamp, etc., ed., *Energy Law in Europe: National, EU and International Law and Institutions*, Oxford University Press, 2001, p. 158.

[3] See Helga Steeg, "The International Energy Agency (IEA)—Description and Practical Experiences: A Case Study", in Martha M. Roggenkamp, etc., ed., *Energy Law in Europe: National, EU and International Law and Institutions*, Oxford University Press, 2001, p. 158.

低成员国在石油供应短缺时的脆弱性,以减轻成员国的损失。为此,国际能源机构责成各成员国:(1)履行"紧急储备义务"(the emergency reserve commitment),即要求各成员国保持一定数量的石油库存,即不低于其90天石油进口量的石油存量。[1] (2)采取"应急石油需求限制措施"(the contingent oil demand restraint measures),即如果面临石油供应短缺7%,那么最终的石油消费总量与头年相比必须减少7%;如果面临石油供应短缺12%以上,那么最终的石油消费总量必须减少10%。这一机制还包含了"紧急储备消耗义务"(the emergency reserve drawdown obligation)[2]。(3)执行"紧急石油分享计划"(the emergency oil sharing system),即当某个或某些成员国的石油供应短缺7%或以上时,理事会可作出决定,是否执行石油分享计划;各成员国根据相互协议采取分享石油库存、限制原油消耗、向市场抛售库存等措施。

第二,设立"国际石油市场的情报系统"(the Information System on the International Oil Market)。"国际石油市场的情报系统"主要是为了补充"应急机制"。按照《国际能源纲领协议》第27条至第31条的规定,成员国应定期地向秘书处报告各自管辖范围内石油公司的所有情况,包括公司财务、资本投资、原油成本等。石油市场常设小组把各成员国的报告集中后再与石油公司协商,然后由管理委员会呈送给理事会以便作出必要的决定。

第三,建立"与石油公司的协商机制"(the Framework for Consultation with Oil Companies)。"与石油公司的协商机制"主要是由石油市场常设小组通过与石油公司的个别协商,获取通过上述情报系统不能得到的信息;石油市场常设小组再向理事会报告并提出适当的合作行动的建议。

第四,实施"长期的能源合作计划"(the Long-Term Co-operation on Energy)。在加强长期合作计划方面,国际能源机构采取了加强能源供应的安全,促进全球能源市场稳定,在能源保存上合作,加速代替能源的发展,建立新能源技术的研究与发展,改革各国在能源供应方面立法上和行政上的障碍等措施;对能源与环境的关系采取应有的行动,如限制汽车、工厂和燃煤的火力发电厂的排放物,对较干净的燃料进行研究。国际能源机构还定期对世界能源前景作出预测,供全世界参考。

三、国际能源机构对维护中国能源安全的作用

(一)国际能源机构对维护中国能源安全的作用

1996年10月,国际能源机构执行主任普里德尔(Robert Priddle)访华,并与

---

[1] 1976年11月9日,理事会作出决定将石油存量由原来的60天石油进口量提高到90天。该决定于1980年1月1日起正式生效。

[2] Herbert Miehsler, "International Energy Agency", in R. Bernhardt ed., *Encyclopedia of Public International Law*, Vol. Ⅱ, Amsterdam, 1995, p. 1140.

中国政府签署了《关于在能源领域开展合作的政策性谅解备忘录》。该备忘录规定，加强双方在能源节约与效率、能源开发与利用、能源行业的外围投资和贸易、能源供应保障、环境保护等方面的合作。目前，中国还不是国际能源机构的成员国。一旦中国加入国际能源机构，预计它对中国能源安全将发挥以下三个方面的作用。

第一，加强中国与其他能源消费国的合作。国际能源机构重要的功能之一就是联系和协调，它不但为各成员国提供了一个沟通和对话的舞台，而且能根据国际能源形势提出建议并作出对各成员国有约束力的决定。在国际能源机构的协调下，中国与其他能源消费国一方面可以通过有目的的对话和其他形式的合作，共同采取有效措施以满足紧急情况下的石油供应；另一方面可以联合开展能源研究与开发活动，以减少对进口石油的依赖。

第二，有助于改善中国的能源安全环境，从容应对突发性的能源危机。前已述及，国际能源机构的重要活动之一就是建立针对短期石油危机的"应急机制"。实践证明，国际能源机构已较好地应对了 1991 年海湾战争所引发的石油危机。因此，如果中国加入国际能源机构，那么就要建立相应的应急石油储备，同时在面对突发性的能源危机时还能享有"紧急石油分享计划"所能带来的惠益。

第三，有利于维护中国的能源安全利益。随着中国石油进口量的增加，近年来国际社会"中国能源威胁论"的声音时而出现，甚至有人不负责任地把国际油价的上涨归咎于中国。如果中国加入国际能源机构，一方面能促进中国国内有关能源法律制度的进一步完善，另一方面也能逐步化解国际社会对中国的无端猜疑。而国际能源机构的"长期的能源合作计划"的实施，对维护中国的能源安全利益无疑具有十分积极的作用。

（二）中国加入国际能源机构面临的主要困难及前景

由上述可见，国际能源机构在加强中国与其他能源消费国的合作、应对突发性的能源危机和维护中国的能源安全利益等方面，将发挥重要作用。然而，当今中国加入国际能源机构仍有一定的困难，主要有：

第一，成员资格问题。国际能源机构的基本文件——《国际能源纲领协议》，对那些不是该协议签署国但符合加入国际能源机构条件的国家作了如下规定："此协议应对能够并愿意满足本纲领要求的经济合作与发展组织任何成员国开放加入。理事会应依多数原则决定任何加入申请。"[①] 可见，加入国际能源机构的一个首要条件是经合组织的成员。而中国至今还不是经合组织的成员。

第二，紧急石油储备义务。国际能源机构要求各成员国保持不低于其 90 天石油进口量的石油存量。而中国当前的紧急石油储备还只有三十天左右的规模，这与国际能源机构的规定和要求，有较大的差距。

第三，信息通报义务。按照《国际能源纲领协议》的规定，成员国应定期地向

---

① 《国际能源纲领协议》第 71 条第 1 款。

秘书处报告该国石油公司的财务、资本投资、原油成本等所有情况，以供国际能源机构理事会决策时作参考。而在供应中断期间，国际能源机构还要求石油公司直接向其提供有关的信息。由于一国的石油情报是构建该国国家发展战略的重要依据之一，它涉及国家的经济安全和国家主权，因此，国际能源机构的"信息通报义务"对中国来说有一定的挑战性和一个适应过程。

尽管如此，随着中国和平发展战略的提出、经济地位和金融实力的不断增强、政治影响的不断扩大，中国与国际组织的接触也一直在不断深化。值得一提的是，2004年10月中国首次派代表出席七国集团财长会议，中国财政部部长和中国人民银行行长以观察员身份应邀与会，被美国财政部高官称为"历史性"事件。[1] 特别是近年来，国际社会也迫切希望中国政府能够承担更多的国际责任，充分发挥大国的作用。

因此，为了加入国际能源机构，中国政府一方面应尽快增加战略石油储备；另一方面可以与国际能源机构及其重要成员国协商，采取特别协定的方式，建立特定的中国—国际能源机构合作协调机制，并给予中国特定待遇，如成为"联系国"，享受准成员国待遇等。这种做法，与国际能源机构的一些成员国希望中国加入该机构的愿望是一致的。

推荐阅读书目及论文

1. 杨泽伟. 中国能源安全的法律保障. 北京：中国政法大学出版社，2009

2. 肖兴利. 国际能源机构能源安全法律制度研究. 北京：中国政法大学出版社，2009

3. 杨泽伟主编. 从产业到革命：发达国家新能源法律政策与中国的战略选择. 武汉：武汉大学出版社，2015

4. 史丹，等. 中国能源安全结构研究. 北京：社会科学文献出版社，2015

5. Richard Scott. The History of the International Energy Agency：The First Twenty Years（Origins and Structures of the IEA）. Vol. I. Paris，1994

6. Herbert Miehsler. International Energy Agency. in R. Bernhardt ed.. Encyclopedia of Public International Law. Vol. II. Amsterdam，1995

7. Helga Steeg. The International Energy Agency（IEA）—Description and Practical Experiences：A Case Study. Martha M. Roggenkamp，etc.，ed.. Energy Law in Europe：National，EU and International Law and Institutions. Oxford University Press，2001

---

[1] 参见《北京在国际机构中的地位问题引发讨论》，载法国《回声报》，2005-12-21。转引自《参考消息》，2005-12-23，4版。

第 二 十 四 章

"一带一路"倡议背景下全球能源治理体系的变革
与中国作用

当今世界正经历"百年未有之大变局"①，全球能源治理体系在过去几十年也发生了深刻变化。特别是新冠肺炎疫情的肆虐，导致全球石油需求大幅震荡，未来全球能源格局将充满不确定性。而"一带一路"沿线有不少国家能源资源丰富，国际能源合作也是"一带一路"建设的重要内容之一。因此，研究"一带一路"倡议背景下全球能源治理体系的变革问题，探讨中国在此变革进程中的作用，无疑具有重要的理论价值和现实意义。

一、全球能源治理体系的主要特点

当今全球能源治理体系，主要有以下四大特点。

(一) 全球能源版图正在重塑

首先，美国能源政策大幅调整，成为重要的能源出口国。2020年2月，美国总统特朗普在国情咨文中明确指出，美国已成为世界上最大的石油和天然气生产国。② 由于增产页岩油气，近年来美国油气产量不断攀升。特别是特朗普上台后，对美国的能源政策进行了大幅调整。例如，2017年1月美国政府发布了《美国优先能源计划》，提出将致力于降低管制、促进能源发展、实现能源独立。2017年4月《关于实施美国离岸能源战略的总统行政令》（Presidential Executive Order on Implementing an America-First Offshore Energy Strategy），扩大了美国离岸能源开采范围。③ 2018年1月美国内政部公布了《2019—2024年国家外大陆架油气开发租赁计划草案》（2019—2024 National Outer Continental Shelf Oil and Gas Leasing Draft

---

① 习近平：《顺应时代潮流、实现共同发展》，载《人民日报》，2018 - 07 - 26，2版。
② See "Remarks by President Trump in State of the Union Address", February 4, 2020, available at https://www. whitehouse. gov/briefings-statements/remarks-president-trump-state-union-address-3/.
③ See the White House Office of the Press Secretary, "Presidential Executive Order on Implementing An America-First Offshore Energy Strategy", April 28, 2017, available at https://www. whitehouse. gov/the-press-office/2017/04/28/presidential-executive-order-implementing-america-first-offshore-energy.

Proposal Program），建议向油气开采业开放美国超过 90％的外大陆架区域。① 此外，2018 年美国能源部长里克·佩里提出"能源新现实主义"，阐释了要高效清洁地开采能源、简化能源基础设施建设程序、推动能源大规模出口的长期愿景。② 在上述种种政策措施的推动下，2018 年年底美国成为石油净出口国。总之，美国借助能源政策成为石油、天然气的重要出口国，从而使国际能源市场的供需关系发生了重大变化，标志着国际油气市场进入了新时代。

其次，发达国家石油消费显著下降，新兴经济体成为国际能源贸易的主要参与者。据统计，1973 年经合组织石油消费总量为 4 130.3 万桶/天，占全世界的74.25％；2018 年为 4 870 万桶/天，占比下降到 49.12％。同期，非经合组织国家在世界石油消费中的比重由 25.75％上升到 51.8％，占了半壁江山。其中，中国和印度的石油消费增长最快，由 1973 年的 153.2 万桶/天上升到 2018 年的 1 789 万桶/天，增长了 11.68 倍，所占比重从 2.75％增长到 18.04％。③

最后，中国成为世界上最大的能源消费者，是近年来全球能源治理体系面临的最具深远意义的变化之一。④ 近年来，中国石油、天然气消费对外依存度持续加大。2017 年，中国超越美国，成为世界第一大原油进口国。2018 年中国天然气进口持续高速增长，超过日本，成为全球第一大天然气进口国。根据中石油发布的《2018 年国内外油气行业发展报告》，2018 年中国石油对外依存度已上升至 69.8％，天然气对外依存度则上升至 45.3％⑤；而根据中国社科院发布的《中国能源前景2018—2050》报告，到 2050 年虽然中国石油对外依存度仍能控制在 70％左右，但天然气对外依存度会上升至 78.5％。⑥

（二）传统的全球能源治理机制纷纷转型

1. 国际能源机构正式启动了"联盟计划"（the Activation of IEA Association）

众所周知，1974 年成立的国际能源机构是与经合组织相联系的石油消费国政府间的国际组织，其成员国仅限于经合组织的成员。国际能源机构主要通过建立"应急机制""国际石油市场的情报系统""与石油公司的协商机制"，以及实施"长期的能源合作计划"来保障成员国的石油供应安全。⑦ 2013 年，国际能源机构部长

① See Bureau of Ocean Energy Management，"2019—2024 National Outer Continental Shelf Oil and Gas Leasing Draft Proposal Program"，January 2018，available at https：//www. boem. gov/NP-Draft-Pro-posal-Program-2019—2024.
② 参见宋亦明：《重塑国际能源版图：急速扩张的美国能源出口》，载《世界知识》，2018（12），54 页。
③ 参见王能全：《全球石油治理需要新思维》，载《财经》，2019（5），103 页。
④ See Bo Kong，"Governing China's Energy in the Context of Global Governance"，*Global Policy*，Vol. 2，2011，p. 63.
⑤ 参见中国石油新闻中心：《〈2018 年国内外油气行业发展报告〉发布》（2019 年 1 月 18 日），载中国石油新闻中心网，http：//news. cnpc. com. cn/system/2019/01/18/001717430. shtml.
⑥ 参见刘冬：《中阿能源合作趋于立体化》，载《世界知识》，2019（17），16 页。
⑦ 参见杨泽伟：《中国能源安全法律保障研究》，46~59 页，北京，中国政法大学出版社，2009。

级会议发表了联合声明，提出将以联盟国参与国际能源机构的各类常设小组会议及部长级会议的方式，为国际能源机构成员国与联盟成员国提供共同的对话平台。2015年11月在巴黎部长级会议上，国际能源机构与中国、印度尼西亚、泰国宣布启动国际能源机构"联盟计划"，中国、印度尼西亚和泰国成为第一批联盟国。"联盟计划"赋予了联盟国参与国际能源机构的会议、培训与能力建设以及能源效益计划等方面的权利。"联盟计划"不但标志着国际能源机构与联盟国在能源安全、能源数据与统计以及能源政策分析三个共享领域开启了进一步合作的新时代，而且是国际能源机构转变为"一个真正的全球能源组织的第一步"①。

2. 《能源宪章条约》开启了改革和现代化进程

《能源宪章条约》是唯一的、专门针对能源领域的多边条约。1998年4月，《能源宪章条约》正式生效。《能源宪章条约》旨在为国际能源安全提供普遍的规则，其规制内容涵盖了能源投资、能源贸易、能源过境、能源效率和能源争端解决等。②《能源宪章条约》还设立了一个政府间国际组织——"能源宪章会议"（the Energy Charter Conference）。2004年《能源宪章条约》大会设立了工业咨询小组，以建立能源宪章会议及其不同工作组的咨询性平台，从而为与能源投资、跨境运输和能源效率相关的问题提供建议。2009年《能源宪章条约》开始推进现代化改革进程，以应对新的挑战，并吸收更多的国家参与。2012年《能源宪章条约》采取巩固、扩大和推广的政策，以将《能源宪章条约》中的原则向全球推广。

（三）全球能源治理的新平台不断涌现

近年来，出现了不少与全球能源治理相关的国际机构，如"二十国集团"（G20）、国际能源论坛、清洁能源部长会议等。

1. "二十国集团"（G20）

G20作为全球治理的重要机构，虽然主要关注经济和金融问题，但是早在2005年G20峰会就开展了"清洁能源、气候变化和可持续发展"对话。2009年，G20领导人共同承诺在中期消除化石能源补贴。特别是2014年11月通过的《二十国集团能源合作原则》（G20 Principles on Energy Collaboration），呼吁国际能源机构承担更有代表性和包容性的角色。G20能源工作组的作用得到了增强，G20能源部长级会晤也成为常态。

2. 国际能源论坛（International Energy Forum，IEF）

1991年成立的国际能源论坛，是目前综合性最强、成员国最多的国际能源机构。③ 其主要职能是以中立的身份促进其成员国之间开展非正式、公开和可持续的全球能源对话，通过联合石油倡议协调能源数据的收集，增进成员国对共同能源利

---

① 杨玉峰、［英］尼尔·赫斯特：《全球能源治理改革与中国的参与》，7页，北京，清华大学出版社，2017。
② 参见白中红：《〈能源宪章条约〉争端解决机制研究》，13～31页，武汉，武汉大学出版社，2012。
③ 国际能源论坛有70个成员国，涵盖了全球90%左右的石油、天然气的供应和消费。参见"国际能源论坛"网站，https://www.ief.org/about-ief/organisation/member-countries.aspx。

益的理解，提高能源市场的透明度，增强其稳定性等。

3. 清洁能源部长级会议（Clean Energy Ministerial，CEM）

2010 年成立的清洁能源部长级会议是一个高级别的全球论坛，旨在通过政策和项目的形式促进清洁能源技术的应用。其成员国约占全球温室气体排放总量的 75％和全球清洁能源投资的 90％，截至 2020 年 2 月有 28 个成员国。[①] 近年来，清洁能源部长级会议推出了多项倡议，如电动汽车倡议、全球超级能源合作、生物质能源工作组、可持续水电发展倡议、女性清洁能源教育授权倡议和国际智能电网行动网络等。

此外，亚太经合组织[②]、上海合作组织[③]、金砖五国[④]、国际可再生能源署、世界能源理事会、全球碳捕获与封存机构、国际能效合作伙伴关系、世界贸易组织、世界银行、国际货币基金组织、亚洲开发银行、亚洲基础设施投资银行等国际机构，均为全球能源治理提供了方案或合作项目等方面的支持。[⑤]

（四）全球能源治理体系仍然面临多重挑战

当今全球能源治理体系仍然面临多重的、复杂的和前所未有的挑战。[⑥]

1. 能源贫困问题仍然存在

虽然 2015 年第 70 届联合国大会通过的《2030 年可持续发展议程》之目标 7 专门强调 "确保人人获得负担得起的、可靠和可持续的现代能源"[⑦]，但是前几年全球仍有 13 亿人用不上电，有 26 亿人炊事用能依然采用传统生物质能。[⑧] 有专家预测，即使到了 2030 年可能还有 14 亿人无法享受现代的能源服务。[⑨]

---

① 参见 "清洁能源部长级会议" 网站，https：//www.cleanenergyministerial.org/initiatives。

② 亚太经合组织专门设立了能源工作组，具有参与全球能源治理的能力。

③ 2001 年成立的上海合作组织，被认为是 "亚洲能源合作最具潜力的组织之一"。2005 年，上海合作组织就提出了建立 "能源俱乐部" 的构想。2013 年，中俄两国领导人再次呼吁成立 "上海合作组织能源俱乐部"。

④ 金砖五国将能源确立为一项合作的领域。因此，有学者认为金砖五国将在未来全球能源治理中发挥较大作用。See Navroz K. Dubash， "From Norm Taker to Norm Maker? Indian Energy Governance in Global Context"，*Global Policy*，Vol. 2，2011，p. 7.

⑤ 参见杨玉峰、[英] 尼尔·赫斯特：《全球能源治理改革与中国的参与》，1 页，北京，清华大学出版社，2017。

⑥ See Aleh Cherp，Jessica Jewell and Andreas Goldthau， "Governing Global Energy：Systems，Transitions，Complexity"，*Global Policy*，Vol. 2，No. 1，2011，p. 75.

⑦ "Transforming Our World：the 2030 Agenda for Sustainable Development"，available at http：//www.un.org/en/ga/search/view_doc.asp? symbol＝A/70/L.1.

⑧ 参见杨玉峰、[英] 尼尔·赫斯特：《全球能源治理改革与中国的参与》，67 页，北京，清华大学出版社，2017。

⑨ See Ann Florini and Benjamin Sovacool， "Bridging the Gaps in Global Energy Governance"，*Global Governance*，Vol. 17，No. 1，2011，p. 68；Aleh Cherp，Jessica Jewell and Andreas Goldthau， "Governing Global Energy：Systems，Transitions，Complexity"，*Global Policy*，Vol. 2，2011，p. 75；Navroz K. Dubash and Ann Florini， "Mapping Global Governance"，*Global Policy*，Vol. 2，2011，p. 9.

2. 中东等能源生产地区恐怖主义的威胁并未消除

一方面，虽然 2017 年 12 月伊拉克政府宣布收复了"伊斯兰国"在伊控制的全部领土，但是"伊斯兰国"的残余势力并未彻底消灭，仍然对中东地区的油气生产构成威胁。另一方面，2019 年 9 月沙特阿拉伯石油生产设施遭到了也门胡塞武装的无人机袭击，使沙特阿拉伯原油供应每日减少 570 万桶，这一数字约占沙特阿拉伯石油日产量的 50％和全球石油日供应量的 5％。可见，全球能源生产仍然面临多种多样的恐怖主义威胁。

3. 能源供应与使用的方式亟待改变

诚如有学者所言，全球能源体系在 21 世纪发生的第一重大变革是非常规石油与天然气开采量的爆发式增长。[①] 然而，应对气候变化已经成为全人类的共同挑战。况且，世界各国要想共同完成 2℃的气候目标，改变能源供应与使用的方式、发展低碳技术尤为重要。遗憾的是，虽然有《联合国气候变化框架公约》等与气候变化相关的国际公约，但是没有一个国际机构在切实推动能源低碳政策的发展与落实。[②]

综上可见，近些年全球能源形势已经发生了重大变化，全球能源治理体系的变革已经悄然开始。

二、全球能源治理体系的主要缺陷

（一）全球能源治理体系的滞后性比较突出

目前全球能源治理体系缺乏包容性，滞后性较为明显。[③]

1. 国际能源机构等传统的国际能源机构的法律制度较为陈旧

众所周知，目前全球能源治理体系的基本框架形成于 20 世纪六七十年代。例如，成立于 1960 年的石油输出国组织曾经是"最具影响力的石油生产国组织"[④]。然而，当今美国、俄罗斯和沙特阿拉伯已成为国际石油出口市场的三大巨头。因此，随着卡塔尔于 2019 年 1 月正式退出石油输出国组织[⑤]，石油输出国组织已风光

---

① 参见吴磊、曹峰毓：《论世界能源体系的双重变革与中国的能源转型》，载《太平洋学报》，2019（3），37 页。

② 参见杨玉峰、［英］尼尔·赫斯特：《全球能源治理改革与中国的参与》，73 页，北京，清华大学出版社，2017。

③ See David G. Victor and Linda Yueh, "The New Energy Order: Managing Insecurities in the Twenty-first Century", *Foreign Affairs*, Vol. 89, No. 1, 2010, pp. 61-73.

④ 杨泽伟：《国际能源秩序的变革：国际法的作用与中国的角色定位》，载《东方法学》，2013（4），88 页。

⑤ 参见石油输出国组织网站，https://www.opec.org/opec_web/en/about_us/25.htm。

不再，仅靠其成员国的"配额政策和价格政策已经不足以解决当前能源市场的震荡"①。又如，国际能源机构"作为石油消费国应对能源危机的集体机制"②，诞生于 20 世纪 70 年代第一次石油危机期间。然而，国际能源机构的成员国政策一直都比较保守，国际能源机构的基本法律文件——《国际能源纲领协议》第 71 条第 1 款明确规定："此协议应对能够并愿意满足本纲领要求的经济合作与发展组织任何成员国开放加入。"可见，国际能源机构把成员国的范围严格限定在经合组织的成员国，从而排除了发展中国家加入国际能源机构的可能性。因此，我们不难断言：国际能源机构"既不期望、也不认为有必要将其成员范围扩大到这些发达石油消费国以外"③。

综上可见，无论是石油输出国组织还是国际能源机构，这些传统的国际能源机构的法律制度的确存在于不少与当今国际能源格局不相适应的地方。

2. 包括中国在内的新兴经济体在全球能源治理体系中处于弱势地位

如上所述，当今的全球能源治理机制主要由美国和其他发达国家主导，既不包括也无法代表新兴经济体。例如，中国作为世界上最大的石油和天然气进口国，既不是国际能源机构的成员国，也没有加入《能源宪章条约》。因此，包括中国在内的新兴经济体，在全球能源治理体系中的这种弱势地位，无疑削弱了目前全球能源治理体系的有效性。

（二）全球能源治理机构之间的协调性明显不足

目前全球能源治理体系缺乏一个权威性、专门性的全球能源协调机构④，正如有学者所指出的："虽然国家间能源相互依存日益增强，但是全球能源治理体系仍缺乏一个中心权威来协调能源政策。"⑤ 当今全球能源治理体系的碎片化现象⑥，主要体现在以下三个方面：

首先，以石油输出国组织为代表的能源生产国与以国际能源机构为代表的能源消费国之间的对立仍然存在，双方合作的障碍并未完全消除。虽然国际能源论坛的

---

① 杨玉峰、[英] 尼尔·赫斯特：《全球能源治理改革与中国的参与》，87 页，北京，清华大学出版社，2017。
② William Martin and Evan Harrje, "The International Energy Agency", in Jan Kallicki & David Goldwyn eds., *Energy and Security: Toward a New Foreign Policy Strategy*, the Johns Hopkins University Press, 2005, p. 98.
③ 肖兴利：《国际能源机构能源安全法律制度研究》，65 页，北京，中国政法大学出版社，2009。
④ See Aleh Cherp, Jessica Jewell and Andreas Goldthau, "Governing Global Energy: Systems, Transitions, Complexity", *Global Policy*, Vol. 2, No. 1, 2011, pp. 75 – 87; Navroz K. Dubash and Ann Florini, "Mapping Global Governance", *Global Policy*, Vol. 2, 2011, p. 11.
⑤ Leonardo Baccini, etc., "Global Energy Governance: Trade, Infrastructure, and the Diffusion of International Organizations", *International Interactions*, April 2013, p. 1.
⑥ See Navroz K. Dubash and Ann Florini, "Mapping Global Governance", *Global Policy*, Vol. 2, 2011, pp. 6 – 18.

成员国囊括了能源生产国和能源消费国，但是国际能源论坛在全球治理体系中的作用和影响仍然有限。因此，兼顾能源生产国和能源消费国共同利益的全球性能源治理组织尚未建立。

其次，能源问题虽然是联合国开发计划署、联合国粮食及农业组织、联合国《气候变化框架公约》、联合国可持续发展委员会等国际机构的重要议题，但显然不是上述国际机构的工作重心和主要任务。

最后，传统的能源治理主要是各个主权国家按照煤炭、石油、天然气、核能和可再生能源等能源治理的客体和类别来分别进行的[1]，而且，现存的全球能源治理机制不但职能相互重叠，而且治理的对象也主要限于传统的化石能源。[2]

（三）全球能源治理规则的硬约束有待增强

一谈到"全球能源治理"，人们就会马上联想到"全球总督"（global governor）甚至"全球政府"（global government）——一个能够制定规则并能强制实施规则的国家机关。[3] 然而，目前国际社会的现实是全球能源治理体系不但缺乏普遍性的国际法规则，而且有关规则是以软约束为主。

1. 与全球能源治理体系有关的多边条约较少，普遍性和影响力不足

如上所述，学者一般认为："《能源宪章条约》是目前能源领域唯一的多边条约。"[4] 然而，迄今包括欧盟和欧洲原子能共同体在内，只有 53 个缔约方批准了该条约。[5] 这说明该条约在国际社会近 200 个国家中缺乏足够的认同。此外，目前只有 61 个国际仲裁案是以《能源宪章条约》为主要依据的。这也说明该条约的影响力比较有限。[6] 又如，在能源消费领域发挥一定作用的国际能源机构，目前也只有30 个成员国。[7]

2. 全球能源治理新平台的相关决议仅具建议性质

例如，国际能源论坛主要是一个政府间的协调机构，其基本目标是"增进成员国对共同能源利益的理解和意识"[8]，因而其职能主要是为各成员国提供交换意见、建立高层联系的平台，而不是制定政策，更没有权利给成员国施加具有法律约束力的义务。又如，2015 年由《能源宪章条约》部长级会议通过的《国际能源宪章》是对支持国际贸易和资源获取、增加能源领域国际投资的政治声明，也没有法律约

---

① See Navroz K. Dubash and Ann Florini，"Mapping Global Governance"，*Global Policy*，Vol. 2，2011，p. 7.

② See Navroz K. Dubash and Ann Florini，"Mapping Global Governance"，*Global Policy*，Vol. 2，2011，p. 15.

③ See Ann Florini，"The Peculiar Politics of Energy"，*Ethics & International Affairs*，Vol. 26，No. 3，2012，p. 300.

④ 白中红：《〈能源宪章条约〉争端解决机制研究》，13 页，武汉，武汉大学出版社，2012。

⑤ 参见《能源宪章条约》网站，https：//www. energycharter. org/process/energy-charter-treaty-1994/energy-charter-treaty/。

⑥ 参见马妍：《全球能源治理变局：挑战与改革趋势》，载《现代国际关系》，2016（11），60 页。

⑦ 参见国际能源机构网站，https：//www. iea. org/countries。

⑧ "International Energy Forum Charter"，available at https：//www. ief. org/about-ief/ief-charter. aspx.

束力。①

三、全球能源治理体系的完善

(一)加快全球能源治理体系的现代化进程

如上所述,当今的全球能源治理体系没有准确反映世界能源形势的变化,因而全球能源治理体系的现代化进程应当加速推进。诚如国际能源署前署长诺波尔·塔纳卡(Nobuo Tanaka)所言,国际能源署要想继续在全球能源治理体系中发挥关键作用,除了改革别无他途,因为研究表明从2006年到2030年全球能源需求增长的87%来源于非经合组织国家,非经合组织国家在世界能源需求中的份额也将从51%增长到62%。②

因此,就国际能源机构的现代化进程来说,首先应该修改国际能源机构的《国际能源纲领协议》,改变其成员国身份仅对经合组织国家开放的条约限制;其次,修改国际能源机构特殊的表决程序③,提高其决策机制的效率;最后,国际能源机构还应进一步加强与中国、印度等主要石油消费大国的联系。④ 值得注意的是,2015年9月国际能源机构法提赫·比罗尔(Fatih Birol)主任在访问中国时明确提出:"中国和其他主要发展中国家不仅要成为国际能源机构的合作伙伴,更要参与到国际能源机构的工作中来","推动国际能源署的现代化,使其发展为真正的国际能源机构"⑤。有学者也认为,2016年中国国家能源局油气司副司长被任命为国际能源署高级顾问并在国际能源署工作,是国际能源署的现代化进程中"具有标志性的重要一步"⑥。

(二)进一步加强国际能源机构之间的协调与合作

1. 继续挖掘国际能源论坛的协调作用

1991年海湾战争结束后,国际能源机构就逐渐与石油输出国组织开展合作,双方不但签署了一项合作的谅解备忘录,而且成立了联合国工作组并进行共享数据

---

① 参见《能源宪章条约》网站,https://www.energycharter.org/process/international-energy-charter-2015/overview/。
② See Ann Florini, "The International Energy Agency in Global Energy Governance", *Global Policy*, Vol. 2, 2011, p. 48.
③ 参见肖兴利:《国际能源机构能源安全法律制度研究》,82~105页,北京,中国政法大学出版社,2009。
④ See Ann Florini, "The International Energy Agency in Global Energy Governance", *Global Policy*, Vol. 2, 2011, p. 40.
⑤ 杨玉峰、[英]尼尔·赫斯特:《全球能源治理改革与中国的参与》,28页,北京,清华大学出版社,2017。
⑥ 杨玉峰、[英]尼尔·赫斯特:《全球能源治理改革与中国的参与》,7页,北京,清华大学出版社,2017。

等方面的工作。① 有鉴于此，国际能源论坛作为政府间协调机构，自成立以来就已经促成了国际能源机构与石油输出国组织间的多项合作项目，如建立联合石油倡议全球性数据库等。今后把这一数据库扩展到天然气、煤炭以及其他能源领域，应该是其发展的重要方向。因此，由国际能源论坛、国际能源机构和石油输出国组织三个组织的秘书处开展联合行动，被认为是弥补当前全球能源治理体系协调性不足的一项务实方案。②

2. 充分发挥 G20 在能源领域的协调功能

一方面，G20 自从关注能源问题议题以来，达成了诸多共识，特别是 2014 年布里斯班峰会通过的《G20 能源合作原则》明确提出了"加强国际能源机构之间的协调，尽量最大程度减少各机构功能重复的现象"，具有较强的示范作用。另一方面，出席 G20 峰会的是国家元首、政府首脑以及诸如国际货币基金组织等国际组织的负责人，影响力较大。特别是在 G20 机制中，存在被一些学者称为"高权威性行为体"（high-status actors）③ 的国家，能够把有关全球能源治理议题纳入 G20 议程中。此外，G20 包括了世界主要石油消费国和生产国。2017 年，G20 国家占世界石油消费的比例为约 80%，占世界石油产量的比例为约 60%；G20 国家间石油互供，自给率为 73.5%。④ 事实上，近年来 G20 在提高能源效率和开发新能源技术等方面的能源治理作用较为突出。⑤ 因此，可以设立 G20 能源问题常设工作组，以更好地发挥 G20 在能源领域的协调功能。

（三）提高全球能源治理体系中国际法规则的普遍效力

1. 增强《能源宪章条约》成员国的普遍性

其实，《能源宪章条约》一直处于动态的发展过程中，它源于 1990 年荷兰首相鲁德·吕贝尔斯（Ruud Lubbers）的一项政治动议（political initiative）和 1991 年《欧洲能源宪章》。《能源宪章条约》体系还包括 1994 年《能源效率和相关环境问题议定书》、1998 年《能源宪章条约贸易条款修正案》、1999 年《政府间跨国管道运输示范协议》、2003 年《过境议定书（草案）》和 2007《东道国政府与项目投资者之间的跨国管道运输示范协议》。2009 年《能源宪章条约》开始推进现代化改革进程，并在 2010 年出炉了"《能源宪章条约》现代化政策的路线图"（the Road Map for the Modernization of the Energy Charter Process），2012 年还通过了"《能源宪章条约》采取巩固、扩大和推广的政策"（the Energy Charter Policy on Consolida-

---

① See Ann Florini, "The International Energy Agency in Global Energy Governance", *Global Policy*, Vol. 2, 2011, p. 46.
② 杨玉峰、[英]尼尔·赫斯特：《全球能源治理改革与中国的参与》，86 页，北京，清华大学出版社，2017。
③ Richard W. Mansbach and John A. Vasquez, in *Search of Theory: A New Paradigm for Global Politics*, Columbia University Press, 1981, p. 96.
④ 参见王能全：《全球石油治理需要新思维》，载《财经》，2019（5），107 页。
⑤ 参见刘宏松、项南月：《二十国集团与全球能源治理》，载《国际展望》，2015（6），129 页。

tion, Expansion and Outreach)①。鉴于《能源宪章条约》目前已经得到了欧亚大陆 50 多个国家的批准,成员国涵盖的地理范围广,进一步增强《能源宪章条约》成员国的普遍性,促进其向全世界参加国最多的国际能源多边条约发展,是其必然的趋势。

2. 推动《国际能源宪章》由政治宣言向国际条约转变

《国际能源宪章》的序言明确提出其"最终目标是扩大《能源宪章条约》和程序的地理范围",因此,进一步推动《国际能源宪章》向有法律约束力的国际条约转变,既是《能源宪章条约》现代化的重要步骤,也是全球能源治理体系完善的必然要求。

3. 赋予全球能源治理新平台相关决议的约束力

尽管诸如国际能源论坛将自身定位为一个国际交流的平台,其有关决议仅具建议性质,然而,鉴于国际能源论坛等全球能源治理新平台成员国较大的普遍性,赋予其相关决议以法律约束力,无疑有助于进一步发挥此类平台在全球能源治理中的作用。

(四) 充分发挥能源领域的行业协会的作用

能源领域的行业协会在全球能源治理体系中的作用也日益突出。② 因为全球能源治理体系目标的实现,能源领域行业协会之间的国际合作不可或缺,因此,重视诸如世界能源理事会、世界石油理事会、国际天然气联盟、世界能源协会、世界煤炭协会、国际水电协会、世界风能协会、世界核协会、世界核电营运者协会、国际能源经济协会等能源行业协会的作用,是完善全球能源治理体系的重要一环。

四、"一带一路"倡议背景下中国在全球能源治理体系变革中的作用

中国作为"全球第一大原油进口国""全球第一大天然气进口国""全球第二大石油消费国""全球第二大经济体",在"一带一路"建设中进一步发挥中国在全球能源治理体系变革中的作用,责无旁贷。

(一) 推动共建"一带一路"能源合作俱乐部

"一带一路"倡议提出 8 年多来,取得了重要进展。在此基础上,推动共建"一带一路"能源合作俱乐部,既有现实基础,也有法律保障,同时也是完善全球能源治理体系的重要步骤。

1. 共建"一带一路"能源合作俱乐部的现实基础

(1)"一带一路"沿线不少国家能源资源丰富。据有学者分析,"一带一路"沿

---

① "The Energy Charter Process", available at https://www.energycharter.org/process/overview/.

② See Navroz K. Dubash and Ann Florini, "Mapping Global Governance", *Global Policy*, Vol. 2, 2011, p. 12; Benjamin Sovacool, etc., "Energy Governance, Transnational Rules, and the Resource Curse: Exploring the Effectiveness of the Extractive Industries Transparency Initiative", *World Development*, Vol. 83, 2016, p. 179.

线区域油气剩余探明储量分别为 1 338 亿吨、155 万亿立方米，分别占世界剩余探明总储量的 57％和 78％，集中了俄罗斯、中亚及中东地区的重要油气资源国。[①]

（2）能源合作是"一带一路"建设的重要内容之一。中国在与"一带一路"沿线国家的双边贸易中，油气比重高、数额大。例如，中国—中亚天然气管道、中缅油气管道、中俄东线天然气管道等中国陆上跨国油气管道，已连接中亚国家、俄罗斯、缅甸等油气资源国与过境国。此外，亚马尔液化天然气项目、中沙延布炼化基地等重大项目，也是中国与"一带一路"沿线国家能源合作的典范。

（3）现有的多双边能源合作机制，为共建"一带一路"能源合作俱乐部提供了组织基础。一方面，中国与"一带一路"沿线国家在联合国、"二十国集团"、亚太经合组织、上海合作组织、金砖国家集团、澜沧江—湄公河合作、大湄公河次区域、中亚区域经济合作、中国—东盟、东盟与中日韩、东亚峰会、亚洲合作对话、中国—中东欧国家合作、中国—阿拉伯国家-论坛、中国—海湾阿拉伯国家合作委员会等多边框架下开展了广泛的能源合作。另一方面，中国与"一带一路"沿线国家正在实施中国—东盟清洁能源能力建设计划，推动建设中国—阿盟清洁能源中心和中国—中东欧能源项目对话与合作中心等。[②] 因此，中国与"一带一路"沿线国家可以在上述多双边能源合作机制的基础上，共建"一带一路"能源合作俱乐部。不言而喻，共建"一带一路"能源合作俱乐部，将推动中国与"一带一路"沿线国家的能源合作向更深更广发展。

此外，截至 2022 年 1 月底中国已累计同 148 个国家、32 个国际组织签署了200 多份政府间共建"一带一路"合作文件。[③] 这不但说明国际社会对"一带一路"倡议的认可，而且为"一带一路"能源合作俱乐部的建立铺平了道路。

2. 共建"一带一路"能源合作俱乐部的法律保障

（1）中国政府出台的有关"一带一路"法律文件，为共建"一带一路"能源合作俱乐部提供了法律原则和行动指南。2013 年以来，中国政府先后出台了《推动共建丝绸之路经济带和 21 世纪海上丝绸之路的愿景与行动》（2015 年 3 月 28 日）、《共建"一带一路"：理念、实践与中国的贡献》（2017 年 5 月 10 日）、《推动丝绸之路经济带和 21 世纪海上丝绸之路能源合作愿景与行动》（2017 年 5 月 16 日）和《共建"一带一路"倡议：进展、贡献与展望》（2019 年 4 月 22 日）等有关"一带一路"倡议的重要文件。上述法律文件，特别是《推动丝绸之路经济带和 21 世纪海上丝绸之路能源合作愿景与行动》，不但明确提出了共建"一带一路"能源合作

① 参见张翼：《"一带一路"能源合作俱乐部呼之如出》，载《光明日报》，2017-06-05，1 版。
② 参见国家发展和改革委员会、国家能源局：《推动丝绸之路经济带和 21 世纪海上丝绸之路能源合作愿景与行动》（2017 年 5 月 16 日），载中国一带一路网，https://www.yidaiyilu.gov.cn/zchj/qwfb/13745.htm。
③ 参见《已同中国签订共建"一带一路"合作文件的国家一览》，载中国一带一路网，https://www.yidaiyilu.gov.cn/xwzx/roll/77298.htm。

俱乐部的法律原则，如坚持开放包容、坚持互利共赢等，而且指出了合作的重点领域，如加强能源产能合作、加强能源基础设施互联互通等。

（2）"一带一路"争端解决机制的设立，为呼之欲出的"一带一路"能源合作俱乐部提供了"牙齿"。2018 年最高人民法院设立了"国际商事法庭"，负责审理当事人之间的跨境商事纠纷案件。[①] "国际商事法庭"的设立，既是中国建立符合现代国际法的"一带一路"国际商事纠纷解决机制的有益尝试，也为"一带一路"能源合作俱乐部提供了解决争端的法律手段。

值得注意的是，2019 年 4 月"一带一路"能源合作伙伴关系在北京正式成立，伙伴关系成员国共同对外发布了《"一带一路"能源合作伙伴关系合作原则与务实行动》。从某种意义上来说，这是推动共建"一带一路"能源合作俱乐部的重要一步。[②]

（二）积极为全球能源治理体系提供更多的公共产品

毋庸讳言，中国是当今全球能源治理体系的新兴参与者和"跟跑者"。然而，早在 2008 年中国国家领导人就在国际能源会议上首次阐述了"互利合作、多元发展、协同保障"的"全球能源安全观"。2012 年中国政府明确提出："积极参与全球能源治理，加强与世界各国的沟通与合作……"[③] 2017 年中共十九大报告特别强调："中国秉持共商共建共享的全球治理观……中国将继续发挥负责任大国作用，积极参与全球治理体系改革和建设，不断贡献中国智慧和力量"[④]。因此，共建"一带一路"能源合作俱乐部，为更多国家和地区参与"一带一路"能源合作提供平台，积极为全球能源治理体系提供更多的公共产品，既是保障中国能源安全的需要，也是中国作为负责大国的重要体现。

1. 充分发挥"全球能源互联网发展合作组织"的作用

2016 年 3 月，"全球能源互联网发展合作组织"（Global Energy Interconnection Development and Co-operation Organization）在中国北京正式成立。[⑤] 它是为落实全球能源互联网倡议，由中国在能源领域成立的首个国际性非政府组织，已成为中国参与全球能源治理和国际多边合作的重要平台。如今，全球能源互联网已成为中国推动"一带一路"建设和人类命运共同体建设的重要内容。2018 年以来，

---

① 参见 2018 年 1 月中央全面深化改革领导小组审议通过的《关于建立"一带一路"国际商事争端解决机制和机构的意见》。

② 截至 2020 年 1 月，"一带一路"能源合作伙伴关系成员国总数已经达到 30 个，包括阿富汗、阿尔及利亚、阿塞拜疆、玻利维亚、柬埔寨、佛得角、乍得、中国、东帝汶、赤道几内亚、冈比亚、匈牙利、伊拉克、科威特、吉尔吉斯斯坦、老挝、马耳他、蒙古国、缅甸、尼泊尔、尼日尔、巴基斯坦、刚果（布）、塞尔维亚、苏丹、苏里南、塔吉克斯坦、汤加、土耳其及委内瑞拉。

③ 《中国的能源政策（2012）》白皮书，载"中华人民共和国中央人民政府网"，http：//www.gov.cn/jrzg/2012 - 10/24/content _ 2250377.htm。

④ 习近平：《决胜全面建成小康社会、夺取新时代中国特色社会主义伟大胜利——在中国共产党第十九次全国代表大会上的报告》（2017 年 10 月 18 日），60 页，北京，人民出版社，2017。

⑤ 详见全球能源互联网发展合作组织网站，https：//www.geidco.org/overview/。

"全球能源互联网发展合作组织"提出全球能源互联网"九横九纵"骨干网架和各大洲能源互联网构建思路，发布了《全球能源互联网骨干网架研究报告》《"一带一路"国家能源互联网研究报告》，以及各大洲区域能源互联网规划，为全球能源互联网建设提供了顶层设计和行动路线图。① 今后，"全球能源互联网发展合作组织"应继续在理念传播、战略规划、标准制定、资源支持和项目开发等领域继续发挥引领作用，为全球能源转型提供中国方案。

2. 分享新能源开发和利用的经验，共同构建绿色低碳的全球能源治理格局

一方面，中国应向世界展示其在新能源开发和利用方面的成就②，分享其在新能源开发和利用方面有关法律、政策的成功举措。根据统计，中国是目前世界上最大的可再生能源投资国，已经连续第七年全球领先，在 2018 年中占全球总投资的 32%，投资规模达到 912 亿美元。③ 事实上，中国在新能源开发和利用方面的成就和经验，已经逐步得到了国际社会的认可。例如，美国前副总统阿尔·戈尔表示，中国在可再生能源领域的投资和融资在全球领先，且已完成或超过了自身设定的可再生能源发展目标。《联合国气候变化框架公约》秘书处执行秘书帕特里夏·埃斯皮诺萨（Patricia Espinosa）也曾经明确指出，"人们越来越认识到中国正在努力减少排放，使其成为清洁技术的领导者，真正能够与世界不同国家分享他们的良好经验"④。另一方面，中国还应进一步加强与有关新能源国际机构以及"一带一路"沿线国家的合作，促进新能源知识产权制度的合理应用，消除贸易壁垒，降低新能源技术的利用成本，以实现绿色低碳的全球能源治理格局。

值得一提的是，2019 年 11 月由中国国家电力投资集团下属上海电力与马耳他政府携手在黑山共建的新能源项目——黑山莫祖拉风电站正式投入运营。⑤ 这是中国与"一带一路"沿线国家开展能源合作、推进能源的绿色可持续发展的重要尝试和成果之一。此外，2019 年 12 月由中国电力建设集团有限公司（中国电建）投资开发的澳大利亚塔斯马尼亚州牧牛山风电项目，举行首批风机并网发电仪式。⑥

---

① 参见经济参考报：《全球能源互联网发展合作组织体现"中国活力"》。转引自全球能源互联网发展合作组织网站，https://www.geidco.org/overview/。

② 目前全球大约 60% 的太阳能电池产自中国。

③ See "Global Trends in Renewable Energy Investment 2019, UN Environment Programme", 11 September 2019, available at https://www.unenvironment.org/resources/report/global-trends-renewable-energy-investment-2019.

④ 黄惠康：《中国特色大国外交与国际法》，278 页，北京，法律出版社，2019。

⑤ 黑山莫祖拉风电站总装机容量为 46 兆瓦，于 2017 年 11 月开始施工。该风电站每年可提供超过 1.12 亿千瓦时的清洁电力，为黑山以清洁能源为基础的发展提供了可能性。

⑥ 牧牛山风电项目位于塔州中央高地，总投资约 3.3 亿澳元（约合 15 亿元人民币），项目总装机容量为 148.4 兆瓦，通过 4 公里 220 千伏输电线路与澳国家电网连接，投产后年均上网发电量约 4.4 亿度，可为超过 6 万个家庭提供优质清洁能源，并可创造数千个就业岗位。该项目说明中国与"一带一路"沿线国家开展新能源合作，大有可为。

3. "一带一路"能源合作俱乐部下设"天然气国际论坛"

由于中国已成为世界上最大的天然气进口国，未来天然气的对外依存度还将继续攀升，因而中国可倡导发起成立"天然气国际论坛"，作为"一带一路"能源合作俱乐部的组成部分。成员可以包括重要的天然气生产国和天然气消费国以及相关的国际组织。"天然气国际论坛"可以就天然气数据收集与分享、市场预测、天然气管道运输安全以及争端解决等方面开展交流与合作。

此外，2016 年 11 月 26 日，中国国家级能源交易平台上海石油天然气交易中心正式投入运行。2018 年 3 月 26 日，以人民币计价的中国原油期货在上海期货交易所正式上市交易。上述举措，不但将对英国布伦特原油期货和美国西德克萨斯中间基原油期货形成竞争之势[1]，而且也是中国积极参与全球能源治理体系变革所迈出的重要步伐，有利于提升中国在油气价格领域的话语权。

五、结论

（一）全球能源治理体系始终受到地缘政治的困扰

能源是关系到各国（地区）国计民生的国家安全问题，因此，全球能源治理体系始终受到地缘政治的困扰。[2] 一方面，从历史上看，作为全球能源治理体系的重要组成部分的国际能源机构，它的产生就是为了应对埃及和叙利亚等阿拉伯国家反对以色列的第四次中东战争所引发的第一次全球性的石油危机。另一方面，就现实情况而言，能源资源的竞争、对核不扩散制度的分歧、恐怖主义活动对能源基础设施的威胁等[3]，无不体现全球复杂的能源地缘政治的影响。此外，俄罗斯与土耳其两国重点能源合作项目"土耳其流"天然气管道，既是乌克兰危机直接催生的结果，更折射了地缘政治的变化。而俄罗斯和欧洲国家合作的"北溪-2号"天然气管道项目，之所以一直遭到美国的强烈反对，不但是因为美国希望欧洲国家购买本国的天然气，而且也有美国与俄罗斯进行战略竞争博弈的考量。

（二）全球能源治理体系的变革是一个渐进的过程

如上所述，能源问题与主权国家的战略利益、国家安全利益密切相关，因此，在全球能源治理体系中，不但以石油输出国组织为代表的石油生产国和以国际能源机构为代表的石油消费国之间存在对立，而且国际能源机构内部各成员国之间围绕该机构的性质、合作领域、决策机制、权利义务以及争端解决等制度因素也产生分

---

① 《日本经济新闻》报道：《原油美元霸权被打开缺口》（2018 年 3 月 27 日）。转引自《参考消息》，2018 - 03 -28，14 版。

② See Ann Florini and Benjamin Sovacool，"Bridging the Gaps in Global Energy Governance"，*Global Governance*，Vol. 17，No. 1，2011，p. 59.

③ See Ann Florini and Benjamin Sovacool，"Bridging the Gaps in Global Energy Governance"，*Global Governance*，Vol. 17，No. 1，2011，p. 58.

歧。这种对立与分歧，既是造成目前各个国际能源组织在成员国的普遍性方面不如联合国体系的国际组织的原因，也是导致全球能源治理体系的变革比较缓慢的重要因素。因此，不难断言无论是《能源宪章条约》的现代化进程，还是共建"一带一路"能源合作俱乐部，都不可能一蹴而就。

（三）全球能源治理体系的变革应秉持"能源命运共同体"的理念

2017年，习近平在联合国日内瓦总部发表题为《共同构建人类命运共同体》的主旨演讲，提出了构建"人类命运共同体"的原则和努力方向。① "能源命运共同体"是"人类命运共同体"的重要组成部分，因此，秉持"能源命运共同体"的理念，是实现全球能源治理体系的目标和推动全球能源治理体系变革的根本要求。一方面，能源安全是一个全球性问题，全球能源治理体系的目标是保障安全、稳定和可持续的全球能源体系，协助各国政府实现能源可持续发展的综合目标。② 另一方面，"能源命运共同体"彰显了现代国际法的一种先进的价值追求，蕴含了民主、公平、正义等国际法价值，体现了全球能源共同安全观的核心思想。特别是"能源命运共同体"包含的重要原则——"共商共建共享"原则，既是现代国际法基本原则的新发展③，也是实现全球能源治理体系变革的重要指针。

推荐阅读书目及论文

1. 杨泽伟．中国能源安全的法律保障．北京：中国政法大学出版社，2009

2. 高宁．国际原子能机构与核能利用的国际法律控制．北京：中国政法大学出版社，2009

3. 杨泽伟主编．发达国家新能源法律与政策研究．武汉：武汉大学出版社，2011

4. 杨泽伟主编．中国海上能源通道安全的法律保障．武汉：武汉大学出版社，2011

5. 陈淑芬．国际法视角下的清洁发展机制研究．武汉：武汉大学出版社，2011

6. 程荃．欧盟新能源法律与政策研究．武汉：武汉大学出版社，2012

7. 吕江．英国新能源法律与政策研究．武汉：武汉大学出版社，2012

8. 白中红．《能源宪章条约》争端解决机制研究．武汉：武汉大学出版社，2012

9. 杨泽伟．国际能源秩序的变革：国际法的作用与中国的角色定位．东方法

---

① 参见习近平：《共同构建人类命运共同体》（2017年1月18日习近平主席在联合国日内瓦总部的演讲），载《习近平谈治国理政》，第2卷，546～547页，北京，外文出版社，2017。
② 参见杨玉峰、［英］尼尔·赫斯特：《全球能源治理改革与中国的参与》，74页，北京，清华大学出版社，2017。
③ 参见杨泽伟：《"一带一路"倡议与现代国际法的发展》，载《武大国际法评论》，2019（6），5～6页。

学，2013（4）

10. 李化．澳大利亚新能源法律与政策研究．武汉：武汉大学出版社，2014

11. 杨泽伟主编．从产业到革命：发达国家新能源法律政策与中国的战略选择．武汉：武汉大学出版社，2015

12. 刘宏松，项南月．二十国集团与全球能源治理．国际展望，2015（6）

13. 郭冉．国际法视阈下美国核安全法律制度研究．武汉：武汉大学出版社，2016

14. 马妍．全球能源治理变局：挑战与改革趋势．现代国际关系，2016（11）

15. 杨玉峰，［英］尼尔·赫斯特．全球能源治理改革与中国的参与．北京：清华大学出版社，2017

16. 吴磊，曹峰毓．论世界能源体系的双重变革与中国的能源转型．太平洋学报，2019（3）

17. 杨泽伟．"一带一路"倡议与现代国际法的发展．武大国际法评论，2019（6）

18. Andreas Goldthaw and Jan Martin Witte ed. . Global Energy Governance：The New Rules of the Game. Brookings Institution Press，2010

19. Ann Florini and Benjamin Sovacool. Bridging the Gaps in Global Energy Governance. Global Governance. Vol. 17，No. 1，2011

20. Ann Florini. The International Energy Agency in Global Energy Governance. Global Policy. Vol. 2，2011

第 二 十 五 章

中国与周边能源共同体的构建：法律基础与实现路径

近年来，中国外交理论与实践有两个重要特点：一是中国领导人频繁使用"命运共同体"的概念①，二是重视周边外交。从某种意义上说，"'命运共同体'已成为新时期中国外交理论和实践创新的一面旗帜，也成为中国构建周边战略的主要抓手"②。同时，中国也已成为全球最大石油进口国。③ 因此，探讨中国与周边能源共同体构建的法律基础及实现路径，无疑具有重要的理论价值和现实意义。

一、中国与周边能源共同体构建的背景与意义

中国周边主要有两层含义：第一层含义是指在陆地或海上与中国直接接壤的20个邻国，如朝鲜、俄罗斯、蒙古、哈萨克斯坦、吉尔吉斯斯坦、塔吉克斯坦、

---

① 例如，2012年12月习近平就任总书记后同外国专家代表座谈时就表示："国际社会日益成为一个你中有我、我中有你的命运共同体。面对世界经济的复杂形势和全球性问题，任何国家都不可能独善其身……"（《习近平向世界传达中国善意、宣示"中国绝不会称霸"》，载新华网，http://news. xinhuanet. com/world/2012 - 12/07/c - 124059747. htm）。2013年习近平主席在访问坦桑尼亚并发表演讲时，三次强调命运共同体的重要性——中非人民"……结下了同呼吸、共命运、心连心的兄弟情谊"，"中非从来都是命运共同体，共同的历史遭遇、共同的发展任务、共同的战略利益把我们紧紧联系在一起"（习近平：《永远做可靠朋友和真诚伙伴——在坦桑尼亚尼雷尔国际会议中心的演讲》，载人民网，http://cpc. people. com. cn/n/2013/0326/c64094 - 20911841. html）。在4月参加博鳌亚洲论坛时，习近平在主旨演讲中强调，"我们生活在同一个地球村，应该牢固树立命运共同体意识"（习近平：《共同创造亚洲和世界的美好未来——在博鳌亚洲论坛2013年年会上的主旨演讲》，载中国政府网，http://www. gov. cn/ldhd/2013 - 04/07/content _ 2371801. htm）。9月，在G20领导人第八次峰会上，习近平指出，"各国要树立命运共同体意识，在竞争中合作，在合作中共赢"（《习近平出席二十国集团领导人第八次峰会并发表重要讲话》，载人民网，http://politics. people. com. cn/n/2013/0906/c1024 -22824398. html）。10月，在出访东盟时，习近平主席在印度尼西亚国会的演讲中郑重提出了"携手建设紧张紧密的中国—东盟命运共同体"的倡议（参见习近平：《携手建设中国—东盟命运共同体——在印度尼西亚国会的演讲》，载中国政府网，http://www. gov. cn/ldhd/2013 - 10/03/content _ 2500118. htm）。

② 许利平等：《中国与周边命运共同体：构建与路径》，1页，北京，社会科学文献出版社，2016。

③ 2016年2月，中国石油进口量首次超过每天800万桶，超过了美国。参见俄罗斯《商业咨询日报》网站，2016 - 03 - 31。转引自《参考消息》，2016 - 04 - 04，5版。

阿富汗、巴基斯坦、印度、尼泊尔、不丹、缅甸、老挝、越南、马来西亚、印度尼西亚、文莱、菲律宾、日本、韩国；第二层含义是指在陆地或海上不与中国直接相邻但与中国关系非常密切的 7 个近周边国家，如乌兹别克斯坦、土库曼斯坦、孟加拉国、斯里兰卡、柬埔寨、泰国和新加坡。① 因此，中国与周边能源共同体主要是指中国与上述国家在相互尊重与平等协商的基础上，为促进相互间在能源领域的长期合作、维护地区能源安全而成立的区域性国际合作机构。

（一）中国与周边能源共同体是"人类命运共同体"的重要组成部分

早在 2011 年，中国国务院新闻办公室发布的《中国的和平发展》白皮书中就首次出现了"命运共同体"一词。2012 年，中国共产党十八大报告正式写入了建立"人类命运共同体"的新概念。2015 年 9 月，习近平主席在纽约联合国总部第 70 届联合国大会一般性辩论上发表了《携手构建合作共赢新伙伴、同心打造人类命运共同体》的重要讲话，再次向国际社会表明中国政府提出的"人类命运共同体"倡议正在转化为具体行动。2017 年 1 月，习近平主席在日内瓦万国宫出席"共商共筑人类命运共同体"高级别会议，发表了题为《共同构建人类命运共同体》的主旨演讲，深刻、全面、系统地阐述了"人类命运共同体理念"②。然而，"打造人类命运共同体，构建周边命运共同体是首要"③，因为"无论从地理方位、自然环境还是相互关系看，周边对我国都具有极为重要的战略意义。思考周边问题、开展周边外交要有立体、多元、跨越时空的视角"④。因此，构建中国与周边能源共同体就是这种立体、多元和跨越时空视角的体现，也是构建周边命运共同体的重要内容，同时还是"迈向亚洲命运共同体、推动建设人类命运共同体"⑤ 的重要一环。

（二）中国与周边能源共同体的构建是实施"一带一路"倡议的助推器

2013 年 9 月，习近平主席在哈萨克斯坦纳扎尔巴耶夫大学发表演讲时首次提出共建"丝绸之路经济带"的重大倡议。⑥ 10 月，习近平主席在访问东盟国家时又提出共同建设"21 世纪海上丝绸之路"的战略构想。2014 年 3 月，李克强总理在所作的政府工作报告中指出，要抓紧规划建设"丝绸之路经济带"和"21 世纪海上丝绸之路"。特别是，2015 年 3 月国家发展改革委、外交部、商务部联合发布了《推动共建丝绸之路经济带和 21 世纪海上丝绸之路的愿景与行动》，明确指出"一带一路"合作重点之一是"加强能源基础设施互联互通合作，共同维护输油、输气管道等运输通道安全，推进跨境电力与输电通道建设，积极开展区域电网升级改造

① 参见祁怀高等：《中国崛起背景下的周边安全与周边外交》，374 页，北京，中华书局，2014。
② 习近平：《共同构建人类命运共同体——在联合国日内瓦总部的演讲》，载人民网，http：//politics. people. com. cn/n1/2017/0119/c1001-29033860. html。
③ 许利平等：《中国与周边命运共同体：构建与路径》，176 页，北京，社会科学文献出版社，2016。
④《习近平在周边外交工作座谈会上发表重要讲话》，载《人民日报》，2013-10-26，1 版。
⑤ 习近平：《迈向命运共同体、开创亚洲新未来》，载《人民日报》，2015-03-29，1 版。
⑥ 参见习近平：《弘扬人民友谊、共同建设"丝绸之路经济带"》，载《人民日报》，2013-09-08，1 版。

合作"①。可见，中国与周边能源共同体的构建，无疑有助于"一带一路"倡议的实施。事实上，"一带一路"倡议有着极其丰富的内涵，而能源合作是其最为现实和迫切的选择之一。特别是 2014 年上海亚信会议上一系列油气、电力合作项目的签署表明，能源合作项目已经成为"丝绸之路经济带"的龙头和引擎。

（三）中国与周边能源共同体的构建有利于保障中国能源安全、实现中国的"能源革命"

目前中国能源安全主要面临结构性问题和管理性制度困境两大挑战。② 中国已是世界第一大煤炭进口国、第一大石油进口国和第一大温室气体排放国③，因此，如何保障中国能源安全问题，已成为中国政治、经济、外交、军事和科技等领域的一个重要课题。诚如习近平主席在 2014 年 6 月 13 日中央财经领导小组第六次会议上所指出的："面对能源供需格局新变化、国际能源发展新趋势，保障国家能源安全，必须推动能源生产和消费革命。推动能源生产和消费革命是长期战略。"④ 事实上，目前正在进行的"能源革命"将涵盖"能源供给革命"、"能源技术革命"、"能源消费革命"和"能源体制革命"等诸多方面。建立中国与周边能源共同体，有利于全方位加强国际合作，从而实现开放条件下的中国能源安全。

二、中国与周边国家倡导成立"能源共同体"的尝试

自 20 世纪 80 年代开始，一些亚洲国家开始重视能源合作问题，并提出了许多合作倡议。⑤ 这既有各国政府的参与，也有各国学者的呼吁。

例如，日本政府曾积极推动亚洲的能源安全合作机制。2002 年 1 月，日本首相小泉纯一郎提出利用东盟"10＋3"机制，成立"亚洲能源共同体"（Asian Energy Community）。⑥ 日本在《2030 年国际能源战略报告》中也建议，亚洲各国仿效国际能源机构，成立亚洲能源机构（Asian Energy Agency）。韩国政府和学界曾通过多种渠道向中国表达能源合作的意向，甚至为此专门成立了一个东北亚经济中心推进委员会。2002 年 9 月，在第八次"国际能源论坛"（International Energy Forum）上，中、日、韩和东盟 10 国就能源合作问题发表了一个共同声明——《日、中、

---

① 国家发展改革委、外交部、商务部：《推动共建丝绸之路经济带和 21 世纪海上丝绸之路的愿景与行动》，载 http：//www.mofcom.gov.cn/article/resume/n/201504/20150400929655.shtml。

② 参见杨泽伟：《中国能源安全法律保障研究》，18～23 页，北京，中国政法大学出版社，2009。

③ 参见史丹等：《中国能源安全结构研究》，4～9 页，北京，社会科学文献出版社，2015

④ 《习近平主持召开中央财经领导小组会议》（2014－06－13），载新华网，http：//news.xinhuanet.com/video/2014－06/13/c_126616850.htm。

⑤ See Gaye Christoffersen, "Socialist Integration and Energy Regimes", *Pacific Review*, Vol. 3, 1990, p. 1.

⑥ See Gaye Christoffersen, "The Dilemmas of China's Energy Governance: Recentralization and Regional Cooperation", *The China and Eurasia Forum Quarterly*, Vol. 3, No. 3, 2005, p. 56.

韩与东盟国家间的能源合作》（Energy Co-operation Among Japan，China，Korean and ASEAN）。该声明内容包括成立能源应急网络、建立石油储备、共同创建亚洲石油市场、提高天然气的利用、促进能源储备和可再生能源的开发等六个方面。①2003 年 3 月，东盟"10＋3"能源当局成立"亚洲能源合作工作组"，以加强信息沟通。2003 年 10 月，在印度尼西亚巴厘岛举行的东盟与中、日、韩领导人会议期间，中、日、韩三国领导人晤并发表了《中日韩推进三方合作联合宣言》。该宣言特别提到了"能源合作"，并表示"三国将扩大能源领域的互利合作，并共同致力于加强地区和世界的能源安全"②。

2004 年 4 月召开的博鳌亚洲论坛"能源：挑战与合作"圆桌会议，强调了加强区域能源合作对亚洲经济持续快速发展的重要意义。该会议提出，以构建未来东亚能源合作机构为目标，中、俄、日、韩等东北亚国家应先行动起来，加强东北亚能源领域的多边合作，维护地区能源安全。2004 年 6 月，在青岛举行的亚洲合作对话第三次外长会议发表了亚洲能源合作的框架文件《青岛倡议》，提出了 11 条具体合作建议，涉及信息交流、勘探开发、可再生能源开发生产、节能、电力普及与区域电网建设、参与国际能源市场定价、吸引外资、建设区域高效能源运输、传输网、维护能源通道安全、人力资源开发等。9 月，中、日、韩与东盟（10＋3）能源部长会议（China，Japan，Korea & ASEAN Energy Ministers Meeting）在菲律宾召开，与会高官呼吁加紧建立共同的石油储备和节约能源。③

2008 年 9 月，在长春举行的第四届东北亚博览会上，中、俄、朝、韩、日、蒙等国家的政府高官聚首一堂，商讨加强东北亚区域能源合作，共议全球都在面对的棘手的能源问题。这次会商，被视为继 2008 年 6 月在日本举行的五国能源部长会议及 G8 加中、印、韩能源部长会议之后，国际上又一次以能源为主题的高层对话与交流。这次会议认为，能源安全已成为东北亚国家共同面临的重大问题，东北亚能源合作有利于各方。

除上述利用官方资源的"第一轨道外交机制"外，利用学术资源的"第二轨道外交机制"促进亚洲合作的工作也在同步进行。例如，在日本，一些智囊机构，如日本能源经济研究所（the Institute of Energy Economics Japan，IEEJ）的学者就提出东北亚能源合作的构想，并且还描绘了涵盖中亚和俄罗斯的中日韩能源网的蓝图。④ 2006 年，日本学者进藤荣一就提出以东盟 10＋3 为基轴并吸纳印度成立"亚

---

① See Barry Barton，etc.，ed.，*Energy Security：Managing Risk in a Dynamic Legal and Regulatory Environment*，Oxford University Press，2004，pp. 426 - 427.

② 孙承：《日本与东亚：一个变化的时代》，552～558 页，北京，世界知识出版社，2005。

③ 参见赵宏图：《东北亚能源合作前景广阔》，载《参考消息》，2005 - 01 - 13，14 版。

④ See Tsutomu Toichi，"Energy Security in Asia and Japanese Policy"，the Institute of Energy Economics Japan，July 2003，available at http：// eneken. ieej. or. jp/en/data/pdf/200. pdf；Kensuke Kanekiyo，"Toward Energy Cooperation in Northeast Asia"，the Institute of Energy Economics Japan，March 2003，available at http：// eneken. ieej. or. jp/en/data/pdf/189. pdf.

洲能源组织"①。韩国的一些政府智库、能源企业和社团从 2003 年开始不断在公共场合提出"东北亚能源合作"设想，这些设想可分为两大类：一类是组建中、日、韩购买石油联盟；另一类是东北亚区域内的国家在能源运输上互相提供便利，降低运输费用。另外，一些英国学者也在关注东北亚区域能源合作问题②；中国也有学者提出建立"东北亚能源共同体"③。不过，这些设想大都还处于萌芽阶段，只有一个大体的方向而没有具体的措施。

值得注意的是，俄罗斯对有关亚洲能源合作非常重视。早在 1998 年，俄罗斯能源和电气公司就提出了实现俄罗斯、中国、日本和韩国电力联网的构想。此后，有关"亚洲能源圈"构想的讨论时断时续。特别是，2016 年 9 月在符拉迪沃斯托克召开的东方经济论坛上，俄罗斯再次重提建立"亚洲能源圈"的倡议，俄总统普京还提议建立负责这一项目的政府间工作小组。④

由上可见，构建中国与周边能源共同体，成为不少亚洲国家的共识，诚如泰国前副总理素拉杰所指出的："今天，命运共同体这个具有哲学高度的概念唤起亚洲人的共鸣……亚洲应该迈向一个新未来，忘却历史恩怨，追求和平发展的未来。"⑤

三、中国与周边能源共同体构建的法律依据

中国与周边能源共同体构建的法律依据，主要包括国际条约、双边协定以及一般法律原则等。

（一）国际条约

除了一般性国际条约，如《联合国宪章》《海洋法公约》等作为中国与周边能源共同体构建的法律依据以外，与此更密切相关的国际条约主要有以下几项。

1. 《能源宪章条约》

1998 年生效的《能源宪章条约》旨在建立一个开放、竞争的能源原材料和能源产品市场，并为其他有关的能源活动制定共同的"游戏规则"。目前，已有包括阿富汗、哈萨克斯坦、吉尔吉斯斯坦、土库曼斯坦、蒙古、俄罗斯和日本等 7 个中国周边国家在内的 54 个成员方签署了该条约⑥，它也成为能源领域全世界参加国家最多的多边条约。

---

① 祁怀高等：《中国崛起背景下的周边安全与周边外交》，128 页，北京，中华书局，2014。
② See Xuanli Liao, P. Andrews-Speed and P. Stevens, "Multilateral Energy Cooperation in Northeast Asia: Promise or Mirage?", *Oxford Energy Forum*, February 2005, pp. 13 - 17.
③ 杨泽伟：《"东北亚能源共同体"法律框架初探》，载《法学》，2006（4）。
④ 参见俄罗斯《独立报》，2016 - 09 - 05。转引自《参考消息》，2016 - 09 - 06，4 版。
⑤ 《泰国前副总理素拉杰：让"一带一路"沿线国跟上中国节奏》。转引自石源华：《中共十八大以来中国周边外交研究报告》，32 页，北京，社会科学文献出版社，2016。
⑥ 参见 http://www.energycharter.org/process/energy-charter-treaty-1994/energy-charter-treaty/。

目前虽然中国还不是《能源宪章条约》的成员方[①]，但是该条约对成员方在能源投资、能源贸易、能源过境运输以及能源争端解决程序等方面应承担法律义务的详细规定，体现了能源领域习惯国际法的发展动向，"开创了国际能源合作的新天地"[②]，因而可以作为构建中国与周边能源共同体的法律基础。

2.《国际能源宪章》

2015年5月在荷兰海牙缔结的《国际能源宪章》虽然是一个政治意向性声明，没有法律约束力，但是该宪章的目的是更好地反映能源行业的最新现实，特别是发展中国家（包括新兴经济体）的增长量，并照顾宪章现有和潜在参与方的利益，加强国际合作，共同应对国家、区域及国际级能源的相关挑战。[③] 目前，包括中国在内的近90个国家和国际组织签署了该宪章，因此，《国际能源宪章》在某种程度上代表了能源领域习惯国际法的发展趋势，也可以作为构建中国与周边能源共同体的法律基础。

3."东北亚能源共同体宪章"

1951年4月，法国、联邦德国、意大利、荷兰、比利时、卢森堡六国在"舒曼计划"的基础上，签订了《欧洲煤钢共同体条约》，正式成立了"欧洲煤钢共同体"[④]。后来，西欧各国又建立了"欧洲原子能共同体"。中国与周边国家也可以参考《欧洲煤钢共同体条约》和《欧洲原子能共同体条约》，签订类似的"亚洲能源共同体宪章"（Charter of Asian Energy Community）。"亚洲能源共同体宪章"作为"中国与周边国家能源共同体"的组织法，内容可以包括序文、宗旨与原则、成员的资格及权利与义务、组织结构、职权范围、活动程序、决议的履行方式及监督机制、贸易条款（包括国际市场、与贸易有关的投资措施、竞争政策、技术转让等）、投资的促进与保护条款、争端解决以及其他杂项条款等。[⑤]

此外，《上海合作组织成员国长期睦邻友好合作条约》，2016年3月俄罗斯电网公司、日本软银公司、中国国家电网公司和韩国电力公社在北京签署的《东北亚电力联网合作备忘录》[⑥] 等，也可以作为构建中国与周边能源共同体的法律基础。

（二）双边协定

近十几年来，中国与周边国家签订的许多有关能源合作的协定，也是构建中国

---

① 近年来中外学者对中国是否应当加入《能源宪章条约》进行了不少讨论。参见单文华等：《"一带一路"建设背景下中国加入〈能源宪章条约〉的成本收益分析》，载《国际法研究》，2016（1）；［日］淀川诏子等：《发展的机遇：中国、中亚和〈能源宪章条约〉》，载《国际法研究》，2016（1）；Sheng Zhang，"The Energy Charter Treaty and China：Member or Bystander？"，*The Journal of World Investment & Trade*，Vol. 13，2012，p. 597。

② 白中红：《〈能源宪章条约〉争端解决机制研究》，21页，武汉，武汉大学出版社，2012。

③ 参见 http：//www. energycharter. org/process/international-energy-charter-2015/overview/。

④ 曾令良：《欧洲联盟法总论》，8页，武汉，武汉大学出版社，2007。

⑤ 参见杨泽伟：《中国能源安全法律保障研究》，69页，北京，中国政法大学出版社，2009。

⑥ 参见俄罗斯《独立报》，2016－09－05。转引自《参考消息》，2016－09－06，4版。

与周边能源共同体的重要法律依据，例如，1997 年中哈两国政府《关于在石油天然气领域合作的协议》、2004 年中哈两国政府《关于在油气领域开展全面合作的框架协议》、2008 年中国石油天然气集团公司与哈萨克斯坦石油天然气股份公司签署的《关于在天然气及天然气管道领域扩大合作的框架协议》、2013 年中国石油天然气集团公司与哈萨克斯坦石油天然气股份公司签署的《关于中哈原油管道扩建原则协议》、2014 年中国石油天然气集团公司与哈萨克斯坦石油天然气股份公司签署的《中哈管道出口原油统一管输费计算方法及各段所有者管输费收入分配方法协议》和《中俄东线天然气合作项目备忘录》等。

（三）一般法律原则

一般法律原则主要是指适用于石油、天然气、电、煤等能源贸易活动的且被大多数国家承认的一般法律原则，如约定必须信守原则、善意原则等。一般法律原则是构建中国与周边能源共同体的法律依据的重要组成部分。

四、中国与周边能源共同体构建的基本原则

中国与周边能源共同体的构建，应当坚持以下基本原则。

（一）互利原则

此即从中国周边国家乃至整个亚洲地区的能源安全保障出发，兼顾各方利益和关切，寻求利益契合点和合作最大公约数，采取维护共同利益的措施，如协调各成员国的能源政策，建立区域性油气储备和应急反应机制、油气期货、油气过境运输制度等。[1]

（二）互补性原则

此即利用中国与周边国家在能源领域的各自优势，取长补短，寻求多方共赢，如共同研究制定如税收以及节能和提高效率的措施、区域天然气贸易和发展液化天然气计划，合作开发利用可再生能源资源，建立能源新技术的研究与发展，对能源与环境的关系采取应有的行动，减少矿物燃料对环境的影响，对较干净的燃料进行研究，确保核电安全等。

（三）平等合作原则

此即中国与周边国家在公平、自愿的基础上进行能源领域的最广泛合作，如开展油气市场情报和协商制度，以便使油气市场行情稳定，对油气市场未来发展有较好的信心；加强与油气生产国和其他油气消费国的关系，考察非成员国的油气情况；定期对世界能源前景作出预测，供成员国参考；保护能源运输通道的安全等。

---

[1] 日本学者兼清贤介 Kensuke Kanekiyo，提出了"共赢原则"（co-prosperity rule）。See Kensuke Kanekiyo, "Toward Energy Cooperation in Northeast Asia", the Institute of Energy Economics Japan, March 2003, available at http：//eneken. ieej. or. jp/en/data/pdf/189. pdf.

（四）和平解决国际争端原则

中国与周边国家在国际能源合作过程中，难免会出现分歧、产生争端，关键是利用什么方法、如何解决这些国际争端。因为和平解决国际争端原则不但是国际法基本原则，也是国际强行法规则，所以中国与周边能源共同体的构建应当坚持和平解决国际争端原则，运用政治或法律的方法而非武力的方法，解决国家间的矛盾和分歧。

五、中国与周边能源共同体合作的主要领域

中国与周边能源共同体的构建，能够进一步推动和促进以下能源领域的合作。

（一）保障能源供应安全

随着国际能源秩序的变革，目前世界油气消费重心正由发达国家转向以中国、印度为主的亚太地区。近 20 年来，随着中、印等国经济的快速发展，其油气消费量也增长迅猛。当今亚太地区的石油需求量已占世界石油消费总量的 25％。另外，国际能源机构也预测，从现在到 2035 年全球能源需求将增长 1/3 以上，其中 60％的需求增长来自中国、印度等亚洲国家。[①] 此外，日本、韩国的石油消费几乎百分之百依靠进口，并且分别是世界第三、七大石油消费国，还是世界第一、二大天然气进口国。值得注意的是，按照 2014 年年初俄罗斯能源部公布的《俄罗斯 2035 年前能源战略草案》预测，东向（出口中国、日本、韩国和印度等）份额在俄天然气总出口的比重将从 2010 年的 6％增至 2035 年的 32.5％。特别是，中俄两国东线和西线天然气管道开通后，中国已超过德国，成为俄罗斯最大的天然气买家。[②] 可见，中国与周边国家间在能源供应安全方面的合作，大有可为。

（二）保护能源运输安全

一方面，自 2001 年 "9·11" 事件以来，海上恐怖活动接连在世界范围内发生，海盗活动也十分猖獗。这严重影响了能源海上通道的安全。中、日、韩三国还受到了所谓 "马六甲困局" 的制约。另一方面，鉴于俄罗斯和中亚等地的石油和天然气通过管道网络输送已成为中国周边国家的重要能源供应来源[③]，因而油气管道

[①] See International Energy Agency, "World Energy Outlook 2012", available at http：//www. worldenergyoutlook. org/publications/weo-2012/♯d. en. 26099.

[②] 参见许利平等：《中国与周边命运共同体：构建与路径》，77 页，北京，社会科学文献出版社，2016。

[③] 2006 年 5 月，哈萨克斯坦—中国石油管道正式供油，这是中国首次通过管道获得石油。此外，中国—中亚天然气管道分 A、B、C、D 四条线，联通了中国与中亚多国。同时，中缅油气管道已经建成（2013 年中缅天然气管道开始输气、2017 年长达 770 公里的中缅原油管道也正式开通）、俄罗斯通往太平洋（包括通往中国东北的支线）的油管也已基本建成。另外，修建从印度加尔各答经缅甸到中国云南的输油管道计划，以及从伊朗经巴基斯坦—印度—缅甸到中国的天然气管线的计划也都在讨论中；印度政府还提出建设从俄西伯利亚经过哈萨克斯坦和中国新疆到印度的油气管线计划；有韩国学者还提议修建中亚经中国大陆、通过黄海到达韩国的油气管道。See Glada Lahn and Keun-Wook Paik, *Russia's Oil and Gas Exports to North-East Asia*, 2005, available at http：//www. dundee. ac. uk/cepmlp/journal/html/volme15. html.

安全、包括油气管道过境运输等也就成为中国周边国家考虑的重要事项。由于油气管道沿线出现的任何紧张和骚乱形势将阻碍运输和分配，这就需要中国与周边国家采取安全合作措施保障油气运输管道的畅通。

（三）加强新能源的开发利用

鉴于传统化石能源的大量消耗、环境问题的日益严重和应对气候变化的迫切需要，近年来新能源的地位不断上升、并获得快速发展。早在 2011 年年初，全球就已有 119 个国家制订了新能源发展目标或刺激计划。[①] 在过去几年时间里，全球 20 大经济体的太阳能和风能发电比例增长了 70％以上，中国成为全球最大的清洁能源市场。[②] 上述新能源快速增长的趋势，为中国与周边国家的合作提供了新的契机。

（四）促进"互联网＋"智慧能源的发展，建立能源互联网国际合作机制

在全球新一轮科技革命和产业变革中，互联网理念、先进信息技术与能源产业深度融合，正在推动能源互联网新技术、新模式和新业态的兴起。"互联网＋"智慧能源（简称"能源互联网"）是一种互联网与能源生产、传输、存储、消费以及能源市场深度融合的能源产业发展新形态，具有设备智能、多能协同、信息对称、供需分散、系统扁平、交易开放等主要特征。[③] "互联网＋"智慧能源对于促进化石能源清洁高效利用、提升能源综合效率、推动能源市场开放和产业升级以及提升能源国际合作水平等，具有重要意义。为此，中国与周边国家可以通过建立"能源互联网国际合作机制"，推动建设智能化能源生产消费基础设施，加强多能协同综合能源网络建设，推动能源与信息通信基础设施深度融合，营造开放共享的能源互联网生态体系，发展智慧用能新模式，发展能源大数据服务应用等。

（五）推动国际能源秩序的变革

虽然中国和周边国家的石油消费规模与欧美的相当，但是能源联系与合作远远落后于欧美，在国际能源市场中的话语权也较弱。众所周知，目前国际原油价格体系主要有两种：一是在欧洲，交易原油基本上都参照英国北海布伦特（Brent）轻质原油定价，其主要交易方式为伦敦国际石油交易所（International Petroleum Exchange）交易；二是在北美，原油定价主要参照美国西德克萨斯中间基原油 WTI（West Texas Inter-medium）定价，其主要交易方式为 NYMEX 交易所交易。[④] 然而，作为世界第二大石油消费国和第一大石油进口国的中国，被排斥在原油定价机

---

① 参见张良福：《中国，替代美国守卫霍尔木兹海峡？——悄然变动的国际能源格局》，载《世界知识》，2012（24）。

② 《在减少化石燃料使用的过程中，可再生能源增加了 70％》，载英国《金融时报》网站，2016 - 08 - 14。转引自《参考消息》，2016 - 08 - 16，5 版。

③ 参见国家发改委、国家能源局、工业和信息化部：《关于推进"互联网＋"智慧能源发展的指导意见》（2016 - 02 - 29），载中国国家能源局网站，http：//www.nea.gov.cn/2016 - 02/29/c_135141026.htm。

④ 参见查道炯：《中国石油安全的国际政治经济学分析》，252～253 页，北京，当代世界出版社，2005。

制之外，自己没有原油定价权，一般只能被动地接受国际油价。因此，中国与周边国家应抓住国际能源秩序急剧变化的有利时机，着手建立以中国与周边国家为中心的国际石油和能源市场，增强油价影响力，消除现存的"亚洲溢价"（Asia Premium）①，积极推动国际能源新秩序的早日建立。

六、中国与周边能源共同体实现的路径

（一）建立中国与周边能源共同体的主要障碍

目前中国与周边能源共同体的建立还处于构想、探索阶段。在当今国际关系的背景下，要想建立这样一个区域性国际能源合作机构，还面临不少困难。

1. 中国周边的安全形势不容乐观

一方面，是恐怖主义的威胁。在中国周边，中亚、南亚一直被视为反恐的重点防范区域。例如，印度、巴基斯坦、斯里兰卡、孟加拉国和尼泊尔都面临严重而复杂的各类恐怖主义威胁。有资料统计，从 1998—2007 年南亚地区共发生恐怖事件 4 575 起，占同期世界恐怖事件总数的 19％；死亡 655 人，占世界总数的 15％。② 此外，在中亚恐怖主义还与极端主义、分离主义、毒品走私及跨国有组织犯罪相连。另一方面，是"冷战"安全结构的消极影响。例如，在东北亚的朝核问题，特别是美、日、韩军事安全同盟的存在及不断加强，就与这种残存的"冷战"安全结构密切相关，并成为影响东北亚安全形势的重大因素。

2. 领土和海洋权益争端

虽然中国与周边的其他 12 个陆上邻国已经划定了边界线，但是与印度、不丹还存在边界问题。特别是，中国与八个海上邻国的边界线均未划定，且与其他一些南海声索国存在争议。此外，中国周边国家之间也存在领土和海洋权益争端，如印度和巴基斯坦间的克什米尔争端、日本和韩国之间的竹岛（独岛）争端，以及南海声索国之间的南海岛屿主权和海域划界争端等。这些问题如果得不到妥善解决，无疑会影响彼此间的合作。

3. 美国因素的消极作用

近年来，随着美国"重返亚太""亚太再平衡"等战略的实施，美国更频繁和深入地介入中国周边事务，可以说在几乎所有中国与周边国家的领土纠纷中都有美国的影子。一方面，美国的亚太盟友和战略伙伴对美国在中国周边地区的存在和介入有较高的期望。另一方面，从美国的全球战略利益来讲，美国也希望中国与周边国家间的关系保持现状，而不愿意看到该地区力量对比发生变化，更不愿看到中国

---

① Barry Barton, etc., ed., *Energy Security: Managing Risk in a Dynamic Legal and Regulatory Environment*, Oxford University Press, 2004, p. 427.

② 参见张家栋：《当代南亚恐怖活动状况》，载《南亚研究》，2009 (2)。

与周边国家成为一个整体。可见，美国的国家利益以及中国周边国家对美国的强大依赖，势必会对中国与周边能源共同体的建立产生消极影响。诚如日本国际政治学者猪口孝在评论东北亚共同体与美国的关系时所指出的："如果包括美国，共同体不可能健康地发展；但若排除美国，共同体建设可能会推迟和被削弱。"[1]

（二）中国与周边能源共同体的前景

综上可见，中国与周边能源共同体的构建还有不少障碍需要克服，因而建立这样一个区域性的国际能源合作机构可能尚需时日。尽管如此，中国与周边国家应本着相互尊重、和谐包容、互利共赢的共建原则，采取以下步骤，以推动中国与周边能源共同体早日建立。

1. 进一步发挥现有的国际合作机制的作用

目前中国与周边国家已有不少国际合作机制，如上海合作组织、亚洲基础设施投资银行、东盟与中日韩（"10＋3"）合作机制、中国—东盟（"10＋1"）合作机制、中亚区域经济合作、亚太经合组织、亚欧会议、亚洲合作对话、亚信会议、大湄公河次区域经济合作等。此外，《区域全面经济伙伴关系协定》也在 2022 年 1 月正式生效。因此，中国与周边能源共同体的构建，不应排斥上述国际合作机制，而应充分利用现有的国际合作机制，极力打造"休戚与共、安危共担的命运共同体"，不断加强利益融合，逐渐形成"你中有我、我中有你的利益共同体"[2]。

2. 增进互信，培养中国与周边能源共同体的意识

毋庸讳言，近些年来"中国与某些周边国家的'信任赤字'有增加趋势，这典型地反映在日本、菲律宾、越南等几个与中国有历史或领土纠纷的国家之间"[3]。因此，增进中国与周边国家间的互信，是建立中国与周边能源共同体重要步骤。在此基础上，中国与周边国家还应在亚洲多元文化中寻找共性，树立地区内共同文化价值观，建立中国与周边国家文化圈，从而逐步培养中国与周边能源共同体的意识。值得注意的是，中国倡导的"人类命运共同体"理念获得了越来越多的国家赞同。2017 年 2 月，联合国决议就首次载入"构建人类命运共同体"理念。[4] 联合国社会发展委员会在第 55 届会议通过的"非洲发展新伙伴关系的社会层面"[5] 决议中，呼吁国际社会本着合作共赢和构建人类命运共同体的精神，加强对非洲经济、社会发展的支持。

---

[1] ［日］猪口孝：《亚洲太平洋世界》，279 页，东京，东京筑摩书房，2002。转引自孙承：《日本与东亚：一个变化的时代》，501 页，北京，世界知识出版社，2005。

[2] 习近平：《弘扬上海精神、巩固团结互信、全面深化上海合作组织合作——在上海合作组织成员国元首理事会第十六次会议上的讲话》，载新华网，http：//news. xinhuanet. com/politics/2016 - 06/24/c _ 1119108815. htm。

[3] 许利平等：《中国与周边命运共同体：构建与路径》，4 页，北京，社会科学文献出版社，2016。

[4] 参见《联合国决议首次写入"构建人类命运共同体"理念》（2017 - 02 - 11），载人民网，http：// world. people. com. cn/n1/2017/0211/c1002 - 29074217. html。

[5] The Commission for Social Development of the UN, "Social Dimensions of the New Partnership for Africa's Development", available at https：//www. un. org/development/desa/dspd/united-nations-commission-for-social-development-csocd-social-policy-and-development-division/csocd55. html.

3. 坚持循序渐进原则

因为中国与周边国家关系的复杂性，所以中国与周边能源共同体的构建可以分阶段进行。首先，从成员国来讲，在中国与周边能源共同体成立之初，可借鉴欧洲共同体、上海合作组织的经验，由几个国家共同发起，之后再慢慢吸收其他周边国家参加，从而逐步建成真正的中国与周边能源共同体。其次，就合作领域而言，先由油气合作逐渐扩展到电力、煤炭、核能、可再生能源等"大能源"领域合作。最后，重视发挥战略支点作用，如"中巴经济走廊"、"孟中印缅经济走廊"、"中国—东盟命运共同体"[①] 以及"中日韩自贸区"等，并以此带动其他周边国家，从而真正实现"共赢"。

总之，如果中国与周边国家能够在能源这个关系到国家发展命脉的战略性问题上加强合作，在建立中国与周边国家能源共同体上迈出积极的一步，那么它将进一步深化中国与周边国家间的合作关系，有力地推动亚洲的一体化进程，从而最终实现建设"人类命运共同体"的目标。

推荐阅读书目及论文

1. 杨泽伟. 中国能源安全的法律保障. 北京：中国政法大学出版社，2009

2. 杨泽伟主编. 发达国家新能源法律与政策研究. 武汉：武汉大学出版社，2011

3. 杨泽伟主编. 中国海上能源通道安全的法律保障. 武汉：武汉大学出版社，2011

4. 祁怀高，等. 中国崛起背景下的周边安全与周边外交. 北京：中华书局，2014

5. 杨泽伟主编. 从产业到革命：发达国家新能源法律政策与中国的战略选择. 武汉：武汉大学出版社，2015

6. 史丹，等. 中国能源安全结构研究. 北京：社会科学文献出版社，2015

7. 郭冉. 国际法视阈下美国核安全法律制度研究. 武汉：武汉大学出版社，2016

8. 谭民. 中国—东盟能源安全合作法律问题研究. 武汉：武汉大学出版社，2016

9. 许利平，等. 中国与周边命运共同体：构建与路径. 北京：社会科学文献出版社，2016

10. 习近平. 共同构建人类命运共同体——在联合国日内瓦总部的演讲. 人民网：http://politics.people.com.cn/n1/2017/0119/c1001-29033860.html

11. Paul Stares ed.. Rethinking Energy Security in East Asia. Brookings Institu-

---

① 习近平：《迈向命运共同体、开创亚洲新未来》，载《人民日报》，2015-03-29，1版。

tion Press，2000

12. Barry Barton，etc.，ed.. Energy Security：Managing Risk in a Dynamic Legal and Regulatory Environment. Oxford University Press，2004

13. Andreas Goldthaw and Jan Martin Witte ed.. Global Energy Governance：The New Rules of the Game. Brookings Institution Press，2010

第六编　中国与国际法

21 世纪法学研究生参考书系列

第 二 十 六 章

近代国际法输入中国及其影响

17世纪，近代国际法开始在欧洲形成和发展，而此时处于极盛时期的清王朝，在对外关系上仍旧维持传统的阶层关系，这种关系与欧洲新出现的大国间平等交往的国际关系格格不入。19世纪中叶，鸦片战争爆发，清政府战败。上述原因，不但促使中国重视了解近代国际关系形态，而且也促成欧洲规范这种新型国际关系的国际法输入中国。①

一、清代与国际法的初步接触和《尼布楚条约》的签订

17世纪中叶，中国已经与近代国际法有了一些接触。有学者认为，早在1648年左右，马丁（Father Martin Martini）教父就曾经将西班牙神学家苏亚利兹的国际法著作译成中文，尽管并未完成出版。②

清政府第一次接触国际法，可以说发生在1662—1690年清朝与荷兰的关系中。③ 荷兰人希望与中国达成交往协议，设法与清官员进行谈判。在商谈中，荷兰人坚持使节不受扣留的豁免权，提到了"万国公法"和"一切王君的习惯"。这些当然是中国人所不了解的，也不可能为其所接受。清朝官员对于欧洲大国间平等交往、信守一个共同法典，从而组成一个社会的概念没有什么印象，他们坚持自己的传统，极力维护中国世界秩序和它的朝贡制度。

当然，我们也可以找到相反的例证，来说明清政府与国际法已有了初步的接触，这就是《尼布楚条约》。

1689年9月8日（康熙二十八年七月二十日），中俄两国订立了《中俄尼布楚条约》。这是中国与西方国家最早订立的条约，是一项平等的条约。把这项条约与近代国际法相联系，有以下几点值得注意的地方：

第一，两国相互承认对方为主权国家，两国国家元首康熙大帝与彼得大帝处于

---

① 参见杨泽伟：《近代国际法输入中国及其影响》，载《法学研究》，1999（3）。
② 参见丘宏达：《中国国际法问题论集》，2页，台北，"商务印书馆"，1972。
③ 参见王铁崖：《中国与国际法——历史与当代》，载《中国国际法年刊》，1991，22页。

平等地位。

第二，划定两国边界，规定以额尔古纳河、大兴安岭为两国边界，以南属于中国，以北属于俄国。

第三，关于两国侨民、商人的规定，如两国侨民可依旧在原地居住，两国商人如持有护照可以往来贸易。

第四，司法协助，如对于少数越境逃亡的以及少数猎户越境捕猎或进行盗窃活动的，应押送出境，交付本国依法处理；如有多数猎户越境捕猎或进行抢劫活动的，应押送出境，交付本国处以极刑。

第五，条约由中（满）、俄、拉丁三种文字写成，中、俄两种文本具有同等效力。①

从以上几项条文的规定来看，无论是形式还是内容，都反映了近代国际法关于国家主权平等原则。这至少是一个迹象，表明康熙皇帝是同意根据近代国际法的原则与俄国缔结《尼布楚条约》的。康熙已经注意到了一些国际法关于国家主权平等的原则和一些有关缔结条约的原则。根据意大利学者塞比斯（Joseph Sebes）的研究②，这是由于葡萄牙传教士徐日昇（Thomas Pereyra）的介绍。徐日昇在中俄谈判过程中任中方译员，他在当时的日记中也曾有多处谈到国际法在缔约中的运用。③

然而，清政府所采取的十分严格的闭关锁国政策，不但限制了与西方的通商贸易、文化交流，也阻止了欧洲近代国际法的传入。清朝初期，厦门、宁波等地虽曾一度开放，但是从1757年起，在中国沿海便只准广州开一个狭小的窗口，同外国商船进行贸易。外商在广州居留的时间、地点与活动范围都有严格规定。直到1793年，乾隆对英国访华特使马戛尔尼（Lord Macartney）还说："天朝物产丰盈，无所不有，原不借外夷货物以通有无。"④ 由于清廷坚持这种政策，因而从《尼布楚条约》的缔结到鸦片战争前夕的150年中，中国并不重视国际法。

二、近代国际法著作正式输入中国之始

1839年，林则徐奉清廷之命到广州查禁鸦片。他来到广州后，试图获取关于"夷邦"的情报，作为取缔鸦片或停止英国商人进口鸦片的手段。他发现国际法有

① 参见王铁崖编：《中外旧约章汇编》，第1册，1～5页，北京，三联书店，1957。
② 塞比斯在哈佛大学攻读博士学位时，以徐日昇在尼布楚参与谈判的日记为研究课题，撰写成博士论文。See Joseph S. Sebes, *The Treaty of Nerchinsk (Nipchu) 1689: A Case Study of the Initial Period of Sino-Russian Diplomatic Relations Based on the Unpublished Diary of Father Thomas Pereyra of the Society of Jesus*, Harvard University, 1958.
③ 参见［意］约瑟夫·塞比斯：《耶稣会士徐日昇关于中俄尼布楚谈判的日记》，王立人译，北京，商务印书馆，1973。
④ 《东华录》，一百十八卷，35页，己卯条。

可用之处①，因此，他曾托美国医生伯驾（Peter Parker）翻译瑞士滑达尔（现译瓦特尔）的《国际法》（*Le Droit des Gens*）中有关战争、封锁、扣船部分。或许是由于伯驾的翻译欠通，林则徐又命袁德辉翻译该书中的同样部分，袁德辉还翻译了几段伯驾所未译的部分。伯驾和袁德辉的翻译，后来均编入了 1852 年魏源（1794—1857）编辑的《海国图志》第八十三卷"夷情备采"部分中。

这是中国对西方国际法最早的翻译，虽然它不很完全，只包含了瓦特尔著作中的一小部分，但对于后来林则徐的行动具有明显的影响。鸦片战争爆发后不久，林则徐于 1840 年被清政府免职，以后 20 年间，虽然中外屡有接触，也签订了几个条约，但清政府官员一直没有着手去翻译西方的国际法著作。

近代国际法正式、系统地被介绍到中国是 19 世纪 60 年代。1862 年，清政府设立同文馆后，聘请美国传教士丁韪良（William Alexander Parson Martin）为总教习。丁韪良想将西方的国际法知识介绍给清政府，因此他拟将瓦特尔所著《国际法》一书译成中文。后因受美国驻华公使华德（John H. Ward）的劝告，改译当时最新的、为西方国家公认的国际法权威著作——1836 年出版的惠顿所著《国际法原理》（*Elements of International Law*），译成之后，由美公使蒲安臣（Anson Burlingame）介绍，呈送总理衙门，要求出资刊行。清政府派人将译稿修改后，于 1864 年由京都崇实印书馆正式刊刻问世，题名为"万国公法"。该书后由同文馆多次再版。② 这是介绍到中国来的第一本国际法著作。

在此过程中，恭亲王等人曾有奏折给清朝同治皇帝，该奏折写道："窃查中国语言文字，外国人无不留心学习，其中之尤为狡黠者，更于中国书籍，潜心探索，往往辩论事件，援引中国典制律例相难。臣等每欲借彼国事例以破其说，无如外国条例，俱系洋字，苦不能识。而同文馆学生，通晓尚须时日。臣等因于各该国互相非毁之际，乘间探访，知有《万国律例》一书，然欲径向索取，并托翻译，又恐秘而不宣。适美公使蒲安臣来言，各国有将大清律例翻出洋字一书，并言外国有通行律例，近日经文士丁韪良译出汉文，可以观览。旋于上年九月间，带同来见，呈出《万国律例》四本，声称此书凡属有约之国，皆宜寓目，遇有事件，亦可参酌援引，惟文义不甚通顺，求为改删，以便刊刻。臣等防其以书尝试，要求照行，即经告以中国自有体制，未便参阅外国之书。据丁韪良告称，大清律例，现经外国翻译，中国并未强外国以必行，岂有外国之书，转强中国以必行之理，因而再三恳请。臣等……检阅其书，大约俱论会盟战法诸事，其于启觉之间，彼此控制箝束，尤各有法，第字句拉杂，非面为讲解，不能明晰，正可籍此如其所请。因派出臣衙门章京陈钦、李常华、方濬师、毛鸿图等四员，与之悉心商酌删润，但易其字，不改其意，半载以来，草案已具，丁韪良以无资刊刻为可惜，并称如得五百金，即可集

---

① 关于林则徐和国际法的关系，参见王维俭：《林则徐翻译西方国际法著作考略》，载《中山大学学报》，1985（1）。
② 参见邹振环：《京师同文馆及其译书简述》，载《出版史料》，1989（2）。

事。臣等查该外国律例一书，衡以中国制度，原不尽合，但其中间亦有可操之处……臣等公同商酌给银五百两，言明印成后，呈送三百部到臣衙门，将来通商口岸，各给一部，其中颇有制伏领事官之法，未始不无裨益……"①

《万国公法》共四卷。卷一，释公法之义，明其本源，题其大旨。它包括两章：第一章释义明源，第二章论邦国自治、自主之权。卷二，论诸国自然之权。它包括四章：第一章论其自护、自主之权，第二章论制定律法之权，第三章论诸国平行之权，第四章论各国掌物之权。卷三，论诸国平时往来之权。它包括两章：第一章论通使之权，第二章论商议立约之权。卷四，论交战条规。它包括四章：第一章论战始，第二章论敌国交战之权，第三章论战时局外之权，第四章论和约章程。②

丁韪良译此书，自然旨在教导中国人服从西方公认的法则，但他在客观上又第一次比较完整地向近代中国人介绍了西方国家之间通行的国际关系准则。

由于特殊的历史与文化背景，中国缺乏国际生活的经验，未能发展出以国际社会的存在为前提和以主权平等原则为基础的外交制度。以华夏为中心的华尊夷卑的天朝观念，一直持续到鸦片战争以后相当长的时间。如果说鸦片战争是从行为上击溃了清政府长期奉行的闭关锁国外交政策的话，那么《万国公法》从理论上打破了清王朝那种以天朝上国自居的愚昧、颟顸的观念。总理衙门大臣董恂在《万国公法》序中承认："今九州外之国林立矣，不有法以维之，其何以国？"③张斯桂在另一篇序中也称，英、法、俄、美之所以富强，关键在于"务材训农，通商惠工而财用足；秣马厉兵，修阵固列而兵力强"；认为此书"大有裨于中华，用储之以备筹边之一助"④。

《万国公法》初印 300 本，总理衙门曾将此书分发到沿海各重要港口，作为对外交涉的论据。

尽管对于近代国际法著作输入中国，中外各自的目的截然不同，但是能够接受一种与传统的特殊朝贡制度完全不同的国际关系理论，这毕竟是一种历史的进步。

此外，在丁韪良进行翻译之前，当时在中国海关工作的赫德（Rober Hart，后任清政府海关总税务司）曾经把惠顿《国际法原理》中关于使节权的 24 节译出，供总理衙门参考，以说服清廷派遣驻外代表。⑤

---

① 《筹办夷务始末》，同治朝，卷二十七，25~26 页。
② 参见［美］惠顿：《万国公法》，［美］丁韪良译，何勤华点校，1~18 页，北京，中国政法大学出版社，2003。
③ ［美］惠顿：《万国公法》，［美］丁韪良译，何勤华点校，5 页，北京，中国政法大学出版社，2003。
④ ［美］惠顿：《万国公法》，［美］丁韪良译，何勤华点校，1、4 页，北京，中国政法大学出版社，2003。
⑤ See W. Williams, *Anson Burlingame and the First Chinese Mission to Foreign Powers*, New York, 1912, p. 285.

三、中国第一个外事机构——总理各国通商事务衙门的设立

1861 年，清政府成立总理各国通商事务衙门（一般称为"总理衙门"或"总署"）。这是清政府，也是若干年来中国第一个专管外交的机构。

这个机构是顺应国内外形势的要求产生的。从英、法、美等国来看，它们已厌烦同广东省督打交道，觉得只能同省的督府打交道而不能直接同北京中央政府往来是不平等的；北京离广州很远，皇帝和清朝中央政府不了解具体情况，只听总督或专办夷务的钦差大臣的报告是不够的，总督、钦差大臣可能违背事实，也可能谎报情况；皇帝的谕示，下级官员可能不执行。因此，外国人，特别是派来的公使和其他外交人员，都一再要求来京师直接同皇帝和中央政府的负责人交往。所以，清政府设立专门同他们打交道、办交涉的总理衙门，外国使节是欢迎的。英国使馆的威妥玛说，这是"数十年求之不得"① 的事，有些西方国家甚至称赞此举为"中外各国永敦睦好最妙良法"②。

清政府在鸦片战争前同外国及其使节、官员的来往，还是按照旧时的规定，由两广总督兼办理夷务的钦差大臣处理。由于没有具体的规定，两广总督在处理对外事务特别是与外国官员的来往方面，出现不少问题。直到中英、中法、中美《天津条约》和《北京条约》签订后，才有了具体的规定。《中英天津条约》规定：英国钦差大员及各眷属可在京师长期居住，并可在京租赁地基房屋，设置公馆。这是清政府正式允许外国在北京设立使馆。外国使馆可以雇用中国人为仆人，外国官员可以随意旅行，还要受到保护。他们可以有自己的信差，他们的通信不能受到干涉。外国官员都要受到尊敬，各省的督抚要接见他们，而且领事官要同道台平行。外交文件的程式也有规定，外国语文要附一份中文译文，但要以外文为准。

总之，外交上的一切细节都有条约规定了，只不过没有订出同外国建立外交关系的规则。

最早驻北京的外国使节是英国的公使普鲁斯（1858 年—1865 年任驻华公使）和法国公使布尔布隆（1861 年—1867 年任驻华公使），他们是 1861 年 3 月 15 日、16 日到北京的。接着，美国公使蒲安臣（1861 年—1867 年任北京公使）、俄国公使巴留捷克（前任是伊格那提业福，1859 年—1860 年任驻华公使，正式驻北京为巴留捷克，1861 年—1863 年），1861 年德国公使艾林波等亦来京。他们成为最早一批常驻北京的外国使节。

总理衙门设立后，外国使节同清朝中央政府直接联系的问题解决了，但觐见皇帝的问题仍然存在争论。

1873 年，同治皇帝亲政。西方各国使节要求拜见并呈递国书，提出行三鞠躬

---

① 杨公素：《晚清外交史》，116 页，北京，北京大学出版社，1991。
② 清华大学历史系辑：《咸丰朝筹办夷务始末补遗》，第 4 卷，上册，680 页。

礼。清廷不同意。后来，直隶总督李鸿章说，过去同各国未订和约，嘉庆时，英使来已不行三跪九叩礼；现在与许多国家签订了条约，俨然是平等关系，再不能用属礼（藩属之礼）相待。"拒而不见，似于情未洽。纷以跪拜，又似所见不广。第取其敬有余，当恕其礼不足。惟宜议立规条，俾相遵守。各使之来，许一见，勿再见，许一时同见，毋单班求见……我朝待属国有定制，待与国无定礼。"他说，现在同各国订有商约，也是数千年未有的变局，国家没有这种礼例，过去的皇朝也未曾预先定出这种礼经，总要"酌时势权宜以树之准"①。最后，确定觐见"简明节略"十一款，其中有"接见之礼，某国君上，坐立自便，或赐茶酒，或别用荣典，均为君恩，是非必应讨请"，于此条下，"注写五鞠躬"。

关于中国派出使节呈递国书规定："中国现无驻扎各国大臣，不得以有施无报，责我中国。将来中国即有大臣出使，奉有国书，见与不见，仍听各国之便。如遇有礼节不同，或别有事故，见与不见，亦听中国出使大臣之便，仍照常办事。缘中国所重在和约，不在觐见一端也。"② 清政府的这种规定，甚为奇怪。虽然当时总理衙门的各主管大臣想拿此条来减轻各国使节要求觐见的意义，但也充分表现了清廷对于当时各国交往的外交礼节的无知。

后来，规定接见使臣时，皇帝随意坐或者立都可，西国使臣改行五鞠躬。在1890年、1901年又因皇帝接见的礼仪、地点、乘舆等问题纷争再起。③ 因为西方国家对于中国的皇帝是否接见其使臣、接受其国书以及采取什么仪式等，都不认为是一种简单的仪式问题；按照近代国际法，而是关系到一国的主权与声誉的问题。这个问题，在中国封建王朝，特别是在清朝的对外关系上，占有极为重要的位置。

由于总理衙门"既臃肿庞大，而又无能履行所赋予的职责"④，1901年清廷迫于西方列强的压力把它改组为外交部。从此，晚清的外交机构开始正规化。与之相联系的是，清朝也开始了职业外交官的设置与训练。中国第一任驻外使臣是光绪元年（1875年）派往英国的郭嵩焘，第一任驻外领事是光绪三年（1877年）派往新加坡的胡璇泽。⑤ 至光绪三十二年（1906年），外交部改变了对外交官实行的"保送考试"的任用方式，专设储才馆作为中国第一个培训职业外交官的学校，并开设讲习课、翻译课、评议课、撰议课、编辑课等⑥，进行专门的训练。

四、清朝对外交往的主要规则——不平等条约制度

清政府对外交往所适用的不是近代国际法原则和规则，而是不平等条约制度。

① 《清史稿》，卷九十一，礼十。
② 《筹办夷务始末》，同治朝，卷九十，39页以下。
③ 参见杨公素：《晚清外交史》，117页，北京，北京大学出版社，1991。
④ 天津社会科学院历史研究所编：《美国赴华专使蒲克义的报告》，5～6页。
⑤ 参见故宫博物院明清档案部编：《清季中外使领事表》，3、73页，北京，中华书局，1985。
⑥ 参见《大清光绪新法令》，第二类，官制一，复官制，18页以下。

所谓不平等条约制度是指鸦片战争之后，从《南京条约》开始，西方列强胁迫中国订立了大量双方权利、义务不平等的条约，打破了华夷秩序，在中外关系上形成的一种新的制度。不平等条约制度的建立，标志着中国被迫纳入资本主义国家的"世界国家秩序"①。

中国近代的不平等条约制度是特定时期的产物，从本质上讲，它是列强通过不平等条约对中国行使"准统治权"的特权制度，即如费正清所说，"依靠条约法规使各种权利成为制度"②。从条约作为国际法的一项重要制度的一般意义来看，这些条约已成为约束中国的法律形式。正因如此，尽管这些条约与天朝体制大相径庭，清政府也不得不放弃传统，将条约视为国内的法律制度。诚如奕訢所言："昔日允之为条约，今日行之为章程。"③

作为列强在中国行使"准统治权"、确立新的中外关系的准则的不平等条约制度，并不是从一开始就具有这一地位，而是有一个形成和发展的过程，这是华夷秩序被逐渐打破，西方国家加深对中国的侵略，将中国纳入它们的"世界国家秩序"的过程。可以说，不平等条约制度产生于1840年鸦片战争；经过1860年第二次鸦片战争便基本形成；甲午中日战争之后，又获得重要发展；至《辛丑条约》的订立，则更形完备。④

从不平等条约制度本身来看，它不是一般的中外交往的制度，而是体现了列强对中国主权的侵夺。近代的不平等条约，都是在暴力胁迫下订立的，其内容基本上是单方面给予列强种种特权，这些特权包括领事裁判权、通商口岸和租界、协定关税、外籍税务司、最惠国待遇、沿海及内河航行、宗教和教育、租借地和势力范围、驻军和使馆区、路矿及工业投资，以及鸦片贸易、苦力贸易和自由雇募等，涉及政治、经济、文化等方面。这些特权，构成了不平等条约制度的具体内容。

西方列强在华攫取的特权不限于上述内容，但这些都是资本主义列强通过强迫手段所攫取的，有正式条约为依据。它们限制中国主权，体现中外政治、经济、文化等方面的不平等关系，具有普遍性，且对中国社会和国计民生有重大影响。

由上可见，清朝对外关系的主要因素是西方列强所强加的不平等条约。西方国家把近代国际法带到中国来，但仅在它们之间适用，而不适用于中国；或者说，它们只适用那些对它们的压迫和剥削有利的原则和规则。西方国家所坚持的是不平等条约的神圣。

正如我国著名国际法学家陈体强教授所指出的："当西方国家来到中国时，它们首先用武力压下中国的抵抗，然后将中国置于不平等条约制度之下。与中国的一切关系都是按照这些条约进行的，而并不适用在它们之间适用的国际法。"⑤ 对它

① 李育民：《近代中国的条约制度》，6页，长沙，湖南师范大学出版社，1995。
② ［美］费正清编：《剑桥中国晚清史》，上卷，238页，北京，中国社会科学出版社，1983。
③ 《筹办夷务始末》，同治朝，卷五十，50页。
④ 参见李育民：《近代中国的条约制度》，11页，长沙，湖南师范大学出版社，1995。
⑤ 王铁崖：《中国与国际法——历史与当代》，载《中国国际法年刊》，1991，44页。

们来说，国际法的主要任务是保障和补充不平等条约的执行。另外，由于中国衰弱并受不平等条约的约束，清政府除了尊重它们以外别无其他求生的方法。清朝不能寻求近代国际法的保护，而按照条约进行对外交往被认为是与西方国家保持"和平"的唯一途径。

薛福成清楚地说过，在与西方国家交往中，中国只能按照条约行事，不能援引公法。郭嵩焘在致士绅的一封公开信中解释说，中国虽然有权拒绝西方的不法要求，但必须尊重条约。丁日昌也作出劝告，中国应该遵守执行条约规定而禁止所未规定的原则。①

清廷的这些外交官反映了当时中国政府的态度，认为在维护和维持不平等条约的神圣性上，中国和西方国家有着共同的利益。不平等条约的规定成为支配中国和外国之间关系的基本准则，而不平等条约制度尽管有废除的不断要求，却维持不动。

清代保守派对于威胁中国传统政治和社会体制的不平等条约制度抱有反感，认为这是中国的耻辱，置中国于卑低地位。在西方国家制度的影响下，中国改革派及其追随者接受了国家、主权和平等的概念。由于民族主义的兴起，废除不平等条约的呼声不断高涨。

从早期维新派开始，就有人提出了废除或修改不平等条约的要求，例如：马建忠主张"据公法以争之"，修改不平等条约中的商约。② 郑观应更进一步认为，领事裁判权、协定关税、最惠国待遇等应予以修改。③ 义和团运动中，出现了"最恨和约、误国殃民"的揭帖，反映了民众对不平等条约制度的愤恨。1901 年，重庆人民还成立了"废约促进会"，反对日本设立租界。20 世纪初，又出现大规模的收回权利运动，并取得了一些成效。

清政府也曾就领事裁判权问题与列强进行交涉。1902 年，清政府与英国订立通商条约，达成了在中国司法法律改革皆臻妥善的情况下，"英国即允放弃治外法权"的协议。翌年，中美、中日通商续约亦达成同样协议。这是清政府最早所作的修约尝试。④

第一次世界大战和同盟国的胜利，给中国提供了废除不平等条约的机会。在1919 年巴黎和会上，中国政府代表第一次整体提出了修改不平等条约的问题。虽然中国的目的没有全部达到，但它已把废除条约制度的愿望宣告于世界，为以后的废约打下了基础。在 1922 年华盛顿会议上，中国代表第二次全面提出不平等条约的修订和废除问题。通过这次会议，中国有不少收获，在条约制度的废弃方面，取得重要进展，条约外的特权亦受到某种限制。

---

① 参见王铁崖：《国际法引论》，397 页，北京，北京大学出版社，1998。
② 参见马建忠：《适可斋纪言纪行》，卷四。
③ 参见郑观应：《盛世危言》，卷十二，条约。
④ 参见李育民：《近代中国的条约制度》，455 页，长沙，湖南师范大学出版社，1995。

第二次世界大战期间，中国在太平洋战争爆发后对日、德、意战争宣告中声明，与这些国家订立的一切不平等条约从此无效。1943年1月11日，中、美订立《关于取消美国在华治外法权及处理有关问题之条约》。同日，中、英订立了同样的条约。之后，中国与其他国家也订立条约，不平等条约制度终于开始瓦解。①

中华人民共和国的成立，才真正结束了列强用不平等条约约束中国的时代，特殊的条约制度在中国从根本上得以铲除，中华民族才真正获得完全的独立、自由和平等。

五、清政府在外交上对国际法的运用

鸦片战争前夕，林则徐站在维护祖国的独立和尊严的立场上，曾试图运用一些国际法的做法，其中包括有关战争法以及对待外国人的办法等。林则徐在查禁鸦片时，对英国人采取行动，不但合情合理，而且注意合法。他首先宣布鸦片为违禁品，要求交出烧毁；然后致书英国女皇，要求停止鸦片贸易；最后，则采取武力行动，严格实行禁烟。

林则徐在致英国女皇维多利亚的信中宣称："闻该国禁食鸦片甚严，是固明知鸦片之为害也。既不使为害于该国，则他国尚不可移害，况中国乎？"接着，他又问道："譬如别国人到英国贸易，尚须遵英国法度，况天朝乎？"最后，他说："我天朝君临万国，仍有不测神威，然不忍不教而诛，故特明宣定例，该夷国夷商欲图长久贸易，必当惶遵宪典，将鸦片久断来源，切勿以身试法。王其诘奸除慝，以保又尔有邦，益昭恭顺之忱，共享太平之福，幸甚，幸甚！"② 很明显，林则徐这是受瓦特尔著作的影响。因为在伯驾和袁德辉二人翻译瓦特尔《国际法》的译文中，有这样一段："欲与外国人争端，先投告对头之王或有大权之官，设或都不伸理，可奔回本国要求本国王保护。"③

丁韪良把国际法全面介绍到中国后，清政府适用国际法的事例就多起来了，而且国际法在中国似乎已起到一点作用。

1864年春，普鲁士公使李福斯（Rehfues）乘坐一艘军舰来到中国。他在大海上遇到3艘丹麦商船，予以拿捕作为捕获品。总理衙门提出抗议，主要根据是，进行拿捕的水域是中国"内洋"，即指领水。它上奏清廷时说明，"此次扣留丹国货船处所，乃系中国专辖之内洋"，该处所"实系中国洋面，并非各国公共海洋"。总理衙门知道"外国持论，往往以海洋距岸十数里外，凡系枪炮之所不及，即为公共之地，其间往来占住，即可听各国自便"④。但拿捕处所既是"内洋"，应属中国管

---

① 参见王铁崖编：《战争与条约》，20页，重庆，重庆中国文化服务社，1944。
② 《筹办夷务始末》，光绪朝，卷七，133页以下。
③ 《海国图志》，卷八十三，21页。
④ 《筹办夷务始末》，同治朝，卷二十六，30页以下。

辖。总理衙门在致普鲁士公使的照会上声称，任何外国在中国内洋扣留其他国家的船舶是明显地对中国权利的侵犯——"系显夺中国之权"。它还强调指出，在中国海洋内任何国家在与任何其他国家的敌对中扣押船舶是"轻视中国，所以本王大臣等不能不向大臣理论者，非为丹国任其责，实为中国保其权"①。在以国际法原则为依据的抗议和清廷将不接待普鲁士公使的威胁下，普鲁士释放了两艘丹麦商船并对第三艘商船予以赔偿 1 500 元。

清政府援引国际法来维护本国权益的另一个例子是中秘条约事件。中外订约之初，清政府接受了不少片面最惠国条款，而忽视了保护我国在外侨民。但自近代国际法输入后，在这方面显然已有所改进。因此，1874 年秘鲁派使来华要求订立商约时，清政府要求秘鲁先改善在秘华工的待遇。最后签订的《中秘会议专约》，就有保障华工待遇的规定。

另外，在同时签订的《中秘通商条约》中，某些部分也明文采用了相互最惠国条款。例如，该条约第 16 款规定："今后中国如有恩施利益之处，举凡通商事务，别国一经获其美善，秘国官员亦无不一体均沾实惠。中国官员在秘国亦应与秘国最为优待之国官员一律。"② 虽然在这个条约中，清政府仍旧承认了秘鲁在中国有领事裁判权，但在其他部分与以前所签订的条约比较，显然已有相当改进。1909 年，当秘鲁突然颁布"进口华人每名须有英金五百镑呈验，始得入口"条款，清政府便派驻美公使伍廷芳前往交涉，伍廷芳根据中秘条约交涉，最后终于使秘鲁取消上述苛例。

此外，1894 年关于中日甲午战争的中国宣战书中，曾谴责日本"不遵条约，不守公法，任意鸥张，专行诡计"③。1899 年和 1907 年，中国还分别派代表参加了两次海牙和会④，并签署了有关公约及宣言。诸如此类的例子，足见当时清政府已考虑利用国际法作为保障国家权益的一种手段。

当然，国际法并不是外交上的万能药。在许多外交事件中，清政府的立场根据近代国际法原则是站得住脚的，但西方列强因利益所在，仍旧强横、不讲道理，清政府虽然据理力争，也没结果。1899 年至 1900 年间清政府交涉美国排华法案的经过就是一个例子：依据 1880 年中美条约，美国对华人入境可以限制，但不能完全禁止入境；而美国国会在 1888 年却制定《华人驱逐法》，禁止华工入境并对在美华人加以种种限制。这种措施显然违反条约规定，清政府提出抗议，但美方不理。1899 年 7 月 8 日，清驻美公使致美国国务卿的照会中，曾指出中国可以根据美方的违约行为废除中美条约。这种废除行为是国际法所准许的。1900 年 3 月 26 日的照会中，又指出由于美方的违约行为，根据国际法中国可以对在华美国传教士及商

① 蒋廷黻：《国际公法输入中国之起源》，载《清华政治学报》，1932，61～64 页。
② 王铁崖编：《中外旧约章汇编》，第 1 册，341 页，北京，三联书店，1982。
③ 梁西：《国际法》，36 页，武汉，武汉大学出版社，2000。
④ 出席第一次海牙和平会议的中国首席全权代表为驻圣彼得堡特命全权公使杨儒，出席第二次海牙和平会议的中国全权代表、特派大使是陆征祥。

人，采取相同的报复行为。由于清朝国力不如美国，虽然它根据条约及国际法与美国交涉，结果仍不能使美国取消其违法行为。而出于对其他政治因素的考虑，清政府也未采取废除中美条约的措施。

六、清代官员及学者对国际法的评价

如上所述，国际法输入中国后，清政府已开始注意利用国际法来维护本国的权益。但对中国所遭遇到的一切压迫，如外国领事馆横行霸道，传教士欺凌国人等，并无改善。因此，清代官员及学者对国际法的看法基本上可分为两类。

一类以郑观应、薛福成、张之洞和马建忠等人的观点为代表。他们似乎对国际法并没有太大的信心，大体上认为国际法固然对中国不无助益，但关键仍在国家是否强盛，强则可享国际法上的利益，弱则国际法并不可恃。

郑观应认为："虽然公法一书，久共遵守，乃仍有不可尽守者。盖国之强弱相等，则籍公法相维持，若太强太弱，公法未必能行也。"他以罗马帝国和拿破仑帝国为例说："当其盛时……横肆鲸吞，显违公法，谁敢执其咎？"至于印度等国灭亡之时，"谁肯以局外代援公法，致启兵端？"所以郑观应的结论是："公法乃凭虚理。强者可执其法以绳人；弱者必不免隐忍受屈也。是故有国者，惟有发愤自强，方可得公法之益，倘积弱不振，虽有公法何补哉？"[1]

薛福成曾出使英、法、意、比等国，并建议清政府在南洋各岛设领事护侨，在1892年他写了一篇文章叫《论中国在公法外之害》，内容颇有见地。他在该文中写道："中国与西人立约之初，不知万国公法为何书，有时西人援公法以相诘责，秉钧者尝应之曰：我中国不愿入尔之公法，中西之俗，岂能相同，尔述公法，我实不知。自是以后，西人则谓中国为公法外之国，公法内应享之权利，阙然无与……洋人杀害华民，无一按律治罪。近者美国驱禁华民，几不齿中国于友邦。此皆与公法大相刺谬也。公法外所受之害，中国无不受之……余尝谓中国如有秦始皇、汉武帝、唐太宗之声威，则虽黜公法，拒西人，其何向而不济，若势有不逮，曷若以公法为依归，尚不受无穷之害。秉均者初不料其一言之失，弊至于此极也。近年以来，使臣出驻各国，往往援引公法为辩论之资，虽有效有不效，然西人之旧习已稍改矣。"[2]

张之洞曾任清朝两广总督、军机大臣、大学士等职，他目睹外人欺凌中国，因而对国际法显然没有什么信心。他认为中国必须自强，公法并不可恃。他曾写有一篇叫作《非弥兵》的文章，反对加入西方国家的弥兵会（1899年和1907年两次海牙和会）。文中有一段提到公法："夫权力相等则有公法，强弱不侔法于何有。古来列国相持之势，其说曰力均角勇，勇均角智，未闻有法以束之也。今日五洲各国之

---

① 郑观应：《增订正续盛世危言》，卷四，8～10页。
② 薛福成：《庸庵海外文编》，卷三，6～7页。

交际，小国与大国交不同，西国与中国交不同，即如进口税，主人为政，中国不然也；寓商受本国约束，中国不然也；各国通商只及海口，不入内河，中国不然也；华洋商民相杀，一重一轻，交涉之案，西人会审，各国所无也；不得与于万国公会，奚暇与我讲公法哉！知弥兵之为笑柄，悟公法之为赘言，舍求诸己而何以哉？"①

马建忠曾留学法国，1879 年获博士学位，精通英、法及拉丁、希腊文，他对国际法的作用提出自己的看法。他说："夫国与国既已犬牙交错，自有唇齿之依。故一国之权利所在，即与国之强弱有关。""泰西之讲公法者，发言盈厅，非说理之不明，实所利之各异……于是办交涉者不过借口公法，以曲徇其私。"②

王韬在《弢园文录外编》中也指出："彼之所谓万国公法者，先兵强国富，势盛力敌，而后可入乎此，否则束缚弛骤，亦惟其所欲为而已。"③

唐才常在《交涉甄微》一文中更深刻地揭露了所谓国际法准则的不可靠："《万国公法》虽西人性理之书，然弱肉强食，今古所同。如英之墟印度，俄之灭波兰，日本之夺琉球、乱朝鲜，但以权势，不以性理，然则公法果可恃乎？"④

崔国因也精辟地指出："《万国公法》地球通行，而弱与强之势不同，即从与违之情各异。大抵强者自扶藩篱，但以公法绳人，而不以自律也。"⑤

另一类观点认为，西方国际法的内容很完美，作用也很大，可以倚信它保卫国家安全、维护世界和平。在这方面，端方、李鸿章、李佳和曾纪泽等人的观点颇具代表性。

曾任清廷两江总督等重要职务的端方认为，国际法为"各国交际之法……夫天下之事变无穷，其所以应之者，准情酌理，因时制宜，遂亦莫不有法。五洲之大，万国之众，其所为公法者，非制一国，成非一时。要莫不出于天理自然，经历代名家之所论定，复为各国交涉之所公许，非偶然也。"⑥ 他还认为："西人之公法，即中国之义理……常人得之以成人，国得之以立国。""国际法中论享公法权利及调处免战各事，皆仁心为质，有以绝裂辟忿至之源而广生民之福。"所以，国际法的作用能使"国自固其权利，人自笃其忠信；玉帛可以永敦，干戈可以永戢"⑦。

曾长期职掌外交、军事、经济大权的李鸿章，在为丁韪良编译的《公法新编》一书序言中说："公法者，环球万国公共之法，守之则治，违之则乱者也。"他认为，丁氏编译的该书"持论明允……愿以后办交涉者奉为圭臬"。

清廷另一位官员李佳对国际法也很崇拜，他说："中西未交涉以前不识有公法

---

① 张之洞：《张文襄公全集》，卷二零三，50 页。
② 马建忠：《适可斋纪言》，36 页，北京，中华书局，1960。
③ 王韬：《弢园文录外编》，卷五，36 页，北京，中华书局，1959。
④ 唐才常：《唐才常集》，44～45 页，北京，中华书局，1980。
⑤ 崔国因：《出使美日秘日记》，290、525 页，合肥，黄山书社，1988。
⑥ 丁韪良：《邦交提要》，端方序言，1904。
⑦ 丁韪良：《公法新编》，端方序言，1903。

也，中西既交涉以后不可无公法也……因念中外交涉之事日繁一日，亦日棘一日。"
在培养国际法人才方面"诚能贯而通之，引而伸之，一省数十人，合十数省数百
人，熟谙公法而后出于中外交涉事，或和平与议，或执理与争，庶几年交，不致如
今日之棘手也"。"我国家得此数十外交之长才，转弱为强……是公法之所系者
大已。"①

曾纪泽和郭嵩焘是近代两位有名的外交家，他们对国际法都作过积极的评论，
并在其向清廷提出建议时提到它。曾纪泽对国际法颇为注意。他出使英国时，在其
阅读的书籍中即有《公法便览》《星轺指掌》等书。他和郭嵩焘都曾被选为"国际
法改革和编订协会"（现在的"国际法协会"的前身）的荣誉副会长。

曾纪泽曾对国际法作了如下阐述："中国总理衙门现将公法一书择要译出，凡
遇交涉西洋之事，亦常征公法以立言，但事须行之以渐，目下断不能锱铢必合者。
公法之始，根于刑法；公法之书，成于律书，彼此刑律不齐，则意见不无小异。要
之，公法不外情理两字；诸事平心科断，自与公法不甚相悖。至于中国之边缴小国
朝贡之邦，列圣深仁厚深，乃有远过于公法所载者。西洋人询诸安南、琉球、高
丽、暹罗、缅甸之人，自能知之。"②

还有不少学者对国际法推崇备至，如谭嗣同甚至把《万国公法》看作为"西人
仁至义尽之书，亦即《公羊春秋》之律"③。

值得注意的是，几乎所有开明学者都认识到学习国际法的必要性。唐才常说：
"今夫不谙公法律例之学，其大病二：一则如前异视远人之弊；一则动为西人恫喝，
凡章程条约，事事予以便宜。"④

不少学者还认为，在不迷信公法的情况下，完全可以借助公法与欧美国家展开
说理论争。曹廷杰不仅逐条注释《万国公法》，成《万国公法释义》一书，还专门
上书，主张利用万国公法来防止战争、防止侵略。⑤

七、结语

综上所述，欧洲近代国际法输入中国经历了漫长而曲折的过程。近代国际法介
绍到中国之后，尽管在形式上清代中国已经逐步跨进国际社会，并被迫纳入国际法
律秩序的范围。但是，近代国际法在清政府的对外关系中的适用是十分有限的。国
际法被带到中国来，并没有得到充分适用的机会。当时，整个国际法体系以及它的
原则和规则，被认为主要只适用在西方国家之间的关系上。这些国家被称为"文
明"或"基督教"国家，而中国则不被认为是"文明"国家。清朝对外关系所适用

---

① 程鹏：《清代人士关于国际法的评论》，载《中外法学》，1990（6）。
② 王铁崖：《中国与国际法——历史与当代》，载《中国国际法年刊》，1991，30 页。
③ 谭嗣同：《报尔元征》，载《谭嗣同全集》，增订本，225 页，北京，中华书局，1990。
④ 唐才常：《唐才常集》，44～45 页，北京，中华书局，1980。
⑤ 参见丛佩远、赵鸣歧编：《曹廷杰集》，下册，410～411 页，北京，中华书局，1985。

的规则主要是不平等条约制度。

因此，在从 1840 年至 20 世纪上半叶的整整一个世纪里，在处于半殖民地社会的中国，领事裁判权并没有彻底清除；外国在中国的特权非但没有减少，反而逐渐增加；无数的不平等条约紧紧地束缚着中国人民的手脚，中国的主权独立受到严重破坏。所有这些，一直到 1949 年中华人民共和国成立以后才彻底改变。此后，中国与国际社会的关系进入一个崭新的历史时期，中国国际法学的发展，也因此获得了前所未有的有利的政治、社会和历史条件。

推荐阅读书目及论文

1. 蒋廷黻 . 国际公法输入中国之起源 . 清华政治学报，1932

2. 王铁崖编 . 战争与条约 . 重庆：重庆中国文化服务社，1944

3. 丘宏达 . 中国国际法问题论集 . 台北："商务印书馆"，1972

4. 王铁崖编 . 中外旧约章汇编：第 1 册 . 北京：三联书店，1982

5. ［美］费正清编 . 剑桥中国晚清史：上卷 . 北京：中国社会科学出版社，1983

6. 王维俭 . 林则徐翻译西方国际法著作考略 . 中山大学学报，1985（1）

7. 邹振环 . 京师同文馆及其译书简述 . 出版史料，1989（2）

8. 程鹏 . 清代人士关于国际法的评论 . 中外法学，1990（6）

9. 王铁崖 . 中国与国际法——历史与当代 . 中国国际法年刊，1991

10. 杨公素 . 晚清外交史 . 北京：北京大学出版社，1991

11. 李育民 . 近代中国的条约制度 . 长沙：湖南师范大学出版社，1995

12. 王铁崖 . 国际法引论 . 北京：北京大学出版社，1998

13. 田涛 . 国际法输入与晚清中国 . 济南：济南出版社，2001

14. 王文兵 . 丁韪良与中国 . 北京：外语教学与研究出版社，2008

15. 林学忠 . 从万国公法到公法外交——晚清国际法的传入、诠释与应用 . 上海：上海古籍出版社，2009

16. 杨泽伟 . 国际法史论 . 修订 2 版 . 北京：高等教育出版社，2011

17. Yang Zewei. Western International Law and China's Confucianism in the 19th Century：Collision and Integration. Journal of the History of International Law. Vol. 13，No. 2，2011

第 二 十 七 章

新中国国际法学 70 年：历程、贡献与发展方向

中华人民共和国（以下简称新中国）成立 70 年来，中国国际法学者创造性地适用现代国际法的规章制度，为现代国际法的发展增添了许多新内容。因此，回顾新中国国际法学 70 年的发展历程、总结 70 年来中国国际法学对现代国际法发展的贡献，不但有助于增强民族自豪感、激发民众的爱国热情，而且有利于推动中国国际法学的长足进步，进一步提升我国实务部门运用现代国际法的水平。

一、新中国国际法学 70 年的发展历程

新中国的成立，不但使中国的国际地位发生了根本的变化，而且为中国国际法学的发展创造了良好的政治、社会和历史条件。因此，中国国际法学的发展进入了一个新的阶段。然而，新中国国际法学的发展并非一帆风顺，而是波澜曲折。纵观新中国国际法学 70 年的发展历程，我们可以把它分为以下四个阶段。

（一）初步形成时期（1949 年—20 世纪 50 年代末）

在新中国成立伊始，许多国际法问题亟待处理，如承认与继承问题、条约的废改立问题、国籍问题、在联合国等国际组织中的代表权问题等。新中国国际法学正是在应对和解决这些问题的过程中，形成与发展起来的。[①]

1949 年—1952 年间，一些高等院校如北京大学、武汉大学、中国人民大学和中山大学等，都开设了国际法课程。其中，中国人民大学还曾聘请苏联专家讲授国际法。1952 年中国高等院校开始调整，国际法课程的教学也一度中断。1956 年起，北京大学、北京政法学院等高校陆续恢复或开始给本科生讲授国际法，各政法院系还编写了体系比较完备的讲义和参考资料。1949 年—1960 年间，新中国刊物和报纸上发表的国际法论文约共 60 篇，其中有关国际法性质与体系问题和批判资产阶级国际法学的约占 55%，以国际关系或新中国对外关系中出现的问题为题的约占 30%，其他约占 15%。[②]

---

① 参见程晓霞、张文彬：《中国国际法学的回顾与展望》，载《法律学习与研究》，1988 (5)。
② 参见邵津：《国际公法学》，载张友渔主编：《中国法学四十年》，540 页，上海，上海人民出版社，1989。

这一阶段中国国际法学者还翻译、出版了一些苏联的国际法方面的论著。其中，著作有《苏维埃国家与国际法》①、《联合国史料》（第1卷）② 和《国际法中的领水问题》③ 等。论文大约有数十篇，如维辛斯基《国际法与国际组织》、柯罗文《国际法当前理论中的几个基本问题》、《苏维埃国家与法》杂志编辑部《关于国际法理论问题的讨论总结》等。同时，中国学者还翻译出版了欧美国家的一些国际法权威著作，如《奥本海国际法》④、《外交实践指南》⑤、《海上国际法》⑥ 和《联合国专门机构》⑦ 等。

值得注意的是，1958年中国政府发布了《关于领海的声明》，随后就有学者发表了相关的论文⑧、出版了《关于我国的领海问题》的研究成果。⑨ 此外，从20世纪50年代开始，外交部主持陆续编辑出版了一些多卷本的条约集和外交文件集，如外交部编《中华人民共和国条约集》（1949年—1960年，共9集）⑩，世界知识出版社编辑出版《国际条约集》（1648年—1916年，共2集；1917年—1971年，共13集），世界知识出版社编辑出版《中华人民共和国对外关系文件集》（1949年—1963年，共10卷）⑪，法律出版社编《中华人民共和国和缅甸联邦边界条约文件集》等。⑫ 另外，这一时期还出版了王铁崖编的《中外旧约章汇编》（第一册，1689年—1901年；第二册，1901年—1919年；第三册，1919年—1949年，共三卷）⑬，外交学院国际法教研室编的《国际公法参考文件选辑》⑭ 等。

总之，在这一阶段苏联国际法学对新中国国际法的教学和研究产生了重大影响。中国国际法学界所用的讲义与教材主要是从苏联翻译过来的，或者是在参考苏联有关国际法著作的基础上编写而成的。⑮

---

① ［苏］柯热夫尼柯夫：《苏维埃国家与国际法》，中国人民大学国际法教研室译，北京，中国人民大学，1955。
② ［苏］克里洛夫：《联合国史料》，第1卷，张瑞祥等译，北京，中国人民大学，1955。
③ ［苏］尼古拉耶夫：《国际法中的领水问题》，徐俊人等译，北京，法律出版社，1956。
④ ［德］奥本海：《奥本海国际法》，第1、2分册，［英］劳特派特修订，中国人民外交学会编译委员会译，北京，法律出版社，1955。
⑤ ［英］萨道义：《外交实践指南》，中国人民外交学会编译室译，北京，世界知识出版社，1959。
⑥ ［英］希金斯、哥伦伯斯：《海上国际法》，王强生译，北京，法律出版社，1957。
⑦ ［法］拉贝里-梅纳埃里：《联合国专门机构：国际行政的法律和外交问题》，邵津译，北京，世界知识出版社，1957。
⑧ 参见周鲠生：《我政府关于领海的声明的重大意义》，载《世界知识》，1958（18）。
⑨ 参见傅铸：《关于我国的领海问题》，北京，世界知识出版社，1959。
⑩ 中华人民共和国外交部编：《中华人民共和国条约集》（全9集），北京，法律出版社，1957—1961。
⑪ 世界知识出版社编：《中华人民共和国对外关系文件集》（全10卷），北京，世界知识出版社，1957年—1965。
⑫ 法律出版社编：《中华人民共和国和缅甸联邦边界条约文件集》，北京，法律出版社，1960。
⑬ 王铁崖编：《中外旧约章汇编》（全3卷），北京，三联书店，1957—1962。
⑭ 外交学院国际法教研室编：《国际公法参考文件选辑》，北京，世界知识出版社，1958。
⑮ 程晓霞主编：《国际法的理论问题》，42页，天津，天津教育出版社，1989。

（二）萎缩萧条时期（20 世纪 60 年代初—1978 年）

在这一时期，"左"倾思潮与法律虚无主义泛滥，严重阻碍了新中国国际法学的发展，造成了新中国国际法学将近 20 年的萎缩、萧条。

在这一阶段就国际法的教学来说，一些政法院校被停办；另一些政法院系的教学内容被压缩，或时断时续、濒于停顿。在国际法研究方面，这一阶段的国际法学者或者被迫停止专业研究工作，或者被送到农村从事体力劳动。例如，北京大学王铁崖教授被送到了江西鄱阳湖农场①，武汉大学韩德培教授先后被送到了武汉市郊外的东升公社和湖北沙洋农场。② 此外，在 1961 年到 1978 年期间，报纸、杂志上看不到一篇国际法论文。不过，国际法的研究并未完全中断，当时在外交部工作的专家还能做些研究工作，如陈体强教授汇编成《国际法论文集》。③ 另外，周鲠生的《现代英美国际法的思想动向》④、倪征噢的《国际法中的司法管辖问题》⑤、刘泽荣的《领海法概论》⑥，都是在这个时期出版的。此外，北京大学法律系国际法教研室编辑出版了《海洋法资料汇编》⑦，还有其他机构和学者分别翻译出版了《联合国国际法院》⑧、《国际法理论问题》（论文集）⑨ 和《领事法和领事实践》⑩ 等论著。值得一提的是，周鲠生先生所著《国际法》（上、下册）⑪，既是新中国成立后出版的"第一部有分量的国际法著作"，也是 20 世纪 80 年代以前"唯一的一部国际法教科书"⑫，还是世界国际法学中自成一派的法学著作。它填补了中国国际法学研究的空白，为后来新中国国际法学的发展奠定了基础。

（三）恢复发展时期（1978 年—2011 年）

1978 年中国共产党第十一届三中全会以后，中国国际法学开始进入了恢复发展时期。

---

① 参见宋英等：《为王先生写传记》，载邓正来编：《王铁崖文选》，603 页，北京，中国政法大学出版社，2003。
② 参见韩铁：《风雨伴鸡鸣——我的父亲韩德培传记》，79 页，北京，中国方正出版社，2000。
③ 该书的内容涵盖了"中英建立外交关系和中英新约""中国人民志愿军的道义与法律基础""中美关系中的若干法律问题"等专题，不但有很高的学术价值，而且具有重要的现实意义。参见陈体强：《国际法论文集》，北京，法律出版社，1985。
④ 周鲠生：《现代英美国际法的思想动向》，北京，世界知识出版社，1963。
⑤ 倪征噢：《国际法中的司法管辖问题》，北京，世界知识出版社，1964。
⑥ 刘泽荣：《领海法概论》，北京，世界知识出版社，1965。
⑦ 北京大学法律系国际法教研室编：《海洋法资料汇编》，北京，人民出版社，1974。
⑧ 〔苏〕克雷洛夫：《联合国国际法院：十年来（1947—1957 年）国际法院实践中的国际法问题和诉讼程序问题》，国际关系学院翻译组译，北京，世界知识出版社，1961。
⑨ 〔苏〕格·伊·童金：《国际法理论问题》，刘慧珊等译，北京，世界知识出版社，1965。
⑩ 〔美〕L. T. 李：《领事法和领事实践》，傅铸译，北京，商务印书馆，1975。
⑪ 该书共有 12 章，近 60 万字。参见周鲠生：《国际法》（上、下册），北京，商务印书馆，1976。
⑫ 陈体强：《周鲠生〈国际法〉（书评）》，载陈体强：《国际法论文集》，266 页，北京，法律出版社，1985。

1. 国际法日益受到重视

首先，国家领导人意识到国际法的重要性，并主动参加了有关国际法的法律知识讲座。例如，1996年江泽民主席参加了中共中央举行的法律知识讲座，并明确指出：所有代表国家从事政治、经济、文化、司法等工作的同志，也都要学习国际法知识。① 2000年，李鹏委员长在参加第九届全国人大常委会的法制讲座时也提出：全国人大常委会组成人员学习、掌握国际法知识，对于我们做好人大工作有着重要的意义。② 其次，国际法学术平台不断涌现。例如，由外交部主管的中国历史上第一个全国性的国际法学术团体——中国国际法学会于1980年成立，首任会长是中国社会科学院副院长、著名外交官宦乡先生。又如，武汉大学等国内近八十多所大学或研究单位设立了与国际法有关的教学研究机构。③ 最后，国际法的学术刊物不断增加。自从1982年中国历史上第一本国际法专业性学术刊物——《中国国际法年刊》正式创刊后④，《武大国际法评论》⑤、《国际法研究》⑥、《国际法与比较法论丛》⑦、《中国海洋法学评论》⑧ 以及中国学者主办的英文刊物 *Chinese Journal of International Law*⑨ 等相继出现。

2. 国际法的实践活动多种多样

首先，中国政府逐渐改变对国际司法机构的消极态度，主动参与国际司法机构的相关程序。例如，2009年中国政府就国际法院"科索沃单方面宣布独立咨询意见案"提交了书面意见。"这是新中国首次参与国际法院司法活动，具有重要意义。"⑩ 又如，2010年中国政府针对国际海洋法法庭"担保国责任咨询意见案"，也向国际海洋法法庭提了书面意见。⑪ 其次，中国学者积极参加各类国际组织的国际法实践活动，如在国际法院、前南斯拉夫国际刑事法庭、国际海洋法法庭、联合国国际法委员会、世界贸易组织的上诉机构等机构中都能看到中国学者的身影，一些

---

① 参见江泽民：《在中共中央举行的法律知识讲座上关于国际法的讲话（摘要）》，载《中国国际法年刊》，1996。
② 参见《李鹏在全国人大常委会第十四次法制讲座上强调要善于运用国际法处理国家关系和国际事务》，载《人民日报》，2000-04-30，4版。
③ 参见杨泽伟：《改革开放四十年来的中国国际公法学：特点、问题与趋势》，载《武大国际法评论》，2018（6）。
④ 此后，《中国国际法年刊》基本上按照每年一卷的方式出版。截至2022年1月，《中国国际法年刊》已经出版至2022年卷。
⑤ 武汉大学国际法研究所主办，从2017年开始由原来每年出版2卷的集刊变成了正式的双月刊。
⑥ 中国社会科学院国际法研究所主办，是中国第一本国际法专业中文期刊。
⑦ 湖南师范大学李双元先生创办，截至2022年1月已经出版了27卷。
⑧ 厦门大学海洋政策与法律中心主办。
⑩ 中华人民共和国外交部条约法律司编著：《中国国际法实践案例选编》，21页，北京，世界知识出版社，2018。
⑪ 2018年，中国政府就国际法院"查戈斯群岛咨询意见案"提交了书面意见。

学者还担任了国际组织的负责人等。① 最后，不少高校成功举办了多种全国性的国际法模拟法庭比赛，如"Jessup 国际法模拟法庭比赛""国际人道法模拟比赛""国际空间法模拟法庭比赛""国际刑事法院模拟法庭比赛""海洋法模拟法庭比赛"等。

3. 国际法的人才队伍增长迅猛

这一时期是中国法学教育高速发展的时期。到 2005 年 12 月除独立院校和各类法学专科院校以外，中国还有 559 所高等院校设置了法学本科专业，在校的法学专业的本科生和研究生达 30 万人。截至 2016 年 10 月，中国有 626 所高校开设了法学本科专业，在校学生超过 31 万人②，其中包括数量可观的国际法专门人才。此外，在欧美国家获得国际法硕士或博士学位的人数也在不断增加。为适应国际法人才培养的需要，国际法的课程设置也更加精细化，除国际公法、国际私法和国际经济法三门主干课程以外，一些高等院校还开设了国际组织法、国际人权法、海洋法、国际条约法、国际民事诉讼法、国际投资法、国际金融法、国际贸易法和国际税法等课程。

（四）积极有为时期（2012 年至今）

"2012 年中国共产党第十八次代表大会的召开，标志着中国国际法学的发展进入了一个新时代。"③ 在这一时期中国已经成为世界第二大经济体，现代国际法对维护中国国家权益的作用凸显，因而国家层面对国际法研究的组织、引领工作在不断加强④，并成立了专门的国际法咨询机构，如 2014 年教育部批准设立了首家与国际法有关的"2011 协同创新中心"——"国家领土主权与海洋权益协同创新中心"，2015 年外交部正式成立了"国际法专家咨询委员会"，同年中宣部批准武汉大学国际法研究所为首批国家高端智库试点建设单位等。此外，伴随着中国国家利益的日益拓展，对国际法人才的需要也日益扩大，因而国际法的研究队伍也在不断壮大并呈年轻化趋势。⑤

更为重要的是，在这一阶段中国更加重视国际法的作用，注重推动国际法的发展。例如，2014 年中国外交部部长专门撰文强调："坚持国际法治是中国走和平发展道路的必然要求……要坚定维护国际法的权威性，立国际法治之信"⑥。特别是

---

① 参见杨泽伟：《改革开放四十年来的中国国际公法学：特点、问题与趋势》，载《武大国际法评论》，2018（6）。

② 参见教育部：《教育部对十二届全国人大四次会议第 4687 号建议的答复》（教建议〔2016〕第 258 号，2016 年 10 月 8 日），载教育部网站，http://www.moe.gov.cn/jyb_xxgk/xxgk_jyta/jyta_gaojiao-si/201611/t20161104_287655.html。

③ 杨泽伟：《改革开放四十年来的中国国际公法学：特点、问题与趋势》，载《武大国际法评论》，2018（6）。

④ 例如，中国国际法学会的网站于 2015 年正式开通运行，中国国际法学会还专门设立了"中国国际法学优秀科研成果奖（航天科工奖）"和"国际法新锐奖"（中国国际法学会学术年会学生论文奖）。

⑤ 据统计，2019 年在西北政法大学举办的中国国际法年会参会人数超过了 500 人。

⑥ 王毅：《中国是国际法治的坚定维护者和建设者》，载《光明日报》，2014-10-24，2 版。

2017 年中国共产党十九大报告明确提出"坚持推动构建人类命运共同体"，"中国秉持共商共建共享的全球治理观……中国将继续发挥负责任大国作用，积极参与全球治理体系改革和建设，不断贡献中国智慧和力量"①。

二、新中国国际法学 70 年的主要贡献

新中国成立 70 年来，"中国以建设性姿态参与国际规则制定，在事关国际法解释、适用和发展的重大问题上积极发声"②。截至 2021 年 12 月，中国已缔结了 25 000 多项双边条约，批准了 600 多项多边条约③，年平均缔结约 600 项双边条约，加入了众多的政府间国际组织。中国国际法学者创造性地运用现代国际法，在和平共处五项原则、承认与继承、和平解决国际争端、"一带一路"倡议和"人类命运共同体"的构建等重大国际法问题的理论与实践方面，做出了非常有价值的贡献。

（一）和平共处五项原则

和平共处五项原则是 20 世纪 50 年代中国与印度、缅甸三国共同倡导的一组系统的国际法原则体系，得到了许多国家的支持，并被规定在许多相关的国际法律文件中，成为指导当代国际关系的基本准则。同时，作为现代国际法基本原则的重要组成部分，和平共处五项原则在整个国际法基本原则体系中占有重要地位④：一方面，和平共处五项原则是现代国际法的核心。和平共处五项原则是以国家主权作为中心理念的。在和平共处五项原则中，最重要的是国家主权原则。和平共处五项原则还突出地体现了国际法是"互惠法"这一特征。另一方面，和平共处五项原则既是建立公正、合理的国际秩序的基础，也是建立国际秩序的重要保障。⑤ 和平共处五项原则为中国的和平发展道路提供了对外交往的基本准则。在新的形势下，和平共处五项原则的精神历久弥新，和平共处五项原则的意义历久弥深，和平共处五项原则的作用历久弥坚。⑥

（二）国际法上的承认

自新中国成立以来，中国通过取得外国的承认和承认外国新国家或新政府的实践，形成了对承认问题的一贯立场和态度。

---

① 习近平：《决胜全面建成小康社会、夺取新时代中国特色社会主义伟大胜利——在中国共产党第十九次全国代表大会上的报告》（2017 年 10 月 18 日），25、60 页，北京，人民出版社，2017。
② 王毅：《中国是国际法治的坚定维护者和建设者》，载《光明日报》，2014 - 10 - 24，2 版。
③ 参见中华人民共和国外交部条约法律司编著：《中国国际法实践案例选编》，81 页，北京，世界知识出版社，2018。
④ See Hanqin Xue, "Chinese Contemporary Perspective on International Law: History, Culture and International Law", *Recueil des cours*, Vol. 355, 2011, p. 51.
⑤ 参见杨泽伟：《国际秩序与国家主权关系探析》，载《法律科学》，2004（6）。
⑥ 参见习近平：《弘扬和平共处五项原则、建设合作共赢美好世界——在和平共处五项原则发表 60 周年纪念大会上的讲话》（2014 年 6 月 28 日），载《人民日报》，2014 - 06 - 29，2 版。

1. 对新中国的承认

新中国政府是在推翻旧政府的基础上建立起来的一个新政府①，因此，在国际法上新中国的成立并不意味着一个新的国际法主体的诞生，对新中国的承认属于对新政府承认的范畴。关于对新中国的承认问题，中国的贡献主要体现在以下两个方面：（1）"逆条件"的承认。新中国不但拒绝接受其他国家提出的承认的条件，而且规定了自身的有关承认的条件——一种"逆条件"的承认②：新中国政府首先要求外国承认新中国政府为中国的唯一合法政府，不允许在承认新中国政府的同时，继续同中国台湾地区的所谓"中华民国政府"保持官方关系。换言之，新中国在承认的实践中，坚持"一个中国"原则。③（2）承认是相互的。例如，在新中国与加拿大、奥地利、马里和美国等国的承认问题上，承认是相互的，双方仅表示建立外交关系的共同愿望，但没有明确说出"承认"一词。④

2. 新中国对新国家或新政府的承认

一方面，中国承认殖民地人民通过行使民族自决权而建立的新国家。例如，1958 年中国政府承认在埃及开罗成立的阿尔及利亚临时政府为阿尔及利亚人民的唯一合法政府。⑤ 另一方面，中国政府奉行不干涉内政原则，尊重各国人民选择政府的意志。例如，针对 20 世纪 80 年代末东欧剧变后出现的一些新国家，中国政府不但及时地承认了这些新国家，而且与它们建立了外交关系。

（三）国际法上的继承

新中国在继承问题上的基本立场和态度，主要体现在以下三个方面。

1. 关于条约的继承

1949 年《中国人民政治协商会议共同纲领》第 55 条规定："对于国民党政府与外国政府所订立的各项条约和协定，中华人民共和国中央人民政府应加以审查，按其内容，分别予以承认，或废除，或修改，或重订。"这一规定，确立了新中国政府关于条约继承的一般原则，即根据条约的性质和内容，逐一审查，区别对待。实践中，新中国政府对旧政府所订条约既有接受的情形，也有经修订后继续适用的情形，更有不予继承的情形。

2. 关于财产的继承

新中国根据国际法上的继承制度，继承成立前中国在中国境内外的一切财产。因此，新中国自成立后，就对在香港以及新加坡等地的域外财产的产权问题作了郑重的

---

① See Hanqin Xue, "Chinese Contemporary Perspective on International Law: History, Culture and International Law", *Recueil des cours*, Vol. 355, 2011, p. 51.
② 参见陈体强：《中华人民共和国与承认问题》，载《中国国际法年刊》，1985，24 页。
③ See Hanqin Xue, "Chinese Contemporary Perspective on International Law: History, Culture and International Law", *Recueil des cours*, Vol. 355, 2011, pp. 70－74.
④ 参见陈体强：《中华人民共和国与承认问题》，载《中国国际法年刊》，1985，24 页。
⑤ 参见李潜虞：《试论阿尔及利亚争取民族独立斗争期间的中阿关系（1958—1962）》，载华东师范大学冷战国际史研究中心编：《冷战国际史研究》，第 14 期，北京，世界知识出版社，2012。

声明，表明所有属于中国的国家财产，当然归新中国所有。① 此外，新中国政府关于财产继承的立场，也体现在"光华寮案"（the Khoka-Ryo Student Dormitory Case）② 等实践中。

3. 关于债务的继承

新中国政府按照债务的性质和情况，区别对待：对于"恶意债务"（Odious Debts），一律不予继承；对于合法债务，则与有关国家协商，以求公平合理地解决。例如，2005 年在美国发生的所谓"莫里斯旧债券案"，是继"湖广铁路债券案"后在美国发生的又一起涉及中国政府的旧债券案，充分体现了中国对有关债务继承的基本立场。③

（四）和平解决国际争端

新中国自成立以来，一直奉行和平解决国际争端原则，坚持用和平的方法来解决国际争端。

1. 谈判和协商

新中国一贯重视通过谈判、协商解决国际争端。④ 例如，新中国通过谈判和协商的方式，稳妥处理与中国相关的边界问题。⑤ 到目前为止，中国已与 12 个邻国签订了边界条约⑥，全部或基本解决了与这些国家的陆地边界问题。此外，2000 年中越两国还正式签署了《中华人民共和国和越南社会主义共和国关于两国在北部湾领海、专属经济区和大陆架的划界协定》。⑦ 值得一提的是，中国分别与英国、葡萄牙通过谈判的方式，签订了中英《关于香港问题的联合声明》、中葡《关于澳门问题的联合声明》，成功解决了历史遗留下来的中英和中葡两国的领土问题。这是中国对和平解决历史问题的国际法贡献⑧，获得了国际社会的高度评价。⑨

---

① 参见周鲠生：《国际法》，上册，160 页，北京，商务印书馆，1976。

② "光华寮案"涉及中华人民共和国在日本的一项国家财产的产权继承问题。日本京都地方法院在 1977 年的判决中肯定该寮是中国的财产，中国有权继承在日本的中国财产。See Kitamura, "Japanese Supreme Court Judgement in the So-called 'Khoka-ryo Case'", 7（3）*Chinese Journal of International Law* 713，720（2008）; Ando, "The Khoka-Ryo Case and International Law: A Critique of the Japanese Supreme Court Decision", 53 *Japanese Yearbook of International Law*，8（2010）。另参见陈致中编著：《国际法案例》，36 页，北京，法律出版社，1998。

③ 参见段洁龙主编：《中国国际法实践与案例》，38～43 页，北京，法律出版社，2011。

④ 参见周鲠生：《国际法》，下册，759 页，北京，商务印书馆，1976。

⑤ 1955 年 4 月，周恩来总理在万隆会议上郑重宣布，中国政府愿意用和平的方法通过谈判与邻国解决边界问题。参见段洁龙主编：《中国国际法实践与案例》，165 页，北京，法律出版社，2011。

⑥ See Hanqin Xue, "Chinese Contemporary Perspective on International Law: History, Culture and International Law", *Recueil des cours*，Vol. 355，2011，p. 85.

⑦ 这是中国根据《海洋法公约》与邻国划定的第一条海上界线，有着重要的意义和积极的示范作用。

⑧ See Hanqin Xue, "Chinese Contemporary Perspective on International Law: History, Culture and International Law", *Recueil des cours*，Vol. 355，2011，p. 82.

⑨ See Jiuyong Shi, "Autonomy of the Hong Kong Special Administrative Region", *Leiden Journal of International Law*，Vol. 11，1998，pp. 63 - 70.

2. 国际仲裁

自成立以来，新中国对以国际仲裁的方法解决国际争端，一直持非常慎重的态度。在新中国成立之初，除有些对外贸易议定书规定以一定的仲裁方式解决有关贸易合同的争端外①，一般的中外双边条约中均没有载入任何仲裁条款。在中国参加的多边条约中，对以仲裁作为解决争端的条款，中国几乎都作出了保留。在实践中，中国对与邻国之间的领土争端，坚持谈判与协商而不接受仲裁的立场。例如，2013 年菲律宾依据《海洋法公约》第 287 条和附件七的规定，就中菲有关南海争端提起强制仲裁。② 中国政府多次郑重声明，中国不接受、不参与菲律宾提起的仲裁。③ 不过，从 20 世纪 80 年代后期开始，中国对以仲裁方式解决国际争端问题的政策有所调整，在经济、贸易、科技、文化等非政治性的国际条约中，中国开始同意载入仲裁条款或争端解决条款包括仲裁的方法。在中国参加国际公约时，也开始对一些规定了仲裁解决争端的条款不再保留，但仅限于与经济、贸易、科技、交通运输、航空、航海、环境、卫生、文化等有关的国际公约。在实践中，中国也开始把一些经济、贸易、海运等方面的争端提交国际仲裁并得到了较好的解决。④

3. 国际司法机构

（1）国际法院。新中国成立后的近 20 年间，中国政府与国际法院没有任何联系。⑤ 1972 年，中国政府宣布"不承认过去中国政府 1946 年 10 月 26 日关于接受国际法院强制管辖权的声明"。另外，中国从未与其他任何国家订立将国际争端提交国际法院的特别协议；中国参加的国际公约对含有把争端提交国际法院解决的条款，几乎无一例外地作出保留。迄今中国尚未向国际法院提交任何国际争端或案件。⑥

（2）国际海洋法法庭。中国政府虽然于 1996 年批准了《海洋法公约》，中国的赵理海、许光建和高之国相继出任国际海洋法法庭的法官，但是 2006 年根据《海洋法公约》第 298 条的规定向联合国秘书长提交了声明："关于《联合国海洋法公

---

① 例如，1957 年《中苏交货共同条件》第 29 条规定："因合同或同合同有关的一切争执，应该由仲裁办法解决"；同年《中波交货共同条件议定书》第 27 条、《中罗交货共同条件》第 28 条也有适用仲裁解决方法的规定。参见《中华人民共和国条约集》，第 6 集，91、109、138 页，北京，法律出版社，1958。
② 参见杨泽伟：《论中菲南海仲裁案裁决的无效性》，载《当代世界》，2016（6）。
③ 参见《中华人民共和国政府关于菲律宾共和国所提南海仲裁案管辖权问题的立场文件》（2014 年 12 月 7 日），载外交部网站，http://www.fmprc.gov.cn/mfa_chn/ziliao_611306/tytj_611312/zcwj_611316/t1217143.shtml。
④ 参见段洁龙主编：《中国国际法实践与案例》，371 页，北京，法律出版社，2011。
⑤ 从 1949 年新中国的成立到 1971 年新中国恢复在联合国的合法席位之前，基于中国两岸分治的事实，中国台湾地区当局窃据中国在联合国中的合法席位，新中国被排斥在联合国之外，无法与国际法院发生任何联系。但中国台湾地区当局依旧与国际法院保持正常的联系。1956 年徐谟去世后，顾维钧接替他担任国际法院法官，至 1967 年离任。
⑥ 1984 年，倪征噢先生当选为国际法院法官。这是第一位来自中华人民共和国的法官。See Hanqin Xue, "Chinese Contemporary Perspective on International Law: History, Culture and International Law", *Recueil des cours*, Vol. 355, 2011, p. 193.

约》第 298 条第 1 款（a）、（b）和（c）项所述的任何争端（涉及海域划界、领土争端、军事活动等争端——引者注），中华人民共和国政府不接受《联合国海洋法公约》第十五部分第二节规定的任何国际司法或仲裁管辖。"换言之，对于涉及海域划界、历史性海湾或所有权、军事和执法活动以及安理会执行《联合国宪章》所赋予的职务等争端，中国政府不接受《海洋法公约》第十五部分第二节下的任何强制争端解决程序，包括国际海洋法法庭的管辖等。迄今，中国尚未向国际海洋法法庭提交任何国际争端或案件。

（五）"一带一路"倡议

2013 年习近平主席提出的"一带一路"倡议，得到国际社会的高度关注和有关国家的积极响应。2015 年，国家发展和改革委员会、外交部和商务部共同发布了《推动共建丝绸之路经济带和 21 世纪海上丝绸之路的愿景与行动》。2016 年联合国 193 个会员国协商一致通过决议，欢迎共建"一带一路"等经济合作倡议，呼吁国际社会为"一带一路"建设提供安全保障环境。特别是，2017 年联合国安理会在有关"阿富汗形势"（the Situation in Afghanistan）的第 2344 号决议中，首次载入了中国"一带一路"倡议。[①] 截至 2021 年 6 月底，中国已累计同 140 个国家、32 个国际组织签署了 206 份政府间共建"一带一路"合作文件。[②] 可以说，"共建'一带一路'正在成为中国参与全球开放合作、改善全球经济治理体系、促进全球共同发展繁荣、推动构建人类命运共同体的中国方案"[③]。"一带一路"倡议作为现代国际法上一种国际合作的新形态、全球治理的新平台和跨区域国际合作的新维度，将对现代国际法的发展产生多方面的影响，如推动国际法基本原则的发展，促进国际过境运输制度的完善，丰富国际法实施方式以及充实国际发展援助制度等。总之，"一带一路"倡议顺应了进入 21 世纪以来国际合作发展的新趋势，昭示了新一轮的国际政治新秩序的变革进程，并且是增强中国国际话语权的有益尝试。

（六）"人类命运共同体"的构建

推动构建人类命运共同体，是习近平新时代中国特色社会主义思想的重要组成部分，也是新时代中国外交工作的总目标、总纲领和总战略。[④] 2017 年，习近平在联合国日内瓦总部发表题为《共同构建人类命运共同体》的主旨演讲，提出了构建人类命运共同体的原则和努力方向。[⑤] 2018 年，"推动构建人类命运共同体"被写入了《中华人民共和国宪法》。从人类命运共同体涵盖的内容看，它包括"持久

---

① See S/RES/2344（2017），available at http：//www. un. org/en/ga/search/view _ doc. asp? symbol＝s/res/2344（2017）.

② 参见《已同中国签订共建"一带一路"合作文件的国家一览》，载中国一带一路网，https：//www. yidaiyilu. gov. cn/xwzx/roll/77298. htm。

③ 《2018 国际十大新闻（寰宇·十大新闻）》，载《人民日报》，2018 - 12 - 29，3 版。

④ 参见徐宏：《人类命运共同体与国际法》，载《国际法研究》，2018（5）。

⑤ 参见习近平：《共同构建人类命运共同体》（2017 年 1 月 18 日习近平主席在联合国日内瓦总部的演讲），载《习近平谈治国理政》，第 2 卷，北京，外文出版社，2017。

和平、普遍安全、共同繁荣、开放包容、清洁美丽"五大支柱，具有丰富的国际法内涵。[①] "推动构建人类命运共同体思想是新时代中国国际法观的核心理念，是中国对国际法的发展的重要理论贡献。"[②] 一方面，人类命运共同体概念为现代国际法的发展提供了先进的价值追求，有利于推动国际法律秩序的变革。当今国际关系正在发生深刻变化，人类命运共同体概念蕴含了主权、民主、公平、正义的国际法理念，涉及了人类生活的方方面面，体现了国际关系民主化、法治化的发展趋势。另一方面，人类命运共同体概念是对和平共处五项原则的传承和发展。从某种意义上说，人类命运共同体语境下的和平共处五项原则，是六十多年前提出的该原则的升级版，是站在新的时代前沿提出的更高层次的追求。[③] 诚如中国外交部前副部长刘振民指出的："五项原则作为一个开放包容的国际法原则体系，60 年来不断被赋予新的内涵，从'和平共处'到'和平发展'，到'和谐世界'，再到'合作共赢'的'命运共同体'，既有传承，更有发展，必将以其强大的生命力和广泛的适用性，继续为世界的和平与发展作出重要贡献。"[④] 事实上，人类命运共同体的概念已得到了国际社会的广泛认同和响应，并已多次被写入联合国有关决议中。

三、新中国国际法学 70 年的主要特点及存在的问题

（一）新中国国际法学 70 年的主要特点

从新中国国际法学 70 年来的发展历程以及其对现代国际法发展的贡献来看，70 年来新中国国际法学主要呈现以下特点。

1. 注重运用国际法原理、规则分析国际关系中的热点问题

70 年来，国际关系中发生了许多重大事件，如 1956 年第二次中东战争[⑤]、1958 年中东局势[⑥]、1970 年代越南入侵柬埔寨[⑦]、1979 年伊朗人质事件[⑧]、1982 年第五次中东战争[⑨]和《海洋法公约》的签署[⑩]、1991 年海湾战争[⑪]、1993 年前南

---

① 参见徐宏：《人类命运共同体与国际法》，载《国际法研究》，2018（5）。

② 中华人民共和国外交部条约法律司编著：《中国国际法实践案例选编》，20 页，北京，世界知识出版社，2018。

③ 参见徐宏：《人类命运共同体与国际法》，载《国际法研究》，2018（5）。

④ 刘振民：《遵循五项原则、携手构建命运共同体》，载中华人民共和国外交部条约法律司编著：《中国国际法实践案例选编》，135 页，北京，世界知识出版社，2018。

⑤ 参见周鲠生、凌其翰、倪征燠：《苏伊士运河公司国有化问题的法律依据》，载《人民日报》，1956 - 08 - 13，5 版。

⑥ 参见周鲠生：《美英武装干涉中东是破坏国际法的严重罪行》，载《人民日报》，1958 - 07 - 26，2 版。

⑦ 参见陈体强：《骗取承认傀儡就是要使侵略合法化——从国际法角度看苏联支持越南侵柬》，载《人民日报》，1979 - 01 - 18，5 版。

⑧ 参见赵理海：《伊美事件与国际法——引渡、人质、外交豁免权》，载《法学杂志》，1980（1）。

⑨ 参见刘恩照：《联合国与中东战争》，载《中国国际法年刊》，1983，443~457 页。

⑩ 参见赵理海：《海洋法的新发展》，北京，北京大学出版社，1984。

⑪ 参见杨力军：《从海湾战争看联合国集体安全制度》，载《中国国际法年刊》，1992，311~327 页。

斯拉夫国际刑事法庭①和卢旺达国际刑事法庭设立②、1995年世界贸易组织成立③、1998年皮诺切特案④、1999年北约对南联盟的军事威胁及军事打击⑤、2001年"9·11"事件与阿富汗战争⑥、2003年伊拉克战争⑦、2004年《国家及其财产管辖豁免公约》通过⑧、2005年联合国成立60周年⑨、2012年《海洋法公约》签署30周年⑩、2014年克里米亚公投事件⑪、2015年第二次世界大战结束70周年⑫以及《巴黎协定》开启的全球新的应对气候变化进程⑬等中国国际法学者都予以了关注，并撰写了相关的论著进行国际法评析。此外，还有学者从国际法的角度专门研究了世界贸易组织的理论与实践⑭、联合国的改革⑮、国际刑事法院⑯、传染病的预防与控制⑰、《联合国反腐败公约》⑱等问题，具有鲜明的时代特征。这种理论与实践的紧密结合，为中国政府的有关决策提供了重要的法律依据。

2. 注意结合中国的实践

例如，我国学者就中国国际法史⑲、中英建交问题⑳、新中国与承认问题㉑、

① 参见凌岩：《跨世纪的海牙审判——记联合国前南斯拉夫国际法庭》，北京，法律出版社，2002。
② 参见凌岩：《利用媒体宣传种族仇恨和煽动灭绝种族的犯罪》，载《中国国际法年刊》，2005，62～87页。
③ 参见曾令良：《世界贸易组织法》，武汉，武汉大学出版社，1996。
④ 参见周忠海主编：《皮诺切特案析》，北京，中国政法大学出版社，1999。
⑤ 参见余民才：《从国际法角度看北约对南联盟的军事打击》，载《法学家》，1999（4）。
⑥ 参见梁西：《国际法律秩序的呼唤——"9·11"事件后的理性反思》，载《法学评论》，2002（1）。
⑦ 参见邵沙平、赵劲松：《伊拉克战争对国际法治的冲击和影响》，载《法学论坛》，2003（3）。
⑧ 参见龚刃韧：《国家豁免问题的比较研究》，北京，北京大学出版社，2005。
⑨ 参见陈东晓等：《联合国：新议程和新挑战》，北京，时事出版社，2005。
⑩ 参见金永明：《中国海洋法理论研究》，增订版，上海，上海社会科学院出版社，2014。
⑪ 参见曾令良：《与克里米亚"脱乌入俄事件"有关的国际法问题》，载《国际法研究》，2015（1）。
⑫ 参见杨泽伟：《论第二次世界大战对现代国际法发展的影响》，载《法治研究》，2015（6）。
⑬ 参见龚微、赵慧：《美国退出〈巴黎协定〉的国际法分析》，载《贵州大学学报（社会科学版）》，2018（2）。
⑭ 参见孙琬钟主编：《WTO理论和实践研究》，杭州，浙江大学出版社，2007。
⑮ 参见袁士槟、钱文荣主编：《联合国机制与改革》，北京，北京语言学院出版社，1995；杨泽伟主编：《联合国改革国际法问题研究》，武汉，武汉大学出版社，2009。
⑯ 参见高燕平：《国际刑事法院》，北京，世界知识出版社，1999；李世光、刘大群、凌岩主编：《国际刑事法院罗马规约评释》（上、下），北京，北京大学出版社，2006。
⑰ 参见王虎华：《论传染病的国际控制与国家的国际法义务》，载《政治与法律》，2003（4）。
⑱ 参见黄风、赵林娜等主编：《境外追逃追赃与国际司法合作》，北京，中国政法大学出版社，2007。
⑲ 参见王铁崖：《公法学会——中国第一个国际法学术团体》，载《中国国际法年刊》，1996，372～376页；田涛：《国际法输入与晚清中国》，济南，济南出版社，2001；林学忠：《从万国公法到公法外交——晚清国际法的传入、诠释与应用》，上海，上海古籍出版社，2009；杨泽伟：《国际法史论》，2版，北京，高等教育出版社，2011。
⑳ 参见陈体强：《中英建立外交关系与中英新约》，载《新建设》，1950（11）。
㉑ 参见陈体强：《中华人民共和国与承认问题》，载《中国国际法年刊》，1985，24页。

和平共处五项原则①、"西藏问题"②、中印边界问题③、中国国籍法问题④、湖广铁路债券案⑤、"台湾问题"⑥、美国的"台湾关系法"⑦、美国向中国台湾地区出售武器问题⑧、香港居民的国籍问题⑨、香港与国际组织⑩、香港与《关税贸易总协定》⑪、新中国条约法问题⑫、国际条约在中国特别行政区的适用问题⑬、光华寮案⑭、中国的最惠国待遇问题⑮、"银河号"事件⑯、中国领海及毗连区的法律制度⑰、中美撞机事件⑱、中日钓鱼岛主权争端⑲、黄岩岛事件⑳、南海仲裁案㉑、南海共同开发问题㉒、G20 杭州峰会㉓等建言献策。此外，随着中国国家领导人提出

① 参见魏敏：《和平共处五项原则在现代国际法上的意义》，载《中国国际法年刊》，1985，237～252 页。
② 周鲠生：《联合国干涉"西藏问题"是非法的》，载《政法研究》，1959（6）。
③ 参见周鲠生：《国际法并不支持印度对中印边界问题的立场》，载《人民日报》，1962 - 07 - 26，5 版。
④ 参见李浩培：《国籍问题比较研究》，北京，法律出版社，1979；李双元、将新苗主编：《现代国籍法》，长沙，湖南人民出版社，1999。
⑤ 参见陈体强：《国家主权豁免于国际法——评湖广铁路债券案》，载《中国国际法年刊》，1983，31～53 页。
⑥ 范宏云：《国际法视野下国家统一研究——兼论两岸统一过渡期法律框架》，广州，广东人民出版社，2008。
⑦ 张鸿增：《从国际法看美国的"台湾关系法"》，载《中国国际法年刊》，1982，195～204 页。
⑧ 参见陈体强：《从国际法论美国向台湾出售武器问题》，载《人民日报》，1982 - 02 - 05，6 版。
⑨ 参见张勇、陈玉田：《香港居民的国籍问题》，北京，法律出版社，2001。
⑩ 参见姚壮：《香港与国际组织》，载《中国国际法年刊》，1989，321～335 页。
⑪ 参见史久镛：《香港与关贸总协定》，载《中国国际法年刊》1987，259～272 页。
⑫ 参见王铁崖：《条约在中国法律制度中的地位》，载《中国国际法年刊》，1994，3～18 页；王勇：《条约在中国适用之基本理论问题研究》，北京，北京大学出版社，2007；王勇：《中华人民共和国条约法问题研究（1949—2009 年）》，北京，法律出版社，2012。
⑬ 参见王西安：《国际条约在中国特别行政区的适用》，广州，广东人民出版社，2006。
⑭ 参见王厚立、薛捍勤：《光华寮案的国际法问题研究》，载《中国国际法年刊》，1988，223～241 页。
⑮ 参见王毅：《中华人民共和国在国际贸易中的最惠国待遇问题》，载《中国国际法年刊》，1990，125～151 页。
⑯ 参见邵津：《"银河号"事件的国际法问题》，载《中外法学》，1993（6）。
⑰ 参见王丽玉：《中华人民共和国领海及毗连区的法律制度》，载《中国国际法年刊》，1992，428～345 页。
⑱ 参见刘文宗：《欲盖弥彰，难辞其咎——评美国政府对海南撞机事件的遁词》，载《外交学院学报》，2001（2）。
⑲ 参见罗国强：《钓鱼岛争端的解决进路辨析》，载《太平洋学报》，2012（12）。
⑳ 参见孔令杰：《中菲关于黄岩岛领土主权的主张和依据研究》，载《南洋问题研究》，2013（1）。
㉑ 中国国际法学会不但公开发表了《菲律宾所提南海仲裁案仲裁庭的裁决没有法律效力》，而且出版了《南海仲裁案管辖权问题专刊》《南海仲裁案裁决之批判》中英文版。参见中国国际法学会：《中国国际法年刊：南海仲裁案管辖权问题专刊》，北京，法律出版社，2016；中国国际法学会：《南海仲裁案裁决之批驳》（中英文），北京，外文出版社，2018。
㉒ 参见杨泽伟：《论海上共同开发的法律依据、发展趋势及中国的实现路径》，载《中国国际法年刊》，2015，110～139 页。
㉓ 参见杨国华：《G20 杭州峰会与 WTO 的发展》，载《中国国际法年刊》，（2016），325～347 页。

"中国梦"①、"一带一路"倡议②以及"人类命运共同体"③ 等，中国国际法学界又开始关注这些重大的理论与现实问题。

3. 研究领域不断拓展

众所周知，近代国际法是以战争法为主，以平时法为辅的，格老秀斯的名著《战争与和平法》即为其中的一例。然而，第二次世界大战结束以后，欧美的国际法教科书都以平时法为主，对"战时法或是根本不提，或只作简单介绍"④。特别是，随着科学技术的进步，国际法涉及的范围不断扩大成为现代国际法发展的一个重要趋势。⑤ 有鉴于此，70年来中国国际法学者也在不断地开拓新的研究领域，寻找新的学科增长点。例如，空间法是第二次世界大战以后逐渐发展起来的，中国国际法学者及时予以了关注。⑥ 又如，从20世纪70年代开始，环境问题逐渐引起国际社会的重视，国际环境法也逐渐成为现代国际法的新分支。⑦ 此外，国际组织法⑧、国际人权法⑨、国际刑法⑩等不但成为现代国际法的一个新分支，而且也是中国国际法学者研究的重要领域。另外，随着移民和难民问题的凸显，有学者对此也开展了研究。⑪ 值得一提的是，杨泽伟教授及其研究团队成员在国内较早地开展

---

① 杨泽伟：《中国梦的国际法解读》，载《武大国际法评论》，2014（1）。

② 这方面的研究成果很多，如漆彤：《"一带一路"国际经贸法律问题研究》，北京，高等教育出版社，2018；何志鹏《"一带一路"：中国国际法治观的区域经济映射》，载《环球法律评论》，2018（1）；何力主编：《一带一路战略与海关国际合作法律机制》，北京，法律出版社，2015。

③ 徐宏：《人类命运共同体与国际法》，载《国际法研究》，2018（5）；王瀚主编：《"一带一路"与人类命运共同体构建的法律与实践》，北京，知识产权出版社，2018。

④ 陈体强：《国际法论文集》，267页，北京，法律出版社，1985。

⑤ See Malcolm N. Shaw, *International Law*, 9th ed., Cambridge University Press, 2021, p. 36.

⑥ 这方面代表性的著作主要有：贺其治：《外层空间法》，北京，法律出版社，1992；赵维田：《国际航空法》，北京，社会科学文献出版社，2000；贺其治、黄惠康主编：《外层空间法》，青岛，青岛出版社，2000；王瀚、张超汉、孙玉超主编：《国际航空法专论》，北京，法律出版社，2017。

⑦ 在国际环境法领域，代表性著作主要有：韩健、陈立虎：《国际环境法》，武汉，武汉大学出版社，1992；王曦：《国际环境法》，北京，法律出版社，1998；林灿铃：《国际环境法》，修订版，北京，人民出版社，2011。

⑧ 这方面代表性著作主要有：梁西：《梁著国际组织法》，修订6版，杨泽伟修订，武汉，武汉大学出版社，2011；饶戈平主编：《国际组织法》，北京，北京大学出版社，1996。

⑨ 这方面代表性著作主要有：万鄂湘、郭克强：《国际人权法》，武汉，武汉大学出版社，1994；孙世彦：《〈公民及政治权利国际公约〉缔约国的义务》，北京，社会科学文献出版社，2012；郭曰君等：《国际人权救济机制和援助制度研究》，北京，中国政法大学出版社，2015。

⑩ 这方面代表性著作主要有：邵沙平：《现代国际刑法教程》，武汉，武汉大学出版社，1993；马呈元：《国际刑法论》，北京，中国政法大学出版社，2008。

⑪ 参见翁里：《国际移民法理论与实务》，北京，法律出版社，2001；刘国富：《国际难民法》，北京，世界知识出版社，2014；刘国富：《中国难民法》，北京，世界知识出版社，2015。

了对国际能源法的研究①，并较为系统地论证了国际能源法是国际法的一个新分支，国际能源法的出现是国际法发展的新突破。② 应该指出的是，70 年来中国国际法学的研究成果产出不均，后 35 年的成果要远远超过前 35 年的。

（二）70 年来新中国国际法学存在的主要问题

1. 对新中国国际法的理论与实践的系统总结有待进一步加强

如前所述，70 年来与新中国有关的国际法理论与实践非常丰富，中国国际法学在诸多领域对现代国际法的发展作出了重要贡献，如国际法的效力依据、国际法与国内法的相互关系、和平共处五项原则在现代国际法基本原则体系中的地位、中国的承认与继承问题、莫里斯旧债券案引发的国家豁免问题、双重国籍问题、和平解决国际争端的理论与实践、"和谐世界"的国际法基础、"中国梦"的国际法蕴涵、"一带一路"倡议的法律保障问题、构建"人类命运共同体"涉及的重大国际法问题等。由于目前中国国际法学界还没有对上述有关新中国国际法的理论与实践进行全面的总结，因此有组织地系统研究这些与中国国际法的理论与实践密切相关的问题，不但能够较好地体现和展示中国国际法学的特色，而且有助于提炼、形成中国的国际法观。③

2. 对国际立法和国际司法活动的参与度有待进一步提高

由于种种原因，直到 1971 年新中国才恢复在联合国的合法席位。之后，中国政府派代表团参加了第三次联合国海洋法会议，中国政府推荐的候选人也先后当选为联合国国际法委员会的委员、国际法院的法官、国际海洋法法庭的法官、前南斯拉夫国际刑事法庭的法官、世界贸易组织争端解决机制的法官，以及一些政府间国际组织的负责人等。然而，从某种意义说，在国际立法和国际司法活动中，中国参与度并不高。例如，在国际条约制定过程中的议题设置和约文起草方面，多年来中国一般采取所谓的"事后博弈"的方式，即由发达国家主动设置议题、提出国际条

---

① 截至 2017 年 12 月，国内已经有多部这方面的著作出版。参见杨泽伟：《中国能源安全法律保障研究》，北京，中国政法大学出版社，2009；高宁：《国际原子能机构与核能利用的国际法律控制》，北京，中国政法大学出版社，2009；谭民：《中国—东盟能源安全合作法律问题研究》，武汉，武汉大学出版社，2016；郭冉：《国际法视阈下美国核安全法律制度研究》，武汉，武汉大学出版社，2016；吕江：《能源革命与制度建构：以欧美新能源立法的制度性设计为视角》，北京，知识产权出版社，2017；程荟：《中国与欧盟能源应急合作法律问题研究》，武汉，武汉大学出版社，2017。此外，杨泽伟总主编"新能源法律与政策研究丛书（共 13 卷）"（武汉大学出版社出版）。

② 参见杨泽伟：《中国能源安全法律保障研究》，226~245 页，北京，中国政法大学出版社，2009；杨泽伟：《国际能源法：国际法的一个新分支》，载《华冈法萃》，2008（40）。

③ 令人欣慰的是，2011 年法律出版社出版了时任外交部条约法律司司长段洁龙主编的《中国国际法实践与案例》（北京，法律出版社，2011），该书可能是中华人民共和国成立以来第一部较全面、系统地论述中国政府对国际法解释和适用的著作；2018 年，中华人民共和国外交部条约法律司又编著了《中国国际法实践案例选编》（北京，世界知识出版社，2018）。

约草案，中国仅扮演一个参赛选手的角色①，被动应对。② 在世界贸易组织规则和应对气候变化问题等方面，就是典型的例子。在国际司法方面，中国对利用国际司法的方法解决国际争端持一种消极的态度，迄今尚未向国际司法机构提交一件争端案，亦未主动请求国际法院和国际海洋法法庭发表咨询意见。并且，在国际司法机构的判决中，中国籍的法官提出的独立意见也明显偏少。

3. 为中国对外政策或外交实践提供前瞻性的理论支撑尚显不足

众所周知，国际法在国际关系、国际政治中的作用是不可否认的。各国都把国际法作为处理包括贸易、金融、投资、安全、文化和科技等众多国际事务的一种不可缺少的工具。③ 因此，国际法对一国外交政策的支撑作用尤为重要。④ 近代国际法是如此，现代国际法亦然。例如，在近代格老秀斯（Hugo Grotius）的"海洋自由论"⑤ 和宾刻舒克（Cornelius van Bynkershoek）的"大炮射程说"⑥，为荷兰的海洋扩张政策提供了重要的理论依据。又如，在现代苏联国际法学者提出的所谓"社会主义国际法"的学说⑦，为巩固华沙条约组织、扩大苏联的影响发挥了不可或缺的作用。⑧ 进入21世纪以来，美国提出了"先发制人"战略和"预防性自卫"理论⑨，加拿大"干预和国家主权国际委员会"提出了"保护的责任"理论⑩，尽管

---

① 有学者曾经一针见血地指出："中国并不是议程的制定者。中国常常对别国提出的议案做出反应。事实上，中国的被动性表现使发展中国家的外交家感到惊讶。中国在联合国大会或安理会上很少提出建设性的解决办法。"[江忆恩：《美国学者关于中国与国际组织关系研究概述》，载《世界经济与政治》，2001（8）。]
② 曾令良教授也认为："虽然中国几乎参与了各种国际法律起草或编纂机构，但是鲜有中国代表和专家作为专题报告人或召集人；中国对有关的国际法议题也很少提交原创性的动议，往往只是就已有的草案发表原则性的评论和意见。"[曾令良：《中国践行国际法治30年：成就与挑战》，载《武大国际法评论》，2011（1）。]
③ See Onuma Yasuaki, "International Law in and with International Politics: The Functions of International Law in International Society", *European Journal of International Law*, Vol. 14, No. 1, 2003, p. 124.
④ 参见[苏]格·童金：《国际法原论》，尹玉海译，221页，北京，中国民主法制出版社，2006。
⑤ Thomas A. Walker, *History of the Law of Nations*, Cambridge University Press, 1889, pp. 278-283.
⑥ Kinji Akashi, "Cornelius van Bynkershoek: His Role in the History of International Law", the Hague, 1998, p. 47.
⑦ 参见[苏]科热夫尼科夫：《国际法》，刘莎、关云逢、腾英隽、苏楠译，62~75页，北京，商务印书馆，1985。
⑧ 拉丁美洲的厄瓜多尔于1907年提出的"托巴主义"、墨西哥于1930年提出的"艾斯特拉达主义"，也均产生了一定的影响。而马耳他常驻联合国代表阿维德·帕多（Arvid Pardo）于1967年提出的"人类共同继承财产"原则更是被广泛接受，成为国际海底区域法律制度的基本原则。
⑨ See "The National Security Strategy of the United States of America (September 2002)", available at http://www.whitehouse.gov/response/index/htm。另参见杨泽伟：《国际法》，3版，74~75页，北京，高等教育出版社，2017。
⑩ 参见"干预和国家主权国际委员会"的报告：《保护的责任》（2001年12月），载http://www.iciss.ca/pdf/commission-report.pdf；杨泽伟：《"保护的责任"及其对国家主权的影响》，载《珞珈法学论坛》，2006（5）。

引发较大争议，但均在国际社会产生了较大的影响。然而，透视中国国际法学 70
年的发展历程，我们可以发现，中国国际法研究侧重于传统理论和个案的实践，未
能同国家的整体发展战略或外交实践紧密地结合起来，或者说，没有紧扣国家发展
的大局。正因如此，中国国际法学界还没有推出富有世界影响的并被不少国家接受
的国际法理论，而且为中国对外政策或外交实践提供前瞻性支撑的理论也尚显不
足。诚如有学者所指出的：“与传统国际法强国相比，我国运用国际法的意识、经
验、能力和机制还存在发展不平衡不充分的问题，在参与和利用国际司法机构等局
部领域有明显短板。”[1]

4. 具有世界性影响的国际法论著尚不多见

如前所述，70 年来新中国国际法学界成果丰硕，几乎涵盖了现代国际法的所
有领域；一些学者如陈体强、王铁崖、李浩培和薛捍勤等的论著还产生了较大的国
际影响。然而，由于中文还不是世界国际法学者主要的表达方式，加上国际法原本
属于来自西方的“舶来品”以及中国社会发展的风云激荡等原因，由中国学者撰写
的具有世界性影响的国际法论著尚不多见。因此，伴随着中国综合国力的进一步增
强、“一带一路”建设的推进，推出诸如格老秀斯的《战争与和平法》、瓦特尔的
《国际法》和《奥本海国际法》等既能满足时代的现实需要，又能被国际社会普遍
接受和认可的学术巨著，成为新时代对中国国际法学者的重要呼唤。

四、中国国际法学的发展方向

随着国际关系的发展变化，未来中国国际法学的发展将呈现出以下主要趋势。

（一）国际法的解释和适用问题将更加受重视

表现为文字的法律文件难免会产生歧义，作为国际法主要法律渊源的国际条约
和国际习惯更是如此。一方面，缔约国为了尽快就条约文本达成一致，可能会故意
采用一些原则性或模糊性的规定以弥合彼此间的分歧；另一方面，国际社会对于某
一规则是否已成为习惯国际法规则，也不容易达成共识。更为重要的是，近年来在
世界贸易组织法等领域国际法的碎片化现象日益增多，一些国际人权条约机构的扩
权行为不断增加，类似国际海洋法法庭等国际司法机构的越权行为凸显，在国际法
院的判决中法官的独立意见也越来越多等。这些新的动向，在一定程度上体现了目
前国际社会各利益攸关方，包括主权国家，为了寻找法律依据以维护其自身利益，
不惜对国际条约和国际习惯片面地作出有利于自己的解释。最典型的例子，就是
2013 年菲律宾单方面发起的“南海仲裁案”，该案的起因及裁决结果，充分体现了
菲律宾和仲裁庭对《海洋法公约》有关条款的曲解。因此，中国国际法学者应更加

---

[1]　中华人民共和国外交部条约法律司编著：《中国国际法实践案例选编》，20 页，北京，世界知识出版
社，2018。

重视国际法的解释和适用问题，以更好地维护中国的国家权益。

（二）国际法的理论创新将进一步加强

近年来，国际关系出现了较大变化。一方面，美国的综合国力相对下降并实行战略收缩政策，而新兴力量不断崛起；另一方面，中国的国际地位明显提升——中国不但是世界第二大经济体，而且在国际舞台上具有很大的政治影响力。在此背景下，国际法理论为中国整体发展战略和外交实践提供理论支撑的作用将更加突显；进一步加强中国国际法的理论创新，也成为新时代对中国国际法学者的必然要求。此外，国际法的法理分析也日益受到中国国际法学者的重视，不少学者开始探讨研究诸如国际法的理念、国际法的价值、国际法的方法论以及国际法的认识论等问题。对国际法基本理论问题的深入探索，必然有助于国际法的理论创新。

（三）增强国际法发展的中国话语权，将成为中国国际法学者的重要使命

"虽然中国现在几乎参加了所有重要的国际组织和国际会议，而且国际话语权在逐步增强，但这与国际社会对中国作为一个负责任大国的期待还有一定的距离。"① 特别是，随着中国综合国力的日益增强，中国国家利益涉及的范围日益宽广，"贡献处理当代国际关系的中国智慧，贡献完善全球治理的中国方案"②，"努力从根本上实现中国从国际秩序、规则和理念的接受者、参与者向建设者、贡献者和引领者转变"③，既是世界各国对中国国际法学者的期待，也是新时代中国国际法学者的应有担当。因此，中国国际法学界首先应基于新中国 70 年来的中国国际法理论与实践，提出在内容上具有中国特色，又能够被国际社会大多数国家接受的中国国际法理念或中国国际法观。其次，在国际法发展的新领域如网络治理、人工智能、外层空间、国际海底区域以及极地问题等，应加强在国际议题的引领和规则内容的主导等方面的作用。最后，从维护和争取国家利益的角度出发，应注意到发展中国家已经分化的事实，寻找不同的利益共同体。

推荐阅读书目及论文

1. 周鲠生 . 国际法 . 上，下册 . 北京：商务印书馆，1976

2. 陈体强 . 中华人民共和国与承认问题 . 中国国际法年刊，1985

3. 程晓霞，张文彬 . 中国国际法学的回顾与展望 . 法律学习与研究，1988（5）

4. 程晓霞主编 . 国际法的理论问题 . 天津：天津教育出版社，1989

5. 张友渔主编 . 中国法学四十年 . 上海：上海人民出版社，1989

---

① 曾令良：《中国践行国际法治 30 年：成就与挑战》，载《武大国际法评论》，2011（1）。
② 庞中英：《全球治理的中国角色》，143～144 页，北京，人民出版社，2016。
③ 中华人民共和国外交部条约法律司编著：《中国国际法实践案例选编》，21 页，北京，世界知识出版社，2018。

6. 段洁龙主编 . 中国国际法实践与案例 . 北京：法律出版社，2011

7. 杨泽伟 . 国际法史论 . 修订 2 版 . 北京：高等教育出版社，2011

8. 曾令良 . 中国践行国际法治 30 年：成就与挑战 . 武大国际法评论，2011
(1)

9. 刘畅 . 近代中国国际法学的生成与发展 . 北京：法律出版社，2013

10. 中华人民共和国外交部条约法律司编著 . 中国国际法实践案例选编 . 北京：
世界知识出版社，2018

11. 黄惠康 . 中国特色大国外交与国际法 . 北京：法律出版社，2019

12. 杨泽伟 . 改革开放四十年来的中国国际公法学：特点、问题与趋势 . 武大
国际法评论，2018（6）

13. Hanqin Xue. Chinese Contemporary Perspective on International Law：History，Culture and International Law. Recueil des cours. Vol. 355，2011

第 二 十 八 章

新时代中国国际法观

作为国际关系发展的产物，国际法一直是随着国际关系的演进而不断发展变化的，因此，"每一时期的国际法都反映了该时期国际关系的特点和主流价值观，并对现存国际秩序予以保障"①。伴随着综合国力和国际影响力的日益增强，中国正由国际法规则的"接受者""跟跑者"向"塑造者""引领者"转变。在这一背景下，新时代中国国际法观不但对中国参与国际法规则的博弈和国家权益的维护发挥指引作用，而且也为国际社会高度关注。有鉴于此，系统梳理和总结中国国际法观，既是构建中国特色的国际法学体系的必然要求，也是中国走向世界舞台中央的新时代呼唤。

一、新时代呼唤中国国际法观

（一）国际："百年未有之大变局"

目前国际关系正经历第二次世界大战以来最深刻的变化，被誉为"百年未有之大变局"②。

1. "逆全球化"的潮流汹涌激荡

一方面，英国正式脱欧。2018 年 1 月，英国首相特蕾莎·梅向世界表达了英国"光荣孤立"的决心，宣布英国"硬脱欧"。此后英国脱欧进程加速。2019 年 10 月，欧盟委员会主席容克宣布，欧盟委员会与英国政府就英国"脱欧"达成协议。2020年 1 月 31 日，英国正式离开欧盟。另一方面，美国接连"退群"。特朗普上任以来，相继退出了《跨太平洋伙伴关系协定》（TPP）、气候变化《巴黎协定》、《伊核问题全面协议》、《中导条约》，以及联合国教科文组织、世界卫生组织③和联合国

---

① 黄惠康：《论国际法的编纂与逐渐发展——纪念联合国国际法委员会成立七十周年》，载《武大国际法评论》，2018（6），31 页。
② 习近平：《顺应时代潮流、实现共同发展》，载《人民日报》，2018-07-26，2 版。
③ 2020 年 5 月 29 日，美国总统特朗普宣布，由于世界卫生组织"拒绝执行美方所要求的改革"，美国将终止与世界卫生组织的关系，并将向该组织缴纳的会费调配到别处。

人权理事会等。此外，2020 年突如其来的新冠肺炎疫情引发了"逆全球化"的大辩论。为了阻断新冠肺炎疫情的传播途径，各主权国家纷纷采取减少人员跨境流动，出台贸易保护措施。因此，新冠肺炎疫情是否会逆转全球化的历史潮流，成为当前国际社会和媒体热议的话题。①

2. 大国战略竞争、对抗的现象凸显

一方面，俄美对抗继续。近年来，俄罗斯与美国在乌克兰、叙利亚等多个地区发生对抗，以美国为首的北约不断向欧洲东部地区进行扩展，俄美关系已步入下行发展的通道。况且，受国内种种因素的牵制和影响，拜登总统上台后并未主动采取缓和与俄罗斯关系的举措，未来美俄在地区热点问题等方面的对抗仍将继续。另一方面，中美战略竞争、对抗多点展开。2018 年年初美国公布最新《国防战略报告》，明确指出"大国竞争"取代"反恐"，已成为美国国家安全的首要关切，中国也成为美国主要大国竞争对象之一。出于防范和遏制中国的目的，美国对中国的经济、外交和政治等领域全面升级施压的可能性增大，不排除中美之间出现一场新型的"全面冷战"，中美对抗、竞争将成为常态。

3. 地区热点此伏彼起

东北亚局势出现相对缓和，地缘政治呈现紧张局面的中东和东北非乱象依旧：西亚和北非的难民问题、东非一些国家的武装冲突，都将牵动国际社会的神经。尤其是美国退出《伊朗核问题全面协议》后伊核问题的走向，叙利亚内战接近尾声之际叙利亚的政局问题，沙特阿拉伯在中东事务中的作用，土耳其的对外政策，阿以冲突，也门内战等，仍将值得关注。

特别是，世界多极化、经济全球化、社会信息化、文化多样化深入发展，全球治理体系和国际秩序变革加速推进，各国相互联系和依存日益加深，国际力量对比更趋平衡，和平发展大势不可逆转。同时，世界面临的不稳定性、不确定性突出，世界经济增长动能不足，贫富分化日益严重，地区热点问题此起彼伏，恐怖主义、网络安全、重大传染性疾病、气候变化等非传统安全威胁持续蔓延，人类面临许多共同挑战。②

（二）国内：中国共产党十八大以后中国进入发展的新时代

（1）政治方面，中国作为联合国安理会常任理事国和最大的发展中国家的影响力在进一步提升。中国外交对国际议程不是被动接受，而是主动塑造；中国正由世界变局的被动承受方变为重要参与方，既是"因变量"，也是"自变量"。特别是，中国提出的"一带一路"倡议，历经 8 年多发展历程，取得了很多成果，产生了很大影响，并被写入了联合国有关决议中。

---

① 参见魏晋：《新冠疫情怎样影响世界经济》，载《世界知识》，2020（12），69 页，

② 参见习近平：《决胜全面建成小康社会、夺取新时代中国特色社会主义伟大胜利——在中国共产党第十九次全国代表大会上的报告》（2017 年 10 月 18 日），58 页，北京，人民出版社，2017。

（2）经济方面，中国作为世界第二大经济体，在世界经济中的比重加大。目前中国已成为全球第一大制造国、第一大造船国、第一大外汇储备国、第一大债权国、第一大货物贸易国、第一大石油进口国、第一大天然气进口国等。中国经济对外依存度长期保持在60%左右，有3万多家企业遍布世界各地，几百万名中国公民工作、学习、生活在全球各个角落，全年出境旅游人数达1.4亿人次，海外利益已成为中国国家利益的重要组成部分。另据国际货币基金组织2019年5月31日公布的统计资料，2018年全球经济总量为84.74万亿美元，其中美国GDP为20.49万亿美元，中国为13.41万亿美元，日本为4.97万亿美元，分别占全球经济总量的24.18%、15.82%和5.86%。据国际货币基金组织预测，2022年中国按市场汇率计算的GDP将达到18.38万亿美元，达到美国的78.2%，约为日本的3.4倍；同期，中国用购买力平价方法衡量的GDP达到34.47万亿国际元，约为美国的1.5倍。

（3）科学技术方面，迄今人类已进入互联网时代，在庞大的5G体系中，中国在5G标准、5G业务和应用的开发与营运、通信系统设备研发和部署能力以及电信运营商的网络部署能力等方面，领先世界。[1]

综上可见，处在世界发展转型过渡期和中国发展历史交汇期相互叠加的新时代，系统阐释中国国际法观恰逢其时。

二、中国国际法观的历史溯源

"有人认为，现行国际法基本上由西方国家主导，中国的影响微乎其微。"[2] 其实，中国国际法观既植根于深厚的中国传统文化，也一直指引中国对国际法发展的贡献。

（一）中国传统文化

一国国际法观的形成，无疑是多种因素复合作用的结果，而传统文化必然是一国塑造本国国际法观的重要因素之一。正如美国学者洛弗尔（John P. Lovell）所说："在每个民族国家中，统治本身与外交政策的制定都是在一定文化环境中产生的。"[3] 因此，新时代中国国际法观可以从中国传统文化中找到踪迹。

1. 治理观

中国传统文化蕴含的治理观主要包括以下三个方面：首先，拥有"天下一家""世界大同"的宏伟理想。其次，秉持"兼爱非攻"[4]、"己所不欲、勿施于人"[5] 的

① 参见黄惠康：《中国特色大国外交与国际法》，358~361页，北京，法律出版社，2019。
② 徐宏：《亲历国际法风云、点赞中国贡献》，载《武大国际法评论》，2019（1），29页。
③ John P. Lovell, "The United States as Ally and Adversary in East Asia: Reflections on Culture and Foreign Policy", in Jongsuk Chay ed., *Culture and International Relations*, Penn. State Press, 1990, p. 89.
④ "兼爱非攻"语出《兼爱上》："天下兼相爱则治，交相恶则乱。"
⑤ "己所不欲、勿施于人"出自《论语·公冶长》："我不欲人之加诸我也，吾亦欲无加诸人。"

价值理念。最后，坚持"以和为贵"①、"协和万邦"②的相处之道。

2. 人权观

中国古代在人与人之间关系方面，主张"仁者爱人"③，即不但有要有仁慈之心、怜悯之心、友爱之心，而且还要把这种仁爱之心付诸行动。

3. 发展观

中国传统文化注重"天人合一"的整体性思维，强调"人与自然的和谐"；认为在宇宙和大自然的法则中，包容精神与和合之道随处可见："万物并育而不相害，道并行而不相悖"④。《荀子》有言："天地合而万物生，阴阳接而变化起。"⑤《国语·郑语》亦载："夫和实生物，同则不继。"

4. 责任观

中国古代既有"达则兼济天下"的责任和担当，也有"兴利除弊"的勇气和追求。孟子有言："古之人，得志，泽加于民；不得志，修身见于世。穷则独善其身，达则兼济天下。"⑥墨子曰："仁之事者，必务求兴天下之利，除天下之害。将以为法乎天下，利人乎即为，不利人乎即止。"⑦

总之，上述中国传统文化中有关"治理""人权""发展""责任"等方面的思想，对当今中国国际法观的形成有很大影响。换言之，新时代中国国际法观打上了中国传统文化特质的烙印。

（二）中国近代对国际法的认识与态度

19世纪中叶近代国际法输入中国以后，清政府在外交上开始注意利用国际法来维护本国的权益，典型的例子有林则徐禁烟活动、清廷处理普鲁士扣留丹麦商船事件等。⑧然而，清代官员及学者对国际法的看法基本上可分为两类。一类以郑观应、薛福成、张之洞和马建忠等人的观点为代表。他们似乎对国际法并没有太大的信心，大体上认为国际法固然对中国不无助益，但关键仍在国家是否强盛，强则可享国际法上的利益，弱则国际法并不可恃。例如，郑观应认为："虽然公法一书，久共遵守，乃仍有不可尽守者。盖国之强弱相等，则籍公法相维持，若太强太弱，公法未必能行也。"⑨另一类观点认为，西方国际法的内容很完美，作用也很大，可以倚信它保卫国家安全、维护世界和平。在这方面，端方、李鸿章、李佳和曾纪

---

① "以和为贵"出自《论语·虞书·学而》："礼之用，和为贵。先王之道，斯为美。"
② "协和万邦"出自《尚书·尧典》："百姓昭明，协和万邦。黎民于变时雍。"
③ "仁者爱人"出自《孟子·离娄下》："君子所以异于人者，以其存心也。君子以仁存心，以礼存心。仁者爱人，有礼者敬人。爱人者人恒爱之，敬人者人恒敬之。"
④ 《礼记·中庸》。
⑤ 王先谦：《荀子集解·礼记篇十九》，356页，北京，中华书局，2012。
⑥ 《孟子·尽心章句上》。
⑦ 《墨子·非乐》。
⑧ 参见杨泽伟：《国际法史论》，2版，344～345页，北京，高等教育出版社，2011。
⑨ 郑观应：《增订正续盛世危言》，卷四，8～10页，上海，上海六先书局，1892。

泽等人的观点颇具代表性。曾任清廷两江总督等重要职务的端方认为，国际法能使"国自固其权利，人自笃其忠信；玉帛可以永敦，干戈可以永戢"①。应当指出的是，在近代国际法被介绍到中国之后，尽管在形式上清代中国已经逐步跨进国际社会，并被迫纳入国际法律秩序的范围，但是清朝对外关系所适用的规则主要是不平等条约制度。②

（三）中国现代对国际法的接受与贡献

1949 年中华人民共和国的成立，是国际关系史上的一件大事。从国际法角度看，新中国的国际法主体地位没有变。然而，新中国与旧中国相比，社会性质方面有了重大的发展。因此，人民共和国的对外政策和对国际法的基本观点也必然随之发生相应变化。1949 年，《中国人民政治协商会议共同纲领》明确规定："中华人民共和国外交政策的原则，为保障本国独立、自由和领土主权的完整，拥护国际的持久和平和各国人民间的友好合作，反对帝国主义的侵略政策和战争政策"；"对于国民党政府与外国政府所订立的各项条约和协定，中华人民共和国中央人民政府应加以审查，按其内容，分别予以承认，或废除，或修改，或重订"。中华人民共和国在外交上曾广泛地运用了国际法的规章制度，并有许多新的创造，为国际法增添了新的内容。

自中华人民共和国成立后，"中国以建设性姿态参与国际规则制定，在事关国际法解释、适用和发展的重大问题上积极发声"③。中国已缔结了 25 000 多项双边条约，批准了近 500 多边条约④，加入了众多的政府间国际组织。中国国际法学者创造性地运用现代国际法，在和平共处五项原则、承认与继承、和平解决国际争端、"一带一路"倡议和"人类命运共同体"构建等重大国际法问题的理论与实践方面，作出了非常有价值的贡献。⑤

三、中国国际法观的价值取向

理念引领行动，方向决定出路。"党的十八大以来，习近平总书记多次就国际法问题作出重要论述……引领了中国在国际法领域的理论创新，逐步形成了新时代中国国际法观。"⑥ 中国国际法观的价值取向主要来源于中国社会主义核心价值观

① 丁韪良：《公法新编》，端方序言，1903。
② 参见杨泽伟：《近代国际法输入中国及其影响》，载《法学研究》，1999 (3)，122～131 页。
③ 王毅：《中国是国际法治的坚定维护者和建设者》，载《光明日报》，2014-10-24，2 版。
④ 参见中华人民共和国外交部条约法律司编著：《中国国际法实践案例选编》，81 页，北京，世界知识出版社，2018。
⑤ 参见杨泽伟：《新中国国际法学 70 年：历程、贡献与发展方向》，载《中国法学》，2019 (5)，178～194 页。
⑥ 中华人民共和国外交部条约法律司编著：《中国国际法实践案例选编》，7 页，北京，世界知识出版社，2018。

和国际法的核心理念。具体而言，它主要体现在以下四个方面。

（一）人类命运共同体

人类命运共同体"就是每个民族、每个国家的前途命运都紧紧联系在一起，应该风雨同舟，荣辱与共，努力把我们生于斯、长于斯的这个星球建成一个和睦的大家庭，把世界各国人民对美好生活的向往变成现实"①。从国际法的角度来看，人类命运共同体思想是新时代对和平共处五项原则的继承和弘扬，蕴含了持久和平、普遍安全、共同繁荣、开放包容和可持续发展等重要的国际法原则。② 诚如中国外交部部长所指出的："打造人类命运共同体，意味着各国不分大小、强弱、贫富一律平等，共同享受尊严、发展成果和安全保障，维护以联合国宪章宗旨和原则为核心的国际关系基本准则和国际法基本原则，弘扬和平、发展、公平、正义、民主、自由等全人类的共同价值。"③

早在 2011 年，中国国务院新闻办公室发布的《中国的和平发展》白皮书就首次出现了"命运共同体"一词。2012 年，中国共产党十八大报告正式写入了建立"人类命运共同体"的新概念。2015 年 9 月，习近平主席在纽约联合国总部第 70 届联合国大会一般性辩论时发表了《携手构建合作共赢新伙伴 同心打造人类命运共同体》的重要讲话，再次向国际社会表明中国政府提出的"人类命运共同体"倡议正在转化为具体行动。2017 年 1 月，习近平主席在日内瓦万国宫出席"共商共筑人类命运共同体"高级别会议，发表了题为《共同构建人类命运共同体》的主旨演讲，首次深刻、全面、系统地阐述了"人类命运共同体"思想。④ 2018 年 3 月，第十三届全国人民代表大会第一次会议通过的《中华人民共和国宪法修正案》将"推动构建人类命运共同体"写入宪法序言。⑤ 2019 年 4 月，习近平主席在第二届"一带一路"国际合作高峰论坛开幕式的主旨演讲中进一步指出，今天的中国将继续"坚持走和平发展道路，推动构建人类命运共同体"。

由上可见，"推动构建人类命运共同体思想是新时代中国国际法观的核心理念，是中国对国际法的发展的重要理论贡献"⑥。人类命运共同体思想既表达了中国为世界前途和命运构划的理想与目标，也构成了新时代坚持和发展中国特色社会主义

---

① 习近平：《携手建设更加美好的世界——在中国共产党与世界政党高层对话会上的主旨讲话》，载《光明日报》，2017-12-02，2 版。
② 参见徐宏：《人类命运共同体与国际法》，载《国际法研究》，2018 (5)，3~14 页。
③ 王毅：《携手打造人类命运共同体》，载《人民日报》，2016-05-31，7 版。
④ 参见习近平：《共同构建人类命运共同体》（2017 年 1 月 18 日），载《习近平谈治国理政》，第 2 卷，北京，外文出版社，2017。
⑤ 参见《中华人民共和国宪法修正案》，载《人民日报》，2018-03-12，1 版。
⑥ 中华人民共和国外交部条约法律司编著：《中国国际法实践案例选编》，20 页，北京，世界知识出版社，2018。

的基本方略之一，因此必将深刻影响中国国际法理论和实践的发展。[1] 与此同时，人类命运共同体思想因其先进的法学理念和重要的引领价值，已经得到了国际社会的广泛认同，并多次被载入联合国决议和一些重要的双边政治宣言中，如 2017 年联合国安理会一致通过的关于阿富汗问题第 2344 号决议，联合国人权理事会通过的关于"经济、社会、文化权利"和"粮食权"两个决议，联合国大会第一委员会通过的"防止外空军备竞赛进一步切实措施"和"不首先在外空放置武器"两份决议，2018 年联合国人权理事会通过的"在人权领域促进合作共赢"的决议，以及 2018 年《中华人民共和国和俄罗斯联邦共和国联合声明》《上海合作组织成员国元首理事会青岛宣言》《关于构建更加紧密的中非命运共同体的北京宣言》等。

（二）主权平等

主权平等是指各个国家不论大小、强弱，或政治、经济、社会制度和发展程度如何不同，它们在国际社会中都是独立地和平等地进行交往，在交往中产生的法律关系上也同处于平等地位。换言之，各国在国际法上的地位是完全平等的。[2] 主权平等原则既是传统国际法上的重要原则之一，也是一项现代国际法的基本原则。无论是联合国组织，还是其他区域性国际组织，在它们通过的有关国家间关系的基本原则的文件中，均无一例外地列有国家主权平等原则，甚至将它列为各项原则之首。例如，早在联合国筹建的过程中，在 1943 年 10 月莫斯科会议上，主权平等就被认定为一个原则。《联合国宪章》第 2 条第 1 项规定，联合国组织是基于所有会员国主权平等的原则。这一规定，"既有保障中小国家权利的意义，也起约束联合国行动的作用"[3]。此外，1965 年《关于各国内政不容干涉及其独立与主权之保护宣言》、1970 年《国际法原则宣言》、1974 年《建立新的国际经济秩序宣言》和《各国经济权利和义务宪章》都规定了主权平等原则。

主权平等是中国国际法观的核心价值之一。20 世纪 50 年代，中国、印度和缅甸三国共同倡导的和平共处五项原则，含有"互相尊重主权和领土完整、互不侵犯、互不干涉内政"三项原则。这是主权平等原则的具体实施和体现。2016 年《中华人民共和国和俄罗斯联邦关于促进国际法的声明》特别强调："中华人民共和国和俄罗斯联邦共同认为，主权平等原则对国际关系的稳定至关重要。各国在独立、平等的基础上享有权利，并在相互尊重的基础上承担义务和责任。各国享有平等地参与制定、解释和适用国际法的权利，并有义务善意履行和统一适用国际法。"[4] 2017 年 1 月，习近平主席在联合国日内瓦总部的演讲中也指出："主权平

---

[1] 参见"人类命运共同体与国际法"课题组：《人类命运共同体的国际法构建》，载《武大国际法评论》，2019（1），27 页。

[2] 参见杨泽伟：《主权论——国际法上的主权问题及其发展趋势研究》，75 页，北京，北京大学出版社，2006。

[3] 梁西：《梁著国际组织法》，修订 6 版，杨泽伟修订，74 页，武汉，武汉大学出版社，2011。

[4] 《中华人民共和国和俄罗斯联邦关于促进国际法的声明》（2016 年 6 月 25 日），载新华网，http://www.xinhuanet.com/politics/2016-06/26/c_1119111900.htm。

等，是数百年来国与国规范彼此关系最重要的准则，也是联合国及所有机构、组织共同遵循的首要原则。主权平等，真谛在于国家不分大小、强弱、贫富，主权和尊严必须得到尊重，内政不容干涉，都有权自主选择社会制度和发展道路。"①

（三）和平正义

一般来讲，和平是指"没有战争的状态"②或无武力冲突的状态。正义被认为是人类精神的某种态度、一种公平的意愿以及一种承认他人的要求和考虑的意愿。换言之，给予每个人以其应得的东西的意愿是正义概念的一个重要的组成部分。③和平正义既是长久以来人类的梦想和追求，也是国际法的基本价值取向。19 世纪末、20 世纪初，两次海牙和平会议确立了和平解决国家间争端的基本原则。《联合国宪章》则把和平与正义并列，强调既要维护和平也要伸张正义。宪章序言开宗明义："我联合国人民同兹决心……创造适当环境，俾克维持正义……集中力量，以维持国际和平及安全……"宪章第 1 条还规定："联合国之宗旨为：……维持国际和平及安全；并为此目的：采取有效集体办法，以防止且消除对于和平之威胁，制止侵略行为或其他和平之破坏；并以和平方法且依正义及国际法之原则，调整或解决足以破坏和平之国际争端或情势……并采取其他适当办法，以增强普遍和平……"可见，真正的和平要求和平具有正义性。和平的正义性意味着和平状态的缔造手段和目的必须具有正当性，这种正义性要求使和平不可能成为单一的国际法价值体现、必须与其他价值相呼应。④

和平正义无疑是中国国际法观的基本价值取向。中国不但主张"礼之用，和为贵"⑤，而且强调"大道之行也，天下为公"⑥。早在 1944 年 8 月筹设联合国的敦巴顿橡树园会议上，中国代表就认识到正义对和平与国际法的重要性，因而对《联合国宪章（草案）》提出了七条具体修正案，其中之一为"调整及解决可造成破坏和平之国际争端，应用和平方法，且遵照公道（Justice）与国际法"。中国这一提案，不但为美英代表团所接受，而且载入了《联合国宪章》第 1 条。⑦

在中华人民共和国成立以后，中国政府在许多场合多次强调"和平正义"。例如，2012 年中国共产党十八大报告明确提出："我们主张，在国际关系中弘扬平等

① 习近平：《共同构建人类命运共同体》（2017 年 1 月 18 日），载《习近平谈治国理政》，第 2 卷，539 页，北京，外文出版社，2017。
② 中国社会科学院语言研究所词典编辑室编：《现代汉语词典》，修订 5 版，551 页，北京，商务印书馆，2011。
③ 参见 ［美］博登海默：《法理学——法哲学及其方法》，邓正来译，253 页，北京，华夏出版社，1987。
④ 参见高岚君：《国际法的价值论》，54 页，武汉，武汉大学出版社，2006。
⑤ 《论语·学而》。
⑥ 《礼记·礼运》。
⑦ 中文的"公道"是从"Justice"一字译来，在《联合国宪章》中文本中改用"正义"。See China Institute of International Affairs, *China and the United Nation*, New York, 1959, p. 47. 另参见杨泽伟：《国际法史论》，2 版，351～352 页，北京，高等教育出版社，2011。

互信、包容互鉴、合作共赢的精神，共同维护国际公平正义"①。2013 年，习近平主席在莫斯科国际关系学院的演讲中也指出，"面对国际形势的深刻变化和世界各国同舟共济的客观要求，各国应该共同推动建立以合作共赢为核心的新型国际关系，各国人民应该一起来维护世界和平、促进共同发展"②。2015 年，中国国务院总理在中国主办的亚洲—非洲法律协商组织第 54 届年会开幕式上的主旨讲话中特别强调："新形势下，亚非各国应继续发扬万隆精神，共同推动世界和平发展与公平正义"③。2016 年在庆祝中国共产党成立 95 周年大会上，习近平总书记再次重申："中国共产党和中国人民从苦难中走过来，深知和平的珍贵、发展的价值，把促进世界和平与发展视为自己的神圣职责"④。此外，2018 年十三届全国人大一次会议首次对《中华人民共和国宪法》中有关外交政策的内容进行了充实和完善，在宪法序言中增加了"坚持和平发展道路"等重要内容。⑤ 值得注意的是，新时代中国国际法观所倡导的正义价值，既要体现程序正义，又要实现实质正义，中国在应对气候变化问题上坚持"共同但有区别的责任"原则即为其中一例。⑥

（四）可持续发展

1987 年，布伦特兰委员会（Brundtland Commission）在《我们共同的未来》（Our Common Future）报告中，首次提出了"可持续发展"的概念及其含义：既能够满足当代的需要，且不危及下一代满足其需要的能力。1992 年，在巴西召开的联合国环境与发展大会将"可持续发展"作为国际社会的根本目标。2015 年，第 70 届联合国大会通过的 A/70/L.1 决议——《改变我们的世界：2030 年可持续发展议程》再次聚焦可持续发展问题，并呼吁所有国家，包括穷国、富国和中等收入国家，共同采取行动，促进繁荣并保护地球。⑦ 《联合国可持续发展目标报告（2017）》也指出，需要更强有力的伙伴关系和合作来实现可持续发展目标。可见，可持续发展原则已经并将继续深刻影响人类的未来发展，以至于有学者认为该原则

---

① 胡锦涛：《坚定不移沿着中国特色社会主义道路前进、为全面建成小康社会而奋斗——在中国共产党第十八次全国代表大会上的报告》，载《人民日报》，2012 - 11 - 18，1 版。

② 习近平：《顺应时代前进潮流、促进世界和平发展——在莫斯科国际关系学院的演讲》，载《人民日报》，2013 - 03 - 24，2 版。

③ 李克强：《加强亚非团结合作、促进世界和平公正——国务院总理李克强在亚非法协第 54 届年会开幕式上的主旨讲话》（2015 年 4 月 13 日），载中国政府网，http：//www.gov.cn/guowuyuan/2015 - 04/13/content _ 2845976. htm。

④ 习近平：《在庆祝中国共产党成立 95 周年大会上的讲话》（2016 年 7 月 1 日），载新华网，http：// www.xinhuanet.com/politics/2016 - 07/01/c _ 1119150660. htm。

⑤ 参见《中华人民共和国宪法修正案》，载《人民日报》，2018 - 03 - 12，1 版。

⑥ 参见中华人民共和国外交部条约法律司编著：《中国国际法实践案例选编》，10 页，北京，世界知识出版社，2018。

⑦ See "Transforming Our World：the 2030 Agenda for Sustainable Development", available at http：// www.un.org/en/ga/search/view _ doc.asp? symbol＝A/70/L.1.

应该成为国际法基本原则。①

可持续发展也是中国国际法观的核心价值之一。习近平总书记指出："我们要构筑尊崇自然、绿色发展的生态系统。人类可以利用自然、改造自然，但归根到底是自然的一部分，必须呵护自然，不能凌驾于自然之上。我们要解决好工业文明带来的矛盾，以人与自然和谐相处为目标，实现世界的可持续发展和人的全面发展。""建设生态文明关乎人类未来。国际社会应该携手同行，共谋全球生态文明建设之路，牢固树立尊重自然、顺应自然、保护自然的意识，坚持走绿色、低碳、循环、可持续发展之路。"② 可见，习近平总书记倡导绿色、低碳、循环、可持续的生产生活方式，落实 2030 年可持续发展议程，平衡推进经济、社会、环境三大领域工作，实现生产发展、生活富裕、生态良好的文明发展道路。③ 值得注意的是，2017年 5 月第 40 届南极条约协商会议在北京召开，中国国务院副总理在开幕式的致辞中明确提出："要把握好南极保护与利用的合理平衡，实现南极绿色和永续发展"④。2017 年中国共产党十九大报告也专门指出："推进绿色发展。加快建立绿色生产和消费的法律制度和政策导向，建立健全绿色低碳循环发展的经济体系。"⑤

四、中国国际法观的核心内涵

（一）中国对国际法的基本立场

中国对国际法原则、规则的基本立场是：尊重国际法，忠实履行国际条约和国际习惯所确立的国际义务；运用国际法，用统一适用的国际法规则来明是非、促和平、谋发展；发展国际法，推动国际关系法治化。⑥

1. 国际条约在中国国内法上的地位

关于国际条约在中国国内法上的地位问题，中国宪法并没有明确的规定。然而，从相关的实践来看，中国的做法主要有以下两种：

（1）很多部门法明确规定了国际条约在中国的效力和适用。例如，《民事诉讼

---

① 参见胡德胜：《可持续发展是国际法的一项基本原则》，载《郑州大学学报（哲学社会科学版）》，2001（2），50～54 页。

② 习近平：《携手构建合作共赢新伙伴，同心打造人类命运共同体》（2015 年 9 月 28 日），载《习近平谈治国理政》，第 2 卷，525 页，北京，外文出版社，2017。

③ 参见中华人民共和国外交部条约法律司编著：《中国国际法实践案例选编》，12 页，北京，世界知识出版社，2018。

④ 张高丽：《坚持南极条约原则、共谋人类永续发展——在第 40 届南极条约协商会议开幕式上的致辞》（2017 年 5 月 23 日），载中国政府网，http：//www.gov.cn/guowuyuan/2017 - 05/23/content _ 5196172. htm。

⑤ 习近平：《决胜全面建成小康社会、夺取新时代中国特色社会主义伟大胜利——在中国共产党第十九次全国代表大会上的报告》（2017 年 10 月 18 日），50～51 页，北京，人民出版社，2017。

⑥ 参见王毅：《中国是国际法治的坚定维护者和建设者》，载《光明日报》，2014 - 10 - 24，2 版；中华人民共和国外交部条约法律司编著：《中国国际法实践案例选编》，6 页，北京，世界知识出版社，2018。

法》第260款规定："中华人民共和国缔结或者参加的国际条约同本法有不同规定的，适用该国际条约的规定，但中华人民共和国声明保留的条款除外。"《民事诉讼法》关于适用国际条约规定的原则，实际上是我国国内法关于国际条约适用问题的一项通常做法。① 我国的许多其他法律、行政法规中也有类似的规定，如《海商法》《民用航空法》《票据法》《海岸环境保护法》等。

（2）根据国际条约制定新法规或修改国内法。例如，根据《维也纳外交关系公约》和《维也纳领事关系公约》，中国制定了《中华人民共和国外交特权与豁免条例》和《中华人民共和国领事特权与豁免条例》，并且相应地在《刑法》第11条规定，"享有外交特权和豁免权的外国人的刑事责任，通过外交途径解决"。

2. 国际习惯在中国国内法上的地位

关于国际习惯在中国国内法上的地位问题，中国宪法也没有作出统一的明确规定。然而，我国的一些具体的单行法，不但承认国际习惯的效力，而且对其适用作出了明确规定。例如，《中华人民共和国民法典》第10条规定："处理民事纠纷，应当依照法律；法律没有规定的，可以适用习惯，但是不得违背公序良俗。"②

此外，在立法和外交实践中，中国对国际习惯一贯采取积极的态度：不但肯定国际习惯是国际法的重要渊源，而且在与外国的签订的大量双边条约中吸取了若干国际习惯规则；对于新的国际习惯规则，中国亦持支持态度。

综上可见，中国缔结或参加的国际条约，除声明保留的条款外，在中国具有法律效力；在中国缔结或参加的国际条约与中国国内法规定不一致时，国际条约在国内适用中处于优先地位；国际习惯在中国具有法律效力，但在适用上处于补充或补缺的从属地位。它的效力既低于国际条约，又低于国内法。

（二）中国国际法观的主要内容

新时代中国国际法观的内涵十分丰富，它既植根于中国悠久的传统文化，又来源于长期以来中国特色的国际关系和国际法的实践，同时还对相关的实践起到指引作用。具体来讲，中国国际法观的主要内容体现在以下几个方面。

1. 和平共处五项原则

"新时代中国国际法观所包含的基本原则贯穿于和平共处五项原则。"③ 众所周知，和平共处五项原则包括互相尊重主权和领土完整、互不侵犯、互不干涉内政、平等互利、和平共处。它是20世纪50年代中国与印度、缅甸三国共同倡导的一组系统的国际法原则体系，得到了许多国家的支持，并被规定在许多相关的国际法律文件中，成为指导当代国际关系的基本准则。同时，作为现代国际法基本原则的重

---

① 值得注意的是，2021年1月1日施行的《中华人民共和国民法典》对国际条约在中国的效力和适用问题，缺乏具体规定。
② 不过，这条规定的"习惯"是否就是指"国际习惯"，还有待进一步明确。
③ 中华人民共和国外交部条约法律司编著：《中国国际法实践案例选编》，9页，北京，世界知识出版社，2018。

要组成部分，和平共处五项原则在整个国际法基本原则体系中占有重要地位。①

在 20 世纪 50 年代，中国分别与苏联、印度尼西亚、越南民主共和国、尼泊尔、德意志民主共和国、柬埔寨、老挝等国家签署的联合文件，都确认了和平共处五项原则为国际关系的准则。在 60 年代，对和平共处五项原则的确认已超出了亚洲的范围，在中国与古巴、索马里、阿联（今埃及和叙利亚）、马里、坦桑尼亚、突尼斯、阿尔及利亚等非洲和拉美国家签署的文件中，都载有和平共处五项原则的内容。在 70 年代，一些发达国家，如日本、美国、意大利、比利时、澳大利亚等，都明确承认了和平共处五项原则。据不完全统计，从 1970 年至 1980 年，与中国发表有关文件明确承认和平共处五项原则的国家约有 40 个，部分提到五项原则中的三项或四项的有近 30 个。② 值得注意的是，1997 年《中华人民共和国和俄罗斯联邦关于世界多极化和建立国际新秩序的联合声明》强调："双方主张，互相尊重主权和领土完整、互不侵犯、互不干涉内政、平等互利、和平共处及其他公认的国际法原则，应成为处理国与国之间关系的基本准则和建立国际新秩序的基础。"③ 2016 年《中华人民共和国和俄罗斯联邦关于促进国际法的声明》也专门规定："两国遵循和平共处五项原则。"④

总之，"和平共处五项原则作为一个开放包容的国际法基本原则，集中体现了主权、正义、民主、法治的价值观"⑤。和平共处五项原则既是新中国成立以来中国对外政策的基石，也为中国和平发展提供了对外交往的基本准则。在新的形势下，和平共处五项原则的精神历久弥新，和平共处五项原则的意义历久弥深，和平共处五项原则的作用历久弥坚。⑥

2. "共商共建共享"的全球治理观

"共商"就是"大家的事大家商量着办"⑦，强调各个国家按照国家主权平等原则，采用共同协商的方法，就全球治理国际合作的内容、形式及目标等达成共识。"共建"是指各个国家，不论大小、强弱或发展程度如何，不但均为一样的全球治理的参与方和建设方，而且还要责任和风险共同分担。"共享"要求各个国家在参

---

① See Hanqin Xue, "Chinese Contemporary Perspective on International Law: History, Culture and International Law", *Recueil des cours*, Vol. 355, 2011, p. 68.

② 参见杨泽伟：《国际法》，3 版，63 页，北京，高等教育出版社，2017。

③ 《中华人民共和国和俄罗斯联邦关于世界多极化和建立国际新秩序的联合声明》（1997 年 4 月 23 日），载《人民日报》，1997 - 04 - 24。

④ 《中华人民共和国和俄罗斯联邦关于促进国际法的声明》（2016 年 6 月 25 日），载新华网，http://www.xinhuanet.com/politics/2016 - 06/26/c _ 1119111900.htm。

⑤ 习近平：《弘扬和平共处五项原则、建设合作共赢美好世界——在和平共处五项原则发表 60 周年纪念大会上的讲话》（2014 年 6 月 28 日），载《人民日报》，2014 - 06 - 29，2 版。

⑥ 参见习近平：《弘扬和平共处五项原则、建设合作共赢美好世界——在和平共处五项原则发表 60 周年纪念大会上的讲话》（2014 年 6 月 28 日），载《人民日报》，2014 - 06 - 29，2 版。

⑦ 推进"一带一路"建设工作领导小组办公室：《共建"一带一路"倡议：进展、贡献与展望》（2019 年 4 月 22 日），载中国一带一路网，https://www.yidaiyilu.gov.cn/zchj/qwfb/86697.htm。

与全球治理的过程中，注意各方不同的利益需求，寻找各方都能接受且愿意接受的方案，最终实现各方均能从共建成果中受益。综上可见，"共商""共建""共享"既紧密相连，又各有独立的内涵，其中，"共商"是全球治理的前提条件，"共建"是全球治理的实施路径，"共享"则是全球治理的宗旨目标。秉持"共商共建共享"的全球治理观，就是要倡导国际关系的民主化、推动全球治理体系的变革。

"共商共建共享"的全球治理观是新时代中国国际法观的重要组成部分。2016年9月，习近平总书记在主持中国共产党第十八届中央政治局第三十五次集体学习时就提出，"……要坚持共商共建共享原则，使关于全球治理体系变革的主张转化为各方共识……"①。2017年10月，中国共产党十九大报告明确指出："全球治理体系和国际秩序变革加速推进"，"中国秉持共商共建共享的全球治理观……中国将继续发挥负责任大国作用，积极参与全球治理体系改革和建设，不断贡献中国智慧和力量"②。可以说，这是中国全球治理观的精准概括重要体现。值得注意的是，截至2022年1月底中国已累计同148个国家、32个国际组织签署了200多份政府间共建"一带一路"合作文件。③上述200多份国际合作法律文件，均强调要坚持"共商共建共享"原则。"共商共建共享"全球治理观还作为"一带一路"倡议的核心理念，已被写入联合国、"二十国集团"、亚太经合组织以及其他区域组织等有关文件中。因此，我们完全可以断言，"共商共建共享"全球治理观已从"中国倡议"发展成了"全球共识"，并呈现出向国际法基本原则发展之势。④

3. "相互尊重、平等独立"的国家主权观

"相互尊重、平等独立"的国家主权观是新时代中国国际法观的核心内容之一，它强调主权是国家独立的根本标志，也是国家利益的根本体现和可靠保证，各国都是国际社会平等成员，应该相互尊重，各国的事务应该由各国人民自己来管。

"相互尊重、平等独立"的国家主权观体现在中国诸多国际法实践中。例如，在承认问题上，中国政府不但坚持"逆条件"的承认⑤，即新中国在承认的实践中，坚持一个中国原则⑥，而且认为"承认是相互的"⑦，如在新中国与加拿大、奥地利、马里和美国等国家的承认问题上，双方仅表示建立外交关系的共同愿望，并

---

① 习近平：《提高我国参与全球治理的能力》（2016年9月27日），载《习近平谈治国理政》，第2卷，449页，北京，外文出版社，2017。
② 习近平：《决胜全面建成小康社会、夺取新时代中国特色社会主义伟大胜利——在中国共产党第十九次全国代表大会上的报告》（2017年10月18日），58、60页，北京，人民出版社，2017。
③ 参见《已同中国签订共建"一带一路"合作文件的国家一览》，载中国一带一路网，https://www.yidaiyilu.gov.cn/xwzx/roll/77298.htm。
④ 参见杨泽伟：《共商共建共享原则：国际法基本原则的新发展》，载《阅江学刊》，2020（1），86~93页。
⑤ 参见陈体强：《中华人民共和国与承认问题》，载《中国国际法年刊》，1985，24页。
⑥ See Hanqin Xue, "Chinese Contemporary Perspective on International Law: History, Culture and International Law", *Recueil des cours*, Vol. 355, 2011, pp. 70-74.
⑦ 杨泽伟：《新中国国际法学70年：历程、贡献与发展方向》，载《中国法学》，2019（5），183~184页。

没有明确说出"承认"一词。又如，在国家管辖豁免方面，中国政府一直奉行"国家主权豁免"原则，从未对外国政府的行为行使司法管辖权，也绝不接受外国法院对中国政府行为包括地方政府行为的管辖。① 1979 年"湖广铁路债券案"②、2005年"莫里斯旧债券案"③ 是这方面的典型案例。

在当今"百年未有之大变局"的新时代，"没有哪一个国家，无论多么强大，能够单单依靠本身的力量保护自己免受当今各种威胁的伤害，每一个国家都需要其他国家的合作才能使自己获得安全"④。因此，新时代要求所有国家，特别是强国、大国，秉持"相互尊重、平等独立"的国家主权观，依法履行国际义务。只有这样，才能维护世界的和平与安全。

4. "集体人权和个人人权"相结合的整体人权观

"集体人权和个人人权"相结合的整体人权观作为新时代中国国际法观的重要内容，强调集体人权与个人人权的统一。所谓集体人权是指各国人民、各个民族在国际社会中所享有的一些权利（第三代人权概念），它主要包括：民族自决权、发展权、环境权、和平权以及人类共同继承财产权等。⑤ 而个人人权是指个人的基本权利与自由，包括个人的公民权利和政治权利（第一代人权概念），以及个人的经济、社会和文化权利（第二代人权概念），如平等权、财产权、自由迁徙和居留权，等等。

"集体人权和个人人权"相结合的整体人权观蕴含了一整套"人权观"的逻辑体系，其内容包括"和平、发展、公平、正义、民主、自由"以及"尊严和权利"，途径是"同各国人民一道"，方法实践及目标则是"推动形成更加公正、合理、包容的全球人权治理"。一方面，1971 年中华人民共和国在恢复在联合国的合法席位以后，一直派代表团出席联合国大会和联合国经社理事会的历届会议。在这些会议上，中国政府代表阐述了中国对人权问题的原则立场，并积极参与有关人权问题的审议。中国政府认为，人权的实现在本质上是一国内部管辖事项，而且人权的国际保护归根到底也要通过各国的国内立法来实施；中国主张在平等和相互尊重的基础上开展人权领域的对话和合作，通过建设性对话与合作解决分歧，反对将人权问题政治化和双重标准。⑥ 正如中国政府代表团团长于 1993 年 6 月在世界人权大会上的发言所强调的："人权是一个完整的概念，既包括个人权利，也包括集体权利，在

① 参见段洁龙主编：《中国国际法实践与案例》，1 页，北京，法律出版社，2011。
② 段洁龙主编：《中国国际法实践与案例》，35～37 页，北京，法律出版社，2011。
③ 中华人民共和国外交部条约法律司编著：《中国国际法实践案例选编》，388～411 页，北京，世界知识出版社，2018。
④ "威胁、挑战和改革问题高级别小组"的报告：《一个更安全的世界：我们的共同责任》，载 http://www.un.org/chinese/secureworld/ch2.htm。
⑤ 参见［德］沃尔夫刚·格拉夫·魏智通：《国际法》，吴越、毛晓飞译，293 页，北京，法律出版社，2002。
⑥ 参见段洁龙主编：《中国国际法实践与案例》，399 页，北京，法律出版社，2011。

个人权利中，既包括公民权利和政治权利，也包括经济、社会和文化权利。人权各个方面互相依存，同等重要，是不可分割、不可缺少的。"①

另一方面，1991 年中国国务院新闻办公室发表了题为《中国的人权状况》白皮书。这是中国政府首次以政府文件的形式系统阐述中国在人权问题上的基本立场。2009 年月，国务院新闻办公室发布了《国家人权行动计划（2009—2010 年）》。这是中国政府制定的第一份以人权为主题的国家规划，是全面推进中国人权事业发展的阶段性政策文件，是中国政府落实尊重和保障人权这一宪法原则的一项重大举措。② 2016 年，国务院新闻办公室发布了《国家人权行动计划（2016—2020 年）》，承诺为包括儿童、妇女、老人、残疾人和少数民族等在内的社会最脆弱群体提供更多保护。2018 年，国务院新闻办公室发表了《改革开放 40 年中国人权事业的发展进步》白皮书，详述了中国的人权改善情况。其所强调的"生存权""发展权"细化为减贫、温饱、饮水、居住、出行、健康等方面，其他方面的人权包括生活水平的提升，以及人身人格权、财产权、工作权、社会保障权、受教育权、文化权、选举权、知情权、参与权、表达权等。总之，中国一贯秉持"集体人权和个人人权"相结合的整体人权观，认识到"各美其美，美人之美，美美与共，天下大同"③，主张在人权问题上没有完成时只有进行时；"人权保障没有最好，只有更好"④。

5. "共同、综合、合作和可持续"的和平与安全观

"共同、综合、合作和可持续"的和平与安全观是新时代中国国际法观不可分割的一部分。所谓"共同安全"就是要倡导人类命运共同体意识，尊重和保障每一个国家的安全。安全应当是普遍的、平等的、包容的。实现"共同安全"就要照顾各方合理安全关切，相互尊重、平等协商，坚决摒弃冷战思维和强权政治，走对话而不对抗、结伴而不结盟的国与国交往新路。"综合安全"就是既要维护政治安全、国土安全、军事安全等传统领域安全，又要重视经济安全、文化安全、社会安全、科技安全、网络安全、生态安全、资源安全、核安全和海外利益安全等非传统领域，乃至太空、深海、极地等新型安全领域，多管齐下，协调推进世界安全治理。"合作安全"就是通过对话合作促进各国各地区安全，坚持和平解决国际争端的原则，维护联合国安理会在保障国际和平与安全方面的权威。"可持续安全"就是坚持发展和安全并重，以实现持久安全；聚焦发展主题，积极改善民生，缩小贫富差距，不断夯实安全根基。⑤

习近平总书记特别重视"共同、综合、合作和可持续"的和平与安全观，强调

---

① 《人民日报》，1993 - 06 - 17，6 版。

② 2011 年 7 月，人民出版社还出版社了《国家人权行动计划（2009—2010 年）》评估报告。

③ 习近平：《弘扬和平共处五项原则、建设合作共赢美好世界——在和平共处五项原则发表 60 周年纪念大会上的讲话》，载《人民日报》，2014 - 06 - 29，2 版。

④ 《习近平致"2015·北京人权论坛"的贺信》，载《人权》，2015（5）。

⑤ 参见刘江永：《可持续安全观是照亮世界和平的一盏明灯——深入学习习近平同志关于树立共同、综合、合作、可持续安全观的重要论述》，载《人民日报》，2017 - 03 - 16，7 版。

要"坚持对话协商，建设一个持久和平的世界"；认为"国家和，则世界安；国家斗，则世界乱"，"世上没有绝对安全的世外桃源，一国的安全不能建立在别国的动荡之上，他国的威胁也可能成为本国的挑战"①。中国共产党十九大报告也明确指出："要坚持以对话解决争端、以协商化解分歧，统筹应对传统和非传统安全威胁，反对一切形式的恐怖主义。"② 可见，"没有普遍安全，就不可能有真正意义上的持久和平，没有普遍持久的和平，《联合国宪章》其他宗旨的实现也无从谈起"③。

因此，在上述"共同、综合、合作和可持续"的和平与安全观的指导下，"新时代中国国际法观坚持以尊重各国主权为基础的国际法，反对任何形式的'新干涉主义'"④。法律的生命在于行动。为了维护国际和平与安全，中国积极参与国际裁军进程，1992 年加入了《不扩散核武器条约》，1996 年签署了《全面禁止核武器条约》。2010 年中国国防白皮书明确宣示，中国在对各国保持公平性的同时，强调防止核扩散，并将对核恐怖分子保持强硬的态度。特别是，2008 年中国与俄罗斯在日内瓦裁军会议上共同提交了《防止在外空部署武器、对外空物体使用或威胁使用武力条约（草案）》。该条约草案旨在弥补现行外层空间法的漏洞，禁止在太空部署任何类型的武器，禁止对太空目标使用或威胁使用武力等。2014 年中俄两国提交了新的条约草案，该条约草案得到了许多发展中国家的响应和支持。此外，中国还设立为期 10 年、总额 10 亿美元的中国—联合国和平与发展基金，为世界和平与发展作出新的贡献；中国还加入联合国维和能力待命机制，组建常备成建制维和警队，并建设 8 000 人规模的维和待命部队。⑤ 中国在利比亚维和期间，通过与阿拉伯联盟的协议，最终默许法国介入帮助利比亚改革。⑥

6. "创新、协调、绿色、开放、共享"的发展观

"创新、协调、绿色、开放、共享"的发展观也是新时代中国国际法观的重要内容之一。"创新发展观"旨在把创新作为推动发展的重要力量。特别是 21 世纪以来，全球科技创新进入空前密集活跃时期，新一轮科技革命和产业变革正在重构全球创新版图，重塑全球经济结构。当今世界正在经历一场更大范围、更深层次的科技革命和产业变革，现代信息技术不断取得突破，数字经济蓬勃发展，各国利益更

---

① 习近平：《共同构建人类命运共同体》（2017 年 1 月 18 日），载《习近平谈治国理政》，第 2 卷，541～542 页，北京，外文出版社，2017。

② 习近平：《决胜全面建成小康社会、夺取新时代中国特色社会主义伟大胜利——在中国共产党第十九次全国代表大会上的报告》（2017 年 10 月 18 日），59 页，北京，人民出版社，2017。

③ "人类命运共同体与国际法"课题组：《人类命运共同体的国际法构建》，载《武大国际法评论》，2019（1），16 页。

④ 中华人民共和国外交部条约法律司编著：《中国国际法实践案例选编》，11 页，北京，世界知识出版社，2018。

⑤ 参见习近平：《携手构建合作共赢新伙伴，同心打造人类命运共同体》（2015 年 9 月 28 日），载《习近平谈治国理政》，第 2 卷，526 页，北京，外文出版社，2017。

⑥ See Gerald Chan, "China Faces the World: Making Rules for a New Order?", *Journal of Global Policy and Governance*, Vol. 2, 2013, pp. 105 - 119.

加紧密相连。因此，各国可以利用各自的比较优势，着眼于技术前沿应用研究、高技术产品研发和转化，不断将创新驱动发展推向前进。"协调发展观"既注重国内的协调发展，也重视国际社会的协调发展。就前者而言，就是要平衡经济、社会和环境三大领域的工作，实现生产发展、生活富裕、生态良好的文明发展道路。从后者来看，就是要着力解决目前国际社会存在的发展失衡、治理困境、数字鸿沟、分配差距等问题，让世界各国（地区）的发展机会更加均等，让发展成果由各国（地区）人民共享。"绿色发展观"主要是指践行绿色发展理念，倡导绿色、低碳、循环、可持续的生产生活方式；致力于加强生态环保合作，防范生态环境风险；制定落实生态环保合作支持政策，加强生态系统保护和修复；探索发展绿色金融，将环境保护、生态治理有机融入现代金融体系，以实现 2030 年可持续发展目标。"开发发展观"是指在开放中谋发展，因为开放带来进步，封闭导致落后。中国支持、维护和加强基于规则的、开放、透明、包容、非歧视的多边贸易体制，促进贸易投资自由化便利化，建设高标准自由贸易区，推动经济全球化健康发展。在发展过程中，中国开放的大门只会越开越大，中国愿为世界各国（地区）带来共同发展新机遇，与各国（地区）积极发展符合自身情况的开放型经济，共同携手向着构建人类命运共同体的目标不断迈进。① "共享发展观"是指共享发展成果。发展是解决一切问题的总钥匙。中国希望通过携手世界各国（地区），聚焦发展这个根本性问题，释放各国发展潜力，实现经济融合、发展联动、成果共享。各国（地区）在充分照顾各方利益和关切基础上，凝聚共识，将共识转化为行动，按照战略对接、规划对接、平台对接、项目对接的工作思路，形成更多可视性成果，实现优势互补，促进共同繁荣发展。

在"创新、协调、绿色、开放、共享"发展观的指引下，中国政府首先积极承担大国的环境保护责任。改革开放以来，随着中国经济的飞速发展，中国政府也逐渐认识到环境问题的日益严重性。尽管未被列举在《联合国气候变化框架公约》的附录一中，中国仍积极参加哥本哈根会议，致力于推动《联合国气候变化框架公约》和《京都议定书》的实施；并主动加入环境保护方面的国际公约，积极通过多边协定或双边协定与其他国家一起处理环境保护问题。②

其次，主动采取应对气候变化的行动，落实减排承诺。根据国际能源署《2010能源统计年鉴》的报告，2008 年美国二氧化碳排放总量为 55.95 亿吨，中国为65.5 亿吨。③ 虽然从 2009 年开始中国二氧化碳排放量超过美国，位居世界第一，但是中国在 20 世纪末、21 世纪初即认识到低碳绿色发展是世界大势所趋，因而采

---

① 参见推进"一带一路"建设工作领导小组办公室：《共建"一带一路"倡议：进展、贡献与展望》（2019 年 4 月 22 日），载中国一带一路网，https://www.yidaiyilu.gov.cn/zchj/qwfb/86697.htm。
② See Jenny Clegg, "China at the Global Summit Table: Rule-taker, Deal-wrecker or Bridge-builder?", *Contemporary Politics*, Vol. 17, 2011, pp. 447-465.
③ 参见《全球各国碳排放量排行榜》，载碳交易网，www.tanjiaoyi.com。

取积极行动。例如，1998 年中国成立了国家气候变化对策协调小组①；从 2008 年开始，中国政府每年发布《中国应对气候变化的政策与行动》白皮书；特别是 2015 年中国政府向《联合国气候变化框架公约》秘书处正式提交了《强化应对气候变化行动——中国国家自主贡献》文件，承诺"到 2030 年单位国内生产总值二氧化碳排放将比 2005 年下降 60％～65％"②。此外，中国是世界上唯一以煤为主的能源消费大国，也是世界上煤使用比例最高的国家，占世界煤消费总量的 27％。况且，中国的能源利用率长期偏低，单位产值的能耗是发达国家的 3 倍至 4 倍。③ 然而，随着联合国气候变化谈判的深入，中国应对气候变化也进入了一个新的发展阶段。2015 年 9 月中美发表第二次《中美气候变化联合声明》，积极支持达成 2015 年巴黎气候变化协议。2015 年 11 月通过的《巴黎协定》正式启动了 2020 年后全球温室气体排放进程。④ 2016 年 4 月，中国国务院副总理在纽约联合国总部正式签署了《巴黎协定》。毫无疑问，中国在气候变化问题上的积极行动，为全球应对气候变化作出了重要贡献，体现了率先垂范的大国本色。

最后，利用"一带一路"建设的平台，开展国际合作，实现共同发展。中国致力于建设"绿色丝绸之路"，用绿色发展理念指导"一带一路"合作，分享中国在生态文明建设、环境保护、污染防治、生态修复、循环经济等领域的最新理念、技术和实践，积极履行应对气候变化等国际责任。中国为全球气候治理积极贡献中国智慧和方案，积极开展气候变化南南合作，向"一带一路"沿线国家提供节能低碳和可再生能源物资⑤，"成为全球生态文明建设的重要参与者、贡献者、引领者"⑥。

五、中国国际法观的国际法意义

（一）中国国际法观丰富了国际法的价值理念

国际法的价值理念是主权国家制定国际法、评判国际法的标准和依据。联合国作为国际社会成员国最多、影响最大的政府间国际组织，其组织约章——《联合国宪章》无疑是国际法价值的最主要渊源。有鉴于此，有学者认为国际法的价值体系是由和平秩序、人本秩序和全人类共同利益三部分构成的。⑦ 然而，国际法的价值

① 2007 年，国家气候变化对策协调小组升格为国家应对气候变化领导小组，由国务院总理任组长。
② 《强化应对气候变化行动——中国国家自主贡献》，载《人民日报》，2015 - 07 - 01，22 版。
③ 参见杨泽伟：《中国能源安全法律保障研究》，18～21 页，北京，中国政法大学出版社，2009。
④ 参见杨泽伟、吕江主编：《〈湖北省应对气候变化办法（草案）专家建议稿〉与说明》，8 页，武汉，武汉大学出版社，2017。
⑤ 参见推进"一带一路"建设工作领导小组办公室：《共建"一带一路"：理念、实践与中国的贡献》（2017 年 5 月 10 日），载新华网，http：//news. xinhuanet. com/politics/2017 - 05/10/c _ 1120951683. htm。
⑥ 《党的十九大报告辅导读本》，6 页，北京，人民出版社，2017。
⑦ 参见高岚君：《国际法的价值论》，2 页，武汉，武汉大学出版社，2006。

理念蕴含历史传承与时代发展的辩证关系。一方面，无论是"和平秩序"还是"主权平等"等价值理念，从近代国际法产生以来就一直是国际法的核心价值，并在可预见的将来仍然是国际法的基本价值。另一方面，国际法的价值理念必将随着国际关系的逐渐演进而不断发展。自第二次世界大战结束以来，"全人类共同利益"被国际社会渐渐视为国际法的核心价值，就是典型的例证。正因如此，中国国际法观中的"人类命运共同体""可持续发展"等价值理念，也是新时代历史发展的必然产物。它既顺应了"百年未有之大变局"的时代潮流，也进一步丰富和发展了国际法的价值理念，从而为当今的国际法价值体系增添了新内容。

（二）中国国际法观推动了国际法的新发展

俯瞰国际法的发展历史，我们不难发现：国际法的历史就是一部先进的国际法理念的演变史。因此，代表先进的法学理念和价值追求的中国国际法观，无疑进一步推动了国际法的新发展。一方面，诸如"人类命运共同体"思想是新时代中国国际法观的核心理念，是中国对国际法发展的重要理论贡献。[①] 另一方面，"和平共处五项原则""共商共建共享"的全球治理观、"创新、协调、绿色、开放、共享"的发展观等，则进一步充实、完善了国际法基本原则的内容。特别是，"共商共建共享"的全球治理观中的"共商共建共享"原则，昭示了国际法基本原则发展的新动向[②]；"创新、协调、绿色、开放、共享"的发展观，夯实了"可持续发展原则"的根基。

（三）中国国际法观拓展了国际法未来发展的空间

随着科学技术的进步，国际法调整的范围愈益扩大。这是晚近国际法发展的一个重要趋势。[③] 然而，在极地、深海、外空、网络空间和人工智能等国际法调整的新领域，制定国际公约有待时日、形成国际习惯需要较长过程。在这一背景下，中国国际法观蕴含的价值理念，无疑具有重要的规范意义和指导价值。换言之，中国国际法观拓展了国际法未来发展的空间。事实上，中国国际法观引领、指导国际法实践的例子开始不断涌现。例如，2018 年 6 月联合国外空会议 50 周年纪念大会通过了《规划未来外空全球治理发展方向》的成果文件。该成果文件明确提出："在和平探索和利用外层空间领域实现命运的共同愿景（Shared Vision for the Future），为人类谋福利与利益。"虽然该成果文件没有直接出现"人类命运共同体"一词，但"人类命运共同体"的价值内涵明显体现出来。

---

① 参见中华人民共和国外交部条约法律司编著：《中国国际法实践案例选编》，21 页，北京，世界知识出版社，2018。
② 参见杨泽伟：《共商共建共享原则：国际法基本原则的新发展》，载《阅江学刊》，2020（1），86～93 页。
③ See Malcolm N. Shaw, *International Law*，9th edition, Cambridge University Press, 2021, p. 36.

六、结论

（一）新时代中国国际法观是立足于中国传统文化的

法不仅由文化所生，也是文化的重要组成部分①，因此，主权国家的国际法观均带有鲜明的本国或本民族的文化特质。例如，美国倡导的"基于规则"的国际法观或国际法理念反映了美国文化中追求"自由、民主"的文化特质。同样，中国国际法观则是与中国传统文化特质相契合的，充分体现了"天下一家""仁者爱人""天人合一""达则兼济天下"等传统文化的精髓。诚如习近平总书记所指出的：中国特色国际法理论体系的构建、中国国际法观的塑造，既要积极吸收、借鉴世界上的优秀法治文明成果，更要以我为主、兼收并蓄、突出特色，努力以中国智慧、中国实践为世界法治文明建设作出贡献。②

（二）新时代中国国际法观是中国外交实践的总结和提升

"外交的灵魂在于王道（公平正义），外交在一定意义上就是君子之交；而法律与外交的融合即是君子之道，它为外交设定规矩，同时赋予法律生命。"③ 自中华人民共和国成立以来，中国外交实践的内容十分丰富。中国政府不但参与了数以百计的多边条约的起草和制定工作，而且在事关国际法解释、适用和发展的重大问题上积极发声。④ 特别是，中国政府在国际法基本原则、国家承认、国家继承、国际豁免、国家责任、双重国籍、国际刑事司法协助、国际条约的适用以及和平解决争端等重大国际法问题的理论与实践方面，作出了非常有价值的贡献。⑤ 因此，新时代中国国际法观正是在对中华人民共和国成立七十多年来上述外交实践的总结和提炼的基础上形成的；同时，新时代中国国际法观也必将进一步引领中国和平发展进程，并为中国的对外交往提供基本准则。

（三）新时代中国国际法观具有时代进步性

良法是善治的基础。当今全球治理面临"逆全球化"、单边主义等多方面的严峻挑战，国际法的发展也受到"不干涉内政与保护的责任""和平解决国际争端与

---

① 参见张中秋：《人与文化和法——从人的文化原理看中西法律文化交流的可行与难题及其克服》，载《中国法学》，2005（4），186～188 页。
② 参见《习近平在中国政法大学考察时强调：立德树人德法兼修抓好法治人才培养 励志勤学刻苦磨炼促进青年成长进步》，载《人民日报》，2017-05-04，1 版。
③ 黄惠康：《中国特色大国外交与国际法》，1 页，北京，法律出版社，2019。
④ 参见王毅：《中国是国际法治的坚定维护者和建设者》，载《光明日报》，2014-10-24，2 版。
⑤ 参见杨泽伟：《新中国国际法学 70 年：历程、贡献与发展方向》，载《中国法学》，2019（5），178～194 页。

扩大使用武力"等各种矛盾的剧烈冲击。[1] 新时代中国国际法观，不但为国际法的进一步发展指明了前进方向，而且彰显了中国"始终做世界和平的建设者、全球发展的建设者、国际秩序的维护者"的历史担当。也正是由于新时代中国国际法观的进步性，中国国际法观的核心价值如"人类命运共同体"理念等，成功载入了近年来联合国大会、安理会等机构的决议中；中国国际法观的重要内容如"共商共建共享"的全球治理观，也被纳入中国与 148 个国家、32 个国际组织签署的 200 多份政府间共建"一带一路"合作文件中。新时代中国国际法观的进步性，使新时代中国国际法观的一些内容已成为国际法基本原则，另一些内容则正在向从习惯国际法方向迈进。

推荐阅读书目及论文

1. 杨泽伟. 国际法史论. 修订 2 版. 北京：高等教育出版社，2011

2. 段洁龙主编. 中国国际法实践与案例. 北京：法律出版社，2011

3. 梁西. 梁著国际组织法. 修订 7 版. 杨泽伟，修订. 武汉：武汉大学出版社，2022

4. 王毅. 中国是国际法治的坚定维护者和建设者. 光明日报，2014 - 10 - 24

5. 中华人民共和国外交部条约法律司编著. 中国国际法实践案例选编. 北京：世界知识出版社，2018

6. 徐宏. 人类命运共同体与国际法. 国际法研究，2018（5）

7. 黄惠康. 中国特色大国外交与国际法. 北京：法律出版社，2019

8. "人类命运共同体与国际法"课题组. 人类命运共同体的国际法构建. 武大国际法评论，2019（1）

9. 杨泽伟. 新中国国际法学 70 年：历程、贡献与发展方向. 中国法学，2019（5）

10. 杨泽伟. 新时代中国深度参与全球海洋治理体系的变革：理念与路径. 法律科学，2019（6）

11. 杨泽伟. 共商共建共享原则：国际法基本原则的新发展. 阅江学刊，2020（1）

12. Pitman B. Potter. China and the International Legal System：Challenges of Participation. The China Quarterly. Vol. 191，2007

13. Hanqin Xue. Chinese Contemporary Perspective on International Law：His-

---

[1] 参见"人类命运共同体与国际法"课题组：《人类命运共同体的国际法构建》，载《武大国际法评论》，2019（1），12 页。

tory，Culture and International Law. Recueil des cours. Vol. 355，2011

14. Gerald Chan. China Faces the World：Making Rules for A New Order? . Journal of Global Policy and Governance. Vol. 2，2013

15. Malcolm N. Shaw. International Law. 9th ed. . Cambridge University Press，2021

附　录

一、拓展阅读书目

（一）专著

1. 周鲠生. 国际法（上，下册）. 北京：商务印书馆，1976

2. 李浩培. 国籍问题比较研究. 北京：法律出版社，1979

3. 赵理海. 联合国宪章的修改问题. 北京：北京大学出版社，1982

4. 倪征噢. 国际法中的司法管辖问题. 北京：世界知识出版社，1985

5. 李家善. 国际法学史新论. 北京：法律出版社，1987

6. 盛愉，等. 现代国际水法概论. 北京：法律出版社，1987

7. 李浩培. 条约法概论. 北京：法律出版社，1987

8. 林欣. 国际法中的刑事管辖权. 北京：法律出版社，1988

9. 梅汝敖. 远东国际军事法庭. 北京：法律出版社，1988

10. 程晓霞主编. 国际法的理论问题. 天津：天津教育出版社，1989

11. 位梦华，等. 南极政治与法律. 北京：法律出版社，1989

12. 黄惠康. 国际法上的集体安全制度. 武汉：武汉大学出版社，1990

13. 刘海山，等. 裁军与国际法. 成都：四川人民出版社，1990

14. 赵理海. 国际法基本理论. 北京：北京大学出版社，1990

15. 万鄂湘. 国际强行法与国际公共政策. 武汉：武汉大学出版社，1991

16. 贺其治. 外层空间法. 北京：法律出版社，1992

17. 陈鲁直，等主编. 联合国与世界秩序. 北京：北京语言学院出版社，1993

18. 程道德主编. 近代中国外交与国际法. 北京：现代出版社，1993

19. 邓正来编. 王铁崖文选. 北京：中国政法大学出版社，1993

20. 江国青. 联合国专门机构法律制度研究. 武汉：武汉大学出版社，1993

21. 施觉怀. 国际法院. 苏州：苏州大学出版社，1993

22. 张智辉. 国际刑法通论. 北京：中国政法大学出版社，1993

23. 赵理海. 当代国际法问题. 北京：中国法制出版社，1993

24. 李浩培. 国际法的概念与渊源. 贵阳：贵州人民出版社，1994

25. 万鄂湘，等. 国际人权法. 武汉：武汉大学出版社，1994

26. 李育民. 近代中国的条约制度. 长沙：湖南师范大学出版社，1995

27. 袁士槟，等主编. 联合国机制与改革. 北京：北京语言学院出版社，1995

28. 张潇剑. 国际强行法论. 北京：北京大学出版社，1995

29. 白桂梅，等. 国际法上的人权. 北京：北京大学出版社，1996

30. 饶戈平主编. 国际组织法. 北京：北京大学出版社，1996

31. 邹克渊. 南极矿物资源与国际法. 北京：北京大学出版社，1996

32. 黄风. 中国引渡制度研究. 北京：中国政法大学出版社，1997

33. 梁淑英主编. 外国人在华待遇. 北京：中国政法大学出版社，1997

34. 白桂梅主编. 国际人权与发展. 北京：法律出版社，1998

35. 董云虎主编. 从国际法看人权. 北京：新华出版社，1998

36. 邵沙平. 跨国洗钱的法律控制. 武汉：武汉大学出版社，1998

37. 盛红生. 联合国维持和平行动法律问题研究. 北京：军事谊文出版社，1998

38. 万鄂湘，等. 国际条约法. 武汉：武汉大学出版社，1998

39. 王铁崖. 国际法引论. 北京：北京大学出版社，1998

40. 余敏友. 世界贸易组织争端解决机制法律与实践. 武汉：武汉大学出版社，1998

41. 白桂梅. 国际法上的自决. 北京：中国华侨出版社，1999

42. 高燕平. 国际刑事法院. 北京：世界知识出版社，1999

43. 李双元，等主编. 现代国籍法. 长沙：湖南人民出版社，1999

44. 潘抱存. 中国国际法理论新探索. 北京：法律出版社，1999

45. 孙玉荣. 古代中国国际法研究. 北京：中国政法大学出版社，1999

46. 王铁崖，等编. 周鲠生国际法论文选. 深圳：海天出版社，1999

47. 肖凤城. 中立法. 北京：中国政法大学出版社，1999

48. 许光建主编. 联合国宪章诠释. 太原：山西教育出版社，1999

49. 贺其治，黄惠康主编. 外层空间法. 青岛：青岛出版社，2000

50. 李浩培. 李浩培文选. 北京：法律出版社，2000

51. 林灿铃. 国际法上的跨界损害之国家责任. 北京：华文出版社，2000

52. 杨成铭. 人权保护区域化的尝试——欧洲人权机构的视角. 北京：中国法制出版社，2000

53. 赵维田. 国际航空法. 北京：社会科学文献出版社，2000

54. 马呈元. 国际犯罪与责任. 北京：中国政法大学出版社，2001

55. 田涛. 国际法输入与晚清中国. 济南：济南出版社，2001

56. 翁里．国际移民法理论与实务．北京：法律出版社，2001

57. 余民才．海洋石油勘探与开发的法律问题．北京：中国人民大学出版社，2001

58. 袁古洁．国际海洋划界的理论与实践．北京：法律出版社，2001

59. 张献．APEC 的国际经济组织模式研究．北京：法律出版社，2001

60. 张文彬．论私法对国际法的影响．北京：法律出版社，2001

61. 邓烈．国际组织行政法庭．武汉：武汉大学出版社，2002

62. 江国青．演变中的国际法问题．北京：法律出版社，2002

63. 凌岩．跨世纪的海牙审判——记联合国前南斯拉夫国际法庭．北京：法律出版社，2002

64. 王秀梅．国际刑事法院研究．北京：中国人民大学出版社，2002

65. 吴慧．国际海洋法法庭研究．北京：海洋出版社，2002

66. 邓正来编．王铁崖文选：纪念版．北京：中国政法大学出版社，2013

67. 贺其治．国家责任法及案例浅析．北京：法律出版社，2003

68. 黄瑶．论禁止使用武力原则．北京：北京大学出版社，2003

69. 李寿平．现代国际责任法律制度．武汉：武汉大学出版社，2003

70. 朱晓青，柳华文：《公民权利与政治权利国际公约》及其实施机制．北京：中国人民公安大学出版社，2003

71. 朱晓青．欧洲人权法律保护机制研究．北京：法律出版社，2003

72. 陈光中．《公民权利与政治权利国际公约》批准与实施问题研究．北京：中国法制出版社，2004

73. 李双元，等．儿童权利的国际法律保护．北京：人民法院出版社，2004

74. 王可菊．国际人道主义法及其实施．北京：社会科学文献出版社，2004

75. 尹玉海．航天开发国际法律责任研究．北京：法律出版社，2004

76. 原江．挑战与进步——国际法和世界秩序．昆明：云南人民出版社，2004

77. 高健军．国际海洋划界论——有关等距离/特殊情况规则的研究．北京：北京大学出版社，2005

78. 高铭暄，赵秉志主编．国际刑事法院：中国面临的抉择．北京：中国人民公安大学出版社，2005

79. 龚刃韧．国家豁免问题的比较研究．北京：北京大学出版社，2005

80. 黄德明．现代外交特权与豁免问题研究．武汉：武汉大学出版社，2005

81. 林欣，等．国际刑法新论．北京：中国人民公安大学出版社，2005

82. 柳华文．论国家在《经济、社会和文化权利国际公约》下义务的不对称性．北京：北京大学出版社，2005

83. 刘亚军．引渡新论——以国际法为视角．长春：吉林人民出版社，2005

84. 那力编著．国际环境法．北京：科学出版社，2005

85. 饶戈平主编．全球化进程中的国际组织．北京：北京大学出版社，2005

86. 邵沙平．国际刑法学——经济全球化与国际犯罪的法律控制．武汉：武汉大学出版社，2005

87. 苏晓宏．变动世界中的国际司法．北京：北京大学出版社，2005

88. 王千华．论欧洲法院的司法能动性．北京：北京大学出版社，2005

89. 傅崐成，宋玉详．水下文化遗产的国际法保护．北京：法律出版社，2006

90. 高岚君．国际法的价值论．武汉：武汉大学出版社，2006

91. 高之国，等主编．国际海洋法的理论与实践．北京：海洋出版社，2006

92. 李世光，等主编．国际刑事法院罗马规约评释（上，下）．北京：北京大学出版社，2006

93. 刘志云．现代国际关系理论视野下的国际法．北京：法律出版社，2006

94. 盛红生．联合国维持和平行动法律问题研究．北京：时事出版社，2006

95. 孙萌．联合国维和行动违法责任研究．北京：知识产权出版社，2006

96. 王灿发，于文轩．生物安全国际法导论．北京：中国政法大学出版社，2006

97. 王西安．国际条约在中国特别行政区的适用．广州：广东人民出版社，2006

98. 萧建国．国际海洋边界石油的共同开发．北京：海洋出版社，2006

99. 杨泽伟．主权论——国际法上的主权问题及其发展趋势研究．北京：北京大学出版社，2006

100. 叶兴平．国际争端解决机制的最新发展——北美自由贸易区的法律与实践．北京：法律出版社，2006

101. 尹玉海．国际空间法论．北京：中国民主法制出版社，2006

102. 赵海峰，等．国际司法制度初论．北京：北京大学出版社，2006

103. 廖诗评．条约冲突基础问题研究．北京：法律出版社，2008

104. 高宁．国际原子能机构与核能利用的国际法律控制．北京：中国政法大学出版社，2009

105. 洪永红．卢旺达国际刑事法庭研究．北京：中国社会科学出版社，2009

106. 梁淑英．国际难民法．北京：知识产权出版社，2009

107. 王秀梅．国家对国际社会整体的义务．北京：法律出版社，2009

108. 肖兴利．国际能源机构能源安全法律制度研究．北京：中国政法大学出版社，2009

109. 杨泽伟．中国能源安全法律保障研究．北京：中国政法大学出版社，2009

110. 杨泽伟主编．联合国改革的国际法问题研究．武汉：武汉大学出版社，2009

111. 陈颖健．公共健康全球合作的国际法律制度研究．上海：上海社会科学院

出版社，2010

112. 高升. 文化财产返还国际争议的多元解决机制研究. 北京：中国政法大学出版社，2010

113. 黄瑶，等. 联合国全面反恐公约研究：基于国际法的视角. 北京：法律出版社，2010

114. 李伯军. 不干涉内政原则研究：国际法与国际关系分析. 湘潭：湘潭大学出版社，2010

115. 李文沛. 国际海洋法之海盗问题研究. 北京：法律出版社，2010

116. 李墨丝. 非物质文化遗产保护国际法制研究. 北京：法律出版社，2010

117. 刘志云. 当代国际法的发展：一种国际关系理论视角的分析. 北京：法律出版社，2010

118. 王勇民. 儿童权利保护的国际法研究. 北京：法律出版社，2010

119. 温树斌. 国际法强制执行问题研究. 武汉：武汉大学出版社，2010

120. 张长龙. 国际金融公司治理机制的法律问题研究. 武汉：武汉大学出版社，2010

121. 陈淑芬. 国际法视角下的清洁发展机制研究. 武汉：武汉大学出版社，2011

122. 黄伟. 单一海洋划界的法律问题研究. 北京：社会科学文献出版社，2011

123. 杨泽伟. 国际法史论. 修订2版. 北京：高等教育出版社，2011

124. 杨泽伟主编. 发达国家新能源法律与政策研究. 武汉：武汉大学出版社，2011

125. 杨泽伟主编. 中国海上能源通道安全的法律保障. 武汉：武汉大学出版社，2011

126. 白中红. 《能源宪章条约》争端解决机制研究. 武汉：武汉大学出版社，2012

127. 程荃. 欧盟新能源法律与政策研究. 武汉：武汉大学出版社，2012

128. 李永胜. 论受害国以外的国家采取反措施问题. 北京：法律出版社，2012

129. 吕江. 英国新能源法律与政策研究. 武汉：武汉大学出版社，2012

130. 马讯. 《能源宪章条约》投资规则研究. 武汉：武汉大学出版社，2012

131. 黄德明主编. 国际人道法若干问题研究. 武汉：武汉大学出版社，2013

132. 李伯军. 联合国集体安全制度面临的新挑战. 湘潭：湘潭大学出版社，2013

133. 李赞. 国际组织的司法管辖豁免研究. 北京：中国社会科学出版社，2013

134. 刘畅. 近代中国国际法学的生成与发展. 北京：法律出版社，2013

135. 饶戈平主编. 国际组织与国际法实施机制的发展. 北京：北京大学出版社，2013

136. 贾琳. 国际河流争端解决机制研究. 北京：知识产权出版社，2014

137. 金永明. 中国海洋法理论研究：增订版. 上海：上海社会科学院出版社，2014

138. 李化. 澳大利亚新能源法律与政策研究. 武汉：武汉大学出版社，2014

139. 林灿铃. 跨界损害的归责与赔偿研究. 北京：中国政法大学出版社，2014

140. 刘国富. 国际难民法. 北京：世界知识出版社，2014

141. 王泽林. 北极航道法律地位研究. 上海：上海交通大学出版社，2014

142. 余民才. 国际法上自卫权实施机制. 北京：中国人民大学出版社，2014

143. 范晓婷主编. 公海保护区的法律与实践. 北京：海洋出版社，2015

144. 杨泽伟主编. 从产业到革命：发达国家新能源法律政策与中国的战略选择. 武汉：武汉大学出版社，2015

145. 张卫彬. 国际法院解释条约规则及相关问题研究——以领土边界争端为视角. 上海：上海三联书店，2015

146. 张梓太. 深海海底资源勘探开发法研究. 上海：复旦大学出版社，2015

147. 郭冉. 国际法视阈下美国核安全法律制度研究. 武汉：武汉大学出版社，2016

148. 江河. 国际法的基本范畴与中国的实践传统. 北京：中国政法大学出版社，2016

149. 李春林. 贸易自由化与人权保护关系研究. 北京：法律出版社，2016

150. 孙立文. 海洋争端解决机制与中国政策. 北京：法律出版社，2016

151. 谭民. 中国—东盟能源安全合作法律问题研究. 武汉：武汉大学出版社，2016

152. 吴卡. 国际条约演化解释理论与实践. 北京：法律出版社，2016

153. 许利平，等. 中国与周边命运共同体：构建与路径. 北京：社会科学文献出版社，2016

154. 杨泽伟主编. 海上共同开发国际法问题研究. 北京：社会科学文献出版社，2016

155. 程荃. 中国与欧盟能源应急合作法律问题研究. 武汉：武汉大学出版社，2017

156. 郭曰君，等. 国际人权救济机制和援助制度研究. 北京：中国政法大学出版社，2017

157. 李人达. 过境通行制度研究. 北京：中国政法大学出版社，2017

158. 宋岩. 领土争端解决中的有效控制规则研究. 北京：中国政法大学出版社，2017

159. 杨泽伟，吕江主编.《湖北省应对气候变化办法（草案）专家建议稿》与说明. 武汉：武汉大学出版社，2017

160. 朱路．昨日重现：私营军事安保公司国际法研究．北京：中国政法大学出版社，2017

161. 陈力，等．中国南极权益维护的法律保障．上海：上海人民出版社，2018

162. 黄瑶，等．菲律宾南海仲裁案核心问题法理分析．香港：香港三联书店，2018

163. 金永明．新时代中国海洋强国战略研究．北京：海洋出版社，2018

164. 漆彤．"一带一路"国际经贸法律问题研究．北京：高等教育出版社，2018

165. 宋杰．国际法上的司法干涉问题研究．北京：中国政法大学出版社，2018

166. 王翰．"一带一路"与人类命运共同体构建的法律与实践．北京：知识产权出版社，2018

167. 杨泽伟主编．《联合国海洋法公约》若干制度评价与实施问题研究．武汉：武汉大学出版社，2018

168. 杨泽伟主编．海上共同开发国际法理论与实践研究．武汉：武汉大学出版社，2018

169. 张国斌．无害通过制度研究．上海：上海交通大学出版社，2018

170. 中国国际法学会．南海仲裁案裁决之批判．北京：外文出版社，2018

171. 中华人民共和国外交部条约法律司编著．中国国际法实践案例选编．北京：世界知识出版社，2018

172. 曹俊金．对外援助法．北京：中国政法大学出版社，2019.

173. 邓妮雅．海上共同开发管理模式法律问题研究．武汉：武汉大学出版社，2019

174. 董世杰．争议海域既有石油合同的法律问题研究．武汉：武汉大学出版社，2019

175. 傅梦孜．"一带一路"建设的持续性．北京：时事出版社，2019

176. 黄惠康．中国特色大国外交与国际法．北京：法律出版社，2019

177. 潘忠岐．中国与国际规则的制定．上海：上海人民出版社，2019

178. 杨泽伟主编．中国国家权益维护的国际法问题研究．北京：法律出版社，2019

179. 张贵洪，等．中国与联合国．南京：江苏人民出版社，江苏凤凰美苏出版社，2019

180. 张乃根．条约解释的国际法．上海：上海人民出版社，2019

181. 何海榕．泰国湾海上共同开发法律问题研究．武汉：武汉大学出版社，2020

182. 刘亮．大陆架界限委员会建议的性质问题研究．武汉：武汉大学出版社，2020

183. 马德懿. 海洋航行自由的秩序与挑战：国际法视角的解读. 上海：上海人民出版社，2020

184. 孙萌. 中国与联合国人权机制：影响与变革. 北京：中国政法大学出版社，2020

185. 杨珍华. 中印跨界水资源开发利用法律问题研究. 武汉：武汉大学出版社，2020

186. 杨泽伟，等. "一带一路"倡议与国际规则体系研究. 北京：法律出版社，2020

187. 周江，等. 菲律宾、印度尼西亚、新加坡海洋法律体系研究. 北京：知识产权出版社，2020

188. 王全. 国际法视域下双重国籍问题研究. 合肥：安徽大学出版社，2021

189. 李庆明. 美国的外国主权豁免理论与实践. 北京：人民日报出版社，2021

190. 杨泽伟. 国际法. 4 版. 北京：高等教育出版社，2022

191. 梁西. 梁著国际组织法. 修订 7 版. 杨泽伟，修订. 武汉：武汉大学出版社，2022

（二）港台学者著作

1. 雷崧生. 国际法论丛. 台北："商务印书馆"，1958

2. 陈世材. 晚近国际法的新发展. 台北：友谊出版公司，1983

3. 陈治世. 国际法院. 台北："商务印书馆"，1983

4. 朱建民. 国际组织新论. 台北：正中书局，1985

5. 陈世材. 国际组织——联合国体系研究. 台北：友谊出版公司，1986

6. 俞宽赐. 新世纪国际法. 台北：三民书局，1994

7. 傅崐成. 国际海洋法与渔权之争. 台北：三民书局，1994

8. 丘宏达. 现代国际法. 台北：三民书局，1995

9. 苏义雄. 平时国际法. 台北：三民书局，1996

10. 吴嘉生. 国际法与国内法关系之研析. 台北：五南图书出版公司，1998

11. 陈隆志. 当代国际法引论. 台北：元照出版公司，1999

12. 俞宽赐. 南海诸岛领土争端之经纬与法理. 台北：台湾编译馆，2000

13. 赵明义. 当代国际法导论. 台北：五南图书出版公司，2001

14. 黄异. 国际法在"国内法"领域中的效力. 台北：元照图书出版公司，2006

15. 廖文章. 国际海洋法论. 台北：扬智文化出版公司，2008

16. 林学忠. 从万国公法到公法外交——晚清国际法的传入、诠释与应用. 上海：上海古籍出版社，2009

（三）译著

1. ［美］孔慈. 变动中之国际法. 王学理，译. 台北："商务印书馆"，1971

2. ［奥］菲德罗斯，等．国际法（上，下）．李浩培，译．北京：商务印书馆，1981

3. ［英］阿库斯特．现代国际法概论．汪瑄，等译．北京：中国社会科学出版社，1981

4. ［日］寺泽一，等主编．国际法基础．朱奇武，等译．北京：中国人民大学出版社，1983

5. ［英］斯塔克．国际法导论．赵维田，译．北京：法律出版社，1984

6. ［英］戈尔·布思主编．萨道义外交实践指南．杨立义，等译．上海：上海译文出版社，1984

7. ［苏］科热夫尼科夫．国际法．刘莎，等译．北京：商务印书馆，1985

8. ［印度］B. 森．外交人员国际法与实践指南．周晓林，等译．北京：中国对外翻译出版公司，1987

9. ［法］卢梭．武装冲突法．张疑，等译．北京：中国对外翻译出版公司，1987

10. ［印度］兴戈兰尼．现代国际法．陈保林，等译．重庆：重庆出版社，1988

11. ［美］凯尔森．国际法原理．王铁崖，译．北京：华夏出版社，1989

12. ［英］劳特派特修订．奥本海国际法（上，下卷）．王铁崖，等译．北京：商务印书馆，1989

13. ［苏］费尔德曼，等．国际法史．黄道秀，等译．北京：法律出版社，1992

14. ［英］詹宁斯．奥本海国际法：第1分册．［英］瓦茨，修订．王铁崖，等译．北京：中国大百科全书出版社，1995

15. ［英］詹宁斯．奥本海国际法：第2分册．［英］瓦茨，修订．王铁崖，等译．北京：中国大百科全书出版社，1998

16. ［德］闵希．国际法教程．林荣远，等译．北京：世界知识出版社，1997

17. ［韩］柳炳华．国际法（上，下）．朴国哲，等译．北京：中国政法大学出版社，1997

18. ［法］亚历山大·基斯．国际环境法．张若思，编译．北京：法律出版社，2000

19. ［德］沃尔夫冈·格拉夫·魏智通．国际法．吴越，等译．北京：法律出版社，2002

20. ［韩］李万熙．引渡与国际法．马相哲，译．北京：法律出版社，2002

21. ［英］伊恩·布朗利．国际公法原理．曾令良，等译．北京：法律出版社，2003

22. ［日］寺田四郎．国际法学界之七大家．韩逋仙，译．北京：中国政法大学出版社，2003

23. ［美］惠顿．万国公法．丁韪良，译．北京：中国政法大学出版社，2003

24. ［日］松井芳郎，等．国际法．辛崇阳，译．北京：中国政法大学出版

社，2004

25．［希］尼古拉斯·波利蒂斯．国际法的新趋势．原江，译．昆明：云南人民出版社，2004

26．［美］路易斯·亨金．国际法：政治与价值．张乃根，等译．北京：中国政法大学出版社，2005

27．［英］苏姗·马克斯．宪政之谜——国际法、民主和意识形态批判．方志燕译．上海：世纪出版集团，上海译文出版社，2005

28．［荷］格劳秀斯．战争与和平法．何勤华，等译．上海：上海人民出版社，2005

29．［英］安托尼·奥斯特．现代条约法与实践．江国青，译．北京：中国人民大学出版社，2005

30．［俄］格·童金．国际法原论．尹玉海，译．北京：中国民主法制出版社，2006

31．［荷］尼科·斯赫雷弗．可持续发展在国际法中的演进：起源、涵义及地位．汪习根，等译．北京：社会科学文献出版社，2010

32．［美］何塞·阿尔瓦雷斯．作为造法者的国际组织．蔡以燕，等译．北京：法律出版社，2011

33．［英］马尔科姆·肖．国际法．第六版：上，下册．白桂梅，等译．北京：北京大学出版社，2011

34．［以］尤瓦·沙尼．国际法院与法庭的竞合管辖权．韩秀丽，译．北京：法律出版社，2012

35．［英］郑斌．国际法院与法庭适用的一般法律原则．韩秀丽，等译．北京：法律出版社，2012

36．［美］巴里·卡特，［美］艾伦·韦纳．国际法．上，下册．冯洁菡，译．北京：商务印书馆，2015.

37．布赖尔利万国公法．［英］安德鲁·克拉彭，修订．朱利江，译．北京：中国政法大学出版社，2018

38．［英］罗伯特·詹宁斯．国际法上的领土取得．孔令杰，译．北京：商务印书馆，2018

39．［德］巴多·法斯本德，安妮·彼得斯．牛津国际法史手册（上，下册）．李明倩，等译．上海：三联书店，2020

（四）英文原著

1. Bedjaoui ed. . International Law：Achievements and Prospects. Paris，1992

2. I. A. Shearer. Starke's International Law. Butterworths，1994

3. Antonio Cassese. International Law. 2nd ed. . Oxford，2005

4. Andrew Clapham. Brierly's Law of Nations：An Introduction to the Role of Inter-

national Law in International Relations. 7th edition. Oxford University Press，2012

5. Robert Beckman eds. . Beyond Territorial Disputes in the South China Sea：Legal Framework for the Joint Development of Hydrocarbon Resources. Edward Elgar Publishing Limited，2013

6. James Crawford. Brownlie's Principles of Public International Law. 9th edition. Oxford University Press，2019

7. Malcolm N. Shaw. International Law. 9th edition. Cambridge University Press，2021

8. Alexander Orakhelashvili. Akehurst's Modern Introduction to International Law. 9th ed. . Routledge，2022

（五）文献、资料和工具书

1. 王铁崖主编. 中外旧约章汇编. 北京：三联书店，1957

2. 联合国新闻处. 联合国手册. 北京：中国对外翻译出版公司，1973—1990

3. 北京大学法律系国际法教研室编. 海洋法资料汇编. 北京：人民出版社，1974

4. 联合国及有关组织机构译名手册编辑组编. 联合国及有关组织机构译名手册. 北京：中国对外翻译出版公司，1979

5. 王铁崖等编. 国际法资料选编. 北京：法律出版社，1982

6. 世界知识出版社编辑. 国际条约集（1648—1971）（共13集）. 北京：世界知识出版社，1984

7. 日本国际法学会编. 国际法辞典. 北京：世界知识出版社，1985

8. 王铁崖，等编. 战争法文献集. 北京：解放军出版社，1986

9. ［苏］克里缅科夫，等编. 国际法辞典. 北京：中国人民大学出版社，1987

10. 中国国际法学会，等编辑. 国际法资料：第1～7辑. 北京：法律出版社，1988—1993

11. 国家海洋局政策研究室. 各国专属经济区和大陆架法规选编. 北京：法律出版社，1988

12. 新华社国际资料编辑室. 国际组织手册. 北京：中国对外翻译出版公司，1988

13. 马克斯·普朗克比较公法与国际法研究所编. 国际公法百科全书. 陈致中，译. 广州：中山大学出版社，1989

14. ［瑞士］潘逊. 国际公法（和平法）和国际组织术语手册. 马洪力，等译. 北京：中国对外翻译出版公司，1989

15. 王铁崖主编. 中华法学大辞书·国际法卷. 北京：中国检察出版社，1993

16. 马骏主编. 国际法知识辞典. 西安：陕西人民出版社，1993

17. 王铁崖，等编. 国际法资料选编：续编. 北京：法律出版社，1993

18. 联合国及有关国际组织译名手册．北京：中国对外翻译出版公司，1993

19. 梁为楫，等主编．中国近代不平等条约选编与介绍．北京：中国广播电视出版社，1993

20. 关于执行《联合国海洋法公约》第十一部分的协定．北京：国家海洋局，1994

21. 中国联合国协会编．中国代表团出席联合国有关会议发言汇编．北京：世界知识出版社，1998

22. 国家海洋局政策法规办公室编．中华人民共和国海洋法规选编．北京：海洋出版社，2001

23. 白桂梅，李红云．国际法参考资料．北京：北京大学出版社，2002

24. 刘振民编著．海洋法基本文件集．北京：海洋出版社，2002

25. 饶戈平，张献．国际组织通览．北京：世界知识出版社，2004

26. 傅崐成．海洋法相关公约及中英文索引．北京：北京大学出版社，2005

27. 司法部外事司．中华人民共和国司法合作条约集．北京：中国方正出版社，2005

28. 杨泽伟主编．海上共同开发协定汇编（汉英对照）．上，下册．北京：社会科学文献出版社，2016

29. 杨泽伟编．"一带一路"倡议文件汇编．北京：法律出版社，2020

30. Rüdiger Wolfrum ed. . The Max Planck Encyclopedia of Public International Law. 2nd edition. Oxford University Press，2013

（六）案例集

1. 黄进，等编著．国际公法、国际私法成案选．武汉：武汉大学出版社，1987

2. 中国政法大学国际法教研室编．国际公法案例评析．北京：中国政法大学出版社，1995

3. 陈致中编．国际法案例．北京：法律出版社，1998

4. 江伟钰，陈方林．国际法案件精解——案例教学与应用．上海：华东理工大学出版社，2004

5. 梁淑英主编．国际法案例教程．北京：知识产权出版社，2005

6. 邵沙平主编．国际法院新近案例研究（1990—2003）．北京：商务印书馆，2006

7. 朱文奇．国际法学原理与案例教程．北京：中国人民大学出版社，2006

8. 边永民编著．国际公法案例选．北京：对外经济贸易大学出版社，2016

9. 吴士存主编．国际海洋法最新案例精选．北京：中国民主法制出版社，2016

10. Eric Heinze, etc., ed. . Landmark Cases in Public International Law. Kluwer Law International，1998

11. D. J. Harris. Cases and Materials on International Law. 7th edition. Sweet & Maxwell，2010

二、中外国际法期（集）刊

1. 《中国国际法年刊》（1982—2020）

2. 中国人民大学书报资料中心复印报刊资料《国际法学》

3. 《武大国际法评论》（武汉大学国际法研究所主办）

4. 《国际法与比较法论丛》（李双元主编）

5. 《北大国际法与比较法评论》（北京大学法学院国际法研究中心主办）

6. 《中国海洋法评论》（傅崐成主编）

7. 《国际法研究》（中国社会科学院国际法研究所主办）

8. 《国际关系与国际法学刊》（刘志云主编）

9. 《边界与海洋研究》（武汉大学中国边界与海洋研究院主办）

10. American Journal of International Law

11. British Yearbook of International Law

12. Canadian Yearbook of International Law

13. European Journal of International Law

14. Harvard International Law Journal

15. The Japanese Annual of International Law

16. Netherlands International Law Review

17. Netherlands Yearbook of International Law

18. Recueil des cours（Collected Courses of the Hague Academy of International Law）

19. Yale Journal of International Law

三、常用国际法网址

1. http：//www. un. org，United Nations

2. http：//untreaty. un. org，UN Treaty Collection

3. http：//legal. un. org/ilc/，International Law Commission

4. http：//www. icj-cij. org，International Court of Justice

5. http：//www. itlos. org/，International Tribunal for the Law of the Sea

6. http：//www. icc-cpi. int，International Criminal Court

7. http：//www. icty. org，International Criminal Tribunal for the former Yugoslavia

8. http：//www. unictr. org，International Criminal Tribunal for Rwanda

9. http：//www. sc-sl. org，Special Court for Sierra Leone

10. http：//www2. ohchr. org/english/bodies/hrcouncil，UN Human Rights Council

11. http：//www. icj. org，International Commission of Jurists

12. http：//www. hagueacademy. nl，the Hague Academy of International Law

13. http：//www. idi-iil. org，International Law Institute

14. http：//www. ila-hq. org，International Law Association

15. http：//www. asil. org，American Society of International Law

16. http：//europa. eu，European Union

17. http：//www. oas. org，Organization of American States

18. http：//www. au. int，African Union

19. http：//asean. org，Association of Southeast Asian Nations

20. http：//www. apec. org，Asia-Pacific Economic Co-operation

21. http：//www. sectsco. org，Shanghai Co-operation Organization

22. http：//www. wto. org，World Trade Organization

23. http：//www. oecd. org，Organization for Economic Co-operation and Development

24. http：//www. g77. org，Group of 77

25. http：//www. ejil. org，European Journal of International Law

图书在版编目 (CIP) 数据

国际法析论/杨泽伟著 . --5 版 . --北京：中国
人民大学出版社，2022.4
（21 世纪法学研究生参考书系列）
ISBN 978-7-300-30371-0

Ⅰ.①国… Ⅱ.①杨… Ⅲ.①国际法-研究生-教学
参考资料 Ⅳ.①D99

中国版本图书馆 CIP 数据核字（2022）第 033070 号

21 世纪法学研究生参考书系列
国际法析论（第五版）
杨泽伟　著
Guojifa Xilun

出版发行	中国人民大学出版社				
社　　址	北京中关村大街 31 号		**邮政编码**	100080	
电　　话	010 - 62511242（总编室）		010 - 62511770（质管部）		
	010 - 82501766（邮购部）		010 - 62514148（门市部）		
	010 - 62515195（发行公司）		010 - 62515275（盗版举报）		
网　　址	http://www.crup.com.cn				
经　　销	新华书店				
印　　刷	固安县铭成印刷有限公司		**版　　次**	2003 年 7 月第 1 版	
规　　格	170 mm×250 mm　16 开本			2022 年 4 月第 5 版	
印　　张	32 插页 3		**印　　次**	2022 年 10 月第 2 次印刷	
字　　数	641 000		**定　　价**	118.00 元	